근대한국 국제정치관 자료집

제 1 권

개항 · 대한제국기

서울대학교 규장각한국학연구원 한국학자료총서 16-1

근대한국 국제정치관 자료집 제1권 개항・대한제국기

펴낸곳 서울대학교출판문화원
펴낸이 성낙인
엮은이 장인성 김현철 김종학

초판 1쇄 발행 2012년 9월 1일
초판 2쇄 발행 2015년 10월 5일
출판등록 제15-3호

주소 (08826) 서울 관악구 관악로 1
대표전화 02-880-5252 **팩스** 02-888-4148
마케팅팀(주문상담) 02-889-4424, 02-880-7995
이메일 snubook@snu.ac.kr
홈페이지 www.snupress.com

ISBN 978-89-521-1118-0 94340
978-89-521-1026-8(세트)

서울대학교 규장각한국학연구원 한국학자료총서 16-1

근대한국 국제정치관 자료집

제1권

개항·대한제국기

장인성 김현철 김종학 엮음

서울대학교출판문화원

Selected Documents Relating to Modern Koreans' Ideas and Perceptions of International Relations

Edited by

Jang In-Sung

Kim Hyeonchoel

Kim Jong-hak

Seoul National University Press

머리말

한국의 국제정치학은 많은 발전을 이룩했지만, 아직도 서구이론을 수용하고 적용하는 수준을 넘지 못하고 있다. 국제정치학의 한국적 정체성을 모색해야 한다고 말들 하지만, 정작 한국의 국제정치적 경험과 삶을 반영한 한국 국제정치학을 구축하려는 노력은 미미했다. 미국 국제정치학의 이론적 관점과 방법론이 오히려 강해지는 추세다. 그런데 국제정치학의 보편적 이론과 해석은 세계정치를 주도하는 강대국의 이익과 관점을 반영하는 경우가 많다. 하지만 초(超)장소적인 보편적 이론이나 해석은 한국의 정치현상과 국제관계를 규정하는 조건으로서 마땅히 알아야 하지만, 한국의 특수성을 설명해 주기는 어렵다.

개항 이래 한국인들은 정치적 삶뿐 아니라 거의 모든 영역의 삶에서 국제정치 내지 세계정치의 영향을 받아 왔다. 한국 외교사에서 보듯이 한국인의 정치적 삶은 일정 부분 동아시아 국제정치와 세계정치에 규정될 수밖에 없는 숙명을 안고 있다. 이러한 숙명 때문에 한국의 국제정치 연구와 교육이 주변열강의 외교정책을 중시하는 것은 자연스런 일이다. 한국 국제정치학의 실용주의와 정책지향성은 여기서 비롯될 것이다.

우리는 세계정치와 열강의 외교정책을 알아야만 한다. 하지만 국제정치와 한반도 국제관계를 보는, 혹은 한국의 외교정책을 규정하는 우리들 자신의 사고방식과 행동양식을 알지 못한다면 그러한 이해는 제한적일 수밖에 없다. 한국의 국제관계와 대외정책은 역사적 사실뿐 아니라 역사를 영위하는 인간의 심성을 알아야만 제대로 이해될 수 있다. 타자를 알기만 해서는 안되고 자기의 존재양식을 제대로 알아야만 반성적 성찰과 합리적인 대응이 가능해진다. 기왕에는 외교사적 접근을 통해 한국의 국제정치와 외교정책의 사실 관계를 밝히려는 작업은 있었지만, 외교정책을 산출하고 국제관계를 이해하는 한국인들의 심성을 읽어 내려는 노력은 부족했다.

한국인들의 국제정치적 심성을 파악하려면 무엇보다 한국의 국제정치적 경험과 삶을 읽어 내는 자료의 정리가 선행되어야 한다. 본 『근대한국 국제정치관 자료집』은 개항 이후 구한말 및 식민지 시대의 한국인 관료와 지식인들의 국제정치관과 국제인식에 관한 자료들을 시대별,

주제별로 정리한 것이다. 서구의 국제정치 관념과 제도의 수용을 경험했던 근대 한국인들의 국제정치관은 당대뿐 아니라 현대 한국의 국제관계와 외교정책을 이해하는 데도 중요한 의미를 가질 것이다.

본 자료집은 두 권으로 되어 있다. 제1권은 개항 전후부터 한일합병 때까지의 시기를 다루고, 제2권은 제국－식민지 시기의 자료를 수록하였다. 본 자료집은 학생들에게는 근대한국의 국제관념을 이해하는 표준 텍스트로 이용될 수 있도록 하고, 연구자들에게는 한국의 국제정치 관념 내지 사상을 분석하는 기초자료로 쓰일 수 있도록 편찬되었다. 해독의 편의를 위해 원문을 가공하였다. 국문 자료는 말투를 살리되 가능한 한 현대 철자법으로 고쳤고, 한문 자료는 현대 한국어로 번역하되 원문을 함께 수록했다. 또한 독자의 편의를 위해 각 텍스트에 해제와 주석을 달았다. 각 권의 권말에는 수록된 자료를 중심으로 분석한 해제논문을 실었다.

본 자료집 편찬 작업은 서울대학교 규장각한국학연구원 한국학장기기초연구사업의 연구비 지원을 받아 이루어졌다. 규장각한국학연구원에 감사드린다. 자료 편찬의 구상과 작업에는 동북아역사재단의 김현철 박사와 서울대 정치외교학부 박사과정의 김태진, 김종학 군이 함께했다. 특히 김태진 군의 노고가 많았다. 이들에게 감사드린다. 개인적 사정으로 계속하지 못한 정용화 박사에게도 고마움을 전하며 건승을 기원한다. 자료의 입력과 교정 과정에서 많은 도움을 준 대학원생들에게도 고마운 마음을 전한다. 자료의 선별에 신중을 기했지만 완벽한 자료집이 되지는 못했다. 오류도 있지 않을까 저어된다. 언젠가 보완된 자료집을 낼 수 있길 기대해 본다.

2012년 8월

관악산 연구실에서 장인성

차례

■ 일러두기 ■

○본 자료집은 두 권으로 구성된다. 제1권은 개항 전후부터 한일합병까지의 시기를, 제2권은 제국-식민지 시기를 다룬다.
○국한문 혼용체는 현대 철자법으로 고치거나 현대어로 번역하였다. 일본문은 한국어로 번역했고 원문은 생략했다. 한자는 한글로 바꾸었고, 필요한 경우 한자를 병기했다.
○고유명사의 한글 표기는 현재의 표기방식으로 고쳤다. 다만 외국어 고유명사는 당시의 한자명을 병기한 경우도 있다.
○제목이 없는 문서는 임의로 문서명을 붙였다.
○기존에 한글 번역문이 있는 글은 다시 번역하거나 본 자료집의 편집 방침에 의거해서 수정하였다.

제1부

대외개방과 국제정치관:
개항~청일전쟁

Ⅰ. 양이와 개항

1. 흥선대원군, 정부 당상에게 보낸 글

■ 병인양요 때 프랑스군이 강화부를 점령하자 1866년 9월 14일(음) 흥선대원군이 의정부에 보내 양이보국(攘夷保國)의 결의를 표명하고 군민(軍民)의 적개심을 고무한 글. 네 가지 이유를 들어 주전론을 펴고 있다. 원문 출전은 「自雲峴書送政府堂上坐起處輪示錄紙」, 『龍湖閒錄』 卷4(국사편찬위원회, 1980), 44–45쪽.

'사람'[人]이라는 글자 다음엔 '죽음'[死]이라는 글자가 오고, '나라'[國]라는 글자 다음엔 '망함'[亡]이라는 글자가 오는 것은 자고로 천지의 상경(常經)*이다. 양적(洋賊)이 열국(列國)을 침범하는 것 또한 자고로 있었던 일이다. 그러나 지금까지 몇 백 년 동안 이 도적이 뜻을 이루지 못했는데, 몇 해 전 중국이 화친을 허락한 뒤로 도량(跳踉)*하려는 마음이 한층 더 헤아리기 어렵게 되었다. 도처에서 악행을 저질러서 모두가 그 독을 받고 있으나 유독 우리나라에만 행하지 못한 것은 실로 기자(箕子)* 성인이 하늘에서 조용히 정해 주셨기[陰隲]* 때문이다. 이러한 지경에 이르러 믿을 것은 예의이며, 아는 것은 백성들의 마음이 단결하면 성처럼 깨뜨릴 수 없다는 것뿐이다. 금일 상하가 만약 의구심을 품거나 겁을 먹으면 만사가 와해*되고 국사를 그르칠 것이다.

나에겐 획정해서 결심한 일이 네 가지 있으니, 이 혈서를 살펴보고 나의 뒤를 따르라.

하나, 그 고통을 참지 못하고 화친을 허락한다면 이는 나라를 팔아먹는 것이다.

하나, 또 그 독을 참지 못하고 교역을 허락한다면 이는 나라를 망치는 것이다.

하나, 도적이 경성에 접근하는 데 거빈(去邠)*한다면 이는 나라를 위태롭게 하는 것이다.

하나, 만약 육정육갑(六丁六甲)*으로 귀신을 소환하는 등 괴이한 방법을 써서 설혹 도적을 물리친다고 하더라도 뒷날의 폐단이 사학(邪學)보다 심할 것이다.

이 편지를 돌려 보면서 여러 공들은 마음을 진실하게 하고 아름다움을 다하는 데 힘쓰라.

常經 고정불변의 법칙.

跳踉 뛰어오름. 발호(跋扈).

箕子 은(殷)나라 주왕(紂王)의 숙부로 이름은 서여(胥餘). 기(箕)는 봉국(封國)의 이름이고 자(子)는 작위(爵位)를 말한다. 주 무왕(周武王)이 은나라를 멸망시킨 후 기자에게 찾아가 천하를 다스리는 방법을 물으니, 기자가 홍범 구주(洪範九疇)를 가르쳐 주었는데 이것이 바로 『書經』의 홍범편이다. 그 후 무왕은 기자를 조선(朝鮮)에 봉하여 평양(平壤)에 도읍을 정했다는 전설이 있다.

陰隲 음즐(陰騭)로 쓰기도 한다. 묵묵히 안정을 시켜 준다는 뜻으로 『書經』 「洪範」에 "하늘이 묵묵히 백성들의 운명을 정했다"[惟天陰騭下民]는 구절에서 유래한 말.

瓦解 원문은 瓦辭. 와해의 오기로 보임.

[원문]

人字下有死字 國字下有亡字 自古天地之常經 洋賊之侵犯列國 亦自古有之 于今幾百年 此賊不敢得意 伊自前年中國許和之後 跳踉之心 一倍叵測 到處施惡 並受其毒 惟獨不行我國者 實是箕聖在天陰騭也 到此之地 所恃者禮義也 所知者衆心成城也 今日上下 若有疑惕 則萬事瓦觧 國事去矣 我有四件 畫定矢心者 諒此血誓 隨我踉後焉 一 不耐其苦 若許和親 則是賣國也 一 又不耐其毒 許其交易 則是亡國也 一 賊迫京城 若有去邠 則是危國也 一 若有恠術六丁六甲喚鬼喚神 設或逐賊 日後之弊 甚於邪學 此紙輪照 諸公務盡實心盡美焉

去邠 임금이 피난 가는 것을 뜻한다. 주 태왕(周太王) 즉 고공단보(古公亶父)가 빈(邠) 땅에 있을 때 적인(狄人)이 쳐들어오자 백성을 해치지 않기 위해 빈을 버리고 기산(岐山) 아래로 옮겨 갔다는 고사에서 유래했다. 출전은 『孟子』 「梁惠王下」.

六丁六甲 육정신과 육갑신으로 천제가 다스리는 신병(神兵)을 말함.

2. 박규수, 미국인의 조회에 대한 황해도 관찰사의 모의 답서

■ 미국 측에 제너럴셔먼호 사건의 진상을 조리정연하게 해명한 황해도 관찰사 박규수의 서한(1867년 1월). 제너럴셔먼호 사건에 관한 조선정부의 견해를 대변하는 문서로서 미국 측에 전달되었다. '양이'(洋夷: 미국)도 예양(禮讓)을 숭상한다는 대목이 눈에 띈다. 원문 출전은 「擬黃海道觀察使答美國人照會」, 『朴珪壽全集』 上(아세아문화사, 1978), 432~435쪽.

■ 朴珪壽(1807~1876). 연암 박지원의 손자. 서양 무력과의 최초 충돌인 제너럴셔먼호 사건이 발생할 당시 평안도 관찰사로서 이양선을 격파하여 고종과 흥선대원군의 치하를 받았다. 우의정을 끝으로 관료에서 물러나 김옥균, 박영효, 서광범 등 젊은 지식인들의 개화사상을 자극하였다.

조선국 황해도관찰사 도순찰사 박승휘(朴承輝)가 조복(照覆)*함.

이번 달 18일에 귀 총병(總兵)이 와츄세트호[俄桂嘶船]*를 타고 와서 폐경(敝境) 장연현 해상에 정박했습니다. 그리고 서신 한 봉과 조회문 한 봉을 전하면서 우리 조정에 전달할 것을 요구했으며, 또 변강대신(邊疆大臣)의 회문(回文)을 기다렸습니다. 해당 지방관이 이치상 왕복하는 길이 조금 멀다는 것을 명백하게 알리고 좋은 말로 성의를 다해서 귀 선박을 만류했어야 하나, 이제 도리어 회문이 도착하기도 전에 멀리서 온 손님을 바로 돌아가게 했으니 예의와 인정에 어긋남이 이보다 심할 수 없습니다. 해당 지방관은 이미 대죄유임(戴罪留任)*하게 했으며, 그 외에 답서[回覆文字]를 작성해서 귀 선박이 혹 다시 올 것을 기다리니, 부디 사정을 살피시기 바랍니다.

본국의 법례(法例)에 표류해서 도착한 모든 이국의 상선은 선체가 완전하면 식량과 수요물자를 공급한 후 바람을 기다렸다가 돌려보내고, 선체가 온전하지 않아서 항해할 수 없는 경우는 그 희망에 따라 육로를 통해 관리를 파견해서 호송하여 북경으로 보내니, 그렇게 한 것이 전후로 한두 번이 아니었습니다. 이는 상천(上天)을 체인(體仁)*해서 이웃 나라의 백성을 마치 우리 백성과 똑같이 보기 때문입니다. 그런데 지금 귀 조회에서 크게 칭찬을 하고 있으니 도리어 매우 부끄럽습니다.

지난 가을 대동강[平洋河]에서의 일입니다. 당시 어떤 이국 선박 한 척이 대동강 하류에 도착하자, 그 지역 지방관이 표류해 온 것으로 생각하고 다가가 승선해서 문정(問情)*에 응할 것을 요구했습니다. 그런데 선박에 있는 사람들이 관인(官人)을 크게 기피해서 만나서 이야기를 하려고 하지 않고 눈을 감고 드러누워서 모멸의 뜻을 명백히 보였습니다. 우리나라 사람들이 수치와 분노를 인내하면서 겸손한 말로 거듭 간청한 끝에 비로소 표류해서 온 것이 아님을 알게 되었

照覆 조회에 회답함.

俄桂嘶船 Wachusett호. 제너럴셔먼호 사건과 관련하여 미국이 첫 번째로 파견한 군함. 함장은 슈펠트(R.W. Shufeldt) 대령. 1867년 1월 23일 장연군 해상에 출현하였다.

戴罪留任 죄과가 정해질 때까지 원래 직임에 머무르면서 공무를 보게 하는 것.

體仁 어진 도를 몸소 행한다는 뜻으로 『周易』 乾卦에 "군자가 인을 체행함이 족히 다른 이의 군장이 될 수 있다."[君子體仁足以長人]라는 구절이 있다.

問情 외국의 배가 처음으로 항구에 들어왔을 때나 외국인이 표류하여 왔을 때 관리를 보내 그 사정을 알아보던 일.

습니다. 자칭 프랑스[法國] 인이라고도 하고, 혹은 영국인이라고 하는 최(崔)씨 성을 가진 자가 있었는데, 그가 말하길 "프랑스 병선이 지금 대규모로 오고 있다. 만약 나에게 교역을 허락한다면 양국을 위해서 군대를 해산시킬 것이다."라고 했습니다. 지방관이 "교역에 관한 일은 일개 지방관이 마음대로 허락할 수 있는 것이 아니다."라고 답하자, 최씨 성을 가진 자가 들으려 하지 않고 더욱 방자하게 분노를 터뜨렸습니다. 대동강은 수심이 얕아서 큰 선박을 움직일 수가 없는데, 그럼에도 그는 이를 돌아보지 않고 매일 조수를 타고 몇 리씩 거슬러 올라왔습니다. 우리나라 사람들은 다만 일이 커지지 않기만을 바라서, 때로 쌀, 고기, 채소, 과일, 땔감 등의 물건을 보내기도 했습니다. 그들은 "내일 바로 돌아갈 것이다."라고 대답했지만, 다음날이 되면 도리어 다시 거슬러 올라왔습니다.

護行 길을 가는 데 따르며 보호함.

印信 도장이나 관인 따위를 통틀어 이르는 말.

차츰 평양성[省城]에 접근함에 따라 평양성의 부장(副將)이 매일 배를 타고 호행(護行)*해서 저쪽과 이쪽 사람들이 잡란(雜亂)하게 되는 폐단을 막고자 했습니다. 그런데 하루는 그 배에서 갈고리가 달린 밧줄을 던져서 부장이 탄 배를 견인하고는, 부장과 인신(印信)*을 그 선박에 잡아 두었습니다. 그리고 혹 왕래하는 상선을 만나면 대포를 쏴서 파괴하며 그 재물을 빼앗고 인명을 살해한 것이 부지기수였습니다. 원근(遠近)이 모두 크게 놀라서 피난행렬이 계속 이어졌습니다. 군대[兵戈]가 교전한 일이 있었던 것도 아닌데 부장이 억류를 당했으니 그 치욕이 매우 심했습니다. 그런데도 다시 말을 겸손하게 하면서 거듭 부장을 돌려보낼 것을 간청했습니다. 그러자 답하길, "우리가 성에 들어간 후에 돌려보낼 것이다."라고 했습니다.

東國 조선을 가리킴.

그 최씨 성을 가진 자는 동국(東國)*의 언어에 능통하고 걸오(桀傲)하기가 비할 바 없었는데 반드시 평양성을 침범하고자 했으니, 또 그 뜻을 알 수 없었습니다. 성에 가득한 수만 명의 군민(軍民)이 분함을 이기지 못하고 일제히 강가로 나가 힘껏 격투를 벌여서 부장을 탈환하려고 했는데, 또 수십 명이나 되는 많은 사람들이 탄환에 맞아서 죽자 무리의 분노가 일제히 폭발해서 그 형세를 막을 수 없게 되었습니다. 총과 대포를 서로 발사하고, 땔감을 모아서 불을 붙여 던졌습니다. 그러다가 끝내는 저들 선박에 있던 장약(藏藥)이 크게 폭발하면서 검은 연기가 하늘로 치솟았습니다. 선박은 남김없이 불타고 사람도 생존한 이 없이 모두 사망했는데, 아직까지도 그 배가 귀국 선박인지는 모르겠습니다.

최씨 성을 가진 자가 무단으로 타국에 깊이 진입해서 이러한 사단을 야기했는데, 지금까지도 원인을 추적하고 있으니 무슨 의도인지 모르겠습니다. 귀 조회에서 선객이 다른 나라 사람이라고 했으니 이는 아마 최씨 성을 가진 자를 가리키는 말일 것입니다. 그 일의 시말을 여기서 모두 밝혔습니다. 귀국의 풍속이 예양(禮讓)을 숭상해서 합성명방(合省名邦)*이 됨은 중국에도 잘 알려진 바입니다. 귀 조회에서 예전의 화호(和好)에 비추어 각자 해치는 일이 없게 하자는 말은 원래 추호도 의심할 여지가 없는 것입니다. 이에 회답하는 글을 보내니 상세히 살펴보기 바랍니다. 이로써 조복(照覆)을 보내니 다시 조복을 보내기 바랍니다.

合省名邦 합중국. 미연방을 가리킴.

[원문]

朝鮮國黃海道觀察使都巡察使朴承輝爲照覆事 查本月十八日 貴總兵駕駛俄柱嘶船 在敝境長淵縣海面停泊 投送書一封 照會一角 專要轉達我朝廷 且候邊疆大臣回文 該地方官理應明告往復程途之稍遠 善辭致誠 挽留貴船 今乃回文未到之前 致令遠賓徑歸 違禮乖情 未有甚焉 除該地方官已令戴罪留任外 玆修回覆文字 以俟貴船或者再來 尙祈管照事情 本國法例 凡有異國商船漂到者 船完則助粮給需 候風歸去 船不完莫可駕海者 從願旱路 差官護送 以達北京 前後不止一再 是爲體仁上天 視鄰國之民猶吾民也 今貴照會盛加稱道 還切愧怍 秋間平洋河事 伊時有異國一船到平洋河下流 該處地方官意謂漂到 前往求乘船問情 船上人大惡官人 不與接談 閉目偃臥 顯示侮蔑 我人忍耐羞憤 卑辭苦懇 始知非漂到也 有崔姓人自稱法國人 又或稱英國人 其言曰法國兵船方大到 若許我交易 當爲兩國解兵 地方官答以交易一事 非一個地方官所可擅許 崔姓曾不採聽 益肆咆 平洋河水淺 不可行大船 彼猶不顧 每天乘潮溯上數里 我人只要事不張大 或送米肉菜果柴薪等物 答云明日便回 而及於明日 反又溯上 看看漸迫省城 省城副將每日乘舟護行 以防彼我人雜亂之弊 一日自厥船投下鉤索 引去副將之船 執置副將及印信於船中 或逢往來商船 用砲轟碎 奪其物而殺其人 不知其數 遠近莫不大駭 奔竄相續 何曾有兵戈交鋒之事 而副將被執 其辱已甚 然而猶復卑辭苦懇 請還副將 則答曰 待我入城還送 其姓崔者能爲東國言語 桀傲無雙 必欲犯入省城 又未知其意所在 而滿城數萬軍民 不勝忿憤 齊出河上 奮力搏戰 欲奪副將 中丸死者又爲數十人之多 則衆憤齊激 勢莫可遏 銃砲互發 撤柴擲火 而畢竟彼船中藏藥轟裂 黑焰騰空 船燒無餘 人死無存 尙不知此船之爲貴國船也 姓崔的無端深入他國 惹此事端 至今追究 不知其爲何意也 貴照會內 船客係別國人 卽姓崔者之謂歟 此事始末 盡於是矣 貴國俗尙禮讓 爲合省名邦 中國之所知也 貴照會內 照前和好 無各殘害等語 原不足秋毫置諸疑慮間 玆庸奉復 幷須諒悉 爲此照覆 須至照覆者

3. 박규수, 제너럴셔먼호 소요에 관한 자문

미국 병선이 소란을 일으킨 정형(情形)을 낱낱이 진술합니다. 금년 2월 2일에 귀 예부에서 미국의 봉함(封函) 한 건을 전달한 것을 계기로, 지난번에 사리(事理)로 볼 때 상판(商辦)*이 필요치 않으며, 사세(事勢)로 보더라도 교섭할 수 없음을 모두 명백하게 밝히고 실정(實情)을 상세하게 서술했습니다. 그리고 이를 천폐(天陛)*께 아뢰어 특별히 명지(明旨)를 내리셔서 미국 사신을 개유(開諭)*하여 각자 편안 무사하게 해 달라는 내용으로 자복(咨覆)*했습니다.

■ 1866년 7월 평안도 관찰사 박규수는 미국 상선 제너럴셔먼호가 대동강을 올라오자 불태워 물리쳤다. 이 글은 제너럴셔먼호 사건을 언급한 중국 예부의 자문에 대한 회자문의 일부. 박규수는 신미양요의 진상을 해명하면서 미국 측의 위선적이고 오만무례한 행위를 성토하는 한편, 선제공격을 가

하고 대신 파견과 로우 친서 접수를 거부한 조선 측 대응을 정당화하고 있다. 중화질서에서 행해진 사대외교의 단면을 엿볼 수 있다. 원문 출전은 「美國兵船滋擾咨」, 『朴珪壽全集』 上(아세아문화사, 1978), 458-461쪽.

商辦 상의하여 처리함.
天陛 제왕이 사는 궁궐의 섬돌, 계단. 천자(황제)를 가리킴.
開諭 사물의 이치를 깨우쳐 알아듣도록 잘 타이름.
咨覆 미국의 봉함을 전달해 준 것에 대한 자문[美國封函轉遞咨].
釁端 틈이 생기는 실마리.
馳啓 파발마를 통해 급히 장계를 올림.
欽差大臣 전권사절.

杜德綏 Edward B. Drew. 청국주재 미국공사였던 로우(Frederick E. Low)의 비서.

그 나라 사신이 혹 이미 발선(發船)해서 곧장 폐경(敝境)으로 향할 우려가 없지 않았습니다. 그러므로 연해의 관리들에게 “혹시 다른 나라 선박이 바다에 오더라도 절대 먼저 흔단(釁端)*을 만들지 말고, 신속하게 보고하라.”고 계칙(戒飭)했습니다. 과연 금년 4월 11일에 부평도호부사 이기조(李基祖)의 보고에 의거해서 경기도관찰사 박영보(朴永輔)와 강화진무사 정기원(鄭岐源) 등이 치계(馳啓)*했습니다. 그 내용이 다음과 같았습니다.

“이번 달 3일에 이국선(異國船) 다섯 척이 서남쪽에서 와서 본부(本府) 앞바다에 정박하고 글을 보내왔는데, 자칭 미국 흠차대신(欽差大臣)* 겸 수사제독(水師提督)이라는 자가 사건을 상판(商辦)하기 위해 고위 관리와의 접견을 요청했습니다. 결코 해치려는 뜻은 없으니 놀라거나 두려워하지 말라는 말이 있었습니다.”

이에 즉시 의정부에 명령을 내려서, 먼저 3품 관원을 파견하여 바다를 건너온 노고를 위로하고 상판하려는 사정을 대략 질문하고자 했습니다. 그런데 의정부 장계 차송관(差送官)이 보고하기를, “문안총판(文案總辦) 드류[杜德綏]*라고 하는 자가 나와서 응접했는데, 대뜸 말하길 그 관원 등이 품계가 낮고 직분이 미천해서 그 나라 공사와 상견할 수 없다고 하면서 손을 저으며 받아 주지 않았습니다. 그래서 다시 대화를 하지 못하고, 다만 돌아보니 항구로 거슬러 올라가고 있었습니다.”라고 했습니다.

이어서 접수한 관찰사 박영보, 진무사 정기원 등의 치계에 “미국 선박 중에서 돛을 두 개 단 선박 두 척이 손돌목[孫石項]으로 돌입하였습니다. 이곳은 내항(內港)의 긴요한 관방(關防)이니, 이국(異國)의 군대를 태운 선박이 본국에 알리지 않고 제멋대로 돌아다니는 것은 결코 수수방관하며 좌시할 수 없었습니다. 애구(隘口)*의 진(鎭)을 지키는 장졸들이 포를 쏘며 저지하자 저들 선박이 즉시 후퇴해서 부평 앞바다에 정박하고 있습니다.”라고 했습니다.

隘口 출구가 좁은 해협으로서 방어의 요충지.

생각하건대 그림자를 봐서 형체를 살피고, 자취를 가지고 실정을 논함은 천하의 사리이니 여기서 벗어나는 경우는 없습니다. 지금 이 미국 선박이 와서 먼저 봉함(封函)을 보내고 곧이어 글을 전달하면서 번번이 말하길, “화목을 위해서 왔다”, “의심을 품지 말라”, “결코 해치려는 뜻이 없다”, “놀라거나 두려워하지 말라”라고 했습니다. 입만 열면 과장해서 하는 말들이 모두 이러한 것들이었는데, 예로써 서로 대하자는 것은 저들이 더욱 요구하던 바였습니다. 저들이 우호적으로 오면 우리도 우호적으로 응하고, 저들이 예로써 오면 우리도 예로써 접대함은 인정(人情)에 본래 당연한 바이자 국가의 통례입니다. 그런데 화호(和好)를 명분으로 삼으면서 무엇을 위해 군대를 싣고 왔으며, 예로써 서로 접대할 것을 구하면서 어째서 위로 방문을 물리친단 말입니까? 저들의 지려(智慮)로 이미 관애(關隘)에 반드시 방비가 있을 것임을 헤아렸으니, 이 때문에 극구 말하길 "의심이나 우려를 품지 말라", "결코 해치려는 뜻이 없다"고 했던 것입니다. 그러나 이는 단지 우리의 방비를 느슨하게 한 후에 허점을 틈타서 돌입하려는 속임수에서 나온 것일 뿐입니다. 만일 그것이 아니라면 남을 능멸하고 모욕해서 남의 국가 보기를 마치 무인지경과 같이 했음을 알 수 있습니다. 화호라는 것이 이와 같습니까? 예교(禮交)라는 것이 이와 같습니까? 저들의 의도는 흔단을 여는 데 있으며, 계책은 오로지 겁박해서 맹약을 맺는 데 있음을 여기서 알 수 있습니다.

저들이 위로 방문을 물리치고 항구에 돌입했을 때부터 온 나라의 정서가 분노했습니다. 좌해에 치우친 땅[*左海偏壤*]*이 비록 피폐함이 부끄러우나 또한 번병(藩屛)*을 갖추어 천자의 나라를 지켜 왔으니[*殿天子之邦*]*, 어찌 배신(陪臣)으로서 그 백성들이 구첨(具瞻)*하는 자로 하여금, 목소리와 풍속이 다른 이방인들이 와서 오만하고 소란을 부리는 와중에 분주하게 뛰어다니다가 지쳐 쓰러지게 할 수 있겠습니까? 저들이 요구한 대관의 접견은 불허하기로 결의하고 연해의 관리들에게 칙령해서 명백히 개유(開諭)하여 즉시 돌아가게 했습니다. (하략)

左海偏壤 좌해(左海)는 동쪽에 있는 바다로서 중국을 기준으로 조선이 동쪽에 있다는 뜻.

藩屛 울타리나 대문 앞의 가림 담장을 의미하는 말로, 주로 왕실이나 나라를 수호하는 먼 밖의 감영이나 병영을 의미함.

殿天下之邦 『詩經』「小雅」"采菽"장에 "즐거운 군자여, 천자의 나라를 지키는도다."[樂只君子 殿天子之邦]라고 한 구절에서 인용한 말.

具瞻 모든 사람이 우러러 본다는 뜻으로 『詩經』「小雅」'節南山'장의 "빛나는 태사 윤씨여, 백성들이 모두 그대를 우러러 보도다."[赫赫師尹 民具爾瞻]라고 한 구절에서 유래했다. 흔히 재상을 비유하는 말

[원문]

爲歷陳美國兵船滋擾情形事 向因本年二月初二日 貴部轉寄美國封函一件 已將事理之無待商辦 事勢之不可交涉 纖悉明白 縷述實情 懇轉達天陛 特降明旨 開諭美國使臣各安無事等情咨覆去訖 竊念該國使臣或者業已發船 徑向敝境 不無是慮 故戒飭沿海官弁 倘有異國船隻來到海面 切勿先啓衅端 迅速報來 果於本年四月十一日 京畿觀察使朴永輔江華鎭撫使鄭岐源等馳啓 備富平都護府使李基祖呈稱 本月初三日 異國船五隻 來自西南 碇住本府海面 投送文字 自稱美國欽差大臣暨水師提督 爲商辦事件 求見大員 決無害意 勿得驚恐等語前來 當卽飭下議政府 先遣三品官員 慰問涉海勞苦略叩商辦事情 議政府狀啓差送官文報內 有稱文案總辦杜德綏者出而接應 便謂該官員等品卑職微 不可與伊國公使相見 麾拒不納 更不打話 只顧溯上港口云云 續接觀察使朴永輔鎭撫使鄭岐源等馳啓 美船二帆者二隻 突入孫石項 係是內港要緊關防 異國載兵之船 不由本國知會 肆意恣行 萬不可斂手坐視 隘口鎭戍將卒 鳴砲阻擋 彼船隨卽退出 碇住富平海上等因前來 竊念見影而察形 執跡而論情 天下之事理 未有外於是者 今此美船之來 先之以封函 繼之以投文 動輒曰和睦而來 曰莫生疑慮 曰決無害意 曰勿得驚恐 滿口誇張 皆此等說 而以禮相待 尤其所求者也 彼以好來 我以好應 彼以禮來 我以禮接 卽人情之固然 而有國之通例也 和好爲名而曷爲載兵而來 禮接是求而何乃麾斥勞問 彼之智慮已料關隘之必有防範 所以極口稱莫生疑慮 決無害意等語 亶出於緩我備禦 乘虛深入之詭計耳 如其不然 憑陵欺侮 視人國如無人之境 尤可見矣 和好者如是乎 禮交者如是乎 意在於啓釁 計專於劫盟 斯可知矣 自其麾斥勞問 突入港口 擧國之情 莫不憤惋 左海偏壤 縱愧疲弊 亦忝備藩屛 殿天子之邦者也 豈可使陪臣

之爲其民具瞻者 奔走竭蹶於殊音異俗之來 傲慢衝撞之餘乎 彼所求大官接見 决意不許 而飭令沿海官弁 明白開論 俾卽捲回（下略)

4. 이항로, 부승지를 사양하며 소회를 아뢰는 상소

■ 이항로가 병인양요 때 주창한 척화 상소문. 서구문명은 '인류'의 문명이 아닌 '금수'의 문명이며, 프랑스 침략자들과 화친하는 것은 "인류를 금수의 지경에 빠뜨리는 것"이며, 조선의 문명을 보전하려면 단호히 배척해야 한다는 주장을 펴고 있다. 원문 출전은 「辭同副承旨兼陳所懷疏」, 『韓國文集叢刊 304 華西集』(민족문화추진회 편, 2003), 85-87쪽.

■ 李恒老(1792~1868). 조선 말 성리학자로 병인양요가 일어나자 흥선대원군에게 주전론을 건의했으며 그 후 경연관에 임명되었다. 그러나 흥선대원군의 정책을 비판하다 삭탈관직을 당하고 낙향하여 학문에 몰두하였다. 최익현, 김평묵, 유중교 등이 그의 문하에서 학문을 배웠다.

초래(草萊)*의 신 이항로는 병을 안고 궐하(闕下)에 달려와 머리를 조아리며 백배를 올리고 주상전하께 말씀을 올리나이다.

신이 금월 9일에 승정원에서 8일 성첩(成貼)*한 글을 보았는데, 신을 동부승지로 삼았으니 속히 올라오게 하라는 내용이었습니다. 신은 명을 듣고 놀랍고 황송해서 몸 둘 바를 몰랐습니다. 신은 실로 비루한 일개 야인으로서 공령(功令)*을 거의 닦지 못하고 재주가 졸렬해서 과거에 급제하지 못했습니다. 성리(性理)를 대략 섭렵했으나 병이 여전하고 늙었는데도 지식이 없어서 기꺼이 세상에서 버려진 물건이 되었는데, 갑자기 헌종[憲廟] 경자(庚子, 1840)년에 허명(虛名)이 위에 알려져 은혜가 잘못 내려졌으니 구루계공(傴僂悸恐)*해서 감히 관직에 나가지 못했습니다. 그러다 철종[哲廟] 임술(壬戌, 1862)년에 적초(賊招)*에 잘못 걸렸으니, 비록 예촉(睿燭)을 입어 목숨은 부지했으나 부앙(俯仰)*간에 참해(慙駭)해서 감히 스스로 평인(平人)과 같다고 여기지 못했습니다. 그런데 뜻하지 않게 전하께서 사복(嗣服)*하신 초기에 대료(大僚)가 연천(筵遷)해서 갑자기 청현(淸顯)*을 내리시고 1년 사이에 등급을 뛰어넘어 장헌(掌憲)*에 이르렀으니, 이는 오랜 덕망이 있는 명유(名儒)도 감히 쉽게 받들 수 없는 것이거늘, 하물며 신에게 있어선 목각 인형에 화곤(華袞)*을 입히고 질그릇에 황류(黃流)*를 담는 것과 무엇이 다르겠습니까? 그러나 외지에서의 경체(徑遞)*로 인해 소(疏)를 올려 진정하지 못하고 혹시 올 것처럼 했으니 신의 죄는 만 번 죽어 마땅합니다.

더구나 지금은 양적(洋賊)이 창궐해서 바로 위급존망의 때에 해당되니 모든 서용(庶用)과 관계된 일을 더욱 가려서 해야 하는데, 신과 같이 만만 불사(不似)한 물건에게 납언(納言)의 중임을 내리시니 어리석은 신이 삼가 지나치다고 여기옵니다. 또 신은 견마(犬馬)*의 나이가 75세요, 온갖 병이 침릉(侵淩)해서 모든 행동거지에 사람이 필요하고 심상한 응접에도 칠전팔도(七顚八倒)하니, 후설(喉舌)*의 직무는 결코 억지로 맡을 수 있는 바가 아닙니다. 이는 비단 부승(負乘)*을 우려해서만이 아니요, 다만 지금 적정(賊情)이 헤아리기 어려워 간난과 우환이 눈에 가득한데 소명(召命)을 내리심이 평상에서 크게 벗어났으니 신이 목석이 아닐진대 어찌 마음을 다스릴 수 있겠습니까? 이에 감히 집에서 사면(辭免)하지 못하고 쇠약한 몸을 이끌고 감히 유지(有旨)를 품고 와서

草萊 초야(草野).

成貼 공문서에 관인을 찍음.

功令 과문(科文), 즉 과거시험의 문체.

傴僂悸恐 구루(傴僂)는 벼슬을 받고 황송해하는 모양으로 『春秋左傳』 昭公 7년조에 공자의 선조인 정고보(正考父)라는 사람의 정(鼎)에 새긴 명(銘)에 "처음 벼슬을 받자 머리를 숙였고, 두 번째 벼슬을 받자 몸을 굽혔고, 세 번째 벼슬을 받자 허리를 굽히고는 길 가운데를 피해 담장을 따라서 달아났다."[一命而僂 再命而傴 三命而俯 循牆而走]라는 구절에서 인용한 말. 계공(悸恐)도 황송하다는 뜻.

賊招 도적이나 역적의 진술.

俯仰 고개를 들어 하늘을 올려보고 고개를 숙여 땅을 내려 봄.

嗣服 선인의 사업을 승계함,왕위를 계승함.

淸顯 학식과 문벌이 높은 사람으로 임명하는 벼슬로 규장각

황송하고 민망한 마음을 울부짖는 것이오니, 부디 성명(聖明)께서는 불쌍히 여기고 살피셔서 신이 받은 직명을 속히 내어놓고 물러가라 명하사 공기(公器)*를 중히 하시고 사분(私分)을 편안히 하시옵소서.

신이 소회가 있어서 차마 죽음을 무릅쓰고 한번 아뢰지 않을 수 없습니다. 우리 전하께서는 어린 나이에 조종(祖宗)의 큰 터전을 물려받으셔서 상빙(霜氷)*이 점점 보이다가 화란이 갑자기 발생함에 소의간식(宵衣旰食)*하시니 장백(將伯)*할 것이 없으시나, 초래(草萊)의 어리석은 사람도 혹 천려일득(千慮一得)*이 있으리라 생각하셔서 만에 하나 경비부전(傾否扶顚)*할 수 있기를 바라는 마음에 이처럼 일소(馹召)*하셨을 것입니다. 신은 길에 오른 이래로 밤에도 잠을 이루지 못하고 먹어도 그 맛을 몰랐으니 이는 실로 무엇으로써 성심(聖心)에 일일이 보답할지 알 수 없었기 때문입니다. 신은 본래 장구(章句)나 외는 부유(腐儒)로서 경제지술(經濟之術)이 없고, 게다가 노병으로 인해 죽음이 가까워져 정신이 혼모해서 일용의 쇄세(瑣細)한 물건도 전망후실(前亡後失)하기 때문에, 적정(賊情)을 미리 탐지하고 시사(時事)를 조론(條論)해서 확실하게 부합시킬 수 없습니다. 그러나 우선 그 대개(大槪)를 말씀드린다면, 지금 국론은 두 설이 다투고 있으니, 양적(洋賊)을 공격해야 한다고 하는 것은 나라 편 사람들의 설이고, 양적과 화친해야 한다고 하는 것은 적 편 사람들의 설입니다. 이것을 따르면 방내(邦內)에서 오랜 의상을 보존할 수 있고, 저것을 따르면 인류가 금수의 영역에 떨어지게 되니, 이것이 그 대분(大分)*입니다. 조금만 병이지성(秉彝之性)*을 갖춘 자라면 모두 이를 알 수 있거늘, 하물며 전하의 명성(明聖)으로 어찌 좌복으로 들어감[左腹之入]*을 용납하시겠습니까? 다만 종사의 위급한 화가 경각에 있기 때문에 이익을 따지고 요행을 바라는 논의가 틈을 타고 들어간 것이니, 성명(聖明)이 과연 한결같이 뜻을 견지하셔서 강결진압(剛決鎭壓)하시기를 마치 손토로가 용기 있게 책상을 가르던 것[孫討虜斫案之勇]*처럼 하시겠나이까? 이것이 어리석은 신이 크게 두려워하는 바입니다.

그 나라 편의 논의를 주장하는 자들도 또 두 설이 있으니, 하나는 전수(戰守)의 설이며, 다른 하나는 거빈(去豳)*의 설입니다. 어리석은 신은 전수(戰守)는 상경(常經)이요, 거빈은 달권(達權)*이라고 생각합니다. 상경은 사람마다 지킬 수 있지만 달권은 성인이 아니면 할 수 없으니, 어째서입니까? 이는 태왕(太王)의 덕이 있으면 가능하지만 태왕의 덕이 없으면 귀시(歸市)*하는 호응이 없을 것이기 때문입니다. 백성은 한번 흩어지면 다시 모을 수 없고, 대세는 한번 떠나면 다시 오게 할 수 없으니, 이 때문에 어리석은 신이 일에 앞서서 깊이 우려하는 것입니다. 부디 전하께서는 혹 사변이 생기더라도 차라리 상경(常經)을 지

(奎章閣), 홍문관(弘文館), 선전관청(宣傳官廳) 등의 벼슬.

掌憲 사헌부 장령.

華袞 고대 왕공이나 귀족이 입던 화려한 예복.

黃流 제사에서 강신(降神)할 때 쓰는 울창주(鬱鬯酒).

徑遞 임기가 차기 전에 다른 벼슬로 교체됨.

犬馬 신하가 임금에 대해서 자칭하는 겸사.

喉舌 왕명의 출납을 담당하는 승지(承旨)를 비유하는 표현.

負乘 소인이 군자의 자리에 있으면 재앙이 온다는 뜻. 『周易』 解卦에 "지고 있어야 할 사람이 수레를 타고 있다. 이 때문에 도적을 부르는 것이다."[負且乘 致寇至]라는 구절이 있다.

公器 관직을 비유하는 말로 개인의 사유가 아니라는 의미를 내포함.

霜氷 『周易』 坤卦에 "서리를 밟으면 장차 단단한 얼음이 올 것을 안다."[履霜堅氷至]고 한 구절에서 인용한 말로 화란의 조짐을 뜻한다.

宵衣旰食 해뜨기 전 옷을 입고 밤늦게 밥을 먹는다는 뜻으로 임금이 정사에 부지런함을 비유하는 말.

將伯 『詩經』 「小雅」 "正月"장에 "將伯助子"라는 구절에서 유래했다. 將은 請과 같고 伯은 長과 같으니 장자에게 나를 도와달라고 요청했다는 뜻이다. 이로부터 '將伯'은 다른 사람에게 구조를 요청한다는 의미로 사용된다.

千慮一得 『晏子春秋』의 "성인의 천 가지 생각에도 반드시 하나의 실수는 있고, 어리석은 자의 천 가지 생각에도 반드시 하나는 맞는 것이 있다."[聖人千慮 必有一失 愚人千慮 必有一得]라는 구절에서 유래한 말.

傾否扶顚 경비(傾否)는 비색한 운수를 기울여 형통하게 만든다는 뜻이고 부전(扶顚)는 엎어지려는 것을 부축한다는 말로 국가의 위란을 구제한다는 뜻.

馹召 역말을 보내서 지방 관리를 불러올림.

大分 대체(大體), 대요(大要), 명분의 뜻.

킬지언정 대번에 성인의 일을 스스로에게 견주지 마시옵소서. 전하께서 만약 전수(戰守)하는 설에 성지(聖志)를 굳게 정하셔서 설령 만부(萬夫)가 가로막고 흔들더라도 추호도 동요하지 않으신다면, 벙어리와 귀머거리, 절름발이와 앉은뱅이도 백배의 기상을 더할 것이니, 하물며 잠영(簪纓)* 세신(世臣)*의 족속과 초야의 충의한 사람들 중에 누군들 소민(小民)을 격권(激勸)해서 전하를 위해 죽음을 바치게 하려고 하지 않겠습니까?

신은 원컨대 전하께서 속히 애통지교(哀痛之敎)*를 내리셔서 도적을 초래한 원인을 자책하시고 선후(善後)의 뜻을 명시하시며, 귀신을 울리고 목석을 동요시킬 정도로 십행윤음(十行綸音)*을 정녕간측(丁寧懇惻)*하게 내리신다면 민정(民情)을 고취하는 단서가 여기서 얻어질 것입니다. 대신을 경신(敬信)하셔서 체통을 높이시고, 삼사(三司) 이외에 언로를 넓게 여시며, 장수를 선발하고 무기를 수선하시며, 속히 인망 있는 인물을 등용하소서. 팔도 내에 또 각각 그 도민들의 인망이 쏠리는 자 한 사람을 택해서 호소사(號召使)로 삼으신 다음 위권(威權)을 주시고 존중과 총애를 보여 주시며, 그 부이(副貳)*에게까지 작록의 영예를 주셔서 그로 하여금 충의기절(忠義氣節)의 인물을 모아 의려(義旅)*를 만들게 하십시오. 그리하여 관군과 서로 응원하다가 도적이 오면 절충어모(折衝禦侮)*하여 왕실을 호위케 하고 도적이 떠나면 이륜(彝倫)을 밝게 닦아서 사교(邪敎)를 종식시킨다면 그 전화위복의 기틀을 또 여기서 얻게 될 것입니다.

옛날에 수 양제(隋煬帝)가 백만의 군대로 고구려를 공격했으니, 그 대소강약의 형세가 다만 만근의 무게로 계란을 누르는 것 정도가 아니었습니다. 그러나 을지문덕이 능히 적은 군대로 그 대군을 패배시키니 수나라의 위세가 꺾이게 되었습니다. 당 태종(唐太宗)의 영무(英武)는 천하에 대적할 자가 없었는데, 스스로 장수가 되어 안시성을 공격하다가 성의 수비를 깨지 못하고 천사(天師)*가 패배해서 천하의 웃음거리가 되었습니다. 고려 말에 홍건적이 비휴웅비(貔貅熊羆)* 같은 군대 20여 만을 거느리고 송도(松都)를 함락시켰는데, 우리 태조께서 정세운(鄭世雲)*과 함께 일거에 그 10만 명을 격파하시고, 그 괴수 관선생(關先生)을 베어 버리고 두목 반성(潘誠)을 쫓아내셨습니다. 이에 건청곤이(乾淸坤夷)해서 고려 왕실이 다시 안정을 찾게 되었습니다.

지금 우리 조정이 비록 문염무희(文恬武嬉)*하고 병혁(兵革)*을 알지 못해 온 나머지 하루도 보존하지 못할 것처럼 보이지만, 지방(地方)이 천 리요, 산해(山海)가 험고(險固)하며, 재속(財粟)*이 산출되고 어염(魚鹽)의 이로움이 있습니다. 설령 전국시대에 있었더라도 조(趙), 위(魏), 연(燕), 한(韓)과 백중하였을

秉彝之性 인간이 본래 타고난 성품을 뜻하는 말로 『詩經』「大雅」"蒸民"장에 "하늘이 사람을 이 세상에 낼 적에 누구나 하늘의 원리가 그 속에 깃들게 하였다. 그래서 사람들이 양심을 가지게 되어 이 아름다운 덕을 좋아하게 된 것이다."[天生蒸民 有物有則 民之秉彝 好是懿德]라는 구절이 있다.

左腹之入 『周易』 明夷卦에 "왼쪽 배로 들어가서 군자를 참소할 마음을 얻는다."[入于左腹 獲明夷之心]라는 구절에서 인용한 말로 음흉한 소인이 임금의 곁에서 아첨한다는 의미.

孫討虜斫案之勇 중국 삼국시대의 손권을 가리킴. 한나라 조정에서 토로장군이라는 작호를 받았기 때문에 손토로(孫討虜)라고 한다. 조조가 남하해서 형주를 점령하고 손권에게 도전장을 보내자 장소를 비롯한 모사들은 강화할 것을 주장하고, 주유는 결전을 주장했다. 이에 손권이 칼을 들어 책상을 찍으면서 결전하기로 결단을 내렸다는 고사에서 유래한 말.

去豳 거빈(去邠)과 같은 말로 임금이 수도를 버리고 몽진(蒙塵)함을 뜻한다. 『孟子』「梁惠王下」에 주 태왕(周太王) 즉 고공단보(古公亶父)가 빈(邠) 땅에 있을 때 적인(狄人)이 쳐들어오자 백성을 해치지 않기 위해 빈을 버리고 기산(岐山) 아래로 옮겨 갔다는 고사에서 유래한 말.

達權 권도(權道)에 따라 임기응변하는 것.

歸市 시장에 돌아간다는 뜻으로 많은 사람이 서로 앞을 다투는 모양을 비유. 주 태왕(周太王)이 빈(邠)을 버리고 기산(岐山) 아래로 옮겨 가자 빈인(邠人)들이 "인인(仁人)이다. 놓쳐선 안 된다."라고 하고 시장에 돌아가듯 따라갔다고 한다. 출처는 『孟子』「梁惠王下」.

簪纓 고관의 관에 꽂는 비녀와 갓끈으로 고관대작을 가리킴.

世臣 누대에 걸쳐 고위 관직을 역임하여 나라와 운명을 같이 하는 신하.

哀痛之敎 변고를 당해서 애통의 뜻을 보이는 교지(敎旨).

것이니 결코 고구려의 한 줌 땅과 비교할 바가 아닙니다. 전하께서 지금부터 숙흥야매(夙興夜寐)*하시고 군신(君臣)이 맹세해서 연안(宴安)*의 짐독(鴆毒)*을 경계하시고 근검의 실덕(實德)을 부지런히 하시며, 사의(私意)가 은미한 심술(心術)에 싹트지 않게 하시고 문구(文具)*가 겉으로 보이는 정사에 베풀어지지 않게 하신다면, 여러 신하들과 백성이 모두 그 마음을 정백(精白)히 하여 비응혜지(丕應徯志)*할 것이니, 무슨 일을 이루지 못하겠나이까?

비록 그렇지만 신이 들으니, 물은 배를 띄우는 것이지만 또한 배를 전복시킬 수도 있으며, 백성은 나라를 지키는 것이지만 또한 나라를 망하게 할 수도 있다고 했습니다. 그러므로 "인심이 산천보다 험하다."라고 하는 것입니다. 전하께서는 고사(古史)를 살펴보소서. 나라를 흥하게 하는 경사가 인심의 귀향(歸嚮)에 근본하지 않은 경우가 있으며, 나라를 잃는 재앙이 인심의 이반에 근본하지 않은 경우가 있사옵니까? 부디 전하께서는 성심(聖心)에 물어보고 경사(卿士)에게 물어보소서[謀及卿士].* 그리하여 안으로는 연곡에서 밖으로는 하황에 이르기까지[內自輦轂 外至遐荒]* 경술도덕(經術道德)이 전하의 사우(師友)가 될 만하며, 면절정쟁(面折廷爭)*이 전하의 궐실(闕失)*을 바로잡을 만하며, 효렴기절(孝廉氣節)이 전하의 풍속을 면려할 만하며, 청백정사(淸白政事)가 전하의 적자(赤子)*를 살릴 만하며, 무학재지(武學才智)가 전하께서 노여워하시는 상대와 대적할 만한 자들과 모든 소선일예(小善一藝)가 전하께서 유용하게 사용하실 만하지만 버려져서 영락한 자들을 즉시 관리에게 명하셔서 마음을 다해 추방(推訪)하여 발모연여(拔茅連茹)*하신 후에 그들로 하여금 흡족하고 의기양양하게 와서 서위(庶位)*의 반열에 들게 하소서. 그리고 이익을 생각해서 의를 잊고, 어버이를 버리고 군주를 뒤로 하는 모든 무리들을 점차 소원히 대하신다면 조저(朝著)*가 청명하고 사림이 경하해서 모두 전하를 위해 몸을 바치려고 할 것입니다.

토목 공사를 정지하고, 백성에게 가혹히 거두는 정사를 금하고, 치대(侈大)*한 습관을 버려서 궁실을 낮추고 음식을 소박하게 하고 옷을 검소하게 하십시오. 민사(民事)에 진력하시되 대우(大禹)*가 한 것처럼 하시고, 호생지덕(好生之德)*을 기르고 불인인지심(不忍人之心)*을 채우시되 고요(皐陶)의 계책과 맹자의 가르침처럼 하셔서 표리가 일치하여 미더움이 사방에 미친다면 민력이 크게 여유로지고 물정(物情)이 만족하여 전하를 부모처럼 우러러 볼 것입니다. 몸을 바치는 신하를 이끌고서 그 군주를 버리게 하고, 효순(孝順)한 자식을 이끌고서 그 부모를 공격하게 하는 것은 고금 천하에 반드시 이루지 못할 일입니다. 이렇게 하신 후에야 양적을 쫓아내고 국가를 보전할 수 있습니다. 만약 그렇게 하지 않으신다면 위로는 군자들의 마음을 잃고 아래로는 소민의 원한을 맺어서, 세

十行綸音 십행은 제왕의 수차(手箚)나 조서를 상징하는 말이고, 윤음도 임금의 교서 등을 의미한다.

丁寧懇惻 정녕(丁寧)과 간측(懇惻) 모두 간곡하고 절실한 모양.

副貳 보좌역.

義旅 의로운 군대.

折衝禦侮 절충(折衝)과 어모(禦侮) 모두 외부의 적을 막아낸다는 뜻.

天師 왕사(王師)와 같은 말로 중국 천자의 군대라는 뜻.

貔貅熊羆 비휴(貔貅)는 고대의 맹수 이름이고 웅비(熊羆)는 곰으로 역시 맹수를 뜻함.

鄭世雲 고려 후기의 무장으로 1361년 홍건적이 침입하여 개경이 함락되었을 때, 총병관(總兵官)으로서 홍건적을 물리치고, 개경을 탈환하는 데 큰 공을 세운 인물.

文恬武嬉 문관과 무관이 나라를 걱정하지 않고 안일에 빠져 향락이나 즐긴다는 뜻.

兵革 전쟁.

財粟 재산과 양식.

夙興夜寐 새벽에 일어나고 밤늦게 잠자며 부지런히 일함.

宴安 안일과 환락.

鴆毒 짐새의 깃털에 있는 독이라는 뜻이다. 짐새는 중국 광동성에 서식하는 독조(毒鳥)로 그 깃을 담근 술을 마시면 죽게 된다고 한다.

文具 겉만 번지르르하게 꾸미는 문식(文飾).

丕應徯志 『書經』「益稷」에 나오는 "惟動丕應徯志"라는 구절에서 인용한 말로 이는 "매번 천하가 크게 응하여 순명(順命)해서 황제의 뜻을 기다린다."라는 뜻.

謀及卿士 『書經』「洪範」에 "크게 의심나는 점이 있거든 자기 마음에 물어보고, 경사(卿士)들에게 물어보고, 서인(庶人)에게 물어보고, 거북점과 시초점을 쳐서 물어보아야 한다."[有大疑 謀及乃心 謀及卿士 謀及庶人 謀及卜筮]라는 구절에서 인용했다.

內自輦轂 外至遐荒 연곡(輦轂)은 임금이 타는 수레로 여기선 서울을 가리킨다. 하황(遐荒)은 멀고 황폐한 지역이다.

월이 흘러가는 사이에 어떻게 되돌려야 할지 알 수 없게 될 것이니, 비록 맹장이 구름처럼 모이고 모신(謀臣)이 비처럼 모여서, 미리 알고 계책을 마련하는 선비들이 날마다 그 재주를 바치더라도 토붕와해(土崩瓦解)에서 구제할 수 없을 것입니다.

노신(老臣)이 나라의 큰 은혜를 입었으니 조금이라도 숨이 남아 있는 한 결코 무리한 망언을 해서 우리 성명(聖明)을 저버리지 않을 것입니다. 불안한 이 마음을 신명께선 알아주실 것입니다. 부디 전하께서는 그 광망(狂妄)한 죄를 용서하시고 깊이 유념하소서. 신은 애군우국(愛君憂國)의 간절하고 절박한 마음을 이기지 못하여 죽음을 무릅쓰고 아뢰나이다.

[원문]

草萊臣李恒老 輿疾到闕下 謹頓首百拜上言于主上殿下 伏以臣於今月九日 伏奉承政院八日成帖 以臣爲同副承旨 使之斯速上來者 臣聞命驚惶 罔知攸措 臣實空空一野人耳 少治功令 才拙不售 略涉性理 病廢仍循 老矣無聞 甘爲棄物 忽於憲廟庚子 虛名上徹 誤恩下降 傴僂悸恐 不敢就職 哲廟壬戌 誤出賊招 雖蒙睿燭 得保首領 俯仰慙駭 不敢自同平人 不謂殿下嗣服之初 大僚筵薦 驟加淸顯 一歲中 超遷至掌憲 此在宿德名儒 不敢容易承膺 況在臣身 何異木偶之華袞 瓦缶之黃流也 卽因在外徑遞 未得封疏陳情 似若倘來者然 臣罪萬死 況今洋賊猖獗 正當危急存亡之秋 凡繫庶官 尤宜遴選 而以臣萬萬不似之物 畀之納言之重任 臣愚竊以爲過矣 且臣犬馬之齒七十有五 百病侵凌 坐起須人尋常應接 七顚八倒 喉舌供職 決非可強 不獨負乘之爲憂也 但今賊情叵測 艱虞溢目 而召命之降 出尋常萬萬 臣非木石 何以爲心 玆不敢在家辭免 扶曳癃疾 敢膺有旨而來 籲此惶悶之情 伏乞聖明 哀矜垂察 將臣所帶職名 亟命遞去 以重公器 以安私分焉 抑臣竊有所懷 不忍不冒死一陳焉 恭惟我殿下 以冲齡膺受祖宗丕丕基 霜冰積漸 禍亂猝發 宵衣旰食 將伯無地 謂草萊之愚 猶或有千慮之一得 庶幾有以傾否扶顚於萬一 有此馹召之擧 臣自上道以來 夜不成寐 食不知味 實不知何以仰酬聖心之一二也 臣本章句腐儒 無經濟之術 加以老病垂死 精神昏耗 日用瑣細 前忘後失 不得逆探賊情 條論時事 鑿鑿符合 然姑擧其大槩 則今國論 兩說交戰 謂洋賊可攻者 國邊人之說也 謂洋賊可和者 賊邊人之說也 由此則邦內保衣裳之舊 由彼則人類陷禽獸之域 此則大分也 粗有秉彝之性者皆可以知之 況以殿下之明聖 豈容左腹之入也 但恐宗社危急之禍 迫於呼吸 而計利徼幸之論 乘間抵隙 則未知聖明果能持之如一 剛決鎭壓 如孫討虜斫案之勇否也 此愚臣之所大懼也 其主國邊之論者 又有兩說 其一戰守之說也 其一去豳之說也 臣愚以爲戰守 常經也 去豳 達權也 常經 人皆可守 達權 非聖人不能也 何者 蓋有太王之德則可 無太王之德 則無歸市之應矣 百姓一散 不可復合 大勢一去 不可復來 此愚臣所以先事深憂 願殿下脫有事變 寧守常經 而毋遽以聖人之事自況也 殿下若於戰守之說 堅定聖志 雖萬夫沮撓 不動毫髮 則喑聾跛躄 且增百倍之氣矣 況簪纓世臣之族 草野忠義之人 孰不願激勸小民 爲殿下效死哉 臣願殿下亟下哀痛之敎 自訟致寇之由 明示善後之意 十行絲綸 丁寧懇惻 足以泣鬼神而動木石 則其鼓發民情之端 得之於此矣 敬信大臣 以尊體統 三司之外 廣開言路 選將繕武 極用人望 八道之內 又各擇本道人望所歸者一人 爲號召使 假之以威權 示之以尊寵 爵祿之榮 及於副貳 使之收拾忠義氣節之人 以爲義旅 與官軍相爲應援 賊來則折衝禦侮 以衛王室 賊去則修明彝倫 以息邪敎 則其轉禍爲福之幾 又得

面折廷爭 임금의 허물을 조정에서 기탄없이 간(諫)함.

闕失 의당 해야 할 일을 하지 않은 허물.

赤子 갓난아기라는 뜻으로 백성을 칭하는 말.

拔茅連茹 『周易』 泰卦에 나오는 말로 띠풀의 뿌리를 뽑으면 모든 줄기가 따라 나오는 것처럼 현자들이 서로 추천해서 나온다는 뜻.

庶位 여러 관직.

朝著 조정.

侈大 방종하고 교만함. 과장됨.

大禹 고대 중국의 성왕(聖王)인 우(禹)를 가리킨다. 우임금은 순(舜)임금의 명을 받아 홍수를 다스리고 강하(江河)를 소통시키고 도랑을 정비하여 농업을 발전시켰다. 13년간 치수 사업을 하면서 세 번 자기 집 앞을 지나갔으나 들어가지 않았다고 한다.

好生之德 생명을 아껴서 살생하기를 좋아하지 않는 덕이라는 뜻으로 『書經』 「大禹謨」에 고요(皐陶)가 이러한 간언을 하는 대목이 있다.

不忍人之心 다른 사람에게 차마 나쁜 짓을 하지 못하는 마음이라는 뜻으로 『孟子』 「公孫丑上」에 나오는 말.

之於此矣 昔者隋煬帝 以百萬之衆 來攻高句麗 其大小強弱之勢 不翅若萬斤之壓鳥卵也 然而乙支文德 能以褊師 敗衄其衆 隋以不振 唐太宗之英武 天下無敵 而自將擊安市城 城守不克 天師摧敗 爲天下笑 麗氏之末 紅巾賊攣狃貅熊羆之師二十餘萬 來陷松都 我太祖與鄭世雲 一擧而破其十萬 斬其魁關先生 逐破頭藩 於是乾淸坤夷 麗室復安 今我朝雖當文恬武嬉 不識兵革之餘 凜凜若不保朝夕 然地方千里 山海險固 財粟之出 魚塩之利 雖在戰國之間 猶當伯仲於趙魏燕韓 决非高句麗丸泥之比也 殿下自今伊始 夙興夜寐 君臣相誓 戒宴安之鴆毒 致勤儉之實德 私意不萌於心術之微 文具不設於政事之著 則羣臣百姓 莫不精白其心 丕應徯志 何事之不可濟哉 雖然 臣竊聞之 水所以載舟而亦能覆人之舟 民所以衛國而亦能亡人之國 故曰人心險於山川 殿下歷覽古史 凡興邦之慶 孰不本於人心之歸嚮 喪邦之禍 孰不本於人心之離叛也 臣願殿下謀及聖心 謀及卿士 內自輦轂 外至遐荒 凡經術道德 足以爲殿下之師友 面折廷爭 足以正殿下之闕失 孝廉氣節 足以勵殿下之風俗 淸白政事 足以活殿下之赤子 武學才智 足以敵殿下之所愾 與凡小善一藝可備殿下之器使 而擯棄淪落者 即命有司 悉心推訪 拔茅連茹 使之于于洋洋來列庶位 而凡懷利忘義 遺親後君之輩 漸次疎遠 則朝著淸明 士林相慶 而皆願爲殿下致身矣 停土木之役 禁斂民之政 去侈大之習 卑宮室 菲飮食 惡衣服 而盡力於民事 如大禹之爲 養好生之德 充不忍人之心 如皐陶之謨孟子之訓 表裏一致 孚信旁達 則 民力大紓 物情翕然 而仰之如父母矣 攣致身之臣 以遺其君 攣孝順之子 以攻其父 古今天下 必不成之事也 如此然後 洋賊可逐 國家可保 苟爲不然 上失君子之心 下結小民之怨 日往月來 不知所以反之 則雖猛將如雲 謀臣如雨 前知預計之士 日効其能 無救於土崩瓦解矣 老臣受國厚恩 一息尙存 決不爲無理之妄言 以負我聖明也 耿耿此心 神明可質 伏願殿下赦其狂妄之罪 而深留睿念焉 臣無任愛君憂國激切懇迫之至 謹昧死以聞

5. 박규수, 온경(溫卿)에게 보낸 서한

■ 박규수가 신미양요 직후인 1871년 7월 5일자로 아우 박선수(朴瑄壽)에게 보낸 서한의 일부. 조선을 예의의 나라로 자부하는 척사론자들을 비판하고 있다. 당시 예문관 제학이었던 박규수는 개화파를 양성하고 일본 서계 접수와 대일 수호를 주장했다. 원문 출전은 「與溫卿」, 『朴珪壽全集』 上(아세아문화사, 1978), 558~559쪽.

그사이 이범선(二帆船)이 떠나갈 때, 다른 선박들은 모두 이미 외양(外洋)에 나가서 예전에 있던 곳에 다시 닻을 정박하고 있었다. 이범선이 며칠 후에 돌아와서 부평(富平)에 문서를 던져 놓고는 일제히 떠나갔으니, 북경에 요구를 하러 갔다가 거절을 당하고 돌아와서는 귀국해서 보고하기 위해 떠난 것인 듯했다. 어떤 이는 말하길, "공친왕(恭親王)이 화륜선의 제조를 감독하기 위해 천진(天津)에서 여름을 보내고 있었는데, 저 오랑캐가 다녀온 날짜가 천진을 왕래하는 시간과 꼭 일치한다. 그렇다면 북경에까지 가지 않고 바로 공친왕에게 요구를 했다가 거절당한 것이다."라고 하니 그 말이 혹 그럴 법하다. 이른바 예의지방(禮義之邦)*이 먼 데서 온 오랑캐에게 모욕을 당함이 끝내 이러한 지경에까지 이르렀으니, 이 무슨 일인가?

禮義之邦 사대질서의 주변인 조선이 중화에 대해 가졌던 자의식. 소중화의식의 표현. 박규수의 비판은 사대질서의 변동을 상징한다.

걸핏하면 예의지방이라고 하는데, 나는 본래 이 말을 고루하게 여긴다. 천하 만고에 어찌 나라가 되어서 예의가 없는 것이 있겠는가? 이는 중국인이 이적(夷狄) 가운데서도 이러한 나라가 있음을 가상하게 여겨서 예의지방이라고 부른

데 불과하다. 이는 본래 수치스럽게 여겨야 할 말이니 천하에 스스로 뽐내기엔 부족한 것이다. 조금 지위와 문벌이 있는 자가 매번 양반, 양반을 거론한다면 이는 가장 수치스럽게 여겨야 할 말이자 가장 무식한 말이 된다. 지금 매번 예의지방을 자칭하는 것은 예의가 어떤 물건과 일인지 알지 못하는 구기(口氣)* 이다. (하략)

口氣 말투, 어법.

[원문]

其間二帆一船出去時 諸船皆已至外洋 而回碇舊處矣 二帆費幾多日還來 還來而彼乃投文於富平 一齊起去 甚似往求北京 見阻而還 於是乎歸告其國而起去也 或云恭親王監造火輪船 方在天津過夏 而彼夷往還日子 適相當於往來天津之間 然則未至北京而直求於恭親王而見阻也云云 其說亦或然矣 所謂禮義之邦 見侮於遠夷 一至於此 此何事也 輒稱禮義之邦 此說吾本陋之 天下萬古 安有爲國而無禮義者哉 是不過中國人嘉其夷狄中乃有此 而嘉賞之曰禮義之邦也 此本可羞可恥之語也 不足自豪於天下也 稍有地閥者輒稱兩班兩班 此爲最堪羞恥之說 最無識之口也 今輒自稱禮義之邦 是不識禮義爲何件物事之口氣也 (下略)

6. 안동준, 일본서계 반박문

■ 1869년 대마도주(對馬島主) 소씨(宗氏)가 왕정복고를 알리는 일본정부의 서계(書契)를 전달하자 서계 접수를 거부한 안동준(安東峻)의 글. 서계가 기존의 격식과 형식에서 벗어났다는 이유를 들고 있다. 안동준은 흥선대원군의 심복으로 1867년 동래 주재 왜학훈도(倭學訓導)가 되어 대일 교섭을 맡았다. 원문 출전은 『日本外交文書』 2-3, 문서번호615, 410-412쪽.

■ 安東峻(?~1875) 흥선대원군의 심복으로 1867년 동래 부산에 주재하면서 왜학훈도(倭學訓導)가 되어 동래부사 정현덕(鄭顯德)과 함께 대일외교를 담당하였다. 1874년 정현덕과 함께 공금을 유용하였다는 죄목으로 파직 유배되고 이듬해 교수형을 당하였다.

– 좌근위소장(左近衛少將)

공로로 인해 승진하여 혹 이와 같이 될 수도 있지만 이러한 칭호는 본국에서만 행해야 합니다. 교린문서에 있어선 별도로 강정(講定)해서 바꿀 수 없는 규칙이 있는데 어찌 갑자기 몇 글자를 여기에 더할 수 있겠습니까? 우리나라 예조참의로 말하자면 원래 우시랑(右侍郎)이며 동래부사는 관례상 예조참의를 겸하고 있지만 전부터 삭제하고 쓰지 않았는데, 귀국에서는 어째서 관직의 증감만을 생각해서 전례를 준수하지 않는 것입니까?

– 평조신(平朝臣)

옛 기록을 낱낱이 상고하면 비록 고관대직의 인물이라도 관직을 성명의 중간에 추가한 경우가 없었으니 이 또한 격식에서 벗어난 것입니다.

– 서계에 새 인장을 찍은 것

귀국의 봉강지신(封疆之臣)은 원래 본국에서 시행하는 인장을 가지고 있었을 것이지만 귀주(貴州)[대마도]에서 반드시 서계에 우리나라 인장을 사용한 것은 빙신(憑信)*을 하려는 뜻이었으니, 이는 바꿀 수 없는 규칙입니다. 그런데 지금 다른 인장으로 바꾸려고 한다면 결코 받을 수 없습니다.

憑信 증거, 입증.

– 예조참판공(禮曹參判公)

공(公)은 군공(君公)*의 호칭으로서 오등 후백(五等侯伯)의 작위*의 으뜸이니, 대인(大人)과 비교해 보면 사실 폄강(貶降)한 것은 아닙니다. 그러나 이 서계에서 대인으로 호칭하는 것은 삼백 년간 이미 시행해 온 관례입니다. 지금 갑자기 공으로 호칭하는 것은 격식에서 벗어난 것이니 또한 전례를 따라야 할 뿐입니다.

君公 제후.

오등 후백의 작위 공(公), 후(侯), 백(伯), 자(子), 남(男)을 말한다.

— 황실(皇室)

황(皇)은 천하를 통일해서 모든 백성들이 함께 존숭하는 칭호입니다. 비록 귀국에서 행하더라도 귀국과 우리 사이에서 왕래하는 서계 중에 쓰는 것은 교린 이래로 없었던 일입니다. 이러한 자구(字句)는 결단코 받을 수 없습니다.

— 봉칙(奉勅)

칙(勅)은 천자의 조령(詔令)입니다. 이것이 비록 귀국 사람들이 높이는 말이라고 해도 교린 이래로 처음 보는 글자입니다. 다시 논할 필요가 없습니다.

— "후의(厚誼)에서 비롯된 것이니 쉽게 고칠 수 없다"는 구절

귀주(貴州)에서 대대로 우리 인장을 받은 것은 사적인 일이 아니라 바로 공적인 일이었습니다. 그런데도 이를 후의에서 비롯된 것으로 돌리고, 설령 이것을 조금 사사로운 정의(情誼)로 간주하려는 뜻이 있더라도 하단에 "사(私)로써 공(公)을 해친다"는 구절에 이르러서는 크게 놀라고 괴이했습니다. 당초에 인장을 받은 것이 어찌 사사로이 주고받은 것이길래 '사'(私)라는 한 글자를 그 가운데 넣는단 말입니까? 귀국의 주(州)를 맡은 관리가 만약 이웃나라에서 사적으로 인장을 받았다면 귀국의 사무가 어찌 괴이하지 않겠습니까?

— 대체로 양국의 약조는 깎아낼 수 없는 금석(金石)과도 같은 교제입니다. 서계의 왕복이 한만(汗漫)한 문자가 아니기 때문에 그 한마디라도 격식에 어긋나거나 한 글자라도 눈에 거슬리면 반드시 받아들여서 빈접(儐接)*할 도리가 없는 것이요, 설령 백 년 동안 서로 대치하더라도 한갓 이웃나라의 우호만을 상하게 할 뿐이니 어찌 일을 이룰 기약이 있겠습니까? 아마 귀국에도 사체(事體)*와 도리를 깊이 아는 사람이 있을 것입니다. 그런데도 끝내 깨닫지 못하니 참으로 깊이 개탄하는 바입니다.

儐接 인도하여 접대함.

事體 사리(事理).

[원문]

一 左近衛少將

因功增秩 想或有此 而行之本國可也 至於交隣文字 自有講定不易之規則 何可遽加幾字於此乎 若我國禮曹參議 原是右侍郎 東萊府使例兼禮曹參議 而自前刪而不書 貴國何獨惟意增減 不遵前例乎

一 平朝臣

歷考往牒 雖高官大職之人未有官職之贅於姓名中間者 此亦格外

一 書契押新印

貴國封疆之臣 想當原有印章行之本國 而貴州之必用我國印章於書契者 欲爲憑信之意 乃是不易之規 今欲改以他印 則決不可受也

一 禮曹參判公

公是君公之稱 首於五等侯伯之爵 則較諸大人 實非貶降 蓋此書契之稱以大人 三百年已行之例 今忽稱公 係格外也 亦當依前而已

一 皇室

皇是統一天下 率土共尊之稱 雖行之於 貴國 而貴我間往來書契中 則交隣以來 未有之事 如此字句 決不可受

一 奉勅

勅是天子詔令 此雖貴國人尊奉之說 而蓋自交隣以來 刱見之字也 不須更論

一 厚誼所存有不可容易改者

貴州之世受我印 非私伊公 而歸之厚誼所存 微者以此爲私誼底意 而至於下段以私害公之句 大覺駭異 當初受印 何嘗私自與受 而乃以私之一字插入其中乎 貴國典州之官 若私受印章於隣國 則貴國之事 豈不異哉

一 大抵兩國約條 卽金石不刊之交也 書契往復 非汗漫文字 而苟其一言違格 一字碍眼 必無容受儐接之理 雖百年相持 徒傷隣好而已 豈有濟事之期乎 想 貴國亦有深識事體道理之人 而終不知悟 窃爲之深慨深慨

☞ [참고] 對馬島主書契及大修大差倭平和節書契別幅謄本

■ 일본국 좌근위소장(左近衛少將) 대마수 다이라노 요시아키라(平義達)가 조선국 예조참의공에게 올린 서계. 『日本外交文書』 1-2, 문서번호 705; 원문 출전은 「對馬島主書契及大修大差倭平和節書契別幅謄本」, 『龍湖閒錄』 권4(국사편찬위원회, 1980), 211-212쪽.

일본국 좌근위소장(左近衛少將) 대마수(對馬守) 평조신의달(平朝臣義達)이 조선국 예조참의공 각하에게 글을 올림.

본방(本邦)은 근래 시세가 일변해서 정권이 모두 황실에 귀속되었습니다. 귀국에 있어선 이웃나라 사이의 정의가 본래 두터우니 어찌 기쁘지 않겠습니까? 곧 별사(別使)를 파견해서 전말을 상세히 알릴 것이니 여기서 장황하게 서술하지 않겠습니다. 저는 예전에 경사(京師)*에 조회를 갔다가 조정에서 특별히 옛 훈공을 포상하셔서 작위를 더하고 좌근위소장 관직을 내려 주셨습니다. 그리고 교린직(交隣職)에 임명하셔서 영원히 변치 않고 전하게 하셨으며 또 증명 인기(印記)*를 하사하셨습니다. 요컨대 양국의 교제가 더욱 성신(誠信)을 두텁게 해서 영원히 변치 않게 하는 것이 예려(叡慮)*의 소재이니 감격스러움을 어찌 이기겠습니까? 금번 별사(別使) 서한에 새 인장을 찍어서 조정의 성의를 표시했으니 귀국 또한 마땅히 접수해야 할 것입니다. 과거에 도서(圖書)*를 받은 일은 그 연유가 모두 후의(厚誼)에서 나온 것이니 쉽게 고칠 수 없는 것입니다. 그렇지만 이번의 일은 조정의 특명과 관계된 것이니 어찌 사(私)로써 공(公)을 해칠 수 있겠습니까? 저의 뜻은 실로 여기에 있습니다. 귀 조정에서 부디 체량(體諒)*하시기를 깊이 바랍니다.

11월

京師 수도.

印記 공문서에 인압하는 공식 도장.

叡慮 황제의 생각.

圖書 도장.

體諒 깊이 헤아리다.

[원문]

日本國左近衛少將對馬守平朝臣義達呈書朝鮮國禮曺參議公閣下
告者本邦頃時勢一變 政權一歸皇室 在貴國隣誼固厚 豈不欣然哉 近差別使 具陳顚末 不贅于玆 不佞嚮奉朝京師 朝廷特褒舊勳 加爵 進官左近衛小將 更命交隣職 永傳不朽 又賜證明印記 要之兩國交際 益厚誠信 永遠罔渝 叡慮所在 感佩曷極 今般別使書翰押新印 以表朝廷誠意 貴國亦宜領可 舊來受圖書事 其原由全出厚誼所存 則不可容易改者 雖然卽是係朝廷特命 豈有以私害公之理耶 佞情實在此 貴朝幸垂體諒 所深望也
十一月

7. 박규수, 대원군에게 올리는 답서 1

■ 서계 접수와 관련하여 1874년 박규수가 흥선대원군에게 보낸 서한. 박규수는 일본정부가 1869년에 보내온 서계의 격식이 종전 에도 시대의 서계와 서식이 다르지만 이는 사소한 차이일 뿐 문제 삼아서는 안 되며, 이 때문에 국교를 단절한다면 일본이 원한을 품을 것이라 주장하고 있다. 원문 출전은 「答上大院君」, 『朴珪壽全集』 上(아세아문화사, 1978), 749-754쪽.

소생이 평양에 있을 때 갑자기 동래 왜관의 일을 듣게 되었습니다. 방우서(方禹舒)가 한 본을 베껴서 보여 주었는데, 휴지 속에 들어가 있다가 일전에 크게 고생해서 다시 찾아냈습니다. 당시 서계(書契)를 접수하지 않았던 곡절을 소생이 헤아린 바에 따라 다음과 같이 적습니다.

첫째, 예로부터 서계가 왕래할 때는 피차가 격식을 신중히 준수해서 격식에 어긋남이 있거든 비록 한 글자, 한 획이라도 반드시 따져서 받지 않았습니다. 일본인들이 더욱 까다롭게 했기 때문에 우리나라도 그렇게 해서 서로 양보하지 않았던 것입니다. 이것이 전해져 내려오는 철규(鐵規)입니다. 그런데 지금 온 서계는 '대마주태수'(對馬州太守)라고 쓰지 않고, 직함을 칠서(漆書)로 써서 '좌근위소장대마수평의달'(左近衛小將對馬守平義達)이라고 하였으니 이것이 격식에 위배된 것입니다.

둘째, '황실'을 쓸 때는 한 글자를 높여 적고, '칙'(勅)이나 '경사'(京師) 등과 같은 말을 쓴 것입니다.

셋째, '황실'은 한 글자를 높여 쓰면서도 '귀국'은 한 글자를 낮춰서 쓴 것입니다.

넷째, 우리나라가 제조해서 보낸 도서(圖書)*로 인압(印押)하지 않고 갑자기 저들이 만든 인신(印信)을 찍은 것입니다.

이것이 모두 동래부에서 서계를 접수하지 않은 큰 의체(義諦)*입니다.

저들이 '황실', '황상'을 쓸 때는 과연 한 글자를 높여 썼으며, '일본국', '조선국', '본방'(本邦), '귀국', '조정', '칙'(勅), '경사'(京師), '예지'(叡智) 등의 글자를 쓸 때는 모두 똑같이 행을 맞추어 높여 적었습니다. 하지만 저들이 오직 '황실'과 '황상'에 대해서만 한 글자를 높여 쓴 예를 보건대, 만약 우리나라의 '지존'(至尊)에 관한 언급이 있었다면 반드시 '황'(皇)과 똑같이 높였을 것입니다. 단

圖書 조선 시대 대마도 도주에게 내려준 동인(銅印). 이것을 찍은 서계를 가져오는 사람이나 배에게만 무역을 허락하였다.
義諦 사물의 근본 뜻.

지 아직 언급이 없었을 따름입니다. 그러므로 서계 가운데서 아직 이러한 경우를 보지 못한 것입니다. 그런데도 만약 지금 우리가 저들이 반드시 저들의 '황'(皇)자보다 낮추어 쓸 것이라고 미리 예측한다면, 이는 바로 형체가 없는 일로써 스스로 모멸을 취하는 것이니, 어찌 반드시 이렇게 할 것이 있겠습니까?

서계에서 직함을 덧붙여 쓴 것은 저들이 스스로 제 나라의 정령(政令)이 일신되었음을 자랑하고 저들 군주의 우상(優賞)*을 입은 것일 뿐이니, 그 이른바 '벼슬길에 나아간다'는 것이 우리나라와 무슨 관계가 있겠습니까? 이것을 가지고 서계가 이전의 격식과 다르다고 해서 꾸짖고 접수하지 않는다면, 임역(任譯)*의 견해에 있어서는 괴이할 것이 없겠으나, 어찌 반드시 조정에서까지도 달갑지 않게 여기며 이를 따질 것이 있겠습니까? 일소(一笑)에 부치면 될 것입니다.

優賞 상이나 하사품을 후하게 내리는 것, 또는 후한 상.

任譯 역관.

저들이 천황을 칭한 것이 수천 년이 되었습니다. 그것은 나라 안에서 스스로 칭하는 것이자 스스로 높이는 것이니 타국에 무슨 관계가 있겠습니까? 당나라 고종의 전성시대에 왜사(倭使)가 경사(京師)에 왔는데, 그 글에 "해가 뜨는 곳의 천자가 해가 지는 곳의 천자에게 글을 보내노라."*라고 했습니다. 그런데도 당나라 조정의 군신들이 일찍이 거절하고 접수하지 않았던 적이 없었으며, 단지 연회를 베풀고 의복을 하사하여 좋게 돌려보냈을 뿐입니다. 자고로 멀리서 온 자들을 대하는 방법이 또한 이와 같을 뿐이니, 지금 어찌 저들과 더불어 칭호를 따질 것이 있겠습니까? 일후에 과연 오만한 말이 있으면 그때 가서 거절하고 책망하더라도 늦지 않을 것입니다.

해가 뜨는 ~ 보내노라 『隋書』「東夷傳」에 나오는 말로 쇼토쿠 태자(聖德太子)가 수나라로 보내는 국서에 이와 같이 쓰고 있다.

우리나라에서 만들어 보낸 도서(圖書)로 찍지 않고 저들이 새로 만든 인장으로 인압한 일로 말하자면, 우리나라의 도서가 본래 연문(衍文)*이자 가소로운 일이었습니다. 이 도서를 보내면 저들이 우리를 신하로 섬기는 것이 되며, 우리나라에서 봉건(封建)해 준 모양이 되겠습니까? 영남 절반의 고혈을 다 벗겨다가 저들에게 보냈으면서도 일개 도서를 만들어 보내는 것을 능사로 여긴다면, 천하의 어떤 일이 이보다 더 가소롭겠습니까? 지금 저들이 우리가 보낸 도서를 쓰지 않고 새로 만든 인장을 쓰고 있습니다. 그러나 저들 또한 조약을 변개(變改)한 것으로 인해 부끄러운 기색이 서계 가운데 나타나 있습니다. 만일 우리의 옛 조약을 세우고자 하신다면, 마땅히 서폭과 봉투에 저들의 인장과 우리의 도서를 겸용하게 해야 하니, 그렇게 하신다면 또한 마땅히 우리의 명령을 따를 것입니다. 이 어찌 큰 일이 아니겠습니까?

衍文 쓸데없는 문식.

무릇 사람이 글을 보내는 것은 본래 과거의 화호(和好)에 근본한 것인데, 이를 갑자기 거절하면서 받지 않다가 그것이 몇 년 지나게 되면 저들이 분노할 것은 필연지세입니다. 하물며 저들이 서양과 한편이라는 것을 분명히 들어서 알고 있는데도 어찌하여 다시 화호를 잃어 적국 하나를 더한단 말입니까? 일찍이 정묘(丁卯, 1867)년과 병자(丙子, 1876)년 사이에 북쪽*에서 자문이 왔습니다. 그때는 일본인들과 화호를 잃은 적이 없었음에도 불구하고 그 맹랑하기 짝이 없었던 말을 각하께서도 아마 기억하고 계실 것입니다. 그런데 지금 일본인이 원한을 품은 것이 서양보다 작지 않으니 이 어찌 감당하기 어려운 일이 아니겠습니까? 지금 이 안야(安也)*의 일이 효자, 충신이 한 마음으로 국가[國]와 공(公)만을 아는 일이 되겠습니까? 종래 왜역(倭譯)의 일에서 역원(譯員)들이 또한 모두 속을 헤아릴 수 없는 자들이었습니다. 하물며 이미 각하의 보살핌을 받는 자에 있어서겠습니까? 이들 무리가 총애를 믿고 겁내는 것이 없으며 제멋대로 방자했으니 누가 반드시 그것이 사실이 아님을 알 수 있겠습니까? 온 세상이 시끄럽게 떠들어대서 비록 내부의 이야기를 알지 못하는 것이 많지만, 반드시 전혀 한 가지 실책도 없지는 않았을 것입니다. 이를 크게 알린 연후에 지난 몇 년간 받아들이지 않았던 서계를 허락하신다면 일본인들로 하여금 이 자들의 소행임을 깨닫게 함으로써 옛 우호를 다시 찾을 수 있을 것이니, 아마도 하나의 적국을 제거할 수 있는 방법이 될 것입니다. 바다를 건너가는 일은 지난번 김역(金譯)의 말이 그럴 듯합니다. 비록 바다를 건너지 않더라도, 새로 내려간 훈도에게 명하여 관왜(館倭)를 힐문하게 하는 것만으로도 잘 대처하는 방도가 있을 것입니다. 원래 서계가 패서만사(悖書慢辭)*가 아니었는데도 이처럼 굳게 거절하였으니, 이것이 소생이 이해하지 못하는 바입니다. 그 등본을 이에 올리오니 굽어 살펴보시고 깊이 헤아리심이 어떠하시겠나이까.

북쪽 청나라를 뜻함.

安也 훈도 안동준(安東晙)을 가리킨다. 1873년 고종이 친정을 시작한 이후 동래부사 정현덕(鄭顯德)은 훈도 안동준의 간계에 속아 직임을 다하지 못했다는 이유로 함경남도 문천(文川)으로 유배되었으며, 훈도 안동준은 공미(公米)와 공목(公木)을 유용하고 이자놀음으로 농간을 부렸다는 죄목으로 이듬해 3월에 효수형을 당했다. 그러나 이는 고종 친정 이후 서계문제로 인해 교착된 대일 관계를 타개하기 위해서 취해진 관계개선 조처의 일환이었다.

悖書慢辭 패서는 사리에 어긋난 사실을 적어 세상을 어지럽히는 책을 뜻하며 만사는 함부로 하는 말을 의미함.

[원문]

小生在洞時 忽聞萊館事 方禹叙謄示一本 而入於休紙 日前大費精力搜出耳 其時不受書契之曲折 以小生所料 錄在左方耳

第一則從前書契往來 彼此恪遵格式 如有違式 則雖一字一畫 必爲爭詰不受 日人苛甚 故我國亦然 不相遜下 此是流來鐵規 而今來之書契 不曰對馬州太守 而添書職銜曰左近衛小將對馬守平義達 此爲違式也

第二則曰皇室而高一字 曰勅曰京師等語也

第三則皇室則高一字書之 貴國則低一字書之也

第四則我國造給之圖書不爲押之 而忽打其國造給印信也

此皆萊府不受之大義諦也

其曰皇室曰皇上 果高一字書之 其曰日本國曰朝鮮國曰本邦曰貴國曰朝廷曰勅曰京師曰睿意等字 均皆平行尊書 觀其獨於皇室皇上高一字之例 若有語及吾國至尊 則必當與皇平尊 而但未有語及此 故書中姑未見其如此矣 今若自我逆料其必低於彼之皇字云爾 則是乃以無形之事 自取侮蔑也 何必如是乎

其加書職銜則彼自誇其國政令一新 而蒙其君之優賞而已 其所謂進爵 何關輕重於吾邦耶 以此謂其異於前式而詰責不受 其在任譯之見則無怪 而何必自朝廷屑屑然較計於

此哉 付之一笑可矣

彼之稱天皇 蓋累千年矣 彼是國中自稱自尊 何關於他國乎 在唐高宗盛時 倭使到京 其書曰日出處天子 致書日沒處天子云云 唐朝君臣 不曾拒而不受 只賜宴賜衣 好好送之 自古待遠人亦如此而已 今何足與之計較稱號哉 且觀日後若果有慢語 則到其時拒責 未爲晩也

至若不打我國造給之圖書 而印其新印事 我國圖書本是衍文可笑之事也 給此圖書 是臣僕於我乎 是我所封建㨾乎 剝盡半嶺南膏血輸之彼 而以一圖書造給 看作能事 天下可笑之事 孰甚於此乎 今彼不用而用其新印 然渠亦以變改約條 有慙愧之色 現於書契中 如欲立吾之舊約 則宜令書幅也封套也 兼用印及圖書 亦當從我之令矣 此胡大事乎

大凡人之有書 本是和好過去之地 忽地拒而不受 積有年所 彼之惱怒 必然之勢 況分明聞知其與洋一片 而何故又失和好 添一敵國耶 曾在丁卯丙寅間 有新聞紙從北咨出來 其時則不曾與日人失和 而其所孟浪無倫之說 閣下想記存矣 到今日人之致憾 不下於洋 此豈非難堪乎 今此安也事 此爲孝子忠臣一心知國耳公耳者乎 從來倭譯事 譯員中亦皆不能窺測者也 況既有閣下眷念矣 此輩之恃寵無恐 而任意縱恣 誰知其必不然乎 擧世聒聒 雖或多未知裏許之談 而未必全無一失 到今聲張起來 然後許多年不納書契 可令日人知爲此人之所爲 而還尋舊好 庶可爲除一敵國之道矣 渡海事 俄者金譯之言似然矣 雖不渡海 只令新去訓導詰問館倭 亦可有善處之道矣 元來書契不是悖書慢辭 而堅拒至此 小生所未解也 其所謄本玆送呈 下鑑而深量之 如何如何

8. 박규수, 대원군에게 올리는 답서 2

■ 박규수가 흥선대원군에게 보낸 답서. 서계를 받는 것이 약함을 보이는 것이 아니며, 서계를 접수하지 않을 경우 일본이 이를 구실로 군대를 동원할 명분을 주는 것임을 경고하고 있다. 원문 출전은 「答上大院君」, 『朴珪壽全集』 上(아세아문화사, 1978), 754-757쪽.

하교하신 왜설(倭說)의 낭자함은 다만 풍문만을 듣고 요량해 보아도 반드시 말씀과 같을 것이니 관심을 둘 것도 없지만, 서계의 처치 문제에 이르러선 실로 관계되는 바가 매우 중대합니다. 소생이 어찌 우견(愚見)을 고집하려고 자기의 설을 내세우는 데만 힘쓰겠습니까? 대체로 처음부터 지금까지 각하의 심우원려(深憂遠慮)는 오직 저들과 서양이 한 편을 이루었고, 또 이 서계를 받는다면 이는 곧 약함을 보이는 것이라는 데 있었습니다. 소생의 심우원려 또한 왜양일편(倭洋一片)이라는 데 있습니다. 그러므로 우리가 먼저 흔단(釁端)을 열어서는 안 된다고 하는 말씀드리는 것입니다. 소생의 심우원려 또한 약함을 보이는 문제에 있습니다. 그러므로 서계를 받지 않아선 안 된다고 말씀드리는 것입니다. 무슨 이유로 이런 말씀을 드리는 것이겠습니까?

저들이 이미 서양과 한 편이 되었다면 오래 쌓아둔 분노를 폭발할 때 반드시 군대[兵戈]를 동원할 것이니, 몇 해 동안 우리를 노려온 서양이 어찌 합세해서 일어나지 않겠습니까? 우리가 서계를 거부한 이유는 실로 들어주기 어려운 요청이 계속 오게 될까 우려했기 때문입니다. 그렇다면 저들이 이러한 마음을 예측하고 우리가 겁먹은 모습을 보며 몰래 웃고 있지 않겠습니까? 만일 그렇다고 한다면 서계를 받지 않는 것이 과연 저들에게 강함을 보이는 것이겠습니까, 아니면 약함을 보이는 것이겠습니까? 강약은 서계의 접수 여부와 관계되지 않으니, 다만 저들이 이를 구실로 군대를 동원할 명분이 될 뿐입니다.

대체로 강약의 형세는 다만 사리의 곡직에 달려 있을 뿐입니다. 우리가 일에 대처하고 사람을 접함에 예(禮)가 있고 이치에 바르다면 비록 약하더라도 반드시 강하며, 우리가 일에 대처하고 사람을 접함에 무례하고 이치에 어긋난다면 비록 강하더라도 반드시 약한 것입니다. 지금 만약 서계를 개수(改修)해서 왔는데 다시 거절하고 받지 않는다면 저들이 반드시 "우리는 할 도리를 다했는데 어찌 이렇게까지 모욕을 주는가?"라고 생각할 것입니다. 이것이 어찌 우리가 스스로 변고를 자극하는 일이 아니겠습니까?

지난 몇 년간 저들을 거절한 일의 허물을 임역(任譯)*에게 돌렸습니다. 그러므로 반드시 동래부에서 직접 전달하려고 하는 것입니다. 예전부터 동래 부사가 저들에게 연향을 베풀고 접견하지 않았던 적이 없는데, 이제 와서 무슨 이유로 유독 만나주지 않는 것입니까? 한번 동래 수령을 만난다면 점차 감영(監營)에서의 접견을 요청하고, 그 다음엔 경사(京師)에서의 접견을 요청하리라는 것은 모두 미리 추측한 우려에 불과합니다. 일인(日人)이 서울에 와서 조현(朝見)한 것이 선조 때도 있었지만, 임진년의 난리가 어찌 이 연고로 인해 일어난 것이겠습니까? 저들이 만약 군대를 동원해 와서 변토(邊土)를 한 번 밟는다면, 오늘날 천하대세에 믿는 바가 있어 두려워하지 않는 자가 무슨 양책을 가지고 있을지 모르겠습니다.

任譯 역관.

혹자는 자고로 나라를 그르친 것은 '화'(和)라는 글자라고 하지만, 소생은 이것이 어떤 글에서 나온 말인지 모르겠습니다. 전고(前古)를 낱낱이 살펴보아도 '화'(和)로써 나라를 그르친 자는 오직 진회(秦檜)*가 송나라를 그르친 것뿐이니, 이는 인용할 만한 일이 아닙니다. 송나라가 원수를 망각하고 금나라와 화친한 것은 만고에 없는 일인데, 어찌 모든 화린(和隣)의 일에 있어서 매번 이를 인용하여 비유할 수 있겠습니까?

秦檜 중국 송(宋)나라 말기의 간신. 금(金)나라와의 화친을 적극 주장하여 송나라의 중흥을 방해했을 뿐만 아니라 충신 악비(岳飛)를 죽이고, 장준(張浚), 조정(趙鼎) 등을 쫓아내어 송나라를 결국 멸망의 지경에 이르게 했다.

소생이 감히 국가대계를 망령되게 논할 수 없지만 구구한 우려가 실로 풀리지 않은 바가 있었습니다. 그러므로 이처럼 장황하게 글을 올린 것이니 부디 너그럽게 양해해 주시기 바랍니다. 바라옵건대 더욱 깊이 상량하심이 어떠시겠습니까? 소생이 어찌 감히 '그 지위에 있지 않으면 그 정사를 도모하지 않는다'[不在其位不謀其政]*와 같은 말에 따라서 홀로 편한 자리를 차지하고 있겠습니까? 말이 여기까지 이르렀으니 안타깝고 억울한 마음을 이기지 못하겠나이다.

不在其位不謀其政 출처는 『論語』「泰伯」.

[원문]

下敎倭說之狼藉 只是騷訛之料 必如是者也 不足關慮 而至若書契之如何處置 此實關係甚大 小生豈欲株守愚見 務立已說哉 大抵自初至今 閤下深憂遠慮 專在於彼方與洋打成一片也 專在於受此書契 便是示弱也 小生深憂遠慮 亦在於倭洋一片 故謂不宜自我啓釁也 亦在於便是示弱 故謂不宜不受書契也 何以言之 彼旣與洋一片 則積慍之發必動兵戈矣 積年窺我之洋 獨不合勢而起乎 我之拒斥書契 實爲難從之請繼至之慮 則彼豈不猜得此意 而暗笑我之懷刦乎 苟其如此則不受書契 其果爲示之以强耶 示之以弱耶 强弱不係於書契之受與不受 而足爲彼之執言以作兵名矣 大凡强弱之勢 只在於事理之曲直而已 我之處事接人 有禮而理直則雖弱而必强 我之處事接人 無禮而理曲則雖强而必弱 今若於書契之改修而來也 又復斥而不受 則彼必以爲吾則至矣盡矣 而何其侮辱之至此耶 此豈非自我激變之事乎 彼之幾年見阻 歸咎於任譯 故所以必欲面傳於萊府也 從前萊伯未嘗不與之燕饗而接見矣 至於今者 奚爲而獨不可相見乎 一見萊伯 而漸次求見監營 求見京師 此皆逆料之慮也 而日人之到京朝見 在宣廟亦曾有之壬辰之亂 豈其由此之故耶 彼若稱兵動戈而來 踏邊土一步 則以今天下大勢所恃而不恐者 未知有何良策乎 或曰自古誤國者和字也 小生不知此出何文也 歷數前古 以和而誤國者 一秦檜之誤宋而已 此非可引之事也 宋之忘讎和金 是爲萬古所無之事也 此豈可凡於和隣之事 輒引以爲譬者乎 小生非敢妄論於國家大計 而區區憂慮 實所未釋 故有此張皇 庶蒙恕諒 而幸伏望深加商量 若何若何 小生何敢以不在其位不謀其政等語自占便宜地乎 言之至此 不勝悶鬱萬萬耳

9. 서계 회답에 관한 어전회의

■ 1875년 5월 10일(음력) 고종을 비롯, 원시임대신(原時任大臣), 의정부(議政府), 육조(六曹)의 당상관 34인이 서계접수 문제를 논의한 대책회의. 판중추부사(判中樞府事) 박규수와 좌의정 이최응(李最應)은 서계를 받아들여야 한다는 의견을 제시하였고, 우의정 김병국(金炳國)은 받지 말아야 한다고 주장하였다. 출전은 『高宗實錄』, 高宗 12年 5月 10日條.

時原任大臣 시임대신과 원임대신을 두루 지칭하는 말로 시임은 현직을, 원임은 전직을 일컬음.

시원임대신(時原任大臣)*들과 의정부 당상관(堂上官)들을 인견(引見)하셨다.

하교하시길, "일본에서 보내온 서계(書啓)에 회답하는 문제는 널리 의논하여 처리해야 하고 변경 정세와 관련되는 일이라서 지체할 수 없기에 이렇게 모이라는 하교를 내린 것이다."라고 하셨다.

영부사(領府事) 이유원(李裕元)이 아뢰었다. "이 문제를 해결하지 못한 것이 이미 몇 년이 되었습니다. 지금의 방도로서는 오직 서계를 받을 것인가 또는 받지 않을 것인가만 있을 뿐입니다. 외간(外間)에서는 이 일로 의론이 일치하지 않습니다. 받아들인다면 비록 고식(姑息)의 방도가 있겠지만 장래 무궁한 우환을 이루 다 말할 수 없습니다. 어느 쪽을 선택하든지 극히 어렵고 신중하게 결정해야 하지만, 신은 용렬하고 비루해서 이미 원려(遠慮)가 없으니 근우(近憂)를 결단할 수가 없습니다. 충분히 헤아려서 결정하소서."

영돈녕부사(領敦寧府事) 김병학(金炳學)이 아뢰었다. "서계를 받지 않은 것은 그 두세 마디 구절 때문에 그렇게 한 것입니다. 춘추 시대 오(吳)나라와 초(楚)나라가 왕을 참칭(僭稱)할 때 그 나라에서만 왕 노릇을 했을 뿐이요, 열국(列國)에 사신을 보낼 때는 과군(寡君)이나 폐읍(弊邑)이라 칭하였습니다. 그렇다면 지금 이 서계의 칭위(稱謂)*가 해괴망측함은 비단 예전에 없었던 일일 뿐만 아니라 또한 옛 문서에도 없던 것이니, 이 때문에 몇 해 동안 근지(靳持)*한 것입니다. 또 연향(宴饗) 시에 예전의 복장을 착용하지 않았으니 이는 훗날의 폐단과 크게 관계되는 것입니다. 충분히 살피고 신중하게 처리하지 않을 수 없습니다."

판부사(判府事) 홍순목(洪淳穆)이 아뢰었다. "이제 이 일에 대해서 이웃과의 우호를 강수(講修)하여 알맞게 포용을 해야 하니, 우리가 먼저 흔단(釁端)을 만들 필요가 없습니다. 혹자는 말하길 이 문자가 크게 격식을 위배했기 때문에 대번에 받아들여선 안 된다고 하지만 아직 통일된 논의가 없습니다. 신의 얕은 견식으론 지적해서 말씀드릴 수 없습니다."

판부사 박규수(朴珪壽)가 아뢰었다. "저들 서계의 칭위가 분수에 넘음은 극히 경악스러운 일입니다. 그러나 과군(寡君)이나 폐읍(弊邑)은 예양(禮讓)과 겸공(謙恭)한 말이니 아마도 저들에게 갖추라고 요구하긴 어려울 듯합니다. 저 나라에서 '황'(皇)을 칭한 것이 대체로 주(周)나라 평왕(平王)* 때로부터 지금까지 이미 수천여 년이 되었습니다. 저들의 서계에서 본국의 칭호를 따른 것 또한 그 신자(臣子)가 그렇게 하지 않을 수 없었던 것이니, 성도(聖度)*로 어떻게 포용하는가에 달려 있을 뿐입니다. 그런데 저들이 스스로 국제(國制)를 변경한 후 이웃나라와의 우호를 크게 닦는다고 생각한 것이 지금까지 거절을 당했으니 반드시 유감을 품어서 흔단을 일으키는 사단이 생길 것입니다. 장래의 폐해를 참으로 염두에 두지 않을 수 없으니, 그때 가선 거절하고자 해도 방도가 없을 것입니다. 목하의 사단을 저들이 반드시 구실로 삼을 것이니 구구한 우려가 실로 여기에 있습니다. 서계 중에 관념(關念)*이 되는 특정 구절과 조목을 일일이 조정에 온 여러 신하들에게 하순하소서. 모두 변석(辨析)*해서 대답해 올릴 것입니다."

좌의정 이최응(李最應)이 아뢰었다. "서계가 대마도[馬島]에서 보내오지 않고 외무성에서 보내온 것은 삼백 년 동안 없었던 일이니 허락할 수 없으며, 칭호를 쓰는 사이에 망령되게 스스로 존대하고 있으니 허락할 수 없으며, 연향의 의절이 예전과 갑자기 달라졌으니 허락할 수 없습니다. 다만 생각건대 저 나라에서 대마도를 없애고 관제를 변경해서 정령(政令)을 일신한 후에 교린통호(交隣通好)의 뜻을 지금 대마도가 아니라 그 나라에서 보내왔으니, 그 나라의 신자(臣子)들이 스스로 제 군주를 높이는 것을 이웃나라에서 억지로 고치게 할 수 없습니다. 그 밖의 사의(辭意)는 대략 고쳐 왔는데 또 이처럼 대치한다면 성신(誠信)의 도가 아닐 듯합니다. 이로 인해 흔단이 생길까 우려되지만 감히 억측만 가지고 대답을 올리지 못하겠습니다."

稱謂 칭호.

靳持 마음이 내키지 않아서 미루는 모양.

平王 중국 주(周)나라의 제13대 왕(재위 BC 770~BC 720).

聖度 제왕의 도량.

關念 관심을 갖고 염두에 둠.

辨析 사물의 이치를 똑똑히 밝힘.

柔遠 멀리서 온 사람, 혹은 먼 나라 사람을 편안히 위무한다는 뜻이다. 『書經』「舜傳」에 "멀리서 온 자를 편안히 하고 가까운 자를 길들인다."[柔遠能邇]라는 구절에서 유래했다.

우의정 김병국(金炳國)이 아뢰었다. "서계는 글자 모양이 한 점, 한 획이라도 전의 규칙과 같지 않으면 바로 물리치는 것이 관례입니다. 그런데 이 서계 가운데 몇 개 구절이 한 점, 한 획과 비할 바가 아니니 이 때문에 지금까지 서로 대치해 온 것입니다. 예전에 유원(柔遠)*의 뜻으로 연향(宴享)의 처분을 내렸는데 의복과 정문 출입 문제 등을 야기해서 오히려 이처럼 지연을 시키고 있으니 참으로 그 뜻을 알 수 없습니다. 지금 만약 서계를 받는다면 비록 당장에 흔단은 생기지 않는다고 해도 또 받아들이기 어려운 요청을 하지 않으리라고 어찌 알겠습니까? 그러나 신의 천견으로 어찌 감히 억측으로 대답을 올리겠나이까?"

이하 재상들의 의견과 논의가 일치하지 않자 하교를 내리셨다. "나는 여러 사람들의 말을 들어보고 처리하려고 한다. 지금 날이 몹시 더우니 빈청(賓廳)으로 물러나 재상들과 상의한 후 결론을 내리겠다."

이유원이 아뢰었다. "이는 상(上)의 처분에 달려 있을 뿐입니다. 무슨 다시 상의할 것이 있겠나이까? 금일 빈연(賓筵)이 다른 때의 차대(次對)와 같지 않으니 만약 일정한 처분이 없이 신 등이 관례에 따라 물러난다면 이 일은 이웃나라에 알려지지 않게 해야 할 것입니다."

[원문]

引見時原任大臣政府堂上

教曰 日本書契回啓事 宜博詢裁斷 而事係邊情 不可捱過 有此來會之敎矣

領府事李裕元曰 此事之未出場 已有年矣 爲今之道 惟在於書契之捧不捧 外間以此事 其議不一 捧之則雖有姑息之道 將來無窮之憂 不可勝言 左右極難愼 臣庸陋旣無遠慮 無以斷近憂 惟願十分裁度焉

領敦寧金炳學曰 書契之不捧 以其數三句語而然矣 春秋吳楚之僭王也 王於其國而已 及夫送使列國 稱寡君稱弊邑 則今此稱謂駭妄 非但前所未有 卽亦往牒所無 所以積年靳持者也 且宴饗時 不著前服 則大關後弊矣 不容不十分審愼

判府事洪淳穆曰 今於此事 講修鄰好 包容得其宜 未必自我先爲生釁也 或曰此文字大違格式 不可遽然許納云 尙無歸一之論 以臣淺見 不敢指的立言

判府事朴珪壽曰 彼書之稱謂僭妄 極可駭然 寡君弊邑 禮讓謙恭 恐難責備 其國之稱皇 蓋自周平王之世 今旣數千餘年矣 彼書從其本國稱 亦其臣子之不得不然者 則在聖度包容之如何 而彼之自謂變更國制 大修鄰好者 于今見阻 必有憾恨生釁之端 來頭之弊 固所當念 而其時拒塞 不無其道 目下事端 彼必執言 區區憂慮 實在於此 書契中某句某條之關念者 一一下詢登筵諸臣 皆當辨析仰對矣

左議政李最應曰 書契不由馬島 自外務省送來 三百年所無事 不可許接 稱號之間妄自尊大 不可許接也 宴饗儀節 頓變前日 不可許接也 第念彼國 旣廢馬島 變更官制 一新政令交鄰通好底意也 今非馬島送來 卽渠國送來 渠國臣子 自尊其君 非鄰邦强令變改者也 其他辭意 略有改來 又此相持 有非誠信之道 則生釁是慮 不敢臆料仰對

右議政金炳國曰 書契字樣之一點一畫 若不如前規 則直爲退卻 卽例也 今此書契中數句語 不可與一點一畫之比 則至于今相持者此也 向以柔遠之意 有宴享之處分 而惹

出衣服正門等事 尙此延拖者 誠莫曉其意之所在也 今若捧納 雖無目下生釁 又安知無難從之請乎 以臣淺見 豈敢臆對乎 以下諸宰 議論不一

敎曰 予欲聞衆言而裁處 今日日氣甚熱 退出賓廳 與諸宰 相議歸正也

裕元曰 此在自上處分 有何更爲相議者乎 今日賓筵 異於他時次對 而如無歸一之處分 臣等循例退出 則此不可使聞於鄰國矣.

10. 김윤식, 박규수를 회고하는 글

내가 삼가 살피건대 우리나라는 한 모퉁이에 치우쳐 있어[僻在一隅]* 외교(外交)*의 일을 듣지 못했다. 병인(丙寅, 1866)년에 미국 선박이 조난*한 이후로 미국 사신이 누차 상판(商辦)을 간청해서 화호(和好)로 돌아가게 하려고 애쓰자 온 나라가 소란스러워졌다. 이때 모두가 척화를 고원(高遠)하다고 여겼으며 조정의 논의도 이와 같았다. 그러므로 선생이 비록 문병(文柄)*을 주관하고 계셨음에도 불구하고 홀로 자기의 견해를 내세우지 못했던 것이다. 그 문이(文移)*의 왕복은 이치에 근거해서 소상히 진술하고, 말을 완곡하게 돌려서 국가의 체면을 잃지 않게 할 따름이었으니, 문호를 닫고 우호를 물리친 일은 선생의 뜻이 아니요, 부득이해서였을 뿐이다.

당시 한번은 선생을 시좌(侍坐)하고 있었는데 선생께서 큰 탄식을 하시며 말씀하셨다. "돌아보건대 지금 우내(宇內)의 정세가 날마다 변해서 동서의 여러 강국들이 병치(竝峙)한 것이 옛날 춘추열국 시대와 같으니, 장차 회맹(會盟)과 정벌(征伐)이 어지럽게 일어남을 이루 다 말할 수 없을 것이다. 우리나라가 비록 작지만 동양의 중추[紐樞]*에 처해서 마치 정(鄭)나라가 진(晉)나라와 초(楚)나라 사이에 있는 것과 같으니, 내치와 외교에서 기의(機宜)를 잃지 않는다면 그래도 스스로 보전할 수 있겠지만, 그렇지 않다면 무지하고 약한 나라가 먼저 망함은 하늘의 도이니 다시 누구를 탓하겠는가? 내 들으니, 미국은 지구의 여러 나라들 가운데 가장 공평하다고 일컬어지며 분쟁을 잘 해결한다고 한다. 또 부(富)가 육주(六洲)에서 으뜸이라서 영토를 넓히려는 욕심이 없으니, 저들이 비록 말이 없더라도 사전에 교분을 맺고 맹약을 체결해야 요행히 고립되는 근심[孤立之患]*을 면할 수 있을 것이다. 그런데 도리어 밀쳐서 물리치고 말았으니 어찌 나라를 다스리는 방법이겠는가?" 이로써 본다면 당시 자보(咨報)한 문서들은 선생의 뜻이 아니었던 것이다.

어떤 이가 말했다. "선생이 만약 이해(利害)를 그처럼 명백히 잘 알고 계셨다면 어째서 힘껏 여러 사람들의 논의를 배척해서 국가를 위해 양책(良策)을 건의하지 않았는가?" 내가 답했다. "그것은 쉽게 할 수 있는 말이 아니다. 여러 사람

■ 김윤식이 스승 박규수의 국제정치관에 대해 회고한 글. 박규수는 평안감사로서는 대동강에 침입한 제너럴셔먼호를 소각시키고 서양의 통상 요구를 거부했지만, 실은 미국에 우호적이었고 미국과의 수교에 긍정적이었다는 것이다. 박규수의 진심을 말한 것인지 김윤식 자신의 문호개방론을 정당화하고자 쓴 것인지 불분명하다. 원문 출전은 『朴珪壽全集』 上(아세아문화사, 1978), 466~469쪽; 『金允植全集』 2(아세아문화사, 1980), 384~386쪽.

■ 金允植(1835~1922) 박규수의 제자이며 조선 말기 개화사상가. 1894년 갑오개혁 당시 외무아문대신이 되었으나, 1896년 아관파천 이후 탄핵을 받음.

僻在一隅 중화체제 하에서 표출된 조선인의 국제정치적 자의식의 한 표현. 근대에 들어 그 의미가 변용함.

外交 인신무외교(人臣無外交)를 뜻함. 이는 제후의 신하들이 다른 제후와 비밀리에 접촉할 수 없다는 관념으로 『禮記』 「郊特牲」에 보면 "조근(朝覲)하기 위해 옆의 나라를 방문하는 군주를 수행한 대부가 (옆 나라의 군주를) 사사로이 만나는 것은 예가 아니고, 다른 사람의 신하된 사람은 외교를 할 수 없고[人臣無外交] 두 임금을 섬길 수 없다."라는 말이 나온다.

美船遭難 이른바 제너럴셔먼호 사건을 가리킨다.

文柄 문사를 선발하는 권한이나 문장을 평가하는 권위를 상징하는 말로 흔히 대제학(大提學)을 가리킨다.

들의 우매함이 아직 타파되지 않았을 때 선생께서 설령 지극히 말씀하셨더라도 일에는 유익함이 없이 한갓 육욕(戮辱)*만을 입으셨을 것이다. 그대는 청국 이소전(李少荃)*의 일을 보지 못했는가? 소전은 지나(支那)의 위인으로서, 천하대세를 깊이 살피고 화양(和洋)*의 논의를 힘껏 주장하다가 칼날과 화살촉이 모두 몰려들어 심지어 진회(秦檜)*가 나라를 망친 일에까지 비견되었지만 황제의 뜻과 깊이 결탁했기 때문에 다행히 무사할 수 있었다. 그러나 선생은 무엇을 믿고 감히 그러한 일을 하시겠는가?

10년 전 을해(乙亥, 1875)년과 병자(丙子, 1876)년 사이에 또 일본 서계를 배척한 일이 있었다. 나라의 안위가 경각에 달려 있었는데 온 세상 사람들은 어리석게도 모두 서계를 받지 않는 것이 옳다고 했다. 선생께서는 비록 정치하는 자리에 계시지는 않았지만 의리상 침묵할 수 없어서 곡직과 안위의 형세를 가지고 일을 맡은 사람들에게 누누이 설명하셨다. 큰소리로 울부짖고 입술과 혀가 다 헤질 때까지 그치지 않으셨는데도 다른 사람들이 따르지 않다가 그 후 핍박을 당하고 나서야 서계를 받아들여 간신히 도탄지화(塗炭之禍)를 면할 수 있었다. 저 일본은 오랜 교분이 있고 동종동문(同種同文)의 나라이다. 또 국서의 거절은 사체(事體)가 중대할 뿐만 아니라, 이웃나라가 접근해서 재앙의 조짐이 눈앞에 닥쳤는데도 오히려 저처럼 완게(玩愒)*하면서 시간을 끌었던 것이다. 그런데 하물며 병인년 당시엔 국인(國人)들이 들어본 적도 없는 양인(洋人)을 처음 보고서 모두가 눈을 둥그렇게 뜨고 놀라며 의심이 배 속에 가득했으니 이러한 때 만약 입을 열어서 친인선린(親仁善隣)*의 도를 말씀하셨더라면 도적을 불러들여서 나라를 팔아먹은 죄를 면하실 수 있었겠는가?

선생께서 별세한 지 6년 후인 임오(壬午, 1882)년에 이소전이 우리가 먼저 미국과 체약(締約)하고 계속해서 각국과 수호할 것을 권유하였으니, 이는 바로 선생께서 미처 펴시지 못한 뜻이었다. 옛 사람들이 "세간에 능통한 자는 소견이 대략 같다."라고 말했는데, 어찌 사실이 아니겠는가!

文移 공문을 뜻하는 말로 여기서는 일본과 왕래한 서계를 가리킨다.

紐樞 중추. 요지를 뜻하는 말로 당시 조선의 지정학적 위상을 나타내는 말.

孤立之患 당시의 안보 관념을 보여 주는 말로서, 김윤식을 비롯한 문호개방론자들은 동아시아가 주권국가체제에 편입되는 과정에서 조선이 국제관계에서 고립되는 것을 우려했다.

戮辱 형을 받는 치욕.

李少荃 청말 정치가 리훙장(李鴻章, 1823~1901)을 가리킨다. 소전(少荃)은 리훙장의 자.

和洋 서양과 우호관계를 맺는 것.

秦檜 22쪽 주석 참조.

玩愒 완세게일(玩歲愒日)의 줄임말로 무사안일하게 세월을 헛되이 보낸다는 뜻.

親仁 어진 사람을 가까이 한다는 뜻. 『論語』「學而」편에 "널리 사람들을 사랑하고, 어진 사람을 가까이 하되, 행하고 여력이 있으면 학문을 한다."[汎愛衆 而親仁 行有餘力 則以學文]라는 구절이 있다.

[원문]

允植謹按我國僻在一隅　不聞外交之事　自丙寅美船遭難以後　美使屢懇商辦務歸和好　擧國譁然皆以斥和爲高　廟議如此　先生雖主文柄　不能獨立己見　其文移往復　據理詳陳　宛轉其辭　不失國家體面而已　至如閉門却好　非先生之意也　不得已也　其時余嘗侍坐先生　先生喟然歎曰　顧今宇內　情形日變　東西諸强並峙　與曩日春秋列國之時相同　會盟征伐　將不勝其紛紜矣　我國雖小　處東洋之紐樞　如鄭國之在晉楚之間　內治外交　不失機宜　則猶可自保　不然則昧弱先亡　天之道也　又誰咎焉　吾聞美國在地球諸國中最號公平　善排難解紛　且富甲六洲　無啓疆之慾　彼雖無言　我當先事結交締固盟約　庶免孤立之患　乃反推而却之　豈謀國之道乎　以此觀之　當日咨報文字　非先生之意也　或曰先生

若審知利害若是明白 則何不力排衆議 爲國家建此良策乎 余曰 此未可易言也 方其衆聾未破之時 先生雖極言竭論 無益於事 秖取戮辱 子不見夫淸國李少荃之事乎 少荃支那之偉人也 審察天下大勢 力主和洋之議 鋒鏑叢集 至比秦檜誤國 以其深結主知 故幸得無事 先生何恃而敢爲此乎 粤十年乙亥丙子之間 又有斥絶日本書契之事 國之安危 迫在呼吸 擧世猶夢夢然皆以不受爲是 先生雖不在政席 義不可泯嘿 以曲直安危之形 屢屢說明于當事之人 大聲疾呼 唇焦舌弊而不之止 猶不見從 後乃迫而受之 僅免塗炭之禍 夫日本舊交也 同種同文之國也 國書拒絶 事體重大 隣比迫近 禍色立至 猶玩愒而持難如彼 況在丙寅時 國人初見所未聞之洋人 萬目睢盱 疑雲滿腹 此際若開口談親仁善鄰之道 能免納寇賣國之罪乎 先生捐館後六年壬午 李少荃勸我先與美國締約 繼而與各國修好 卽先生未伸之志也 古人云 世間能者所見略同 豈不信乎

11. 최익현, 척화소

삼가 아룁니다. 선정(先正)* 문열공(文烈公) 신(臣) 조헌(趙憲)이 길주(吉州)로 귀양갈 적에 영동역(嶺東驛)에서 크게 우려할 만한 왜(倭)의 사단을 듣고 다시 피를 뿌리는 마음으로 상소를 올리길, "형인이 세 번 월형(刖刑)을 당하면서도 뉘우치지 않은 것은 품고 있는 것이 옥이기 때문이요,* 장준(張浚)*이 귀양에서 10번이나 소(疏)를 올리며 쉬지 않은 것은 원하는 것이 충(忠)이었기 때문입니다."라고 했습니다. 제가 생각하건대 조헌은 동서분당(東西分黨)과 도요토미 히데요시(豊臣秀吉)가 화호를 청하던 때를 당하여, 우심려원(憂甚慮遠)해서 충성을 다해 진언하다가 온 조정의 질시가 패금(貝錦)*을 짜서 유배의 참화를 당하고 역졸(驛卒)의 일을 하는 데 이르렀으니, 조헌과 같은 자는 마땅히 그 일을 뉘우쳐서 입을 다물고 붓 뚜껑을 씌워서 마치 월나라 사람이 진나라 사람의 굶주림 보듯* 했어야 합니다. 그런데도 그 필의원충(畢義願忠)의 정성이 조금도 약해지지 않았으니, 백세 후에 그 소(疏)를 읽고 그 시대를 논하더라도 사람으로 하여금 감탄하며 눈물을 흘리게 합니다.

지금 신의 이름이 죄적(罪籍)에 올라 있으나 예전에 성자(聖慈)께서 신이 다른 마음이 없음을 살피시고, 특별히 안치(安置)를 관대히 명하셔서 방귀전리(放歸田里)*하여 신으로 하여금 편히 거주하면서 노부(老父)를 공양하게 하셨으니, 귀양살이 하는 것과 비교해 본다면 사체(事體)에 또 간격이 있는 듯합니다. 이제 적선(敵船)이 입해(入海)해서 성상께서 새벽부터 밤늦게까지 근심하시니 신의 구구한 마음이 더욱 간절해집니다. 비록 좌우에 있는 여러 대부들이 저를 죽여야 한다고 말하고 있지만, 어찌 차마 입에 물린 재갈을 그대로 두어 우리 성명(聖明)을 저버리고, 스스로 소심(素心)을 저버려서 선정(先正)의 죄인이 되겠나이까? 신은 적선(賊船)이 왔다는 소식을 듣고 생각하기를, 낭묘(廊廟)에 응

■ 대일 개항을 반대하는 최익현(崔益鉉)의 상소문. 최익현은 1876년 1월 23일(음) 도끼를 들고 궁궐 앞에 엎드려 일본과의 조약 체결을 반대하는 상소를 올렸다. 이 상소문에서는 왜양일체의 관점에서 적과 강화할 경우 중화를 어지럽히고 삼강이 무너져 만사가 무너지는 환란의 원인이 될 것이라고 주장했다. 원문 출전은 「持斧伏闕斥和議疏」, 『勉菴集』 1권(면암학회·화서학회 공편, 2006), 259–276쪽.

■ 崔益鉉(1833~1906) 1868년 경복궁 중건과 당백전 발행에 따르는 재정의 파탄 등을 들어 흥선대원군의 실정(失政)을 상소하여 관직을 삭탈당했으며, 1905년 을사조약이 체결되자 항일의병운동의 전개를 촉구하며 전북 태인에서 의병을 모았으나 순창에서 패하여 쓰시마 섬에 유배되었다.

先正 선대의 현신(賢臣).

荊人三刖而不懲者 以所抱者玉也 춘추시대 초나라 사람 변화(卞和)가 박옥(璞玉)을 얻어서 초 여왕(厲王)과 무왕(武王)에게 바쳤으나 모두 그가 거짓말을 한다고 생각해서 월형(刖刑)을내려 그의 왼발과 오른발을 잘랐다. 그 후 초나라 문왕이 즉위했는데 변화가 형산(荊山) 아래서 박옥을 안고 울고 있었다. 문왕이 사람을 시켜서 그 박옥을 깨자 보옥(寶

玉)이 나왔다고 한다.

張浚 송(宋)나라의 충신으로 금(金)나라와의 화친을 반대하고 북벌을 주도하다가 주화론을 주장하던 진회(秦檜) 일파에게 모함을 받아 유배되었다.

貝錦 비단처럼 고운 자개 무늬 비단으로서, 마치 이 비단을 짜듯 남의 죄를 날조해서 참소하는 것을 비유한다. 『詩經』「小雅」"巷伯"장에 "조금 문채가 나는 것으로 자개 무늬의 비단을 이루도다. 저 남을 모함하는 자여 또한 너무 심하구나."[萋兮斐兮 成是貝錦 彼譖人者 亦已太甚]라고 한 구절에서 나온 말.

越視秦瘠 월(越)나라는 현재 중국 남동쪽 절강성 지역이고 진(秦)나라는 북서쪽 섬서성 지역이었다. 즉, 전혀 관계가 없음을 비유하는 말.

放歸田里 벼슬을 삭탈(削奪)하고 자기 고향으로 내쫓는 것으로 유배(流配)보다 한 등급 가벼운 형.

苗脈 사물의 근원.

程朱 정자와 주자. 정자는 송나라의 성리학자 정호(程顥)와 정이(程頤) 두 형제를, 주자는 주희(朱熹)를 가리킴.

乞憐 다른 사람의 연민을 구걸함.

權 원래 저울추의 의미로서 상도(常道)나 다른 의견에 구애받지 않고 임의로 행동할 수 있는 권도(權道), 권병(權柄) 등의 의미를 가진다.

宴安 안일한 즐거움.

淫奢奇玩 음사(淫奢)는 지나치

당 정론이 있어서 흉추(兇醜)를 신속하게 쓸어버려서 시간을 끌지 않으리라 여겼는데, 며칠 소식을 들어도 여전히 그러한 말이 없었습니다. 외간에서 떠들어대는 말에, 첫째도 "뜻이 화호를 구하는 데 있다."라고 하고, 둘째도 "뜻이 화호를 구하는 데 있다."라고 하니 만인의 입이 함께 분노해서 사경(四境)이 흉흉합니다. 알지 못하겠나이다. 이 말이 실로 묘맥(苗脈)*이 있는 것입니까? 아니면 내치외어(內治外禦)에 본래 정해진 계획이 있는데 다만 민간의 와언(訛言)일 뿐입니까? 만약 이것이 와언이라면 공사(公私)에 어찌 큰 다행이 아니겠습니까마는, 만약 사실이라면 이는 적인(賊人)을 위한 것이요 국가를 위한 계책이 아니니, 이 설이 시행된다면 전하의 사업은 그르치게 될 것입니다.

정주(程朱)*는 아성(亞聖)이니, 그 말을 믿을 만함은 마땅히 지금 군자의 견해보다 나을 것입니다. 그런데 정자는 "강화는 중화(中華)를 어지럽히는 길이다."라고 했고, 주자는 "강화의 계책이 결정되면 삼강(三綱)이 기울어져 만사가 무너지게 될 것이니, 이는 대환(大患)의 근본이다."라고 했습니다. 정주의 가르침으로 금일의 일을 헤아려 보건대, 적과 강화함은 반드시 난망지화(亂亡之禍)를 초래할 것이니 만에 하나도 다행할 것이 없습니다. 대략 세어 보니 여기엔 다섯 가지 단서가 있습니다. 신이 죽음을 무릅쓰고 조목을 나열하오니 부디 성명(聖明)께선 한번 도(道)에서 구해 보시옵소서.

신이 들으니 화(和)가 저들의 걸련(乞憐)*에서 나오는 것이면 이는 강함이 우리에게 있는 것이라서 우리가 저들을 충분히 제어할 수 있으니 그 화(和)를 믿을 수 있지만, 화(和)가 우리가 약점을 보인 데서 나오는 것이면 이는 권(權)*이 저들에게 있는 것이라서 저들이 도리어 우리를 제어할 것이니 그 화(和)를 믿을 수 없다고 했습니다. 신이 감히 알지는 못하오나, 지금의 화(和)가 저들의 걸련에서 나오는 것입니까, 아니면 우리가 약점을 보인 데서 나오는 것입니까? 우리가 연안(宴安)*에 빠져 대비가 없고, 겁을 먹고 화(和)를 구해서 목전의 고식지계(姑息之計)를 취한다는 것을 모든 사람이 알고 있으니, 설령 숨기고 싶어도 할 수 없을 것입니다. 저들이 우리에게 대비가 없고 약점을 보인 것의 실체를 알고서 우리와 결화(結和)한다면 향후 깊은 계곡 같이 끝없는 욕심을 무엇으로 충족시켜 주겠습니까? 우리의 재물은 유한하고 저들의 요구는 끝이 없을 것인데, 만약 한번이라도 그에 부응하지 못한다면 그에 따라 분노해서 침략하고 유린하여 전의 공(功)이 모두 버려질 것입니다. 이것이 화(和)가 난망(亂亡)을 초래하는 첫 번째 이유입니다.

일단 결화(結和)하면 저 적들이 욕심내는 바가 물화(物貨)의 교역에 있는데, 저들의 물화는 모두 음사기완(淫奢奇玩)*으로서 손에서 만들어져 무궁한 것들이고, 우리의 물화는 모두 사람의 목숨을 의탁하는 것으로서 땅에서 산출되어 유한한 것들입니다. 사람의 목숨이 의탁하는 유한한 진액고유(津液膏腴)를, 인심을 좀먹고 풍속을 무너뜨리는 무궁한 음사기완과 교역하되, 해마다 반드시 몇 만으로써 헤아린다면, 몇 년이 되지 않아 동토(東土) 수천 리의 황량한 밭과 무너져 가는 집들을 다시 지탱해서 보존할 수 없을 것이며, 나라가 반드시 뒤따라 망할 것입니다. 이것이 화(和)가 난망(亂亡)을 초래하는 두 번째 이유입니다.

게 사치스러운 물건이고 기완(奇玩)은 완상(玩賞)을 위한 기이한 물건을 말함.

비록 저들이 이름은 왜인을 가탁하고 있으나 그 실체는 양적(洋賊)입니다. 화사(和事)가 한번 이뤄지면 사학(邪學) 서적과 천주상[天主之像]이 교역하는 와중에 섞여 들어올 것이며, 얼마 후엔 사생(師生)*이 전수해서 온 나라에 가득할 것입니다. 포도청에서 기형(譏訶)*해서 체포하고 처벌하려고 하면, 저들이 또 더욱 분노해서 강화하기로 한 지난 맹약이 허사로 돌아갈 것이요, 저들을 내버려 두고 불문에 부친다면 조만간 집집마다 사학이요, 사람들마다 사학이어서 자식으로서 제 아비를 아비로 모시지 않고, 신하로서 제 군주를 군주로 섬기지 않으며, 의상(衣裳)*이 거름에 빠져 인류가 금수(禽獸)로 화함을 보게 될 것입니다. 이것이 화(和)가 난망(亂亡)을 초래하는 세 번째 이유입니다.

師生 원래 스승과 학생을 함께 칭하는 말이지만, 여기선 선교사와 신자의 의미.

譏訶 사정을 몰래 엿보거나 조사함.

衣裳 의복.

화(和)가 이뤄진 후에 저들이 상륙해서 서로 왕래하다가 혹 집을 짓고 경내에서 살게 되면, 우리가 이미 강화했으니 거절할 말이 없고, 거절할 수 없어서 뜻대로 맡기면 재백(財帛)과 부녀의 양탈(攘奪)과 겁취(劫取)를 원하는 대로 할 것이니 누가 그것을 막겠나이까? 또 저 인면수심(人面獸心)인 자들이 조금만 뜻에 맞지 않으면 사람을 죽이고 넘어뜨리기를 다시 거리낌 없이 할 것인데, 열부(烈夫)와 효자가 애통해서 하늘에 울부짖으며 복수를 구하더라도 위에 있는 자들은 실화(失和)할까 두려워서 감히 청송(聽訟)*하지 못할 것입니다. 이와 같은 유를 하루 종일 말하더라도 이루 다 들 수가 없을 것이니, 인리(人理)가 탕연(蕩然)히 사라져서 생령이 하루도 살지 못하게 될 것입니다. 이것이 화(和)가 난망(亂亡)을 초래하는 네 번째 이유입니다.

聽訟 재판을 하기 위해 송사(訟事)를 들음.

이러한 설을 제창하는 자들이 매번 병자년 남한산성의 일을 끌어다가 말하기를, "병자년에 강화한 후에 서로 좋게 지내서 천리의 봉강(封疆)이 지금까지 반석의 안정 위에서 보존되었는데, 금일 저들과의 화호만 유독 그렇지 않을 이유가 있겠는가?"라고 합니다. 그러나 신은 이를 어린아이의 견해와 다름이 없다고 생각합니다. 병자년의 강화가 의(義)를 크게 해쳤으니, 의상(衣裳)을 입은 사람들이 천지 사이에 설 수가 없었습니다. 그러므로 문정공(文正公) 신(臣) 김상헌(金尙憲)과 충정공(忠正公) 신(臣) 홍익한(洪翼漢) 등이 저들을 배척할 것을 주장해서 아홉 번을 죽더라도* 고치지 않았던 것입니다. 그러나 청인(淸人)의 뜻

九死 구(九)는 수의 끝이니, 구사

(九死)는 만사(萬死)와 같은 말.

은 중국의 황제가 되어 사해(四海)를 다스리는 데 있었습니다. 그러므로 오히려 중국의 패주(覇主)를 대략 본받아서 인의에 근사(近似)한 것을 빌릴 수 있었던 것이니, 이는 단지 이적(夷狄)일 뿐이었습니다. 이적은 사람입니다. 그러므로 당장 도리의 여하는 묻지 않고 만약 소국으로써 대국을 섬길 수만 있다면[以小事大],* 피차 교호(交好)해서 지금까지 온 것이요, 설령 저들의 뜻에 미흡한 것이 있더라도 관서(寬恕)의 도량이 있어 침학(侵虐)하는 환난이 없었습니다. 그러나 저 적에 이르러선, 한갓 화색(貨色)만을 알고 다시 추호의 인리(人理)도 없으니 이는 단지 금수일 뿐입니다. 사람과 금수가 화호(和好)해서 함께 무리 짓는데도 우려가 없다고 보장한다는 것은, 신은 그것이 무슨 말인지 모르겠습니다. 이것이 화(和)가 난망(亂亡)을 초래하는 다섯 번째 이유입니다.

以小事大 『孟子』「梁惠王下」에 "오직 지혜로운 자라야 소국으로서 대국을 섬길 수 있다. 그러므로 태왕께서 훈육(獯鬻)을 섬기셨고 구천이 오나라를 섬겼던 것이다."[惟智者爲能以小事大 故太王事獯鬻 句踐事吳]라는 구절이 있다.

잠시 대략 들어도 이러한 다섯 가지 사단이 있으니 동서를 조금이라도 아는 자라면* 그것이 그릇된 계책임을 판별할 수 있을 것입니다. 더구나 강화한 뒤에 가령 "피차 영구히 잘 지내서 연해를 경계하지 않아도 백성들의 생업이 안정되고 사교(邪敎)가 들어오지 않을 것이며, 비록 마음에 맞지 않는 일이 있더라도 환난이 일어나지 않을 것을 보장한다."라고 하더라도 신은 그것이 크게 잘못된 것이라고 생각합니다. 훗날 중국에서 『춘추』(春秋), 『강목』(綱目)*의 사필(史筆)을 쥔 자들이 이 일을 대서(大書)하면서 "모년 모월에 양인(洋人)이 조선에 들어가서 모처에서 결맹(結盟)했다."라고 한다면, 이는 기자(箕子) 성인의 옛 강역과 대명(大明)의 동쪽 울타리[東屛]로서 태조 대왕 이래로 중화로써 오랑캐를 변화시키고, 제례작악(制禮作樂)해서 이륜(彝倫)이 크게 펼쳐진 방역(邦域)이 하루아침에 태서(泰西)의 누린내로 빠지게 되는 것입니다.

粗識東西者 "동서(東西)를 안다"는 것은 기본적인 이치를 분간할 수 있다는 뜻.

綱目 주희(朱熹)의 『자치통감강목』(資治通鑑綱目)을 가리킨다.

어찌 이뿐이겠나이까? 예로부터 국병(國柄)*을 잡고 국론을 주도하면서 진회(秦檜)와 손근(孫近)*의 무리처럼 이러한 논의를 제창했던 자들이 모두 제 편의와 안락을 이기지 못하고, 일신과 제 처자를 보호하려는 사계(私計)로 이렇듯 무상(無狀)한 행동을 해서 제 군부(君父)로 하여금 홀로 천하 만세에 나쁜 명성을 뒤집어쓰게 한 것입니다. 아아! 인신(人臣)이 군주를 섬길 땐 마땅히 진선폐사(陳善閉邪)*해서 요순의 영역에 드시게 해야 하거늘, 도리어 난망(亂亡)의 술책으로 군주를 만길 구렁텅이에 빠지게 하니, 천하에 지극히 불인(不忍)한 자가 아니라면 어떻게 차마 이런 짓을 하며 천하에 지극히 불충한 자가 아니라면 어떻게 차마 이런 짓을 하겠나이까? 신은 마음이 아파서 차라리 죽을지언정 차마 동료 신하들 가운데 한 사람이라도 이러한 무리의 행위를 하는 자가 있다는 말은 듣지 못하겠나이다.

國柄 나라의 권세.

秦檜 孫近 진회와 손근 모두 남송 고종(高宗) 때의 재상으로서 금나라와의 화친을 주장해서 북벌 시도를 저지했으며, 악비(岳飛)와 장준(張浚) 같은 충신들을 귀양 보내거나 사형시켰다.

陳善閉邪 『孟子』「離婁上」에 "어려운 일을 군주에게 책(責)하는 것을 공(恭)이라 하고, 선한 도를 말해서 사심을 막는 것을 경(敬)이라 하고, 우리 군주는 불가능하다고 해서 말하지 않는 것을 적(賊)이라고 한다."[責難於君 謂之恭 陳善閉邪 謂之敬 吾君不能 謂之賊]라는 구절에서 인용.

그리고 생각하옵건대, 우리 순조[純廟] 신유(辛酉, 1801)연간에 양인(洋人)이 우리나라에 잠입해서 우리 백성을 속이고 유인하자 사학(邪學)에 오염된 자들이 날로 많아졌습니다. 이에 순조대왕께선 우려가 깊으셔서 혁연(赫然)히* 분노하사 이들을 조사해서 체포하고 처형하는 데 조금의 가차도 없이 하셨습니다. 또한 우리 헌종대왕께선 선계선술(善繼善述)*하셔서 기형(譏訶)에 걸려든 모든 경우에 현륙(顯戮)*을 가하셔서 그 종자를 방역(邦域)의 안, 의상(衣裳)의 사이에 뿌리지 못하게 하셨습니다. 그러므로 위에서 인륜이 밝아지고 아래서 소민(小民)들이 친해져서, 자식은 어버이를 버리지 않고 신하는 군주를 뒤로 하지 않아서, 예의와 염치가 공고히 유지되어 국세가 크게 안정되고 방운(邦運)이 영묘하게 장구하여 금일의 아름다움에까지 이르게 것입니다. 이는 대성인(大聖人)의 전칙(典則)이 그 자손에까지 남겨진 것이니 이것이 전하의 가법(家法)이 아니겠습니까?

그러므로 지난 병인(丙寅, 1866)연간에 전하께선 시초가 청명하시고 호오(好惡)가 엄정하셨던 것입니다. 적신(賊臣) 남종삼(南鍾三)이 일찍이 조정을 시험함에 이양선함(異樣船艦)이 해상에 출몰했습니다. 이에 완둔(頑鈍)하고 이익을 좋아하며 염치를 모르는 무리가 화호교역(和好交易)의 설을 제창하였고, 심한 자는 이업(李鄴)이 금로(金虜)를 장황하게 말한 것처럼 하자,* 이에 그 무리가 번식하게 되었습니다. 조금이라도 그 흉계에 빠졌더라면 나라에 필시 법도가 없어졌을 것인데, 다행히 성명(聖明)의 뜻이 척화에 있었고, 전 동돈녕(同敦寧) 신(臣) 기정진(奇正鎭)과 신의 스승 고(故) 이항로(李恒老)가 노성숙덕(老成宿德)*과 명식원려(明識遠慮)로 피를 뿌리는 심정으로 봉장(封章)을 올려서 화친의 불가함을 극력 아뢰니, 전하께서는 참으로 그 말을 받아들이셔서 금석과 같이 지키셨습니다. 그러므로 10년 동안 양적(洋賊)이 우리를 탐내서 비록 마음을 고쳐먹진 않았으나, 또한 감히 대번에 그 뜻을 펼 수 없었던 것입니다. 지금 조정에 있는 문무 대신들은 참으로 조종의 뜻을 체행(體行)해서 장차 전하의 아름다움을 순성(順成)해야 하며, 결코 목전의 안일에 빠져서 전하의 총명을 잘못 인도해선 안 되니, 만약 이 적과 화호하고 교역하려 한다면 멸망의 화를 자초할 것입니다. 전하께선 두 성왕(聖王)의 대통을 입승(入承)*하셨으니, 이 성왕들의 전칙(典則)을 지키지 않고 예부터 주화(主和)로 나라를 망친 자들의 남은 모책(謀策)을 곡진히 따라서야 되겠나이까?

아아! 사해(四海)의 안에 있는 중원 전체가 요(堯), 순(舜), 문(文), 무(武)의 옛 강토인데 이백 년 동안 머리를 깎고 면류관을 훼손해서 호로(胡虜)로 화했으니, 모든 인심을 가진 자들 가운데 누군들 실심해서 가슴을 치지 않겠나이까? 게다가 다시 동류가 상종해서 해외의 기형괴종(奇形怪種)의 진호(眞胡)가

赫然 크게 분노하는 모양.

善繼善述 『中庸』에 "효(孝)는 부모의 뜻을 잘 계승하며, 부모의 일을 잘 전술(傳述)하는 것이다."[夫孝者 善繼人之志 善述人之事者也]라는 구절을 인용.

顯戮 죄인을 처형한 후에 시신을 공개적으로 드러내는 것.

李鄴之張皇金虜者 송 휘종(徽宗) 때 급사(給事) 이업이 금나라에 사신으로 갔다가 돌아와서는 "금나라 사람은 말을 타는 데는 용과 같고, 걷는 데는 호랑이와 같으며, 물을 건너는 데는 물개와 같고, 성에 올라가는 데는 원숭이와 같다."라고 과장한 고사를 가리킴.

老成宿德 노성(老成)은 경험이 많아서 노련한 것이고, 숙덕(宿德)은 오래 덕망을 쌓았다는 의미.

入承 왕에게 적자가 없을 때 방계 중 한 사람이 들어가서 대를 잇는 것.

번갈아 중국을 유린하였는데, 그것이 오래되자 심상해져서 이상하게 여기지 않게 되었습니다. 그 결과 마침내 양호(洋胡)로 하여금 충돌해서 어디든 대적할 자가 없게 했으니, 환해(環海) 내외의 원로방지(圓顱方趾)*한 자들이 모두 두려워 떨면서 저들의 창귀(倀鬼)*가 되었습니다. 그런데 유독 우리 기자(箕子)의 봉강(封疆) 한 구역만은 조정의 위령(威靈)에 힘입어서 호오(好惡)의 정성(正性)을 잃지 않았으니, 비유하자면 박괘(剝卦)의 상구(上九) 석과(碩果)의 상(象)*입니다. 만약 이 한 구역의 신민을 들어서 금수의 영역에 들여놓아 양(陽)이 없는 순곤(純坤)의 세계를 만드신다면, 이 어찌 인인(仁人), 군자가 차마 할 수 있는 일이겠나이까?

온 나라의 신민이 양호(洋胡)에게 제어당하다가 얼마 후 예의(禮義)를 버리고 사교(邪敎)에 빠져서 천리와 인륜이 어떤 물사(物事)인지도 모르게 된다면, 전하께선 장차 무엇에 의지해서 신민의 위에 서서 구오(九五)*의 지위를 보전하시겠습니까? 설령 베개를 높이하고 편안히 주무셔서 다른 재앙이나 근심이 없더라도 전하께선 무슨 낯으로 두 성왕의 사당에 들어가실 것이며, 또 천하 후세가 전하를 어떠한 군주라고 하겠나이까? 이는 그 사리의 옳고 그름과 앞날의 공효 및 폐해가 명약관화한 것이니 어리석은 사람이나 지혜로운 사람 모두가 알 수 있습니다. 거리의 아이와 심부름꾼, 농부와 촌로도 한심하고 속이 타지 않는 이가 없는데, 유독 전하의 성명(聖明)만이 깨닫지 못하고 계시니 신이 의혹하는 것입니다.

전하의 뜻이 어찌 "저 오는 것이 이미 왜이고 양이 아니며, 저들이 구실로 삼는 바가 이미 구호(舊好)를 중수(重修)하기 위함이요, 다른 것이 아니라고 했으니 왜와 구호를 중수하는 것이 또한 도의(道義)에 무엇이 해롭겠는가?"라고 하신 것이 아니겠습니까? 그러나 신의 우견(愚見)으론 그것이 크게 잘못된 것이라고 생각합니다. 설사 저 오는 것이 진실로 왜(倭)요, 양(洋)이 아니라 하더라도 왜인의 정적(情迹)이 고금에 크게 다르니 살피지 않을 수 없습니다. 옛날의 왜는 이웃나라요, 지금의 왜는 구적(寇賊)입니다. 이웃나라와는 화친할 수 있지만 구적과는 화친할 수 없습니다. 왜가 구적이 됨을 과연 어떻게 참으로 알겠나이까? 그것이 양적(洋賊)의 앞잡이가 되기 때문입니다. 그것이 반드시 양적의 앞잡이가 됨을 어떻게 적확히 알겠나이까? 양(洋)과 왜 두 무리가 마음으로 서로 통해서 중주(中州)에서 횡행한 것이 오래되었습니다. 연전에 북쪽에서 온 총리사(摠理司)의 글에 "프랑스와 미국 두 나라가 왜와 함께 출병한다."라는 말이 있었고, 작년에 동래 훈도(訓導) 등이 전하는 말에 "어떤 왜인이 영사(靈祠)를 세워 달라고 청하고, 이복(異服)을 입은 사람들을 금하지 말 것을 청한다."라는

圓顱方趾 둥근 머리와 네모난 발이라는 뜻으로 인간을 가리킴.

倀鬼 범에게 물려 죽은 사람의 넋은 다른 데로 가지 못하고 범을 섬기게 되는데, 이 귀신을 창귀라 한다. 그리고 범이 먹이를 찾을 때 창귀가 반드시 앞장서서 인도한다고 한다.

碩果之象 박괘(剝卦)는 그 상(象)이 초효(初爻)부터 다섯 개의 효(爻)가 모두 음효(陰爻)이고 상효(上爻)만이 양효(陽爻)다. 이를 두고서 아래서부터 음(陰)이 차오르더라도 양(陽)과 군자의 도는 결코 사라지지 않는다는 의미로 풀이한다. 석과(碩果)는 큰 과일이란 뜻으로 박괘 상구(上九) 효사(爻辭) 중에 "큰 과일은 먹히지 않는다"[碩果不食]는 구절에서 인용.

九五 주역에서 구(九)는 양효(陽爻)를 말하고 오(五)는 다섯 번째 효다. 구오(九五)는 건괘(乾卦)에 "구오(九五)는 나는 용이 하늘에 있는 것이다."[九五飛龍在天]라고 해서 흔히 임금이 자리를 비유하는 말로 사용.

말이 있었습니다. 그런데 지금 온 왜인들이 양복을 입고 양포(洋砲)를 쓰고 양박(洋舶)을 탔으니, 이것이 모두 왜양일체(倭洋一體)의 명백한 증거입니다.

또 더구나 지난달 북쪽에서 온 자문이 오직 금번 왜의 선박이 오는 것 때문에 보낸 것인데, 그중에 "병인년에 패해서 돌아갔다."라는 말이 있었습니다. 병인년에 패해서 돌아간 것은 양이요, 왜가 아닙니다. 그렇다면 양은 곧 왜요, 왜는 곧 양임을 한 마디로 결단할 수 있으니 저들이 말한 바 "왜이고 양이 아니다."라는 것을 어찌 믿을 수 있겠나이까? 그러므로 어리석은 신은 단연코 설사 저 오는 것이 진실로 왜요, 양이 아니라고 해도 적확히 이는 양적의 앞잡이며 전일의 왜가 아니라고 하는 것입니다. 그렇다면 왜와 구호를 중수한다고 하는 말이 갑자기 들으면 해로울 것이 없어 보이지만, 왜와 구호를 중수하는 날은 바로 양과 결화(結和)하는 때인 것입니다.

양과 결화하면 반드시 난망(亂亡)을 초래한다는 것은 이미 앞에서 아뢰었으니 그렇다면 어떻게 해야 하겠나이까? 그러나 저들이 이미 "왜이고 양이 아니다."라고 했으니 우리나라 사람들 가운데 저들에게 속은 자들이 또한 모두 "왜이고 양이 아니다."라고 합니다. 그러므로 이제 한번 왜와 만나는 한 가지 일로 전하를 위해 아뢰겠나이다.

왜와 만남에는 또한 방법이 있습니다. 대관이 처음 나가자마자 저들에게 다음과 같이 성언(聲言)해야 합니다.

"양적(洋賊)의 금수 같은 행위와 사람을 미혹시키는 것을 천지 부모의 앞에서 말하자면 바로 이는 용납받지 못할 적자(賊子)이고, 화하(華夏) 성왕(聖王)의 세상에서 말하자면 바로 반드시 주살(誅殺)해야 할 난신(亂臣)이다. 천하 만고에 사람으로 이름 지어진 자는 모두 이를 토죄(討罪)할 수 있고, 하나라도 당조(黨助)*가 있다면 이는 바로 인간의 성(性)을 거스른 자이다. 귀국은 공자와 주자를 존신(尊信)하고 예의(禮義)를 돈독히 숭상해서 여국(與國)*으로부터 신뢰를 받은 것이 오래되었는데, 지금 도리어 저 무리에게 유혹되고 위협을 받아서 기꺼이 저들의 창귀(倀鬼)가 되었으니 심히 귀국을 대신해서 부끄럽게 여기는 바이다. 『춘추』의 법에 '난신적자(亂臣賊子)는 먼저 그 당여(黨與)*를 다스려야 한다.'라고 했으니 왕자(王者)가 일어난다면 귀국은 응당 양적에 앞서 복법(伏法)*될 것이다. 귀국은 속히 이를 생각하라. 우리나라가 비록 심히 용병하진 않으나, 척양(斥洋) 한 가지 일은 이미 조종(祖宗) 이래로 전수해서 바뀌지 않는 가법(家法)이 되었으니, 지금 귀국과 구호(舊好)를 중수할 수 없는 것이 어찌 다만 서계 칭호의 참람함이 경악스럽기 때문만이겠는가? 음과 양의 큰 향배(向拜)가 이미 이처럼 상반되니, 함께 상의할 수 없을 뿐만 아니라* 장차 성토하기에

黨助 편당이 되어 조력하는 자.

與國 동맹국, 또는 우방. 여기선 조선을 가리킨다.

黨與 같은 당 또는 같은 무리에 속한 사람.

伏法 법에 의거해서 사형을 당함.

不相爲謀 『論語』「衛靈公」에 "도(道)가 같지 않으면 함께 의논

할 수 없다."[道不同 不相爲謀]라는 구절이 있다.

도 겨를이 없을 것이다. 귀국이 지금부터 만약 번연(蕃衍)히 통개(痛改)하여 양적(洋賊)을 엄하게 끊어서, 호오(好惡)의 바름을 신명(神明)에 질정할 수 있다면 의구(依舊)하게 이는 전일 교호(交好)하던 이웃나라요, 다시 난적의 당조(黨助)가 아닌 것이니, 그런 연후에야 비로소 우리나라에 수호의 설을 강정(講定)할 수 있을 것이다. 만약 그렇게 할 수 없다면 오늘 당장 배를 돌려라. 우리 경내에 오래 머물러서 스스로 패망을 재촉하지 말라."

이와 같이 성언한 연후에 그 접하는 바에 따라 의(義)로써 대처한다면 명분이 바르고 말이 이치에 순하여 천하 만세에 할 말이 있게 될 것입니다. 그런데 어째서 계책이 여기로 나오지 않고, 저들에게 기만당해서 수호를 칭탁하면서 헛되이 백 년 동안의 보장중지(保障重地)*를 포기하고 적당(賊黨)으로 하여금 잠시나마 그 사이에서 점거하게 하겠나이까?

保障重地 보장(保障)이 되는 중요한 지역이라는 뜻이다. 보장(保障)은 보호 혹은 그것을 위한 군사 시설물을 뜻하는 말로 일반적으로 남한산성과 강화도를 가리켜 보장지지(保障之地)라고 하였다.

신이 견마(犬馬)의 성심(誠心)과 해바라기의 정성을 이기지 못하여, 죄를 지은 여생으로 전후를 살피지 않고 감히 고려조의 우탁(禹倬)*과 선정(先正) 조헌의 고사를 따라 도끼를 가지고 대궐문 앞에 엎드려 천일(天日)의 아래서 울부짖사오니, 부디 전하께선 조금이나마 긍휼히 여기고 살피셔서 속히 대책(大策)을 정하시옵소서. 어진 사람을 임용하고 능력 있는 사람을 부리시되 오직 뜻을 내수외양(內修外攘)에 두시고, 조신(朝紳)* 사이에 하나라도 주화매국(主和賣國)해서 짐승을 몰아 사람을 잡아먹게 하는 자가 있다면, 통렬하게 엄히 배척하셔서 대벽(大辟)에 처하시되 결단코 용서하지 않으시기를 마치 손토로(孫討虜)*가 용기 있게 책상을 가르듯 하소서. 그리 하신다면 비록 벙어리와 귀머거리, 절름발이와 앉은뱅이도 장차 백 배의 기상을 더해서 모두 전하를 위해 한 번 죽기를 바랄 것이니, 소소한 오랑캐 무리는 하루도 되기 전에 소탕할 기회가 생길 것입니다.

禹倬 우탁(1263~1342). 고려 말기 정주학(程朱學)을 최초로 수용한 유학자 중 한 사람으로 자는 천장(天章) 또는 탁보(卓甫), 호는 백운(白雲) 또는 단암(丹巖), 시호는 문희(文僖)이다. 경사(經史)에 통달했고 특히 역학(易學)에 조예가 깊어서 '역동선생'(易東先生)이라고 불렸다.

孫討虜 11쪽 참조.

朝紳 조정의 신하가 두르는 넓은 허리띠라는 뜻으로, 벼슬이 높은 관리를 가리킴.

이는 비단 삼천리의 적자(赤子)*를 온전히 살리고 우리 오백 년 종사를 안전히 보전하는 것이니 대행(大幸)이 될 뿐만 아니라, 천하의 대의가 전하로 말미암아 펴지고, 만세의 사도(斯道)*가 전하로 말미암아 실추되지 않아서 공덕(功德)의 성대함이 탁연하게 우(禹)임금, 맹자와 똑같이 높고 클 것이니, 어찌 만만큰 다행이 아니겠나이까? 만일 그렇게 하지 않으시다면, 신은 성 안의 사람들이 금수로 몰락함을 보고 두꺼운 낯으로 구차히 살면서 그들과 짝을 짓기를 진실로 원하지 않사오니, 바라옵건대 이 도끼로 신에게 현륙(顯戮)의 형벌을 내리셔서 신으로 하여금 지하로 돌아가 두 성왕을 모시게 해 주신다면 또한 조정의 큰 은혜이겠나이다. 신이 지극히 애통하고 박절한 마음을 이기지 못하여 삼가 죽음을 무릅쓰고 아뢰나이다.

赤子 갓난아기라는 뜻으로 임금에 대해 백성을 칭하는 말.

斯道 유학의 도.

[원문]

伏以先正文烈公臣趙憲 以言事 謫吉州 嶺東驛 聞倭㶊有大可憂者 復瀝血陳疏曰 荊人三刖而不懲者 以所抱者玉也 張浚在謫十疏而不休者 以所願者忠也 竊惟趙憲 當東西分黨秀吉請好之日 憂深慮遠 竭忠盡言 以致滿朝仇嫉 搆成貝錦 至於流殛之慘 而爲驛卒之役 則爲趙憲者 當懲其事 緘口甲管 如越視秦瘠 而顧其畢義願忠之誠 一節不渝 百世之下 讀其疏論其世 使人感歎而灑泣也 今臣名在罪籍 然曩者 伏蒙聖慈察臣無他 特寬安置 放歸田里 使之任便居住 供養老父 則較之在謫 事體又若有間矣 今當賊艘入海 聖上宵旰 臣尤切區區之懷 雖在左右諸大夫 皆曰可殺之中 何忍有銜不祛 以負我聖明 自孤其素心 而爲先正之罪人哉 臣聞賊船之報 意謂廊廟之上 當有定論 迅掃兇醜 不留時日 廁聽幾日 尙無所聞 至於外間喧傳 一則曰意在求和 二則曰意在求和 萬口同憤 四境洶洶 未知此說實有苗脉耶 抑內治外禦 本有定計 而此特民間之訛言耶 如其訛也 公私豈不幸甚 如其實也 則是爲賊人地也 非爲國家謀也 此說施行則殿下之事去矣 夫程朱亞聖也 其言之可信 宜賢於今之君子之見 而程子以講和爲亂華之道 朱子言講和之計決 則三綱頹而萬事隳 此大患之本也 以程朱之訓 揆今日之事 則與賊講和 所以必致亂亡之禍而無萬一之幸 略數之有五端 臣請昧死條列 願聖明試求諸道焉 臣竊聞之 和出於彼之乞憐 則是強在於我 而我足以制彼矣 其和可恃也 和出於我之示弱 則是權在於彼 而彼反以制我矣 其和不足恃也 臣不敢知 今者之和出於彼之乞憐耶 出於我之示弱耶 我之宴安而無備 畏怯而求和 爲目前姑息之計者 夫人皆見之 雖欲諱之 不可得也 彼知無備示弱之實 而與我結和 則向後谿壑之欲 何以充之 我之物有限 而彼之求無已 一有不副 則狠怒隨之 侵掠蹂躪 前功盡棄 此和之所以致亂亡者 一也 一旦結和 則彼賊所欲 在於交易物貨 而彼之物貨 類皆淫奢奇玩 生於手而無窮者也 我之物貨 類皆民命所寄 產於地而有限者也 以有限之津液膏腴民命所寄者 易無窮之淫奢奇玩蠱心敗俗者 而歲必以鉅萬計 則不數年而東土數千里荒疇敗屋 無復支存 而國必隨之矣 此和之所以致亂亡者 二也 彼雖託名倭人 其實洋賊也 和事一成 則邪學之書 天主之像 混入於交易之中 少焉師生傳授 遍滿一國矣 欲自捕廳譏詗捉誅 則彼人之狠怒又加 而講和之宿盟歸虛 欲任之而勿問 則少焉將見其家家邪學 人人邪學 子焉而不父其父 臣焉而不君其君 衣裳淪於糞壤而人類化爲禽獸矣 此和之所以致亂亡者 三也 和成之後 彼欲下陸 交相往來 或築室而居於境內 則我業已講和 無說以拒之 拒之不得而任之 則財帛婦女之攘奪劫取 惟意所欲夫亦孰能禦之 且彼人面獸心 少不愜意 殺人越人 無復忌憚 烈婦孝子 哀痛呼天 求爲復讐 而在上者畏其失和 不敢聽訟 若此之類 終日言之 不可殫擧 則人理蕩然掃地 而生靈不可一日聊生矣 此和之所以致亂亡者 四也 倡爲此說者 動引丙子南漢事曰 丙子講和之後 彼此交歡 千里封疆 至今保磐石之安 今日與彼和好 何獨不然 臣以爲此與兒童之見無異 丙子之講和 害義大矣 衣裳之人 不可立於天地之間矣 是故 如文正公臣金尙憲 忠正公臣洪翼漢等 倡言排之 九死不改矣 然淸人志在帝中國而撫四海 故猶能略效中國之伯主 假借仁義之近似 則是止夷狄耳 夷狄 人也 故卽不問道理如何 若能以小事大 則彼此交好 式至于今 雖有不愜彼意者 有寬恕之量而無侵虐之患 至若彼賊 徒知貨色 而無復毫分人理 則直是禽獸而已 人與禽獸 和好同羣 而保無憂虞者 臣不知其何說也 此和之所以致亂亡者 五也 造次畧擧 有此五端 粗識東西者 可辨其非計 况旣和之後 藉曰彼此永歡 沿海無警 百姓安業 邪敎不入 雖有不愜 保不生患 然臣愚意有大不然者 異日中國秉春秋綱目之筆者 大書其事曰 某年某月 洋人入朝鮮 盟于某地云爾 則是箕聖之故疆大明之東屛 太祖大王以來用夏變夷 制禮作樂 彝倫丕敍之邦域 一朝而沒於泰西之腥羶也 不寧惟是 自來操國柄主國論 而倡爲此議如秦檜孫近之倫者 類皆不勝其便宜宴安 全軀保妻子之私計 而爲此無狀之擧 使其君父 獨蒙惡聲於天下萬世也 噫 人臣事君 宜在陳善閉邪 納之堯舜之域 而乃反以亂亡之術 陷君於萬仞之坑坎 非天下之至不仁 胡忍爲

此 非天下之至不忠 胡敢爲此 臣竊痛心 寧死 不忍聞同僚之臣 一或有此輩之行也 仍竊伏念 我純廟辛酉間 洋人潛入我國 誑誘我民 汙染邪學者日衆 純祖大王 憂深慮遠 赫然斯怒 譏捕誅鋤 不少假貸 亦越我憲宗大王 善繼善述 凡入譏詗 悉加顯戮 不使種下種子於邦域之內 衣裳之間 是以人倫明於上 小民親於下 子不遺親 臣不後君 禮義廉耻 維持鞏固 國勢奠安 邦運靈長 式克至于今日休 此大聖人典則 所以貽厥子孫者也 此非殿下之家法乎 故曩在丙寅年間 殿下始初淸明 好惡嚴正 賊臣鍾三 嘗試朝廷 而異樣船艦 出沒海上 於是頑鈍嗜利無耻之輩 倡爲和好交易之說 甚者如李鄴之張皇金虜者 寔繁有徒 少墮其計 國必無類 幸賴聖明志在斥和 而前同敦寧臣奇正鎭 臣師故參判臣李恒老 以老成宿德 明識遠慮 瀝血封章 力言其不可和 殿下實入其言 守之如金石 是故十年之內 洋賊之觀我朶頤 雖無悛心 而亦不敢遽逞其志 今朝廷之上 大臣文武 誠宜克體祖宗之意 將順殿下之美 决不當溺於目前之宴安 誤了殿下之聰明 欲與此賊 和好交易 自取亂亡之禍矣 殿下入承二聖大統 其可不守二聖之典則 而曲循古來主和亡國者之餘謀乎 嗚呼 海內之地 中原全幅 是堯舜文武之故疆也 而二百年來 薙髮毁冕 化爲胡虜 凡有人心者 孰不隕心搥胸也 况復以類相從 海外眞胡 奇形怪種 莫不交跡中國 久久恬然 不以爲異 其效遂使洋胡衝突 所向無敵 環海內外圓顱方趾者 擧皆伈伈泄泄 爲之倀鬼 獨我箕封一區 憑藉祖宗之威靈 不失好惡之正性 譬則剝之上九 碩果之象也 若擧此一區之臣民 而納之禽獸之域 爲純坤無陽之世界 則是豈仁人君子之所忍爲乎 擧國臣民 受制於洋胡 少間棄禮義陷邪敎 不知天理人倫爲何樣物事 則殿下將何憑恃 而立於臣民之上 保全九五之位乎 設令高枕安寢 無他禍患 殿下何顔入二聖之廟乎 天下後世 又以殿下爲何如主也 此其事理之是非 前頭之效害 明若觀火 愚知皆見 街童走卒 田父野老 莫不心寒膓熱 獨以殿下之聖明而不之悟 臣竊惑焉 殿下之意 豈不曰彼來者旣是倭而非洋 其所執言者 旣曰修舊好而無他 則與倭修舊好 亦何害於道義云爾乎 以臣愚見 此有大不然者 設使彼來者 眞箇是倭而非洋 倭人之情迹 古今懸殊 不可不察 古之倭 鄰國也 今之倭 冦賊也 鄰國可和 寇賊不可和也 倭之爲冦賊 果何以眞知也 以其爲洋賊之前導矣 其必爲洋賊之前導 亦何以的見也 倭洋二醜 膓肚相連 橫行于中州 厥惟久矣 年前北來揔理司文字 有法美二國 與倭幷出之說 昨年東萊訓導輩傳說 有倭人請立靈祠 請勿禁異服人之語 今倭人之來者 服洋服 用洋砲 乘洋舶 凡此皆倭洋一體之明證也 且况去月北咨 專爲今番倭舶之來 而其中乃有丙寅敗歸之說 丙寅敗歸者 旣是洋而非倭 則洋卽倭 倭卽洋 一言而可决矣 彼所謂倭而非洋者 亦何足信也 是故 臣愚斷然以爲設使彼來者 眞箇是倭而非洋 的是洋賊之前導 而非復前日之倭也 然則與倭修舊好云者 驟聽雖若無傷 而與倭修舊好之日 直是與洋結和之秋也 與洋結和之 必致亂亡者 旣如右所陳 則如之何其可也 但彼旣曰倭而非洋 我人之見瞞於彼者 亦皆曰倭而非洋 今且試以與倭相接一事 爲殿下陳之 與倭相接 亦有道焉 大官出見之初 當聲言于彼曰 洋賊之獸行蠱惑者 以言乎天地父母之前 則直是所不容之賊子也 以言乎華夏聖王之世 則直是所必誅之亂臣也 凡天下萬古 以人爲名者 皆得以討之 一有黨助 則直是拂人之性者也 貴國尊信孔朱 敦尙禮義 見信於與國久矣 今反因彼輩之所誘脅 而甘爲之倀鬼 深爲貴國代羞也 春秋之法 亂臣賊子 先治其黨與 有王者作 則貴國當先洋賊而伏法矣 貴國其亟圖之 鄙國雖甚不武 斥洋一事已爲祖宗以來傳授勿替之家法 今與貴國 不得修舊好者 豈特書契稱號之濫爲可駭哉 陰陽大向背 旣若是其相反 則不惟不相爲謀 方將聲討之不暇 貴國自今以往 若能幡然痛改 嚴絶洋賊 好惡之正 可質神明 則依舊是前日交好之隣國 非復亂賊之黨助也 夫然後始可講定修好之說於我國矣 如不能然 則便當卽日回舶 不宜久留我境 自速敗亡矣 如是聲言然後隨其所接 而處之以義 則名正言順 可以有辭於天下萬世矣 奈之何計不出此 爲其所瞞 託以修好 而虛棄數百年來保障重地 致使賊黨 得有晷刻盤據於其間哉 臣不勝犬馬之誠 葵藿之忱 以罪釁餘生 冒昧前後 敢用麗朝禹倬先正趙憲故事 持斧伏闕 嗚號於天日

之下 伏願殿下 少加矜察 亟定大策 任賢使能 專意修攘 而朝紳之間 一有爲主和賣國欒獸食人之計者 則痛加嚴斥 置之大辟 斷不饒貸 如孫討虜斫案之勇 雖喑聾跛躄 亦且增百倍之氣 咸願爲殿下一死 而小小凶醜 有不日掃盪之機矣 是不惟全活我三千里赤子 保安我五百年宗社 爲大幸 天下之大義 由殿下而得伸 萬世之斯道 由殿下而不墜 功德之盛 卓然與禹孟 同其高大矣 豈不萬萬幸甚乎 如其不然 臣目見域中之人 沒於禽獸 誠不願覥面苟活 與之爲伍 乞以此斧 加臣顯戮 使得歸侍二聖於地下 亦朝廷之大恩也 臣無任哀痛迫切之至 謹昧死以聞

12. 김평묵, 경기·강원도 유생을 대신해서 양(洋)·왜(倭)의 정상(情狀)을 논하고 절화(絕和)를 청하는 소

엎드려 아뢰옵나이다. 신 등은 초망(草莽)*에 있는 천품(賤品)*으로 공자(孔子)를 송법(誦法)*하여 옛사람들의 수신처세(修身處世)하는 법도를 조금 들었습니다. 『주역』 간괘(艮卦)의 상전(象傳)에 이르길, "군자가 이를 보고서 생각을 그 처한 분수에서 벗어나지 않게 한다."[君子以 思不出其位]라 하고, 『논어』에 이르길, "그 지위에 있지 않으면 그 정사를 도모하지 말아야 한다."*라고 했으니, 이것이 정의(精義)*의 소재입니다. 그러므로 모든 시정(時政)의 득실과 세고(世故)의 오륭(汚隆)*에 감히 한 마디 참견도 하지 않았던 것입니다. 이제 왜인이 양적(洋賊)의 향도(嚮導)*가 되어 국경에 다가와 맹약을 요구하는데, 조정의 계책은 단지 그 그림자만 보고 형체를 살피지 않고서, 오직 화호(和好)로 구차히 보전할 것만을 주장하여 방엄(防嚴)을 해이하게 하려고 하니 "성문을 열고 적을 들인다."라는 것이 참으로 이것입니다. 신 등이 장차 조석지간에 예악이 두엄에 빠지고 인류가 금수로 화함을 볼 것입니다. 그러므로 함께 통탄하고 크게 탄식하며 말하길, "횡거장자(橫渠張子)*가 『서명』(西銘)을 쓰면서 '건(乾)을 아버지라 부르고 곤(坤)을 어머니라 부른다. 우리 임금님은 부모의 큰아들이요, 대신은 큰아들의 가신이며, 환과경덕(鰥寡煢獨)*은 형제 가운데 의탁할 곳이 없는 이들이다.'라고 했으니, 이는 일가의 대륜(大倫)과 같은 것이다. 그렇다면 장차 낭패와 전복의 우환이 있을 것인데 또 어찌 괄연(恝然)히* 인정을 잊을 수 있겠는가?"라고 했던 것입니다. 이 때문에 국가의 존망이 관계될 때 주부자(朱夫子)는 "비록 위포(韋布)*라도 말을 해야 할 의리가 있다."라 하고, 또 더구나 안자(顏子)*는 누항(陋巷)*의 필부였는데 공자가 불행히 광인(匡人)*의 해를 만나자 주자(朱子)가 "안자는 응당 천왕(天王)에게 상고(上告)해서 토벌하여 복수할 것을 청해야 했으니, 이는 다만 그만두어선 안 되는 것이다."라고 했던 것입니다.

지금 왜인이 양이(洋夷)의 창귀(倀鬼)*가 되어 양적을 인도하여 우리 경내에

■ 1876년 음력 1월, 일본과의 수호조약 체결을 반대하기 위해 문인 홍재구(洪在龜), 윤정구(尹貞求), 유인석(柳麟錫), 유중악(柳重岳) 등의 청으로 김평묵이 작성한 척화소(斥和疏)의 초고다. 청과의 대결은 화이(華夷)의 대결이지만, 서양과의 대결은 인류와 금수와의 대결이라는 인식을 보이면서 나라의 멸망보다 문명의 파괴를 우려하는 위기감을 보이고 있다. 원문 출전은 「代京畿江原兩道儒生論洋倭情迹仍請絕和疏」, 『重菴先生文集』 上(宇鍾社, 1975), 100–103쪽.

■ 金平默(1819~1891) 조선 말기의 학자로, 1881년 이만손을 비롯한 1만여 명의 영남 유생들의 위정척사 상소문을 보고 감탄하여 이를 후원하였으며, 7월 척양·척왜의 소를 초안하여 왕의 노여움을 사고 유배되었으나, 1882년 임오군란으로 흥선대원군이 집권하자 풀려났다.

草莽 초야(草野).
賤品 자기 출신의 한미(寒微)함을 겸칭하는 말.
誦法 칭송하고 본받음.
不在其位 不謀其政 『論語』 「泰伯」에 나오는 말.
精義 정밀하고 미묘한 의리.
世故汚隆 세고(世故)는 세상의 이러저러한 일이란 뜻이고, 오륭(汚隆)은 성쇠(盛衰)와 같은 말.
嚮導 앞잡이.
橫渠張子 송대의 성리학자 장횡

서 뜻을 이루었으니, 이는 맹자의 이른바 "짐승을 몰아서 사람을 잡아먹게 하는 것"*이요, 공자의 도가 소멸되어 다시 남아 있지 않게 될 것입니다. 공자의 일곱 척 몸이 광인(匡人)에게 해를 당하고 있을 때도 그 문도(門徒)된 자는 오히려 지위를 벗어나 군주에게 고하고 성토해야 했으니, 하물며 공자의 만세지도(萬世之道)가 양적에 의해 사라진다면 그 중함은 다만 7척의 몸에 비할 바가 아닙니다. 그렇다면 공자의 문도된 자들이 어찌 차마 통분원질(痛憤怨疾)하고 명목장담(明目張膽)*하여 우리 임금님께 울부짖으며 하소연하지 않을 수 있겠나이까? 이는 이른바 "몸이 나가지 않으면 말도 내지 않는다."라는 것의 사법(死法)이니 더욱 집착해서는 안 되는 것입니다. 어째서입니까? 그 박상멸정(剝牀蔑貞)*의 참화가 비단 국가 존망에 관련된 일일 뿐만이 아니기 때문입니다. 신 등의 일득지견(一得之見)*이 결연히 이와 같았습니다. 그러므로 미약한 힘을 헤아리지 않고 함께 도성까지 먼 길을 걸어와서 외람되게 궁궐 문 밖에서 울부짖는 것이오니, 부디 성명(聖明)께서는 그 광망(狂妄)한 죄를 관대히 용서하시고 조금이라도 찰납(察納)*해 주시옵소서.

신 등이 생각건대 왜인의 정적(情迹)이 전후가 크게 다르니 변별하지 않을 수 없습니다. 전일의 왜(倭)는 인국(隣國)이니 인국과는 그래도 화친할 수 있지만, 금일의 왜는 구적(寇賊)이니 구적과는 화친할 수 없습니다. 어떻게 그들이 구적임을 알겠나이까? 그들이 양적의 앞잡이가 되었기 때문입니다. 어떻게 그들이 양적의 앞잡이가 되었음을 알겠나이까? 왜인과 양인이 동심일체해서 중국에 자행(恣行)한 지 몇 년이 되었습니다. 몇 해 전에 북경에서 자문이 왔는데, 프랑스와 미국이 왜와 함께 출병한다는 설이 있었으니, 이것이 그 첫 번째 증거입니다. 지금 왜인이 올 때 타고 오는 것은 서양 선박이요, 쓰는 것은 서양 대포입니다. 그 기물의 통용을 보면 그 공모의 실제를 볼 수 있으니 이것이 두 번째 증거입니다. 왜인이 오는 것이 만약 침공하려는 계획에 따른 것이라면, 군대를 많이 인솔해서 수륙으로 병진하는 데 무슨 어려움이 있겠습니까? 그런데도 도리어 병사가 수천에 그치고 또 감히 상륙하지 않음은 어째서입니까? 그렇다고 만약 수호하려는 계획에 따른 것이라면, 일개 사신이 오는데 4천의 병사를 인솔해서 오는 것은 고금의 행인(行人)*에 없었던 일입니다. 이것이 세 번째 증거입니다. 이번 달 10일에 입계(入啓)*한 북자(北咨)*에 따르면, 병인(丙寅, 1866)년 9월에 강도(江都)*를 핍박한 양적이 말하기를, 여러 해 전부터 우리를 협박한 왜인에게 누차 사신을 보냈다고 했으니 그 개두환면(改頭換面)*과 섬숙교위(閃倏巧偉)*가 다른 물건에 비견할 수가 없습니다. 참으로 이것이 양적의 정적(情迹)이니 이것이 그 네 번째 증거입니다. 그러므로 신 등이 단연

거(張橫渠)를 가리킨다. 이름은 재(載)이고 횡거는 호.

鰥寡煢獨 환과(鰥寡)는 홀아비와 과부, 경덕(煢獨) 또한 형제 또는 아내가 없어서 외로운 사람.

恝然 냉담하여 관심이 없는 모양.

韋布 가죽 띠(韋帶)와 베옷(布衣)의 줄임말로 벼슬하지 않은 선비를 가리킴.

顔子 공자의 제자 중 한 사람인 안회(顔回).

陋巷 좁고 더러운 거리.

匡人 노(魯)나라 양호(陽虎)가 광읍(匡邑)을 침공한 일이 있었는데, 공자의 외모가 그와 비슷했다고 한다. 이에 공자가 광읍을 지나갈 때 광읍 사람들이[匡人] 양호와 착각해서 공자 일행을 포위한 일이 있었다.

倀鬼 범에게 물려 죽은 사람의 넋은 다른 데로 가지 못하고 범을 섬기게 되는데, 이 귀신을 창귀라 한다. 그리고 범이 먹이를 찾을 때 창귀가 반드시 앞장서서 인도한다고 한다.

率獸食人 출처는 『孟子』「梁惠王上」과 「滕文公下」.

明目張膽 담력을 가지고 용기 있게 일을 하는 것을 비유하는 말.

剝牀蔑貞 『周易』 剝卦 初六에 "초육은 상(牀)을 깎되 그 발을 깎음이니, 정도(貞道)를 멸하여 흉하다."[初六 剝牀以足 蔑貞 凶]라고 한 구절에서 인용한 말.

一得之見 『晏子春秋』의 "성인의 천 가지 생각에도 반드시 하나의 실수는 있고, 어리석은 자의 천 가지 생각에도 반드시 하나는 맞는 것이 있다."[聖人千慮 必有一失 愚人千慮 必有一得]라는 구절에서 유래한 말로 자기의 의견을 가리키는 겸사.

察納 살펴보고서 받아들임.

行人 원래 조근(朝覲)과 빙문(聘問) 업무를 관장하는 관직으로서 오늘날의 외교관에 해당.

入啓 임금에게 상주하는 글을 올림.

北咨 청나라에서 온 자문.

江都 강화도.

改頭換面 원래 불교용어로서 중생이 육도(六道)에서 윤회하는 중에도 다만 그 형상만을 바꿀

코 양적의 앞잡이요, 다시 전일의 왜가 아니라고 하는 것입니다. 비록 그러하나 이는 또한 신 등의 말이 아니요, 바로 온 나라의 말입니다. 그런데도 오늘날 조정에서는 그것이 전일과 인국(隣國)의 왜임을 믿고, 그것이 양적을 위해 앞잡이가 된 왜임을 깨닫지 못하니 신 등이 의혹을 품는 것입니다.

신 등이 들으니, 중화를 가까이 하고 이적을 멀리함은 천지의 상경(常經)이요, 문교(文敎)를 시행하고 문위(武威)를 떨침은 제왕의 대법(大法)이라고 했습니다. 그러므로 모든 예의로 입국(立國)해서 관면(冠冕)으로 풍속을 이룬 나라는 이적과 통호(通好)해선 안 되는 것이니, 한번 저들과 통호하면 그것은 대란의 길이기 때문입니다. 역사책에 실린 내용을 낱낱이 살펴보면 그 찬연한 흔적과 필연의 징험을 왜곡할 수 없을 것입니다. 더구나 지금 양적은 또 이적 가운데서도 가장 추해서 증오할 만한 자들입니다. 그 정상(情狀)을 살펴보면 비록 인간의 형태는 갖추었으나 진실로 금수일 뿐입니다. 또 그 기기(奇技)와 음교(淫巧), 요술(妖術)과 사교(邪敎)는 사람을 신속하게 현혹시키고 깊이 빠지게 해서 마치 독화살이 한 번 피부에 들어가면 전체가 이 때문에 무너지고, 짐주(鴆酒)*를 한 번 입에 대면 모든 혈맥이 이 때문에 흔들리는 것과 같습니다. 그렇기 때문에 우리 순조 대왕의 성려(聖慮)가 심원하사, 일찍이 이를 깊이 미워하시고 모든 양류(洋流)로서 우리 땅에 혼처(混處)하는 자들과 우리나라 사람으로서 저들의 교(敎)에 침염된 자들을 똑같이 대벽(大辟)*으로 처단하셔서 국가 만세의 방어를 엄중히 하셨던 것입니다.

또한 헌종 대왕께서도 선계선술(善繼善述)*하사 기형(譏詗)*에 걸려든 모든 이들에 대해 조금도 가차 없이 하셨습니다. 그러므로 공도(孔道)가 흥행하고 이륜(彛倫)이 크게 펴져서, 자식이 어버이를 버리지 않고 신하가 군주를 뒤로 하지 않아서 국세의 존안(尊安)*과 방운(邦運)의 영장(靈長)*을 이룰 수 있었던 것입니다. 그런데 병인, 신미(辛未, 1871)년에 이르러 저들 선박이 우리 경내에 다가와서 한 달 넘게 대치하자 온 나라가 두려워해서 마치 하루도 보전하지 못할 듯했습니다. 그러나 전하께서 두 성왕(聖王)의 가법을 능히 이으셔서 전수(戰守)와 주서(誅鋤)* 외에 다른 뜻이 없으셨으니 마침내 적선(賊船)으로 하여금 낭패하여 퇴거하게 했습니다. 성을 둘러싼 모든 사람들이 기뻐 뛰면서, 천지의 음(陰)이 다하고, 한 모퉁이의 우리 동국(東國)이 마치 석과불식(碩果不食)* 함은 성명(聖明)의 힘이라고 하지 않는 이가 없었으니, 이를 두고 천하 후세에 할 말이 있게 되었다고 해도 괜찮을 것입니다.

지금 왜사(倭使)가 와서 구호(舊好)를 중수할 것을 청하는데 우리가 들어주려고 하고 있으니, 경솔히 본다면 교린지의(交隣之義)에 무해한 것처럼 보입니다.

뿐 그 정신은 변하지 않는다는 뜻이다. 흔히 겉모습만 바꾸고 그 실질이나 내용은 변치 않음을 비유하는 말로 사용됨.

閃倏巧偉 섬숙(閃倏)은 변화무쌍해서 말을 쉽게 바꾸는 모양, 교위(巧偉)는 교활한 거짓말을 뜻함.

鴆酒 짐새의 깃털을 담근 술을 말한다. 짐새는 중국 광동성에 서식하는 독조(毒鳥)로 그 깃을 담근 술을 마시면 죽음에 이른다고 한다.

大辟 사형.

善繼善述 『中庸』에 "효(孝)는 부모의 뜻을 잘 계승하며, 부모의 일을 잘 전술(傳述)하는 것이다." [夫孝者 善繼人之志 善述人之事者也]라는 구절을 인용함.

譏詗 사정을 몰래 엿보거나 조사함.

尊安 존귀하고 크게 평안함.

靈長 영묘하여 장구함.

誅鋤 원래 호미로 잡초를 제거한다는 말인데 보통 죄인을 제거, 처형한다는 뜻으로 사용.

碩果不食 『周易』의 박괘(剝卦) 상구 효사(上九爻辭)에서 인용한 말이다. 박괘는 그 상(象)이 초효(初爻)부터 다섯 개의 효(爻)가 모두 음효(陰爻)이고 상효(上爻)만이 양효(陽爻)다. 이를 두고서 아래서부터 음(陰)이 차오르더라도 양(陽)과 군자의

도는 결코 사라지지 않는다는 의미로 풀이.

그러나 왜인과 양적이 체결하고 교통해서 속마음이 이어졌으니 그 정적(情迹)이 이미 탄로났음은 앞에서 아뢴 바와 같습니다. 대체로 양적이 우리나라에 대해서 통호(通好)하고 교역하여 그 부녀(婦女)와 재백(財帛)의 욕심을 충족시키는 것이 참으로 그 바라는 바입니다. 그러나 방엄(防嚴)이 매우 치밀해서 빈틈을 노릴 수 없음을 깨달았습니다. 이에 왜를 앞잡이로 삼아서 요구하고 협박하여 우리 조정의 이목을 속여 넘기려 하는 것입니다. 그러므로 한 번 통호를 허락해서 저들의 정원(情願)에 곡진히 따르신다면, 저들이 때를 틈타서 욕심을 부리고 줄지어 닥침이 자연히 마치 지주(砥柱)*와 충돌하고 여량(呂梁)*을 꺾으면서 바다에 이르는 것과 같을 것입니다. 이러한 때를 당해서 비로소 채척(採摭)*하고 금방(禁防)*하신다면 저들은 반드시 한 편을 이뤄서 그 위세가 성립할 것이니, 서로 보살펴 주고 도와주면서 우리를 깨물기를 마치 근일 북경에서의 사변과 같이 할 것입니다. 우리가 이미 약함을 보여서 앞에서 허화(許和)했으니 어찌 나중에 분기(奮氣)해서 거스를 수 있겠습니까? 그 형세가 부득불 한 번 저들의 횡자(橫恣)에 맡길 수밖에 없다면, 삼천리 태조의 고국(故國)은 그 토피(土皮)가 모두 벗겨질 것이요, 오백 년 공맹(孔孟)의 예의(禮義)가 끝내 가시덤불에 빠지게 될 것이니, 어찌 참담하고 통탄스럽지 않겠나이까?

砥柱 중국의 산 이름으로 현재 하남성(河南省)에 있다. 황하의 중류에 있어서 마치 물속의 기둥과 같다는 의미에서 이러한 이름이 붙었다. 흔히 세속에 휩쓸리지 않고 꿋꿋하게 자신의 절조를 지키는 군자를 비유하는 말로 사용.
呂梁 중국의 산 이름으로 현재 산서성(山西省) 서부에 있다. 황하와 분하(汾河) 사이에 위치함.
採摭 선별해서 취함.
禁防 금지하고 방어함.

또 전하의 일신이 넓은 궁궐과 세전(細氈)*의 위에서 고공(高拱)*, 남면(南面)*하시면서 그 숭고와 부귀의 즐거움을 누리시는 것을, 그 이유를 알지 못해서야 되겠습니까? 전하의 대신, 구경(九卿)*, 삼사(三司), 문무(文武), 주목지관(州牧之官)*이 제 자리에서 앙앙(昂昂)*하여 도로에서 호창(呼唱)*하는데 팔로(八路)의 만성(萬姓)이 공경하고 두려워해서 감히 범하지 못하는 것은 또 어째서입니까? 모두 그 친척과 자제라서 그런 것이겠습니까? 참으로 공맹(孔孟)의 도가 정주(程朱)에게 전해졌는데, 우리 왕조의 조종(祖宗)과 한두 선정대유(先正大儒)가 전수하고 수명(修明)해서, 이 백성들로 하여금 예의(禮義)에서 흥기하여 평소엔 존군경상(尊君敬上)의 도를 알고 일이 생기면 복절사의(伏節死義)*의 충(忠)을 귀하게 여기게 하여, 지극히 군주를 사랑하고 떠받드는 마음이 궁궐 밖으로 나가 천한 노마(路馬)*에까지 미친 것이니, 이 때문에 군신(君臣)이 베개를 높이 하고 편히 잠들더라도 하루아침에 토붕와해(土崩瓦解)하는 근심이 없는 것입니다.

細氈 궁전 바닥에 까는 고운 융단.
高拱 팔짱을 높이 끼고 편안히 앉은 자세.
南面 고대엔 북쪽에 앉아 남쪽을 향해 조회 받는 것을 높은 자리라고 여겼다. 그러므로 황제나 제후 등이 신하를 볼 때는 항상 남쪽을 향해 앉는 것.
九卿 육조판서와 의정부의 좌우 참찬, 한성 판윤 등 아홉 대신을 가리킴.
州牧之官 주(州)의 목사(牧使).
昂昂 높고 빼어난 모양. 때에 따라선 교만해서 자부하는 모양을 가리키기도 한다.
呼唱 귀인이 길을 지나갈 때 하속들이 그 앞에서 길을 비키라고 외치는 것.
伏節死義 절의를 위해 목숨을 바침.
路馬 군주가 타는 수레를 끄는 말.

그런데 지금 만약 저 왜선(倭船)에 기만당해서 화호를 맺고 문호를 열어 양인을 받아들인다면, 나중에 사교(邪敎)가 중외(中外)에 충만한 것을 전하의 힘으로 금할 수 없을 것입니다. 신민 중에 사교에 든 자들은 어버이를 버리고 임금을 뒤로 하기를 다반사로 할 것이니 다시 전하의 신민이 될 수 없을 것이며,

수오지심(羞惡之心)*이 있어서 죽더라도 이에 들지 않은 자들도 장차 억울하고 분격하여 군부(君父)를 질시하고 조정을 원수처럼 여겨서 다시 공경애대(恭敬愛戴)*하려는 생각을 갖지 않을 것입니다. 이에 실지(失志)하고 불령(不逞)한 무리가 때를 틈타 소취(嘯聚)*한 다음에 의리를 가탁해서 창을 들고 한번 호령함에 봉기운둔(蜂起雲屯)*하여 성을 함락시키고 궁궐을 범한다면, 비록 전하께서 사방에 애통지교(哀痛之敎)를 내리시더라도 어느 한 사람 전하를 위해 죽을 이가 없을 것입니다. 이러한 때 전하께서 남면(南面)의 즐거움을 누리시고자 하더라도 가능하겠나이까? 더구나 공자의 도가 멸식(滅熄)해서 금수로 화함은 비단 국가존망의 일에 그칠 뿐만이 아닌데 있어서겠습니까? 지극히 어리석으나 신통한 백성들이 이를 우려하지 않는 이가 없는데, 유독 조정에서만 깨닫지 못함은 어째서입니까?

그렇다면 이제 왜(倭)와 만날 때 어떻게 해야 하겠습니까? 마땅히 대관이 처음 나갔을 때 다음과 같이 성언(聲言)해야 할 것입니다.

"양이(洋夷)는 천지 부모의 적자(賊子)요, 화하 성왕(華夏聖王)의 난신이니, 해와 달이 비추고 서리와 이슬이 떨어지는 이 세상에 살아가는 모든 혈기 있는 자들이 분노하고 미워해서 토죄할 것을 생각하지 않는 이가 없다. 귀국은 풍속이 돈후하고 유도(儒道)를 숭상해서 이웃나라의 신뢰를 받은 것이 오래되었는데, 이제 도리어 저 도적에게 속고 유혹되어 기꺼이 저들과 동류(同類)가 되었으니 귀국을 위해 수치스럽게 생각한다. 우리나라가 비록 협소하지만 조종(祖宗) 이래로 척양(斥洋)을 가법(家法)으로 삼아서 지금까지 감히 어긴 적이 없다. 이미 귀국과는 좇는 방향이 하나는 남쪽이요, 하나는 북쪽이니 서로 의논할 수 없다.* 그러므로 함께 수호할 수 없는 것이니, 비단 서계 칭호의 참람함 때문만은 아니다. 만약 귀국이 지금부터 번연(幡然)*히 개도(改圖)*해서 양인(洋人)을 통절(痛絕)하여 그 호오(好惡)를 스스로 밝혀서, 신명(神明)에 질정해도 의심이 없고 돼지와 물고기에까지 미더움이 미쳐서* 그 마음이 성실하게 된다면, 그때는 마땅히 이웃나라로 처우하고 객례(客禮)로 대접해서 요청하는 사목(事目)을 모두 처리해서 강정(講定)할 것이다. 만약 그렇게 할 수 없다면 금일 당장 배를 돌려라. 우리 경내에 오래 머물면서 대치함은 부당하다. 춘추지법(春秋之法)에 난신적자는 그 당여(黨與)*를 먼저 다스려야 한다고 했다. 귀국이 이미 양적(洋賊)의 당여가 되었으니, 그렇다면 우리나라에서 설령 예전에 양적을 처우하던 것으로 귀국을 처우하더라도 지나친 것이 아니다. 귀국은 속히 이를 생각하라."

이와 같이 성언(聲言)한 후에 저들의 대응에 따라 의(義)로써 다스린다면 만

羞惡之心 자기의 불선을 부끄러워하고 타인의 불선을 미워하는 마음으로서, 맹자는 이를 의(義)의 실마리라고 했다.

愛戴 군주를 사랑하고 떠받드는 것.

嘯聚 강도들이 제 패거리를 불러 모을 때 휘파람으로 신호하는 것.

蜂起雲屯 병사가 벌떼처럼 모여 세차게 일어나고 구름처럼 많이 모여 주둔한다는 뜻.

不相爲謀 『論語』「衛靈公」에 "도(道)가 같지 않으면 함께 의논할 수 없다."[道不同 不相爲謀]라고 한 구절을 인용.

幡然 깃발이 바람에 펄럭이듯 급히 변하는 모양.

改圖 계획을 변경함.

孚諸豚魚 『周易』 중부괘(中孚卦)에 "신의가 돼지, 물고기에까지 미친다."[信及豚魚]라는 구절을 인용한 것으로, 원래 돼지나 물고기는 동물 중에서도 가장 감동시키기 어려운 것이지만, 이런 미물에까지도 미더움이 미친다는 뜻.

黨與 한편이 되는 무리.

날 때 환난을 막는 길이 있을 것이요, 거절할 때 구실로 삼을 단서가 있을 것이니, 그 정명(正名)과 명의(明義)가 천하만국에 알리기에 족할 것입니다.

내수(內修)의 방법에 있어선 사졸을 훈련시키고, 부고(府庫)을 채우고, 민업(民業)을 안정시키고, 변비(邊備)를 공고히 하는 것입니다. 이 네 가지가 급작스런 침입에 대비하기 위한 급무이지만, 양물(洋物)의 금지를 더욱 엄하게 하는 것이 또 가장 시급하며 절실한 일입니다. 이는 비단 백성의 재물을 소진시키고 그 뜻을 좀먹는 것이 이보다 심한 것이 없기 때문만이 아닙니다. 우리가 장차 저들에게 의(義)를 요구하고자 한다면, 더욱 나에게 있는 것을 먼저 바르게 하지 않아선 안 되는 법*이니, 부디 성명(聖明)께서는 속히 엄한 유지를 내리셔서 성내(城內)에 포고하시며, 안으로는 궁금(宮禁)*으로부터 밖으로는 민간에 이르기까지 양물(洋物)에 관계된 모든 것을 일체 수색해서 거두시고, 거리에서 불태워서 통절(痛絕)의 뜻을 보이십시오. 그리하신다면 단지 이 한 가지 일이 만 리 밖에서 도적을 막기에 충분할 것입니다.

我將責義於彼 尤不可以不先正 출처는『孟子』「盡心上」.
宮禁 임금이 거처하는 궁궐.

어떤 이는 말하길, "너의 말은 좋지만, 그렇게 하면 양(洋)과 왜(倭), 좌우에 모두 미움을 쌓게 된다. 나라가 작고 힘이 약한데 무엇으로 적을 막겠는가? 병자, 정묘년의 일*은 강상(綱常)에 관계된 바였으니 존망을 걸고 다툼이 당연했지만, 금일은 그때와 비교해서 차이가 있으니 배화(排和)를 제창함은 옳지 않다."라고 합니다. 이에 대해 신 등은 다음과 같이 대꾸하고자 합니다.

丙丁之事 병자호란(1636)과 정묘호란(1627).

"그렇지 않다. 병자, 정묘년의 일은 중화와 오랑캐를 변별하는 것이요, 금일의 일은 사람과 금수를 판별하는 것이다. 중화이면서도 오랑캐가 된 자들은 그래도 말할 수 있지만, 사람이면서도 금수가 된 자들은 차마 입에 올릴 수도 없다. 또 그때는 명의(名義)가 관계된 바가 크긴 했지만, 저들의 뜻은 잠시 중국에서 참주(僭主)해서 우리나라 사람을 신첩(臣妾)으로 삼는 데 불과했고 재백(財帛)과 부녀에 대한 한없는 욕심이 없었다. 그러므로 각자 강역을 지키고 관방(關防)을 엄히 해서, 우리가 그래도 선왕의 예의(禮義)를 지키고 공맹의 심법을 실추시키지 않을 수 있었던 것이다. 그러나 금일은 비록 군신의 명(名)은 없으나, 한번 저들과 통교하면 장차 일용품을 접할 때마다 우리의 심술(心術)을 좀먹고 의혹케 하며, 우리의 풍속을 무너뜨리고 어지럽혀서 우리의 생로(生路)가 끊어짐이 이르지 않는 데가 없을 것이니, 그 화는 척지(尺紙)로 이루 다 거론할 수 있는 바가 아니다. 질병에 비유하자면 그때의 화친은 병이 얼굴에 있는 것이지만, 금일의 화친은 병이 배 속에 있는 것이다. 겉과 속, 드러남과 나타남이 비록 크게 다르지만, 그 생사에 관계되는 바는 도리어 이것이 저것보다 위급하니* 이 어찌 염려하지 않을 수 있는가?"

此急於彼 '이것'은 현재 일본과의 화친을 가리키고 '저것'은 병

대체로 천고지하(天高地下)*에 사람이 그 사이에 살면서 시종 생성(生成)*할 수 있는 것은 도(道)가 있기 때문입니다. 그러므로 천하를 소유한 자는 도로써 천하를 다스리다가 한번 불행한 일을 당하면 천하와 함께 도를 따라서 죽어야 하고, 나라를 소유한 자는 도로써 나라를 다스리다가 한번 불행한 일을 당하면 나라와 함께 도를 따라서 죽어야 하고, 집을 가진 자는 도로써 집을 다스리다가 한번 불행한 일을 당하면 집과 함께 도를 따라서 죽어야 하고, 일신을 가진 자는 도로써 일신을 다스리다가 한번 불행한 일을 당하면 그 몸으로써 도를 따라 죽어야 하는 것입니다. 이는 천지와 고금을 관통하는 바꿀 수 없는 정리(正理)입니다.

자, 정묘호란 당시 청나라와의 화친을 가리킴.

天高地下『禮記』「樂記」에 나오는 "하늘은 높고 땅은 낮아서 만물이 흩어져 각각 다르다."[天高地下 萬物散殊]라고 한 구절에서 인용했다. 흔히 존비(尊卑)가 유별함을 비유하는 말로 사용.

生成 성명(性命)을 보전함.

이제 대도(大道)의 존망이 달린 때에 안위와 성패를 가지고 말하는 자는 아마도 유(類)를 알지 못하는 자요,* 또한 심히 혼미하고 의혹된 자일 것입니다. 하물며 자고로 도를 따라서 죽기로 마음먹은 자는 하늘이 돕고 인심이 순종해서 끝내는 목숨을 보전할 수 있고, 구차하게 보전하기로 마음먹은 자는 사람들이 배반하고 친척들이 떠나서 도리어 화를 재촉함에 있어서겠습니까? 『시경』과 『서경』 이하로 무수히 상고할 수 있으니 어찌 살피지 않을 수 있겠나이까?

不知類者 사물 간의 유비적 관계를 알지 못해서 따라야 할 사의(事宜)를 구분하지 못한다는 뜻.

아아! 신주(神州)*가 가라앉고 사해(四海)에 비린내[腥羶]*가 난 지 이제 이백년이 되었습니다. 한 맥의 양기(陽氣)가 우리 동국에 위탁함은 마치 양의(兩儀)*가 혼몽(昏濛)한데 별 하나가 홀로 빛남과 같고, 끝이 없는 큰 물결에 고산(孤山)이 잠기지 않은 것과 같으니 황천(皇天)과 상제의 돌보심이 여기에 있으며, 백신(百神)과 만성(萬姓)의 중히 의지하는 바 또한 여기에 있습니다. 이에 전하께서 진실로 정신입각(挺身立脚)*하셔서 새벽부터 늦은 밤까지 안일함이 없으시고, 대도(大道)를 견지하셔서 시종 흔들리지 않으신다면, 전하께선 응당 경비제둔(傾否濟屯)*의 성주(聖主)가 되실 것이며, 만세가 영원히 의뢰하는 공이 장차 우(禹)임금보다 낮지 않을 것이니 어찌 성대하지 않겠나이까?

神州 중국.

腥羶 날고기의 비린내로서 외부 오랑캐의 침입을 의미.

兩儀 보통 음과 양을 뜻하지만 여기선 천지(天地)의 뜻.

挺身立脚 정신(挺身)은 분발해서 몸을 일으킴이고 입각(立脚)은 다리를 세운다는 말로 어떤 경우에도 흔들림 없이 의연히 몸을 지킨다는 뜻.

傾否濟屯 비색한 운수를 기울여서 형통하게 함.

신 등이 일찍이 고(故) 참판 신(臣) 이항로에게 바른 학술과 심법, 순수한 도덕과 충의를 배웠는데 혹은 문하에 들어가 사사하고, 혹은 그 문도와 벗을 찾아가서 남은 실마리를 좇아 송법(誦法)했습니다. 이항로는 병인년 전쟁 때 병든 몸을 이끌고 분문(奔問)*해서 척화에 관한 소장(疏章)을 올렸으니 시종 세상에 대한 깊은 염려와 도를 보위하는 간절함은 그 혈성(血誠)이 귀신도 감동시키기에 충분했습니다. 임종하는 날에도 근심스럽게 양이(洋夷)가 틈을 엿보는 것이 사문(斯文)*과 세도(世道)의 무궁한 근심이라고 했습니다. 이제 후학을 버리고 세상을 떠난 지 9년이 됐습니다. 신 등은 삼가 이항로가 지하에서도 눈을 감지

奔問 달려가서 안부를 여쭘.

斯文 유학을 말한다. 『論語』「子罕」의 "하늘이 장차 사문을 없애려 하신다면 뒤에 죽는 내가 사문

에 참여할 수 없겠지만 하늘이 사문을 없애지 않으시니 광 땅 사람이 나를 어찌겠는가?"[天之將喪斯文也 後死者不得與於斯文也 天之未喪斯文也 得與於斯文也 天之未喪斯文也 匡人其如予何]라는 구절에서 유래한 말.
危急存亡之秋 제갈량의 전출사표(前出師表)에서 인용한 말로 '나라의 존망이 걸린 위급한 때'라는 뜻.

못했을 것이라고 생각했습니다. 그러므로 신 등이 그 도를 조술(祖述)하고 그 단서를 계승해서, 양교(洋敎)를 물리치고 양화(洋禍)를 막는 모든 방법에 대해 목숨을 버리고 힘을 쏟는 것으로 성인의 문도에 스스로 속하려고 했던 것입니다. 이제 위급존망의 때*를 당하여 주변사람들의 시비를 돌아보지 않고 자기의 이해를 따지지 않으면서 이처럼 만부득이한 행동을 하는 것은 또한 돌아가신 스승의 유지를 감히 저버릴 수 없기 때문입니다.

부디 성명(聖明)께서는 긍휼히 여기사 판단해서 용서하시고, 도(道)에서 구한 후에 속히 영단(英斷)을 내리시어 사방의 여정(輿情)에 답하시옵소서. 신 등은 망극한 경통(驚痛)과 격절한 울부짖음을 누르지 못하고 삼가 죽음을 무릅쓰고 아뢰나이다.

[원문]

伏以臣等以草莽賤品 誦法孔子 粗聞古人守身處世之法 盖易艮之大象曰 君子以思不出其位 論語曰 不在其位 不謀其政 此精義之所在也 故凡於時政得失世故汙隆 未嘗敢容一喙也 茲者 倭人爲洋賊之嚮導 逼境以要盟 而廟謨只見其影 未察其形 惟以和好苟全爲主 欲解弛防嚴 開門納賊 誠如是也 臣等將見朝夕之間 禮樂淪於糞壤 人類化爲禽獸 臣等相與驚痛太息而言曰 橫渠張子作西銘以爲乾稱父坤稱母 吾君是父母之宗子 大臣是宗子之家相 鰥寡煢獨是兄弟之無告者也 是同一家之天倫 則其有狼狽顚覆之患者 又安得恝然而忘情乎 是故 繫國家存亡之地 朱夫子以爲雖韋布 亦有可言之義 又况顔子陋巷匹夫也 而孔子不幸遇匡人之害 則朱子以爲顔子當上告天王 請討以復讎 不但已也 今倭人爲洋夷之倀鬼 導洋賊而得志於我境 則是孟子所謂率獸食人者 而孔子之道消滅而無復存矣 夫以孔子七尺之軀 遇害於匡人 爲其徒者 猶當出位告君而聲討 况孔子萬世之道 遇消於洋賊 其重不但如七尺之軀而已 則爲孔子之徒者 安忍不痛憤怨疾明目張膽而號訴於吾君哉 是則所謂身不出則言不出之死法 尤有所不可膠守也 何則 爲其剝床蔑貞之慘 非但國家存亡之事而已也 臣等一得之見 斷斷如是 是以不量瑣力 相與足赴都 猥籲天閽 伏乞聖明 寬其狂妄之罪而少垂察納焉 臣等竊料倭人之情迹 前後頓異 不可不辨 前日之倭 隣國也 隣國 猶可和也 今日之倭 冦賊也 寇賊 不可和也 何以知其爲寇賊也 以其爲洋賊之前導也 何以知其爲洋賊之前導也 倭人與洋人同心一體 恣行中國厥有年所 年前北咨 至有法美二國 與倭並出之說 此一證也 今倭人之來 所乘者是洋船也 所用者是洋砲也 觀其器物之通用 則可見其合謀之實 此二證也 倭人之來若是侵攻之計 則多率師旅 水陸並進 有何所難 而顧乃兵止數千 且不敢登陸 何也 若是修好之計 則一使之來 率兵四千 古今行人之所無也 此三證也 據今月十日入啓之北咨 以丙寅九月來逼江都之洋賊 喚做年來屢使脅我之倭人 則其改頭幻面 閃倏巧僞 不可方物 眞是洋賊之情狀也 此四證也 故臣等斷然以爲洋賊之前導 而非復前日之倭也 雖然 亦非臣等之言也 乃擧國之言也 然而今日朝廷 信其前日隣國之倭 而不悟其爲洋賊前導之倭 臣等竊惑焉 臣等聞之 內中華而外夷賊 天地之常經也 揆文敎而奮武威 帝王之大法也 故凡以禮義立國 冠冕成俗者 不當與夷狄通好 一與之通好 是大亂之道也 歷考載籍 其粲然之迹 必然之效 不可得而誣也 况今洋賊 又夷狄之最醜而可惡者也 觀其情狀 人形雖具 眞是禽獸耳 且其奇技淫巧妖術邪敎 所以眩人之速 陷人之深 如毒箭一入人膚 全體爲之潰爛 鴆酒一近人口 百脉爲之震盪 肆我純祖大王聖慮深遠於此 盖嘗深惡而痛疾

之 凡彼類之混處我土 及我人之浸染彼敎者 一以大辟處之 以嚴國家萬世之防 亦粤憲宗大王 善繼善述 凡入譏詗 不容少貸 是以孔道興行 彝倫丕敍 子不遺親 臣不後君 以致國勢奠安 邦運靈長矣 逮至丙寅辛未 彼舶突逼我境 相持閱月 擧國洶懼若不保朝夕 而殿下克紹二聖之家法 戰守誅鋤之外 了無他意 卒令賊船 狼狽退去 匝域含生 莫不欣聳 以爲天地窮陰 而我東一隅 如碩果不食 聖明之力也 雖謂之有辭於天下後世可也 今倭使之來請修舊好而我欲聽之 驟而觀之 疑若無害於交隣之義矣 但倭人洋賊 締結交通 腸肚相連 情跡旣露 如右所陳 盖洋賊之於我國 通好交易 欲充其婦女財帛之欲 是其至誠之所在也 惟其防嚴甚密 度不可以乘其隙也 於是乎以倭爲前導而要之脅之 以瞞過我朝廷之耳目也 一許通好 曲循其情願 則彼之乘時而逞 接迹而至 自然如衝砥柱折呂梁而到海矣 當此之時 始欲採摭而防禁 則彼必打成一片 勢成威立 顧護救助而噬我 如近日北京之事矣 我旣示弱 許和於前 豈能奮氣咈逆於後哉 是其勢不得不一任其橫恣 則三千里太祖故國 盡脫其土皮 而五百年孔孟禮義 一淪於荊蓁矣 不亦慘乎 不亦痛乎 且殿下以一身 高拱南面於廣廈細氈之上 而享其崇高富貴之樂者 寧可不知其故耶 殿下之大臣九卿三司文武州牧之官 昂昂於其位 行呼唱於道路 而八路萬姓 恭敬畏憚 莫之敢犯者 又何故耶 豈皆以新戚子弟而然耶 誠以孔孟之道 傳之程朱 我朝祖宗 與一二先正大儒 傳授修明 使斯民 興於禮義 平居則知尊君敬上之道 有事則貴伏節死義之忠 愛戴之極 至於趍魏闕之外 式路馬之賤 所以君臣之間 高枕安寢而無一朝土崩之患也 今若被倭船所瞞 與之和好而開門納洋 則日後邪敎之充滿於中外者 殿下之力 不得以禁之矣 臣民之入邪敎者 遺親後君 視如茶飯 而非復殿下之臣民矣 其有羞惡之心而抵死不入於此者 又將抑鬱憤激 疾視君父 讎視朝廷 而無復恭敬愛戴之念矣 於是 失志不逞之輩乘時嘯聚 假托義理 提戈一呼 蜂起雲屯 陷城而犯闕 則雖下哀痛之敎於四方 無一人肯爲殿下死者矣 于斯時也 殿下欲享南面之樂 其可得乎 今日大臣九卿以下 欲全軀保妻子而無虞 其可得乎 况乎孔道滅熄 化爲禽獸 又不但國家存亡之事而已乎 百姓至愚而神 莫不憂念及此 而獨朝廷不悟 何也 然則今其與倭相接 當如何而可也 謂宜大官出見之初 聲言曰 洋夷者 天地父母之賊子 華夏聖王之亂臣也 日月所照 霜露所墜 凡有血氣者 莫不憤疾 思欲討罪 貴國風淳俗厚 崇儒重道 爲隣國所信久矣 今乃反爲彼賊之所詿誘而甘與之同類 竊爲貴國恥之 鄙國雖褊小 自祖宗以來 以斥洋爲家法 迄玆不敢有違 旣與貴國趨向 一南一北 不相爲謀 故不得與之修好 非但書契稱號之濫而已 貴國自今 若能幡然改圖 痛絶洋人 自明其好惡 質之鬼神而無疑 孚諸豚魚而不貳 則其時謹當處之以鄰國 接之以客禮 其所請事目 徐當據理講定 如不能然 則卽日便當廻船 不當久留我境 與之相持 春秋之法 亂臣賊子 先治其黨與 貴國旣爲洋賊之黨與 則鄙國雖以向日所以處洋賊者 處貴國非過也 貴國其亟圖之 如是聲言 然後隨其所應而處之以義 則其接也有防患之路 其拒也有執言之端 而其正名明義 足以聞於天下萬國矣 至於內修之方 則鍊士卒 充府庫 安民業 固邊備 四者是倉猝禦侮之急務 而申嚴洋物之禁 又其最急而至切者也 盖不但渴民之財蠱民之志 莫甚於此 我將責義於彼 尤不可以不先正其任我者也 伏願聖明 亟降嚴旨 布告域內 內自宮禁 外至民間 凡繫洋物 一切搜聚 燒之通衢之上 以示痛絶之意 則只此一事 已足以拒敵於萬里之外也 或曰 爾言則善矣 但如此則於洋於倭 左右積忤 國小力弱 何以抵敵 丙丁之事 綱常之所繫也 其以存亡爭之固也 至於今日 則視彼有間矣 不當倡言排和也 臣等應之曰 不然 丙丁之事 華夷之辨也 今日之事 人獸之判也 華而爲夷 猶可說也 人而爲獸 尤不忍言也 且彼時則名義所關固大矣 而彼志在於僭主中國 臣妾我人而已 無財帛婦女無厭之欲 故各守疆域 關防甚嚴 我猶得以保守先王之禮樂 不墜孔孟之心法 今日則雖曰無君臣之名 而一與之相通 則將日用相接 蠱惑我心術 壞亂我風俗 勦絶我生路 無所不至 其爲禍非尺紙所能悉擧矣 譬之疾病 彼時之和 病在頭面 今日之和 病在心腹 表裏隱顯 雖有不同 而其爲死生所關 則

反有此急於彼者矣 此豈可以不念乎 夫天高地下 人生於其間 始終生成者 以其有道也 故有天下者 當以道治天下 一有不幸 則以天下殉道 有國者當以道治國 一有不幸 則以國殉道 有家者當以道治家 一有不幸 則以家殉道 有身者當以道治身 一有不幸 則以身殉道 此貫天地亘古今 不易之正理也 今於大道存亡之秋 以安危成敗爲說者 其亦不知類者也 其亦昏惑之甚者也 況自古以殉道爲心者 天助人順 終得其全 以苟全爲心者 衆叛親離 反以速禍 詩書以下 班班可考也 此豈可以不察乎 嗚呼 神州陸沉 四海腥羶 今二百年矣 一脉陽氣 寄在吾東者 如兩儀昏濛 一星孤明 洪流澒洞 孤山不沒 皇天上帝之眷向在此 百姓萬民之倚重在此 殿下於此 誠能挺身立脚 夙夜無逸 持守大道 終始不撓 則殿下當爲傾否濟屯之聖主 而萬世永賴之功 將不在禹下矣 豈不盛哉 豈不大哉 臣等嘗於故參判臣李恒老 服其學術心法之正 道德忠義之純 或及門而師事之 或就其徒友追得緖餘而誦法焉 盖恒老於丙寅之役 輿疾奔問 陳章斥和矣 其始終憂世之深 衛道之切 血誠足以感鬼神 垂死之日 猶惓惓然以洋夷之窺闖 爲斯文世道無疆之憂 今棄後學已九年矣 臣等竊謂恒老之目當不瞑於地下也 故臣等祖述其道 而蹈襲其緖 凡於攘斥洋敎 杜絶洋禍之方 未嘗不捨死致力 以竊自附於聖人之徒也 今當危急存亡之秋 不顧傍人是非 不計自己利害 有此萬不獲已之擧 盖亦不敢負先師之遺志也 伏乞聖明 哀矜財赦而求諸道 早施英斷 俯答四方之輿情焉 臣等不勝驚痛罔極激切號呼之至 謹昧死以聞

13. 이유원, 리훙장에게 보낸 서한

■ 조선의 전(前) 영의정 이유원(李裕元)이 1879년 11월 청 북양대신 리훙장에게 보낸 서한. 리훙장은 1879년 7월 9일(음) 이유원에게 보낸 서한(참고)에서 조선이 서양과 조약을 체결하도록 권유한 바 있다. 이유원은 1879년 8월과 11월 두 차례 답신을 보내 이 제안을 거부했다. 서양 국제법은 소국에는 실효성이 없으며 서양국가와 조약을 체결해도 조선에 실익이 없다는 이유에서였다. 원전 출전은 「橘山答書」, 『龍湖閒錄』 권4(국사편찬위원회, 1980), 440~445쪽; 『嘉梧藁略』 1책 書 「答肅毅伯書」, 『淸季中日韓關係史料』 2권, 문서번호 329 부건(1).

■ 李裕元(1814~1888) 조선말기의 문신. 흥선대원군과 반목하였으나 1874년 흥선대원군의 실각 후 영의정이 되었다. 리훙장과 교류하며 세자책봉문제, 통상수호 문제들을 담당하였으며, 1882년 전권대신으로서 제물포조약을 조인하였다.

근래 헌서자관(憲書咨官) 이용숙(李容肅)을 통해서 편지를 쓴 다음에 유 태수(遊太守)에게 부탁해서 대신 전해 올리게 했습니다. 바로 10월 20일에 이용숙의 수본(手本)을 받아 보니, 올린 서한은 살펴보신 듯 했으나 그 상세한 사정을 알지 못해서 제 마음이 답답했습니다. 이제 연공사행(年貢使行)에 감히 속마음을 드러냈지만 어찌 전달되었기를 바라겠습니까? 금년 7월 9일에 내려주신 서한은 8월 그믐에 받아서 손을 씻고 공손히 읽었습니다. 하지만 그 후 편사(便使)가 차질이 생겨서 지금까지 감사하는 마음을 채 펼치지 못했습니다. 설령 심상한 전의(箋儀)라도 이처럼 태만하게 해서는 안 되는데, 하물며 정성스럽게 거듭 타일러 주시는 말씀이 오직 비방(卑邦)의 기밀사(機密事)를 위해서 포유(布諭)하는 것이었음에도 몽롱하게 마치 들어본 적도 없는 듯 했으니 그 불민한 죄를 어찌 스스로 자책하지 않았겠습니까? 감히 이처럼 뒤늦게 호소하는 것은 남은 생이 길지 않아 더욱 급절하기 때문이니, 부디 긍휼히 여겨서 살펴 주시기 바랍니다.

근래 폐방(弊邦)과 일본이 교호(交好)해서 입약 통상한 것이 본래 천만 부득이한 사정에서 나온 것이었지만, 그 접응(接應)의 도리는 그동안의 가르침에 따라서 결코 시혐(猜嫌)의 뜻을 보이지 않고 오직 관용[含容]과 순응[巽順]으로써 그 걸오(桀驁)한 성미를 꺾고자 했습니다. 그런데 저들의 언동에 위급[警急]한 점이 없지 않아서 과외(科外)의 요구를 많이 했습니다. 별도로 개항을 요구한 항구들이 중지(重地)가 아닌 곳이 없어서 오랫동안 대치한 후에 원산진(元山津)은 허락했지만, 인천은 기전(畿甸)*이기 때문에 끝내 저들의 요구에 응하지 않았습니다. 그러자 저들이 크게 앙심을 품고 떠났습니다. 다행히도 그 해제(諧際)*를 잃는 지경에까지는 이르지 않았지만, 그 탐욕스럽고 교활한 뜻으로 말하자면 오직 경탄(鯨呑)*과 잠식(蠶食)*에 있을 뿐입니다.

금년 봄 류큐(琉球)를 폐멸(廢滅)하고, 근일 포선을 훈련한 일 등은 만약 이 밀유(密諭)로 알려 주셔서 이 귀머거리, 장님 같은 저를 돌보아 주시지 않았다면 무슨 수로 알 수 있었겠습니까? 우리 작전(爵前)*의 어진 덕이 우리 소방(小邦)을 비호해 주신 것이 오래되었습니다. 이처럼 위급하고 어지러워지기 전에 미리 구제하셔서 저희를 대신해서 계책을 세워 주시니 어찌 도모하심이 이러한 경지에 이를 수 있습니까? 오늘날 서인(西人)의 국면은 자연의 기운이라는 높은 가르침이 있었고, 또 환난을 막는 요체는 독으로써 독을 공격하고 적으로써 적을 제압하는 방책으로 해야 함을 누누이 알려 주셨습니다. 몽매함을 정성스럽게 계발해서 세세하게 풀이해 주시니 어찌 모든 의혹이 상쾌하게 풀려서 반성하지 않을 수 있겠습니까? 태서(泰西) 각국과 먼저 교통(交通)하면 일본을 저절로 견제할 수 있고, 일본을 견제한 후에는 러시아[俄國]의 엿봄 또한 걱정할 것이 없다는 것이 가르침의 강령(綱領)이었습니다. 관세를 정하고, 상정(商情)에 익숙해지고, 여러 폐단의 금지를 말씀하신 구절에 이르러서는 또 어찌 그 처분이 그렇게도 상세하고 깊이 살피셨습니까? 진실로 황송하고 감복하였습니다.

감히 명을 받들지 않을 수 없으나, 다만 스스로 생각하기에 폐방은 한쪽 모퉁이에 치우쳐 있어서[僻在一隅] 삼가 규칙과 법도를 지키고 문약(文弱)에 안주해서 방국 안에서 자치할 뿐이요, 외교를 할 겨를이 없습니다. 더구나 태서(泰西)의 학문은 우리의 도(道)와 달라서 실로 민이(民彝)*와 괴리되니, 그러므로 일찍이 그것을 뜨거운 불처럼 무서워하고 독화살처럼 피해서 귀신을 대하듯 경이원지(敬而遠之)*했던 것입니다. 근래 체포한 종적을 감췄던 프랑스 인은 자문을 받고서 압송했으나 서교(西敎)에 전염된 우리나라 사람이 제멋대로 풀어 준 것임은 이를 미뤄 보면 아마 헤아리실 수 있을 것입니다. 아편의 판매, 종교의 시행은 바로 여윈 돼지가 뛰는 것이니[羸豕之孚]* 거세한 돼지의 어금니[豶牙]*로 제어할 수 있는 바가 아님을 아마도 또한 헤아리실 수 있을 것입니다.

옛날에 국가의 계책을 세우는 자가 말하길 "먼 국가와 교제하고 가까운 국가는 공격한다"[遠交而近攻]라고 하고, 또 "오랑캐로써 오랑캐를 공격한다."[以蠻攻蠻]라고 했으니 이것이 바로 적으로써 적을 제압하는[以敵制敵] 술책입니다. 그러나 지금의 국면은 옛날과 완전히 다릅니다. 비록 무(武)가 강해서 자력(自

畿甸 경성의 주변 지방.

諧際 교접(交接), 접촉.

鯨呑 고래가 작은 물고기를 삼킨다는 뜻으로, 강한 자가 약한 자를 제 손아귀에 넣고 자기 마음대로 함을 비유적으로 이르는 말.

蠶食 누에가 뽕잎을 먹는 것처럼 차츰차츰 먹어 들어가거나 침략하는 것.

爵前 리훙장을 가리킴.

民彝 인간의 떳떳한 본성.

敬而遠之 존경의 뜻을 표시하되 접근하지 않는다는 뜻. 『論語』「雍也」에 "사람이 지켜야 할 도리에 힘쓰고 귀신을 공경하되 멀리한다면 지(知=智)라고 할 수 있다."[務民之義 敬鬼神而遠之 可謂知矣]라고 했다.

羸豕之孚 『周易』「坤卦」 초륙(初六)에 "여윈 돼지가 뛰려고 망설인다."[羸豕孚蹢躅]는 구절에서 인용한 말이다. 소인이 군자를 해치려는 마음을 품고 있음을 비유하는 말.

豶牙 『周易』「大畜卦」 육오(六五)에 "멧돼지를 거세해서 어금

力)할 수 있는 나라라고 해도 아침엔 폐백으로 교제하고 저녁엔 전쟁해서 두 가지 경우에 대비해야 한다면 분명(奔命)*하는 와중에 피폐해져서 내가 먼저 패하고 말 뿐이니, 어찌 비방(卑邦)과 같이 문약한 나라가 옛날의 경우를 본받을 수 있겠습니까? 이는 불가능한 것이지, 하지 않는 것이 아닙니다. 신황(神皇)*은 백초(百草)를 맛볼 때 독을 만나면 죽고, 죽었다가도 다시 일어났지만 신황이 아닌 자가 이를 본받는다면 한번 독을 만난 다음에 다시 일어날 수 있는 자가 드물 것입니다. 지금 적을 제압하는 방법을 배운다고 해도 내가 먼저 적의 공격을 당할 것이며, 독을 공격하는 방법을 배운다고 해도 내가 먼저 중독될 것입니다. 한번 독에 중독된 다음엔 다시 일어나지 못할까 두려운데 어느 겨를에 적을 제압할 수 있겠습니까?

오직 우리 작전(爵前)께서는 성망(盛望)이 먼 곳[陬澨]까지 떨치시고 모획(謀劃)이 중외(中外)에 적절해서 저 러시아의 강함[强梁]과 태서의 혼잡함[厖雜]과 일본의 변화무쌍함[反覆]으로도 마음을 꺾고 무릎을 굽히지 않는 자가 없으니, 그렇다면 일본인이 대만을 노리는 것을 우려할 필요가 없으며, 폐방은 오랫동안 그 길러 준 은혜[覆露]*를 입었으니 또한 항상 이를 믿고 두려워할 것이 없습니다.

또 태서의 공법(公法)이 아무 이유 없이 다른 사람의 국가를 빼앗거나 멸망시키는 것을 허락하지 않아서 러시아와 같은 강대국도 터키에서 군대를 철수했다고 하는데, 그렇다면 폐방이 무고한데 혹 타국에 의해 병탄당하는 독(毒)을 당하게 된다면 그때도 여러 나라들이 함께 이를 막아 주겠습니까? 이것이 유독 확실치 않아 회의(懷疑)하면서 해소되지 않는 부분입니다. 일본이 류큐 왕을 폐하고 그 강토를 병탄한 것은 바로 걸송(桀宋)*의 행실과 같습니다. 그렇다면 유럽의 열방들은 제(齊)나라 환공(桓公)이 군대를 일으켜서 형(邢)을 옮기고 위(衛)를 봉해 준 일처럼 하거나, 혹은 의리로써 일본인을 깨우쳐서 그들로 하여금 정(鄭)나라 장공(莊公)이 다시 허(許)나라 군주를 세웠던 것처럼 하게 했어야 하는데, 귀를 기울여도 그러한 말을 들을 수 없음은 어째서입니까? 거의 망할 지경에 이른 터키를 구원할 때는 공법에 의지할 수 있지만, 이미 멸망한 류큐를 부흥시키는 데는 공법이 시행되기 어려워서입니까? 아니면 일본인들이 사납고 약아서 각국을 경시해서 제멋대로 사리를 취하더라도 공법이 시행될 수 없기 때문입니까? 벨기에와 덴마크는 약소국[痣小之國]으로서 대국 사이에 끼어 있음에도 강약상유(强弱相維)*에 의지하지만, 류큐 왕은 수백 년의 오래된 나라인데도 상유(相維)하지 못한 것은 고립된 처지에 놓여 각국과 멀리 떨어졌기 때문에 공법이 미처 시행될 수 없어서 그렇게 된 것입니까?

니를 못 쓰게 만든다."[豶豕之牙]는 구절에서 인용했다. 멧돼지는 성미가 급하고 어금니가 날카로우니 억지로 그 어금니를 제어하려고 하면 노력만 허비하게 된다. 그러나 일찍 거세하게 되면 어금니가 있다고 하더라도 그 난폭한 성미가 사라지게 되므로 위험하지 않다. 이에 따라 성질이 난폭하고 간사한 소인을 미리 제거해야 함을 비유하는 말로 사용.

奔命 명을 따르는 데 분주함.

神皇 중국 전설의 고대 제왕 중 한 명인 신농씨(神農氏)를 가리킨다. 백초(百草)를 몸소 맛보며 약재를 최초로 지어서 사람들에게 병을 치료하는 법을 알려 주었다고 한다.

覆露 양육해 준 은혜를 가리킨다. 부(覆)는 하늘처럼 덮어 주고 길러 준 은혜, 로(露)는 이슬처럼 윤택하게 길러준 은혜.

桀宋 중국 전국시대의 송(宋) 강왕(康王) 언(偃)을 가리킨다. 그 황음무도하기가 하(夏)나라의 폭군 걸왕(桀王)과 같다고 해서 이와 같이 불렀다.

强弱相維 강국과 약국이 서로 연결되었다는 뜻이다. 『周禮』「夏官 大司馬」에 "감(監)·목(牧)을 세워서 방국을 연결한다."[建牧立監 以維邦國]라는 구절이 있다.

폐방은 기구(崎嶇)*하게 지유(地維)*가 다하는 곳에 위치해 있습니다. 터키, 류큐, 벨기에, 덴마크 등의 나라와 비교해 보면 더욱 빈검(貧儉)하고 자유(呰窳)*할 뿐만 아니라, 태서와의 거리가 탁원(踔遠)해서 도달할 수가 없으니 병융(兵戎)의 힐항(頡頏)*은 물론이거니와 옥백(玉帛)으로 주선하는 것도 스스로 일으키기 어렵습니다.

崎嶇 지세가 험준한 모양.

地維 땅을 지탱하는 밧줄이라는 말로, 옛날 사람들은 하늘은 둥글고 땅은 모나며, 하늘은 아홉 개의 기둥이 지탱하고 땅엔 네 개의 밧줄로 매어 있다고 생각했다. 그러므로 또한 대지의 네 쪽 모퉁이를 가리키는 말로 쓰이기도 한다. 본문의 '지유(地維)가 다하는 곳'이란 곧 대륙의 끝자락이라는 뜻.

呰窳 구차하고 나태함.

頡頏 서로 위아래가 없이 균형을 이룬 모양이다. 병융(兵戎)은 무기를 가리킨다.

일본인은 통상에 익숙하고 제조에 뛰어나서 부강지술(富强之術)을 모두 깨우쳤는데도 오히려 그 창고가 비고 국채가 누적되는 탄식을 하기에 이르렀으니, 그렇다면 설령 폐방이 계획을 바꿔서 항구와 시장을 넓게 설치하고, 마침내 먼 지역과 교통해서 그 교묘함을 모두 배우더라도, 반드시 띠풀로 자리를 깔고 바구니를 만들어 손님을 맞이하여 응수하는 사이에 바로 곡식 자루가 비게 될 것이니, 어찌 국고를 고갈하고 국채를 누적해서 일본의 전철을 밟겠습니까? 더구나 편방(偏邦)*의 지산(地産)이 멸렬(滅裂)하고 화물(貨物)이 고악(沽惡)*함은 사방에서 잘 알고 있는 바입니다. 각국이 멀리서 와서 교역한다면 마치 아주 작은 고을의 시장*이 천금의 상인을 수용하기 어려운 것과 같을 것이니, 또한 주객에게 모두 이득이 없지 않겠습니까? 그 스스로 일으키기 어려움이 실제로 이와 같습니다. 앉은뱅이 주제에 먼 길을 가려고 생각하기보다는 차라리 방구석을 앉아서 지키는 것이 낫지 않겠습니까?

偏邦 변두리에 멀리 있는 작은 나라를 말함.

沽惡 조악함.

三家之市 삼가촌(三家村)의 시장이라는 뜻이다. 삼가촌은 호구수가 셋 밖에 되지 않는 작은 마을을 가리킴.

상국(上國)의 규모는 비유하자면 광대한 천지(天地)와 같습니다. 크고 작은 것들을 모두 키우고 미악(媺惡)*을 발생시켜서 마침내 기구를 만들고 옷을 지으니, 인봉(麟鳳)과 사룡(蛇龍)을 오로지 주장하는 것도 없고 기피하는 것도 없으며,* 때로는 혹 견제[掣肘]해서 조처가 광대하고도 편안하니 참으로 만방이 황극에 모이는 바[歸極]*이지만, 소방(小邦)이 갑자기 이렇게 하려고 한다면, 도리어 쉬파리[醯鷄]가 봉조(鳳鳥)를 배우려는 것과 같지 않겠습니까?

媺惡 선악(善惡).

無敵無莫 『論語』「里仁」에 "군자는 천하에 대해서 오로지 주장하는 것도 없고 그렇게 하지 않는 것도 없으니 의리만을 따를 뿐이다."[子曰 君子之於天下也 無適也 無莫也 義之與比]라고 한 데서 유래한 말.

歸極 『書經』「洪範」에 "편벽됨이 없고 편당함이 없으면 왕의 도가 탕탕(蕩蕩)하며, 편당함이 없고 편벽됨이 없으면 왕의 도가 평평(平平)하며, 상도(常道)에 위배됨이 없고 기울어짐이 없으면 왕의 도가 정직(正直)할 것이니, 그 극(極)에 모여 그 극(極)에 돌아올 것이다."[無偏無黨 王道蕩蕩 無黨無偏 王道平平 無反無側 王道正直 會其有極 歸其有極]라고 한 구절에서 인용했다.

우리 작전(爵前)께서 속마음을 털어놓으셔서 길함을 좇고 해로움을 피하게 하려는 마음이 간절하고도 정성스러우시니 설령 아비와 형이 자식과 동생에 대해서라도 어찌 이보다 더할 수 있겠습니까? 하지만 형세가 허락하지 않아서 뜻을 받들 방도가 없으니, 크게 어리석은 제가 종신토록 깨닫지 못함이 도리어 그럴 법하다고 생각지 않으십니까? 그러나 제가 의지하고 믿는 것은 태서와 일본이 이미 작전(爵前)의 위진(威鎭) 아래서 감히 함부로 굴지 못하니, 소방(小邦)은 영원히 대덕(大德)에 의뢰해서 중요한 일이 생길 때마다 매번 가르침을 받들기만을 밤낮으로 기축(祈祝)하는 바입니다. 심정과 말이 궁박(窮迫)해서 글 쓸 바를 모르겠습니다. 단지 이 어리석음을 딱하게 여기셔서 죄를 용서해 주시기만을 바랄 뿐입니다.

바라옵건대 때에 따라 체도(體度) 만강(萬康)하소서. 소생은 산야에 우거(寓居)해 있고, 또 여생이 길지 않아서 다시 그대의 앞에 달려가 절하고 속마음을 남김없이 털어놓을 수가 없으니 지극히 애석합니다. 미처 격식을 갖추지 못하고 보냅니다. 굽어 살피소서.

[원문]

李中堂文華殿大學士肅毅伯爺爵前 間因憲書咨官李容肅 謹裁上函 屬遊太守轉呈 即於十月念間 獲見李容肅手本 縱知書椷 似經勻鑒 未得其詳 下情結轖 今於年貢使行 冒白衷曲 庸冀付達焉 本年七月九日所賜下書 伏奉於八月晦間 捧手盥讀 伊後便使蹉違 至今謝忱未伸 雖尋常箋儀 不宜逋慢如是 矧承諄複辭旨 嵩爲鄙邦機密事布喩 而矇然若罔聞知 其不敏之咎 內訟曷已 猥茲追籲 所以愈急切於餘辰 庶蒙矜察否 邇來弊邦之與日本交好 立約通商 固出於萬不得已 而其接應之宜 寔遵前後勻敎 勿示猜嫌之意 一以含容巽順 挫其桀驁性氣 而惟彼言動 不無警急 干請多在科外 指開別港 無非重地 相持多時而後 以元山津施許 仁川係是畿甸 竟不副其求 則其去也 頗惟怏怏 而其諧際 幸不至相失 若其貪狡之志 專在鯨呑蠶食 今春廢滅琉球 近日操演礮船等事 苟非此密喩開示 顧茲聾瞽 那由得知 我爵前之仁之德 庇護我小邦 厥惟久矣 迺茲卹患于未危未亂 爲之代籌 何圖至此之極 今日西人之局面 寔由自然之氣運 旣是至訓 而防患之要 又有以毒攻毒 以敵制敵之策 縷縷示下在焉 維以款啓昧晦 細細温繹 詎無灑然而有省者乎 泰西各國 先與交通 則日本自可牽制 日本旣已牽制 則俄國窺伺 亦無可憂 斯爲勻敎綱領 而以至定關稅也 熟商情也 諸弊之厲禁也 又何其處分詳察也 誠惶誠感 敢不聞命 而第自念弊邦 僻在一隅 謹守規度 恬居文弱 自治邦內 不暇外交 而況泰西之學有異吾道 實乖民彜 則嘗畏之如烈火 避之如毒矢 敬而遠之如鬼神 近拏法國人潛踪者 雖奉咨解送 而鄙邦人染敎者 罔或肆赦 推此庶有以洞諒 而販烟行敎 卽其羸豕之孚 恐非豶牙之攸制 庶亦可以燭照矣 古昔謀國者有曰 遠交而近攻 有曰以蠻攻蠻 斯乃以敵制敵之術也 目下局面 與古昔頓異 雖武强自力者 朝幣夕戈 待於二境 將疲於奔命 我先取敗而已 豈文弱如鄙邦 而可以效古昔者乎 寔不能也 非不爲也 神皇之嘗百草 遇毒而死 死而復起 非神皇而效爲 則一遇毒而能起者鮮矣 今學制敵而我先受敵 學攻毒而我先中毒 竊恐一遇毒而不能起也 奚暇以制敵乎 惟我爵前 盛望振於陬澨 謨劃協於中外 以彼俄國之强梁 泰西之尨雜 日人之反覆 靡不折心焉屈膝焉 則日人之眈視臺灣 無足爲憂 而弊邦久沐覆露 亦尙恃而不恐 且泰西公法 旣不許無故奪滅人國 以俄之强 而斂兵於土國 則弊邦無辜 或遇呑噬之毒 亦庶幾諸國之所共禁乎 惟獨有懵懵懷疑 而不釋然者 日人之廢琉王呑其疆 即桀宋之行耳 歐洲列邦 似宜有齊桓興師遷邢封衛之擧 或以義喩日人 俾復置許君 如鄭莊之所爲 而側耳無聞何也 救土國於垂亡 公法可仗 而興琉邦於已滅 則公法有難行歟 抑日人之桀黠 輕視各國 雖縱恣專利 而公法莫能行歟 利時丹馬 以痣小國 介於諸大邦 賴以強弱相維 而琉王以累百年舊國 不得相維者 以其所處孤另 與各國隔絶 而公法有不及行而然歟 弊邦則崎嶇在乎地維盡處 其視土琉利丹等國 尤貧儉呰窳 距泰西 又踔遠莫攀 兵戎顚頏 尙矣勿論 玉帛周旋 亦難自振 夫以日人之慣於通商 巧於營造 盡得富強之術焉 尙致枵其藏累其債之歎 則設令弊邦改圖 廣置港埠 畢通遐邇 悉學其巧 必於藉茅承筐應酬之際 立見稇槖蕭然 奚翅藏枵債累 蹈日本之轍也 且況偏邦地産之蔑裂 貨物之沽惡 四方所稔聞耳 各國之遠來交貿 恐如三家之市 難容千金之商 不亦主客俱無得乎 其難於自振 實際然也 躄痿而思行遠 毋寧奧

窔之坐守爲得歟 盖上國規模 譬如天地之大也 巨細咸宥 橐籥嫩惡 畢就釽摫 獜鳳蛇龍無適無莫 時或掣肘 施措磐泰 固萬方所歸極 而小邦遽欲 則反不猶醯鷄之學鵬鳥乎 我爵前心腹敷喩 務欲趨吉避害之念 惻怛肫摯 雖父兄之於子弟 曷以過此 而形格勢禁 末由奉承 大愚之終身不靈 無乃謂是歟 然而私自依怙者 泰西與日本 旣無敢憑肆於爵前威鎭之下 則小邦永賴大德 機事輒荷提命 是所日夜祈祝之至 情窮辭迫 不知攸裁 但惟哀其愚而宥其罪焉 伏惟勻體度 對時萬康 小生 寄寓山野 餘生無多 又無階趨拜於棨戟之前 罄陳情悃 冲悵何極 不備 勻下察

☞ [참고] 리훙장, 이유원에게 보낸 서한

귤산 존형 태사 각하(橘山尊兄太師閣下)

지난 정월에 답신하신 짧은 편지를 받았는데 곧바로 2월에 작년 섣달 망일(望日)에 쓰신 편지가 도착했습니다. 방교(邦交)* 한 가지 일을 반복하시며 득실을 추구(推究)하고 정세를 부석(剖析)*하시니 충모(忠謨)가 석획(碩畫)*하고 경패(傾佩)*가 끝이 없습니다. 근래 들으니 이양(頤養)* 수령(修齡)*하셔서 대정(大政)을 평장(平章)*하시며 강토를 보전하고 외국의 업신여김을 막아서 그 조치가 모두 적절하다고 하니 지극히 우러러 송축(頌祝)하게 됩니다.

보내주신 편지에서 말씀하신 일본과 귀국의 교섭에 관한 일들은, 왜인의 성정(性情)이 걸오(桀驁)하고 탐교(貪狡)해서 득보진보(得步進步)*의 계책을 사용하니 귀국에서 때에 따라 응수하기가 분명 용이하지 않았을 것입니다.

작년에 주왜(駐倭) 공사 허시강(何侍講)*이 글을 보내 왔는데, 여러 차례 왜인이 양국 사이에서 중재해 줄 것을 청하면서 귀국과 성심으로 화호(和好)하여 양국 모두 허위로 속이는 일이 없기를 바란다는 말을 했다고 했습니다. 제가 생각하기에 예로부터 교린지도(交隣之道)는 인응(因應)이 적절하게 행해지면 구적(仇敵)이 외원(外援)이 되고, 인응이 적절히 행해지지 않으면 외원이 구적이 되었습니다. 왜인들의 말이 비록 반드시 본심에서 나온 것은 아니라고 해도, 오히려 그 의향에 순응하면서 저들을 선도하여 쟁단(爭端)을 막아 영구히 서로 화목하기를 바랍니다. 그러므로 전에 서한을 드리면서 먼저 시혐(猜嫌)의 뜻을 보여서 저들이 이를 빙자하여 구실로 삼게 하지 말라고 권고했던 것입니다.

근래 살펴보니 일본이 행하는 일이 도리에 어긋나고 그 마음을 헤아리기 어려워서 속히 사전에 방비해야만 하니, 그 대략을 긴밀히 말씀드리지 않을 수 없습니다. 일본은 근년 이래로 서법(西法)을 숭상해서 백 가지 사단을 만들면서 스스로 이미 부강지술(富强之術)을 깨우쳤다고 여깁니다. 그러나 이로 인해 국고가 고갈되고 국채가 누적되어 사방에서 일을 만들면서 웅장한 판도를 개척하

■ 이유원에게 보낸 리훙장의 1879년 7월 9일(음)자 서한. 총리아문에서 주청하여 광서제의 유지를 받아 작성된 것으로 청국 정부의 견해를 대변하고 있다. 조선정부에서 일본과 러시아를 견제하기 위해 서양과 조약을 체결하는 문제를 논의하도록 권고하고 있다. 원문 출전은 「直隷摠督文閣太學士李鴻章, 抵橘山李相國書」, 『龍湖閒錄』 권4(국사편찬위원회, 1980), 433–435쪽; 『嘉梧藁略』 1책書 「答肅毅伯書(2) 附: 原書」, 『淸季中日韓關係史料』 2권, 문서 번호 329 부건(2).

邦交 국교.
剖析 쪼개어 가른다는 뜻으로, 명확히 분석함을 이름.
碩畫 크고 위대한 계획.
傾佩 감복함.
頤養 보양(保養).
修齡 장수(長壽).
平章 공평한 정치를 함.
得步進步 득촌진척(得寸進尺)과 같은 말로 탐욕스럽기가 끝이 없다는 뜻.
何侍講 허루장(何如璋).

彊宇 강토(疆土).

牢籠 농락(籠絡)과 같은 뜻으로 남을 교묘한 꾀로 휘잡아서 제 마음대로 놀리거나 이용함.

右文 문치(文治)를 숭상함.

開埠 埠는 商埠를 가리키는데, 商埠는 고대에 외국과 통상을 하던 성시를 말함.
孤注 노름을 하다가 가진 돈을 대부분 잃고서 마지막에 가진 밑천을 모두 걸고 단판 승부를 하는 것을 말함.

는 것으로 소비를 충당하지 않을 수 없습니다. 그 강우(彊宇)*가 맞닿아 있는 곳으로는 북쪽으론 귀국이요, 남쪽으론 중국의 대만이니 더욱 주의해야 합니다. 류큐는 수백 년이 된 오래된 국가이자 전혀 일본에 죄를 지은 일이 없는데도 금년 봄에 갑자기 병선을 보내서 그 왕을 겁박하여 폐위시키고 강토를 병탄했으니, 장차 중국과 귀국에 대해 틈을 노려서 제멋대로 굴지 않으리라고 보장하기 어렵습니다. 중국은 병력과 군량[餉力]이 일본의 열 배이기 때문에 그래도 힘써서 버틸 수 있다고 생각합니다. 그러나 일찍이 귀국을 대신해서 거듭 생각해 보니, 지금은 무비(武備)에 종사해서 군량을 갖추고 군대를 조련하면서 신중히 변방을 지키고, 계속해서 목소리나 안색을 변치 않은 채 뇌롱(牢籠)*을 잘하는 것이 좋을 듯합니다. 모든 교섭 사의(事宜)는 신중히 조약을 준수해서 저들이 이용할 사단을 주지 말아야 하니, 그래야 하루아침에 일이 생기더라도 저쪽은 그르고 이쪽은 정당해서 승부가 갈리게 됩니다.

제가 생각하건대, 귀국은 예로부터 우문(右文)*의 나라로 불려 왔습니다. 재력이 크게 여유로운 것이 아니니, 지금 신속하게 정돈을 행하더라도 하루아침에 공효(功效)를 볼 수 있는 것이 아닙니다. 지금 듣건대 일본에서 봉상(鳳翔)과 일진(日進), 두 전함을 보내서 오랫동안 부산포 밖에 머물면서 거포(巨礮)를 연습한다고 하니, 무슨 의도인지 모르겠습니다. 만약 일[反覆]이 발생하면 중국이 즉시 힘을 다해서 도울 것이지만 가는 길이 멀어서 끝내 원군이 제때 이르지 못할까 우려됩니다. 일본은 널리 서인(西人)을 초빙해서 수군과 육군의 병법을 교련했으니, 그 함선과 대포의 견고함과 예리함이 비록 결코 서인들에겐 미칠 수 없다고 하더라도 귀국으로선 적대하기 어려울 듯합니다. 더구나 일본은 태서(泰西) 각국을 아첨하고 섬기면서 일찍이 그 세력에 기대어 이웃 나라를 침략할 것을 생각하지 않은 적이 없었습니다. 몇 해 전에 서양인들이 귀국에 가서 통상을 하려다가 비록 거절을 당해서 떠나갔지만 그 뜻은 끝까지 사라지지 않았습니다. 만일 일본이 은밀히 영국, 프랑스, 미국 등 여러 나라와 결탁해서 개부(開埠)*의 이익으로 유인하거나, 혹은 북쪽으로 러시아와 규합해서 토지 개척의 계획으로써 인도한다면 귀국의 형세는 고주(孤注)*처럼 되어 작은 근심[陰憂]이 장차 커질 것입니다.

중국의 시무(時務)를 아는 자들은 모두 논의하기를, 사후에 구원을 하는 것보다는 사전에 대신해서 계획을 세워 주는 편이 낫다고 합니다. 사단을 종식시키고 사람을 편안히 하는 방법을 논함에 과연 시종 관문을 폐쇄하고 스스로 지킬 수 있다면[閉關自守] 어찌 매우 좋지 않겠습니까? 하지만 서양인들이 그 날래고 예리함을 믿고서 지구의 모든 나라에 왕래하는 것은 실로 개벽 이래로 없었던 국면이니, 자연의 기운은 인력으로 막을 수 있는 바가 아닙니다. 귀국은 이미 어쩔 수 없이 일본과 조약을 맺었으니, 통상의 단서가 이미 열린 것입니다. 각국이 필시 이를 따라 같은 마음을 품을 것이며 일본은 점점 기이한 재화를 얻은 것처럼 여길 것입니다. 그러므로 현재의 계책으로는 독으로 독을 공격하고 적으로 적을 제어하는 방책을 써서 이번 기회에 또한 태서 각국과 조약을 체결해서 그들의 힘을 빌려 일본을 견제하는 것이 좋을 듯합니다. 일본은 그 사력(詐力)을 믿고서 경탄(鯨呑)과 잠식(蠶食)을 도모합니다. 류큐를 폐멸(廢滅)한 한 가지 일이 그 실마리[端倪]를 드러낸 것이니 귀국은 참으로 이를 대비하지 않으면 안 될 것입니다. 하지만 일본이 두려워하고 복종하는 것은 태서입니다. 조선의 힘으로 일본을 제압하기엔 혹 부족할까 우려되지만, 태서와의 통상을 여는 것으로 일본을 제압한다면 넉넉히 남음이 있을 것입니다.

태서의 통례에 예로부터 이유 없이 다른 사람의 국가를 빼앗거나 멸망시킬 수 없게 되어 있으니, 이는 각국이 상호 통상을 함에 공법이 그 사이에서 시행되기 때문입니다. 과거에 터키가 러시아의 공격을 받아서 형세가 매우 위태로웠습니다. 그런데 영국과 오스트리아 등 여러 국가가 나서서 다투어 얘기하자 러시아가 비로소 군대를 거두어 물러났습니다. 가령 터키가 고립무원(孤立無援)이었다면 러시아 인이 이미 그 이익을 독점했을 것입니다. 또 유럽의 벨기에[比利時], 덴마크[丹馬]가 모두 극히 작은 나라인데 각국과 입약한 후로 마침내 감히 제멋대로 침릉(侵陵)하는 자가 없게 된 것이 모두 강약상유(强弱相維)의 명백한 증거입니다. 게다가 다른 나라를 사이에 두고 먼 나라를 영토로 삼는 것은* 옛 사람들이 어렵게 여기던 바입니다. 서양의 영국, 독일, 프랑스, 미국 등 여러 방국이 귀국으로부터 수만 리 떨어져 있으니 본디 다른 요구가 없고, 그 뜻은 통상과 귀국 경내에 들른 선척(船隻)을 보호하는 데 불과할 뿐입니다. 러시아가 점거한 고엽도(庫葉島), 수분하(綏芬河), 도문강(圖們江) 일대는 모두 귀국과 접양(接壤)해서 그 형세가 서로 맞닿아 있으니 만약 귀국에서 먼저 영국, 프랑스, 독일, 미국과 교통한다면, 비단 일본을 견제할 뿐만 아니라 아울러 러시아 인이 노리는 것을 막을 수 있을 것이며, 러시아 또한 반드시 뒤따라 즉시 강화(講和)하여 통호(通好)할 것입니다.

참으로 지금에 이르러 번연(幡然)*히 계획을 고쳐서 변통(變通)할 것을 생각하십시오. 별도로 항구[口岸]를 열 필요는 없고 다만 일본이 통상하는 곳에 여러 나라들의 상인들을 많이 오게 한다면, 그들이 나누는 것은 일본의 무역이니 귀국에 있어선 수입과 지출에 큰 차이가 없을 것입니다. 만약 그 관세를 정한다면 향항(餉項)*에 도움 되는 바가 없지 않을 것이요, 그 상정(商情)에 익숙해진다면

越國鄙遠 『左傳』 僖公三十年조에 "만약 정나라를 망하게 해서 임금님께 이익이 된다면 부디 그렇게 하십시오. 하지만 다른 나라를 사이에 두고 먼 곳을 영토로 삼는 것은 임금님도 그것이 어렵다는 것을 아실 것입니다. 어찌 정나라를 망하게 해서 이웃나라에 보태 주겠습니까? 이웃나라의 이익이 임금님께는 손해가 될 것입니다."[若亡鄭而有益於君 敢以煩執事 越國以鄙遠 君知其難也 焉用亡鄭以陪隣 隣之厚 君之薄也]라고 했다.

幡然 갑자기 마음을 바꾸는 모양.

餉項 군비(軍費).

軍火 무기와 화약을 통칭하는 말.

休戚相關 피차간에 기쁨과 근심, 복과 화(禍)가 모두 서로 관련되어 있다는 뜻.

鳴鼓而攻 죄상을 선포한 후 성토한다는 뜻이다. 『論語』「先進」에 "공자께서 말씀하셨다. '(冉求는) 우리 무리가 아니니, 소자(小子)들아! 북을 울려서 죄를 성토함이 옳다!'"[子曰 非吾徒也 小子 鳴鼓而攻之可也]라고 한 구절에서 유래했다.

遠人 관계가 소원한 멀리 있는 사람으로 외국인을 가리킨다.

군화(軍火)*도 구입해서 마련하기가 어렵지 않을 것입니다. 그에 더해서 수시로 조약을 맺은 국가들에 관원을 나누어 파견해서 빙문(聘問)을 통하고 정의(情誼)를 맺어서 평시에 휴척상관(休戚相關)*의 관계가 된다면, 혹시 어떤 나라로부터 침범이나 무례한 일을 당하더라도 모두 조약을 맺은 각국을 소집해서 그 잘못을 공의(公議)한 다음에 북을 울려서 공격할 수 있습니다[鳴鼓而攻].* 부디 일본으로 하여금 성을 내어 거리끼는 바가 없게 만들지 말고, 귀국 또한 원인(遠人)*을 교접(交接)하는 도리에 맞춰서 일마다 강구하여 강경책과 유화책을 적절히 사용하고 처리가 모두 조화롭게 하는 데 힘쓴다면 일본을 통제하는 방법과 러시아인을 방어하는 술책으로 이보다 나은 것이 없을 것입니다.

근일에 각국 공사들이 우리 총리아문에서 여러 차례 귀국과의 상무(商務)에 관해 언급했습니다. 귀국의 정교금령(政敎禁令)이 모두 자주(自主)에서 나오니 어찌 저희들이 간섭할 수 있겠습니까마는, 오직 중국은 귀국과 정의(情誼)가 일가(一家)와 같고 또 귀국은 우리 동쪽 성(省)의 울타리가 되니 어찌 순치상의(脣齒相依)*의 관계일 뿐이겠습니까? 귀국의 근심은 바로 중국의 근심이니, 이 때문에 소관이 아닌 일에 대신 계획을 세우는 것*을 꺼리지 않고 바로 진심을 토로하는 것입니다. 부디 바로 귀 국왕에게 전해 올려서 살피게 하시고, 조정의 신하들을 널리 소집해서 심사원려하여 가부를 은밀히 논의하시기 바랍니다. 만약 저의 말이 그르지 않다고 여기신다면 우선 답신해 주시기 바랍니다. 우리 총리아문도 오랫동안 이러한 뜻을 전달하고자 했으니, 각 사신의 의논이 오는 때를 기다렸다가 혹 기회를 봐서 말할 만하면 천천히 알선[轉圜]의 뜻을 비치겠습니다.

脣齒相依 입술과 치아가 서로 의지한다는 뜻으로 관계가 밀접함을 비유.

越俎代謀 월조(越俎)는 제기를 넘는다는 말로 자기 소관이 아닌 일을 대신 처리함을 비유한다. 『莊子』「逍遙遊」의 "요리하는 사람이 주방에서 일을 잘 처리하지 못한다고 해서, 시동이나 축관이 제기를 뛰어넘어 와서 그 일을 대신해 줄 수는 없는 일이다."[庖人雖不治庖 尸祝不越樽俎而代之矣]라는 말에서 유래.

종전에 태서 각국이 중국에 일이 많을 때를 틈타서 힘을 합쳐 협박했습니다. 조약 체결 시에 옥백(玉帛)*으로써 하지 않고 무기[兵戎]로써 했으니 이 때문에 시행한 지 이미 오래되었으나 견제[掣肘]*가 자못 많았음은 아마 원근(遠近)이 모두 잘 알고 있을 것입니다. 귀국이 만약 일이 없을 때 입약을 허락한다면 저들이 반드시 망외의 일에 매우 기뻐해서 스스로 격외(格外)의 요구를 제시하지 않을 것입니다. 아편연(鴉片烟)의 판매나 내지전교 등 여러 큰 폐단의 경우는 금지할 것을 공포하더라도 저들은 반드시 말이 없을 것입니다. 이곳에서 만약 보는 것이 있거든 또한 수시로 일일이 참작해서 충고의 의리를 다할 것이니, 이는 모두 대국(大局)에 손상되는 바가 없기를 기대하는 것입니다.

玉帛 고대 중국에서 제사, 회맹(會盟), 조빙(朝聘)할 때 사용한 옥으로 만든 예기(禮器)와 비단을 가리킨다.

掣肘 팔을 잡아당겨서 글씨를 쓰지 못하게 한다는 말로 남에게 간섭해서 그가 자유롭게 하는 것을 막음을 비유.

정치는 시의에 따르는 것을 귀하게 여기고, 통치는 오래 지속될 것을 기약해야 하니 지기지피(知己知彼)하면 이해를 적절하게 가늠할 수 있을 것입니다. 간첩과 음모의 사용은 병가(兵家)에서 숭상하는 바이니 부디 그대는 실제로 이익을 도모하십시오. 프랑스 교사(敎士) 최진승(崔鎭勝)*이 귀국에서 체포, 구금되었는데 그 나라의 북경 주재 사신이 우리 예부에 귀국에 문서를 보내서 대신 석방을 청해 줄 것을 간곡히 요구했습니다. 이는 실로 조정(調停)과 사단의 종식을 위해 나온 생각이었으니, 아마도 이미 문서를 보고 시행하셨을 줄 압니다. 보내신 서한을 연이어 받아보았는데 간곡하게 교린지도(交隣之道)에 관해 말씀하셨으니 어찌 감히 번거로움을 꺼려서 속마음을 긴밀히 털어놓지 않겠습니까? 다시 안부를 여쭙니다. 뜻을 다 적지 못하고 이만 줄입니다.

崔鎭勝 V. M. Deguette (1848~?). 파리 외방전교회(外邦傳敎會) 선교사로서 1876년 M. J. G. 블랑(한국명 白圭三) 신부와 함께 서울에 잠입, 병인박해 이후 성직자가 없던 때에 경기 용인 지방을 중심으로 활동. 1879년 체포, 만주로 추방되어 리델 주교와 한라자전(韓羅字典) 편찬에 착수하였고, 1883년에 다시 조선에 입국해 선교활동을 재개하다가 장티푸스로 죽었다.

[원문]

橘山尊兄太師閣下 正月抄裁復寸函 旋於二月間 接到客臘望日惠書 反覆於邦交一事 推究得失 剖晰情勢 忠謨碩畫 傾佩無涯 比諗頤養脩齡 平章大政 保疆禦侮 措注咸宜 至爲企頌 承示日本與貴國交涉等節 倭人性情 桀驁貪狡 爲得步進步之計 貴國隨時應付 正自不易 客歲駐倭公使何侍講來書 屢稱倭人倩爲介紹 願與貴國誠心和好 兩無虛詐 鄙人思自古交隣之道 因應得其宜 則仇敵可爲外援 因應未得其宜 則外援可爲仇敵 倭人之言 雖未必由中 尙冀迎機善導 杜彼爭端 永相輯睦 是以曾寓書奉勸 勿先示以猜嫌 致令藉爲口實也 近察日本行事乖謬 居心叵測 亟宜早爲之防 有不能不密陳梗概者 日本比年以來 宗尙西法 營造百端 自謂已得富強之術 然因此庫藏空虛 國債纍纍 不得不有事四方 冀拓雄圖 以償所費 其畺宇相望之處 北則貴國 南則中國之臺灣 尤所注意 琉球係數百年舊國 並未開罪於日本 今春忽發兵船 劫廢其王 呑其疆土 其於中國與貴國 難保將來不伺隙以逞 中國兵力餉力 十倍日本 自忖尙可勉支 惟嘗代貴國審度躊躇 似宜及此時 密修武備 籌餉鍊兵 愼固封守 仍當不動聲色 善爲牢籠 凡交涉事宜 恪守條約 勿予以可乘之端 一朝有事 則彼曲我直 勝負攸分 第思貴國向稱右文之邦 財力非甚充裕 卽今迅圖整頓 非朝夕所能見功 現聞日本派鳳翔日進兩戰艦 久駐釜山浦外 操演巨礮 不知何意 設有反覆 中國卽竭力相助 而道里遼遠 終恐緩不及事 尤可慮者 日本廣聘西人 敎練水陸兵法 其船礮之堅利 雖萬不逮西人 恐貴國尙難與相敵 況日本諂事泰西各國 未嘗不思藉其勢力 侵侮鄰邦 往歲 西人欲往貴國通商 雖見拒而去 其意終未釋然 萬一日本陰結英法美諸邦 誘以開埠之利 抑或北與俄羅斯句合 導以拓土之謀 則貴國勢成孤注 隱憂方大 中國識時務者僉議以爲與其援救於事後 不如代籌於事前 夫論息事寧人之道 果能始終閉關自守 豈不甚善 無如西人恃其慓銳 地球諸國 無不往來 實開闢以來 未有之局面 自然之氣運 非人力所能禁遏 貴國旣不得已而與日本立約 通商之事 已開其端 各國必將從而生心 日本轉若視爲奇貨 爲今之計 似宜用以毒攻毒 以敵制敵之策 乘機次第 亦與泰西各國立約 籍以牽制日本 彼日本恃其詐力 以鯨呑蚕食爲謀 廢滅琉球一事 顯露端倪 貴國固不可無以備之 然日本之所畏服者泰西也 以朝鮮之力制日本 或虞其不足 以統與泰西通商制日本 則綽乎有餘 泰西通例 向不得無故奪滅人國 盖各國互相通商 而公法行乎其間 去歲土耳其爲俄所伐 勢幾岌岌 英奧諸國 出而爭論 俄始斂兵而退 向使土國孤立無援 俄人已獨享其利 又歐洲之比利時丹馬 皆極小之國 自與各國立約 遂無敢妄肆侵陵者 此皆疆弱相維之明證也 且越國圖遠 古人所難 西洋英德法美諸邦 距貴國數萬里 本無他求 其志不過欲通商耳 保護過境船隻耳 至俄國所踞之庫葉島綏芬河圖們江一帶 皆與貴國接壤 形勢相逼 若貴國先與英德法美交通 不但牽制日本 並可杜俄人窺伺 而俄亦必隨卽講和通好矣 誠及此時 幡然改圖 量爲變通 不必別開口岸 但就日本通商之處 多來數國商人 其所分者日本之貿易 於貴國無

甚出入 若定其關稅 則餉項不無所裨 熟其商情 則軍火不難購辦 更隨時派員 分往有約之國 通聘問聯情誼 平時旣休戚相關 倘遇一國有侵佔無禮之事 儘可邀集有約各國公議其非鳴鼓而攻 庶日本不致悍然無忌 貴國亦宜於交接遠人之道 逐事講求 務使剛柔得中操縱悉協 則所以鈐制日本之術 莫善於此 卽所以備禦俄人之策 亦莫善於此矣 近日各國公使 在我總理衙門 屢以貴國商務爲言 因思貴國政敎禁令 悉由自主 此等大事 豈我輩所可干預 惟是中國與貴國 誼同一家 又爲我東之省屛蔽 奚啻唇齒相依 貴國之憂 卽中國之憂 所以不憚越俎代謀 直抒衷曲 望卽轉呈貴國王察核 廣集廷臣 深思遠慮 密議可否 如以鄙言爲不謬 希先示覆大畧 我總理衙門 亦久欲以此意相達 俟各使議及之時或可相機措詞 徐示以轉圜之意 從前泰西各國 乘中國多故 倂力要挾立約之時 不以玉帛而以兵戎 所以行之旣久 掣肘頗多 想亦遠近所稔知 貴國若於無事時 許以立約 彼必喜出望外 自不致格外要求 如販賣鴉片烟 傳敎內地諸大弊 懸爲厲禁 彼必無詞 敝處如有所見 亦當隨時參酌一二 以盡忠告之義 總期於大局無所虧損 夫政貴因時 治期可久知己知彼 利害宜權 用間用謀 兵家所尙 惟執事實圖利之 法國敎士崔鎭勝經貴國挐禁該國使臣在京 婉求我禮部行文 轉請釋放 實爲調停息事起 見想已査照施行 緣迭奉來函 諄諄於交隣之道 用敢不彈覼縷 密布腹心 復候起居 書不盡意

14. 대청흠사필담

■ 1880년 7월 18일 김홍집(金弘集, 1842~1896)은 수신사로서 일본을 방문하고 주일청국공사 허루장(何如璋), 부사 장쓰구이(張斯桂), 참찬관 황쭌셴(黃遵憲)을 만나 국제정세에 관해 의견을 나눴다. 김홍집은 허루장과 나눈 필담에서 국제정치의 원리인 '균세'에 대해 말하고 있다. 원문 출전은 『修信使記錄』(국사편찬위원회, 1955년), 175-177쪽.

여기서 일본을 가리킴.

(전략)

허루장: 근일 여기서* 태서 각국과 조약 개정을 의논하고 있습니다. 그 개정을 의논하는 의도는 우상(寓商)의 관리와 통상세칙(通商稅則) 등의 사안에 있습니다. 그 초고가 매우 상세하고 공평하니 대략 서양 각국에서 통행되고 있는 장정(章程)과 같습니다. 만약 각국과의 통상을 모두 이에 의거한다면 참으로 손해가 없을 것입니다.

김홍집: 어제 초안을 보냈습니다. 일찍 찾아뵙고 가르침을 받았다면 지장이 없었을 터인데, 거리끼는 바가 있어 미리 여쭙지 못한 것이 한스럽습니다. 어떤 이는 미곡 수출을 금지할 수 없다면 그 세금을 무겁게 하고, 기타 수출품은 모두 세금을 매기지 말라고 합니다. 또 수입품은 서양 상품엔 중세(重稅)를 부과하되 일본의 영세한 상품에 대해선 특별히 세금을 면제하는 것이 좋다고 하는데, 이 말이 어떠한지 모르겠습니다.

허루장: 그 말은 폐단이 매우 클 것이니 절대로 시행해선 안 됩니다. 각하가 다만 논의 중인 개정 초고를 보시는 것만으로도 절로 아시게 될 것입니다. 응답하실 때 추가로 항구[口岸]를 열겠다고 하시면 매우 좋을 것입니다. 그들이 와서 의논할 것을 기다렸다가 그들을 만나서 의립(議立)하여 장정을 타당하게 완성하십시오. 저들도 저절로 응답하지 않을 수 없을 것입니다.

김홍집: 알겠습니다. 폐방은 전혀 상무(商務)의 이해(利害)를 알지 못하니 매우 걱정스럽습니다.

허루장: 여기선 통상을 시작한 이래로 각국의 교섭 정형이나 통상을 처리하는 좋은 방법에 대해 모두 그 곡절과 본말을 알고 있습니다. 그 개정 논의 중인 조약 초고를 얻어서 상세하게 살펴본다면 중용(中庸)을 다할 수 있을 것입니다. 사람으로써 사람을 다스리는 것 또한 한 가지 방법입니다.

김홍집: 가르침에 깊이 감사드립니다. 개정 논의 중인 조약 초고가 인쇄되었으면 한 번 볼 수 없겠습니까? 구해 주신다면 더욱 다행이겠습니다.

(중략)

허루장: 근래 러시아 인이 귀국의 북쪽 경계 두만강 어귀[圖們江口] 건물을 분포해서 설치했다고 하는데 결국 그 정형이 어떠합니까? 귀국민 중에 그곳으로 간 자들이 매우 많다고 들었습니다. 각하께서 그 일을 상세히 알고 계시다면 부디 말씀해 주십시오.

김홍집: 러시아와는 근래 비록 국경을 접하게 되었지만 이제까지 상통하지 않았기 때문에 건물의 설치에 관해선 들을 수가 없었습니다. 북민(北民)들이 저들 땅으로 도망친다는 것은 간혹 듣고 있지만 또한 어떻게 할 수 방법이 없으니 매우 안타깝습니다. 향후의 접응(接應)을 어떻게 해야 적절한지 상세히 일러 주시기 바랍니다.

허루장: 근일 서양 각국엔 균세지법(均勢之法)이 있으니, 만약 한 나라가 강국과 이웃해서 후환을 두렵게 여긴다면 각국과 연합해서 견제를 도모합니다. 이것이 또한 목전의 부득이한 접응의 한 가지 방법입니다.

김홍집: 균세라는 두 글자는 최근에서야 비로소 공법(公法)에서 보았습니다. 그러나 우리나라는 옛 법규를 늠수(凜守)해서 외국을 마치 홍수나 맹수처럼 봅니다. 이는 처음부터 이교(異教)를 매우 준엄하게 배척해 왔기 때문입니다. 대교(大教)가 그러하시니 조정에 돌아가 아뢰겠습니다.

[원문]

(前略)

璋曰 近日此間 方擬與泰西各國 議改條約 其議改之意 在管理寓商及通商稅則各事 其稿極詳細 亦極公平 大約係西洋各國通行之章程 若各國通商 均照此行 固無所損也

宏曰 昨日己送草案矣 若早拜誨 可無掣碍 因存嫌 不克先事稟質 恨恨 或說 米穀不滘禁 則重其稅 其餘出口貨 并不責稅 進口貨 亦於洋貨重稅 而日本零瑣産物 特免其稅爲佳云 此說未知何如

璋曰 此說弊端極大 切不可行 閣下苐觀議改之稿 自知之 若答應添開口岸極好 俟

其來議 將趁此與之議立妥善章程 彼自不能不答應也

宏曰 領悉 敝邦全不諳商務利害 極悶

璋曰 此間 自通商以來 於各國交涉情形及辦理通商善法 均己知其曲折本末 俟取其議改約稿 細閱之 便悉中庸云 以人治人亦一法也

宏曰 承示感深 其議改約稿已入刻 可淂一覽否 如何覓惠 尤幸

(中略)

璋曰 頃俄人 在貴國北界圖們江口一帶 經營布置 究竟情形如何 聞貴國民往彼處者閣下詳悉其事 請以見告

宏曰 俄土 近雖接讓 從未相通 經營布置 無由聞知 北民之逃入彼地 時或入聞亦末如之何 切悶 向後接應如何 方淂其宜 更乞詳敎

璋曰 近日西洋各國 有均勢之法 若一國與强國隣 惧有後患 則聯各國 以圖牽制 此亦目前不淂已應接之一法也

宏曰 均勢二字 近始從公法中見之 然本國 凜守舊規 視外國如洪水猛獸 自來斥異敎甚峻故也 大敎如此 苐當歸告朝廷

15. 제대신헌의(諸大臣獻議)

■ 1880년 9월 8일(음) 이최응(李最應), 김병국(金炳國), 이유원(李裕元), 홍순목(洪淳穆), 한계원(韓啓源) 등이 참석한 중신어전회의에서 논의된 외교정책 의견. 『조선책략』 전래 후 조선의 외교정책을 둘러싼 찬반론이 비등하자 고종은 이에 관해 논의할 것을 지시한 바 있다. 대신들은 러시아의 위협은 동의했지만, '친중국'은 당연한 것으로 새삼스러울 것이 없고 대일 문호개방은 제한적이어야 한다는 견해를 보였으며, 대미 수호에는 회의적이었다. 원문 출전은 「修信使日記 卷二」, 『修信使記錄』(국사편찬위원회, 1955), 189-191쪽.

다섯 대신이 좌의정 집에 모였다. 영돈령부사 홍순목(洪淳穆), 봉조하 강로(姜㳣)가 같이 짓다.

러시아[俄羅斯]국은 북쪽 땅에 위치해서 호시탐탐하므로 천하가 호랑이처럼 두려워한 지 오래입니다. 근년 이래로 매번 중국과 각국 문서를 볼 때마다 항상 이 나라를 우려하고 있습니다. 조선은 국경을 접하고 있으니 먼저 그 폐해를 받지 않으리라고 어찌 알겠습니까?

이번에 수신사가 돌아올 때 중국인의 책자를 가지고 왔는데 그 조선의 대책을 세운 바가 자문자답하고 설의설난(設疑說難)*해서 우려가 깊고 넓은 것이 예전에 본 각국의 문서와 비교하면 더욱 상세하고 치밀합니다. 비록 그 모든 말이 옳은지는 알 수 없지만 또한 편안할 때 위태로움을 잊지 않는 뜻을 크게 강구한 것이 아니라고 어찌 할 수 있겠습니까?

그 이른바 '친중국'(親中國)이라는 것은, 이백 년 이래로 우리나라의 사대(事大)의 성의가 일찍이 한 푼이라도 해이한 일이 없었고, 상국(上國) 또한 우리나라를 내복(內服)*으로 대해서 지금까지 곡진히 비복(庇覆)*해 주었으니 다시 무슨 별반 친함을 권할 것이 있겠습니까? 이것이 이해할 수 없습니다.

그 이른바 '결일본'(結日本)이라는 것은, 근년에 강신수목(講信修睦)*해서 공사가 매년 오고 있고 들어주기 어려운 요청도 허락해 주었으니 우리나라에 있어선 극진히 했다고 할 만 합니다. 그러나 우리나라의 습속이 저들의 눈을 놀라게 해서 공관에 체류할 때 저들 사신이 유감을 품는 사단이 없지 않았고 이로

設疑說難 의문을 제기하고 어려운 바를 말하다.

內服 중국 상고에 왕기(王畿) 밖의 지역을 가까운 데로부터 전복(甸服), 후복(侯服), 수복(綏服), 요복(要服), 황복(荒服)으로 구분했는데, 이 요복 이내의 땅을 내복이라고 하며 천자의 교화가 미치는 지역을 말한다. 여기선 중국 본토와 같은 의미로 쓰였다.

庇覆 보호.

인해서 우리가 저 나라를 신뢰하지 않는다고 의심했으니, 이는 실로 우리의 성신(誠信)이 미흡한 데서 나온 것입니다. 이제 공사가 오래지 않아서 나온다고 하니 먼저 우리가 할 도리에 따라 성신을 다하는데 힘써 혹시라도 전처럼 경홀하게 하지 않음으로써 우호를 펼치려는 뜻을 보여 주어야 할 것입니다. 공사가 나올 때 반드시 저 나라에서 받은 조약이 있으니, 스스로 경성의 공관[住館]과 인천의 개항을 언급할 것입니다. 그러나 저들이 들어주기 어려운 요청을 한다면 어찌 용이하게 허락할 수 있겠습니까? 주경(住京)을 허락하고 인천을 불허한다면 경성은 인천에 이어져 있으니 경성이 더욱 편안하지 못할 것이며, 비록 인천을 허락하더라도 주경을 불허한다면 저들이 다시 그 욕심에 따라 떠들어대기를 그치지 않을 것입니다. 만약 한 번에 경성의 공관과 인천 개항을 허락한다면 그 후 우리의 말을 무시하더라도 만회할 수 없을 것이니 장차 어떻게 하겠습니까? 이는 공사가 공무를 다룰 때 저들의 요청에 따라 끝내 어떻게 할 것인지 결정해야 할 것입니다.

講信修睦 믿음을 강습하고 화목함을 수행한다는 의미로 출처는 『禮記』, 「禮運」.

그 이른바 '연미국'(聯美國)이라는 것은 방금 천하 각국이 모두 합종(合從)해서 러시아가 경멸하는 위세를 막으려 하고 있습니다. 하물며 우리나라는 해로(海路)의 요충에 위치해서 고립되어 의지할 곳이 없으니[孤立無據]* 연합해서 우호를 맺는 것[聯好]이 양책이 아닌 것은 아닙니다. 그러나 우리나라의 규모가 예로부터 교통하지 않았을 뿐만 아니라, 수만 리나 떨어져 있어서 소식[聲息]도 미치지 못하는 땅에 지금 무엇으로써 우리가 먼저 소통해서 연교(聯交)하여 후원(後援)으로 삼는단 말입니까? 배를 보내서 글을 보내면 글을 보고서 좋은 말로 답하고 해상에서 곤란을 당하면 힘껏 구휼해서 어루만진다면 유원지도(柔遠之道)*에 막힘이 없을 것입니다. 이렇게 한 후엔 저 나라에서 반드시 잘 대접한다고 할 것이니 또한 어찌 그사이에 상통하는 것이 없겠습니까? 그때를 당해서 어떻게 조처하는가에 달려 있을 뿐입니다.

孤立無據 고립무원의 뜻. 당시 한반도의 국제정치적 위상을 나타내는 자의식의 표현임.

柔遠之道 遠邦(원방)을 懷柔(회유)한다는 뜻으로, 부드럽게 타일러 돌려보낸다는 의미.

이러한 논의는 우리나라의 안위가 대청(大淸)과 일본에 관계되기 때문입니다. 그러므로 이와 같이 섬세하고 자세하게 말한 것이나 우리나라 또한 심상하게 간과할 수 없습니다. 그 말이 이처럼 급박하니 어찌 시일을 헛되이 보낼 수 있겠습니까?

(영의정에게 하교가 있어 여러 대신이 회의했으며, 봉하(奉賀)*의 참석 또한 하교에 따른 것이라고 한다.)

奉賀 조선시대 전직 관원을 예우하여 종2품 관원이 퇴직한 뒤 특별히 내린 벼슬. 종신토록 녹봉을 받지만 실무는 보지 않고 국가의 의식에만 조복(朝服)을 입고 참여했다.

[원문]

五大臣會于左揆家 洪領敦妻奉賀合製

俄羅國處在北地 虎視耽耽 天下畏之如虎 厥惟久矣 近年以來 每因中國及外各國文字 常以是國爲憂 朝鮮壤界相接 安知不先受其弊乎 今玆修信使回啓 賫來中國人冊子 其所爲對策 自問自答 設疑設難 憂深慮遠者 比諸前日所見 各國文字 益加詳密 雖未知其言 言皆是 亦安知非大加講究於安不忘危之義乎 其曰 親中國者 二百年來我國事大誠 未嘗一分或懈 上國亦待之以內服 尙今曲加庇覆 更有何別般勸親者乎 此未可解也 其曰 結日本者 近年講信修睦 公使年年出來 聽許其難從之請者 在我國 可謂靡不用極 但我國習俗駭眼 其於留館之際 不能爲蓄憾之端 由是而疑我之不信渠國 此寔出於我之誠信未洽也 見今公使 非久出來 先從在我道理 務盡誠信 毋或如前輕忽 以示申好之意 其出來也 必有渠國受約者存 自謂京城住館也仁川開港也 彼發難從之請 豈可容易聽許乎 住京許之 仁川不許 京城至於仁川 京城尤不得安 雖或仁川許之 住京不許 彼又從渠所欲 强聒不已 若一是京城住館 仁川開港 聽我邈邈 挽回不得 將若之何 此則公使公幹時 隨其所請 以爲究竟之如何矣 其曰 聯美國者 今天下各國 無不合從 以沮俄國輕蔑之威 況我國處在海路要衝 孤立無據 其所聯好者 非不良策 而我國規模 非徒自來不通 相左數萬里 聲息不及之地 今何以自我先通 以爲聯交爲援乎 泊船投書 則見書而好言答之 泛海告難 則隨力而賙恤撫之 不妨爲柔遠之道 而如是然後 其國必曰善待 而亦豈無此際相通者乎 在因其時措處之如何矣 蓋此論 以我國之安危 有關於大淸日本 故如是纖悉爲言 雖在我國 不可尋常看過 而其語如是急迫 寧容玩歲愒日乎 (有下敎于領揆 諸揆會議 而奉賀參席 亦因下敎云耳)

☞ [참고] 황쭌셴(黃遵憲), 사의조선책략(私擬朝鮮策略)

■ 일본의 개화 양상을 파악하기 위해 파견된 신사유람단(조사시찰단)의 정사 김홍집은 주일 청국 공사 허루장(何如章)과 면담을 나누던 중 조선의 외교정책을 권고하는 내용을 듣고 그 내용을 담은 『사의조선책략』을 들고 귀국하였다. 그 주요 내용은 러시아의 남침을 막기 위해 조선은 '친중국 결일본 연미국'하는 외교정책을 취해야 한다는 것이다. 원문 출전은 『修信使記錄』(국사편찬위원회, 1958), 160–171쪽.

지구상에 막대한 나라가 있으니 러시아[俄羅斯]라고 한다. 그 폭원(幅員)의 광대함은 3개 주에 걸쳐 있으며, 육군 정병(精兵)이 100여 만 명이요, 해군 거함(巨艦)이 200여 척인데, 다만 북쪽에서 입국(立國)하여 기후가 한랭하고 토지가 척박하다. 그러므로 교활하게 그 봉강(封疆)을 넓혀서 사직을 이롭게 하려고 생각하는 것이다. 선대 표트르 왕[彼得王] 이래로 새로 강토를 개척한 것이 이미 10배가 넘는데 지금 왕에 이르러서 더욱 사해(四海)를 포괄하고 팔황(八荒)*을 병탄할 마음을 가졌다. 중앙아시아 위구르[回鶻] 여러 부분을 거의 다 잠식했으니, 천하가 모두 그 뜻이 작지 않음을 알고 왕왕 합종(合從)해서 이를 막는다.(중략)

조선이라는 땅은 실로 아시아의 요충에 있어서 형승(形勝)*이 반드시 다투어야 할 바가 되니, 조선이 위태로워지면 중동(中東)*의 형세가 날로 급박해질 것이다. 러시아가 땅을 침략하려고 한다면 필시 조선으로부터 시작할 것이다. 아아! 러시아가 호랑이 같은 진(秦)나라가 돼서* 힘껏 정복하고 경영한 것이 300여 년인데, 처음엔 유럽에서 시작했다가 중앙아시아로 이어졌고, 금일에 이르러선 다시 동아시아로 옮겨졌는데 조선이 마침 그 폐해를 입게 되었다. 그렇다면 조선의 금일의 급무에 관해 계책을 세워보건대, 방아(防俄)보다 급한 것이 없다. 방아(防俄)의 계책은 무엇인가? 친중국(親中國), 결일본(決日本), 연미국(聯美國)하여 자강(自强)을 도모하는 것일 뿐이다.

八荒 팔방(八方), 곧 온 세상을 이름.

形勝 유리한 지형. 또는 유리한 형세를 이용해서 적을 제압함.

中東 중국과 일본.

俄衛遞狼秦 『修信使記錄』의 원문은 '俄衛遞狼秦'으로 되어 있다. 이를 두고 송병기 교수는 '러시아가 이리 같은 진과 교체하여'(『개방과 예속』, 단국대학교 출판부, 2000)로 직역한 바 있는데 문맥상 어색하다. '遞'는 '虎'의 오자인 것으로 보는 편이 온당할 것 같다.

친중국이란 무엇인가? 동쪽, 서쪽, 북쪽으로 러시아를 등지고 경계가 이어진 나라는 오직 중국뿐이다. 중국은 지대물박(地大物博)하고 아시아 주의 형승(形勝)을 차지한다. 그러므로 천하 사람들이 러시아를 제압할 수 있는 나라는 중국만한 것이 없다고 하는 것이다. 그런데 중국이 아끼는 나라는 또 조선만한 것이 없다. 우리의 속번(屬藩)이 된 것이 이미 천 년이 지났는데, 중국은 덕(德)으로 편안히 해 주고 은(恩)으로 품어 주어서 일찍이 그 토지와 인민을 탐하는 마음을 가진 적이 없었으니, 이는 천하가 모두 믿는 바이다. 더구나 우리 대청(大淸)은 동토(東土)에서 용흥(龍興)*해서 먼저 조선을 평정한 후에 명(明)을 공벌했는데 그 뒤로 이백여 년 동안 자소이덕(字小以德)·사대이례(事大以禮)했다. 강희(康熙), 건륭조(乾隆朝)에 이르러선 무슨 일이든 아뢰지 않는 것이 없어서 이미 내지 군현(內地郡縣)과 다름이 없었다. 이는 비단 문자와 정교(政敎)가 같고, 정의(情誼)가 친목하기 때문만이 아니다. 또한 형세가 이어져서* 신경(神京)*을 공위(拱衛)하여 마치 왼팔과 같아 휴척상관(休戚相關)*하고 환난상공(患難相共)하기 때문이니, 베트남[越南]의 소원함과 미얀마[緬甸]의 편벽(偏僻)함과는 크게 다르다. 과거에 조선에서 일이 생기면, 중국은 반드시 천하의 군량을 소비하고 천하의 힘을 다해서 싸웠다. 태서(泰西)의 통례에 양국이 전쟁하면 국외(局外)의 나라는 그 사이에 중립(中立)하여 한편만 도울 수 없지만, 속국은 이러한 통례에 해당되지 않는다. 오늘날 조선은 중국을 섬기기를 마땅히 예전보다 더해서, 천하 사람들로 하여금 조선이 우리와 그 정의(情誼)가 일가(一家)와 같음을 환히 깨닫게 해야 한다. 그리하면 대의(大義)가 밝아서 성원(聲援)이 저절로 웅장해질 것이니, 러시아 인은 그 형세가 고립되어 있지 않음을 알고 조금 주저할 것이요, 일본인은 그 힘이 대적할 수 없음을 헤아려서 함께 연화(連和)할 수 있을 것이니, 필시 외흔(外釁)이 사라져서 국본(國本)이 더욱 견고해질 것이다. 그러므로 친중국이라고 한 것이다.

龍興 왕업(王業)을 일으킴. 즉 건국(建國)을 비유함.

形勢昆連 원문은 '形勢昆連'인데 '昆'은 문맥상 오자인 것으로 보인다.
神京 황제의 수도.
拱衛 둘러쌈. 호위(護衛).
休戚相關 기쁨과 슬픔이 서로 관계됨. 즉 밀접한 관계에 있음을 뜻하는 말.

결일본이란 무엇인가? 예로부터 중국 이외에 가장 밀이(密邇)*한 나라는 오직 일본뿐이다. 옛날에 선왕은 사절을 파견하고 빙문(聘問)을 나누었으니, 맹부(盟府)*에 기록되어 대대로 직분으로 지켜왔는데, 근일에 이르러선 시호(豺虎)가* 똑같이 어깨와 등에 올라타 있다. 만약 혹시라도 일본이 실지(失地)한다면 팔도(八道)를 보존할 수 없을 것이요, 조선에 변고가 생긴다면 규슈(九州)와 시코쿠(四國) 또한 일본의 소유가 아닐 것이다. 그러므로 일본과 조선은 실로 보거상의(輔車相依)의 형세에 있는 것이다. 한(韓)·조(趙)·위(魏)가 합종(合從)함에 진(秦)이 감히 동쪽으로 내려오지 못했고, 오(吳)·촉(蜀)이 상결(相結)함에 위(魏)가 감히 남쪽으로 침략하지 못했다. 저들은 강린(强隣)이 번갈아 핍박

密邇 친밀(親密).

盟府 고대에 맹약 문서를 보존하던 관부(官府).
豺虎 승냥이와 범이란 뜻으로 러시아를 가리킴.

하자 순치지교(脣齒之交)를 맺기를 원하고 있으니, 조선은 마땅히 소혐(小嫌)을 버리고 대계(大計)를 도모해서, 구호(舊好)를 닦고 외원(外援)을 맺어야 한다. 만약 훗날 양국의 윤선(輪船)과 철선(鐵船)이 일본 바다를 종횡한다면 외모(外侮)는 저절로 들어올 데가 없을 것이다. 그러므로 결일본이라고 한 것이다.

연미국이란 무엇인가? 조선의 동해에서 죽 가면 아메리카[亞美利加]라는 것이 있으니, 바로 합중국(合衆國)이 있는 곳이다. 본래는 영국 속령이었는데, 백년 전에 워싱턴[華盛頓]이라는 자가 유럽인의 가혹한 통치를 원치 않아서 발분자웅(發奮自雄)하여 일국을 독립(獨立)했다. 그 후로 선왕의 유훈(遺訓)을 지켜서 예의(禮義)로써 입국(立國)하여 남의 토지와 인민을 탐하지 않고 타인의 정사에 관여치 않았다. 중국과 입약(立約)한 지 10여 년 동안에 티끌만한 혐극(嫌隙)도 없었으며,* 일본과 왕래함에 통상으로 인도하고 연병(練兵)을 권고하고 조약개정[改約]을 도운 것은 천하만국이 모두 아는 바이다. 대체로 이 나라는 민주국[民主之國]으로 공화(共和)로써 정치를 한다. 그러므로 타인의 소유를 스스로 이롭게 여기지 않는 것이다. 또 처음 입국(立國)한 것이, 영국의 학정(虐政)으로 말미암아 일어났기 때문에 항상 아시아와 친하고 유럽과 소원한 것이다. 그러나 그 사람들은 실은 유럽인과 동종(同種)이다. 그 나라의 강성함이, 항상 유럽의 여러 대국들과 함께 동서양의 사이에 달려든다. 그러므로 항상 약소국을 부조(扶助)해서 공의(公義)를 유지하여 유럽인들이 그 악독함을 제멋대로 부릴 수 없게 하는 것이다. 그 국세(國勢)는 대동양(大東洋)과 두루 가깝지만, 그 상무(常務)는 대동양에서 홀로 번성해 있다. 그러므로 또 동양이 각자 자기 나라를 지켜서 무사히 안거(安居)하기만을 바랄 뿐, 그 사절들을 오지 못하게 하는 것이다. 조선은 응당 만 리 밖 깊은 바다 저편으로 멀리 배를 보내서 이 나라와 결호(結好)해야 할 것인데, 하물며 그 나라가 차례로 사신을 보내서 조선과 유계(維繫)*하는 데 뜻을 두고 있는 경우에서겠는가! 이 나라를 끌어들여서 우방국[友邦之國]으로 삼는다면, 후원을 맺을 수 있고 재앙을 풀 수 있을 것이다. 나는 그러므로 연미국이라고 한 것이다. (하략)

無纖芥之國 원문은 '無纖芥之國'인데 문맥상 '國'은 오자인 것으로 보인다. 섬개(纖芥)는 매우 작은 모양으로, 그 자체에 작은 혐극(嫌隙)의 뜻을 내포하고 있다.

維繫 원래 밧줄로 매어둔다는 뜻.

[원문]

地球之上　有莫大之國焉　曰俄羅斯　其幅圓之廣　跨有三洲　陸軍精兵百餘萬　海軍巨艦二百餘艘　顧以立國在北　天寒地瘠　故狡然思啓其封疆　以利社稷　自先世彼得王以來新招疆土　旣踰十倍　至於今王　更有囊括四海　幷呑八荒之心　其在中亞細亞回鶻諸部蠶食殆盡

天下皆知其志之不少　往往合縱而相距（中略）

朝鮮一土　實居亞細亞要衝　爲形勢之必爭　朝鮮危　則中東之勢日亟　亞欲略地　必自朝鮮始矣　嗟夫　俄爲遞狼秦　力征經營三百餘年　其始在歐羅巴　繼在中亞細亞　至於今

日 更在東亞細亞 而朝鮮適承其弊 然則策 今日之急務 莫急於防俄

防俄之策 如之何 曰親中國·結日本·聯美國 以圖自强而已

何謂親中國 東西北 皆與俄連界者 惟中國 中國 地大物博 據亞洲形勝 故天下以爲能制俄者 莫中國若 而中國所愛之國 又莫朝鮮若 朝鮮爲俄藩屬 已歷千年 中國綏之以德 懷之以恩 未嘗有貪其土地人民之心 此天下之所共信者也

況我淸 龍興東土 先定朝鮮 而後代明 二百餘年 字小以涖 事大以禮 當康熙·乾隆朝無事不以上聞 已無異內地郡縣 此非特文字同 政敎同 情誼親睦而已 抑亦形勝毘連 拱衛神京 有如左臂 休戚相關 而患難與共 其與越南之疏遠 緬甸之偏僻 相去固萬萬也

嚮者朝鮮有事 中國 必糜天下之餉 竭天下之力 以爭之 泰西通例 兩國爭戰 局外之國 中立其間 不得偏助 惟屬國 則不在此例 今日朝鮮之事中國 當益加於舊 務使天下之人 曉然於朝鮮與我 誼同一家 大義已明 聲援自壯 俄人 之其勢之不孤 而稍存孤忌日人 量其力之不 敵 而可與連和 斯外釁潛消 而國本益固矣 故曰親中國

何衛結日本 自中國以外 寂與朝鮮密邇者 日本而已 在昔先王 遣使通聘 載在盟府世世職守 至於今日 則有北豺虎 同据肩背 日本苟或失地 八道不能自保 朝鮮有一變故 九州·四國 亦恐非日本 所有 故日本與朝鮮 實有輔車相依之勢 韓·趙·魏合從秦不敢東下 吳·蜀相結 魏不敢南侵 彼以强隣交迫 欲聯脣齒之交

爲朝鮮者 自當捐小嫌 而圖大計 修舊好 而結外援 苟使他日者 兩國之輪舶·鐵船縱橫於日本海中 外侮自無由而入 故曰結日本

何謂聯美國 自朝鮮之東海而往 有亞美利加者 卽合衆國之所指都也 其土本爲英屬百年之前 有華盛頓者 不願受歐羅巴人苛政 發奮自雄 獨立一國

自是以來 守先王遺訓 以禮儀立國 不貪人土地 不貪人人民 不强與他人政事 與其中國 立約十餘年來 無纖芥之隙 而與日本往來 誘之以通商 勸之以練兵 助之以改約尤天下萬國 所共知者

蓋其民主之國 共和爲政 故不利人有 而立國之始 由于英政酷虐 發憤而起 故常親於亞細亞 常疎於歐羅巴 而其人實與歐羅巴同種

其國之强盛 常與歐羅巴諸大 馳驟於東西兩洋之間 故常能扶助弱小 維持公議 使歐人不敢肆其惡 其國勢偏近大東洋 其商務獨盛 大東洋 故又願東洋 各保其國 安居無事 則使其使節不來爲朝

爲朝鮮者 當遠泛萬里之中洋 而與之結好 況其迭遣使臣 有意以維繫朝鮮乎 引之以爲友邦之國 可以結願 可以紓禍 吾故曰聯美國 (下略)

16. 이만손, 영남만인소

방금 수신사 김홍집(金弘集)이 가지고 온 황쭌셴의 『사의』(私擬) 한 책*이 유포되는 것을 보고서 저도 모르게 머리털이 쭈뼛 서고 간담이 떨리었으며, 곧 이어 통곡하며 눈물을 흘리고 말았습니다. 좌도(左道)*로 사람들을 미혹하는 행위에 대한 형벌이 왕법(王法)에 분명하고, 그 당여(黨與)를 먼저 다스리라는 가르침이 『춘추』(春秋)에 실려 있으니 이를 따르면 다스려지고, 이를 거스르면 혼란해짐은 백대 뒤에 따져보더라도 똑같아서 혹시라도 어긋남이 없습니다.

우리 조정은 열성(列聖)들께서 서로 전승하사 유도(儒道)를 존숭하셔서 금

■ 1881년 음력 2월 26일 이만손(李晩孫) 등 유생들이 『조선책략』의 외교론과 고종의 개방정책을 비판한 상소문. 일본·미국과 연합하여 러시아를 방어하자는 계책은 외침을 초래할 따름이며, '선왕의 양법'이 있는 한 서양을 배워 자강할 필요는 없다고 주장하고 있다. 원문 출전은 『高宗實錄』 高宗 17年 10月 1日條.

■ 李晩孫(1811~1891) 조선 말

일의 아름다움에 이르게 되었으니, 삼대(三代) 이래로 이러한 성대함을 이룬 적이 없습니다. 그러나 불행하게도 해외의 이종(夷種)에서 예수 사교(邪敎)라는 것이 나타나자 예의와 염치는 물론이고 윤강(倫綱)과 이칙(彝則)마저도 일체 쓸어내듯 사라져 버렸으니 다만 이는 일개 금수요, 견양(犬羊)일 뿐입니다. 이에 우리 정종(正宗), 순조(純祖)로부터 헌종[憲廟]에 이르기까지 선유후신(先酉後申)*하시고 그 식곽(式廓)*을 넓히셔서, 간범(干犯)하는 자들은 반드시 죽여 용서하지 않으시고, 괘오(詿誤)*한 자들은 비록 죄가 작더라도 가차 없이 처벌하여, 요요난령(妖腰亂領)*한 무리를 모두 현륙(顯戮)*에 이르게 하셨습니다.

우리 성상께서 왕위에 오르신 후 선왕의 지사(志事)*를 계승하셔서 병인(丙寅, 1866)년 강화도[沁都]의 변란이 일어났을 때 천토(天討)가 크게 행하여지니 여러 추악한 무리들이 놀라서 숨었습니다. 그런데 채 10년이 되지 못해서 흉언(凶言)과 추설(醜說)이 낭자하고 방오(旁午)*해서, 예전에 몰래 속이고 유혹하던 것을 지금은 방자하게 책으로 쓰고 있으며, 예전에 사적으로 전습하던 것을 지금은 명시적으로 우리에게 던지고 있습니다. 주공(周公)과 공자보다 낫다는 말과 우리 정자(程子), 주자(朱子)와 같다는 구절은 얼마나 성인을 무함하고 나라를 욕보이는 것인데, 이를 구해서 상주하려는 자가 있고, 등대(登對)*해서 전포(傳布)하려는 자가 있습니다.

아아! 자고로 군주에게 의복을 얻어 입고 밥을 얻어먹으며 유자의 관복을 입은 자로서 전대(專對)*의 임무를 받고 구첨(具瞻)*의 지위에 있는데, 나라를 모욕하는 글을 가져와서는 천폐(天陛)에 아뢰고, 성인을 무함하는 말을 숨겨 와서는 조저(朝著)에 전파하며, 구적(寇賊)의 형세를 장황히 입에 올려 군심(君心)을 공동(恐動)하고, 균형(勻衡)*의 위세를 빙자해서 사람들의 입에 재갈을 채우는 자들은 과연 모두 어떠한 사람들입니까? 어째서 선왕의 시대엔 그처럼 엄하게 물리치시다가 전하의 시대에 와선 용납하시는 것이며, 병인년엔 그처럼 바르게 성토하시다가 금일에 와선 후하게 접대하시는 것입니까? 신은 전하께서 장차 선왕께 무슨 말로 아뢰고, 후세에 무슨 말을 남기실지 모르겠습니다.

그 이른바 『사의』(私擬)의 책략에 대해 다시 조목조목 분변해 보겠습니다. 그 책에 따르면, "조선의 금일의 급무는 러시아를 막는 것보다 급한 일이 없으며, 러시아를 막는 방책은 친중국(親中國), 결일본(結日本), 연미국(聯美國)보다 급한 일이 없다."라고 합니다. 저 중국은 우리가 울타리[藩]로 자칭하는 바로서 이백 년 넘게 신의를 갖고 서로 믿어 왔는데, 하루아침에 '황'(皇)과 '짐'(朕)과 같은 오만한 두 개의 존칭을 아무 말 없이 받고, 이런 말을 하는 사람을 용

기의 유학자로 『조선책략』을 읽고 중국, 일본, 미국과 연합하여 남하하는 러시아를 막아야 한다는 주장의 불합리성을 지적, 황쭌셴이 중국인이지만 오히려 일본의 세객(說客)인 것을 규정하는 내용의 소를 올렸다. 그의 이러한 견해에 동조하는 지방 유생들이 1881년 2월 고종에게 연서를 올려 이른바 영남만인소사건의 시발이 되었다. 이 상소문을 통해 김홍집을 탄핵하고 3월 재차 상소를 기도하자 조정 비방의 죄목으로 체포되어 강진으로 유배되었다. 임오군란 이후 대원군이 재집권한 후 풀려났다.

私擬 『朝鮮策略』을 말한다. 표제에 『私擬朝鮮策略』이라고 되어 있었으므로 이와 같이 쓴 것이다.
左道 바르지 못한 도, 또는 정통이 아닌 방술(方術)을 가리킴.
先酉後申 先酉後戌, 後申先子에서 나온 말로, 문을 닫는 열쇠가 궁성에서는 유시 이전에 나가서 술시 이후에 들어오며, 사대문에서는 신시 이후에 나가서 자시 이전에 들어옴을 가리킨다. 왕이 늦은 시각까지 정사를 본다는 뜻.
式廓 규모, 범위.
詿誤 연루.
妖腰亂領 허리를 자르고 목을 베어야 할 요망한 무리.
顯戮 형벌을 밝혀서 사형을 시킨 다음 진시(陳尸)하는 것.
志事 포부.
旁午 매우 수선스럽고 어지러운 모양.
登對 어전에서 임금님을 면대하여 아룀.
專對 사절로 임명된 자가 상황에 따라 독자적으로 판단해서 처리함을 뜻한다. 『論語』「子路」에 "시 삼백 수를 외우더라도 정사를 맡길 때 통달하지 못하고, 사신으로 사방에 보낼 때 전대(專對)하지 못한다면 비록 많으나 또한 무엇에 쓰겠는가?"[誦詩三百 授之以政 不達 使於四方 不能專對 雖多 亦奚以爲]라는 구절에서 유래한 말.
具瞻 모든 사람이 우러러 본다는 뜻으로 『詩經』「小雅」'節南山'장의 "빛나는 태사 윤씨여, 백성들이 모두 그대를 우러러 보도

납하고 그 책을 남겨 두었다가 만일 이를 구실로 삼아 힐난하여 번거롭게 책설(嘖舌)하는 지경에 이른다면 장차 무슨 말로 해명하시겠습니까? 일본은 우리가 기미(羈縻)*하는 바로서, 관애(關隘)와 험이(險夷)*를 저들이 이미 잘 알고 있고 수륙의 요충지를 저들이 이미 차지하고 있습니다. 만일 우리에게 방비 없음을 간파하고 그 저돌적인 본성을 제멋대로 드러낸다면 장차 어떻게 제어하시겠습니까? 미국은 우리가 평소 알지 못하는 바로서, 공연히 타인의 종용을 받아 우리 스스로 끌어들여 풍파를 헤치고 넓은 바다를 건너와 우리 신료(臣僚)를 피폐하게 하고 우리 재물을 물 새듯 소비하다가[尾閭]*, 만일 우리의 빈틈을 엿보고 우리의 약함을 업신여겨서 들어주기 어려운 요청을 강요하고 댈 수 없는 비용을 부탁한다면 장차 어떻게 응하시겠습니까?

다."[赫赫師尹 民具爾瞻]라고 한 구절에서 유래했다. 흔히 재상을 비유하는 말.

勻衡 균형(均衡).

羈縻 본래 말의 굴레와 소의 코뚜레라는 뜻으로, 중국에서 변방 이민족을 다스림에 친근히 하지도 않고 그렇다고 관계를 단절하지도 않는다는 하나의 전형적 방침을 상징하는 말.

險夷 지형의 험난함과 평탄함.

尾閭 원문의 미려(尾閭)는 고대의 전설에서 바닷물이 새는 곳을 가리킴.

러시아 오랑캐[俄夷]는 우리와 본래 혐의가 없습니다. 그런데도 헛되이 다른 사람의 이간질을 믿어서 우리의 위중(威重)을 손상시키고, 원교(遠交)를 믿고 근린(近隣)을 도발하여 거조(擧措)*가 전도되고 헛소문이 먼저 퍼져서, 이것이 흔단(釁端)이 됨을 빙자해서 우리에게 와서 병단(兵端)을 찾는다면 장차 어떻게 막으시겠습니까? 더구나 러시아, 미국, 일본은 동일한 오랑캐이니 그 사이에 접대의 차이를 두기 어렵고 또 두만강 일대 강계(疆界)가 상접했으니 만일 일본이 이미 시행하고 있는 전례를 따르고 미국과 새로 설정한 조약을 원용해서, 와서 살 토지와 서로 전매(專賣)할 재화를 청한다면 어떻게 거절하시겠습니까? 더구나 박해(薄海)* 안팎에 일본과 미국 같은 나라를 이루 다 헤아릴 수가 없으니, 만일 각자 효빈(效嚬)*해서 일본이 했던 것처럼 토지와 재화를 요청한다면 또한 어떻게 막으시겠습니까? 불허한다면 전의 공(功)이 모두 폐기되어 원수가 되고, 여러 나라들의 원한이 모두 모여서 적이 되는 나라가 비단 러시아 오랑캐 일국뿐만이 아니게 될 것이요, 허락한다면 한 모퉁이 청구(靑邱)엔 장차 용납할 토지가 남아나지 않을 것입니다.

擧措 어떤 일을 꾸미거나 처리하기 위한 조치.

薄海 바다 안팎의 광대한 토지를 가리킴.

效嚬 월(越)나라의 서시(西施)가 불쾌하여 찡그렸더니, 어떤 추녀가 그것을 보고 미인은 찡그린다고 여겨 자기도 찡그렸다는 고사에서 자기 분수를 모르고 남의 흉내를 내거나 남의 결점을 장점인줄 알고 따라한다는 말. 출처는 『莊子』「天運」편.

가령 러시아 오랑캐가 참으로 황쭌셴의 말대로 그 힘이 우리를 병탄할 수 있고 뜻이 침릉(侵陵)하는 데 있다면, 장차 앉아서 만 리 밖의 원조를 기다려야겠습니까, 아니면 홀로 곡하(轂下)*의 강융(羌戎)*과 함께 막아야겠습니까? 이는 그 이해(利害)가 확연한 것인데, 지금 조정에서는 어째서 이 백해무익한 일을 해서 아직 가지지도 않은 러시아의 마음을 깨우고, 아직 일어나지도 않은 미국의 일을 만들어서 도적과 오랑캐를 불러들이려는 것입니까?

轂下 황제가 있는 수도.

羌戎 고대 중국 서북부에 거주하던 소수민족인데, 여기선 청나라 만주족을 가리킴.

또 그 글에 "서학(西學)에 종사해서 치재(致財)와 권농(勸農)과 통공(通工)*에 진력하라."고 했습니다. 대체로 재용(財用)과 농공(農工)엔 따로 선왕의 양법미규(良法美規)가 있으니, 노래진덕(勞來振德)*하고 불상불해(不傷不害)하면 백

通工 통공역사(通功易事)의 준말로 사람들이 각자 생산한 것을 자기에게 없는 것과 교환한다는 뜻. 『孟子』「滕文公下」에 "그대가 공(功)을 통하고 일을 서로

성이 항상 안정될 것이며, 제도로써 조절해서 식과용여(食寡用餘)*하면 재물이 항상 풍족할 것이며, 무익한 것으로 유익한 것을 해치지 않고 이물(異物)로 용물(用物)을 천시하지 않는다면* 공(工)이 항상 권장될 것입니다. 당우(唐虞) 시대에 집집마다 정표(旌表)를 봉하고, 성주(成周) 시대에 거적행과(居積行裹)*했으며, 한나라 때 홍부관후(紅腐貫朽)*해서 이로 말미암아 용맹하고 방법을 알게 한 것이 어찌 일찍이 선왕의 도를 버리고 별양(別樣)의 묘술에 종사했기 때문이겠습니까?

더욱 통탄스러운 일은, 저 황쭌센이라는 자는 자칭 중국 출신이라고 하면서도 일본의 유세객이 되어 예수를 선신(善神)이라고 하면서 기꺼이 난적(亂賊)의 효시가 되고 스스로 금수와 같아졌으니, 고금 천하에 어찌 이러한 이치가 있겠습니까? 지난번에 그물을 뚫고 달아난 거괴(巨魁)*가 강화도에서의 패배에 분한 마음을 품었으나, 병력으로 승리할 수 없음을 깨닫고는 요행히 초식(稍食)*을 얻으려는 욕심을 부려서 그 전전(輾轉) 훈염(薰染)된 간계를 팔고 다니는 것이 아니겠습니까? 만일 그렇지 않다면 감언유설(甘言誘說)이 극에 달했고, 위태로운 말로 공갈을 부리는 것을 이미 다했는데 또 어째서 전교무해(傳敎無害)라는 말을 말미에 붙였겠습니까? 그 마음의 소재는 깨닫기 어렵지 않습니다.

엎드려 바라옵건대 깊이 생각하시고 건단(乾斷)*을 크게 발휘하사 이런 말을 하는 사람들은 모두 적발해서 멀리 쫓아버리고 그 책은 모두 물과 불 속에 던져서, 호오(好惡)를 명시해서 중외(中外)에 포고해서 온 나라의 함생(含生)*들로 하여금 성의(聖意)의 소재를 깨닫게 하소서. 그리고 주공(周公), 공자(孔子), 정자(程子), 주자(朱子)의 가르침을 더욱 밝히신다면, 사람들이 모두 윗사람을 친히 여기고 어른을 위해 죽을 줄 알아서 많은 사람들의 마음이 성(城)을 이루어 추류사당(醜類邪黨)은 그 간계를 용납받을 수 없게 될 것이니, 우리나라 예의의 풍속이 장차 천하 만세를 향해 할 말이 있게 될 것이옵니다.

[원문]

卽伏見修信使金弘集所賫來黃遵憲私擬一冊之流傳者　不覺髮竪膽掉　繼之以痛哭流涕也 左道惑衆之刑 著於王法 黨與先治之訓 載在春秋 由是而治 反是而亂 由百等百 莫之或違 洪惟我朝列聖相承 崇儒重道 式至今休 三代以下 未有臻斯盛者也 而不幸有耶蘇邪教者出於海外夷種 禮義廉恥尙矣無論 倫綱彛則一切掃盡 直一禽獸耳 太羊耳 肆我正宗純祖以及憲廟 先酉後申 增其式廓 干犯者 必殺無赦 詿誤者 雖小不貸 妖腰亂領 咸就顯戮 逮我聖上踐祚 適追先王之志事 丙寅沁都之變 天討大行 群醜駭遁 曾不十年 凶言醜說 狼藉旁午 前之潛相狂誘者 今乃肆然筆之於書 前之私相傳習者 今乃顯然投之於我 勝於周公孔之說 猶吾程朱之句 何等誣聖 何等辱國 而有邀進而欲奏御者 有登對而欲傳布者 噫 自古以來 衣君食君 冠儒服儒 膺專對之任 居具瞻之地 而賫奉

바꿔서 남는 것으로써 부족한 것을 도와주지 않는다면 농사꾼은 남아서 버리는 곡식이 있고 여자들은 남아서 버리는 삼베가 있을 것이다."[子不通功易事 以羨補不足 則農有餘粟 女有餘布]라는 구절에서 유래.

勞來振德 『孟子』「滕文公上」에 "수고로운 사람을 위로하며, 오는 사람을 이르게 하며, 사특한 사람을 바르게 하며, 굽은 사람을 곧게 하며, 도우며 부추겨 스스로 본분을 얻게 하고, 또 따라서 진작시켜 덕을 베풀도록 하라."[勞之來之 匡之直之 輔之翼之 使自得之 又從而振德之]라는 구절을 인용.

食寡用餘 『禮記』『大學』에 "재물을 생산함에 큰 도가 있으니 생산하는 자가 많고 먹는 자가 적으며, 하기를 빨리하고 쓰기를 느리게 하면, 재물이 항상 풍족할 것이다."[生財有大道 生之者衆 食之者寡 爲之者疾 用之者舒 則財恒足矣]라는 구절을 인용.

不以異物賤用物 『書經』「旅獒」에 "무익한 것을 만들어서 유익한 것을 해치지 않는다면 공이 이에 성취될 것이다. 이물(異物)을 귀하게 여기고 용물(用物)을 천시하지 않는다면 백성들이 이에 풍족해질 것이다."[不作無益害有益 功乃成 不貴異物賤用物 民乃足]라고 한 구절을 인용했다. 용물(用物)은 일상적으로 사용하는 물건을 말한다.

居積行裹 『孟子』「梁惠王下」에 "집에 있는 자들은 노적과 창고가 있고, 길을 떠나는 자들은 전대와 자루에 싼 양식이 있다."[居者有積倉 行者有裹糧也]라는 구절을 인용.

紅腐貫朽 『漢書』「賈捐之傳」에 "효무황제 원수(元狩) 6년에 태창(太倉)의 곡식이 붉게 썩을 정도로 많아서 이루 다 먹을 수 없었고 수도 안의 돈은 돈을 꿰는 줄이 끊어질 정도로 많아서 이루 다 셀 수 없었다."[孝武皇帝元狩六年 太倉之粟 紅腐而不可食 都內之錢 貫朽而不可校].

巨魁 우두머리.

稍食 과거에 관리의 녹봉으로 주던 쌀.

乾斷 임금의 판단.

辱國之書 達之天陛 藏弆誣聖之說 播之朝著 張皇寇賊之勢 恐動君心 憑藉匀衡之威 鉗制衆口者 果皆何如人哉 何況在先王則斥之如此其嚴 在殿下則容而納之 在丙寅則討之如此其正 而在今日則優而接之 臣不敢知殿下將何以仰報於先王 而有辭於後世乎 請復就其所謂私擬策者 而逐條辨之 其言曰 朝鮮今日急務 莫先於防俄 而防俄之策 莫先於親中國結日本聯美國 夫中國者 我之所稱藩也 信義交孚 殆過二百年之久 而一朝曰皇曰朕偃然二尊之稱 無辭以受之 容其人而留其書 萬一執此爲詰 致煩嘖舌 則將何以解之也 日本者 我之所羈縻也 關隘險夷 渠已稔知 水陸要衝 渠已占據 萬一瞰我無備 恣其豕突 則將何以制之也 美國者 我之所素昧也 公然被他慫慂 自我引惹 駕風濤涉重險 疲弊我臣僚 尾閭我財賄 萬一覘我之虛 侮我之弱 强以難從之請 委以不繼之費 則將何以應之也 俄夷者 我之本無嫌也 空然信人間貳 損我威重 靠遠交而挑近隣 擧措顚倒 虛聲先播 籍此爲釁 來尋兵端 則將何以救之也 又況俄米日本同一夷虜 難置厚薄於其間 而豆滿一帶疆界又相接 萬一循日本已行之例 援美國新設之約 請地來居 請貨交権 則何以拒之也 又況薄海內外 如日本美國者 不可殫數 萬一各自效嚬 請地請和 一如日本之爲 則亦何以遏之也 不許 則前功盡棄爲仇 衆怨叢集爲敵者 不但俄夷一國而已 許之則一隅青邱 將無地可容矣 如使俄夷 眞如遵憲之言 力能竝呑 志在侵凌 則將坐待萬里之援 而抑將獨與轂下之羌戎禦之乎 此其利害之較然者也 今朝廷何若而爲此有百害無一利之擧 啓俄夷無心之心 生美國無事之事 以致寇而召戎乎 其言又曰 從事於西學 盡力於致財 盡力於勸農 盡力於通工 夫財用農工 自有先王之良法美規 勞來振德 不傷不害 則民恒安矣 節以制度 食寡用餘 則財恒足矣 不以無益害有益 不以異物賤用物 則工恒勸矣 唐虞之比屋皆封 成周之居積行裏 漢之紅腐貫朽 由之 可使勇且知方 何嘗捨先王之道 而從事於別樣妙術耶 尤可痛者 彼遵憲者自稱中國之產 而爲日本說客 爲耶蘇善神 甘作亂賊之嚆失 自歸禽獸之同科 古今天下 寧有是理 無乃向時巨魁之漏網者 憤於沁都之敗 而知其不可以兵力取勝 逞其僥倖稍食之慾 售其輾轉熏染之奸乎 如其不然 則甘言誘說之已極矣 危辭恐嚇之已盡矣 又何以傳教無害之說 尾之於後也 其心所在 不難知也 伏乞淵然深思 廓揮乾斷 其人則盡爲發遣 其書則投諸水火 明示好惡 布告中外 使一國含生知聖意所在 而益明周孔程朱之敎 人皆親上死長 衆心成城 醜類邪黨 無所容其奸 我國禮義之俗 將有辭於天下萬世矣

含生 중생.

17. 홍재학, 만언척사소

신 등이 듣건대, 사람이 금수와 다른 이유는 오륜오상(五倫五常)의 법과 화이향배(華夷向背)*의 성(性)이 있기 때문이니, 선왕과 선성(先聖)이 만세에 계천입극(繼天立極)*한 것이 이것이며, 후왕(後王)과 후현(後賢)이 후세에 강명전수(講明傳授)한 것이 이것입니다. 사람에게 오복지장(五服之章)*을 권하는 것도 그가 이것을 할 수 있기 때문이며, 오형(五刑)으로써 위엄을 보이는 것도 그가 이것을 저버렸기 때문입니다. 이는 천지가 다하도록 변치 않을 대경(大經)이요, 고금에 걸친 대의(大義)니, 혹시 한 번이라도 저버린다면 관상(冠裳)*이 예융(裔戎)*에 빠지고 인류가 금수로 화해서 이 때문에 천지가 뒤집힐 것입니다. 오늘날 국세(國勢)의 위태로움은 온 나라 사람들이 알고 있는 바인데, 한 해 두 해

■『조선책략』을 계기로 홍재학 등 위정척사 유생들이 개화정책과 대일수교에 격렬히 반발하여 올린 척화상소(1881년 음력 7월 6일자). 러시아 남하위협론에 비판적이면서 개항을 반대했다. 원문 출전은 『高宗實錄』 高宗 18年 7月 6日條.

■ 洪在鶴(1848~1881) 조선 후기 유생으로, 김홍집이 『조선책략』을 왕에게 올린 것에 격분, 이듬해 관동대표로서 척외할 것을 상소하였다. 홍재학은 이 상소문에서의 고종 비판 때문에 서소문 밖 형장에서 능지처참당했다.

華夷向背 중화(中華)를 향하고 오랑캐 풍속을 등짐.
繼天立極 주희(朱熹)의 『大學章句』 서문에 나오는 말로 하늘의 뜻을 이어 표준을 세운다는 뜻.
五服之章 오복(五服)은 고대 천자(天子), 제후(諸侯), 경(卿), 대부(大夫), 사(士)의 다섯 신분에 각각 해당되는 복식을 말한다. 장(章)은 등급이다. 『書經』 「皐陶謨」에 "하늘이 덕 있는 자에게 명령을 내리시거든 다섯 가지 복식으로 다섯 등급을 드러내 밝힌다."[天命有德 五服五章哉]라고 한 구절에서 유래한 말.
冠裳 갓과 의복으로 예교(禮敎)를 뜻함.
裔戎 변방 오랑캐.

인순(因循)하며 그럭저럭 견뎌서 지금까지 무사했으니, 전하께서 어찌 그 이유를 모르시겠습니까? 참으로 여러 성군들이 번갈아 일어나셔서 풍화(風化)를 바로잡고 강기(綱紀)를 세워서 유지하셨기 때문입니다. 신 등의 이러한 행동은 비단 전하의 종사만을 위해서가 아니라 또한 신 등이 사교에 물들지 않기 위해서며, 비단 전하의 일신만을 위해서가 아니라 실로 전하의 성자신손(聖子神孫)을 위해서며, 비단 전하의 성자신손만을 위해서가 아니라 또한 신 등의 자손과 형제, 친척을 위한 것입니다.

대체로 갈아도 닳아지지 않고 검은 물을 들여도 검어지지 않는 것은 오직 성현이 된 연후에 가능한 일입니다. 그렇지 않으면 외물로 인해 움직이지 않을 수 없는 법이니, 그러므로 성현들께서 사람을 가르치실 때 반드시 "눈으로는 부정한 책을 보지 말고, 귀로는 예(禮)가 아닌 소리를 듣지 말라"고 하시고, 또 반드시 "차라리 죽을 때까지 책을 읽지 않을지언정 하루라도 소인을 가까이해선 안 된다"고 하셨던 것입니다. 그러므로 참판 신(臣) 이항로가 말하길, "마땅히 거처하는 곳을 신중히 택해야 하니, 거처하는 곳에 따라 형(形)이 닮아 가기 때문이다. 가까이 하는 것을 신중히 택해야 하니, 가까이 하는 것에 따라 기(氣)가 닮아 가기 때문이다. 지키는 것을 신중히 택해야 하니, 지키는 것에 따라 심(心)이 닮아 가기 때문이다. 무엇을 일러 형(形)이 닮는다고 하는가? 물고기와 용은 물에 살기 때문에 그 비늘이 물결 모양이 되고, 사슴은 산에 살기 때문에 그 뿔이 삐죽해지고, 거북이와 자라는 돌 틈에 살기 때문에 그 껍질이 바위처럼 험해진 것이다. 무엇을 일러 기(氣)가 닮는다고 하는가? 철을 담아 두고 있으면 돌도 남쪽을 가리킬 수 있으며, 나무를 물에 담그면 또한 젖어서 가라앉을 수 있다. 무엇을 일러 심(心)이 닮는다고 하는가? 화살을 만드는 사람은 사람을 해치지 못할까 두려워하고, 갑옷을 만드는 사람은 오히려 사람이 상할까 두려워하는 것이다."라고 한 것이니, 이는 절실하고 지극한 말입니다. 지금 온 나라에서 입는 것은 양직(洋織)이자 양염(洋染)이요, 온 나라에서 쓰고 있는 것은 양물(洋物)입니다. 접하는 것은 양인(洋人)이요, 흥미를 가지며 침을 흘리는 것은 서양의 기기음교(奇技淫巧)*입니다. 이는 거처하는 곳, 가까이 하는 것, 지키는 것이 모두 서양 것이니 형기(形氣)와 심신(心神)이 어찌 모두 화하여 서양 것이 되지 않겠습니까?

奇技淫巧 기이한 기예와 지나치게 화려한 물건.

대체로 서양의 학문이 본래 심히 천리를 어지럽히고 인륜을 멸하는 것임은 다시 아뢸 필요도 없거니와, 서양 물건의 태반이 음란함과 욕망을 조장하고 윤상(倫常)을 무너뜨려서 귀신과 사람의 경계를 어지럽히고 천지의 구분을 모호하게 합니다. 이 때문에 귀로 들으면 내장이 뒤집히고, 눈으로 보면 창자가 뒤집히고, 코로 냄새 맡거나 입술을 대면 마음이 변해서 실성하게 되는 것입니다. 그것은 마치 그림자와 메아리가 사물에 호응하고 역병이 전염되는 것과 같습니다. 이른바 『중서문견』(中西聞見)*, 『태서문견』(泰西聞見), 『만국공법』(萬國公法)* 등의 허다한 이류(異類)의 사서(邪書)가 나라 안에 가득해서, 소위 명사석유(名士碩儒)라는 자들 가운데 새롭고 기이한 것을 좋아하는 무리들이 차례로 빠져들어 즐거워하며 돌아올 줄 모르고 다시 서로 찬미하니, 명망과 위록(位祿)이 있는 자들도 하루가 지나지 않아 이를 따르게 됩니다.

혹 이를 힐난하는 자가 있으면 변명하기를, "이것은 저 나라의 일을 기록한 책이니 반드시 윤상(倫常)을 멸하라는 가르침은 아니며, 이에 종사하는 자는 견문을 넓히고 흉금을 터놓고자 하는 것이니 반드시 윤상을 멸하라는 학문은 아니다."라고 하니, 아아! 이 한 마디는 이미 심하게 빠져든 자의 말에 불과합니다. 옛날 우리 순조 대왕께서 척사(斥邪) 전교를 내리시면서 "돌아보건대 온 세상의 새것을 좋아하는 풍조가 바로 최근에 예속(禮俗)을 좀먹는 습관이다. 매양 명물(名物)을 고증한다고 하면서 다투어 가며 화려하고 기이한 것을 모방하지만 그것이 한 번 변하면 색은행괴(索隱行怪)*가 되고 두 번 변하면 이단불경(異端弗經)*이 되는 것이다."라고 하셨으니, 위대합니다! 왕의 말씀이여! 참으로 만세의 큰 가르침입니다.

저들의 이른바 "견문을 넓히고 흉금을 틔운다."라는 것이 육예(六藝)의 과목이 아니고 공자의 방법이 아니니, 이것이 '색은행괴', '이단불경'이 아니겠습니까? 예로부터 이교(異敎)가 모두 그 사이비[似是之非]를 펴서 인심을 미혹하고 혼란스럽게 하다가 끝내는 금수를 몰아 사람을 잡아먹게 하는데도 사람이 이를 살피지 못하니, 묵씨가 아비를 무시하면서도 인(仁)과 유사함에 의탁했고, 양씨가 군주를 무시하면서도 의(義)와 유사함을 가장했으며*, 향원이 덕을 어지럽히면서도 중용(中庸)과 유사함을 빌렸습니다.* 더구나 예수와 마테오 리치[利瑪竇]*가 심간(心肝)을 토로한 것과 우르시스[熊三拔]*와 바로[萬濟國]*가 장부(臟腑)로 터득한 것이, 그 유사한 것은 푼전(分錢)에 지나지 않는데 그 화(禍)는 산악과 같고, 그 가까운 것은 터럭에 불과한데 그 위배된 것은 연(燕)나라와 월(越)나라처럼 멉니다. 이것을 가지고 견문을 넓히고 흉금을 틔우는 자료로 삼는다면, 짐독(鴆毒)*을 마시면서 해갈을 구하고, 구문(鉤吻)*을 먹으면서 요기를 구하는 것과 무엇이 다르겠습니까?

이른바 황쭌셴(黃遵憲)의 책자를 가져와서는 천폐(天陛)께 아뢰고 조정에 전파하면서도 그 말은 "그가 여러 조목으로 논변한 것이 우리의 심산에 부합합니다. 양인(洋人)들이 중국에 거주하지만 중원의 사람들이 모두 사학(邪學)을 따

中西聞見 『중서견문록』(中西見聞錄, *Peking Magazine*)을 말함. 1876년에는 『격치휘편』(格致彙編, *Chinese Scientific Magazine*)으로 이름을 바꾸었다.

萬國公法 미국의 법학자 휘튼(Henry Wheaton, 1758~1848)의 저서 *Elements of International Law*를 선교사 마틴(W. A. P. Martin, 1827~1916)이 1864년 중국에서 한역하여 출판한 책.

索隱行怪 『中庸』에 나오는 말로 숨겨진 은미한 일을 탐색해서 괴이한 도를 행한다는 뜻.

異端弗經 이단으로서 상법에 맞지 않는 허황된 것을 뜻한다.

墨氏之無父而託乎仁之近 楊氏之無君而假乎義之疑 묵씨(墨氏)는 겸애설(兼愛說)을 주장한 묵적(墨翟)을 말하고, 양씨(楊氏)는 위아설(爲我說)을 주장한 양주(楊朱)를 말한다. 『孟子』「滕文公下」에 "양씨는 자기만을 위하니 이는 군주가 없는 것이요, 묵씨는 똑같이 사랑하니 이는 아버지가 없는 것이니, 아버지가 없고 군주가 없으면 이는 금수다."[楊氏 爲我 是無君也 墨氏 兼愛 是無父也 無父無君 是禽獸也]라는 구절이 보인다.

鄕愿之亂德而借乎中庸之似也 향원(鄕愿)은 시골 사람 중에서 속류와 함께하고 더러움에 영합함으로써 세상 사람들에게 잘 보

른다는 말은 아직 듣지 못했습니다."라고 하니, 이것이 과연 하늘을 이고 땅을 밟고 사는 사람이 감히 입에서 낼 수 있는 말입니까? 이것이 과연 그 책을 지은 자와 척촌의 차이라도 있다고 하겠습니까?

대체로 물은 습한 데로 흐르고 불은 건조한 데로 나아가는 법이니, 정(正)과 정(正)이 서로 구하고 사(邪)와 사(邪)가 서로 응함은 변하지 않는 이치입니다. 만약 전하의 전대지신(專對之臣)이 엄정하게 척사(斥邪)해서, 마치 찬 서리와 뜨거운 태양처럼 늠름하게 했다면 그 자가 어찌 감히 방자하게 이처럼 흉측한 말을 발설했겠습니까? 만약 전하의 재상과 집정(執政)이 바른 의론을 극력 견지해서, 엄격하고 의연하여 감히 범할 수 없게 했다면 저 이른바 전대지신(專對之臣)이 어찌 감히 제멋대로 이 패만한 말을 아뢰었겠습니까? 이로써 보건대, 전하의 사신과 집정은 전하의 사신과 집정이 아니요, 바로 예수의 복심이며 구라파와 내응하는 자들인 것입니다. 어찌 삼천리 기자(箕子) 성인의 옛 강토가 금일에 이르러 견양(犬羊)에 빠지고, 오백 년 공자와 주자의 예의(禮義)가 금일에 이르러 두엄 더미에 빠지리라고 생각이나 했겠습니까?

우리 주자와 육상산(陸象山)의 가르침과 같다는 설과 전교(傳敎)해도 해롭지 않다는 말과 사관을 초빙해서 교련할 것을 아뢴 상주(上奏)는 부녀자와 어린아이도 흉패(凶悖)하다는 것을 알고 있습니다. 그런데 사신으로서 이러한 말씀을 어전에 아뢴 자를 전하께선 저잣거리에서 처단하지 못하시고, 재상과 집정으로서 이를 성충(聖衷)에 굳게 다짐하실 것을 권한 자들을 전하께선 상방(尙方)의 검*으로 그 머리를 쪼개지 못하셨습니다. 그러면서도 한두 명의 소적(疎逖)*한 신하들이 바른 의론을 견지해서 사교를 배척한 것은 유배를 보내고 사형에 처하되 행여 미치지 못할까 두려워하듯 했으니, 전하께서 부추기고 억누르시는 것에 이처럼 차이가 나는지 알지 못하겠습니다. 이와 같이 하기를 그치지 않으신다면, 신 등은 의환(義煥)과 승훈(承薰)*과 같은 괴수가 장차 세상의 종사(宗師)가 되고, 공자, 맹자, 정자, 주자의 책들이 장차 세상에서 크게 금지되며, 공자와 주자를 송법(誦法)하는 선비로서 세상에 있는 듯 없는 듯 하는 자들이 세상의 흉당(凶黨)이 되고, 두발을 자르고 관면(冠冕)을 훼손하는 화(禍)가 장차 경각에 박두하여 다시 제어하지 못함을 보게 될까 두렵습니다. 저들에게 제어를 당하면 일어나지 않는 변고가 없을 것이니, 일이 그 지경에 이른 후에 후회한들 어떻게 되돌릴 수 있겠습니까?

사람들은 "어찌 그처럼 심하겠는가?"라고 합니다. 그러나 신 등은 이를 매우 사려가 없는 말이라고 생각합니다. 처음엔 나무 인형으로 순장하다가 끝내는 7백 명의 생명을 아우르고, 처음엔 졸졸 흐르는 시냇물과 살살 타오르는 불꽃처

여서 근후하다고 칭송을 받는 자다. 공자는 이를 덕(德)의 사이비라고 해서 매우 미워했다. 『論語』「陽貨」에 "향원은 덕의 적이다."[鄕原德之賊也]라고 한 구절이 보인다.

利瑪竇 이탈리아의 예수회 선교사 Matteo Ricci. 중국에 최초로 가톨릭을 전교했으며, 『기하학원본』(幾何學原本) 등 서양의 학술을 한역(漢譯)하였고, 세계지도인 『곤여만국전도』(坤輿萬國全圖) 등을 제작하였다. 그의 저서 『천주실의』(天主實義)는 조선의 천주교 전파에 결정적 영향을 끼쳤다.

熊三拔 Sabbathin de Ursis. 이탈리아 인. 천문・역산(曆算)에 밝았으며 명나라 만력 연간에 중국에 들어가서 전교했다. 저서로 『간평의설』(簡平儀說), 『태서수법』(泰西水法), 『표도설』(表度說) 등이 있다.

萬濟國 Francisco Varo. 스페인 출신의 도미니칸 수도회 선교사.

鴆毒 짐새의 깃털에 있는 독. 짐새는 중국 광동성에 서식하는 독조(毒鳥)로 그 깃을 담근 술을 마시면 죽게 된다고 한다.

鉤吻 독초(毒草) 이름으로, 잎사귀 하나만 입에 넣어도 즉사한다고 한다.

尙方之劍 상방(尙方)은 천자의 기물을 보관해 두는 관서로 조선조에선 상의원(尙衣院)이 이에 해당된다. 상방검은 천자가 대신에게 권한을 위임할 때 그 증표로 하사하는 칼.

疎逖 멂, 소원함.

承薰 이승훈(1756~1801). 세례명 베드로. 한국천주교회 창설자의 한 사람으로 한국인 최초의 영세자다. 1801년 신유박해 때 대역죄로 참수당했다.

럼 미약하다가 끝내는 바다와 요원의 불길처럼 커짐은 차제의 사건이니 스스로 멈출 수 없는 것입니다. 더구나 금일 전하께서 부추기고 억누르는 차이가 어찌 나무인형처럼 작고 시냇물이나 불꽃처럼 미약한 것이겠습니까?

신주(神州)가 육침(陸沈)*함에 사방에서 오랑캐의 비린내가 난 것이 이제 삼백 년이 됩니다. 왕춘(王春)*의 한 줄기 맥이 오직 우리 동국(東國)에 붙어 있음은, 비유하자면 천지에 숙살(肅殺)*의 기운이 가득할 때 큰 과일이 높게 달려 있어서 생의(生意)가 결실을 맺기를 기다리는 것과 같습니다. 이는 천지가 애호하는 바이자 사람과 만물이 소중히 의지하는 바이니, 어찌 차마 이것마저 벗겨 내어 순곤무양(純坤無陽)의 세상을 만들 수 있겠습니까? 천지가 만물을 낳는 마음이 결코 이처럼 어둡지는 않을 것입니다. 전하께서 진실로 천의(天意)와 인심에 순응하여 귀매(鬼魅)의 요사스러움을 크게 쓸어버리고 일월의 밝음을 더욱 드높이셔서, 이미 매몰된 곳에서 성로(聖路)를 열고 이미 무너진 곳에서 천주(天柱)를 떠받치신다면, 하늘이 돕고 사람이 순응해서 이로움을 구하지 않더라도 저절로 이롭지 않음이 없을 것입니다. 그 천하 만세에 공을 세움이 대우(大禹)가 홍수를 막은 것과 주공(周公)이 맹수를 쫓아낸 것과 더불어 그 높고 위대함이 같을 것이니, 어찌 성대하지 않겠습니까?

陸沈 나라가 외적에게 침입당하여 어지러워짐.

王春 음력으로 새봄을 가리킨다.

肅殺 초목을 말라 죽게 하는 쌀쌀한 가을 기운.

부디 전하께선 건강(乾綱)*을 분발하사 사직을 위해 죽는 의리를 결단하시고 전수(戰守)의 계책을 결정하소서. 뜻을 세움으로써 기(氣)를 통솔하시고, 극기(克己)로써 아랫사람들을 다스리시며, 왕가에서 모범이 되는 것으로써 먼 데까지 미치게 하시고, 경내의 서양 물건들을 거두어 길거리에서 불살라 버리소서. 신린(臣隣)* 가운데 횡의(橫議)*를 주창해서 상하를 위협하고, 유언비어를 날조해서 원근을 미혹하는 자들은 그 머리를 잘라서 고가(藁街)*에 걸어 놓고, 사교(邪敎)에 물들어서 기꺼이 호랑이를 인도하는 창귀(倀鬼)가 되려는 자들은 모두 사형시켜서 우리 동방 삼천리 경내에 쉽게 종자를 뿌리지 못하게 하시며, 강화와 덕원(德源)*의 여관에 체류하는 양인과 성 안팎을 무시로 출입하는 양인들은 전부 구제(驅除)해서 우리의 예의풍속을 오염시키지 말게 하소서. 부정척사(扶正斥邪)를 하다가 전하께 죄를 얻은 자들은 그 재덕(才德)의 높이와 명성의 드러난 정도에 따라 조정에 등용하여 녹봉과 지위로 잘 대우하신 후, 흥복(興復)과 토적(討賊)의 직책을 맡기시고 안민부국(安民扶國)의 방책을 하문하소서. 기무아문을 혁파하고 오위제(五衛制)를 복원하시며, 내영(內營)의 경비를 옮겨 군졸들의 늠료(廩料)를 후하게 내리소서. 무당과 중들의 기도를 멈추게 하고 광대의 유희를 멀리 하시며, 연일(宴逸)*하는 구습을 고쳐서 나라를 위해 근심하고 근면하는 덕을 다하소서. 장상(將相)을 선임하고, 사우(師友)를 가까이 하고,

乾綱 하늘이 만물에게 주재하는 벼리라는 뜻으로, 제왕의 다스리는 방침을 이름.

臣隣 신하.

橫議 도리에 어긋난 의논.

藁街 중국 한(漢)나라 때 장안성 남문 안쪽에 있던 거리의 이름으로 속국의 사절 등이 묵던 객관이 위치한 곳이었는데, 이곳에서 죄인을 참수하고 머리를 매달아서 여러 나라 사람들에게 보였다. 여기선 비유적으로 죄인을 효수하여 위엄을 보인다는 뜻으로 쓰였다.

德源 현재 함경남도 문천군 지역.

宴逸 정도에 지나친 쾌락을 즐김.

어질고 준수한 자들을 부르시고 간사하고 아첨하는 자들을 추방하소서. 쓸데없는 비용을 줄이시고 사치하고 화려한 것을 금지하시며, 언로를 넓게 열어 많은 좋은 말들을 기쁘게 받아들이소서. 정학(正學)을 숭상, 장려하고 음오(淫汚)한 것을 물리치시며, 기강을 엄숙하게 세우고 풍속을 변혁하시며, 민력을 애양(愛養)하고 군정(軍政)을 밝게 정비하소서. 상하와 원근이 정백일심(精白一心)으로 금석과 같이 오래 지키고 사계절이 때에 따라 바뀌듯 신실(信實)하게 한다면, 삼군(三軍)의 군대가 싸우지 않아도 의기 백배할 것이요, 팔로(八路)*의 백성들이 상주지 않아도 마음이 저절로 굳건해져서 풍성(風聲)*이 육합(六合)*에 진동하고 의리가 팔굉(八紘)*에 넘쳐날 것입니다. 동왜(東倭)와 서양, 북쪽의 러시아 또한 장차 우리의 의리를 흠모하고 위세를 두려워해서 감히 무례한 짓을 하지 못할 것입니다.

4도의 유생 상소에 대해 전교를 내리신 것을 보고서 신 등은 채 다 읽기도 전에 가슴을 치며 통곡하지 않을 수 없었습니다. 전하께선 무슨 이유로 온 나라의 모든 입들이 같은 말로 하는 공론을 이렇게까지 굳게 거절하시는 것입니까? 비단 신 등의 상소만이 아니라, 병자(丙子, 1876)년 초에 최익현(崔益鉉), 이학연(李學淵), 장호근(張皓根) 등이 간쟁한 것이 이것이며, 허원식(許元栻), 유원식(劉元植)같은 문영(文纓)*과 홍시중(洪時中), 황재현(黃載顯)과 같은 무신, 이만손(李晩孫), 김조영(金祖榮), 김석규(金碩奎), 한홍렬(韓洪烈) 등의 포의(布衣)*가 간쟁한 것도 이것이었습니다. 비록 상세한 정도는 같지 않았지만, 사정(邪正), 이해(利害), 안위(安威), 존망(存亡)의 큰 구분이 마치 한 입에서 나온 듯 같았는데, 전하께서는 따르지 않았을 뿐만 아니라 형벌을 내리고 유배를 보내셨습니다. 이것이 성주(聖主)가 간언을 따르는 일입니까, 아니면 숙계(叔季)*에 간쟁을 거부하는 일입니까? 이것이 겸손하게 선한 말을 받아들이는 일입니까, 아니면 오만하게 스스로 성인인 척 하는 일입니까?

이 한 가지 일만으로도 이미 길상(吉祥)을 부를 수 있는 것이 아닌데, 지난번 영남 유생들의 상소에 대한 비답(批答)과 근일의 전교하신 일에 더욱 심함이 있으니 조목조목 아뢰겠습니다.

비답에 "척사위정"(斥邪衛正)이라 하시고, 또 "초체금선(草薙禽獮)*은 병인(丙寅, 1866)년과 신미(辛未, 1871)년을 언급할 만하다."라고 하셨습니다. 그러나 전하께서 만기(萬機)*를 직접 다스리신 후에 언제 하루라도 척사위정의 정령(政令)을 내리신 적이 있습니까? 사학(邪學)하는 무리를 보이는 대로 잡아들여서 초체(草薙)하신 적이 언제 있었습니까? 이러한 비답과 전교를 사책(史册)에 쓴다면 천하 후세가 어떤 군주라고 하겠습니까? 전하께서 한번 한가하실 때 다시

八路 팔도(八道).

風聲 교화(敎化). 『書經』「畢命」에 "선한 행동을 현창하고 악한 행동을 미워해서 선한 풍속과 소문을 세운다."[彰善癉惡 樹之風聲]라는 구절에서 나온 말.

六合 동서남북의 사방(四方)에 천지를 합친 말로 우주의 거대한 공간을 뜻한다.

八紘 팔방(八方)의 끝, 즉 온 세상을 뜻하는 말로 『淮南子』에 "구주(九州) 바깥에 팔인(八殥)이 있고… 팔인 바깥에 팔굉(八紘)이 있으니, 또한 사방 천리(千里)다."[九州之外 乃有八殥…八殥之外 而有八紘 亦方千里]라는 구절이 있다.

文纓 문사(文士).

布衣 베옷을 의미하며 벼슬이 없는 선비를 말함.

叔季 말세. 정치, 도덕, 풍속 따위가 아주 쇠퇴하여 끝판이 다 된 세상.

草薙禽獮 초체(草薙)는 칼이나 낫 따위로 풀을 쳐서 베는 것을 의미하고, 금선(禽獮)은 새를 사냥하는 것을 뜻함.

萬機 집정자가 처리하는 각종 정무.

생각해 보소서. 이렇게 하시고서도 사람들의 입을 막고 인심을 복종시킬 수 있겠습니까? "어찌 너희들의 말을 기다리겠는가?"라고 하신 전교는 의기양양하게 혼자 만족해서 남들이 자기만 못하다고 여기는 병임에 분명합니다. 위대하신 왕의 마음이 참으로 이와 같아서 되겠습니까?

또 성비(聖批)에 이르시길, "다른 나라의 글을 어찌 깊이 따질 필요가 있겠는가? 우리에게 이해(利害)가 없으니 진실로 내버려두는 것이 마땅하다."라고 하셨으나, 재앙이 장차 하늘에까지 이를 것인데 어찌 통렬히 분변하지 않을 수 있겠습니까? 이만손이 죄를 당한 일에 이르러선 듣는 귀를 더욱 놀라게 했습니다. 다른 사람의 글을 볼 때 그 뜻을 이해했다면 자구(字句)의 작은 혐의는 생략해야 합니다. 이제 '좌단'(左袒)*한다는 말이 비록 정확히 맞지는 않으나, 문리를 대강 이해하는 자라면 모두 알 수 있는 것입니다. 전하께선 급급히 입에 재갈을 물리려고 하시지만 공의가 더욱 세차게 일어나고 있으니 어떻게 금지하시겠습니까?

左袒 옷을 벗어 왼쪽 어깨를 드러내는 것으로 어느 한편을 편들고 비호한다는 뜻으로 사용된다. 중국 한(漢)나라 때 여후(呂后)의 일족이 득세했는데, 여후의 사후 주발(周勃)이 여씨 일문을 축출하고자 하여 군중에 명을 내리기를, "여씨 편을 드는 자는 오른쪽 어깨를 드러내고 유씨 편에 서려는 자는 왼쪽 어깨를 드러내라."라고 한 고사에서 유래한 말.

전교에 "교린수호"(交隣修好)라고 하셨는데 신 등이 또 의혹스럽습니다. 과거의 화호(和好)에서 과연 황제라는 거짓 칭호로 우리에게 무례한 짓을 한 적이 있습니까? 과연 동래(東萊)에 수천 가구를 받아들인 적이 있습니까? 과연 덕원(德源)과 같은 요지를 준 적이 있습니까? 과연 인천과 같은 인후(咽喉)를 허락한 적이 있습니까? 과연 천연정(天然亭)에 사람을 맞이해 들인 적이 있습니까? 과연 조지서(造紙署)에 사람을 맞이해 들인 적이 있습니까? 과연 우리나라 사람이 저들의 기기음교(奇技淫巧)를 배운 적이 있습니까? 과연 양물(洋物)을 교역한 일이 있습니까? 과연 양물(洋物)을 실어 온 일이 있습니까? 과연 오직 저들의 말에만 복종한 일이 있습니까? 옛날의 교린은 나라를 보전하는 것이었는데, 지금의 교린은 조종(祖宗)의 땅을 깎아내고 생령(生靈)의 피를 마르게 하는 것입니다.

또 말씀하시길, "도리를 이해하지 못하니 물러가서 학업을 닦아라"고 하셨는데, 알지 못하겠습니다. 오전사유(五典四維)* 외에 별도로 이해해야 할 도리가 있는 것입니까? 도리어 백주에 도깨비들이 횡행하여 이 세상에서 용납 받지 못하게 될까 두려우니, 신 등은 이 하교를 어떻게 받들어야 할지 모르겠습니다. 또 "먼저 가르친 후에 형벌을 쓴다."라고 말씀하셨으나 신 등은 어리석고 완고해서 가르침을 받들 수 없습니다.

五典四維 오전(五典)은 오상(五常)으로 부자유친(父子有親), 군신유의(君臣有義), 부부유별(夫婦有別), 장유유서(長幼有序), 붕우유신(朋友有信)을 말하고, 사유(四維)는 나라를 다스리는 데 필요한 네 가지 원칙, 즉 예(禮), 의(義), 염(廉), 치(恥)를 말한다.

또 근일 윤음(綸音)을 내리신 것을 보고서 참으로 성의(聖意)가 척화를 근엄히 하시며, 상도(常道)를 회복하는 데 있음을 알게 되었습니다. 그러나 그 말씀에 "비록 숨은 것을 폭로하고 가려진 것을 찾아내지는 못하더라도" 이하 운운하신 데 있어선 신 등이 더욱 의혹스럽습니다. 지금 동래, 덕원, 경성에 있는 양인

(洋人)들이 여전합니다. 새롭고 기이한 것을 숭상해서 주화(主和)를 일삼는 자들이 여전합니다. 서양의 기술을 연습하고 서양의 재화를 교역하는 일이 여전합니다. 이와 같은데도 수덕(樹德)*이라고 할 수 있으며, 정도(正道)가 행해지게 할 수 있겠습니까?

樹德 유덕한 정치를 시행함.

대체로 지난날에 척화하다가 전하께 죄를 얻은 자들은 그 죄를 용서하고 그 계책을 썼는데, 어째서 지금은 다만 문구(文具)를 만들어 만인의 입에 재갈을 물리고 만인의 눈을 도말(塗抹)하는 것으로 양책을 삼는 것입니까? 신 등 소수(疏首) 약간 명은 전하의 힘으로 사구(司寇)*에 내려 형벌을 주실 수도 있고, 영해(嶺海)로 귀양 보내실 수도 있고, 저자에서 죽이신 후에 그 시신을 늘어놓으실 수도 있겠지만, 저 팔로(八路)의 만백성들이 집집마다 원망하며 탄식하고 사람마다 분노하는 것은 전하의 힘으로 제지하시지 못할 것입니다.

司寇 형벌을 관장하는 관직으로 형조(刑曹), 의금부(義禁府) 등이 이에 해당된다.

전하께서 이 전례 없이 지나친 조치를 취하고도 막연히 깨닫지 못하시는 것은 다른 이유에서가 아닙니다. 학문을 일삼으시지 않기 때문입니다. 그러므로 지혜가 이치를 밝히기에 부족하고 마음이 사심을 이기기에 부족해서, 안일에 빠지는 독을 달게 여기고 참언(讒言)과 망언(妄言)의 유혹을 좋아하시는 것입니다. 전하께서 배우지 않으심에 어찌 다른 이유가 있겠습니까? 그 재상 이하로 완둔(頑鈍)하고 이익을 좋아해서 염치를 모르는 무리가 성학(聖學)과 성덕(聖德)이 장취(將就)하면 반드시 어진 이를 등용하고 간사한 자를 물리치고 서질명토(敍秩命討)*하실 것이니, 자기 무리가 그 사이에 발을 붙이고 하고 싶은 대로 하지 못하게 될 것을 깊이 두려워하기 때문입니다. 그러므로 경연(經筵)을 폐하고 어질고 준수한 자들을 내쳐버리며, 도학을 썩은 유학자의 무용지물로 여기고, 속류를 재지(才智)가 출중해서 부릴 만한 사람이라고 하여 억양(抑揚)과 여탈(與奪)을 오직 제 마음대로 하고 있습니다. 그리하여 성명(聖明)을 그릇된 길로 인도함이 이러한 지경에까지 이르렀으니 그 죄를 이루 다 말할 수 있겠나이까?

敍秩命討 『書經』 「皐陶謨」에 나오는 말로 부자, 군신, 형제, 부부, 붕우 등의 천서(天敍)에는 법이 있고 존비, 귀천의 천질(天秩)에는 예가 있으며, 하늘은 덕이 있는 사람에게 명(命)을 내리고 죄가 있는 사람을 토벌(討)한다는 뜻.

[원문]

江原道儒生洪在鶴等疏略

臣等竊聞之 人之所以異於禽獸者 以其有五倫五常之典 華夷向背之性也 先王先聖之繼天立極於萬世者此也 後王後賢之講明傳授於後世者此也 勸之以五服之章者 以其能此也 威之以五刑之用者 以其背此也 此窮天地之大經 亘古今之大義 一或有違 冠裳淪於裔戎 人類化爲禽獸 而天地爲之翻覆矣 今日國勢之殆哉岌岌 擧國之所知也 而一年二年 因循捱過 至今無事者 殿下寧不知其所以耶 良由列聖代作 正風化 立綱紀 以維持之也 臣等此擧 非特爲殿下之宗社 亦要臣等之不染於邪也 非特爲殿下之一身 實爲殿下聖子神孫也 非特爲殿下之聖子神孫 亦爲臣等之子孫兄第親戚也 夫磨而不磷 涅

而不緇 惟聖賢然後 可以能之 不然 不能不因物而遷 是以聖賢之敎人也 必曰 目不觀不正之書 耳不聽非禮之聲 必曰 寧可終歲不讀書 不可一日近小人 故參判臣李恒老之言 當愼所居 所居者 形類之 當愼所近 所近者 氣類之 當愼所執 所執者 心類之 何謂形類 魚龍水居 其鱗波流 麋鹿山居 其角崢嶸 龜鼈石居 其甲巖險 何謂氣類 藏鐵則石亦能指南 沈木于水 亦能潤下 何謂心類 矢人猶恐不傷人 函人猶恐傷人 此切至之言也 今也擧國之所服者 洋織也 洋染也 擧國之所用者 洋物也 所接者 洋人也 所津津而流涎者 洋之奇技淫巧也 是所居所近所執者 俱是洋也 形氣心神 安得不俱化而爲洋乎 蓋洋之學 固亂天理滅人倫之甚者 無容更言 洋之物太半 是長淫導慾 斁倫敗常 亂人神而通天地 所以耳得之而幻臟易肚 目寓之而翻腸倒胃 鼻嗅脣接而易心而失性 是則如影響之相應 癘疫之相染 所謂中西聞見泰西聞見萬國公法等許多異類之邪書 充滿於國中 而所謂名士碩儒 好新尙奇之輩 淪胥而入 樂而忘返 更相稱美 而名與位祿 不日而從 或有詰之者 從而爲之辭曰 此是彼國記事之書 未必是滅倫敗常之敎也 從事於此者 要以廣聞見而開胸襟 未必是滅倫敗常之學也 噫 只此一言 已是陷溺之甚者也 昔我純祖大王斥邪之敎有曰 顧一世好新之風 卽近世蠹俗之習 動稱考證名物 競倣艶異博奇 一轉而作索隱行怪 再轉而爲異端弗經 大哉 王言 其眞萬世之大訓也 彼所謂廣聞見而開胸襟者 旣非六藝之科 孔子之術矣 此非索隱行怪異端弗經之謂乎 從古異敎 例皆騁其似是之非 以惑亂人心 終至於率獸食人 而人不之察也 墨氏之無父而託乎仁之近 楊氏之無君而假乎義之疑 鄕愿之亂德而借乎中庸之似也 況乎耶蘇利瑪竇心肝之所吐 熊三拔萬濟國臟腑之所攄 其似也分錢 而其禍也山嶽 其近也毫釐 而其違也燕越也 以之爲廣聞見開胸襟之資 是何異於飮酖毒而要以解其渴 食鉤吻而要以療其饑也哉 夫所謂黃遵憲冊子賚來 而達之天陛 揚之朝班 而其言曰 彼之諸條論辨 相符我之心筭 洋人住中原 未聞中原之人皆邪學也 是果戴天履地者 所敢發諸口乎 是果與自爲者 有尺寸之間乎 夫水流濕 火就燥 正與正相求 邪與邪相應 不易之理也 如使殿下專對之臣 嚴正斥邪 凜如秋霜烈日 則彼安敢肆然而發此凶口乎 如使殿下之宰相執政 力持正議 嚴毅而不可犯 則彼所謂專對之臣 安敢肆然進此悖言哉 由此觀之 殿下之使臣宰執 非殿下之使臣宰執 乃耶蘇之腹心 歐羅之內應 何意三千里箕聖古疆 至今日而陷溺於犬羊 五百年孔朱禮義 至今日而淪沒於糞壤哉 猶吾朱陸之說 傳敎無害之云 延師敎習之奏 婦孺皆知凶悖 使臣之以是說而進御者 殿下不能肆之市朝 宰執之勸殿下以牢確於聖衷者 殿下不能以尙方之劍而斫其頭 一二疎逖之臣 持正議而斥邪敎者 放流罰殛 如恐不及 未知殿下扶抑何若是差異也 若是不已 則臣等竊恐義煥承薰之鬼 將見其爲世宗師矣 孔孟程朱之書 將見其爲世大禁矣 誦法孔朱之士若存若亡者 將見其爲世凶黨矣 剃頭淨髮裂冠毁冕之禍 將見其迫于呼吸 而不可復制矣 蓋爲所制 無變不有 事旣到此 悔之何及 人之言曰 奚至若是太甚乎 臣等以爲此不思之甚也 始也木偶之殉葬 而終焉七百之竝命 始也涓涓𦦨𦦨之微 而終焉洪溟原火之大 是其次第件事 自住不得也 況今日殿下扶抑之差異 豈木偶之小 涓𦦨之微哉 神州陸沈 四海腥羶 三百年於此矣 王春一脈 獨寄吾東 譬則天地肅殺之際 碩果高懸 而生意有待於結梢矣 此天地之所愛護 人物之所倚重 豈忍竝此剝蝕 以爲純坤無陽之世乎 天地生物之心 決不如是之昧然也 殿下誠能順天意應人心 廓掃鬼魅之妖 高懸日月之明 闢聖路於旣堙 擎天柱於旣倒 則天助人順 不求利而自无不利 其爲功於天下萬世 可與大禹之抑洪水 周公之驅猛獸 同其高大矣 豈不盛哉 伏願殿下奮發乾綱 斷死社之義 決戰守之計 立志以帥其氣 克己以御其下 刑家以及乎遠 收境內西洋之物 焚之通衢 凡臣隣之倡爲橫議 以脅持上下 造爲飛語 以誑惑遠邇者 斷其頭而懸之藁街 凡浸淫邪敎 樂爲虎前之倀鬼者 誅鋤遏絶 無使易種于吾東三千里之境 凡江華德源旅館逗遛之洋 城內城外出沒無常之洋 盡數敺除 無使汙染我禮義之俗 凡扶正斥邪而得罪於殿下者 隨其才德之高下 聲名之微著 進之朝著 寵之祿位 任以興復討

賊之職 咨以安民扶國之策 罷機務之衙 復五衛之制 移內營之費 厚軍卒之料 止巫佛之禱 遠俳優之戲 革宴逸之舊 盡憂勤之德 選任將相 親近師友 收召賢俊 放逐姦倖 裁省冗費 禁止奢華 廣開言路 翕受衆善 崇獎正學 屛斥淫汙 振肅綱紀 變革風俗 愛養民力 修明軍政 上下遠近 精白一心 持久如金石 信實如四時 則三軍之師 不戰而氣自倍 八路之民 不賞而心自固 風聲震動乎六合 義理洋溢乎八紘 東倭 西洋 北之俄羅 亦將慕我之義 憚我之威 而不敢加以無禮矣 伏見四道儒疏傳敎下者 臣等讀之未竟 益不勝拊膺而痛哭者也 殿下何故牢拒一國萬口一談之公論 至此極也 抑不但臣等之疏 在丙子初崔益鉉李學淵張皓根之徒所爭者此也 文纓如許元栻劉元植 武臣如洪時中黃載顯 布衣如李晩孫金祖榮金碩奎韓洪烈等 所爭者此也 詳略不同 邪正利害安危存亡之大分 如出一口 殿下不惟不從 刑之流之 此聖主從諫之事乎 叔季拒諫之事乎 此謙然受善之事乎 傲然自聖之事乎 只此一事 旣非吉祥可致之事 而向來嶺儒疏之批 近日傳敎之事 尤有甚焉 請具條陳 批曰 斥邪衛正 又曰 草薙禽獮 丙寅辛未之間 固可云矣 殿下萬機以後 何曾一日有斥邪衛正之政令乎 邪學之黨 曾於何時現捉 而草薙之乎 如此批敎 書之史冊 天下後世 當爲何如主也 殿下試於燕閒之時 更加思量焉 如此 尙可以默人口服人心乎 何待爾言之敎 明是訑訑自足謂人莫己若之病 大哉之王心 固當如是乎 聖批有曰 他國文字 何必深究 於我無利害 誠可放過 禍將稽天 安得不痛辨乎 至於李晩孫之被罪 駭聽尤大 看人文字 領會其意 字句之小嫌 則略之可也 今左祖之說 雖不襯貼 其粗解文理者 皆可知矣 殿下急於鉗制 而公議益激 安得禁止乎 傳敎曰 交隣修好 臣又或焉 舊日和好 果以皇帝僞稱 加我無禮乎 果接數千戶於東萊乎 果予德源之要地乎 果許仁川之咽喉乎 果迎入於天然亭乎 果迎入造紙署乎 果以我人學彼之奇技淫考乎 果有交易洋物之事乎 果有洋物馱入之事乎 果有惟其言是從之事乎 古之交隣 所以保國 今之交隣 削祖宗之地 竭生靈之血者也 又曰 不解道理 退修學業 未知五典四維之外 別有可解之道乎 反恐白晝魍魎 無得容於斯世也 臣不知所以奉敎也 又曰 先敎後刑 臣等冥頑不可奉敎 又伏見近日綸音頒下 固知聖意之謹嚴於斥和 而眷眷於反經 然其曰 雖不抉隱搜蔽以下云云 臣等尤惑焉 今東萊德源都下之洋 依舊焉 好新尙奇主和之輩 依舊焉 鍊習洋技交易洋貨之事 依舊焉 若是而可謂樹德乎 可使正道斯行乎 凡前日斥和 得罪於殿下者 赦其罪而用其策 胡乃只設文具 以鉗萬口 以塗萬目 爲良策也 臣等疏首若干人 殿下之力 可以刑之於司寇矣 可以竄之於嶺海矣 可以肆之於市街矣 若夫八路萬姓家家而怨咨 人人而憤恚 殿下之力 不得以制之矣 殿下作此無前之過擧 而漠然不悟 無他 由不事學問 故知不足以燭理 心不足以勝私 甘於宴安之毒 悅於讒佞之誘也 殿下不學 豈有他哉 由其宰相以下 頑鈍嗜利無恥之輩深恐 聖學聖德將就 必將進賢退奸 敍秩命討 吾輩不得接踵其間 而從其所欲也 自初至今 弁髦經筵 屛棄賢俊 以道學爲腐儒無用之物 以流俗爲才智可使之人 抑揚予奪 一任胸臆 致誤聖明 至於此極 其罪可勝言哉

18. 고종, 척화비 철거 윤음

■ 1882년 8월 5일 고종이 개항과 임오군란 등으로 갈등과 진통을 겪은 후 내린 교서. 척사관을 비판하는 한편, 조선이 국제사회에서 고립되지 않기 위해 척양의 자세를 버리고 만국공법을 준수

우리 동방(東方)은 해우(海隅)*에 치우쳐 있어서 외국과 교섭한 일이 없다. 그러므로 견문이 넓지 못하고 근약자수(謹約自守)*한 것이 오백 년이 되었는데, 근년 이래로 우내(宇內)의 대세가 과거와는 크게 달라져서 영국, 프랑스, 미국, 러시아 같은 구미의 여러 나라들이 그 정밀하고 예리한 기구를 새로 만들고

그 부강의 사업을 다해서, 배와 수레로 지구를 돌아다니고 조약으로 만국을 연결하며, 병력으로 상형(相衡)하고 공법으로 상지(相持)하니 마치 춘추 열국시대와 유사한 점이 있다. 그러므로 천하에서 독존(獨尊)한 중화도 평등하게 입약하고 서양을 엄히 물리치던 일본도 끝내 또한 교호(交好)해서 통상을 한 것이니, 이 어찌 이유 없이 그렇게 한 것이겠는가? 참으로 형세가 부득이했기 때문이다.

우리나라도 병자(丙子, 1876)년 봄에 일본과 다시 우호를 맺어서 세 곳의 개항을 허락하고 이제 또 미국, 영국, 독일 등 여러 나라와 화약(和約)을 새로 정했다. 이는 처음 하는 일이라 너희 사민(士民)들이 의심하고 비방하더라도 이상할 것이 없다. 그러나 교제의 예는 모두 평등한 것이니 의리로 헤아려보면 장애될 것이 없다. 주류(駐留)의 의도는 본래 상민을 보호하는 데 있으니 사세를 참작해 보면 이 또한 우려할 것이 없다.

교린에 도(道)가 있음은 경전에도 나와 있는데 통달하지 못한 유생들이 한갓 송나라 때 화의(和議)가 나라를 망친 것만을 보고 어리석게 그것에 견주어서 매번 척화(斥和)의 논의에 부회하고 있다. 다른 사람이 평화롭게 왔는데 우리가 전쟁으로 대한다면 천하가 장차 우리를 어떤 나라라고 할 것인지 어째서 생각하지 못하는가? 고립무원한 처지가 되고 만국에 흔단(釁端)을 빚어서 화살촉들이 번갈아 모이는 결과를 초래할 것이다. 스스로 패망할 것이라고 생각하면서도 조금도 회한하지 않음은 무슨 의리에 근거한 것인가? 비판하는 자들은 또 서국(西國)과 연호(聯好)하는 것을 가지고 장차 사교(邪敎)에 전염될 것이라고 하니, 이는 참으로 사문(斯文)*과 세교(世敎)*를 위해서 깊이 생각한 말이다. 그러나 연호(聯好)는 연호고, 사교를 금하는 것은 사교를 금하는 것이다. 입약과 통상은 단지 공법에 따를 뿐이다. 애초에 내지 전교(傳敎)를 허락하지 않는다면, 너희가 평소에 공맹(孔孟)의 가르침을 익혀 왔고 예의의 풍속에 깊이 물들어 있으니 어찌 혹시라도 하루아침에 정(正)을 버리고 사(邪)를 좇는 일이 있겠는가? 설령 어리석은 백성들이 몰래 전습(傳習)하더라도 나라에 상헌(常憲)이 있으니 모두 죽여서 용서치 않는다면 어찌 숭벽(崇闢)*할 방법이 없음을 근심하겠는가?

또 기계를 제조할 때 조금이라도 서법(西法)을 본받은 것을 볼 때마다 매번 사(邪)에 물들었다고 지목하지만 이 또한 매우 알지 못하는 말이다. 그 교(敎)는 사악한 것이므로 마땅히 음성미색(淫聲美色)과 같이 멀리해야 하지만, 그 기계는 이로운 것이라서 참으로 이용후생(利用厚生)에 쓸 수 있다. 그렇다면 농상(農桑), 의약, 갑병(甲兵), 주거(舟車)의 제작에 무엇을 꺼려서 하지 않는 것인

할 것을 촉구하고 있다. 원문 출전은 『高宗實錄』, 高宗 19年 8月 5日條.

海隅 바다 모퉁이. 해가 뜨는 먼 지방을 가리키는 말로 『書經』 「君奭」에 "나는 함께 태만하지 않음으로 문왕의 공업을 이뤄서 백성들을 크게 덮어 주어 바다 모퉁이 해가 뜨는 지방까지도 모두 신복(臣復)하게 만들고자 한다."[我咸成文王功於不怠 丕冒海隅出日 罔不率俾]라는 구절에서 유래했다.

謹約自守 근약(謹約)은 삼가고 검약한다는 뜻. 자수(自守)는 자기의 법도를 소박하게 한다는 뜻임.

斯文 유학을 말한다. 『論語』 「子罕」의 "하늘이 장차 사문을 없애려 하신다면 뒤에 죽는 내가 사문에 참여할 수 없겠지만 하늘이 사문을 없애지 않으시니 광 땅 사람이 나를 어쩌겠는가?"[天之將喪斯文也 後死者不得與於斯文也 天之未喪斯文也 匡人其如予何]라는 구절에서 유래한 말.

世敎 정통사상, 정통예교를 말한다.

常憲 상법(常法).

崇闢 공맹의 가르침을 숭상하고 사교를 물리침.

가? 그 교(敎)는 배척하고 그 기계만을 본뜨는 것은 참으로 병행하더라도 사리에 어긋나지 않는다. 하물며 강약의 형세가 이미 현절(懸絕)한데 저들의 기계를 본뜨지 않는다면 무엇으로 저들의 모멸을 막고 저들이 넘보는 것을 방어하겠는가? 참으로 안으로는 정교(政敎)를 닦고 밖으로는 이웃나라와 우호를 맺어서, 우리나라의 예의를 지키고 각국의 부강함과 대등해져서 너희 사민들과 함께 모두 승평(升平)을 누리게 된다면 어찌 아름답지 않겠는가?

그러나 과거에 익숙한 견식은 교화시키기 어렵고 민지(民志)가 아직 안정되지 않아서 마침내 6월의 변란*이 일어나 이웃나라에 신의를 잃고 천하의 비웃음을 사게 되었다. 국세(國勢)가 날로 위태로워지고 배상금[賠款]이 수만 냥에 이르렀으니 어찌 한심하지 않은가? 일본인들이 우리나라에 들어와서 일찍이 우리를 학대, 모멸해서 화호에 어긋난 적이 있는가? 그런데도 다만 군민(軍民)들이 어리석게 의심을 품고 오랫동안 분노를 품어서 이와 같이 무고하게 먼저 범하였으니, 너희들은 생각하라. 그 잘못이 누구에게 있는가?

六月之變 1882년 6월 발생한 임오군란을 가리킴.

이제 다행스럽게도 변리(辨理)가 대강 이뤄져서 옛 우호를 다시 펴게 되었다. 영국과 미국 등 여러 나라가 또 연달아 와서 조약을 맺고 통상을 할 것이다. 이는 바로 만국통례(萬國通例)로 우리나라에서 처음 시행하는 것이 아니니, 결코 경악할 만한 일이 아니다. 너희들은 각자 두려워하지 말고, 선비들은 부지런히 공부하고 백성들은 편안히 농사하면서 다시는 양(洋)이니, 왜(倭)니 하면서 서로 소란을 피우고 선동하지 말라. 각 항구 근처에선 설령 외국인이 자유 보행[閒行]하더라도 각자 일상적인 일로 보아서 혹시라도 먼저 범해선 안 된다. 혹시 저쪽에서 능멸하고 학대하더라도 마땅히 조약에 따라 판단할 것이니 결코 우리 백성을 억누르고 외국인을 보호하려는 것이 아니다.

아아! 어리석으면서 자용(自用)*하는 것은 성인이 경계하셨던 바요, 아랫사람이 윗사람을 헐뜯는 것은 왕법의 주벌(誅罰)에 해당된다. 가르치지 않고 형벌을 내리는 것은 백성을 그물질하는 것[罔民]*이다. 그러므로 이에 서술하여 통유(洞諭)하는 것이다. 또 이미 서국(西國)과 수호를 하였으니 서울과 지방에 세운 척양비각(斥洋碑刻)은 시조(時措)*가 다르다. 그러므로 모두 뽑아버릴 것이다. 너희 사민은 각자 이 뜻을 명심하라. 의정부에서 게시하게 하고 팔도(八道)와 사도(四都)*에 공문을 내리라.

自用 스스로 옳다고 여겨서 타인의 의견을 받아들이지 않는 것을 말한다. 『書經』「仲虺之誥」에 "스스로 스승을 얻는 자는 왕이 되고, 남이 나보다 못하다고 말하는 자는 망한다. 묻기를 좋아하면 여유가 있고, 자기 개인의 사사로운 지혜에 따라 행하면 협소해진다."[能自得師者王 謂人莫己若者亡 好問則裕 自用則小]는 구절에서 유래했다.

罔民 속임수로 백성을 죄에 빠뜨린다는 말이다. 『孟子』「梁惠王上」에 "죄에 빠뜨린 연후에 이에 따라 형벌을 내린다면 이는 백성을 그물질하는 것이다."[及陷於罪 然後從而刑之 是罔民也]라는 말이 있다.

[원문]

惟我東方 僻在海隅 未曾與外國交涉 故見聞不廣 謹約自守 垂五百年 挽近以來 宇內大勢 逈異前古 歐米諸國 如英如法如美如俄 創其精利之器 極其富强之業 舟車遍于地毬 條約聯于萬國 以兵力相衡 以公法相持 有似乎春秋列國之世 故以中華之獨尊天

下 而猶然平等立約 以日本之嚴於斥洋 而終亦交好通商 是豈無自而然哉 誠以勢不得已也 肆我國亦於丙子之春 重講日本之好 許開三處之港 今又與美英德諸國 新定和約 事係創有 無怪乎爾士民之疑且謗也 然交際之禮 均係平等 則揆以義理 無所礙也 留駐之意 本在護商 則參以事勢 亦無虞也 交鄰有道 揭在經典 而迂滯之儒 徒見宋朝和議之誤國 妄爲援譬 輒附斥和之論 何不思人以和來 我以戰待 則天下其將謂何如國也 孤立無援 生衅萬國 致衆鏃之交集 自分敗亡 而不少悔恨 於義果何據也 議者又以聯好西國 謂將漸染邪敎 此固爲斯文爲世敎深長慮也 然聯好自聯好 禁敎自禁敎 立約通商 只據公法而已 初不許傳敎內地 則爾等素習孔孟之訓 久沐禮義之俗 豈或一朝捨正而趨邪乎 設有愚夫蚩氓 潛相傳習 則邦有常憲 誅殛不赦 何憂乎崇闢之無其術也 且見器械製造之稍效西法 則輒以染邪目之 此又不諒之甚也 其敎則邪 當如淫聲美色而遠之 其器則利 苟可以利用厚生 則農桑醫藥甲兵舟車之製 何憚而不爲也 斥其敎而效其器 固可以竝行不悖也 况强弱之形 旣相懸絶 苟不效彼之器 何以禦彼之侮而防其覬覦乎 誠能內修政敎 外結鄰好 守我邦之禮義 侔各國之富强 與爾士民 共享昇平 則豈不休哉 乃者習見難化 民志靡定 遂有六月之變 失信鄰國 貽笑天下 國勢日以岌嶪 賠款至於鉅萬寧不寒心 日人之入我國 何曾虐我侮我 有乖和好 而特以軍民之妄生疑阻 積懷忿怒 有此無故而先犯 爾等思之 其失在誰 今幸辨理粗究 舊好更申 而英美諸國又將踵至 立約通商 此乃萬國通例 非創行於我國 則決非可驚可愕之事 爾等其各帖然無恐 士勤工課 民安稼穡 勿復以曰洋曰倭 胥動騷訛也 各港近地 雖有外國人閒行 宜各恬視爲常 無或先犯 倘如彼有凌虐 自當按約懲辦 決不屈我民而護外人也 嗚呼愚而自用 聖人攸戒 在下訕上 王法當誅 不敎而刑 是爲罔民 故玆以臚述洞諭 且旣與西國修好 則京外所立斥洋碑刻 時措有異 故竝行拔去 爾等士民 各悉此意事 令議政府揭示 行會于八道四都

時措 시의에 알맞게 씀.
四都 수원, 광주, 개성, 강화.

Ⅱ. 동도서기와 개화

19. 곽기락, 개화 상소

■ 1881년 6월 8일(음력) 곽기락이 고종에게 올린 상소문. 1880년대 초 고종의 대외개방을 지지하는 관료들이 올린 상소문 중의 하나. 곽기락은 조선의 대일 수호는 불가피하며, 조선이 일본인들의 서양 교류를 금지할 수 없고, 서양 기기의 장점을 채택해야 한다고 주장하였다. 원문 출전은 『高宗實錄』 高宗 18年(1881) 6月 8日條.

■ 郭基洛(1825~?) 조선 후기의 문신으로 사헌부장령을 지내고 금주령에 관한 상소를 올려 채택하였다. 김홍집이 국내에 반입한 황쭌셴의 『조선책략』과 관련하여 척사 상소가 연이은 가운데 동도서기(東道西器)를 주장하는 상소를 올려 주목을 받았다.

신이 보건대, 근일 유생들의 장소(章疏)가 풍습을 이뤄서 교남(嶠南)*, 양호(兩湖)*, 기전(畿甸)*, 관동(關東)이 줄지어 일어나 반년 동안이나 대궐문 앞에서 울부짖고 있사옵니다. 여러 차례 엄한 유지(諭旨)가 있었으나 잠깐 물러갔다가 다시 나오곤 하는 것이 마치 대변(大變)과 급화(急禍)가 장차 조석(朝夕) 사이에 이를 것처럼 해서, 상명(上命)에 극력 저항하면서 죽음으로써 간쟁하고 있습니다. 그 소(疏)의 내용이 반드시 위정척사(衛正斥邪)를 제목으로 삼고 교린수화(交隣修和)를 화제로 삼아서 "온 나라가 장차 수사(洙泗)*를 저버리고 태서를 배워서 훼복(卉服)*을 입고 주리(侏離)*를 말할 것이다."라고 하니, 그 우려는 깊지만 그 설은 옳지 않습니다.

우리나라에서 일본을 용접(容接)*함은 바로 기미(羈縻)*의 계책에서 나온 것이며, 저 일본이 양(洋)과 교호(交好)해서 양복을 입고 양학(洋學)을 배우는 것은 우리나라에서 금지할 수 있는 바가 아닙니다. 그리고 우리가 교호(交好)하는 것은 오직 일본일 뿐이니, 어찌 양이(洋夷)와 통교한 적이 있었습니까? 예전에 양이가 우리 경내에 잠입해서 우리 백성을 선동하고 미혹케 한 자들은 나타나는 대로 잡아들이고, 잡아들이는 대로 사형시켰으니, 지금 설령 일본에 섞여 들어와 출몰함이 일정치 않더라도 우리나라의 척사의 전칙(典則)은 여전합니다. 아아! 우리 성조(聖朝)에서 정학(正學)을 숭상하고 이단을 물리쳐서 만민을 바르게 한 것이 오늘에까지 이르렀습니다. 근래 내리신 윤음을 읽어 보니, 그 부월(鈇鉞)의 형벌을 엄격히 적용하셔서 우리 예의의 백성으로서 만일 중독되고 사(邪)에 오염된 자가 있으면 반드시 남김없이 진멸(殄滅)하시리라는 것을 알 수 있었습니다.

황쭌셴(黃遵憲) 책자로 말하더라도 그 글의 사정(邪正)과 말의 미악(美惡)은

嶠南 영남.

兩湖 호남과 호서로 전라도와 충청도를 가리킴.

畿甸 기내(畿內). 경기도 일대를 가리킴.

洙泗 수(洙)와 사(泗)는 모두 중국의 강 이름으로 춘추시대 노나라의 영토였다. 공자가 이 사이에서 문도를 모아서 강학했기 때문에 유학(儒學)을 가리키는 말로 사용.

卉服 풀잎으로 짠 옷으로 섬 오랑캐의 의복을 가리킨다. 『書經』 「禹貢」에 "섬 오랑캐는 훼복(卉

신이 참으로 알지 못하오나, 그 계책을 내린 바는 바로 우리나라에서 긴요한 적정(賊情) 등에 관계된 사안입니다. 그 시행 여부는 오직 조정에서 상확(商確)* 한 후에 조처할 것이지만, 일본 사신이 된 자가 본국의 중대사에 있어서 어찌 월(越)나라 사람이 진(秦)나라 사람을 보듯* 사양하고 받지 않을 수 있겠습니까? 만일 받아오지 않았더라면, 신은 도리어 그 죄가 받아 온 죄보다 크다고 생각합니다.

또 글 가운데 천주와 예수[耶蘇] 운운한 것은, 타국인의 문자에 설령 도리에 어긋나고 패만한 이야기가 있다고 해도 어찌 그것이 탄격(彈擊)*할 만한 것이 되며, 또 그것이 어찌 우리로 하여금 반드시 그 논의에 따라 그 가르침을 행하게 하려는 것이겠습니까? 책자를 받아 온 사신의 죄가 참으로 주벌(誅罰)해야 한다면, 그 말을 한 황쭌셴은 장차 어떻게 처리하려는 것입니까? 조가(朝家)의 위정척사에 이미 여온(餘蘊)*이 없으니, 도리어 사림 중에 일반으로 보위하고 배척할 만한 것이 따로 있겠습니까? 이것이 신이 알지 못하는 바입니다.

또 일본이 우리와 상통한 유래가 오래되었습니다. 그런데 최근에 들으니, 그 부강이 예전과 비할 바가 아니라서 각국에서 방자하게 행동해도 막을 수 없다고 했습니다. 가령 우리나라와 처음부터 상통하지 않았더라도 지금 교린의 뜻으로 문을 두드리고 있으니 의리상 사절할 수 없는데, 하물며 지난 삼백 년 동안 수호하던 나라가 천하통상(天下通商)의 규칙을 똑같이 시행할 것을 청하니 무슨 말로 거절할 수 있겠습니까? 혹시 거절한다고 한들 다시 오지 않겠습니까? 실화(失和)해서 흔단(釁端)을 빚고, 강한 적을 거슬려서 도발한다면 지금의 국세와 병력으로 장차 관문을 닫고 약조를 끊은 다음에 저들로 하여금 함곡(函谷)*을 한 발자국도 넘보지 못하게 할 수 있겠습니까? 결국 지탱하지 못해서 억지로 따르기보단, 차라리 순순히 쫓아 굳게 결탁한 후에 신의로써 선포하여 구호(舊好)를 돈독히 하는 편이 낫지 않겠습니까? 그런 후에 적당한 계획을 시행해서 자강(自强)을 생각해야 할 뿐인데, 지금 도리어 이해(利害)를 따지지 않고 장단(長短)을 비교하지도 않은 채 한갓 청의(淸議)를 빙자해서 허장성세에 빈주먹으로 "나 또한 천승(千乘)의 나라*이니, 어찌 저들을 두려워할 것이 있겠는가?"라고 한다면, 이는 매우 좁은 소견이자 고루한 논의이니 저들의 비웃음과 모멸받기에 족할 뿐입니다.

아아! 돌아보건대 지금 창고가 비어서 군졸이 굶주리고, 사치를 숭배해서 공사(公私) 재물이 소진되고, 포저(苞苴)*가 성행해서 탐묵(貪墨)*이 행해지고, 기강이 해이해져 절도가 횡행하고, 벼슬길을 다퉈서 염치가 사라지고, 언로가 막혀서 아첨꾼들이 등용되고 있습니다. 국보(國步)*의 어려움과 민생의 곤궁함이

服)을 입는다."[島夷卉服]는 구절에서 유래.
侏離 뜻이 통하지 않는 오랑캐의 언어.
容接 너그럽게 손을 접대함.
羈縻 본래 말의 굴레와 소의 코뚜레라는 뜻으로, 변방 이민족을 다스림에 친근히 하지도 않고 그렇다고 관계를 단절하지도 않음을 상징하는 말.
越人之視秦 월(越)나라는 중국 대륙의 동남부에 있었고 진(秦)나라는 서북부에 있었으니 서로 무관함을 비유하는 말.
商確 서로 의논하여 확실하게 정함.
彈擊 탄핵하여 공격함.

餘蘊 감춰져 있는 나머지.

函谷 중국 하남성(河南省) 황하 유역에 있는 험준한 골짜기. 이곳의 관문이었던 함곡관(函谷關)은 전국시대 진(秦)나라에서 산동육국(山東六國)으로 통하는 관문이자 난공불락의 요새로 유명.

千乘之國 천 대의 수레를 갖출 힘이 있는 나라라는 뜻으로, 제후가 다스리는 나라를 이름. 출처는 『孟子』「梁惠王上」.

苞苴 뇌물. 뇌물이 눈에 보이지 않도록 포(苞)와 저(苴)로 싸서 보낸 데서 유래한 말.
貪墨 탐관오리, 또는 그러한 관리의 타락한 행위.

國步 국가의 운명.

其人 서양인을 가리킴.

다만 여기서 연유할 뿐인데, 지금보다 심한 때가 없었습니다. 유자(儒者)들이 임금님께 고하려고 한다면 위의 여러 조목을 급절한 일로 여겨서 안으로는 정화(政化)에 힘쓰고 밖으로는 구적(寇賊)을 물리치되, 만약 그 기계의 기예와 농수(農樹)의 책이 진실로 이롭게 할 수 있다면, 또한 반드시 채택해서 시행해야 하며 그 사람 때문에* 그 양법(良法)을 모두 배척할 필요가 없음이 명백합니다.

지금 보건대 유생들의 장소(章疏)의 큰소리와 우활한 변론이 실용엔 도움이 되지 않으며, 집집마다 돈을 걷어서 반은 자기 주머니에 챙기고, 사람을 모아 머릿수만 채우면서 콩과 보리도 구분 못하는 자가 많습니다. 그러면서도 날마다 울부짖음을 일삼는 것은 어째서입니까? 비답(批答)을 받고서도 재차 거론할 경우 소수(疏首)를 엄히 징계하시면 나라의 체통을 높이고 나라의 소란을 멈출 수 있을 것입니다.

신은 지난번 이만손(李晩孫)과 강진규(姜晉奎)에 대한 처분을 듣고서 놀라고 당혹스러움을 금치 못했습니다. 이만손의 아직 철회하지 않은 상소문 중에 흉패(凶悖)한 구절은 마음에 싹트지 않은 것을 입에 올린 것이었으니, 엄히 탄핵하셔서 실정을 알아낸 다음에 전형(典刑)을 밝히지 않을 수 없었는데, 처분을 대번에 내리심에 진실로 대성인(大聖人)의 호생지덕(好生之德)을 알 수 있었습니다. 강진규의 유죄 여부는 흉소(凶疏)를 직접 썼는지의 여부에 달려 있습니다. 그것을 쓴 죄는 이만손보다 크지만, 쓰지 않았다면 죄가 없는 것입니다. 부디 다시 엄히 국문하셔서 반드시 허실을 분변하여 흠휼지정(欽恤之政)*에 해를 끼치지 않게 하소서. 그런 후에야 사람들의 불어난 의혹을 깨뜨릴 수 있을 것입니다. 부디 성명(聖明)께서는 굽어 살피시고 양찰하시옵소서.

欽恤 『書經』「舜典」에 "공경하고 또 공경하는 마음으로 불쌍히 여기며 신중하게 형벌을 행한다."[欽哉欽哉 惟刑之恤哉]라는 구절에서 유래한 말로 범죄자를 신중히 심의해서 형벌을 아낀다는 뜻.

[원문]

疏略曰 竊伏覩近日儒章便成風習 嶠南兩湖畿甸關東接踵而起 半年叩閽 嚴旨屢下 乍退復進 如若大變急禍朝夕且至 而力抗上命 以死爭之 其疏辭 必以衛正斥邪爲題目 而以交隣修和作話柄 以爲一國擧將背洙泗而學泰西 被卉服而語侏傰其慮也深 而其說則過矣 蓋我國之容接日本 卽出羈縻之計 而彼日本之與洋交好 服洋之服 學洋之學 非我國之所可禁止 而我之所交好者 卽惟日本而已 何嘗與洋夷通哉 在前洋夷之潛匿我境爊惑我民者 有卽獲之 獲必殪之 今設謂混迹日本 出沒無常 我國斥邪之典 則顧自如也 猗我聖朝 崇正學 闢異端 以正萬民 式至今日 伏讀近下綸音 可知其嚴於鈇鉞 而以我禮義之俗 苟有中毒而染邪者 必殄滅而無遺育矣 雖以黃遵憲冊子言之 其書之邪正 其言之美惡 臣固未知 而其所措策 卽繫我國緊要敵情等事也 其用捨施黜 惟在朝廷商確處之 而爲當日使者 至於本國重事 豈若越人之視秦 讓而不受乎 臣則以爲不受之罪 更大於受之也 且書中天主邪蘇云云等說 其於他國人文字 設有乖悖之談 顧何足彈擊 而是豈使我必欲從其論而行其教耶 受冊之使臣 罪固可誅 而其立言之黃遵憲 將欲何以處之耶 朝家之衛正斥邪 已無餘蘊 而無乃士林中別有一般可衛而可斥者耶 此臣所未知也 且日本之與我相通 其來久矣 而近聞富強 非如昔時 肆行各國 莫之能禦 借使我國初無

相通 而今以交隣來款 則義無可辭 況向三百年修好之邦 請行一天下通商之規 而何辭拒之 謂拒之而不之來耶 失和構釁 橫挑勁敵 以今國勢兵力 其能閉關絶約 使不能窺函谷一步耶 與其不支而勉從 毋寧順就而固結 布以信義 以篤舊好 然後措劃得宜 以思自強而已 今乃不問利害 不較長短 徒憑淸議 虛張空拳曰 吾亦千乘之國也 顧何足畏彼云爾 則是爲管窺之見 膠固之論 而適取彼人之笑侮也 噫 顧今倉庫枵而軍卒飢 奢侈崇而公私竭 包苴盛而貪墨行 紀綱弛而竊盜搆 仕途競而廉恥喪 言路閉而阿諛進 國步之艱難 民生之因瘁 職由於此 而莫甚於今 爲諸儒者 欲告吾君 則以上諸條爲急切之務 內修政化 外攘寇敵 而若其器械之藝 農樹之書 苟可以利 蓋亦必擇而行之 不必以其人而竝斥其良法也 審矣 今見儒章 宏談闊辯 無補實用 而逐戶斂錢 半是私歸囊橐 募人充數多有不辨菽麥 日事叫嚷者 抑何故也 承批而再擧者 嚴懲疏首 則國體可尊 邦鬧可熄矣 臣於向日李晚孫姜晉奎處分 不勝驚惑 晚孫未撤疏中凶悖句語 所不萠心發口 則嚴覈得情 明正典刑 不可已之事 而處分遽下 固知大聖人好生之德也 姜晉奎有罪無罪 在於凶疏之製與不製 其製之罪 浮於晚孫 其不製 是卽無罪 伏願更爲嚴鞫 必辨虛實 勿使有損於斂恤之政 然後可破衆人之滋疑也 伏乞聖明 俯垂鑑諒焉

20. 윤선학, 개화 상소

신이 중국인이 편찬한 『이언』(易言) 책자를 보니 치세의 요결(要訣)이요, 달권지변(達權知變)*의 선비라고 할 만했습니다. 이 책을 읽고 나서야 비로소 천하의 일이 진(秦), 한(漢), 당(唐), 송(宋)의 시대와 다르며, 오늘날에 이르러 변란을 받음이 극에 달했다는 것을 알게 되었습니다. 인주(人主)는 세상을 구제하는 권(權)을 담당하고 세상을 구제할 대책을 생각해야 하는 법이니, 멀리는 기수(氣數)*의 성쇠를 관찰하고 가까이는 시무의 변천을 살펴서, 예전의 논의에 집착하지 말고 보이지도, 들리지도 않는 곳에서 유심(遊心)*하고 관완(觀玩)*하되, 그 강약(强弱), 이둔(利鈍), 흥망(興亡), 비태(否泰)*의 사이에서 독자적으로 손익(損益)의 사항을 참작해서 지당한 귀결을 구하는 데 힘써 만세의 기업을 영구히 해야 합니다. 지금 우리나라의 삼대정(三大政)*이 시행된 지 오백 년이 됩니다. 폐단이 폐단을 낳고 있는데 신성시하고 또 신성시하고 있으니, 이를 그대로 남겨 둔 채 치세를 이루려고 한다면 비록 지자(智者)가 있더라도 할 수 없을 것입니다.

아아! 서법(西法)이 나옴에 기계의 정묘함과 부국(富國)의 방법에 대해서 설령 주(周)나라를 흥성시킨 여상(呂尙)*과 촉(蜀)을 다스린 제갈량이 나오더라도 다시 그사이에 참여하여 논하지 못하게 되었습니다. 군신, 부자, 부부, 붕우, 장유의 인륜은 하늘에서 얻어 성(性)에 품부된 것으로 천지만고에 변하지 않는 리(理)이니, 위에 있어서 도(道)가 됩니다. 백성을 편하게 하고 나라를 이롭게 하는 배, 수레, 무기, 농기계는 겉으로 드러나서 기(器)가 됩니다. 신이 바꾸고자 하는 것은 기(器)이며 도(道)가 아닙니다.

■ 1881년 12월 22일(음력) 고종의 개방정책을 지지하는 유생 윤선학(尹善學)의 상소문. 윤선학은 동도서기(東道西器)론적 입장에서 유교의 윤리[道]는 보전하되, 화륜선·전선·병기·농기 등 백성의 편익이 되는 서양 기술[器]은 적극 도입해야 한다고 주장하고 있다. 원문 출전은 『일성록』 고종 19년(1882) 12월 22일자.

達權知變 권변(權變)에 통달했다는 뜻이다. 권변은 임기응변과 같은 말.

氣數 기운, 운명.

遊心 유심(留心)과 같은 말로 마음을 어떤 방면에 기울인다는 뜻.

觀玩 관상(觀賞)하고 완미(玩味)함.

否泰 비(否)와 태(泰) 모두 주역의 괘명(卦名)으로, 태(泰)는 천지가 교통해서 만물이 소통함을 뜻하고, 비(否)는 천지가 폐색되었음을 뜻함.

三大政 전정(田政), 군정(軍政), 환정(還政).

呂尙 주(周)나라 초기의 정치가로 태공망(太公望) 또는 강태공(姜太公)이라고도 한다. 위수(渭水)강가 반계(磻溪)에서 낚

시를 하고 있다가 문왕(文王)에게 발탁되었으며, 뒤에 문왕의 아들인 무왕(武王)을 도와서 은(殷)나라를 멸망시키고 천하를 평정했다.

舟楫 배와 노로서 선박 그 자체를 가리킴.

郵傳 역참에서 다음 역참으로 사람과 말을 교대시키며문서나 화물을 전달하는 것.

通標 소식을 전달함.

예전엔 바람과 돛을 썼지만 지금은 화륜을 쓰는 것은 주즙(舟楫)*에 고금의 차이가 있는 것이며, 예전엔 우마(牛馬)로 수레를 끌었지만 지금은 화관(火琯)과 풍륜(風輪)으로써 하는 것은 수레 제도에 고금의 차이가 있는 것이며, 예전엔 칼과 창을 썼지만 지금은 소총과 대포를 쓰는 것은 군기(軍器)에 고금의 차이가 있는 것이며, 예전엔 우전(郵傳)*을 썼지만 지금은 전선을 써서 통표(通標)*가 순식간에 왕래하여 마치 얼굴을 보는 듯함은 역전(驛傳)에 고금의 차이가 있는 것입니다.

오늘날 나라를 위해 다스리는 자가 경리(輕利)한 서법(西法)을 배척하고 오직 완둔(頑鈍)한 고제(古制)만 쓴다면 부강지도(富强之道)를 이룰 수 없는데, 언자(言者)들은 서법을 피해야 한다고 합니다. 명을 받들고 사신으로 나가서 험난함을 무릅쓰고 만리창파를 건너며 몸이 다 초췌해지도록 고생했으니, 그 나라를 위한 한결같은 충정은 창천(蒼天)에 질정할 만합니다. 그런데도 시무를 알지 못해서 우활한 논의를 일삼는 선비들은 저들에게 미혹됐다고 하면서 의심하지 말아야 할 것에도 의심을 하고 있으니, 이는 대단히 옹폐(壅蔽)*하는 자들입니다.

壅蔽 임금의 총명을 막고 가림.

부디 전하께서는 널리 준재(俊才)를 선발하셔서 기계를 제조하는 관(官)을 두시고, 그들로 하여금 외양(外洋)에 출입하면서 제조법을 모방해 오게 하소서. 표피적인 것을 일삼지 마시고 성실에 힘쓰시어, 부지런히 역행(力行)하고 신속히 효과를 거두게 하신다면 재지(才智)와 정교(精巧)가 각국의 위에 설 수도 있을지 누가 알겠습니까? 병기(兵機)*의 시무는 신속히 해서 늦지 않는데 달려 있습니다. 시일의 촉박함을 근심하시어 속히 대계(大計)를 정하셔서, 안으로는 민심을 안정시키고 밖으로는 남의 업신여김을 막아 떨쳐 일어나기를 기약하신다면, 비단 전하의 홍복(洪福)일 뿐만 아니라 실로 생민의 다행이겠사옵니다.

兵機 용병(用兵)하는 기회, 또는 그와 관련된 책략을 말함.

[원문]

疏略曰 臣看中國人所編易言冊子 可謂治世之要訣 而達權知變之士矣 始知天下事 不同於秦漢唐宋之世 而至今日而受變之極也 人主當濟世之權 揆濟世之策 而遠觀氣數之盛衰 近察時務之變遷 不爲膠守前論 而遊心觀玩於不睹不聞之地 而其於強弱利鈍興亡否泰之間 自有參酌損益之節 以求務至當之歸 以壽萬世之基業也 今我國之三大政 行之五百年 弊上生弊 神之又神 若因存致治 則雖有智者 無能爲也 嗚呼 西法出而其於器械之精 富國之術 則雖有興周之呂尙 治蜀之諸葛 不復與論於其間矣 君臣父子夫婦朋友長幼之倫 此得於天而賦於性 通天地 亘萬古 所不變之理 而在於上而爲道也 舟車軍農器械之便民利國者 形於外而爲器也 臣之欲變者 是器也 非道也 昔以風帆 今以火輪 是舟楫有古今之異也 昔以牛馬駕車 今以火琯風輪 是車制有古今之異也 昔以刀矛 今以槍礮 是軍器有古今之異也 昔以郵傳 今以電線 通標瞬息往來 惚如見面 是驛傳有古今之異也 今日爲國治者 非西法之輕利 而專用古制之頑鈍 則無以爲富強之道 而言者爲西法可忌 承命出使 夷險不憚 鯨波萬里 鞠躬盡瘁 斷斷爲國之忠 可

質蒼天 而不識時務迂論之士 謂有所惑 致疑於不當疑之地 是壅滯之甚者矣 伏願殿下 廣選俊才 有造械之官 使之出入外洋 模來制造之法 而勿事皮毛 務了誠實 力行是勤 成效是速 則才智精巧 安知不出於各國之上耶 兵機時務 在速不緩 有悶於時日之急 亟定大計 內安民心 外禦人侮 振作有期 則非但殿下之洪福 實爲生民之幸

21. 지석영, 개화 상소

지금 대정(大政)이 민심을 안정시키는 것보다 급한 것이 없으니, 어째서겠습니까? 우리나라는 바다 왼쪽에 치우쳐서[僻在海左] 예로부터 외교를 한 일이 없습니다. 그러므로 견문이 넓지 못하고 시국에 어두워서 교린과 연약(聯約) 모두 무엇인지 알지 못하는 것입니다. 조금 외무(外務)에 뜻을 둔 자를 보면 번번이 사교에 물들었다고 지목하면서 그를 비방하고 침을 뱉으며 모욕합니다. 백성들이 서로 동요하면서 의심하는 것은 시무를 알지 못하기 때문이니, 백성이 불안하면 나라가 어찌 다스려지겠습니까?

다만 생각건대 각국 인사가 저술한 『만국공법』, 『조선책략』, 『보법전기』(普法戰紀), 『박물신편』(博物新編), 『격물입문』(格物入門), 『격치휘편』(格致彙編) 등의 서적 및 우리나라 교리(校理) 신(臣) 김옥균(金玉均)이 편집한 『기화근사』(箕和近事), 전 승지 박영교(朴泳教)가 편찬한 『지구도경』(地球圖經), 진사 안종수(安宗洙)가 번역한 『농정신편』(農政新編), 전 현령 김경수(金景遂)가 기록한 『공보초략』(公報抄略) 등의 서적은 모두 구곡(拘曲)*을 개발해서 시무를 명료히 이해하게 하는 것들입니다.

부디 바라옵건대 원(院)을 하나 설치하셔서 위의 책들을 수집하시고 또 근일 각국의 수차(水車), 농기, 직조기, 화륜기, 병기 등을 구입하여 쌓아 두소서. 그리고 각 도(道)의 읍마다 관문(關文)을 내리셔서 문학(文學)과 명망이 각 읍에서 교초(翹楚)*한 자들 가운데 유생과 서리 각 1명을 이 원(院)으로 보내게 해서, 이 서적들을 보게 하고 기계에 익숙해지게 하소서. 원(院)에 머무는 기간은 2개월로 하시고 만기가 되면 또 한 사람을 교체해서 올리게 하소서. 유관(留館) 비용은 해당 읍으로 하여금 계산해서 지급하게 하소서. 서적을 정밀히 연구해서 세무(世務)를 깊이 알고, 기계 제조법을 모방해서 그 오묘함을 다 깨달은 자가 나오면 그 재주를 감별한 후 거두어 등용하소서. 또 기계를 제조한 자는 그 전매(專賣)를 허용하시고, 책을 간행한 자는 그 번각(飜刻)*을 금지하소서. 그리하시면 원(院)에 들어온 모든 자들이 너나없이 기계의 이치를 먼저 이해하고, 시국의 마땅한 바를 깊이 궁구하려고 해서 번연(飜然)*히 깨닫게 될 것입니다. 이들이 한번 깨

■ 1882년 음력 8월 5일 고종이 교서(教書)의 형태를 통해서 서양문물의 수용을 통해 부국강병의 추진 의사를 밝힌 것을 계기로, 전국의 많은 유생들이 서양문물을 수용할 것을 주장하였다. 지석영(池錫永)의 1882년 음력 8월 23일 상소문은 대표적인 것이었다. 지석영은 『만국공법』, 『조선책략』 등 서양문물의 수용을 주장하는 국내외의 서적들을 널리 보급하고 서양기술을 배울 교육기관의 설치를 주장하였다. 원문 출전은 『高宗實錄』, 高宗 19年(1882) 8月 23日條.

■ 池錫永(1855~1935) 원래 한의학을 공부하고 있었으나 전국에 천연두가 창궐해 조카딸을 잃고, 1880년 일본으로 가는 수신사 일행에 따라나서 의학을 배우고 종두법을 실시했다. 1885년 개화당과 도당을 이룬다는 이유로 유배되어, 1892년에 풀려났다. 1899년 경성의학교 교장에 취임하여 의학교육사업 및 한글 보급에 힘썼다.

拘曲 좁은 견식에 구애된다는 뜻. 『莊子』「秋水」에 "우물 안 개구리가 바다를 이야기할 수 없는 것은 사는 곳에 얽매이기 때문이요, 여름 벌레가 얼음을 이야기할 수 없는 것은 제 계절만 고수하기 때문이요, 편벽된 선비가 도를 이야기할 수 없는 것은 가르침에 속박되기 때문이다."[井鼃不可以語於海者 拘於虛也 夏蟲不可以語於冰者 篤於時也 曲士不可以語於道者 束於教也]라는 구절에서 유래.

翹楚 능력이 출중한 자를 뜻한다. 『詩經』「周南」"漢廣"장에 "높고 높은 잡목 속에서 그 가시나무

베어오리라."[翹翹錯薪 言刈其楚]는 구절에서 유래
飜刻 이미 간행한 서적 등을 재차 복제해 출판하는 것.
飜然 깨달음이 갑작스럽게.

달으면 그 자손 및 인당(隣黨)으로서 평소 이들을 존경하고 신복하던 자들이 모두 바람에 쏠리듯 교화될 것이니, 이 어찌 화민성속(化民成俗)의 첩경이며 이용후생(利用厚生)의 양법(良法)이 아니겠습니까? 백성이 의혹을 풀고 크게 편안해진 뒤엔, 모든 자강어모(自强禦侮)의 방책은 중국인이 저술한 『이언』(易言) 한 부의 책에 실려 있으니 신이 감히 반복해서 아뢰지 않겠나이다.

[원문]

目下大政 莫先於安民心 何則 我國僻在海左 從來不曾外交 故見聞不廣 昧於時局 交隣聯約 俱不知爲何物 見稍用意於外務者 則動輒目之以染邪 誹謗之 唾辱之 凡民之胥動而疑忌者 不識時勢故也 民若不安 國安得治乎 第伏念各國人士所著萬國公法 朝鮮策略 普法戰紀 博物新編 格物入門 格致彙編 等書 及我國校理臣金玉均所輯箕和近事 前承旨臣朴泳教所撰地球圖經 進士臣安宗洙所譯農政新編 前縣令臣金景遂所錄公報抄略 等書 皆足以開發拘曲 瞭解時務者也 伏願設置一院 搜集上項諸書 又購近日各國水車農器織組機火輪機兵器等 貯之 仍命行關各道每邑 選文學聞望之爲一邑翹楚者 儒吏各一人 送赴該院 使之觀其書籍 玩其器械 而留院以兩箇月爲期 期滿又遞送一人 留館之費 令該邑量給 有能精硏書籍 深知世務 有能倣樣造器 盡其奧妙者 銓其才能而收用 又造器者 許其專賣 刊書者 禁其飜刻 則凡入院者 無不欲先解器械之理 深究時局之宜 而莫不飜然而悟矣 此人一悟 則凡此人之子若孫及隣黨之素所敬服者 率皆從風而化之矣 玆豈非化民成俗之捷徑 利用厚生之良法乎 民旣解惑而安奠 則凡自强禦侮之策 具載於中國人所著易言一部書 臣不敢贅進焉

■ 홍영식이 미국의 정치, 군사제도 등 견문한 내용을 고종에게 복명(復命)한 문답. 서양국가들과의 수교를 추진 중이었던 고종과 개화파의 미국에 대한 관심이 잘 드러나 있다. 홍영식은 1882년 한미수호조약에 따른 보빙사(報聘使: 전권대신 민영익)의 전권부대신으로 1883년 6월(음) 미국을 향해 인천을 출발했고 1883년 11월(음) 귀국하였다. 원문은 김원모, 「遣美使節洪英植復命問答記」(『史學志』 제15호, 1981).
■ 洪英植(1855~1884) 김옥균, 박영효, 서광범과 함께 박규수에게서 학문을 배웠다. 1881년 신사유람단의 일원으로 일본을 다녀왔고, 1883년 보빙사 전권대신 민영익을 수행하여 미국을 방문하였다. 갑신정변에 참여했고,

22. 홍영식, 복명서

고 종: 처음 그 나라[미국]를 견문했으니 장점을 취할 바가 있을 것이다.

홍영식: 신 등이 그 곳에 도착해서 언어가 통하지 않고 문자가 같지 않아서 눈과 귀로 보고 기억해서 파악하려고 했지만 끝내 이해되는 바가 없었습니다. 하지만 일체 기기의 제조와 주거(舟車), 우편 따위는 어느 하나 나라에서 급무로 삼지 않을 만한 일이 없었습니다. 그중에서도 가장 중요한 것은 교육에 관한 일입니다. 만약 그 법이 있다면 인재를 양성해서 온갖 사안에 대응하는 데 아마도 큰 어려움이 없을 것이니 반드시 본받아야 할 것입니다.

고 종: 그 사치와 화려함을 일본에 비교하면 어떤가?

홍영식: 토지가 비옥하고 이익의 원천[利源]이 광대할 뿐만 아니라 제치(制置)* 에 관한 사항이 모두 심상한 나라가 미칠 바가 아니었습니다. 일본은 서법(西法)을 쓴 날이 아직 짧으니, 비록 약간 모방했지만 비교해서 논

할 바가 아닙니다.

고 종: 그처럼 부강하다면 그 병제(兵制)는 어떠한가?

홍영식: 군용(軍容)*의 정돈됨과 기계의 정밀하고 예리함은 유럽[歐洲]에 뒤질 것이 없습니다. 현재 액병(額兵)*은 불과 2만여 명에 지나지 않는데 이를 10개 장소에 나누어 주둔시키고 있으니, 그 국토를 병사와 비교해 보면 큰 차이가 나서 용병하기에 부족해 보입니다. 그러나 모든 백성들이 배우지 않은 자가 없고, 또한 겸하여 해륙(海陸)의 병예(兵藝)를 익히지 않은 자가 없습니다. 사람들이 모두 장수나 병졸이 될 수 있으니, 급한 일이 생기면 백만 군대를 급히 마련할 수 있습니다. 남북 아메리카[美利堅]가 전쟁할 때의 일에서 그 사례를 볼 수 있습니다.

고 종: 그렇다면 집집마다 양병(養兵)하는 것인가?

홍영식: 그렇습니다. 액병(額兵)이 매우 적어서 평시에 양병한다는 이름은 없지만, 민병(民兵)이 많아서 난리를 당해 양병을 소집하는 실제가 있으니 참으로 좋은 법입니다.

고 종: 해군을 육군과 비교하면 어떠한가?

홍영식: 해군과 육군은 똑같이 정예롭습니다. 그러나 군함 또한 유럽 각국과 비교하면 크게 장대한 것은 아니니 상민을 보호하고 외국의 업신여김을 막는 데 충분할 뿐입니다.

고 종: 정치 제도는 어떠한가?

홍영식: 미국의 정권(政權)은 세 가지 항목으로 나뉩니다. 첫째는 의법지권(議法之權)이니 상하 의원이 주관하고 부통령이 그 주재가 됩니다. 둘째는 행정지권(行政之權)이니 대통령과 육부(六部)가 이를 시행합니다. 육부라는 것은 외부(外部), 내부(內部), 육군부, 해군부, 호부(戶部), 신부(信部)입니다. 셋째는 사법지권(司法之權)*이니 법부의 장 및 심판관들이 이에 해당됩니다. 대체로 대통령이 모두 통솔해서 그 인가를 받아 처리합니다.

고 종: 대통령의 교체 임기는 어떻게 되는가?

홍영식: 4년에 한 번 교체합니다.

고 종: 조정의 모든 직책이 그러한가?

홍영식: 상하 의원은 6년과 8년의 차이가 있고 행정부 관원은 매번 대통령이 취임할 때 교체했다가 그 후엔 수시로 교체합니다.

고 종: 신구의 임무 교대에 폐단이 발생하진 않는가?

홍영식: 신이 들으니, 호부에서 재부(財簿)를 관장하는데 워싱턴이 나라를 세운

정변실패 후 청군에 의해 살해되었다.

制置 규칙과 계획, 또는 처리와 같은 말.
軍容 군대의 기강과 무장 등을 통칭하는 말.
額兵 청나라 팔기군의 영병(營兵). 여기서는 상비군의 뜻.

司法之權 원문은 議法之權으로 되어 있으나 앞에서 議法之權이 나왔기 때문에 司法之權의 오자로 간주해서 옮겼다.

이래로 백여 년 동안 화폐가 유실되어 귀속되지 않은 것이 없습니다. 이 한 가지 일만 보아도 그것이 폐단이 없음을 입증할 수 있습니다.

고　종: 관제는 유럽과 다른가?

홍영식: 영국, 프랑스 등의 나라는 모두 세습 작위[世爵]이 있고, 그 나머지 일을 맡은 인원들 또한 대부분 오래 임무를 맡겨서 책임지게 한다고 하니 아마도 이는 군주(君主)와 민주(民主)의 통치[制治]가 법을 달리하는 듯합니다.

고　종: 민주는 등위(等威)*의 구분이 엄격하지 않아서 우리나라의 이른바 존위(尊位)*와 제민(齊民)*이 크게 차이가 없다는 것과 유사하다. 부통령은 매번 대통령으로 승진하는가?

홍영식: 공거(公擧)*할 때 공거를 가장 많이 받은 자가 대통령이 되고 그 다음이 부통령이 됩니다.

고　종: 현재 민주는 몇 개국이며 유럽에도 그러한 나라가 있는가?

홍영식: 유럽에선 스위스[瑞士], 프랑스[佛蘭西] 등의 나라와, 남아메리카 주에선 멕시코[默西哥], 페루[秘魯], 칠레[智利] 등의 나라가 모두 해당됩니다.

고　종: 외국에 나간 뒤로 천하의 형편에 관해 아뢸 만한 것이 있는가?

홍영식: 신 등이 다녀오는 사이에 먼 길을 가는 데 급급해서 천하의 형편에 관해선 새로 들은 것이 없습니다.

고　종: 며칠 동안 체류했는가?

홍영식: 미국에 40여 일 있었는데 워싱턴에 있던 것은 보름을 넘지 않습니다.

고　종: 유럽까지의 거리는 얼마나 되는가?

홍영식: 대서양만 건너면 바로 영국이니 10일 내외로 도착할 수 있습니다.

고　종: 대서양의 바람과 파도의 험하기는 태평양과 비교해서 어떠한가?

홍영식: 비교하면 더 험합니다.

고　종: 러시아는 그로부터 거리가 필시 멀 것이다.

홍영식: 북아메리카의 북쪽에 러시아의 속지가 있는데 크게 멀지 않습니다. 러시아의 수도는 동쪽으로 건너가서* 영국, 프랑스, 독일, 오스트리아 등지를 지나 다시 동쪽으로 간다고 합니다.

고　종: 대통령 궁실의 제도는 어떠한가?

홍영식: 민가에 비해 크게 다를 것이 없고 표면의 설치만 조금 일반적인 제도와 다를 뿐입니다.

고　종: 일반적인 가옥의 양식은 어떠한가?

홍영식: 가옥 중에 가장 아름다운 것은 무늬가 있는 돌로 건축하고 그 다음은

等威 일정한 신분, 지위에 상응하는 위의(威儀).

尊位 고위 관직.

齊民 평민.

公擧 선거.

東渡而西歸 원문에 '東渡而西歸'라고 되어 있는데 '서쪽으로 돌아간다'[西歸]는 말의 의미가 분명치 않다.

기와와 벽돌을 사용한 후 연철(鉛鐵)과 돌로 덮습니다. 가장 낮은 수준의 건물은 오직 목재만 사용합니다. 높은 건물은 13층이고, 낮은 건물은 3, 4층으로 그 높이가 같지 않습니다.

고 종: 모든 백성이 모든 일에 자유롭게 하는가?

홍영식: 좋은 일은 모두 자유롭게 하되, 그렇지 않은 것은 법을 만들어서 제한합니다.

고 종: 홍작(興作)*에 속하는 모든 일은 대부분 백성들이 주관하는가?

홍영식: 다소간 큰 홍작은 모두 백성이 주관하며 관(官)은 다만 증서[文憑]를 발급해서 세금을 거둘 뿐입니다.

고 종: 기계의 정밀하고 예리함이 과연 천하에서 으뜸인가?

홍영식: 모든 기계가 이미 정밀한데 더욱 정밀함을 추구해서 위로 올라가기를 그치지 않아 거의 진선진미(盡善盡美)에 이르렀습니다. 다만 신이 각국을 두루 돌아보지 못해서 그 우열을 쉽게 단정할 수 없습니다.

(중략)

고 종: 미국에 체류할 때 우리나라와 영국, 독일의 조약 체결 소식을 들었는가?

홍영식: 미국에 있을 땐 단지 영국과 독일에서 사절을 파견했다는 소식만을 들었는데 일본에 돌아간 후 다시 조약을 완성했다는 소식을 들었습니다. 이러한 때 조약을 이룬 것을 신은 큰 다행으로 생각합니다. 외국인들도 많이 우리나라를 위해 축하해 주었습니다.

고 종: 영국 사신을 접견할 때 그 또한 기뻐하는 듯했다.

홍영식: 외국과의 교제는 환심을 얻는 것이 중요합니다. 영국 사신이 이미 기쁜 마음을 가지고 돌아갔으니 실로 교제에 있어 다행입니다.

고 종: 프랑스도 이어서 오는가?

홍영식: 그들에게 사정이 생겨서 그 시기는 예측할 수 없습니다.

고 종: 워싱턴에 있을 때 각국 공사를 만났는가?

홍영식: 각국 공사를 방문하고 그들 모두 회사(回謝)했습니다만, 영국과 러시아 양국 공사만 출타 중이어서 만나지 못했습니다.

고 종: 미국 사신 푸트[福德]*의 친구 중에서도 찾아온 이가 있는가?

홍영식: 푸트가 미리 친구들에게 서신을 보내서 비단 찾아왔을 뿐만 아니라 유람까지 많이 주선해 주었습니다.

고 종: 슈펠트[薛斐爾]*도 만났는가?

홍영식: 신이 여러 차례 만났는데, 우리나라에 와서 조약을 체결한 후로 우리나라가 날마다 문명으로 나아가기를 바라는 것이 우리나라 사람이 스스

興作 토목공사.

福德 푸트(Lucius Harwood Foote, 1826~?). 초대 조선 주재 미국특명전권공사(朝鮮駐在美國特命全權公使). 한미수호조규를 체결했던 미국의 법률가이자 외교관. 1884년 7월 미국정부가 조선 주재 미국전권공사를 변리공사(辨理公使) 겸 총영사로 강등시키자 사임하였다.

薛斐爾 슈펠트(Robert Shufeldt,

1821~1895). 미국 해군제독 · 외교관. 군함 와츄세트호 함장으로 조선에 와서 미국 상선 제네럴셔먼호의 행방을 조사하고 조선의 개항을 촉구하였다. 미국전권대사 자격으로 제물포에서 조미수호통상조약을 조인하였다.

伯理璽天德 president의 음역(音譯).

要害 군사 요충지.

로 생각하는 것보다 적지 않았으니, 그 뜻이 자못 훌륭했습니다.

고 종: 대통령[伯理璽天德]*은 어떤 사람이었는가?

홍영식: 신이 외국인을 많이 만나보았는데, 그처럼 관후하고 포용력이 있는 사람은 보지 못했고, 그 나라의 민망(民望) 또한 흡족해하며 그를 칭송했습니다.

(중략)

고 종: 워싱턴은 미국 수도이니 주찰(駐札)하는 육군의 수가 적지 않을 것이다.

홍영식: 또한 몇 개 부대가 멀리 요해(要害)*에서 주둔할 뿐입니다.

고 종: 백성들에게 군대를 기탁하고 있으니 병력 수가 적음을 근심하지 않을 것이다.

홍영식: 참으로 그러합니다. 워싱턴에 있을 때 수백 명의 병사가 공원에서 체조하는 것을 보았습니다. 물어보니 관인(官人)들이 공무를 마친 여가에 운동을 하는 것이었습니다. 그들이 무(武)를 잊지 않고 있음을 알 수 있었습니다.

고 종: 낮에는 그 직무에 근면하고 밤에는 그 무사(武事)를 연습한다니, 이것이 바로 그들이 부강해진 이유일 것이다.

고 종: 남북 아메리카는 분합(分合)이 어떠한가?

홍영식: 북아메리카는 러시아와 영국의 속지를 제외하고 모두 합중국이 되며, 남아메리카엔 브라질[巴西], 멕시코, 페루, 칠레 등이 있고 또한 스페인의 속지도 있습니다.

(하략)

[원문]

上曰　初見其國 宜有所取長也

英植曰 臣等到彼 言語不通 文字不同 耳目所覩記 把握了無所解 然一切機器製造 及舟車郵電之屬 無非有國之所急務 而最是敎育一事 若有其法 養人材 應百爲 恐無甚難 切須效法者矣

上曰　其奢麗比諸日本 何如

英植曰 土地肥厚 利源廣大 凡屬制置 率非尋常可及 至若日本 用西法爲日尙淺 雖有略干依倣 固不可比例而論矣

上曰　若是其富强 則其兵制何如

英植曰 軍容之整肅 器械之精利 無遜歐洲 至於現在額兵 不過二萬餘人 分屯十處 以地較兵 大小懸絶 似無足爲用 然凡民之生 無不有學 亦無不兼習海陸兵藝 人盡可將 人盡可兵卒 然有急 百萬之衆 可急辦 至於南北美利堅交仗時事 可以觀矣

上曰　然則家家養兵矣

英植曰 然矣 額兵甚少 平時無養兵之名 民兵此多 臨難收養兵之實 眞法之善者矣

上曰　海軍較諸陸軍 何如

英植曰 海軍與陸軍 一般其精 然軍艦亦比歐洲各國 無多張皇 亦足以護商民而禦外侮矣

上曰　政制果何如

英植曰 美國政權 分爲三項 一曰 議法之權 上下議院主之 副統領爲之主 一曰 行政之權 大統領與六部行之 六部者 外部 內部 陸軍部 海軍部 戶部 信部也 一曰 議[司]法之權 法部長及審判各官是也 蓋咸統於大統領 受其印可 以處之矣

上曰　大統領交任之期 久近何如

英植曰 四年一遞矣

上曰　朝廷各職 各然乎

英植曰 上下議員 有六年八年之差 行政府員 每大統領接任 遞仍隨時矣

上曰　新舊交任 無有滋弊乎

英植曰 臣聞之 戶部所管財簿 而華盛頓立國來 百有餘年 貨幣之遺失無歸屬者 只是有元錢 則此一事 可證其無弊矣

上曰　官制與歐洲 異樣乎

英植曰 若英若德等國 皆有世爵 其餘職事之員 亦多久任責成云 恐是君主民主制治異法矣

上曰　民主 等威不至截然 類我國所謂尊位與齊民無甚懸絶也 副統領 每陞爲大統領乎

英植曰 公擧之時 公擧之最多者 爲大統領 次者爲副統領矣

上曰　現今民主爲幾許國 而歐洲亦有之乎

英植曰 歐洲 瑞士佛蘭西等國 南亞美利加洲 默西哥秘魯智利等國 皆是矣

上曰　旣往外國 天下形便 有可得知之者乎

英植曰 臣等往還之間 不過行邁役役 至於天下形便 不能聞其所不聞矣

上曰　滯留爲幾許日乎

英植曰 在美境爲四十餘日 在華盛頓 無過一望矣

上曰　距歐洲 幾何

英植曰 只渡大西洋 卽是英吉利 十日內外可達云矣

上曰　大西洋風濤之險 比太平洋何如

英植曰 較之爲險矣

上曰　俄羅斯則距此必遠矣

英植曰 北亞美利之北 有俄屬地 無甚懸遠 俄羅斯京城 東渡而西歸 過英法德奧等處 而更東云矣

上曰　大統領宮室之制 何如

英植曰 比民家 無所懸異 而裏面鋪設 稍殊常制矣

上曰　大凡家屋制樣 何如

英植曰 家屋之美者 築以文石 次用瓦甎 盖以鉛鐵及石 其最下者惟木 高者十三層 下者至三四層 不等矣

上曰　凡民凡事 皆得自由乎

英植曰 事之善者 均得自由 其不然者 設法而限制矣

上曰　凡屬興作 多有民辦乎

英植曰 多少大興作 皆是民辦 而官則只是給文憑 收稅而已矣

上曰　器械之精利 可以冠天下乎

英植曰 凡有器械 精益求精 上進不已 幾乎盡善盡美矣 但以臣之不能徧覩各國 未易斷其優劣也

(中略)

上曰　在美時 亦聞我國與英德締約乎

英植曰 在美時 但聞英德派使 還到日本 更聞蕆約妥當 爲此時成此約 臣切幸甚 而外國人亦多有爲我國賀之矣

上曰　英使接見時 他似亦懽洽矣

英植曰 外國交際 貴得懽心 英使旣得懽意而歸 實交際之幸矣

上曰　佛國可當續來乎

英植曰 彼方有事 未卜其遲速矣

上曰　在華盛頓 見各國公事(使)乎

英植曰 訪見各國公使 皆有回謝 而但英俄兩使 出他未逢矣

上曰　美使福德之知舊 亦有來見者乎

英植曰 福德豫爲送信於其知舊處 非止來見 多有周旋遊覽矣

上曰　薛斐爾亦相逢乎

英植曰 臣屢回相見 而其人自到我國締約之後 望我國之日進文明 不下於我國人自爲慮也 其意殊盛矣

上曰　伯理璽天德何如人

英植曰 臣見外國人多矣 未有如此人之寬厚有容 而其國民望 亦洽然稱之矣

(中略)

上曰　華盛頓美京也 駐札陸兵 應自不少

英植曰 亦不過數隊兵 遙鎭要害而已

上曰　旣有寓兵於民 不患其少也

英植曰 誠然矣 在華盛頓 應見數百兵演操於公園 審問之 諸官人 辦公之暇 作爲運動 其不忘武事 可知矣

上曰　晝則勤其職務 夜則習其武事 此所以爲富强也

上曰　南北亞美利加 分合何如

英植曰 北亞美加 除俄英屬地外 統爲合衆國 南亞美加 則有巴西默西哥秘魯智利等國 亦有西班牙屬地矣

(下略)

23. 박정양, 주미공사 복명 문답기

■ 1887년 9월(음) 초대 주미공사 박정양이 1889년 7월 24일(음력) 고종에게 미국 사정에 관해 복명한 귀국 보고. 정치, 경제, 외교제도 등 미국 사정에 고종의 관심과 박정양의 대미 인식이 잘 드러나 있다. 원문 출전은 『朴定陽全集』 4권(아세아문화사, 1984), 343-356쪽.

■ 朴定陽(1841~1904) 1887년 내무부사(內務府事)를 거쳐 주미전권공사에 임명되었으나, 위안스카이의 압력으로 부임하지 못했다. 그해 말 출발을 강행하여 미국 대통령 클리블랜드

고 종: 그 나라[미국]가 지극히 부강하다고 하니 과연 그러한가?

박정양: 그 나라의 부강은 비단 금, 은의 넉넉함과 군대의 정밀하고 예리함만을 가지고 말하는 것이 아니요, 전적으로 내수(內修)의 무실(務實)에 있는 것입니다. 그런데 재정은 항세(港稅)가 가장 큰 비중을 차지하고, 그 다음은 담배와 술이고, 그 다음은 지조(地租)*이며, 다른 잡세도 적지 않다고 합니다. 여러 해 전부터 세입이 3만 7,140만여 원을 넘고 세출이 2만 6,790만 원이니 그 출입을 비교하면 잉여가 4분의 1이 됩니다. 그러므로 어떤 사람이 각 항구의 입구세(入口稅)*를 감액해야 한다는 논의를 펴자, "만약 각 항구의 입구세를 줄인다면 주단(紬緞), 기용(器用)

과 같은 외국의 물화의 수입이 날로 증가할 것이다. 이에 따라 가격이 저렴해져서 백성들이 사서 쓰기만을 좋아하고 스스로 제조하려고 하지 않는다면 백성들이 저절로 게을러져서 이로 인해 나라가 빈약해질 것이다."라고 하여 감세 논의가 끝내 시행되지 않았으니 그 풍요로움의 이유를 알 수 있고, 그 재정을 여유롭게 만드는 방법 또한 미루어 알 수 있습니다. 대체로 그 나라의 재용(財用)의 원천이 이와 같습니다. 그런데도 오히려 절용(節用)해서 낭비하지 않습니다. 그러므로 날마다 풍요를 이루어 각국의 으뜸이 되니, 그렇다면 그 풍요의 요체는 전적으로 절용에서 나오는 것이며, 절용의 요체는 전적으로 규모에 달린 것입니다. 그 나라는 규모가 주도면밀해서 한번 정식(定式)을 세우면 사람들이 감히 어기지 않습니다.

고 종: 그 나라의 규모가 극히 주도면밀하다고 했는데 과연 그러한가?

박정양: 관인(官人)으로 논하자면 국사를 가사(家事)처럼 보아서 각자 제 직분의 정해진 규칙을 준수하며 한 마음으로 해이해지지 않고, 민인(民人)으로 논하자면 사농공상이 각자 제 일에 종사해서 전국을 통계하면 유식(遊息)하는 백성이 거의 없습니다. 그러므로 이로 말미암아 재용(財用)이 풍요롭게 되고 규모가 주도면밀하게 되는 것입니다.

고 종: 그 나라가 각국 가운데 가장 풍요로운 것이 실로 규모의 주도면밀함에서 비롯된 것이며, 인신의 순실(淳實)함 또한 각국 중에 제일이라고 했는데 과연 그러한가?

박정양: 각국 인심을 비록 감히 다 알지는 못하지만, 미국은 나라를 세운 지 불과 백여 년에 지나지 않기 때문에 아직 개간되지 않은 토지가 많아서 오직 인민을 모집하는 데 힘쓰고 있습니다. 또 교육 한 가지 일로 나라를 다스리는 대정(大政)을 삼습니다. 그러므로 인심이 저절로 순실하게 된 것입니다.

(중략)

고 종: 그 나라는 항구에서 거두는 세금이 대부분 100분의 5라고 하는데 과연 그러한가?

박정양: 미국의 항세(港稅)가 수출품[出口]에 대해서 가볍게 하는 것은 거주민이 제조에 근면하도록 권면하기 위함이며, 수입품[入口]에 대해서 무겁게 하는 것은 외국의 재화가 백성들이 만든 재화를 구축[挪去]하는 것을 억제하기 위함입니다. 혹은 100분의 5를 징수하고 혹은 100분의 10을 징수하는 이유는, 그 품물에 따라서 백성들에게 이로운 것은 그 세

에게 신임장을 제정하였다. 그러나 청의 압력으로 끝내 사임하고 귀국하여 내각총리대신이 되어 을미개혁을 추진하였다.

地租 국가에서 거둬들이는 토지세.
入口稅 수입품에 부과되는 관세.

금을 가볍게 해서 진작시키고, 해로운 것은 무겁게 해서 억지하기 위해서입니다. 주단(紬緞), 담배, 술 등의 세금의 경우, 본액(本額)을 넘는 것은 처음 도착한 타국 상민이 왕왕 본 물품으로 그 세액을 충당하는 경우도 있다고 했습니다.

고 종: 그 나라의 면적이 그렇게 넓고 백성들의 가옥 또한 크고 화려한데 대통령 관사는 특별히 화려하지 않다고 하니 과연 그러한가?

박정양: 대통령 관소(館所)는 인민의 사제(私第)*와 차이가 없고, 부민(富民)의 가옥과 비교하면 도리어 미치지 못하니 지극히 검소합니다. 그러나 사제와 다른 점은 집을 모두 흰색으로 칠해서 국인들이 '하얀 집'[白屋]이라고 부르는 것입니다.

私第 개인의 집. 사저(私邸).

고 종: 그 나라는 남쪽으로 칠레, 브라질과 이웃하고 북쪽으로 영국과 러시아 등의 속지(屬地)와 접하는데 이를 북미국(北美國)이라고 하는가?

박정양: 남북의 경계는 과연 성교(聖敎)와 같습니다. 그런데 북미합중국이라고 하지만 아메리카 주의 전체로 말하면 중간에 있습니다.

고 종: 그 나라의 해군과 육군의 군제(軍制)가 크게 무비(武備)를 갖추지 않는다고 하는데 그것이 사실이며, 또한 상비병, 예비병, 후비병이 있는가?

박정양: 그 나라의 상비 육군은 3만 명에 불과한데 각 진대(鎭臺)에 분산 주둔해 있으며, 지금 워싱턴에 주둔한 병사는 2, 3백 명에 지나지 않으니 그 나라의 크기와 비교할 때 크게 많은 숫자는 아닙니다. 그런데 이 밖에 또 민병(民兵)이라는 것이 있고 각 지방과 촌려(村閭)에 병학교가 있어서 백성들에게 연습을 시키니 정부에서는 군량[糧餉]의 비용이 들지 않습니다. 매번 국난이 생길 때마다 천만 정병(精兵)을 즉시 소집할 수 있으니 이것이 이른바 '군대를 백성에게 기탁한다'[寓兵於民]*는 것입니다. 그 나라를 위하는 마음은 관민 사이에 차이가 없습니다.

寓兵於民 원래 '寓兵於農'이라는 말이 있는데 농민들에게 일정한 군사 훈련을 시킨 후에 평시엔 농업에 종사하게 하다가 전시엔 참전을 시키는 병농일치 제도를 뜻한다.

고 종: 병학교는 공립인가, 사립인가?

박정양: 공립도 있고 사립도 있습니다.

고 종: 가는 길에 단향산(檀香山)*이 있다고 했는데 그것은 어떤 곳인가?

檀香山 호놀룰루.

박정양: 하와이국[布哇國]의 속도(屬島)입니다.

고 종: 하와이국은 소국이다. 왕래하는 길에 들러 보았는가? 그 면적은 얼마나 되는가?

박정양: 하와이는 태평양의 군도를 합쳐서 한 나라를 이룬 것입니다. 류큐국이나 우리나라의 제주와 비교해서 많이 클 것 같지 않습니다. 신이 미국에 갈 때 선박이 그 경내에 정박했으나 밤이 깊어서 상륙하지 못해 상

세히 살펴볼 수 없었습니다. 그런데 그 항구와 수도가 극히 쇠락해 있었습니다. 40년 전에 천연두[疱疾]가 유행해서 인민이 많이 죽었는데 근래 유럽과 아시아 각 주의 사람을 모집해서 겨우 모양을 갖추었다고 했습니다.

고 종: 하와이는 일개 섬나라인데 미국과 영국이 서로 차지하려고 다툰 적이 있다고 하니 그 이유는 무엇인가?

박정양: 영국이 하와이를 병탄하려고 했는데 하와이에서 그 침략을 감당하지 못해서 미국의 속지가 되고자 했습니다. 그것은 지리가 가깝기 때문이었습니다. 그런데 미국은 본디 남의 토지에 욕심이 없습니다. 그러므로 그 속국이 되려는 청원을 인준하지 않고 그대로 독립자주를 허용하면서 지금까지 구호(救護)해 주는 것입니다.

(중략)

고 종: 우리나라에 주재하는 미국 공사 딘스모어[丹時謨]*가 체직(遞職)된 이후 새로 보낸 공사가 곧바로 면직을 꾀한다고 하니 무슨 까닭인지 모르겠다. 또 딘스모어의 말에 따르면 우리나라에서 새로 공사를 파견한 후에 미국에서도 새 공사를 보낸다고 하니 과연 그러한가?

丹時謨 주한 미국공사 Hugh A. Dinsmore(1850~1930). 1887~1890년에 주한 미국공사였으며, 이후 아칸소 주 하원의원을 지냄.

박정양: 미국은 오직 내수(內修)만을 높게 여기고 외교는 그 다음이 됩니다. 그러므로 출사(出使)하는 사람의 봉급이 태서(泰西)와 비교해서 조금 적기 때문에 간혹 이를 원치 않는 사람들이 있습니다. 미국은 민주국입니다. 그러므로 사람들이 각각 자유지권(自由之權)을 가지기 때문에 정부에서 강제할 수 없는 것입니다. 우리나라에서 새 공사를 파견하는 일에 있어선 딘스모어의 말이 이상할 것이 없습니다. 어떤 나라를 막론하고 타국에 사신을 보내는 나라는 타국에서도 자기 나라에 사신을 보내서 주재시키기를 원하고, 또 그 사신이 등급이 높기를 원하니 이는 타국에서 자기 나라를 우대해 주길 바라기 때문입니다. 이는 본래 근일 각국과의 외교에 있어서 일반적인 실정입니다.

(후략)

[원문]

(前略)

敎曰　該國極其富强云　果然耶

定陽曰　該國之富强　非但以金銀之贍饒也　兵甲之精利也　專在於內修之務實　而財政則以港稅爲最　其次烟酒　其次地租　外他雜稅　亦云不少　年來歲入　殆過三億七千一百四十餘萬圓　歲出二億六千七百九十萬圓　較其出入　餘剩爲四分之一　故或有

各港入口稅減額之論 又或曰 各港入口 若爲減稅 則他國物貨之紬緞器用 日增輸入 價額隨以廉歇 民樂於貿用 不肯製造 則民自懶惰 國以貧弱云 減稅之論竟不施行 其所富饒 已可知也 而其裕財之方 亦可推知矣 大抵該國財用之源如此 而猶爲節用無濫 故日就富饒 爲各國之最 則其富饒之要 專由於節用 節用之要 專在於規模 而該國規模旣周且密 一有定式 人莫敢違越矣

敎曰 該國規模 極其周密云 果何如耶

定陽曰 以官人論之 視國事如家事 各守厥職之定規 一心靡懈 以民人論之 士農工商 各事其事 統計全國 罕有遊食之民 故財用由是而富饒 規模由是而周密矣

敎曰 該國富饒之爲最於各國 實由規模之周密 而人心之淳實 亦爲各國之第一云 果然否

定陽曰 各國人心 雖不敢盡詳 而美國 則立國不過百餘年 土地尙多未墾處 專以募集人民爲務 且以敎育一事 爲國之大政 故人心自爾淳實矣

(中略)

敎曰 該國港口抽稅 多以值百抽五云 果然否

定陽曰 美之港稅 輕於出口 勸其居民之勤於製造 重於入口 抑其外貨之挪去民貨也 所以或抽五或抽十 隨其物品 利於民者 輕其稅而進之 害於民者 重其稅而止之 至於紬緞烟酒等稅 有過於本額者 他國初到之商民 往往有以本品 當其稅額云矣

敎曰 該國之地方 若是廣大 民屋亦爲宏麗 而大統領館舍 別無華美云 果然否

定陽曰 大統領館所 與人民私第無區別 若較於富民之屋 反多不及 極其儉完 但其異於私第者 屋制均以白塗 國人謂之白屋矣

敎曰 該國南隣智利巴西 北界英國俄羅斯等屬地 而是北美國乎

定陽曰 南北界限 果如聖敎 而雖稱北美合衆國 若以阿美利加洲 全幅論之 爲居中矣

敎曰 該國海陸軍制 不甚修備云果然 而亦有常備豫備後備兵否

定陽曰 該國常備陵軍 不過三萬名 分屯各鎭臺 現今華盛頓所儲兵 無過數三百名 以其國較其兵 不甚多額 而此外又有民兵之稱 各地方各村閭 有兵學校 敎民鍊習 無政府糧餉之費 每有國亂 千萬精兵 立刻可致 所謂'寓兵於民' 其爲國之心 官民無間矣

敎曰 兵學校是公立乎 私立乎

定陽曰 或有公立 或有私立矣

敎曰 沿路有檀香山云 是何地耶

定陽曰 是係布哇國屬島矣

敎曰 布哇國是小國也 來往之路 果爲歷見 而其地方幾何乎

定陽曰 布哇是太平洋中合群島成一國者也 較諸琉球國及我國之濟州 似無過大 而臣於赴美時 船泊其境 夜深而不能下陸 不得詳覽 而其港口與國都 極其凋殘 四十年前疱疾流行 人民多損 近來募集歐 亞各洲之民 僅爲成樣云矣

敎曰 布哇一島國 而美國英國曾有交爭云 何故耶

定陽曰 英國欲呑布哇 布哇不堪其侵 願屬於美 蓋地近故也 美國素無慾於人之土地 故不準其屬國之願 而仍許獨立自主 到今救護矣

(中略)

敎曰 駐此美國之公使丹時謨 已爲遞職 而新差公使 旋爲圖免云 未知何故 而且聞丹時謨之言 我國新公使派出後 美國新公使亦派到云 果然否

定陽曰 美國專尙內修 而外交爲次 故出使人之俸金 較諸泰西稍薄 或有不願之人 係是民主國 故人各有自由之權 政府不得强之 至於我國新公使派出一節 丹時謨之言無怪矣 無論某國 出使他國者 皆願他國使之來駐本國 且願其高等者 欲其他國之優於本國也 此固近日外交各國之恒情矣

(後略)

24. 박영효, 건백서

일본에 재류하는 신(臣) 박영효가 사배(四拜)하며 통천융운조극돈륜(統天隆運肇極敦倫) 대군주 폐하께 아뢲니다. 신의 가문은 세신(世臣)의 후예인데, 신의 대(代)에 이르러 부자형제가 특히 총우(寵遇)를 받았습니다. 그러므로 신의 부자가 항상 특별한 은혜에 감격하며 보답할 바를 알지 못했던 것입니다. 신의 아비 고(故) 판서 신(臣) 원양(元陽)*은 항상 신의 형제들에게 훈계하기를, "몸을 바쳐서 임금님을 섬기고 목숨이 다할 때까지 충성하라. 나라에 보답할 방법을 생각해서 위난(危難)을 피하지 말라."고 했습니다.

신이 나이가 어리고 학문이 얕아서 그 말을 듣고도 뜻을 이해하지 못해서 한갓 성은(聖恩)에 만분의 일이나마 보답하기로 마음만 먹고 있을 뿐이었는데, 사리의 순역(順逆)을 분별하지 못해서 갑신(甲申, 1884)년에 이르러 멋대로 경졸(輕卒)한 짓을 했습니다. 그런데 운수와 마음이 맞지 않아서 공적으로는 폐하의 진노를 사고 삼국의 분란을 일으켰으며, 사적으로는 신의 부모, 형제, 붕우의 헛된 처형을 자초했으나, 일은 끝내 나라에 도움이 되지 않았습니다. 신은 무인무의(無仁無義)한 무리와 유사하니, 어찌 명에 따라 달려가 복죄(伏罪)하지 않을 수 있겠습니까? 그러나 그것은 실로 충군애국(忠君愛國)의 마음에서 비롯된 것이며, 찬역난국(簒逆亂國)의 뜻에서 나온 것이 아니었습니다. 근세 문명지국(文明之國)은 형과 죄를 재판할 때 그 정원(情原)을 간파하는 데 힘써서* 모호하게 하지 않으니, 신은 역적의 죄명을 받고 형벌에 처해져서 위로 성세(聖世)의 덕에 누가 되고 아래로는 신의 죽음을 더럽힐 수 없었던 것입니다. 그러므로 신이 감히 명을 어기고 나라에서 벗어나 수역(殊域)*에 머물면서 성조(聖朝)의 문명이 찬란하게 날마다 새로워져서 신을 역신(逆臣)으로 간주하지 않을 때를 기다렸던 것입니다.

그러나 신이 때때로 고국을 생각하며 다시 한 번 돌아가고자 했던 것은, 다만 성안(聖顔)을 다시 뵈옵고 신의 우미(愚微)한 생각을 아뢰고자 한 것이 첫 번째 이유며, 신의 부모형제의 해골을 거두어 장례를 지내려는 것이 두 번째 이유였습니다. 신 또한 인류일진대 어찌 인의충효의 마음이 없겠습니까? 아아! 창천이 신으로 하여금 미미한 마음을 펴지 못하고 헛되이 외국에 있으면서 온갖 근심에 가슴만 치게 하였습니다. 생각이 여기에 이름에 저도 모르게 탄식하며 눈물만 흘릴 뿐입니다.

그러나 신이 마음을 경계하면서 목을 늘이고 기다리는 것은 오직 성조(聖朝)의 중흥일 뿐입니다. 신이 들으니, 폐하께서 이미 일본에 사절을 파견해서 주재

■ 갑신정변에 실패하고 일본으로 망명한 박영효가 1888년 음력 정월 13일 고종에게 국정개혁의 방향을 제시한 건백서의 전문(前文)과 제1조. 전문과 8개조의 개혁방안으로 구성된 이 건백서에서 박영효는 1. 세계의 형세, 2. 법기(法紀)를 일으켜 백성과 나라를 안정시킬 것, 3. 경제로써 백성과 나라를 윤택하게 할 것, 4. 양생으로써 인민을 건강하게 하고 증식시킬 것, 5. 무비(武備)를 갖추어 백성과 나라를 보호할 것, 6. 백성들에게 재덕(才德)과 문예(文藝)를 가르쳐서 근본을 다스릴 것, 7. 정치를 바르게 해서 백성과 나라에 안정이 있게 할 것, 8. 백성들이 자기 몫의 자유를 갖게 해서 원기를 배양할 것 등을 제시했다. 원문 출전은 『日本外交文書』 제21권, 292–311쪽.

■ 朴泳孝(1861~1939) 박규수의 천거로 철종의 딸 영혜옹주와 결혼하여 부마가 되었다. 1882년 임오군란을 수습하기 위해 일본 수신사 대표로 파견되었다가 돌아와 치도국(治道局), 경순국(警巡局), 박문국(博文局) 등을 설치하는 등 개혁정책을 담당했다. 1884년 갑신정변의 실패 후, 일본으로 망명 메이지학원에 입학하였으며, 이후 1894년 갑오개혁으로 사면되어 귀국하여 제2차 김홍집 내각에서 연립정부를 수립하였다.

元陽 박원양(1804~1884). 박영효의 부친으로 1871년 박영효가 철종의 부마가 된 후 음서로 승진을 거듭해서 도총부 부총관, 공조판서 등을 지냈다. 갑신정변에 연좌되어 삭탈관직되었다가 1895년 박영효의 건의로 관작이 복구되었다.

務斫 원문에 '務斫情原'으로 되어 있는데, 문맥상 '斫'은 '破'의 오자인 것으로 보임.

殊域 먼 지역, 타국.

하고 있고, 또 구미 사절을 파견해서 이미 임소(任所)로 향했다고 했습니다. 이는 참으로 성산(聖算)에서 나온 것이며 훗날을 위한 양책이니, 신이 삼가 기뻐하는 바입니다. 또 들으니, 대동조(大東朝)* 폐하께서 보령(寶齡)이 아흔을 바라보시고, 중궁 폐하의 환후(患候)가 다시 좋아져서 경하할 일이 겹쳤다고 했습니다. 신이 비록 외국에 있으나 기쁨을 이기지 못해서 서쪽을 향해 경축을 올렸습니다. 이후로 신이 크게 바라는 것은 일국의 경사가 이 경사로부터 시작되어 경사에 경사가 이어져 끝내 무궁무진한 경사에 이르는 것입니다. 신이 아뢴 일국의 경사란 무엇이겠습니까? 나라가 잘 다스려지고 부강해져서 백성들이 신뢰하고 안락하며, 교화가 날로 때에 따라 새로워지고 상하에 막힘이 없어져서 사람들마다 제 살 곳을 찾아 한두 해 안에 천지와 더불어 복을 함께 받는 것이니, 이는 보령이 장구하시는 경사에서 시작되는 것이요, 나라가 쇠약함에 그것을 진작해서 흥기시키고, 백성들이 피곤함에 그들을 보호하고 튼튼히 하며, 기강을 갱장(更張)하고 공사(公私)*에 범하는 자가 없어서 사람마다 제 분수를 편안히 여기고, 일신우신(日新又新)해서 일월과 같이 빛남은 환후(患候)가 다시 좋아지신 경사에서 시작되는 것입니다.

大東朝 대왕대비를 뜻하는 말로 익종의 비인 신정왕후 조씨(神貞王后, 1808~1890)를 가리킴.

公私 공가(公家)와 사인(私人).

어리석은 신은 이것이 참으로 쉬운 일이며 실로 어려운 일이 아니라고 생각합니다. 속담에 이르길, "세상엔 망하지 않는 나라가 없고, 오랜 병은 치료하기 어렵다."라고 합니다. 그러나 신은 그렇지 않다고 여깁니다. 정치에 도가 있고 법이 해이하지 않으면 영원히 망하지 않고, 병은 그 실제 증상을 진단한 후에 알맞은 약을 복용하면 치료하기 어려운 것이 없습니다. 본조(本朝)의 흥망성쇠 또한 다스려짐과 다스려지지 않음에 달려 있습니다. 더구나 이제 만국이 본조에 주의하는 때를 당해서 어찌 하루라도 이 도를 강구하지 않을 수 있겠습니까?

폐하의 성명(聖明)으로 어찌 이를 살피지 않으셨겠습니까? 그러나 신이 감히 대략 그것을 아뢰고자 합니다. 본조는 용흥(龍興)*한 후로 지금까지 약 오백 년이 되는데, 중엽의 전기부터 국세가 일어나지 못하여 동쪽으로는 일본에 패하고 북쪽으로는 청나라에 항복했는데, 거듭 전쟁을 거치면서 점차 쇠약해지다가 근세에 와선 극도에 달했습니다. 모든 물건이 동(動)이 극에 달하면 정(靜)이 되고, 정(靜)이 극에 달하면 동(動)이 됨은 천지의 지극한 이치이니, 어찌 극에 달하여 변하지 않는 것이 있겠습니까? 아아! 폐하께선 이처럼 쇠미해진 후, 위란한 때에 왕위를 이으셔서 밤낮으로 우려하면서 부흥을 도모하려고 하시지만, 일이 아직 이뤄지지 않아서 민국(民國)이 빈곤한 것은 보상(輔相)*이 적합한 사람이 아니라서 다스림의 요체를 알지 못하며, 단지 일신, 집안, 문족(門族)의 부귀만을 돌보고 종사와 여민(黎民)의 안위를 돌보지 않기 때문입니다. 그리고 백성들

龍興 왕업이 일어남을 비유하는 말로 건국을 뜻함.

輔相 대신(大臣).

의 고혈을 빨아먹고 나라의 재물을 훔쳐서 제 것으로 삼고, 충량(忠良)한 인물을 물리치고 무고한 사람을 제멋대로 죽이는 것으로 즐거움을 삼고 있습니다. 뇌물이 공공연히 행해지고 관위(官位)가 공공연히 매매되며, 상하가 모두 재물을 탐하여 공사(公私)의 일이 모두 버려지고 있습니다. 백성의 피를 빨아먹고 나라의 재물을 훔칠 수 있는 자는 관직이 태수에 이르고, 충량한 인물을 배척하고 무고한 사람을 죽일 수 있는 자는 지위가 재상에 올라갑니다.

그러나 백성들은 시체가 도랑에서 굴러다니고, 사방으로 이산해서 부모, 형제, 처자가 서로 만나지 못하여, 어떤 자는 굶어 죽고, 어떤 자는 얼어 죽고, 어떤 자는 원한을 품은 채 죽고, 어떤 자는 의약(醫藥)이 없어서 병으로 죽고, 어떤 자는 죄가 없는데도 처형을 당해서 죽고, 어떤 자는 굶주림과 추위 때문에 도적이 되었다가 살해당하기도 하니, 이것이 이른바 "나라 안에 함정을 만든다."*는 것입니다. 사실이 참으로 이와 같으니, 신이 어찌 감히 거짓으로 아뢰겠습니까? 그러나 폐하께서 간악한 재상과 탐욕스러운 관리를 쫓아내시지 않고 나라의 부흥을 도모하시니, 비록 폐하의 성려(聖慮)를 다하더라도 일이 끝내 이뤄지지 않고 도리어 반드시 화가 있을 것입니다.

성경(聖經)과 고사(古史)에 이르길, "임금의 푸줏간에는 살진 고기가 있고 마구간에는 살찐 말이 있으면서 백성들은 굶주린 기색이 있고 들에 굶어 죽은 시체가 있다면 이것은 짐승을 몰아서 사람을 잡아먹게 한 것입니다."*라고 한 것은 맹자가 훈계한 바요, "재상이 되어 백성을 다스리면서 전야(田野)가 황무지이고 인민이 감소하는데 뇌물을 써서 명예를 구하는 것"은 제왕(齊王)이 분노한 바요, "강대한 나라가 좌우전후에 이웃해 있는데, 재상은 도(道)가 없고 장수는 능력이 없으며, 법령이 시행되지 않고 상벌이 명확하지 않으며, 병중(兵衆)이 일치하지 않고 사졸이 훈련되지 않으며, 백성들이 군주와 뜻을 같이하지 않아서 그와 함께 죽게 하지도 살게 하지도 못하며, 나의 명령을 두려워하지 않고 도리어 이웃나라를 두려워하는 것"은 손오(孫吳)가 우려한 바입니다.

나라를 통제하고 군대를 다스리는 방법이 시대는 달라도 일은 같아서, 고금에 차이가 없는데 폐하께선 어째서 이를 귀감으로 삼지 않으시고 도리어 편안히 구중궁궐 깊은 곳에서 날마다 좌우와 더불어 여유 있게 노닐고, 홀로 즐거워하시며 여항(閭巷) 인민의 어려움은 살피지 않으십니까? 신이 삼가 폐하를 위해 근심하옵니다. 백성의 부모가 되어서 뭇 사람들의 신고(辛苦)를 돌보지 않는다면, 그 사람들은 어디를 향해 호소해야겠습니까? 그들이 장차 친하지 않은 바를 등지고 친한 바를 향할 것이니, 그 이유는 무엇이겠습니까? 강태공(姜太公)이 "방국(邦國)은 제왕의 방국이 아니라 바로 인민의 방국이다. 제왕은 방국을 다스

爲阱於國中『孟子』「梁惠王下」에 "신이 들으니 교(郊), 관(關)의 안에 정원이 사방 40리인데, 그 사슴을 죽이는 자를 살인죄로 다스린다고 했습니다. 이는 사방 40리로 나라 안에 함정을 만든 것입니다."[臣聞郊關之內 有囿方四十里 殺其麋鹿者 如殺人之罪 則是方四十里 爲阱於國中]라는 구절이 있다.

庖有肥肉　廏有肥馬　民有飢色　野有餓莩　此率獸而食人『孟子』「梁惠王上」에 나오는 구절.

리는 직책이다. 그러므로 방국의 이(利)를 함께하는 자는 방국을 얻고, 방국의 이를 제멋대로 하는 자는 방국을 잃는 것이다."라고 말한 것이 그것입니다.

趣的 한문 전적에선 거의 그 용례를 찾아볼 수 없는 말인데, '나아갈 목표' 정도의 뜻.

모든 일엔 취적(趣的)*이 있습니다. 그러므로 일을 행할 때 먼저 그 취적을 생각해서 그 목적을 달성하면 길하고 그 목적을 잃으면 흉한 것입니다. 정부의 취적이란 무엇이겠습니까? 보민호국(保民護國)일 뿐입니다. 그러므로 성탕(成湯)이 걸왕(桀王)을 벌함에 하(夏)나라 백성들이 기뻐했고, 주(周)나라 무왕(武王)이 주왕(紂王)을 벌함에 은(殷)나라 사람들이 비난하지 않았던 것이니, 탕왕과 무왕이 그것을 얻은 것은 백성을 사랑했기 때문이요, 걸왕과 주왕이 그것을 잃은 것은 백성을 학대했기 때문입니다. 『맹자』에 이르길, "지금 왕이 이곳에서 음악을 타시면, 백성들이 왕의 종소리와 북소리, 피리소리와 젓대소리를 듣고는 모두 머리를 아파하고 이마를 찌푸리며 서로 말하길, '우리 왕께서 음악을 타시길 좋아하심이여! 어찌하여 우리들로 하여금 이 곤궁함에 이르게 하는가!'라고 한다면, 그것은 다른 이유에서가 아니라, 백성들과 함께 즐기지 않기 때문입니다. 지금 왕이 이곳에서 음악을 타시면 백성들이 왕의 종소리와 북소리, 피리소리와 젓대소리를 듣고는 모두 흔연히 기쁜 기색을 보이며 서로 말하길, '우리 왕께서 아마도 질병이 없으신가보다. 어떻게 음악을 타시는가.'라고 한다면, 그것은 다른 이유에서가 아니라 백성들과 함께 즐기기 때문입니다."*라고 했습니다.

今王鼓樂於此~與民同樂也 『孟子』「梁惠王下」에 나오는 구절.

제왕이 무도(無道)해서 그 지위를 잃으면 비록 서민이 되고자 해도 할 수 없고, 제후가 도가 있어서 백성을 다스리면 비록 땅덩이가 백 리에 불과해도 천하에 왕 노릇할 수 있는 것이니, 어찌 경계하지 않을 수 있겠습니까? 만약 폐하께서 사람들과 함께 즐거움을 나누지 않고 그 즐거움을 홀로 차지하신다면, 아래선 반드시 죽은 어미의 젖을 빠는 고아와 도랑에 굴러다니는 늙은이가 생길 것입니다. 만약 다른 큰 눈을 가진 자가 본다면, 누가 한 사람의 일락(佚樂)을 가지고 전국이 편안하고 태평하다고 하겠습니까? 바로 머리를 아파하며 이마를 찌푸리는 자들이 줄지어 일어나서 반드시 성명(聖明)의 조정에 누를 끼칠 것입니다.

옛말에 이르길, "집이 불화하면 집을 망치고, 종족[宗]이 불화하면 종족을 무너뜨리고, 나라가 불화하면 나라를 망하게 한다."라고 했으며, 『서경』에 이르길, "백성은 나라의 근본이니, 근본이 굳건해야 나라가 편안하다."라고 했습니다. 그러므로 근본을 굳건히 하고자 한다면 그 감고(甘苦)*를 함께해야 하는 것입니다. 감고를 함께 한다는 것은 백성에게 인의(仁義)의 정치를 펴는 것을 말하며, 제왕과 백성이 같은 일을 한다는 뜻이 아닙니다. 상하가 감고를 함께하는데 백성들이 반란했다는 말을 신은 아직 들어보지 못했습니다.

甘苦 기쁨과 괴로움.

옛날에 조(趙)나라 윤탁(尹鐸)*이 진양(晉陽)을 다스릴 때, 3국의 군대가 이를 포위하고 수공(水攻)을 펼쳐서 성에 침수되지 않은 것이 삼판(三板)*이요, 부엌까지 물에 잠겨 개구리가 알을 낳는데도 백성들에게 배반할 의사가 없었던 것은 윤탁이 사람들의 마음을 얻었기 때문입니다. 그러므로 국가를 다스리는 자는 먼저 백성을 가르치고 만민을 친히 해야 하는 것입니다. 이 때문에 현성(賢聖)한 자는 도로써 가르치고, 의로써 다스리며, 예로써 움직이고, 인으로써 어루만지는 것이니, 이 사덕(四德)을 닦으면 흥하고, 버리면 망하게 됩니다.

尹鐸 진(晉)나라 조간자(趙簡子)의 가신. 진양(晉陽)을 다스리면서 호수(戶數)를 실제보다 적게 해서 세금을 줄임으로써 백성들을 화합하게 했다. 훗날 진양이 한(韓), 위(魏)에게 포위되어 어려움을 겪었으나 백성들이 끝까지 배반하지 않았다.

三板 고대에 성벽을 쌓을 때 사용하던 6척 정도의 나무판자.

폐하의 신성함으로 어찌 이를 살피지 않으시겠습니까? 그러나 만약 현명하고 지혜로운 자를 알면서도 등용하지 않는다면 인이 없는 것이요, 간사하고 어리석은 자를 알면서도 쫓아내지 않는다면 의가 없는 것이요, 응당 행해야 할 바를 알면서도 행하지 않는다면 과감(果敢)이 없는 것입니다. 비록 필부필부(匹夫匹婦)라도 인의의 마음과 과감한 기상이 없다면 세상에 설 수가 없는데 하물며 제왕에 있어서겠습니까? 속담에 이르길, "시(時)라는 것은 금시(今時)이다. '금시' 이외에 다시 다른 '금시'란 없다."고 했습니다. 만약 행해야 할 일을 하루 늦추면 하루만큼의 해(害)가 있고, 하루 서두르면 하루만큼의 이(利)가 있는데 어찌 헛되이 시일을 끌어서 스스로 나의 이(利)를 버리고 해를 취할 수 있겠습니까? 이는 대단히 지혜가 없는 것입니다.

또 이웃의 한 나라는 동류(同類)의 사람으로 똑같이 비와 이슬의 은택에 젖고 해와 달의 빛을 받아서, 우리나라와 비교하면 토지에 큰 대소의 차이가 없고, 물산 또한 풍부함의 차이가 없는데, 단지 일을 행함에 차이가 있어서 저쪽은 이미 개명(開明)의 길로 나아가 문예를 닦고 무비(武備)를 다스려서 거의 부강한 나라들과 함께 달려가고 있으나, 우리는 아직도 몽매한 가운데서 바보처럼, 어리석은 사람처럼, 취한 사람처럼, 미친 사람처럼 세계의 일을 깨닫지 못하여 천하에서 모욕을 자초하고 있으니 이는 대단히 수치를 모르는 것입니다. 신이 비록 불학무식(不學無識)해서 세사(世事)에 어두우나, 수치스럽게 여기고 우려하는 것은 천하 사람들이 우리 조선을 지목해서 바보, 어리석은 사람, 취한 사람, 미친 사람의 나라라고 하는 것입니다. 진실로 마음이 있는 자라면 누군들 수치스럽게 여기지 않겠습니까?

그러나 사람은 본래 어리석습니다. 자기 얼굴은 보지 못하면서 남의 얼굴은 볼 수 있으며, 자기 목소리는 알지 못하면서 남의 목소리는 알 수 있으며, 자기 죄는 판별하지 못하면서 남의 죄는 판별할 수 있습니다. 그러므로 비록 괴이한 형상을 가진 자라도 자기의 추함을 알지 못하고, 도를 저버리고 악행을 하는 자라도 자기의 포악함을 알지 못하는 것입니다. 그러면서도 바보처럼 생을 즐기면서 수치를 모른다면 이는 스스로 자기에게 속는 것이요, 다른 사람이 나에게 과실을 간언하고 잘못을 책망하면 성내고 좋아하지 않으면서, 아첨하고 칭찬하면 웃으면서 기뻐하여 바보처럼 제 자신만 믿고 스스로 최고라고 여긴다면 이는 남에게 속는 것입니다. 사람이 자신을 알지 못하면 스스로 자기에게 속는 것이니, 어떻게 남에게 속지 않을 수 있겠습니까? 그러므로 사람이 능히 자신을 되돌아보아 시비와 선악을 헤아리고 자기의 장단을 알 수 있다면 자기에게 속지 않을 것이니, 어찌 남에게 속겠습니까?

증자(曾子)는 "하루에 세 번 자신을 반성한다."*라고 했고, 맹자는 "다른 사람을 사랑해도 친해지지 않거든 자신의 인(仁)을 돌이켜보고, 다른 사람을 다스려도 다스려지지 않거든 자신의 지(智)를 돌이켜보고, 다른 사람에게 예를 행했는데도 답례하지 않거든 그 경(敬)을 돌이켜보아야 한다. 행하고서 얻지 못함이 있거든 모두 자신에게 돌이켜 찾아야 한다."*라고 했습니다. 부디 성상께선 날마다 세 번 성궁(聖躬)을 반성하시고, 행하고서 얻지 못하는 것은 모두 성심(聖心)에 돌이켜 구하셔서 스스로 그 시비를 깨달으신 후에 어진 이를 친히 하고 간악한 이를 멀리하여 민국(民國)을 편안히 하시고, 속히 부흥을 도모하셔서 사해를 비추게 하소서.

日三省吾身 『論語』「學而」에 나오는 구절.

愛人不親 反其仁 治人不治 反其智 禮人不答 反其敬 行有不得者 皆反求諸己 『孟子』「離婁上」에 나오는 구절.

현재(賢才)에게 맡겨서 나라를 다스림은 비유하면 환한 대낮에 큰길을 걷는 것과 같고, 간우(奸愚)에게 맡겨서 정치를 행함은 비유하면 깜깜한 밤에 산골짜기를 걷는 것과 같으니, 그 험난함과 편이함의 분별은 지혜로운 자가 아니더라도 알 수 있습니다. 신이 감히 어리석은 생각 여덟 조목을 다음과 같이 나열하오니 지금의 급무라고 생각되는 것들입니다. 속담에 이르길, "일을 응당 행해야 하는데 행하지 않으면 도리어 반드시 재앙이 온다."라고 했고, 또 "비상한 일을 행한 이후에 비상한 공을 거둘 수 있다."라고 했습니다. 공(功)은 천신만고를 겪으며 수고로움을 꺼리지 않아야 얻을 수 있는 것입니다. 그러므로 사람은 신고(辛苦)를 거치지 않으면 공이 없는 것이니, 부디 성명(聖明)께서는 이 말씀을 역신(逆臣)의 말이라 생각하지 마시고 의심 없이 채택하시옵소서. 신이 서표(書表)를 앞에 두고 마음이 황망하고 정신이 혼미해서 말에 중첩된 것이 많고 혹 공경을 잃은 것도 있습니다. 신은 지극히 두려운 마음을 가누지 못하겠나이다.

개국 497년 정월 13일

1. 우내(宇內)의 형세

지금 우내(宇內) 만국은 옛 전국(戰國)과 같습니다. 한결같이 병세(兵勢)를 최고로 여겨서 강국은 약국을 병탄하고 대국은 소국을 병탄하며, 항상 무비(武備)

를 강구하고 겸하여 문예를 닦아서 상경상려(相競相勵)하여 모두 앞을 다투며, 각자 그 뜻을 펼쳐서 위(威)를 천하에 떨치고자 해서 타국에 틈이 생기면 그것을 이용해서 빼앗아 버립니다. 그러므로 폴란드[波蘭]와 터키[土耳其]가 본래 미약한 나라가 아닌데, 혹은 분열되고 혹은 침식되어 다시 부흥할 날이 없게 된 것입니다. 비록 만국공법(萬國公法)과 균세공의(均勢公義)가 있더라도 나라에 자립자존의 힘이 없으면 반드시 침삭과 분열을 초래해서 유지할 수 없습니다. 공법과 공의는 본디 의지할 수 없는 것입니다. 유럽의 문명한 강대국도 패망을 당했는데 하물며 아주(亞洲)의 미개한 약소국에 있어서겠습니까?

대체로 유럽인들은 입으로는 법의(法義)*를 말하지만 마음속으론 범과 늑대 같은 생각을 품고 있습니다. 그러므로 삼백 년 전부터 지금까지 그들에게 병탄된 것이 남북 아메리카[亞美利加] 주, 아프리카[亞非利加] 주, 남양군도, 오스트레일리아[澳斯太利亞] 주였다가, 점차 우리 아시아[亞洲]의 시베리아[斯非利亞], 투르크메니스탄[土斯坦], 인도, 미얀마[緬甸], 청나라의 흑룡강성, 홍콩, 일본의 사할린[樺太島]에까지 미쳐서 이미 아시아의 반을 넘었습니다. 아시아 전체로 논한다면 그 남은 부분이 이미 잃은 부분에 미치지 못하고, 천하로 논한다면 남은 부분이 10분의 1에 지나지 않습니다. 그런데도 저들은 만족하지 못하고 여전히 호시탐탐 노리고 있으니 그 지향이 과연 어디에 있는 것이겠습니까? 지금은 아시아 동부의 흥망성쇠가 걸린 때이며, 우리 동족(同族)이 분기해서 어려움을 물리쳐야 할 때인 것입니다. 그러나 우리 아시아의 종족은 게으르고 수치를 알지 못해서 구차하게 살기를 구하여 과감한 기상이 전혀 없으니 이것이 신이 한심해 하며 탄식하는 이유입니다.

法義 만국공법과 균세공의를 줄여서 쓴 것.

만약 러시아가 동쪽으로 침략하려고 해서 산을 깎고 길을 뚫어서 동해의 해안까지 왔는데, 여러 나라의 형세를 살피다가 우리나라의 무비(武備) 없음을 보고서 먼저 우리의 서북 지역으로 나와서 함경, 평안 두 도를 빼앗고, 일본해와 황해의 수리(水利)*를 차지하여 3국의 두 무릎을 끊어버리고 아시아의 화복을 제멋대로 한다면 우리나라의 일은 이미 그르친 것이니, 설령 분기해서 어려움을 물리칠 뜻이 있더라도 어찌할 수 없을 것입니다. 대체로 러시아는 비록 군주독재의 나라이지만 그 정치와 기강이 우리나라보다 낫습니다. 그러므로 우리 인민이 한번 그 편함에 안거(安居)하면 다시 우리 조정이 부흥하는 것을 좋아하지 않는 것입니다.

水利 수상 운송의 편리함.

인도가 비록 아시아의 성대한 나라였으나, 그 내란과 대비 없음으로 인해 영국의 영토가 되었습니다. 그런데 그 인민이 영국 정부의 명을 받들기를 좋아하고 정부를 스스로 세우기를 원치 않는 이유는 다른 것이 아닙니다. 바로 영국의 법률이 관대하고 정치가 공정해서 사람들이 각자 자기 삶을 편안히 살 수 있기 때문입니다. 그러므로 영국 정부를 떠나 다시 가혹한 정치에 빠지는 것을 두려워하는 것입니다.

신이 살펴보건대 아시아는 천하의 영기(靈氣)가 모이는 곳입니다. 그러므로 유(儒), 불(佛), 예수 및 회회교(回回教)*의 교조가 모두 이 땅에서 출현한 것입니다. 옛날의 성시(盛時)엔 문명이 아닌 것이 없었으나, 근대에 이르러 유럽에 도리어 양보하게 된 것은 어째서입니까? 여러 나라의 정부가 백성을 노예처럼 보아서 인의예지(仁義禮智)로 인도하고 문학과 재예(才藝)를 가르치지 않았기 때문입니다. 그러므로 인민이 준우(蠢愚)*하고 수치를 알지 못해서 설령 타국의 영토가 되더라도 그것이 치욕이 됨을 알지 못하고, 화란(禍亂)이 닥치더라도 깨닫지 못하는 것이니, 이는 정부의 잘못이요, 인민의 잘못이 아닙니다. 『중용』(中庸)에 이르길, "모든 일은 미리 하면 성립되고, 미리 하지 않으면 버려진다. 말을 미리 정하면 차질이 없고, 일을 미리 정하면 곤궁하지 않고, 행동을 미리 정하면 결함이 없고, 도를 미리 정하면 궁하지 않다."*라고 했으니, 아시아의 정부들을 위해 도모하는 자가 어찌 구차하게 편안히 소일할 수 있겠나이까? (하략)

回回教 이슬람교.

蠢愚 굼뜨고 어리석음.

道前定則不究 원문에 "道前定則不究"로 되어 있는데, '究'는 '窮'의 오자다.

[원문]

在留日本 臣朴泳孝 謹四拜 上言于統天隆運 肇極敦倫 大君主陛下 伏以臣家 以世臣之裔 至於臣代 父子兄弟 特被寵遇 是以臣父子常感激殊恩 不知所報 臣父故判書 臣元陽 常戒臣兄弟曰 許身事君 忠當盡命 爲國圖報 不避危難 臣以'年小學淺 雖聞其言而不解其意 徒以仰答 聖恩之萬一爲心 而不能辨事理之順逆 乃至甲申 擅行輕卒之擧而運與心違 於公則敢致 陛下震怒 而及於三國之紛亂 於私則空致臣之父母兄弟朋友之死戮 而事終無益於國 臣與無仁無意之徒相似矣 豈敢不赴 命伏罪 然其由實因於忠君愛國之心 而不因於簒逆亂國之意矣 近世文明之國 裁刑辨罪 務斫其情原 而不以糢糊 則臣不當以逆名處罪 上以累聖世之德 下以汚臣之死 故臣敢違命脫國 逗遛殊域以待聖朝之文明 郁郁日新 不以臣爲逆臣之時而已 然臣時思故國 更欲一歸者 但願再瞻聖顔 而陳臣愚微之衷 一也 得見臣父母兄弟之骸骨 異歛葬之 二也 臣亦人類 豈無仁義忠孝之心 哀哉 蒼天不使臣得伸微微之衷 空在外國 百憂衝胸 臣思至此不覺歔欷涕零 然臣戒心跂足而待者 惟聖朝之中興也 臣聞陛下已派使駐日 而又派歐美之使 已向任所 是誠出於聖筭 而爲後之良策 臣竊喜之 又聞大東朝陛下 寶齡望九 中宮陛下患候復常 慶賀相疊 臣雖在外 不勝欣忭西向祝之 臣所大望於此後者 一國之慶 因此慶始 慶而又慶 乃至無窮無盡之慶也 臣所謂一國之慶者何也 國治而富强 民信而安樂敎化時新 上下無塞 人人各得其所 一載二載 與天地同休 則是始於寶齡長久之慶也國衰而弱 振之而興之 民疲而困 保之而健之 紀綱更張 公私無犯 人人各安其分 日新又新 與日月幷明 則此始於患候復常之慶也 臣愚謂此誠易易 實非難事 諺云 世無不亡之國 而長病難治 然臣竊以爲不然 政有道 而法不弛 則永代不亡 病診其實症 而服其藥 則無難治 然若反於是 必與諺合 此天地自然不易之理也 至於本朝興亡盛衰 亦

在治與不治 況今當萬國之注意於本朝之時 何可不一日講此道乎哉 以陛下之聖明 豈無諒燭于此 然臣敢請略言之 本朝自龍興至于今 殆五百年 而自中葉之前 國勢不振 東敗於日 而北降於淸 荐經兵革 而漸來衰弱 及於近世 乃至極度 凡物動極而靜 靜極而動 亦天地之至理也 豈有極而不變者乎 嗚呼 陛下承嗣此衰弱之後 危亂之際 宵旰憂慮 欲圖興復 而事姑不成 民國益困者 輔相非其人 而不知治理之要 但顧身家門族之富貴 而不顧宗社黎民之安危 咬民膏血 盜竊國財 以爲私 屛斥忠良 妄殺無辜 以爲快 賄賂公行 而官位公賣 上下貪財 而公私幷廢 能咬民血 竊國財者 官至太守 能斥忠良 殺無辜者 位進宰相 而百姓轉乎丘壑 散離四方 父母兄弟妻子 不得相見 或餓死 或凍死 或寃恨而恚死 或無醫藥而病死 或無罪而受刑戮 或困飢寒爲盜而被殺 此所謂爲阱於中國也 事實眞如此 臣豈敢誣奏 然陛下不黜其奸相貪吏 而圖國之興復 雖盡陛下之聖慮 事終無成 而反必有禍 臣案 聖經古史云 庖有肥肉 廐有肥馬 民有飢色 野有餓莩 此率獸而食人 孟子之所訓也 作宰治民 而田野荒蕪 人民減少 而行賂求譽 齊王之所怒也 强大之國 鄰於左右前後 而相無道 將無能 法令不行 賞罰不明 兵衆不一 士卒不練 民不與上同意 而不可與之死 不可與之生 不畏吾令 反畏鄰國 孫吳之所憂也 凡制國治軍之道 時異事同 古今無殊 陛下何不鑑於此 而乃安然深 御于九重之中 日與左右優遊 獨自爲樂而不察閭巷人民之艱難乎 臣竊爲陛下憂之 凡爲民之父母 而不顧衆之辛苦 其衆將何向而訴之乎 必將反其所不親 而向其所親 何也 姜太公所謂邦國非帝王之邦國 乃人民之邦國而帝王治邦國之職也 故同邦國之利者得邦國 擅邦國之利者失邦國 凡事有趣的 故行事之時 先思其趣的 而得其的則吉 先其的則凶 夫政府之趣的者何也 保民護國是耳 是以成湯討桀 而夏民喜悅 周武伐紂 而殷人不非 湯武得之之故 愛民也 桀紂失之之故 虐民也 孟子云 今王鼓樂於此 百姓聞王鐘鼓之聲 管籥之音 擧疾首蹙頞 而相告曰 吾王之好鼓樂 夫何使我 至於此極也 此無他 不與民同樂也 今王鼓樂於此 百姓聞王鐘鼓之聲 管籥之音 擧欣欣然有喜色 而相告曰 吾王庶幾無疾病與 何以能鼓樂也 此無他 與民同樂也 凡帝王無道失位 雖欲求爲庶民 異不得 諸侯有道御民 雖地方百里 而王於天下 可不戒哉 可不愼哉 若陛下 不與衆偕樂 而獨專其樂 下必有吮死母乳之孤子 轉於丘壑之獨老 若使他大眼者觀之 孰以一人之佚樂謂全國安泰乎 卽有疾首蹙頞者 接踵而起 必累聖明之朝也 古語云 家不和則敗家 宗不和卽覆宗 國不和則亡國 書云 民維邦本 本固邦寧 故欲固本則和之 欲和之則樂之 欲樂之則安之 欲安之則撫之 欲撫之則同其甘苦 同其甘苦者 謂施仁義之政於民 而非謂帝王與百姓同事也 夫上下同甘苦而衆反 臣未之聞也 昔趙之尹鐸 守晉陽 三國之軍圍而灌之 城不浸者三板 竈中產蛙 而民無反意 此尹鐸得衆之故也 故治國家者 必先敎百姓 而親萬民 是以賢聖敎之以道 理之以義 動之以禮 撫之以仁 此四德者 修之則興 廢之則亡 以陛下止神聖 豈不察於此 然若知賢智而不進 無二也 知奸愚而不黜 無義也 知當行而不行 無果敢也 雖匹夫匹婦 無仁義之心 果敢之氣 則不能立於世 況帝王乎 諺云 時者 今時也 今時之外 更無今時 若事當行 而遲一日 則有一日之害 速一日 則有一日之利 何可虛延時日 自抛我利 而取害乎 此無智之甚也 且隣有一國 以同類之人 同沾雨露之澤 被日月之光 而比我邦 壤地無甚大小之別 物産亦無豊小之異 而只行事有別 彼已就開明之道 修文藝 治武備 幾與富强之國 同馳 而我尙在蒙昧之中 如痴如愚 如醉如狂 不辨世界之事 而自取侮辱於天下 此無恥之甚也 臣雖不學無識 昧於世事 然恥之憂之者 以天下之人目我朝鮮爲癡愚醉狂之國也 苟有心者 孰不恥 然人本癡愚 不能見己之顔 而能見人之顔 不能知己之音 而能知人之音 不能辨己之非 而能辨人之非 故雖異形恠像 而不知己之醜 雖違道爲惡 而不知己之暴 癡然樂生 而不知恥 此自欺於己也 人向我而諫過責非 則怒而不悅 諂諛褒揚 則笑而喜之 偶然恃己 而自爲雄 此自欺於己 而欺於人也 人不知己 則自欺於己 如何得不欺於人乎 故人

能反鑑於己 忖度是非善惡 而知己之長短 則不欺於己 豈欺於人哉 曾子曰 日三省吾身 孟子曰 愛人不親 反其仁 治人不治 反其智 禮人不答 反其敬 行有不得者 皆反求諸己 伏乞聖上 日三省聖躬 行有所不得者 皆反求諸聖心 而自知其是非 然後親賢遠奸 以安民國 亟圖興復 以光四海 夫任賢才而治國 比如白晝行大道 任奸愚而爲政 比如黑夜行山谷 險易之別 不待智者而知之也 臣敢陳愚衷八條 列於左 自謂方今之急務也 諺云 事當行而不行 反必有殃 又云 行非常之事 然後有非常之功 功者千辛萬苦 不憚勞而得者 故人不幸苦則無功 伏願聖明 不以此言爲逆臣之言 而采之無疑 臣臨書表心忙神迷 語多重疊 言或失敬 臣無任悚懷之至

開國四百九十七年正月十三日

一曰 宇內之形勢

方今宇內萬國 猶昔之戰國也 一以兵勢爲雄 强者幷其弱 大者呑其小 常講武備兼修文藝 相競相勵 無不爭先 各欲逞其志以震威於天下 乘他之釁隙而奪之 故波蘭土耳其本非微弱之國 或見裂 或見削 無復興復之日 雖有萬國公法 均勢公義 然國無自立自存之力 則必致削裂 不得維持 公法公義 素不足以爲恃也 以歐洲文明强大之國 亦見敗亡 況亞洲未開弱小之邦乎 大凡歐人 口稱法義 心懷虎狼 故自三四百年之前 以至于今 其所幷呑者 南北亞米利加洲也 亞非利加洲也 南洋群島也 澳斯太利亞洲也 漸及我亞洲之地 斯非利亞也 土斯坦也 印度也 緬甸也 淸之黑龍江省也 香港也 日本之樺太島也 已過亞洲之半 而以亞洲論之 則其所餘者 不及其所失 以天下論之 則所餘者 十過十分之一 而彼猶不饜 尙耽耽虎視 其志向 果在於何處乎 此亞洲東部興亡盛衰之秋 而我同族奮起排難之時也 然我亞洲之族 懶惰無恥 苟苟偸生 絶無果敢之氣 是臣所以寒心歎息者也 若魯欲東侵 鑿山開道 以及於東海之濱 察諸國之勢 見我無備 而先出於我之西北 略咸平兩道 而據日本海黃海之水利 絶三國之兩膝 而擅亞洲之禍福 則我邦之事已去矣 雖有奮起排難之志 亦不能如之何也 夫魯雖君主獨裁之邦 然其政治法紀 勝於我邦 故我人民 一安其便 則更不樂我 朝之興復也 印度雖亞洲中盛大之邦 亦因其內亂無備 爲英所領 其人民樂承英政府之命 不欲自立政府者 無他 英之法律寬 而政治正 人人各安其生 故恐離英政 而再陷苛政也 臣按亞洲 天下靈氣所叢之處也 故儒 佛 耶蘇及回回敎之祖 皆出於此土 古昔盛時 非不文明 然至于近代 却讓歐洲者何也 蓋諸邦之政府 視民如奴隷 不導之以仁義禮智 敎之以文學才藝 故人民蠢愚無恥 雖見領於他 而不知爲恥 禍亂將至 而不能覺 此政府之過也 非人民之過也 中庸云 凡事豫則立 不豫則廢 言前定則不跲 事前定則不困 行前定則不疚 道前定則不究 爲亞洲諸政府謀者 豈可苟安消日哉

(下略)

25. 유길준, 개화의 등급

■ 유길준의 개화론. 출전은 『서유견문』(1889년 탈고, 1895년 출판). 유길준은 유교문명의 단점을 버리고, 서구문명의 장점을 취하는 관점에서 개화론을 주장하고 있다. 원문은 국한문혼용체.

■ 兪吉濬(1856~1914) 1881년 민영익의 천거로 조사시찰

대개 개화(開化)라는 것은 인간의 천사만물(千事萬物)이 지선극미(至善極美)한 경역(境域)에 이르는 것을 말한다. 그러므로 개화의 경역은 한정할 수 없는 것이다. 인민 재력(才力)의 분수(分數)*에 따라 그 등급의 고저가 있으나, 또한 인민의 습상(習尙)과 방국(邦國)의 규모에 따라서도 그 차이가 발생한다. 이것이 개화의 정도가 같지 않은 연유이지만, 대두뇌(大頭腦)*는 사람의 위불위(爲

不爲)에 달려 있을 뿐이다. 오륜(五輪)의 행실을 순독(純篤)히 해서 사람이 도리를 깨달으면 이는 행실의 개화이고, 사람이 학술을 궁구해서 만물의 이치를 추구하면 이는 학술의 개화이고, 국가의 정치를 정대하게 해서 백성에게 태평한 즐거움이 있는 것은 정치의 개화이고, 법률을 공평하게 해서 백성에게 원억(冤抑)*한 일이 없는 것은 법률의 개화이고, 기계의 제도를 편리하게 해서 사람의 사용을 이롭게 하는 것은 기계의 개화이고, 물품의 제조를 정긴(精緊)*하게 해서 사람의 생을 후하게 하고 황추(荒麤)*한 일이 없는 것은 물품의 개화이다. 이 몇 개 조목의 개화를 합한 후에야 비로소 개화를 구비한 자라고 말할 수 있다. 천하고금의 어떤 나라를 살펴보든지 개화가 극진(極臻)한 경역에 도달한 것은 없지만, 대강 그 층급(層級)을 구별하면 세 가지 등급에 불과하다. 개화하는 나라, 반(半)개화한 나라, 미개화한 나라가 그것이다.*

개화하는 나라는 천사만물(千事萬物)을 궁구하고 경영해서 일신(日新)하고 우일신(又日新)하기를 기약한다. 그렇기 때문에 그 진취하는 기상이 웅장해서 사소한 태타(怠惰)*도 없다. 또 사람을 대하는 도리에 있어선 언어를 공손히 하고 형지(形止)를 단정히 해서, 능한 자를 본받고 능하지 못한 자를 불쌍히 여겨서 감히 만모(慢侮)*하는 기색을 보이지 않고 감히 비패(鄙悖)*한 용모를 갖추지 않는다. 그래서 지위의 귀천과 형세의 강약으로 인품을 구별하지 않고 국인(國人)이 그 마음을 하나로 합쳐서 여러 조목의 개화에 함께 힘쓰는 나라다.

반개화한 나라는 사물을 궁구하지도 않고 경영도 없어서 구차한 계도(計圖)와 고식(姑息)*하려는 의사로 작은 성공의 경역에 안주하고, 장구한 계책이 없는데도 자족하는 심성이 있다. 그리고 사람을 접대할 땐 능한 자를 잘 허여(許與)*하지 않고 능하지 못한 자를 능모(凌侮)*해서 항상 거오(倨傲)*한 기색을 띠며, 저 혼자 스스로 중요하다고 생각해서 귀천의 지위와 강약의 형세로 인품의 구별을 대단히 심하게 한다. 그러므로 국인(國人)이 각자 그 일신의 영화와 욕심을 경륜(經綸)하고 여러 조목의 개화에 마음을 오로지 하지 않는 나라다.

미개화한 나라는 즉 야만의 종락(種落)*이니, 천사만물에 규모와 제도가 없을 뿐만 아니라 당초에 경영도 하지 않고, 능한 자가 무엇인지 능하지 못한 자가 어떠한지 분별도 하지 못해서 거처와 음식에도 일정한 규모가 없고, 또 사람을 대접함에 있어선 기강과 예제(禮制)가 없다. 그러므로 천하에서 가장 불쌍한 나라다.

이와 같이 등급을 나누어서 논했지만, 면려(勉勵)하기를 그치지 않는다면 반개화한 나라와 미개화한 나라도 개화하는 나라의 곤역(閫域)*에 이를 수 있다. 속담에 시작이 반이라고 했으니, 면려하면 이루지 못할 자가 어디 있겠는가? 대

단의 일원이 되어 일본으로 건너가 후쿠자와가 운영하는 게이오 의숙에 입학하여 개화사상을 배웠다. 이후 주미 전권대사 민영익의 수행원으로 발탁되어 미국으로 건너갔으며 그의 권유로 미국에 남아 국비유학생으로 덤머 아카데미(Dummer Academy)를 다녔다. 2년 뒤 국내에서 갑신정변이 일어나자 귀국, 개화당으로 몰려 체포, 구금되었다. 1892년 연금에서 해제되고, 1894년 갑오개혁 때 외무참의(外務參議), 1895년 김홍집 내각의 내무협판(內務協辦)을 역임하였으나 아관파천 이후 일본으로 망명하였다. 이후 1907년 순종황제의 특사로 귀국하여 교육과 계몽사업에 헌신하였다.

分數 정도.
大頭腦 주지(主旨).
冤抑 원통하고 억울함.
精緊 정밀하고 긴요함.
荒麤 거칠고 조잡함.
개화하는 나라, 반(半)개화한 나라, 미개화한 나라가 그것이다 원문은 "開化ᄒᆞᄂᆞᆫ者, 半開化ᄒᆞᆫ者, 未開化ᄒᆞᆫ者"이지만, 앞 문장에서 "天下古今의 何國을 顧考ᄒᆞ든지"라고 해서 그 등급 구분의 단위가 나라임을 분명히 했기 때문에 각각 "개화하는 나라, 반개화한 나라, 미개화한 나라"로 옮겼다. 이하에서도 그 문맥에 따라 '~자', '~것', '~나라' 등으로 달리 옮겼다.
怠惰 게으름.
慢侮 업신여기고 모욕함.
鄙悖 성질이나 태도가 추저분하고 막됨.
姑息 당장엔 탈이 없고 안전함.
許與 인정.
凌侮 능멸하고 업신여김.
倨傲 거만하고 오만함.
種落 같은 종족끼리 모여 사는 곳.

閫域 신성스러운 경계, 경지.

체로 반개화한 자의 나라에도 개화하는 자가 있고, 미개화한 자의 나라에도 개화하는 자가 있다. 그러므로 개화하는 자의 나라에도 반개화한 자도 있고, 미개화한 자도 있는 것이다. 국인(國人)이 일제히 개화하는 것은 극히 어려운 일이다. 인생의 도리를 지키고 사물의 이치를 궁구한다면 이는 만이(蠻夷)의 나라에 있더라도 개화하는 자고, 인생의 도리를 닦지 않고 사물의 이치를 궁구하지 않는다면 개화한 나라에 있더라도 미개화한 자다. 이와 같이 말한 것은 각기 일신을 거론한 것이지만, 일국의 경황(景況)을 의론하게 되면 그 인민에 개화하는 자가 많으면 개화하는 나라고, 반개화한 자가 많으면 반개화한 나라고, 미개화한 자가 많으면 미개화한 나라다. 그러므로 반개화한 자에게 권해서 이를 행하게 하고, 미개화한 자를 가르쳐서 이를 깨우침은 개화하는 자의 책망과 직분인 것이다. 내가 생각하건대 행실의 개화는 천하만국에 걸쳐 그 동일한 규모가 천만 년의 장구한 시간이 흐르더라도 변치 않는 것이지만, 정치 이하의 여러 개화는 시대에 따라 변개(變改)하기도 하고 지방에 따라 다르기도 할 것이다. 그러므로 옛날에 부합하던 것이 지금은 부합하지 않는 것도 있고, 저쪽엔 좋은 것이 이쪽엔 좋지 않은 것도 있는 것이니, 고금의 형세를 짐작하고 피차의 사정을 비교해서 그 장점을 취하고 단점을 버리는 것이 개화하는 자의 대도(大道)다.

개화하는 일을 주장해서 무행(務行)하는 자는 개화의 주인이요, 개화하는 자를 흠선(歆羨)*해서 배우길 기뻐하고 취하길 즐기는 자는 개화의 빈객이며, 개화하는 자를 공구(恐懼)하고 질오(疾惡)하되 부득이해서 따르는 자는 개화의 노예니, 주인의 지위에 있을 수 없다면 차라리 빈객의 자리를 취할지언정 노예의 반열엔 서서도 안 된다. 빈(賓)의 이름이 있으면 그래도 주인의 예우가 있고, 또 진취하는 성기(性氣)가 분발하는 데 이르면 주인의 한 자리를 차지해서 객(客)의 명위(名位)를 벗어던지거나 또는 장차 옛날의 주인을 빈(賓)으로 만드는 것도 기필(期必)*할 수 있지만, 만약 노예가 되는 날엔 항상 타인의 지휘에 따라서 수치스러운 사단이 적지 않을 뿐만 아니라, 조금이라도 실수*하는 경우가 생기면 그 토지와 인민도 보전할 수 없어서 개화하는 자의 부용(附庸)*이 되기 쉬우니 이보다 더 근신할 만한 일이 없다. 대체로 사람의 기벽(氣癖)*으로 의논하면 개화하는 일에서 빈(賓)의 자리에 처함도 지극히 부끄러운 것이다. 그러나 시세와 처지는 인력으로 어떻게 할 수 없는 것이니, 설령 출중한 지혜와 비범한 용단(勇斷)이 있더라도 초탈할 순 없고 다만 순행(順行)할 따름이다. 그러므로 외국의 신개화(新開化)를 처음 보는 자가 그 시작엔 혐구(嫌懼)*하고 질오(疾惡)해서, 취하지 않을 수 없는 것이 있으면 부득이 취용(取用)하는 형모(形貌)가 개화의 노예를 면치 못하다가, 그 견문이 광박(廣博)하고 지각이 고명해지는 때

歆羨 애모, 선망.

期必 꼭 이뤄지기를 기약함.
先手 원문은 '先手'로 되어 있으나 문맥상 '失手'의 오기인 것으로 보인다.
附庸 대국에 부속된 소국.
氣癖 남에게 굽히거나 지려고 하지 않는 성질

嫌懼 싫어하고 두려워함.

에 이르면 비로소 개화의 빈객이 된다. 이로 인해서 면행(勉行)하기를 그치지 않는다면 주인의 당호(堂戶)에 입거(入居)함도 성취할 수 있을 것이다.

이제 천하 각국이 개화하던 시초를 상고하건대, 지혜를 쓴 나라는 규모가 온전하고 폐단이 없을 뿐만 아니라 항상 주인의 형세를 보유하며, 용단을 쓴 나라는 완전한 규도(規度)*가 적고 무수한 폐단이 생긴다. 그러므로 실수하는 일이 많지만 오랜 뒤에는 주인의 자리나 빈객의 지위를 점유하는 자가 많다. 위력을 쓴 나라는 백성의 지식이 결핍되어 완전히 억지로 행하는 일이 많다. 그러므로 그 규모의 여하는 고사하고, 폐단은 그래도 용단을 쓴 나라에 비해서 대략 적지만, 그 정부의 위태함으로 말하자면 나라 안에 대적(大敵)이 있는 것과 항상 같아서 가장 어려운 것이다. 만약 정부가 이렇게라도 하지 않으면 백성이 개화의 노예가 되어 타인의 지휘를 받지 않을 수 없다. 이 때문에 정부가 부득이 보국하는 계책을 쓴 것이지만, 일심으로 인민을 애호해서 진취하는 기상이 웅장하다면 이 또한 빈객의 지위를 잃지 않을 것이며, 장구한 세월이 흘러서 인민의 지식이 박고(博高)해지면 주인의 명호(名號)까지도 도모하는 나라가 있을 것이다. 그러나 만일 정부와 인민이 일동 무식해서 지혜를 쓰지도 못하고, 용단을 쓰지도 못하고, 위력을 쓰지도 못해서 갱장(更張)하는 규모를 시행하지 않고, 진기(振起)하는 기력이 부족하여 애호하되 본받지 않고, 흠선하되 배우지 않고, 공구(恐懼)하되 깨닫지 못한다면 타인의 노예가 되어 개화하는 지휘에 복종할 따름이니, 국인(國人)이 동심으로 계신(戒愼)할 것이 바로 여기에 있다.

規度 규범과 법도.

또 개화엔 실상과 허명의 분별이 있다. 실상개화(實狀開化)라는 것은 사물의 이치와 근본을 궁구하고 고증해서 그 나라의 처지와 시세에 합당하게 하는 것이며, 허명개화(虛名開化)라는 것은 사물에 대한 지식이 부족한데, 타인의 경황을 보고서 흠선해서 그렇든지 공구(恐懼)해서 그렇든지 간에, 전후를 추량하는 지식은 없고 시행할 것만을 주장해서 재물을 적지 않게 허비하면서도 실용은 그 분수(分數)*에도 미치지 못하는 것을 말한다. 외국과 처음 교통하는 나라는 일차로는 허명의 개화를 경력(經歷)하지만 세월이 오래돼서 무한한 경력이 생긴 후에는 실상개화로 달려가기 시작한다. 그러므로 타인의 장기를 취하려는 자는 결단코 외국의 기계를 구매하거나 공장(工匠)을 고용하지 말고, 반드시 먼저 자기 나라의 인민을 하여금 그 재주를 배우게 해서 그 사람을 가지고 일을 행해야 하는 것이다. 왜냐하면 사람의 재조(才操)*엔 궁진(窮盡)함이 없지만 재물은 유한하기 때문이다. 만약 자기 나라 사람이 그 재주를 익힌다면 당장에 이로울 뿐 아니라 나라에 전파해서 그 효험이 후세까지 전해질 것이다. 그러나 외국의 기계를 구매하면 그 기계가 손상될 경우 다시 그 기계가 없을 것이요, 공장을

分數 분수라는 말에는 여러 가지 의미가 있지만 여기선 '얼마에 상당하는 정도'라는 뜻으로 쓰임.

才操 재주.

고용하면 그 공장이 떠날 경우 다시 그 공장이 없을 것이니, 무슨 기계와 공장으로 다시 일을 행하겠는가? 형편상 다시 그 기계를 구매하고 그 공장을 고용해야 하니, 진실로 이와 같다면 나의 재물을 허비하게 된다. 이처럼 허비하는 재물을 어디서 구해 올 수 있겠는가? 필경엔 백성에게 그 해가 돌아갈 뿐이다.

아아! 개화하는 일은 타인의 장기를 취하는 것뿐만 아니라 자기의 선미(善美)한 것을 보수하는 데도 있다. 대체로 타인의 장기를 취하고자 하는 의향도 자기의 선미한 것을 보완하기 위한 것이다. 그러므로 타인의 재조(才操)를 취해서 실상(實狀)이 있게 쓸 때는 자기의 재조가 된다. 시세를 헤아리고 처지를 살펴서 경중과 이해(利害)를 판단한 후에 전후를 분석해서 차례대로 시행해야 하는데, 과한 자는 털끝만큼의 분별도 없이 외국이면 완전히 좋다고 여겨서 자기 나라의 물건은 모두 좋지 않다고 한다. 매우 심한 자는 외국의 경황을 칭도(稱道)*해서 자기 나라를 만모(慢侮)하는 폐속(弊俗)도 있다. 이를 개화당(開化黨)이라고 부르지만 이것이 어찌 개화당이겠는가? 기실은 개화의 죄인이다. 불급(不及)한 자는 완고한 성품으로 사물의 분계가 없이 외국인이면 이적(夷狄)이라 하고, 외국 물건이면 용건이 없다고 하고, 외국 문자는 모두 천주학이라고 하여 감히 가까이 가지도 못하면서 자기의 몸이 천하제일인 듯이 자처한다. 그러나 심한 경우엔 이를 피해서 사는 자도 있다. 이를 수구당(守舊黨)이라고 하지만 이것이 어찌 수구당이겠는가? 기실은 개화의 수적(讎敵)*이다. 성인이 말씀하시길, "과한 것과 불급(不及)한 것은 같다."고 하셨지만, 개화의 도에 있어선 과한 자의 폐해가 불급한 자보다 심하다. 그 이유는 다른 것이 아니다. 과한 자는 그 나라를 빨리 위태롭게 하고 불급한 자는 그 나라를 천천히 위태롭게 하기 때문이다. 이 때문에 반드시 중도를 얻은 어떤 자가 과한 자를 조제(調制)하고 불급한 자를 권면해서, 남의 장기를 취하고 자기의 미사(美事)를 지켜서 처지와 시세에 응한 연후에야 민국(民國)을 보전해서 개화의 큰 공을 이룰 수 있는 것이다. 그 입에 외국 궐련을 물고 앞가슴엔 외국 시계를 차며, 걸상이나 교의(交椅)에 걸터앉아서 외국의 풍속을 한담하면서 그 언어를 대략 이해하는 자가 어찌 개화인이겠는가? 이는 개화의 죄인도 아니요, 개화의 수적(讎敵)도 아니다. 개화의 허풍(虛風)에 바람이 들어서 마음속에 주견이 없는 일개 개화의 병신일 뿐이다.

稱道 칭찬해서 말함.

讎敵 원수 같은 적.

세급(世級)이 낮아질수록 사람의 개화하는 도는 전진하는 법이다. 언자(言者)들은 혹 말하길, "후세의 사람들이 전대의 사람에 미치지 못한다"고 하지만 이는 통달하지 못한 담론이다. 인사(人事)는 무궁하다. 그러므로 시대에 따라 변환(變幻)*이 생기는 것인데, 후세 사람들이 응변(應變)하는 도리를 행하지 않고

變幻 종잡을 수 없을 만큼 빠른 변화.

옛 규모를 주수(株守)*해서 사위(事爲)에 시행하다가 합치하지 않는 것이 있으면 대번에 말하길, "지금 사람이 어찌 감히 옛사람과 같겠는가?"라고 한다. 그러나 이 말이 어찌 사실이겠는가? 만약 사람의 기질과 국량이 세대마다 감쇠한다면 단지 지금부터 몇 천 년만 지나도 응당 사람의 사위(事爲)가 끊어질 것이요, 다시 몇 천 년을 지나면 사람의 도리도 없어질 것이니, 이는 이치상 옳지 않음이 분명하다. 사람의 지식은 열력(閱歷)*이 많아질수록 신기한 것과 심묘한 것이 거듭 나오는 법이다. 이제 이를 증명해 보건대, 옛 사람들은 육지를 왕래할 때 보행을 대신하는 물건이 말 아니면 수레였다. 그래서 천 리 먼 길을 순망(旬望)* 사이에 간신히 도착했는데, 지금 사람들은 화륜차의 신속(神速)함으로 반 나절의 수고도 들지 않는다. 수로(水路)엔 한 조각 목선으로 만경창파에 출몰해서 바람과 파도가 험악할 때는 극히 위태로웠는데, 지금 사람들은 화륜선의 견고함으로 만 리의 풍랑을 평지에서처럼 편하게 왕래한다. 옛 사람들은 백 리 사이에 봉서(封書)로 소식을 전하기 위해 왕래하는데 2, 3일은 허비했는데, 지금 사람들은 전기선(電氣線)의 심묘함으로 몇 천 리나 멀리 떨어진 지역이라도 순식간에 왕복하여 지척에서 대화하는 것과 다름이 없다. 옛 사람들은 각종 물품을 제조하는 방법이 인력을 소비할 따름이라서 그 신고(辛苦)한 경상(景狀)이 불쌍했는데, 지금 사람들은 화륜기계의 편리함으로 하루 제작하는 것이 수만 인의 공부(工夫)*를 대적한다. 그렇다면 이러한 일들은 우리가 보고 들은 대로 옛 사람들이 할 수 없었던 바이며, 근세에 이르러서야 비로소 그 공효(功效)를 드러낸 것들이다.

株守 변통할 줄 모르고 어리석게 옛것만을 지킴.

閱歷 경력.

旬望 열흘이나 보름.

工夫 어떤 일을 하는 데 소비되는 정력과 시간.

이 신기하고 심묘한 이치는 옛 세계에 없다가 금일에 처음으로 생긴 것이 아닌가? 천지간의 그 자연한 근본은 고금에 차이가 없지만, 옛 사람들은 궁격(窮格)을 다하지 않았고 지금 사람들은 궁구해서 터득한 것이다. 이로써 본다면 지금 사람들의 재주와 식견이 옛 사람들에 비해 월등한 것 같지만, 실상은 옛 사람들이 초창(草創)한 것들을 윤색했을 따름이다. 화륜선이 비록 신묘하다고 하지만 옛 사람들이 배를 만들었던 제도를 벗어날 수 없고, 화륜차가 비록 기이하다고 하지만 옛 사람들이 수레를 만들었던 규모를 따르지 않으면 만들 수 없다. 그밖에도 어떤 사물이든지 모두 마찬가지여서 옛 사람들의 성법(成法)을 이탈하고서 신규(新規)를 창출할 수는 없는 것이다. 우리나라에도 고려자기는 천하의 유명한 것이며, 이 충무공의 거북선은 철갑병선(鐵甲兵船)으로서 천하에서 가장 먼저 만들어진 것이며, 교서관(校書館)의 철주자(鐵鑄字)도 천하에서 가장 먼저 시행한 것이다. 우리나라 사람들이 궁구하고 또 궁구해서 편리하게 하는 도리를 강구했더라면 금일에 이르러 천만 가지 사물에서 천하만국의 명예가 우리나라에 몰렸을 것인데, 후배가 전대 사람들의 옛 규모를 윤색하지 않았던 것이다.

26. 김윤식, 시무설

■ 김윤식(金允植)이 1892년 윤6월에 육종륜(陸鍾倫)이라는 인물이 중국 천진(天津)에 유학갈 때 육성대(陸聖臺)라는 인물을 함께 데려갈 것을 부탁하면서 쓴 글. 시무(時務)에 관한 생각이 잘 드러난 글이다. 그는 이 글에서 시무란 어떤 때를 당해서 마땅히 행해야만 하는 일로서, 그 처한 상황이 다른 조선과 중국, 유럽의 시무는 각각 다를 수밖에 없다는 인식을 보여 주고 있다. 원문 출처는 「時務說」, 『雲養集』 卷之八(민족문화추진위원회, 2004), 362-363쪽.

옛날에 사마덕조(司馬德操)*가 한나라 소열제(昭烈帝)*에게 말하길, "유생 속사(儒生俗士)는 시무(時務)를 알지 못하니, 시무를 아는 자는 오직 준걸(俊傑)일 뿐입니다."라고 했다. 그 이른바 시무란 무엇인가? 어떤 때를 당해서 마땅히 행해야만 하는 일이니, 마치 병자가 약에 대해서 모두 당제(當劑)*가 있어서 설령 신이(神異)한 처방이 있더라도 모든 사람이 복용할 수 없는 것과 같다.

소열제의 시대에 천하의 대세가 열에 여덟, 아홉은 모두 조씨(曹氏)에게 돌아갔으니 웅거해서 천하삼분의 기반을 삼을 수 있는 곳은 오직 형주(荊州)와 익주(益州)뿐이었다. 그러므로 공명(孔明)*과 사원(士元)*이 행여 때에 늦지나 않을까 걱정하면서 급급하게 도모할 것을 권하여 마침내 이로써 천하의 전력에 항거했으니, 이를 시무를 아는 준걸이라고 부를 뿐이다. 만약에 "장순토역(仗順討逆)*은 강약에 관계되지 않으니 비록 척촌(尺寸)의 땅에 기대지 않더라도 일거에 한나라의 적을 멸해서 신주(神州)를 회복할 수 있고, 동오(東吳)도 병합할 수 있다."라고 했다면 듣기엔 매우 좋지만 기실은 부합하기 어려우니 어찌 속사(俗士)의 견해가 아니겠는가?

지금의 논자들은 태서(泰西)의 정치 제도를 본뜨는 것을 시무라고 여겨서, 자기 역량은 헤아리지 않고 오직 남만 쳐다보고 있다. 이는 기품(氣稟)과 병증(病症)은 논하지 않고 타인이 경험한 약을 복용하고서 갑자기 효과를 구하는 것과 같으니, 매우 어려울 것이다. 대체로 우(遇)*에는 각각 때가 있고, 나라에는 각각 일이 있다. 일인(一人)*의 사(私)를 깨뜨리고 공상(工商)의 길을 넓혀 사람들로 하여금 제 힘으로 먹게 하며, 그 능력을 다하고 그 권(權)을 보호하여 나라가 이로써 부강해지는 것은 태서의 시무다. 법을 세우고 기강을 베풀며, 사람을 가려서 관리를 등용하며, 군대를 조련하고 무기를 제조해서 사예(四裔)*의 업신여김을 막는 것은 청국의 시무다. 청렴한 이를 높이고 탐욕스러운 이를 내쫓으며, 사민(斯民)을 근휼(勤恤)*하며, 조약을 근수(謹守)해서 우방에 흔단(釁端)을 열지 않는 것은 우리나라의 시무다.

만약 우리나라가 갑자기 청국의 일을 본받아서 오직 군대와 무기에만 힘을 쏟는다면 백성이 궁핍하고 재물이 소진돼서 반드시 토붕(土崩)*의 환난이 생길

司馬德操 중국 삼국시대 수경선생(水鏡先生)으로 일컬어지던 사마휘(司馬徽)를 말한다. 덕조는 그의 자.
昭烈帝 삼국시대 촉한(蜀漢)을 세운 유비(劉備)를 가리킴.
當劑 그 병에 맞는 약제.
孔明 제갈량(諸葛亮)의 자.
士元 방통(龐統)의 자.
仗順討逆 조정의 명에 따라 역적을 토벌한다는 뜻.

遇 어떤 국면이나 형세가 형성되는 계제, 또는 기회를 말한다.
一人 고대에 천자를 칭하던 말이다. 이를테면 『書經』 「太甲下」에 "한 사람이 크게 어질면 만방이 바르게 될 것이다."[一人元良 萬邦以貞]라는 구절에서 보듯이 '일인'(一人)과 '여일인'(予一人)은 천자나 왕을 가리키는 말.
四裔 사방의 가장 먼 곳 또는 그곳에 사는 사람.
勤恤 염려하고 안타깝게 여김. 『書經』 「召誥」에 "상하가 근휼한다."[上下勤恤]라는 말이 있음.

土崩 흙이 무너지듯 실패해서 도

것이요, 만약 중국이 갑자기 태서의 제도를 본받아서 명분을 엄하지 않게 한다면 기강이 해이해져서 반드시 능체(陵替)*의 우려가 있을 것이요, 만약 태서의 나라들이 동양의 법규를 본받아서 정령(政令)과 시위(施爲)를 오직 위에서 좋아하고 싫어하는 대로 한다면, 국세(國勢)가 약해져서 반드시 강한 이웃나라에 의해 병탄될 것이다. 이로써 보건대 비록 좋은 법이 있어도 하루아침에 지구상에 통행(通行)할 수 없음이 분명하다.

지금 국세를 돌아보지 않고 태서의 행위만 멀리서 흠모한다면 한 척의 땅에도 기대지 않고 조조(曹操)와 창끝을 겨루려는 것과 무엇이 다르겠는가? 그러므로 나라를 잘 다스리는 자는 인시제의(因時制宜)*해서 힘을 헤아려 대처하는 것이다. 재물을 손상하지 않고 백성을 해치지 않아서 그 뿌리를 다지는 데 힘쓴다면 나뭇가지와 꽃잎이 차례대로 무성하게 피어나는 법이다. 지금의 이른바 시무라는 것은 모두 태서의 나뭇가지와 꽃잎이니, 그 본(本)을 다지지 않은 채 우선 타인의 말(末)을 배우는 것을 지혜롭다 할 수 있겠는가?

지금 시무를 아는 자로는 북양대신 소전(少筌) 이 공(李公)*만한 이가 없다. 이 넓은 아시아 주와 거대한 청국에 어찌 시무를 능히 말할 수 있는 사람이 없겠는가마는, 그 연고에 깊이 통달해서 그 완급의 시의를 알고, 역량과 지모가 또 그 말에 충분히 부합하는 것은 준걸이 아니면 할 수 없다. 그러므로 오직 이 공만이 족히 이에 해당한다고 하는 것이다. 비록 그렇지만 이 공을 흠모할 줄만 알아서 사사건건 천진(天津)을 본뜨고자 한다면, 이미 우리나라의 금일의 급무가 아닌데, 하물며 태서의 나뭇가지와 잎사귀의 말(末)에 있어서겠는가?

『시경』에 이르길, "동문으로 나가니 아름다운 여인들이 구름처럼 많네. 비록 구름처럼 많지만 내 마음 저들에게 있지 않네. 흰 옷에 쑥빛 수건 두른 남루한 내 부인이여, 애오라지 나를 즐겁게 하는구나."*라 하였고, 『주역』에 이르길 "동쪽 마을에서 성대하게 소를 잡으며 지내는 제사가 서쪽 마을에서 약제(禴祭)를 지내서 실제로 그 복을 받는 것만 못하다."*라고 했다. 그러므로 군자의 도는 자기 몸을 돌아보아서 그 지킴이 요약됨[守約]*을 귀하게 여기는 것이다. 하지만 어찌 유독 수신(修身)만이 그러하겠는가?

육성대(陸聖臺) 군은 평소 당세에 뜻이 있었다. 그 대인(大人) 육의전(陸宜田) 어른께선 글을 읽어 이치에 밝은 선비로 문밖을 나서지 않고서도 천하의 연고를 알고 계신다. 성대(聖臺)가 가훈을 받아서 고금 시의(時宜)의 대략적인 취사(取捨)에 대해 이미 흉중에서 환히 알고 있었는데, 또 장차 천진에 객유(客遊)하면서 그 견문을 넓히고자 한다. 나는 이 여행이 헛되지 않을 것임을 알고 있으니, 육(陸)군은 힘쓸지어다. 천진은 나도 예전에 다녀온 곳으로 북양아문(北洋

저히 수습할 방법이 없음을 비유하는 말.

陵替 아랫사람이 윗사람을 능멸하고 그 권한을 침범하는 것.

因時制宜 그때그때의 구체적 정황에 근거해서 가장 타당한 조처를 취함.

少筌 李公 리홍장(李鴻章).

出其東門 有女如雲 雖則如雲 匪我思存 縞衣綦巾 聊樂我員 『詩經』「鄭風」"出其東門"장에서 인용한 구절.

東隣殺牛 不如西隣之禴祭 實受其福 『周易』"旣濟卦" 九五爻辭.

守約 『孟子』「公孫丑上」에 "맹시사의 지킴은 기(氣)이니 또 증자의 지킴이 요약함만 못하다."[孟施舍之守氣 又不如曾子之守約也]라고 했고, 이에 대한 주희의 주석에 "자기 몸을 돌이켜서 이(理)를 따라 그 지키는 바가 더욱 그 요약함을 얻은 것"이라 했다.

衙門)이 있는 곳이니 천하에서 시무를 말할 수 있는 자들이 모두 그곳에 모인다. 육(陸)군이 가서 물어보면 반드시 내 말과 합치하는 것이 있을 것이다.

[원문]

昔司馬德操謂漢昭烈曰儒生俗士 不識時務 識時務者 其惟俊傑乎 夫所謂時務者何也 卽當時所當行之務也 猶病者之於藥 皆有當劑 雖有神異之方 不可人人服之也 當昭烈之時 天下大勢 十之八九 盡歸曹氏 其可據而爲三分之基者 惟荊益是已 故孔明士元汲汲勸圖 猶恐後時 終能以此抗天下之全力 此謂識時務之俊傑耳 如以爲仗順討逆 不係强弱 雖無尺寸之資 一擧而漢賊可滅 神州可復 東吳可並 聽之甚美 其實難副 此豈非俗士之見乎 今之論者 以倣效泰西之政治制度 謂之時務 不量己力 惟人是視 是猶不論氣稟病症而服他人經驗之藥 以求其霍然之效 蓋甚難矣 夫遇各有時 國各有務 破一人之私 擴工商之路 使人各食其力 盡其能保其權而國以富强 此泰西之時務也 立經陳紀 擇人任官 鍊兵治械 以禦四裔之侮 此淸國之時務也 崇廉黜貪 勤恤斯民 謹守條約 無啓衅於友邦 此我國之時務也 若我國遽效淸國之事 專力於兵械 則民窮財匱 必有土崩之患 若中國遽效泰西之制 名分不嚴 則紀綱解紐 必有陵替之憂 若泰西諸國效東洋之規 政令施爲 係於在上之好惡 則國勢委弱 必爲强隣所倂 由是觀之 雖有善法不可一朝通行於地球之上明矣 今不顧國勢 而遠慕泰西之所爲 是何異於不資尺土 而欲與曹操爭鋒哉 是以善爲國者 因時制宜 度力而處之 不傷財不害民 務固其根本 則枝條花葉 將次第榮茂 今之所謂時務 皆泰西之枝條花葉也 不固其本而先學他人之末可謂知乎 當今識時務者 宜莫如北洋大臣少荃李公 夫以亞洲之廣 淸國之大 豈乏能談時務之人 惟深達其故而知其緩急之宜 其力量智謀又足以副其所言 非俊傑不能也 故曰惟李公足以當之 雖然但知慕李公 而欲事事倣效天津 則已非吾國今日之急務 况泰西枝葉之末乎 詩云出其東門 有女如雲 雖則如雲 匪我思存 縞衣綦巾 聊樂我員 易曰東隣殺牛 不如西隣之禴祭 實受其福 故君子之道 貴乎反躬而守約 奚獨修身爲然乎哉 陸君聖臺素有當世之志 其大人宜田子讀書明理之士也 不出戶而知天下之故 聖臺承習家訓 於古今時宜大畧取舍 固已曉然於胸中 而又將客遊天津 以擴其見聞 吾知此行非徒然也 陸君勉乎哉 天津吾舊所遊也 北洋衙門之所在也 天下之能談時務者 咸聚於斯陸君其往而叩之 必有與吾言相合者

Ⅲ. 자주독립 구상과 국제정치관

27. 한성순보, 오스트리아 · 프러시아 · 이탈리아가 동맹하다

■ 19세기 후반 유럽에서 영국과 러시아에 대항하기 위해 오스트리아, 프러시아, 이탈리아 간 3국 동맹이 결성되는 과정을 소개한 『한성순보』 기사. 당시의 세력균형을 설명하고 있으며, '균세'(均勢)에 대한 이해를 돕기 위해 고대 중국의 합종연횡의 예를 들어 설명하고 있다. 원문 출전은 「奧普意三國同盟」, 『漢城旬報』 5호 1883년 12월 9일자.

■ 『漢城旬報』 1883년 창간된 한국 최초의 근대신문. 박영효가 일본에서 기자와 인쇄공을 데리고 와 신문제작을 간청하자 고종이 이를 허가하였다. 10일마다 발간된 관보(官報). 신문의 성격은 「순보서(旬報序)」에서 밝힌 바와 같이 '외국 신문을 많이 번역하여 게재하고 국내 사건도 실으며, 좋고 나쁜 것을 구분해서 취사선택하도록 하였고, 신문으로서 바름을 견지할 것이었으며, 당시 국제 정세와 외국의 문물 등을 소개하였다.

奧普意三國同盟 1882년 5월 20일 프러시아, 오스트리아, 이탈리아 3국 간에 비밀리에 체결된 삼국동맹. 독일과 오스트리아는 이미 1879년에 동맹을 체결했는데, 1881년에 프랑스가 튀니지를 점령해서 보호국으로 삼자 이탈리아가 프랑스의 튀니지 점령을 인정하지 않고 3자 동맹을

작년에 오스트리아, 프러시아, 이탈리아 3국이 국경 부근에서 동맹*하여 조관(條款)을 세웠는데 그 뜻을 누설하지 않았다. 그러므로 유럽 국가들이 그 진실을 알고자 백방으로 정탐했지만 끝내 그 사정을 알아낸 이가 없어서 중론이 분분했던 것이다. 혹자는 말하길, "프랑스[法蘭西]에 뜻을 둔 것이다. 프러시아, 프랑스 양국이 지금은 비록 조금 무기를 거두고 옥백(玉帛)*으로써 하고 있으나, 프랑스 인이 항상 프러시아의 수도를 일축해서 숙원을 씻으려는 뜻을 품었고, 프러시아 인에게도 항상 프랑스 인을 재차 억눌러서 후환을 끊으려는 생각이 있었다. 그러므로 무비(武備)를 앞 다투어 숭상하고, 오직 구실이 생기기만을 기다려서 양국 인민들로 하여금 누차 교전의 감정을 환기시켰던 것이다. 또 금일의 동맹이 독일 재상 비스마르크[俾思麥]의 주견에서 나왔는데, 그는 항상 프랑스를 꺾을 것을 생각하니, 동맹의 뜻은 전적으로 프랑스에 달려 있는 것이다."라고 하였으니, 이 또한 근거가 없는 말은 아니다.

또 작년 겨울에 이탈리아 정부가 결국 삼국동맹의 이유를 전국 인민에게 공포했는데, "그 뜻은 안으로는 이웃나라 간의 우의를 영원히 돈독히 하고, 밖으로는 함께 적국을 막는 데 있다."고 했다. 그렇다면 그 적국이 되는 것은 프랑스가 아니면 누구겠는가? 3국의 영토가 모두 프랑스 동북 국경에 접해 있다. 그 사이에 비록 네덜란드[荷蘭], 스위스[瑞西], 벨기에[比耳時] 등 3국이 있으나, 모두 사마귀만한 데 지나지 않는다. 만약 이 3국의 강장(疆場)*에 일이 생기면 그 충격을 당하는 것은 오직 프랑스일 뿐이다. 그러므로 프랑스 인들이 이 소식을 듣고 이를 데 없이 우려하고, 영국과 러시아 등의 나라들도 감히 똑바로 쳐다보지 못하는 것이다. 지금 유럽에 건국한 것이 15개인데, 비록 대소와 강약의 차

이는 있지만 모두 심하게 현격하지는 않다. 그러므로 만일 두 나라가 교전하면 다른 나라들이 약소국을 많이 도와줘서 한 나라만 강해지지 않게 하는 것이니, 만국공법의 소위 균세지법(均勢之法)이란 것이 바로 이것이다. 그러나 오스트리아, 프러시아, 이탈리아가 모두 유럽[歐洲]의 대국으로서 연맹체약(聯盟締約)해서 계엄을 해이하게 하지 않음은 그 견식이 매우 높고 사려가 매우 깊은 것이다.

일찍이 천하의 형세를 두루 살펴보니, 합친 사람은 반드시 헤어지고 헤어짐이 오래되면 반드시 합치게 된다. 옛날 주(周)나라가 쇠함에 제후들이 교만하고 방자해져서 약육강식하여 춘추시대에서 점차 전국시대로 진입했다. 강대한 나라가 7개였으니, 사상(泗上)*의 군장(君長)들이 모두 명을 받들다가 피폐해졌다. 진(秦)나라가 관중(關中)*으로부터 제멋대로 잠식해서 성을 공격하고 땅을 빼앗아 군대가 쉴 날이 없었다. 이에 종횡지사(縱橫之士)*들이 각국에 유세하여 혹은 합종설을 따르고 혹은 연횡설을 따랐다. 이른바 합종(合從)이라는 것은 낙양의 일개 서생이 6국의 재상 직을 겸하여, 6국이 남북으로 결합해서 진나라를 막아 감히 동쪽으로 향하지 못하게 한 것이다. 또 신릉(信陵)* 귀공자가 5국의 군대를 지휘해서 진나라 군대를 추격하여 진나라의 대병(大兵)으로 하여금 감히 함곡관을 나오지 못하게 한 것이 15년이 되었는데, 어째서 산동(山東) 6국은 합종을 풀고 연횡(連衡)하여, 토지를 분할하고 진나라에 뇌물을 바치다가 패망을 자초한 것인가? 진나라의 요구는 끝이 없고 제후의 토지는 유한해서, 서로 뒤따라 꺾여서 진나라에 편입됐으니, 육왕(六王)이 끝남에 사해가 하나가 되었다.* 이에 군현제가 처음 만들어지고 만리장성의 공사가 일어났다. 백성들이 그 고통을 감당하지 못해서 천하가 혼란해지자 당시 패현(沛縣)의 필부*가 포의(布衣)*로 일어나 세 척의 검을 들고서 진나라를 섬멸하고 항우를 멸망시켜 말 위에서 천하를 얻었다. 그리고 『시경』과 『서경』으로 통치해서 사백 년의 기업(基業)을 창조했다. 그 후의 할거는 비록 일정하지 않지만, 동양의 국가들에 모두 중토(中土)에 신복(臣服)할 것을 요구하여 화하(華夏)로 하여금 오래토록 일통지권(一統之權)을 지키게 했다. 그러나 전국시대와의 거리가 머니, 하늘이 장차 지구의 전국(全局)을 합쳐서 다시 일대전국(一大戰國)을 만들 것이다.

지금 유럽의 전국(戰國)에 여섯 나라가 있으니 러시아, 영국, 프랑스, 프러시아, 오스트리아, 이탈리아이며, 터키[土耳其]와 스페인[西班牙]은 끼지 못한다. 포르투갈[葡萄牙], 벨기에, 네덜란드, 스위스, 그리스[希臘], 덴마크[丹馬], 그리고 동구의 루마니아[羅馬尼亞], 세르비아[塞爾非亞] 같은 다른 나라들은 대체로

체결한 것이다. 동맹 당사국이 다른 열강, 특히 프랑스로부터 공격을 받을 경우 군사원조의 의무를 규정한 것으로, 제1차 세계대전의 와중에 이탈리아가 중립을 선언하고 동맹에서 탈퇴하는 1915년까지 6차례 갱신되었다.

玉帛 고대 제사, 회맹, 조빙 등에 사용하던 규장(圭章)과 비단. 제후들이 회맹할 때 이를 잡고 있었으므로 흔히 국가 간의 우호적 관계를 표시하는 말.

疆埸 국경, 변방.

泗上 사수(泗水)가라는 뜻으로 공자가 이곳에서 문도를 길렀다고 한다.

關中 현재 중국의 섬서성(陝西省) 지역으로 진(秦)나라의 근거지. 그 지역이 동쪽의 함곡관(函谷關), 서쪽의 농관(隴關), 남쪽의 무관(武關), 북쪽의 소관(蕭關) 사이에 있었기 때문에 이와 같이 불렀다.

縱橫之士 종횡가(縱橫家)의 유세객을 말한다. 합종설을 주장한 소진(蘇秦)과 연횡설을 주장한 장의(張儀)가 대표적 인물이다. 합종설은 산동(山東) 6국이 연합해서 진나라의 침략을 방어해야 한다는 논리이고, 연횡설은 6국을 설득해서 진나라를 섬기게 해야 한다는 논리다.

信陵 위(魏)나라 공자 무기(無忌)로 조(趙)나라를 진나라의 침략으로부터 구했다.

六王畢而四海一 육왕은 전국시대 제(齊), 초(楚), 연(燕), 조(趙), 한(韓), 위(魏)의 여섯 나라의 임금을 가리킨다. 본문의 "六王畢而四海一"라는 구절은 당나라 두목지(杜牧之)의 「阿房宮賦」에서 인용한 것.

沛縣의 匹夫 한고조(漢高祖) 유방(劉邦).

布衣 삼베옷으로 평민을 뜻함.

언급하기에 부족하다. 그 6대국을 지역으로 말한다면, 러시아는 유럽의 동쪽에 있고, 영국과 프랑스는 유럽의 서쪽에 있고, 프러시아와 오스트리아는 유럽의 가운데 있다. 이탈리아는 땅이 오스트리아, 프랑스와 연접하여 마치 거령(巨靈)*이 바다 속을 더듬어 쪼갠 것과 같다. 그 수도는 로마[羅馬]로 옛 로마제국[大秦國]이 도읍을 정했던 것이다. 인민은 수미(秀美)하고 문(文)이 부끄럽지 않으니 서영(西瀛)*의 명국(名國)이다. 옛날에 오스트리아의 공격을 받아 앉아서 베니스[威內斯] 등 여러 지역을 잃었는데, 서력 1852년에 포르투갈과 연합해서 오스트리아를 침공했다. 포르투갈은 그 북쪽에서 공격하고 이탈리아는 남쪽에서 공격했는데, 포르투갈 군대가 승세를 타고 계속 전투를 거듭하며 진격해서 곧장 오스트리아 수도 비엔나[維也納]까지 접근했다. 그러자 오스트리아 인들이 두려워하며 행성(行成)*해서 마침내 베니스 옛 지역을 이탈리아에 돌려주었다. 최근엔 다시 원한을 잊고 수호(修好)해서 양국의 조정을 번갈아 방문한다고 하니, 이로써 본다면 지금 사람들의 지혜가 참으로 옛 사람보다 뛰어나니, 그 탁견과 원려가 연, 조, 한, 위보다 훨씬 높이 솟은 것이 어찌 사루(四累)일 뿐이겠는가? 두 나라의 형세를 살펴보건대, 러시아와 프랑스로부터 핍박을 받고 있으나 만약 러시아가 오스트리아를 공격하면 이탈리아가 구원해 주고, 만약 프랑스가 이탈리아를 공격하면 오스트리아가 구원해 줘서 서로 의각(猗角)*을 이루어 함께 적개(敵愾)*를 펼치고 있다.

또 오스트리아와 이탈리아만 그럴 뿐만이 아니다. 프러시아가 프랑스에 승리한 후에 열국을 합병하고 독일[德意志] 카이저[該撒爾] 존호를 올리니, 바꾸어 말하면 공주(共主)다. 그 위명(威名)이 날로 성대해지자 프랑스 인들이 이를 심히 기피했고, 또 라인 강[來因河] 유역의 토지가 프랑스로 귀속된 것이 이미 백년이 넘었는데 다시 독일의 소유가 되었다. 이에 프랑스 인들이 그 뜻을 실지(失地) 회복에 두고 은밀히 러시아 인들과 결탁해서 기회를 틈타 동쪽과 서쪽에서 함께 거병하여 협격의 공을 거두고 예전의 치욕을 완전히 씻고자 했다. 그러나 독일의 군주와 재상이 미리 이를 헤아려서, 우선 주무(綢繆)*에 힘써서 유비무환(有備無患)을 이룬 다음에 마침내 오스트리아, 이탈리아와 국경 부근에서 회맹(會盟)하여 상조약(相助約)을 세웠다. 러시아 인들이 그 음우지비(陰雨持備)*를 알고는 "독일에 인물이 있으니 다툴 수 없다."라 하고 다시 호회(好會)*를 열어 독일 군주의 환심을 샀다. 프랑스 인 또한 러시아를 이용할 수 없음을 알고 두려워하며 감히 도발하지 못하게 되었다.

이제 또 월남의 전쟁에서 중국이 전선(戰船)과 군화(軍火)*를 주로 독일에서 제공받는 것을 볼 수 있으니, 이 전수(戰守)의 준비가 비단 중국이 독일에 의

巨靈 중국 황하(黃河)의 신령으로서 황하의 물줄기가 화산(華山)에 가로막혀 휘돌아 가는 것을 보고는 손을 들어 산의 윗부분을 쪼개고 발로 아랫부분을 갈라서 황하가 그 사이로 곧장 흘러가게 했다고 한다.

西瀛 서양.

行成 『春秋左傳』 등에서 흔히 볼 수 있는 표현으로 강화를 맺는다는 뜻.

猗角 사슴을 잡을 때 한 사람은 뿔을 잡고 다른 사람은 발을 비튼다는 뜻으로, 병력을 서로 다른 곳에 주둔시켜서 적을 양쪽에서 협공하거나 또는 유사시 서로 지원하는 모양을 비유하는 말.

敵愾 적왕소개(敵王所愾)의 줄임말로 『春秋左傳』 文公 四年條에 "제후가 왕이 노엽게 여기는 상대를 대적해서 공을 바친다."[諸侯敵王所愾 而獻其功]라고 한 구절에서 유래한 말.

綢繆 사전에 치밀하게 준비한다는 뜻으로 『詩經』 「豳風」 "鴟鴞"장에 "하늘이 흐리고 비오기 전에 뽕나무 뿌리를 캐어다가 문을 튼튼히 얽어 두면 지금 너 같은 아래 있는 사람이 혹시라도 감히 우리를 업신여길 것인가"[迨天之未陰雨 徹彼桑土 綢繆牖戶 今女下民 或敢侮予]라고 한 구절에서 나온 말.

陰雨持備 하늘이 흐리고 비오기 전에 하는 준비라는 뜻으로 전항의 주무(綢繆) 주석을 참고.

뢰해서 접제(接濟)*하여 유시무공(有恃無恐)*할 뿐만이 아니요, 장차 프랑스에 대한 계책을 결정해서 전쟁을 일으키려는 것이다. 대체로 독일이 프랑스에 승리한 이후에 안정된 국면을 유지하기로 마음을 먹었다. 그러므로 다시 오스트리아, 이탈리아 두 나라와 연합해서 복심(腹心)으로 삼은 것이요, 순망치한(脣亡齒寒)의 형세의 의거해서 그들로 하여금 함께 사직의 어려움을 구제하게 하되, "이 방법이 아니면 보거지세(輔車之勢)*를 이룰 수 없어서 프랑스 인의 보복 계획을 멈추게 할 수 없다."라고 생각한 것이다. 프랑스 인 또한 세 나라의 교제가 이미 굳건함을 보고서 변란을 일으키는 것을 신중히 하여, 원교근공(遠交近攻)의 지모를 본받지 않고 은밀하게 강역의 개척을 도모해서 아프리카의 여러 나라에서 용병(用兵)한 후에 다시 월남에 손을 뻗쳤던 것이다. 그 뜻은 외국에서 경영하고 겸병(兼竝)을 점차 키우다가, 웅장한 판도가 열리고 정예병이 다시 완성되기를 기다린 후에 기회를 보아 전력으로 독일에서 다시 빼앗는 데 있다.

好會 제후 간의 우호적인 회맹.
軍火 무기와 화약의 총칭.
接濟 필요한 물품을 마련함.
有恃無恐 의지할 만한 구석이 있어서 두려워하지 않는다는 뜻.

輔車之勢 보(輔)는 광대뼈, 거(車)는 잇몸을 가리키는바, 서로 떨어질 수 없는 긴밀한 관계를 가리킨다. 순망치한(脣亡齒寒)과 같은 뜻.

그렇다면 프랑스 인이 반드시 나폴레옹[拿破崙]의 치욕을 씻으려 함은 비단 독일만 알고 있을 뿐만이 아니라, 천하에 또한 모르는 자가 없는 것이다. 독일을 위한 계책으로는 마땅히 프랑스 인의 이권이 아직 충분하지 않고, 병위(兵威)가 치성하기 전에 기회를 틈타 의(義)에 근거한 주장을 선포하고 합종체교(合從締交)함으로써 약소국을 보호하고 흉포한 나라를 막아야 한다. 이와 같이 한다면 상무(商務)를 유지할 수 있고, 태평을 영원히 보존할 수 있으니, 아마도 서로 무사히 편안할 수 있을 것이다. 그러므로 독일의 군주와 재상이 처음으로 이 일을 한 것이니, 장차 대소를 막론하고 지구의 여러 나라들로 하여금 모두 동맹의 반열에 들게 하고, 사신을 간택해서 파견하고 호오를 함께 나눔으로써 각자 자기의 토우(土宇)를 지키고 그 즐거움과 이익을 누리게 할 것이다. 만약 강한 나라가 약한 나라를 침략하거나 인구가 많은 나라가 인구가 적은 나라에 포악한 짓을 하면 국외(局外)의 나라들이 그 시비를 결정할 것이며, 혹시 이를 따르지 않는다면 군기(群起)하여 공격할 것이니, 이는 서로 의각(倚角)이 되며 또 서로 견제를 하는 것이다.

이상은 호보(滬報)와 각국의 근신(近信)에 보인다.

[원문]

奧普意三國同盟

去年奧普意三國 同盟於境上 立有條欵 而不洩其意 故歐洲諸國欲知其實 雖百方偵搜 而終未有能得其情者 衆論紛紛 或云 有意於法蘭西 盖普法兩國 今雖稍輯干戈 繼以玉帛 然法人常有懷一蹙普都 以雪宿怨之志 普人亦常有再抑法人 以絶後患之念 故

競尙武備 唯釁是俟 使兩國人專屢起交戰之感 且今日同盟出於德相俾思麥之主見 而俾思麥則常思折法 同盟之意 專在於法國者 亦非無據也 又去冬意國政府 終布示三國同盟之由於全國人民 其意則內以永敦鄰誼 外以共禦敵國 爲其敵國者 非法而誰 夫三國壤地 皆接於法之東北境 而其間雖有荷蘭瑞西比耳時等三國 然皆不過大如黑子 若使三國有事疆場 則當其衝者 一法國而已 是以法人聞之 憂無不至 英俄諸國 亦不敢正視也 今歐洲建國者十有五 雖有大小之異 强弱之殊 皆不甚懸隔 故或兩國交戰 則諸國多助弱小 使一國無至於偏强 卽萬國公法所謂均勢之法 是也 然奧普意 皆以歐洲之大國 聯盟締約 戒嚴不怠者 其所見甚高 所慮甚遠也 間嘗縱觀天下之勢 合人必離離久必合 昔周之衰也 諸侯驕恣 弱肉强食 自春秋之世 浸淫而入於戰國 强大者七 泗上諸君長 疲於奔命 秦自關中得肆蠶食 攻城畧地 兵無休日 於是縱横之士 游說各國 或從或橫 所謂從者 有洛陽一書生 佩六國相印 合從以拒泰 使泰人不敢東向 又有信陵貴公子 將五國兵 追擊秦師 使秦泰兵 不敢出函谷關者 十五年 奈何山東六國 解從連衡 割地賂秦 自取覆亾乎 秦之求無已 而諸侯之地有限 相繼折而入於秦 六王畢而四海一 於是乎郡縣之制創焉 長城之役興焉 民不堪苦 天下雲擾 時有沛縣匹夫 起自布衣 提三尺劒 殲秦滅項 得天下於馬上 治之以詩書 創四白年之基業 其後雖割據不一 要東洋諸國 皆臣服中土 使華夏久守一統之權 去戰國之世遠矣 天又將合地球之全局 成一大戰國 今歐羅巴之戰國有六 曰俄曰英曰法曰普曰奧曰意 而土耳其西班牙不與焉 他如葡萄牙比利時荷蘭瑞士希臘丹馬暨歐東之羅馬尼亞塞爾非亞 槪不足言矣 其六大國 以方隅言之 俄處歐東 英法處歐西 普奧處歐之中原 意則地連奧法 如巨靈探臂於海 其都曰 羅馬 古大泰國之所都 人民美秀而文不媿 西瀛名國 昔曾爲奧所攻 座失威內斯諸部 當西歷一千八百五十二年 與布國連兵伐奧 布攻其北 意攻其南 布軍乘勝 轉戰而前 直逼奧都維也納 奧人懼而行成 遂擧威內斯古地歸諸意 近復棄怨修好錯踵於兩國之廷 以此觀之 則今人之智 誠有踰於古人 其卓見遠慮 高出於燕趙韓魏何啻四累之上 按二國之勢 逼於俄法 俄如攻奧 意爲之救 法如攻意 奧爲之援 相爲掎角 同伸敵愾 又不僅奧意爲然 普自戡法之後 合併列國 普德意志該撒爾尊號 譯言共主 威名日盛 法人深忌之 且以來因河上之地歸法 已歷百年 復爲德有 志存恢復 隱結俄人 欲乘機 東西幷擧 以收夾擊之功 一雪前耻 德之君相 豫料及之 先事綢繆 有備無患 遂與奧意會盟境上 立相助約 俄人知其陰雨之備曰 德國有人 未可與爭 乃更爲好會 結德君懽 法人知俄不爲我用 亦懼莫敢發 今又越南之役 見中國購戰船辦軍火 多向德國取資 是戰守之備 不啻中藉德以接濟 而有恃無恐 將決計與法 從事於兵戎 盖德旣勝法後 以保泰持盈爲心 故復聯合奧意二國 以結腹心 而依脣齒 俾同恤社稷之難以爲非此 無以成輔車之勢 而寢法人報復之謀也 法人亦見三國之交旣固 重於發難 不師遠交近攻之智隱爲開疆拓地之圖 旣用兵於阿非利加洲諸國 復求逞於越南 彼其意欲在外經營 兼竝坐大 俟雄圖旣闢 精銳更盛 然後觀釁乘便 用全力以取於德國 然則法人必圖雪拿破崙之耻 不獨德國知之 卽天下亦莫不知之 爲德國計者 宜乘法人利權未充 兵威未熾之時 仗義執言 合從締交 以保弱小而遏凶暴 夫如是則商務可以維持 太平可以永保 庶得相安於無事 故德之君相 創爲是擧 將使地毬諸國 無大無小 悉列爲同盟 簡派使臣 合好同惡 俾各守其士宇 各享其樂利 如有强侵弱衆暴寡者 則局外之國 爲定其是非 倘有不肯 則羣起而攻之 相爲倚角 又相爲牽制也 右見滬報及各國近信

28. 한성순보, 인교론(隣交論)

이른바 "협력동심(協力同心)해서 피차가 서로 유익하여 부강의 영역으로 나아간다."라는 것이 중국, 일본이 교제를 굳건히 하는 것이 아니라면 무엇이겠는가? 내가 평소에 이러한 논의를 견지해 왔는데, 지난번에 그 모임*의 회원 원중모(源仲謀)군의 인교론(隣交論)*을 보니 나의 뜻과 크게 합치했다. 이에 그것을 기록하여 여러 사람들이 볼 수 있게 하고자 한다.

■『한성순보』에서 일본의 흥아회(興亞會)의 뒤를 이은 아세아협회의 중일화친 정신을 소개하고, 이에 호응하는 글(부분). 동양연대론의 초기 형태를 보여 주고 있다. 원문 출전은 「隣交論」,『漢城旬報』 26호 1884년 7월 3일자.

"먼 나라와 교제하는 것이 가까운 나라와 교제하는 것만 같지 못하고, 가까운 나라와 교제하는 것이 이웃나라와 교제하는 것만 같지 못하다. 이는 먼 나라가 어리석고 가까운 나라가 지혜롭기 때문이 아니다. 교제가 가까운 이웃에 있는 것은 본(本)이요, 교제가 먼 나라에 있는 것은 말(末)이기 때문이다. 본(本)이란 정이 친밀하고 애정이 깊으며, 말(末)이란 정이 소원하고 애정이 얕다. 애정이 얕은 자는 그 염려가 소략하고 애정이 깊은 자는 그 염려가 상세함은 이치요, 또한 형세이다.

그 모임 흥아회(興亞會)의 후신인 아세아협회를 가리킴.
隣交論 원중모의 인교론은『아세아협회보고』 제2편에 수록되어 있다.

내가 일찍이 들으니, 한 영국인이 미국을 방문했을 적에 하루는 교외로 놀러 나갔다가 갑자기 돌아가는 길을 찾지 못하게 되었다. 민가로 갔지만 질문해도 대답하지 않고 두드려도 응하지 않았다. 그때 마침 프랑스 인을 만나 지도(指導)를 받아서 자기 거처에 돌아올 수 있었다고 한다. 이는 그 프랑스 인이 실제로 미국인보다 길을 잘 알아서가 아니라, 미국인의 소략함이 진실로 프랑스 인의 상세함만 같지 못했기 때문이다. 그러므로 애정이 깊은 자의 염려를 지혜로운 자가 따를 수 없는 것이다. 간관근절(懇款懃切)*함이 왕왕 이해(利害)의 단서가 되니, 화복(禍福)의 실제가 어찌 교외에서 지도의 공(功)을 얻는 데 그칠 뿐이겠는가? 그렇다면 응당 선린수호(善隣修好)하여 상친상애(相親相愛)의 도를 강구해야 하는 것이다.

懇款懃切 간관(懇款)은 간절하고 정성된 마음이며, 근절(懃切) 또한 은근하고 절실한 마음을 뜻함.

옛날에 초(楚)나라와 위(魏)나라가 조(趙)나라와 잘 교제해서 한단(邯鄲)*의 용사를 얻었고, 러시아는 독일, 오스트리아와 잘 교제해서 파리와 싱가포르[吧坡]의 동맹에서 차례로 사례를 받았으니, 모두 좋은 계모(計謀)였다고 할 만하다. 이로 인해 생각하건대, 인자(仁者)의 마음은 관홍측달(寬洪惻怛)*해서 대소강약(大小强弱)을 비교하는 사사로움이 없고, 지자(智者)의 생각은 이치에 밝고 시세를 잘 알아서 원망과 흠모, 시기와 희망 같은 정(情)을 계산하지 않는다. 그 쓰임[用]만 취할 뿐 그 모양[形]을 책망하지 않으며, 새로운 관계[新]로 나아갈 뿐 과거[舊]를 따지지 않아서, 오직 장차 저 나라가 또 우리나라와 함께 공진(共進)할 수 없게 될까 두려워할 뿐이다.

邯鄲 중국 하북성(河北省)에 있던 도시로 춘추시대에는 위(衛)나라에 속하였다가 나중에 진(晉)나라에 편입되었으며, 전국시대에는 조(趙)나라의 수도였음.
寬洪惻怛 마음이 관대하고 어려운 사람을 측은하게 여긴다는 뜻.

子輿 맹자(孟子)의 자(字).

以大事小者 樂天者也 以小事大者 畏天者也 樂天者 保天下 畏天者 保其國『孟子』「梁惠王下」에 나오는 구절.

자여(子輿)*씨가 말하길, "대국으로서 소국을 섬기는 자는 하늘을 즐기는 자요, 소국으로서 대국을 섬기는 자는 하늘을 두려워하는 자다. 하늘을 즐기는 자는 천하를 보전하고, 하늘을 두려워하는 자는 그 나라를 보전한다."*라고 했다. 이제 보건대, 대국으로서 소국과 교제하는 자는 이치를 아는 자요, 소국으로서 대국과 교제하는 자는 형세를 아는 자다. 이치를 아는 자는 나라가 강해져서 사람들이 우러러 보고, 형세를 아는 자는 나라가 편안해져서 사람들이 그것을 사랑한다. 또 나라들 사이엔 빈부의 차이가 있고, 군대엔 강약의 차이가 있다. 빈부의 근본은 사람의 현명함에 달려 있고, 강약의 근본은 병사의 용맹함에 달려 있으니, 그렇다면 대국이 그 큼을 잊고 강국이 그 강함을 잊어서, 소국을 능멸하지 않고 약국(弱國)과 함께하며, 그 도를 강구하고 그 이치를 연구해서, 긴 것으로 짧은 것을 보완하고 넘치는 것으로 미치지 못하는 것을 바로잡은 후에야 협심동력(協心同力)해서 장차 큰일을 할 수 있는 것이다. 그렇지만 이웃나라가 취해야 할 도리는, 충신(忠信)이 있는 자는 친애함이 있고, 충신이 없는 자는 친애함이 없는 법이니, 진실로 친애함이 없으면 의리와 시세에도 붙잡을 바가 없을 것이다. 아아! 우리 아시아 주 동방의 나라들이 사의(私意)를 제멋대로 펴서 이웃나라의 우호를 버렸으니 장차 어떻게 나라를 강하게 할 것이며, 나라를 편안히 할 것인가?"

원중모 군의 논의는 여기서 끝난다. 내가 이를 읽고서 나도 모르게 탄식을 금치 못하며 생각했다. "우리 중국과 일본 두 나라가 진실로 이와 같이 논의해서 일찍이 상친상애(相親相愛)의 도를 강구하여, 소위 그 쓰임[用]만 취할 뿐 그 모양[形]을 책망하지 않고, 새로운 관계[新]로 나아갈 뿐 과거[舊]를 따지지 않으며, 긴 것으로 짧은 것을 보완하고 넘치는 것으로 미치지 못하는 것을 잡아서, 협심동력(協心同力)하여 아시아 주에서 큰일을 했더라면 미국인이 어찌 감히 일본의 옆에서 호시탐탐 노렸을 것이며, 프랑스 인이 어찌 감히 중국의 강역 내에서 분주할 수 있었겠는가? 이로써 미뤄 보면, 러시아의 심모원려가 바다를 따라 동쪽으로 내려와서 장차 중국과 일본, 양국의 땅을 잠식하려고 할 때도 그 웅심(雄心)을 멈추고 그 교모(狡謀)를 완만하게 할 수 있을 것이다. 지금 세상은 웅도(雄圖)가 심하니 단연코 고립(孤立)하기 어렵다. 가령 남의 땅을 도모하고 남의 조약을 협박하려고 해도 서로 돕지 않으면 끝내 이룰 수 없을 것이다. 미국인이 일본 항구에 들어올 때 영국이 성세(聲勢)를 도왔고, 영국인이 중국 천진에 들어갈 때 프랑스가 병위(兵威)를 도왔다. 지나간 일이 마치 어제일 같으니, 어찌 돌아보고서 깨닫지 않을 수 있겠는가?"

[원문]

夫所謂協力同心 彼我相益 以進富强之域者 非中日固交而何 余往者素持此論 頃見該會中會員源仲謀君隣交論 與鄙意極合 爰錄之 以供衆覽焉 其言曰 交於遠者 不若交於近 交於近者 不若交於鄰 非彼愚而此智 蓋交在此者 本也 交在彼者 末也 本者 情親而愛深 末者 情疎而愛淺 愛淺者 其慮畧 愛深者 其慮詳 理也 亦勢也 愚常聞之 有一英人客美國 一日出遊於郊外 忽迷歸路 遂之民家 問焉而不對 叩焉而不應 會法人至 輒得指導 以還其寓云 夫彼法人之熟路 非果踰於美人也 美人之畧 固不如法人之詳細 故愛深者之慮 智者有所不及矣 而懇款懃切 往往得利害之端 而禍福之實 豈從郊外指導之功而止乎哉 然則在當善隣修好 而講究於相親相愛之道也 昔者楚魏善趙交 而得邯鄲之勇 俄西善德奧交 而替謝吧坡之盟 皆足以稱爲善謀焉 因思仁者之心 寬洪惻怛 無較大小强弱之私 智者之意 明理識勢 不計怨慕猜望之情 取其用 不責其形 卽其新 不究其舊 又將恐恐然惟懼其國之不得與我共進也 子輿氏有言曰 以大事小者 樂天者也 以小事大者 畏天者也 樂天者 保天下 畏天者 保其國 於今觀之 以大交小者 知理者也 以小交大者 知勢者也 知理者 國强而人仰之 知勢者 國安而人愛之 且國有貧富 兵有强弱 貧富之本 在於人之賢愚 而强弱之本 在乎士之勇怯 則大能忘大 强能忘强 小不凌 弱相與 講其道 究其理 長補短 過匡不逮而後 協心同力 將有大爲也 雖然鄰國之爲道也 有忠信者 有親愛 無忠信者 無親愛 苟無親愛 義理時勢 亦無所持已 嗚呼 我亞洲東方諸國 豈其縱私意 而棄鄰國之好 其何以强國 其何以安國 源仲謀君之論至此 余讀之 不禁喟然曰 吾中日兩邦 苟能如此論之 曾講究於相親相愛之道 所謂取其用 不責其形 卽其新 不究其舊 長補短 過匡不逮 協心同力 以大有爲於亞洲 則美人何敢眈眈於日本之側 法人何敢逐逐於中國之疆 推而至於俄之深謀遠慮 循海而東 將圖蠶食中日兩國之地 亦莫不戢其雄心 緩其狡謀矣 當今之世 卽甚雄圖 斷難孤立 卽圖人之地 脅人之約 不有相助 亦終無成 美人之入日本港也 有英爲之助聲勢 英人之入中國天津也 有法爲之助兵威 往事猶昨 可不反觀而悟哉

29. 유길준, 중립론

■ 갑신정변이 실패하고 청국의 간섭이 강화된 상황에서 1885년 말 유길준이 조선독립의 방안으로서 제시한 중립론. 청국의 주도하에 영국, 프랑스, 일본, 러시아가 조선의 중립을 보장할 것을 제안하였다. 원문 출전은 『兪吉濬全書』(일조각, 1971) 제4권, 319–331쪽.

국가의 중립에는 두 가지 방식이 있다. 첫 번째는 전시중립(戰時中立)이고 두 번째는 항구중립(恒久中立)이다. 중립이란 만국의 가운데서 여러 국가의 전쟁에 간여하지 않는 것을 말한다.

전시중립이란 무엇인가? 갑과 을 양국 사이에 사단이 발생해서 서로 따지다가 무력 충돌에까지 이르면, 인근 국가들은 중립령을 내리고 엄중하게 수비하여 갑국과 을국이 자국의 국경을 넘는 것을 불허하고 독자적으로 전쟁을 해서 서로 승부를 결정짓게 하는 것이다. 그러므로 만일 어떤 국가가 약소해서 자력으로 중립의 울타리[中立之柵]를 지키지 못하면 간혹 주변의 국가들이 협의해서 대신 중립을 시행해 주는 것으로 자보(自保)의 방책을 삼는 경우가 있는 것이다. 이는 부득이한 형세에서 나온 것으로 공법이 허용하는 것이다. 항구중립이란 무엇인가? 각국의 요충지에 위치한 어떤 국가가 원래는 부강하였으나 후

대의 사람들이 스스로 지키지 못하고 형세가 절박해진 나머지 강대국의 수중에 들어가게 되면, 시국의 대권이 동요되어 인근 국가에도 재앙의 단서[禍機]를 미치게 된다. 그러므로 여러 국가가 협의를 통해 조약을 체결하여 그 국가를 중립으로 만들어서 전시와 평시를 막론하고 타국의 군대가 그 국경에 진입하는 것을 불허하고, 만일 조약을 어기는 국가가 있으면 여러 국가가 함께 공격하여 그 죄를 성토하는 것이다.

현재 유럽의 벨기에와 불가리아, 그리고 흑해의 2, 3개 섬이 중립국 혹은 중립지다. 공법에는 오직 자주지국(自主之國)만이 중립권을 보유할 수 있다고 되어 있다. 그런데 벨기에의 경우는 이에 해당하지만 불가리아는 터키에 조공을 바치는 소국에 불과하며, 흑해의 섬들은 여러 나라에 분산 예속되어 있어 국가를 이루지 못하는 데도 이 권리[權]를 보유하고 있으니, 이는 다만 공법에만 구애되어서는 안 되는 것이다.

咽喉 목구멍.

지금 우리나라는 지리적으로 보자면 아시아의 인후(咽喉)*에 위치하고 있어서 유럽의 벨기에와 같고, 지위로 보자면 중국의 공방(貢邦)이어서 터키에 대한 불가리아의 위치와 같다. 그러나 동등한 예를 통해 각국과 조약을 체결하는 권리는 불가리아에는 없지만 우리나라는 그것을 보유하고 있으며, 조공국의 반열에서 타국의 책봉을 받는 일은 벨기에에는 없지만 우리나라에는 있다. 그러므로 우리나라의 체세(體勢)는 사실상 벨기에와 불가리아 양국의 전례(典禮)를 겸한 것이다. 조약을 통해 불가리아를 중립화한 것은 유럽의 강대국들이 러시아를 방어하는 계책에서 나온 것이며, 벨기에를 중립국으로 만든 것은 유럽의 강대국들이 상호 자보(自保)의 정책을 취한 결과였다. 이로써 논한다면, 우리나라가 아시아의 중립국이 되는 것은 실로 러시아를 막는 관건[大機]이자 또한 아시아의 대국들이 서로 보전할 수 있는 정략이 되는 것이다.

러시아라는 국가는 만여 리에 달하는 황량하고 추운 지역을 차지하고 있으며 정예 병사가 백만 명이나 되어 날마다 영토를 확장하는 일에 진력하고 있다. 중앙아시아의 소국들을 회유하여 자국의 보호 하에 두기도 하고, 혹은 독립의 권리를 담임(擔任)한다고 하면서 혈맹의 핏자국이 채 마르기도 전에 그 토지를 자국의 영토로 편입시키고 인민을 자신들의 노예로 삼는다. 강국이 약국을 병합하려고 하고, 대국이 소국을 집어 삼키려고 하는 것은 본래 인간 세상의 고질병[技癢]*이다. 그런데 러시아는 특히 무도함이 심하므로 온 천하가 지목하여 탐욕스럽고 흉포하다고 하는 것이다. 그런데도 러시아는 그 흉포한 마음[虎狼之心]을 호시탐탐 그치지 않고 교도(敎徒)의 일을 빙자하여 터키에서 전란을 일으키고는 그것을 멸망시키려고 하였으며, 콘스탄티노플을 점거해서 장차 유럽을

技癢 지니고 있는 재주를 쓰고 싶어서 마음이 간질간질함.

잠식할 기반으로 삼으려고 하였다. 그러자 영국과 프랑스 등 여러 국가가 한꺼번에 일어나 터키를 원조하여 러시아의 예봉을 막고 그 계획을 저지하였다. 이에 러시아 인들은 주변 강대국들과 원한을 맺어서는 안 된다는 것을 깨닫고, 마침내 군대를 동쪽으로 이동시켜서 중무장한 군대[重兵]를 블라디보스토크에 주둔시키고 시베리아 철도를 가설하였다. 그런데 그 비용이 막대해서 이득이 손실을 충당하지 못하니, 저들의 의도는 굳이 지혜로운 자가 아니더라도 판별할 수 있다. 그렇다면 우리나라의 위태로움은 그 절박함이 경각에 달려 있다고 할 수 있을 것이다.

우리나라가 오늘날의 형세에 처하여 아직까지 만국의 사이에서 토지와 인민을 보전할 수 있었던 것은 중국이 이를 하사해 주었기 때문이다. 러시아 인들이 우리를 노린 것이 오래되었으나 아직까지 감히 거동하지 못한 것은, 비록 균세지법(均勢之法)*에 저지당하였기 때문이라고는 하지만, 실제로는 중국을 두려워해서 그랬던 것이다. 일본 또한 우리나라를 취할 뜻이 일찍이 없지 않았지만, 다만 저들의 세력이 부족하고 힘이 미치지 못하여 자보(自保)하기에도 겨를이 없었으니 어떻게 감히 중국과 항쟁할 수 있었겠는가? 그러므로 우리나라가 의지하여 국가를 유지할 수 있는 것은 중국의 보살핌[顧護]에 달려 있다고 하는 것이다.

혹자는 말하기를, "중국이 다시 우리나라를 병합하려고 하지 않을지 어떻게 알겠는가?"라고 한다. 그러나 이는 잘못된 말이다. 만일 중국이 이러한 일을 하려고 했다면, 왜 고생스럽게 우리에게 여러 국가와 조약을 체결할 것을 권유하였다가 오늘에 이르러서야 비로소 그 뜻을 이루려 하겠는가? 중국이 멀리서 온 사람[遠人]을 대하는 도는 예로부터 대체로 관유(寬柔)*하게 하여 다만 공물을 받고 책봉을 내려줄 뿐이었으며, 자치를 허락하고 그 외의 것은 다시 묻지 않았다. 또 다른 이는 "미국[合衆國]은 우리나라와 우의가 두터우므로 의지하여 원군을 삼을 만하다."라고 한다. 그러나 이 또한 옳지 않다. 미국은 중명(重溟) 저편에 있어서 우리와는 특별히 깊은 관계가 없고, 게다가 먼로 독트린[蔓老約] 이후로는 유럽과 아시아의 일에 간섭할 수가 없다. 그러므로 우리에게 위급한 일이 발생하면 저들이 혹 말로는 도와줄 수 있을지 모르지만, 감히 무기를 가지고 구원해 줄 수는 없는 것이다. "천 마디 말이 한 알의 탄환만 못하다."*라는 말이 있다. 따라서 미국은 통상 상대국으로서 친교할 수는 있을지언정 급할 때의 우방으로서는 의지할 수 없는 것이다.

그러나 중국은 우리나라가 수천 년 동안 조공을 바치고 책봉을 받아 온 국가로서 그 의관과 문물을 모두 모방하였으며 세속의 기호[俗尙]와 호오(好惡)

均勢之法 균세(均勢)는 지금 표현으로 세력 균형(balance of power)을 의미.

寬柔 『中庸』 제20장에 "천하와 국가를 다스림에 아홉 가지의 떳떳한 법(九經)이 있으니, 그것은 몸을 닦음과 어진 이를 존중함과 친척을 친히 함과 대신을 공경함과 여러 신하들의 마음을 입장을 바꾸어 살핌과 백성을 자식처럼 사랑함과 공인[百工]을 오게 함과 먼 지방의 사람들을 회유함과 제후들을 은혜롭게 하는 것이다"[凡爲天下國家 有九經曰 修身也 尊賢也 親親也 敬大臣也 體群臣也 子庶民也 來百工也 柔遠人也 懷諸侯也]라는 구절이 있다.

千言不如一丸 "공법 천 마디 말[公法千言]이 대포일문(大砲一門)만 못하다"라는 경구는 후쿠자와 유키치가 『통속국권론』(通俗國權論)에서 사용한 말로 1890년대, 1900년대 개화기 조

가 서로 같다. 또한 사람으로 보자면 기자(箕子) 성인의 여풍이 남아 있으며, 지세로 보자면 북경의 동쪽 울타리에 해당한다. 중국이 우리를 친애하고 우리가 중국을 따르는 것이 깊기 때문에 믿고 의지함이 돈독하니, 이번에 원병을 청한 한 가지 일만 보더라도 평소의 애호하는 마음을 알 수 있는 것이다.

비록 시무에는 다소 통달하지 못한 점이 있다고는 하지만 일본이 우리를 대하는 것은 매양 중국을 본뜨면서도 오히려 한 술 더 떠서, 내지의 무역으로부터 해변의 어채(漁採)와 한성의 개잔(開棧)*에 이르기까지 일마다 이처럼 심해서 우리나라가 이미 일방적으로 피해를 입고 있다. 이번에도 중국 군대는 한성 2백 리 밖에 주둔하였으나 일본 군대는 말을 몰아 입성하여 마치 사람이 없는 듯 방자하게 굴었으니, 이는 비단 저들이 우리나라를 무시한 것일 뿐만 아니라, 저들에게 함부로 중국을 경시하는 뜻이 있음을 알 수 있다. 만일 우리가 힘이 있었다면 저들을 맞이하여 싸워서 모두 죽여 버리더라도 안 될 것이 없겠지만, 실제로는 항의 한 마디 못하고 벌벌 떨며 오직 우호를 잃지나 않을까 근심하였을 뿐이다. 이는 우리나라 인민들이 자강(自强)을 하지 못한 탓이니 다시 누구에게 죄를 돌리겠는가.

가령 일본군이 금일 철군하더라도 크게 기뻐할 것이 없고, 백 년을 주둔하더라도 지금보다 더 근심할 필요가 없다. 그 이유는 무엇인가. 비록 저들이 오늘 떠난다고 하더라도 내일 다시 오고 싶으면 올 수 있는 것이다. 그리고 저들이 오려고만 한다면 어찌 구실이 없음을 근심하겠는가. 이후로 일본뿐만 아니라 천하의 병력을 보유한 국가들이 모두 이와 같을 것이다. 그러므로 금일 외국 군대를 잠시 철병시키더라도 이는 단지 눈앞의 군대를 제거한 것일 뿐이며, 각국이 마음속에 품은 예봉은 사라지지 않아서 압록강과 두만강 사이에서 날마다 소란스럽게 그림자와 메아리처럼 쫓고 쫓기는 만국의 병마(兵馬)는 그칠 날이 없을 것이다. 그리고 러시아 인으로 인한 근심도 장차 이로 인해 더욱 커질 것이다.

미안마와 베트남 등은 그 유무가 중국에 크게 관계되는 바가 없었음에도 불구하고 영국과 프랑스가 발호하자 중국의 위신이 손상을 입었다. 이제 러시아가 또한 우리나라에 대하여 영국이 미안마에, 프랑스가 베트남에 한 것처럼 하려고 하는데, 만일 우리나라가 수비를 하지 못한다면 중국의 우환도 마치 입술을 잃은 이처럼 위태로움이 장차 심할 것이니 위신 따위를 논할 겨를이 있겠는가? 설사 중국이 평소에 우리나라를 원수처럼 여겼다고 하더라도, 영국과 프랑스가 터키를 미워하였음에도 불구하고 혈투를 벌여 터키를 보존하는 것으로 자위의 방책을 삼았던 것과 같이 하여야 하거늘, 하물며 사천 년 동안 관계를 맺

선의 지식인들 사이에 널리 회자되었다. 후쿠자와 유키치의 발언은 다음과 같다. "백 권의 만국공법은 수문의 대포보다 못하고, 몇 권의 화친 조약은 한 궤짝의 탄약보다 못하다. 대포와 탄약은 있는 도리를 주장하는 수단이 아니라 없는 도리를 만드는 기계이다. … 각국의 교제의 길은 두 가지, 멸망하느냐 멸망당하느냐 뿐이라고 말할 수 있다."

開棧 외국 상인이 국내의 일정한 지역에서 상행위를 할 수 있도록 하는 것을 뜻한다. 1882년 조청상민수륙무역장정(朝淸商民水陸貿易章程)의 제4조에 따라 북경과 한성 양화진(楊花津)에서의 개잔 무역이 시작되었다. 일본은 1883년 조일통상장정(朝日通商章程)의 제42관에서 일본 상인에 대한 최혜국대우 조항이 규정됨에 따라 공식적으로 내륙 무역권을 획득하게 되었다.

고 수백 년 동안 섬겼던 나라에 있어서이겠는가. 작은 내란이 발생하여도 서로 구해 주어야 하거늘 하물며 국가의 존망이 걸린 외우(外憂)에 있어서이겠는가.

모든 일은 미연에 방지하는 것이 중요하다. 그렇다면 중국은 장차 어떤 계책을 써서 우리를 보호하여야 하는가? 만일 러시아 인이 움직이는 것을 기다렸다가 출병해서 멀리서 구원하려고 한다면 선후의 순서가 이미 나누어져 승패를 예측할 수 없으며, 설혹 러시아 군대를 국경 밖으로 쫓아낸다고 하더라도 병력과 군비를 소모하여 피해가 자심할 것이니 필경 좋은 방책이 아니다. 그렇다고 군대를 미리 파병하여 우리나라 북쪽 국경에 주둔시켜 수비한다면 러시아 인들에게 좋은 구실을 제공하기에 충분하며, 일본도 망동하여 또 반드시 금일의 행위를 반복할 것이다. 이는 도리어 무사태평한 날에 사단을 만들어서 화란(禍難)의 단서를 재촉하는 꼴이 된다.

그렇다면 어떻게 해야 하는가. 그 해결책은 우리나라가 아시아의 중립국이 되는 데 있을 것이다. 국가로서 자강(自强)하지 못하여 다른 국가들의 조약을 빌어 근근이 자보(自保)의 계책으로 삼으려는 것은 또한 매우 구차할 뿐이니, 어찌 사람이 기꺼이 할 수 있는 일이겠는가. 그러나 국가는 스스로 자신의 형세를 파악하는 것이 중요하다. 억지로 큰 소리를 치는 것은 끝내 일에 무익할 뿐이다.

사람은 원려(遠慮)가 없으면 반드시 근우(近憂)가 생기고, 국가는 작은 난리를 계기로 혹 큰 공을 이루기도 한다. 우리나라가 통상을 시작한 후로 오늘날까지 근심이 없었다고 할 수도 없으며, 또한 난리가 없었다고 할 수도 없다. 오직 중립 한 가지 일만이 우리나라를 보수(保守)하는 방책이다. 그러나 이는 우리가 먼저 제창할 수 없으므로 마땅히 중국에게 요청하여 처리하도록 해야 할 것이다. 만일 중국이 다른 일로 인해 즉시 인준해 주지 않으면 오늘 요청하고 내일 또 요청해서 중국이 맹주가 되어 영국, 프랑스, 일본, 러시아 등 아시아 지역의 관련국들을 회동시키고, 우리를 그 사이에 나가게 해서 공동으로 맹관(盟款)을 체결하도록 해야 할 것이다.

이는 비단 우리나라의 입장만을 위한 것이 아니라 또한 중국의 이익이자 여러 나라가 상호 보존하는 계책이 되니, 어찌 수고롭다고 이것을 하지 않겠는가. 유럽의 대국들은 방아(防俄)와 자보(自保)의 계책을 마련하기에 급급해서 벨기에와 불가리아 양국의 중립을 공동으로 선언하고 순식간에 성사시켰는데, 왜 아시아의 대국들은 한갓 근심할 줄만 알고 계책을 세울 줄은 알지 못하는가. 과거에는 진실로 기회가 없을 뿐이었으나 지금은 때가 도래하고 기회가 좋다고 할 만하다. 만일 우리나라가 지금 이 기회를 이용해서 중국에 요청한다면 일이 원만히 이루어질 것이다. 이는 곧 러시아 인의 흉심(凶心)을 외교의 장[玉帛之間]에서 은밀히 좌절시키는 것이니, 살벌한 기운을 담소로 변화시킬 수 있을 것이다. 그리고 중국은 한 명의 병사도 수고롭게 하지 않고 동쪽의 근심을 영원히 제거할 수 있을 것이며, 우리나라는 만리장성을 쌓은 것같이 든든하여 가만히 앉아서 만세의 이익을 누리게 될 것이다. 그 시종(始終)의 방략이 오직 중국에 달려 있으며, 우리나라가 친신(親信)할 만한 나라도 중국만한 것이 없다. 부디 우리 정부는 중국에 간곡히 요청하라.

[원문]

凡國之中立有二道 一曰戰時中立 二曰恒久中立也 中立者立於萬國之中 不與於諸國戰爭之謂也 何謂戰時中立 甲乙二國有事相詰 至於干戈相接 則其隣近諸邦出中立之令 嚴兵守備 不許甲乙國過境 而任自爲戰 互決勝負也 故若有一國弱小 不能自守中立之柵 則隣國亦或協議替行 以爲自保之策 此乃出於不得已之勢 公法之所許也 何謂恒久中立 此有一國 地據各國要衝而富强 後人不敷自守 爲勢所迫折而入於强國之手則撓時局之大權 貽隣國之禍機 故諸國協議立約 以其國爲中立 而毋論平時戰時 不許他國兵之入其境 若有犯約者 則諸國共攻之 以聲其罪也

今歐羅巴洲之比利時發佳利亞及黑海之二三島 或爲中立國 或爲中立地 公法曰 惟自主之國能有中立之權 如比利時則固然 而發佳利亞乃贈貢於土耳基之一小國也 黑海之島散隷各邦 不成爲國而亦存是權 此不可但以公法泥之也

今我邦以地則處亞洲之咽喉 若比利時之於歐羅巴 以位則爲中國之貢邦 如發佳利亞之於土耳基 然用同等之禮 結約各國之權 發佳利亞之所無而我邦有之 在貢邦之列 受冊他邦之事 比利時之所無而我邦有之 是故我邦之體勢實兼比發兩國之典例也 發佳利亞之約爲中立者 歐洲諸大國出於防俄之計 而比利時之約爲中立者 歐洲諸大國相爲自保之策也 由是論之 我邦爲亞洲中立國則實防俄之大機 而亦亞洲諸大國相保之政略也 夫俄之爲國 跨有萬餘里荒寒之土 精兵百萬 日務拓疆 誘中亞諸小國而或寘保護之下或謂擔認其獨立之權 盟血未乾 遂皆郡縣其土地 奴隷其人民 强者之欲幷弱 大者之欲呑小 固人世之技癢 然而俄特無道之深 故天下目之以貪暴也 其虎狼之心猶且耽耽不已 假託敎徒之事 搆兵於土耳基而欲滅其國 據君斯坦丁堡 將以爲蠶食歐洲之基 英法諸國群起而援土 遏其鋒而沮其計 俄人知不可與諸强隣爲仇 遂東其兵 以重兵鎭海蔘威 而至架西伯利亞之鐵路 其費甚鉅 得不償失 則其意之所在 不俟智者而可辨 然則我邦之危 其迫在呼吸乎 我邦以今日之勢 猶在萬國之間 得保其土地人民者 中國之所賜也 俄人睥睨我久矣而姑且不敢動者 雖曰爲均勢之法所沮 實畏中國而然也 日本亦未嘗無意於我 而顧其勢有所不足 力有所未及 自保之不暇 安敢與中國抗哉 故曰 我邦之所恃而爲國者 在於中國之顧護也 或曰 安知中國又不欲呑倂我乎 此則不然 苟中國之欲爲是也 何苦而勸訂諸國之約 乃到今日而始行其志哉 中國待遠人之道 自古迄今 槩從寬柔 只收其貢 冊其封 而使自爲治 餘不復問也 或曰 合衆國 與我深厚 可倚而爲援 曰否 合衆國遠在重溟之外 與我別無深重關係 而且自蔓老約後 不能干涉於歐亞之事 如我有急 則彼或以言詞相助 不敢用干戈相救 語云 千言不如一丸 是故合衆國則可親以爲通商之國 不可恃以爲緩急之友 而中國惟我幾千年奉貢受責之國 衣冠文物悉皆摹倣 俗尙好惡互相比同 其人則箕聖之餘風 其地則燕京之東蔽也 親附之深 故倚信之篤 今者請援之一事亦可見平素愛好 而雖曰 少有未達於時務 日本之待我動效

中國而駕軼之 自內地之貿易 海邊之漁採 漢城之開棧 種種如是 我已偏受其害 而此次中國之兵在於二百里之外 日本之兵長駈而入城 若無人然 是非但藐示我邦 彼其肆然有輕中國之志可見也 苟我有力則雖逆擊而盡斃之 無所不可 而不能發一詞相詰 惴惴然惟恐失和 此則我邦人民不能自强之責也 復誰尤哉 使日本之兵今日撤去 我不足深喜也 百年留住 我不必加憂也 其故何也 彼雖今日去 而明日欲復來則可來 彼欲其來 何患無辭 自是之後 非獨日本爲然 天下有兵之國皆將如是 故雖使今日暫行撤兵此只去眼前之兵 而各國意中之鋒未銷 鴨豆兩江之間日隱隱馳逐萬國影響之兵馬而無已時也 俄人之憂其從此愈大乎 夫緬甸安南之屬 其有無不甚重輕於中國 然而英法跋扈之擧猶損中國之聲威 今俄之於我邦亦欲英於緬而法於安 使我邦失守 則中國之患如齒亡脣危且甚矣 奚暇論聲威哉 使中國之於我邦素雖相仇視 如英法之嫉土猶血爭而保存之 以爲自衛之方策 況有四千年關係而數百年服事者乎 內亂之小而猶且相救 況外憂存亡之機乎 凡事貴防於未然 中國將用何計而保我乎 若俟俄兵之動而出兵遠救則先後之制已分 勝敗未可知 而設或駈俄出境 勞師費餉 罷弊滋甚 究非良策也 如欲預派重兵 鎭我北邊而備之 則適足以藉俄人之口實 而日本之妄動又必如今日之爲 是反生事於無事之日 以促其禍亂之機也 然則何爲而可乎 其在我邦爲亞洲中立之國乎夫有國而不能自强 願借諸邦之約 僅僅欲爲自保之計亦區區之甚耳 豈人所甘爲哉 然而國貴自知其勢 强爲大談 終無益於事也 人無遠慮必有近憂 國以小亂或興大功 我邦自通商後至于今日 不可曰無憂 而亦未可謂之無亂也 唯中立之一事寔我邦保守之策而此不可自我而倡之 則其宜請於中國而辦理之乎 如中國或因事而未卽聽準 今日請之明日又請之 乞中國之爲盟主 會同諸國如英法日俄之有關係於亞土者 而進我於其間共訂其盟款乎 此非獨爲我邦之地 亦中國之利也 諸國相保之計也 何苦而不爲是哉 歐洲諸大國汲汲於防俄自保之計 比發兩國之中立 一唱衆和 成於咄嗟指顧之頃 奈之何亞洲諸大國徒知憂之 而不知所以計之乎 向之時固未有其機耳 今則可謂時到機合 自我邦及今之時 乘此之機 請之中國 則事可諧矣 此乃陰折俄人之凶心於玉帛之間 殺伐之氣可變以爲談笑 而中國則不煩一兵 永絶東顧之憂也 我邦則恃如長城 坐收萬世之利也 其終始方略惟在中國 而我邦之所親信又莫如中國 願我政府 懇懇請之

30. 김옥균, 리훙장에게 보낸 서한

김옥균이 대청국 문학사일등 숙의백(肅毅伯) 이중당(李中堂) 대인 각하*께 말씀을 아룁니다. 저는 조선의 일사(逸士)*입니다. 갑신(甲申, 1884)년 겨울 경성에서 변란이 발생했을 때 소인들의 작란(作亂)을 당하여 성명(性命)이 위태로워서 형편상 부득이 전대에 숨어 빠져나가[載櫜]* 동쪽으로 달아나 일본의 에도(江戶)에 이르렀으니, 이는 실로 일본 공사 다케조에 신이치로(竹添進一郎)의 위급한 상황에서 사람을 구원해 주는 의기(義氣)에 힘입은 것이었습니다. 그 후로 종종 서쪽에서 온 소식을 들었는데, 한 파의 간당(奸黨)이 기회를 틈타 사사로운 계책을 써서 저를 무고로 얽어매고, 심지어는 "찬역(簒逆)의 죄가 있을 뿐만 아니라 방자한 행동과 잔혹함이 한도가 없으니, 뱀과 전갈의 독이 아직도 다하지 않았다."라고 했습니다. 그리고 바로 일본 정부에 저를 포박해서 돌려보낼

■ 일본 망명 중이던 김옥균이 1886년에 리훙장에게 보낸 편지. 김옥균은 중국과 조선을 '입술과 이의 관계'[脣齒之勢]로 전제하고, 청국과 일본 및 다른 열강들의 이해관계를 절충하여 한국의 독립과 동양 평화를 보전하는 대안으로서 청국을 맹주로 한 조선의 중립국화를 제시하였다. 원문 출전은 「與李鴻章書」, 『金玉均全集』(아세아문화사, 1979), 151~152쪽.

■ 金玉均(1851~1894) 안동 김씨 가문에서 태어나, 박규수의 사랑방에서 개화당을 결성하고 1884년 우정국 낙성식에서 갑신정변을 일으켰다. 그러나 3일천

하로 끝나 일본으로 망명하였다. 1894년 리훙장과 만나기 위해 청으로 갔다가 홍종우에게 암살되었고 시체는 능지처참되었다.

李中堂大人閣下 리훙장(李鴻章)을 가리킴.

逸士 은둔한 선비.

載橐 탁재(橐載)라고도 쓴다. 탁재(橐載)는 자루에 몸을 숨긴 채 수레에 실려 달아났다는 뜻으로, 『史記』「范雎蔡澤列傳」에 "오자서가 자루에 숨은 채로 수레를 타고 소관을 빠져나가 밤에만 움직이고 낮에는 은신하여 능수에 이르렀다."[伍子胥橐載而出昭關 夜行晝伏 至於陵水]는 구절이 있다.

指使 막후에서 계책을 내어 교사함.

池運永 1852~1935. 김정희의 제자로, 강위의 문하에서 시문 등을 배움. 1870년대 말 육교시사(六橋詩社)의 동인으로 활약. 1880년대 초반에 통리군국사무아문의 주사(主事)로 개화정책을 구현하기 위하여 노력함. 그러나 갑신정변 후에 김옥균을 암살하기 위해 일본에 건너갔다가 실패하고, 강제귀국 당하여 원악지(遠惡地)로 유배당하였음. 1895년 유배생활에서 풀려나 상소문을 올려 재기를 꿈꾸었지만 목적을 이루지 못함.

袁氏 위안스카이(袁世凱)를 가리킴.

奇貨 기이한 보화라는 뜻으로, 여

것을 요청했습니다. 당시 온 세상이 회자하며 서로 전하기를, 이는 바로 중국의 이중당이 은밀히 지사(指使)*한 것이라고 했습니다. 제가 이 말을 듣고 실로 마음속으로 의심했으니, 한 마디 말씀을 각하께 질의하고자 합니다.

매양 편제(便梯)를 믿기 어려움을 근심해서 단지 스스로 가만히 있을 뿐이었는데, 지금 천만 뜻밖에도 기괴해서 입에 올리기도 어려운 일이 일어났습니다. 조선에서 지운영(池運永)*이라는 성명을 가진 자가 일본 동경에 잠입했는데 그 행동거지가 자못 의심스러웠습니다. 그래서 제가 동지 몇 사람과 함께 계획해서 그 거동을 처음부터 끝까지 정찰했습니다. 한 달 동안 애써 심산(心算)을 써서 마침내 그 이른바 위임장이라는 것과 여러 서류의 적확한 증거를 모두 입수하고서야 비로소 지운영이라는 자가 저를 모살(謀殺)하려는 자객임을 깨닫게 되었습니다. 그런데 그 서류 가운데 "중국의 이중당이 김옥균을 체포하기 위해 일본 정부에 글을 보낸 것이 세 번인데, 두 번은 일본정부에서 이치에 근거하여 거절했다. 그런데 세 번째 답에선 비록 그 체포와 송환을 허락하지는 않았지만, 설령 한국인이 그를 암살하더라도 일본 정부에서는 치지도외(置之度外)하여 결코 그 책임을 묻지 않겠다고 했다. 중당이 이에 근거하여 원씨(袁氏)*와 논의해서 우리 정부로 하여금 역사(力士)를 보내게 하자, 정부에서 마침내 지운영을 천거하여 그 임무를 맡겼다."라는 말이 있었습니다.

저는 그것을 보고서 바로 의혹이 머릿속에 가득하여 각하를 이해할 수 없었습니다. 각하께선 일국의 대신으로서 나라의 안위가 거의 날마다 각하께서 취하시는 계책의 득실에 관계됩니다. 더구나 지금 각하께서 조선에 대해 심혈을 기울이면서도 수고로움을 알지 못하시는 것은, 또한 동아(東亞)의 대세를 자임하지 않음이 없기 때문이 아니겠습니까? 각하께선 일세의 중망(重望)과 주목을 받고 계시니, 그 젊어지신 것이 참으로 어떻습니까? 그런데도 각하께선 어찌 칼을 옆구리에 끼고서 사람을 죽이는 임무를 교사할 수 있단 말입니까? 제가 혼자 생각하건대, 이는 반드시 위안스카이(遠世凱)와 같은 연소하고 무식한 무리가 조선의 간류(奸類)에게 자기 공을 과시하고자 이처럼 어린애 같은 짓을 한 것입니다. 각하께선 어떻게 생각하십니까? 일이 만약 불행해서 이것이 진실로 각하의 행위에서 나온 것이라면, 각하께선 이미 조선의 일을 자임하셨으니 마땅히 시사(時事)에 노련하고 도리를 정밀히 아는 자를 선택해서 조선에 보내시고, 때로 충언으로 고하여 깨우쳐 주어야 할 것입니다. 이렇게 하지 않고, 도리어 위안스카이와 같이 입에서 아직 젖비린내가 나는 무지한 일개 무부(武夫)로 하여금 대사를 맡아서 마치 놀이하는 것처럼 하게 하신다면, 각하께선 조선 일국을 한때 위안스카이의 일신을 도모하기 위한 기화(奇貨)*로 삼으시는 것이니, 아마도 반드시 귀국이나 동아(東亞)의 복이 되지는 않을 것입니다. 각하께서 어찌 이러한 일을 하시겠습니까?

기선 출세를 위해 활용가치가 있는 재물을 뜻한다. 전국시대 말기에 대상인이었던 여불위(呂不韋)라는 인물이 당시 조(趙)나라에 볼모로 와 천대받고 있던 진(秦)나라 공자 자초(子楚)를 만난 후에, 그를 '사둘 만한 기화'[奇貨可居]라 여기고는, 계책을 써서 진나라의 왕이 되게 함으로써 그의 아들 진시황 대에 이르기까지 진나라의 승상을 지냈다는 고사가 있음.

다만 2년 전의 일을 가지고 논하더라도, 위안스카이와 간당(奸黨)이 음모가 신속해서 우리 왕궁을 향해 포격하자, 일시에 광란(匡亂)*의 기틀이 전쟁터가 되어 버렸습니다. 그런데도 저 무리는 자신들의 죄를 숨기는 데 급급해서 우리 임금의 성심(聖心)을 광혹(誑惑)하고 제멋대로 저의 잘못을 꾸며대서 각하께 아뢴 것이니, 어찌 참으로 믿을 수 있겠습니까? 저는 각하께서 저에게 가지는 분노가 일본의 병력을 빌린 데 있음을 잘 알고 있습니다만, 그것은 본디 사세의 부득이함에서 나온 것이었습니다.

匡亂 난세를 바로잡음.

저는 천하대세와 이해의 관계를 대략 알고 있습니다. 귀국과 동아(東亞)의 대국(大局)이 우리나라와 자연 순치지세(脣齒之勢)*를 이루고 있는데, 제가 어찌 작은 일신을 위해서 의도적으로 그 사이에 틈을 만들겠습니까? 임오(壬午, 1882)년에 한 번 변고가 있은 후로 무뢰간류(無賴奸類)가 모두 원씨 무리들에 들러붙어서 은밀히 결당(結黨)한 후 그 힘을 빌려 위복(威福)*을 내리고, 우리 왕의 총명을 가로막아 국권(國權)을 부정하게 통제하고 정령(政令)을 방해하니, 국세가 날로 경복(傾覆)*에 가까워졌습니다. 이러한 때를 당해서 저는 각하께 한 번 청하여 시세의 어려움을 통절히 논하고자 했으나, 간악하고 어린 무리들이 다방으로 설계해서 끝내 가로막히고 말았습니다. 아아! 그 염두에 둔 국계(國計)를 형세상 감히 수수방관할 수 없었기 때문에 이에 격절(激切)한 행동을 권도(權道)로 행해서 구급지책(救急之策)을 삼았던 것입니다. 그러나 약간의 흉산(胸算)에 있어선, 미처 진술하기도 전에 곧바로 어린애들에 의해 일이 그르쳐져서 대사(大事)가 중도에 와해되었으니 어찌 통탄하지 않을 수 있겠습니까? 현명하신 각하께선 또한 응당 묵묵히 이해하시는 바가 있을 것입니다.

脣齒之勢 입술과 치아로 떨어질 수 없을 정도로 관계가 밀접함을 비유.

威福 상벌(賞罰)과 같은 뜻.

傾覆 형세가 기울여져 파멸함.

제가 스스로 생각하건대, 나라를 위하는 초심이 비록 뜻대로 성취되지는 못했지만, 인신(人臣)으로서의 직분은 이미 다했습니다. 그리하여 세상에서 숨어 여생을 보내면서 일체 험이(險夷)를 흉중에 두지 않고, 단지 세상 밖에서 오만하게 노닐면서 방광(放曠)*하는 것으로 즐거움을 삼을 뿐이었는데, 또 갑자기 금일의 일이 생겼으니 제가 각하께 한 마디 충고를 올리지 않을 수 없습니다. 각하께선 응당 조선의 속사정을 알고 계실 것입니다. 그 전복의 조짐이 이미 드러났습니다. 재정의 간졸(艱拙)*함과 정법(政法)의 효란(淆亂)*함과 인민의 도탄 같은 것은 차마 일일이 열거할 수도 없습니다. 그런데 다른 사람에게 들은 말에, 그처럼 위태로운 누란(累卵)의 형세로서 앞으로 만회하고 진작할 방책을

放曠 호방하여 언행에 거리낌이 없음.

艱拙 어렵고 곤궁함.
淆亂 혼란.

도모한다고 하니, 그것은 지혜와 능력이 적은 자가 할 수 있는 일이 아닙니다. 각하께 장차 원대한 안전지책(安全之策)이 있다고 하더라도 끝내 천하의 비웃음을 사지 않겠습니까? 그 존망이 이미 동아(東亞)의 안위와 관계되어 있는데, 한갓 옛날의 허명에만 집착해서 지금의 시국을 생각하지 않고 어리석게도 꿈속의 일을 이야기한다면, 끝내 사실이 될 수 없을 것입니다.

가령 조선에 어떠한 곤란이나 갈등이 있다고 해도 각하 한 분의 지혜로 마침내 부지할 수 있는 힘이 생긴다면 그보다 더한 행복이 없을 것이나, 귀국의 대세를 돌이켜 생각하고 징험이 될 만한 사례를 한두 개 들어본다면, 각하의 입장에서도 그렇게 할 수 없을 것입니다. 그렇다면 각하께선 어째서 대청국 황제폐하를 천하의 맹주로 추존하고, 구미 각국에 공론을 펴서 그들과 연속해서 조선을 중립지국으로 세워서 만전무위(萬全無危)한 상태를 만들지 않는 것입니까? 계속해서 각하께서 노련한 수단으로 선린우목(善隣友睦)의 정의(情誼)를 다하고 보거지맹(輔車之盟)을 굳게 체결하는 것으로써 동아(東亞)의 정략을 펼치신다면, 이는 비단 조선의 행복만이 아니라, 또한 귀국의 득책(得策)이 될 것입니다. 각하께선 또 어떻게 생각하십니까?

저는 이미 세파에 지쳐 다시는 천하의 일을 논하려 하지 않았으나, 초지(初志)를 다시 생각함에 간절한 마음이 여기에 이르러 피로를 깨닫지 못하고 이처럼 숙경(肅敬)하는 마음을 아뢰는 것입니다.

이소전(李少荃) 대인 각하

김옥균 재배하고 아룁니다. 병술(丙戌, 1886)년 6월 6일

[원문]

金玉均謹啓言大淸國文學士一等肅毅伯李中堂大人閣下　玉均朝鮮之逸士也　玉均於甲申冬京城變事之起 被小人作亂 性命逼迫 勢不得已載槖而出 東奔至於日本之江戶 實賴日本公使竹添進一郎救人隘急之義氣 自此種種聞西來息 一派奸黨 乘機用私 構誣玉均 甚至謂有簒逆之罪 恣行殘酷 罔有紀極 蛇蝎之毒 猶有不盡 旋向日本政府 要捕縛玉均而還 此時一世噲灸相傳 乃此中國李中堂陰爲之指使 玉均聞此 心實疑之 欲以一言奉質于閣下 每患便梯難憑 只自竚回 今於千萬不意 忽又有奇怪難言之事 自朝鮮 池運永爲姓名者 潛入日本東京 行止頗有可疑 玉均乃與同志數子謀之 偵察其擧動首尾 一月之間 懇費心算 畢竟其所謂委任之狀及諸書類的確之證 盡落玉均之手 玉均始覺池運永者爲謀殺玉均之刺客也 其諸書類中有云 中國李中堂爲拿獲玉均 致書于日廷者三 二則日廷據理絶之 第三答雖不聽其拿還 至若韓國人行刺 日廷置之度外 決無執責之擧 中堂據此 諭于袁氏 使我政府委送力士 政府遂擧池運永而託其任云云 以玉均見此 卽又疑惑彌腦 有不能解於閣下 閣下爲一國之大臣 國之安危幾 有關乎閣下日籌之得失 現又閣下於朝鮮慇懃而不知勞者 亦莫不是以東亞之大勢爲自任者耶 然閣下一世之重望也 一世之注目也 其所佩負固何如也 閣下豈能以挾刄殺人之責 爲之敎唆也哉 玉均自料 是必如袁世凱年少無識之徒 爲顯已功於朝鮮之奸類 做出此等兒戲之事 閣下以爲

何如 事若不幸 此眞出於閣下之所爲也 閣下旣以朝鮮之事爲自任 則宜選老練時事 精識道理者 以送之 時以忠言告曉之 可也 不此之爲 而乃以袁世凱口尙乳息無知之一武夫 擔之以大事 有若遊戱者然 閣下以朝鮮一國 用作一時謀己之奇貨 恐未必爲貴國之福也 東亞之福也 閣下豈有是哉 第二往年之事論之 亦係袁世凱與奸黨 陰謀輕先 向我王宮而炮擊 一時匡亂之機 激成戰爭之場 彼輩急於掩己之罪 誑惑我王聖心 恣意誣玉均之非 以此聞于閣下 其眞信之也耶 玉均能察知閣下之憤於玉均者 在乎借日本之兵力 此固出於事勢之迫不得已焉 玉均粗知天下大勢利害之關係 貴國東亞之大局 與我國有自然脣齒之勢 玉均豈以渺然一身 故生釁隙於其間之理哉 自壬辛[午]一變之後 武賴奸類 無不趨附于袁氏諸輩 陰爲之結黨 籍作威福 壅蔽我王聰明 迂制國權 掣肘政令 國勢日瀕傾覆 當此之時 玉均欲一請于閣下 痛論時勢之艱難 頓被奸小輩多方設計 竟至沮絶 嗟乎 其念國計 勢不敢袖手坐觀 乃權行激切之擧 爲圖救急之策 至如若干胸算 未及展布 旋爲小兒輩敗事 大事中途瓦解 可勝痛歎 以閣下之明 亦應有默會者存 玉均自念爲國之初心 雖不得如意成就 爲人臣之職 固已盡矣 因欲藏于世 以送餘生 一切險夷 不置於胸次 只自傲遊方外 放曠爲樂 又忽至於今日之事 玉均不得不以一言忠告于閣下 閣下應能明知朝鮮之內情 其顚仆之幾 固已彰矣 如財政之艱拙 政法之淆亂 人民之塗炭 有不忍枚擧 而聞于人者 以若汲汲累卵之勢 欲圖挽回振作之方 是非少智少能可能 閣下其能有遠大安全之策 終不取天下笑者耶 其存亡旣係乎東亞之安危 徒思膠舊之虛名 不念當今之時局 懵懵然說夢中之事 終恐非實也 假使朝鮮 有何等困難 何等葛藤 以閣下一人之智 能有終扶持之力 幸莫大焉 反思貴國之大勢 試擧一二前事之驗 在閣下亦不能爲之也 然則閣下何不推尊大淸國皇帝陛下爲天下之盟主 布公論於歐米各國 與之連續 立朝鮮爲中立之國 作萬全無危之地 閣下繼以老練手段 盡善隣友睦之誼 固結輔車之盟 以展東亞之政略 則此不獨朝鮮之幸 恐亦爲貴國之得策 閣下又以爲如何 玉均已困於世矣 不欲復論天下事 然回憶初志 懇懇至此 而不知疲也 佈此肅敬

李少荃大人閣下

金玉均再拜而白 丙戌六月六日

31. 유길준, 답청사조회(答淸使照會)

■ 1887년 박정양 초대주미공사가 미국 부임 후 의전절차에 관한 중국의 요구를 무시함으로써 발생한 '영약삼단'(另約三端) 사건을 변호한 글. 1890년 유길준 작성. 조청관계 차원에서 청국이 주장한 '삼단'보다 '만국공례'가 우선되어야 한다고 주장하는 한편, 조선의 상주사절이 자주적으로 행동할 수 있음을 밝히고 있다. 원문 출전은 「答淸使照會」, 『兪吉濬全書』 4권(일조각, 1971), 332-339쪽.

조회에 회답합니다. 금년 7월 24일에 받은 귀 총리가 보낸 조회를 접수하였습니다.

본국의 미합중국 주재공사 박정양이 한성에 입성하였으므로 본 정부에서 상세하게 잘못을 따져 조사했습니다. 박 공사는 다음과 같이 진술하였습니다.

본 공사가 사명을 받들고 실수를 저질러 잘못을 조사받는 지경에까지 이르렀으니 실로 황송할 따름입니다. 그러나 청국 공사와 함께 미국 외부(外部)를 방문하기로 삼단(三端)*의 한 조항을 지킬 수 없었던 데는 그만한 까닭이 있었습니다. 본 공사가 평소 외교에 어두운데 외람되게 전권의 명을 받았으니 다른 나라 사람들의 의견을 조사하여 만국공례(萬國公例)를 따르지 않을 수 없었습니다. 그러므로 미국에 도착한 후에 주의를 기울여 널리 알아보니, "군주의 명

三端 영약삼단(另約三端). 1887년 8월 조선정부가 청의 굴레에서 벗어나기 위해 박정양을 미국

주재 전권대신으로 파견하자 1887년 9월 24일 조선의 외교 자주권을 제한하기 위해 미국주재 조선공사가 준수할 것을 리훙장이 요구한 세 가지 조건. 청국 정부는 '영약삼단'의 이행을 조건부로 미국 주재 조선공사에 '전권'(全權)의 칭호를 허용하였다. 세 조건은 ①조선공사는 착임하는 대로 청국공사를 방문, 청국공사와 함께 주재국의 외무성을 방문해야 하고, ②의식 · 연회 등이 있을 때는 청국공사의 뒤를 따라야하며, ③중대한 교섭안건은 청국공사와 의논해야 한다는 것이다. 박정양은 미 국무성의 알선으로 클리브랜드 미국대통령을 알현하고 신임장을 봉정함으로써 자주국가로서의 조선의 체면과 위신을 세웠다.

을 받들어 공사로 가는 자는 어떤 나라에 도착하면 마땅히 먼저 그 나라의 외부(外部)에 가야 하며, 만약 그보다 먼저 다른 나라의 공사관에 간다면 이는 그 나라를 경시하는 것이 된다. 또한 어느 나라 사절이든 제3국의 사절과 함께 외부에 가서 국서의 부본(副本)을 전하는 공례는 없다. 그러므로 만약 자신이 직접 예를 행하지 않고 다른 나라 사람에게 중개를 청하면 이 또한 그 나라를 무시하는 일이 되는 것이다. 국가가 교제하는 데는 예절과 공경이 주가 되니 천하의 자립한 나라는 남의 업신여김을 당해서는 안 된다. 만약 그런 일을 당한다면 치욕으로 여겨서 반드시 공례를 위반하는 것이라 해서 국서를 접수하지 않을 것이다."라고 하였습니다. 만약 중국 대신과 동행하여 외부를 방문했다가 함께 사절당한다면 조선의 치욕일 뿐만 아니라 중국에도 또한 수치가 되었을 것입니다. 이는 일거에 두 나라가 다른 나라의 모멸을 자초하여 천하의 웃음거리가 되는 것입니다.

본 공사는 '직무로 외국에 나가는 자는 국익을 가장 먼저 생각해야 한다. 그런데 군주의 명을 욕되게 함은 죄가 크고 조령(朝令)을 위반하는 일은 죄가 작으니, 마땅히 경중을 참작하여 편의에 따라 행동하여야 한다. 그러므로 공례에서 벗어나는 행동으로 중국과 조선의 체면을 모두 손상시키기보다는 재량에 따라 자의적으로 판단해서 사절의 직무를 완수하고 그 죄책을 감수하는 것이 낫다.'고 판단하였습니다. 저의 얕은 소견은 바로 여기서 벗어나지 않습니다.

본 정부에서는 전에는 바닷길이 멀어서 매번 연락이 단절되는 일이 많으므로 그가 어리석게도 정부의 뜻과 어긋난 행위를 하였다고 생각하였습니다. 그러나 지금 그의 진술에 근거해 보건대 실로 고의로 위배한 것이 아니며, 사정을 참작해 볼 때 그럴 만한 이유가 있었음이 인정됩니다. 본국 주미 공사 박정양을 조사한 내용으로 이와 같이 조회에 회답하니, 귀 총리께서는 살펴보시고 상부에 올리시길 바랍니다.

[원문]

照覆事 本年七月二十四日 准貴總理照會內開云云等因 查本國駐合衆國使臣朴定陽 已入漢城 亟應照案查究 當由政府 逐細詰詢 據該使稱 本使奉使無狀 歸蒙詰詢 實深悚惶 至挈問外部一節 不能遵奉 玆有原故 本使素昧外交 猥膺專對之命 勢不得不採探外邦物議 遵依萬國公例 故到合衆國後傾意傍詢 則凡奉命出使者 專往某國 宜先往赴該國外部 而若先往他使舘 是輕視該國 而又各國通使之權 向無與他國使 同赴外部 藉傳國書副本之公例 若不躬行修禮 請人作价 亦慢視該國也 交際之道 禮敬爲主 天下自立之國 不應受人輕慢 而若或相加 視爲恥辱 必謂有違公例 不接國書云云 若與中國大臣

聯駕同赴 共見辭絶 不特爲朝鮮之辱 而亦中國之羞也 此一擧而兩國 自招他邦之侮 共貽天下之笑 本使窃念 職在出疆 計先利國 辱君命之罪大 違朝令之事小 固宜參酌輕重 任便行宜 則與其昧例行動 使中東具損體面 不若從權專擅 以全使節 而自執其咎 賤見所在 不外乎是云云 政府前因海路修 每多隔膜 謂該使謬妄歧異 今據該使所陳 實非故意違背 而參以事狀容有可原 所有本國駐合衆國使臣朴定陽 查究緣由 相應照覆貴總理 請煩查照轉詳 望切施行 須至照覆者

32. 유길준, 방국의 권리

방국(邦國)은 일족의 인민이 일방의 산천을 할거해서 정부를 건설하고 타방(他邦)의 관할을 받지 않는 것이다. 그러므로 그 나라의 최상위를 점한 자는 그 군주고, 최대권(最大權)을 가진 자도 그 군주인 것이다. 그 인민은 군주를 섬기고 정부를 받들어 일국의 체모를 지키고 만성(萬姓)*의 안녕을 유지한다. 일국을 비유하자면 한 집안과 같아서 그 집의 사무는 그 집이 자주(自主)하여 다른 집의 간섭을 허락하지 않는다. 또 한 사람과 같아서 그 사람의 행동거지는 본인이 자주(自主)하여 타인의 지휘를 받지 않는 것과 마찬가지니, 방국의 권리 또한 그러하다. 이 권리는 두 가지 종류로 나뉜다. 첫째, 내용(內用)하는 주권(主權)이니, 나라 안의 일체 정치 및 법령이 그 정부의 입헌을 별도로 따르는 것이다. 둘째, 외행(外行)하는 주권이니, 독립과 평등의 원리로 외국과의 교섭을 보수(保守)하는 것이다. 이 때문에 일국의 주권은 형세의 강약과 기원의 선부(善否)*, 토지의 대소와 인민의 다과를 막론하고 다만 그 내외 관계의 참된 형상에 의거해서 단정하는 것이다. 천하의 어떤 나라든지 타방이 똑같이 가진 권리를 침범하지 않을 땐 그 독립자수(獨立自守)하는 기초에 따라 그 주권의 권리를 자행(自行)하니, 그렇다면 각방(各邦)의 권리는 상호 관계된 직분의 동일한 경상(景像)*으로부터 그 덕행과 관습의 한제(限制)를 세우는 것이다. 이와 같이 방국에 귀속하는 권리는 나라가 나라 되는 도리를 위해 그 현체(現體)의 긴절한 실요(實要)가 된다. 이 때문에 이것을 입본(立本)하는 권리라고 하는 것이다. 이제 이 입본하는 권리를 열거하건대,

■ 유길준은 근대국제법에서 '증공국'(贈貢國)과 '속국'(屬國)을 구분하는 원리를 원용하면서 조선이 청에 증공국이 될지언정 속국은 아니라고 하여 자주독립 국가로서 조선의 국제적 위상을 설명하였다. 출전은 「邦國의 權利」, 『兪吉濬全書』 1권(일조각, 1971), 105–119쪽.

萬姓 만민.

善否 좋음과 좋지 않음.

景像 형상, 현상, 상황.

첫째, 현존(現存) 및 자보(自保)하는 권리다. 여기서 유출(流出)하는 것은

(甲) 신왕(伸枉)하는 권리*

평화로운 조정(調停)과 판리(辦理)*와 호요(互饒)*, 권화(勸和)와 전단(專斷), 또 면의(面議)와 국회(國會)의 도(道)를 통해서 임의로 행사함

(乙) 보응(報應)하는 권리*

伸枉하는 권리 1885년에 유길준이 쓴 「국권」이라는 미발표 논문에선 "타국으로부터 부정한 일을 당했을 때는 마땅히 이를 해결할 수 있어야 한다. 경우에 따라서는 면의(面議)와 조정으로써,

혹은 타국의 권유와 상호 양보로 써, 혹은 무력분쟁을 통해 독자적으로 결정한다."라는 설명을 부기했다.

辦理 처리.

互饒 상호 관용.

報應하는 권리 「국권」에선 보응권(報應勸)에 대해 "상대국이 아국을 대하는 방식에 따라 같은 방식으로 대응한다."라는 설명을 부기했다.

搶奪 여기서 창(搶)은 창탈(搶奪)이라고 해서 폭력 수단을 써서 강제로 빼앗는 것을 말한다.

擒捉 사로잡음.

揷理하는 권리 삽리(揷理)는 간여해서 처리한다는 뜻이다. 「국권」에선 "외국의 사실과 정황이 아국에 해로운 것이 있을 때 이에 참섭(參涉)하여 처리할 수 있다."라고 했다.

平權 권리에 대소 구분이 없이 평등함.

敬重 공경하여 소중히 대함.

普同 보편, 일반.

禮數 신분과 지위에 따라 상이한 예절이나 격식.

海濱 해변, 바닷가.

踰越 분수에 맞지 않음.

與國 동맹국.

自有 본래 소유함.

(丙) 답창(答搶)*하는 권리

(丁) 서로 다투는 물건을 금착(擒捉)*하는 권리

(戊) 삽리(揷理)하는 권리*

(己) 선전(宣戰)과 결화(決和)하는 권리

자보(自保)하는 권리로부터 평권(平權)*하는 도(道)로 전출(轉出)함

둘째, 독립하는 권리로서 평균(平均)과 경중(敬重)*하는 권리를 포함함

셋째, 산업<토지>의 권리

넷째, 입법하는 권리

다섯째, 교섭과 사절 파견과 통상의 권리

여섯째, 강화(講和)와 결약(決約)하는 권리

일곱째, 중립하는 권리

현존 및 자보(自保)하는 권리는 바로 자수(自守)하는 도(道)니, 나라 사람들의 보동(普同)*한 직분이다. 각 권리 중에서 가장 중요하다. 그러므로 동심협력(同心協力)해서 정부의 방향과 역능(力能)을 준봉(遵奉)해야 하는 것이다. 독립하는 권리는 국가의 지위와 명성에 실상 관계가 있어서, 만국의 평균한 예수(禮數)*와 경중(敬重)하는 대우를 상호 시행한다. 그러므로 자중(自重)하는 뜻을 가지고 불굴의 기개를 지켜서 타방(他邦)의 치욕과 만모(慢侮)를 취하지 말아야 하는 것이다. 산업의 권리는 전국의 해빈(海濱)* 및 산천의 물산을 지키는 도(道)다. 확정된 정리(正理)를 가지고 타인의 침범을 받지 말아야 한다. 입법하는 권리는 나라 안의 일체 정령과 법도의 폐혁(廢革)과 설시(設施)가 모두 자기 손안에 있어서 타인이 간여할 수 없는 것이다. 그러므로 자주(自主)하는 위병(威柄)을 쥐고서 타방의 유월(踰越)*을 불허해야 한다. 교섭, 사절 파견 및 통상의 권리는 방국이 교호(交好)하는 도(道)를 세우고 인민의 이익이 되는 본(本)을 세우는 것이다. 그런데 자기의 편부(便否)에 따라 시기를 취사하고, 타방의 지휘나 삽리를 허용하지 말아야 한다. 강화와 결약하는 권리는 자기의 사정과 시세, 지위와 방편의 여하에 따라 그 실행 여부가 독자적으로 헤아린 바에 따른 전단(專斷)에 달려 있음을 말한다. 중립하는 권리는 자수(自守)하는 방략으로서 타방의 시비에 간섭하지 않고 애오(愛惡)의 편벽된 마음을 갖지 않아서 여국(與國)*과의 교도(交道)를 유지하는 것이다.

이는 방국이 자유(自有)*하는 권리로서 그 하나라도 빠지면 나라가 나라 될 수 없고, 또 되어서도 안 된다. 지금 저 광대한 세계를 한 마을에 비유하면, 각자 한 모퉁이를 차지한 제국(諸國)은 동리에서 담장과 울타리를 맞댄 여러 집들과

같다. 이웃 사이의 경황(景況)*은 우목(友睦)하는 신의를 맺고 자익(資益)*하는 편리를 서로 나누어 인세(人世)의 광경을 조성(助成)한다. 물건이 고르지 못해서 사람들의 강약과 빈부엔 필연적으로 차이가 있지만 각각 그 한 집의 문호를 세워서 평균한 지위를 보전하고 지키는 것은, 국법의 공도(公道)로써 사람의 권리를 보호하기 때문이다. 방국의 교제 또한 공법으로 조제(操制)하여, 천지가 치우침 없는 정리(正理)로 만물을 동일하게 보는 도(道)를 행하니, 그렇다면 대국도 일국이요, 소국도 일국인 것이다. 나라 위에 또 나라가 없고 나라 아래에도 나라가 없어서, 한 나라가 나라 되는 권리는 피차 같은 지위로 털끝만큼의 차이도 없다. 그러므로 제국(諸國)이 우화(友和)하는 뜻으로 평균한 예로써 약관(約款)을 교환하고 사절을 서로 파견해서 강약의 분별을 두지 않으며, 그 권리를 서로 지켜서 감히 침범하지 않는 것이다. 타방(他邦)의 권리를 존중하지 않으면 이는 자기의 권리를 스스로 훼손하는 것이다. 그러므로 자수(自守)하는 도(道)에 근신(勤愼)하는 자는 타인의 주권을 손상하지 않는 것이다.

景況 정황, 광경.
資益 이익, 증익(增益).

그러나 나라의 대소와 강약에 따라 그 형세에 대적하지 못하는 경우가 생긴다. 그러므로 때로 강대국이 공도(公道)를 돌아보지 않고 그 힘을 자의로 행사해서 약소국이 그 자보(自保)하는 도(道)로 인해 타방(他邦)의 보호를 받게 되는 것이니, 이것은 수호국(受護國)이다. 또 타방(他邦)에 공물을 보내서 구전(舊傳)하는 약장(約章)을 지키고, 혹은 새로 정한 조관에 따라 그 침탈당한 토지를 색환(索還)하고 장래의 공벌을 면하니, 이것은 증공국(贈貢國)이다. 이 양자의 권리는 그 주권의 획보(獲保)한 분도(分度)*에 따른다. 그러므로 독립주권국이 향유하는 권리를 실시해서 수호, 항해 및 통상의 여러 조약을 스스로 맺었다면 그 수호(受護) 및 증공(贈貢)하는 관계로는 그 주권과 독립권에 추호의 감손(減損)도 발생시키지 않는다. 이는 공법의 확단선재(確斷善裁)한 규범으로서 주권국의 체제와 설명을 논변하는 구절들을 따라 그 현실의 경상(景像)을 명확히 정해야 한다.

分度 분한(分限).

고금의 공법 대가들이 말하길, "어떤 방국과 인민이라도 그 국헌의 체제와 품례(品例)에 관계없이 그 나라를 독자적으로 관리하는 것은 주권독립국이다. 주권은 일국을 관제(管制)하는 최대권(最大權)이다. 내외에 실시할 수 있으니, 안으로 시행하는 주권은 그 나라의 대법(大法)과 원리에 따라 인민에게 부전(附傳)*하고 또 통치를 주관하는 자에게 위수(委授)하며, 밖으로 시행하는 주권은 일국정치의 독립이 각국의 정치를 상대하고, 이로 인해 화전(和戰) 간에 그 교섭하는 관계를 보집(保執)하는 것이다."라고 했다. 대체로 내치와 외교*를 자주(自主)하고 외국의 지휘를 받지 않는 나라는 정당한 독립국이므로 주권

附傳 맡겨서 전해진다는 뜻이다. 원문엔 '附傅'로 되어 있는데 문맥상 '傅'는 '傳'의 오자인 것으로 보인다.
내치와 외교 원문은 '外治'와 '內交'로 되어 있는데 '內治'와 '外交'의 오자인 것으로 보인다.

국의 반열에 두지 않으면 안 된다. 그 독립주권의 명확한 증거는 다른 주권독립국과의 동등한 수호통상 조약의 의정, 사신의 파빙(派聘)과 연수(延受), 화친 및 교전 선고의 독자적 시행이다. 이는 주권에 부착된 적합한 권리다. 일국이 이를 획존(獲存)했을 때는 독립국의 한 자리를 차지하고, 이를 보존하지 못한 나라는 그 약장의 관계에 비추어 반독립국(半獨立國) 혹은 속국의 반열에 들게 된다.

설혹 약소국이 급박한 경우를 당해서 그 내외 사무에서 때로 타국의 명령에 복종하고, 권력 행사를 허락하더라도 그 주권은 훼상을 받지 않는다. 이러한 정형(情形)으론 타국의 간섭으로 인해 일시적인 동감(動撼)*이 생겼을 뿐이다. 근세의 공법학사가 말했다.

動撼 동요(動搖).

"약소국이 그 독립을 보존하는 것은 강대국의 뜻을 살펴서 그 잠식하는 침벌(侵伐)을 두려워하기 때문이다. 이를 두려워하기 때문에 때로는 그 명언(明言) 혹은 암지(暗指)로 내리는 명령에 복종하지만, 그 명령과 복종은 간헐적이므로 이로 인해 강대국이 약소국을 통할(統轄)하는 권력도 발생하지 않고 약소국이 강대국에 부속되는 관계도 일어나지 않는 것이다. 또 이 명령과 복종은 고사하고, 강대국은 항상 높고 약소국은 항상 낮더라도 약소국 또한 하나의 독립주권의 정치다. 그러므로 강대국이 통할권을 가질 수 없어서 약소국에 명령하는 정례(正例)도 없고 또 복종하는 정례도 없는 것이다. 그렇다면 약소국이 비록 그 독립을 보수(保守)하고 방비하지 못하더라도 사실과 습관에 따라 강대국이 부속되지 않는다."

이로써 보건대, 권리는 천연(天然)의 정리(正理)며, 형세(形勢)는 인위(人爲)의 강력(剛力)이다. 약소국은 원래 강대국에 대해 자횡(恣橫)하는 강력(剛力)이 없고 다만 본래 소유한 권리를 보수(保守)하기에도 겨를이 없다. 그러므로 강대국이 자기의 유족(裕足)한 형세를 임의로 이용해서 약소국의 적당한 정리(正理)를 침해하는 것은 불의한 폭거며 무도한 악습이니, 이는 공법에서 허용하지 않는 것이다.

사람이 혹 시세에 통달하지 못하고 공법에 완전히 어두워서 증공국과 속국의 분별을 하지 않고 증공하는 관계를 들어서 속방의 지위에 자처하는 경우도 있다. 누군들 자기 군주를 사랑하지 않고 자기 나라를 높이지 않겠는가마는, 시세의 대국(大局)에 미련(未練)해서 주공(足恭)*하는 예도(禮度)로 자기를 보전하는 책략을 삼은 것이다. 스스로 약소한 형세를 헤아려서 지극히 외겁(畏怯)하는 지경에 이르렀으므로 분발하는 성력(性力)이 싹트지 않고 분노하는 의기를 스스로 삼킨 것이니, 그 근본을 미뤄 보면 또한 충군애국의 고심에서 나온 것이다.

足恭 공손을 지나치게 한다는 뜻으로 『論語』「公冶長」에 "말을 잘하고 얼굴빛을 좋게 하고 공손을 지나치게 함을 옛날 좌구명이 부끄럽게 여겼는데, 나 또한 이를 부끄러워하노라."[巧言令色足

이는 안타깝게 생각하고 경복(敬服)할 만한 것이지만, 국가의 권리는 절당(切當)*한 품례와 분명한 조리가 따로 있어서, 가학(苛虐)한 대우를 받아도 손상당하지 않고 핍륵(逼勒)*에 따른 복종을 해도 줄어들지 않으니, 이를 고수해서 잃지 말고 신중히 해서 자수(自守)하는 것이 국인(國人) 공동(公同)의 도리이자 정부의 최대 직책이다. 권리를 한번 잃으면 방국이라는 명호(名號)가 남아 있어도 텅 빈 껍데기와 같이 자유(自由)하는 행동을 할 수 없어서, 나라가 나라 되는 체모를 훼상하고 만방과의 교섭을 스스로 끊게 된다. 그렇다면 완루한 습기(習氣)를 벗지 못해서 허망한 의론을 자기 멋대로 하는 자는 막대한 치욕을 군국(君國)에 끼쳐서 갚기 어려운 죄를 범하는 것이다.

대체로 속방은 그 섬기는 나라의 정령(政令)과 제도를 오직 준수해서 내외의 제반 사무에 자주(自主)하는 권리가 전무하고, 증공국은 강대국의 침벌을 면하기 위하여 그 대적하지 못하는 형세를 생각하고 비록 본심엔 합치하지 않아도 약장을 준수해서 공물을 보내고, 그 향유한 권리의 분도(分度)로 독립주권을 획존(獲存)한다. 그러므로 증공국이 다른 독립국들이 보유한 권(權)들을 행사한다면 세계 중의 당당한 하나의 독립주권국인 것이다. 속국은 결약(結約)하는 권이 없지만 증공국은 다른 독립주권국과 동등한 수호, 항해 및 통상 조약들을 의정하고, 속국은 영사와 무역사무관 외에 총영사도 파출(派出)하는 권이 없지만 증공국은 그 정결(訂結)한 약관에 따라 체약국에 각급 사절을 파빙(派聘)한다. 증공국은 교전 및 결화(決和)를 선고하는 권이 있지만 속국은 이것이 없고, 증공국은 인방(隣邦)이 구병(搆兵)*할 때 중립하는 권이 있지만 속국은 그 섬기는 나라에 대해서 이 권이 없고, 증공국은 그 수공국과 사절 및 영사를 상호 파견하는 권이 있지만 수공국은 그 섬기는 나라에 대해서 이 권이 없다. 이 몇 개 조목은 그 차이가 현격하게 다르니, 만국공법은 방국의 발달하는 사체(事體)를 장수(掌守)*하고 또 약국의 권리를 위호(衛護)해서 주권을 일치하게 하는 것이다.

공법에 통창(通暢)한 학사(學士)가 말하길, "속국은 현세엔 부적당한 명칭이다."라고 했으니, 그 뜻은 일국의 체제를 세운 것이 비록 약소하더라도 강대한 나라가 형세로써 통합하는 권리가 없음을 가리킨 것이다. 설령 약국이 강국의 패려(悖戾)한 공혁(恐嚇)과 폭려(暴厲)한 핍륵(逼勒)으로 인해 그 자보(自保)하기 위한 방도로 전례 없는 속국의 체제를 일시 자인하더라도 이 때문에 그 완구(完久)*한 권리를 상실하지 않는다. 위핍(威逼)의 하에선 스스로 긍정하는 승인이 없고, 또 그 승인은 합법한 거조(擧措)*가 아니기 때문에 백 번 승인을 강제로 하더라도 일조(一條)의 공법으로 소말(消抹)하는 것이다. 지금 여기에 어떤

恭 左丘明恥之 丘亦恥之]라고 한 데서 유래한 말.
切當 사리에 들어맞는.
逼勒 핍박하고 강제하다.

搆兵 전쟁.

掌守 맡다, 주관하다.

完久 상태가 완전해서 오래 유지됨.
擧措 어떤 일이 있은 다음에 취하는 행동거지.

사람이 있는데 강포한 자의 위혁(威嚇)을 당해서 그 신명(身命)의 위난이 닥치게 되었다. 그래서 그 가산(家産)을 준다는 증서를 작성했는데, 그 증서의 체격(體格)이 완실(完實)한 규식을 갖췄더라도 훗날 그 증서를 조사해서 원래 본인의 진의에서 나온 것이 아니고 일시적으로 신명의 위해로 인해 부득이 허인(許認)했다는 적확한 증거가 나타나면, 그 증서는 한 조각 휴지로 돌아갈 뿐인 것이다. 국법은 일국 안에 행해져서 각인(各人)이 상여(相與)*하는 권리를 보수(保守)하고, 공법은 천하에 행해져서 각국이 상여하는 권리를 유지하니, 진정한 공도는 대소와 강약의 분변(分辨)으로 인해 차이를 두지 않는다.

相與 함께 있음. 서로 왕래함.

또 혹은 약국(弱國) 정부의 관리가 어떤 때, 어떤 일로 강국에 대해 속방의 체제를 자인하더라도, 이는 그 사람의 무지한 망동(妄動)이라서 빙거(憑據)도 없고 준신(準信)도 없다. 일국의 권리는 한만(汗漫)한 언사로 동요하는 것이 아닐 뿐만 아니라, 천만인이 함께 지키는 주권을 한 사람의 사단(私斷)으로 결정할 수 없음은 이세(理勢)로 볼 때 명정(明正)하다. 한 가지 비유를 들면, 어떤 사람의 집의 품팔이꾼이 그 주인의 지휘와 명령 없이 타인에게 그 주인집의 사무를 임의로 처리하더라도 본래 그 일을 처리할 수 있는 권이 없었으니, 그 의논해서 처리한 사무는 주인의 승인을 얻지 못하고 타인도 그 품팔이꾼의 허무함을 비웃을 것이다. 그러므로 방국의 권리는 위핍과 사단(私斷)으로 움직일 수 없는 것이다.

나라는 그 처지와 형세를 스스로 앎을 귀하게 여긴다. 약국이 불행한 사정으로 강국에 증공하는 관계가 한번 생기면, 양국 간 교섭하는 예도(禮度)와 법례를 완전히 정해서 강국이 공물을 받는 권리를 보유하고, 공법의 승인을 통해 그 기초를 확립해서 타방(他邦)의 삽리(揷理)와 간섭을 허용하지 않는다. 그러므로 증공국과 수공국이 회의해서 공물을 폐기하는 약관을 인정(認訂)하기 전에는 증공국이 그 공물을 보내지 않으면 구약(舊約)을 준수하지 않은 것이 된다. 약장(約章)의 위배는 신의를 훼손하는 것이므로 공법에서 용납하지 않는다. 그러므로 수공국이 간과(干戈)*를 동원해서 그 폐공(廢貢)한 죄를 문책하더라도 천하에 할 말이 있는 것이지만, 만약 증공국이 구래(舊來)의 조약의 취지를 성실히 지켜서 공물을 보내는 신의를 저버리지 않았을 때는 수공국이 기타 권리를 침탈할 수 없다. 대체로 공물의 증유(贈遺)는 약국이 그 권리를 보존하기 위해 이것으로써 저것을 바꾸려는 뜻*에서 나온 것이다. 또한 이는 하나의 명확한 증거에 의해서 나는 공물을 받고, 나는 권리를 침탈당하지 않으려는 대지(大旨)에서 강국과 약국이 상호 승인한 약장(約章)이니, 만약 그 공물을 받고서도 권리를 침해하려고 한다면 이는 또한 수공국이 약장의 명정(明訂)한 대지(大旨)

干戈 방패와 칼로 고대 전쟁에서 상용하던 무기인바, 병기를 비유하는 말.

이것으로써 저것을 바꾸려는 뜻 '이것'은 공물을, '저것'은 권리의 보존을 가리킴.

를 저버리고 그 강대한 형세를 자의로 행사하는 것이 된다.

그런데 증공국은 본래 처지가 대등하지 못해서 이러한 관계를 만든 것이니, 그 불공정한 학대와 무례한 폭거를 미워해서 그 마음엔 즐겁지 않더라도 때로는 그 지휘에 억지로 따르는 것으로 자보(自保)하는 계책을 삼는다. 그러므로 그 권리에는 영향이 미치지 않아서 예전과 같은 형모(形貌)를 지속하는 것이다. 또 강국의 횡포한 거조(擧措)는 천하의 이목을 고기(顧忌)*하고 공법의 주폄(誅貶)을 두려워한다. 그래서 은밀하고 비밀스러운 명령으로 위핍하는 기습(氣習)을 행할 뿐, 현창(顯彰)한 의절(儀節)을 따르면서 조제(操制)*하는 억륵(抑勒)*은 감히 하지 못하는 것이다. 속국의 관계가 있는 나라라도 그 섬기는 상국(上國)이 그 하국(下國)의 자유(自由)하는 권리를 침탈해서 잔인한 시조(施措)*와 가학(苛虐)한 대우를 지나치게 자행한다면 천하의 공도가 이를 허락하지 않는다. 그러므로 예전에 유럽 주의 대국들이 그리스[希臘]를 원조해서 터키[土耳基]를 정토(征討)*하고, 계속해서 양국 간의 부속하는 관계를 영원히 끊고 터키를 압박해서 그리스의 독립을 승인하게 했던 것이다.

顧忌 염려하고 꺼림.

操制 손으로 쥐고 임의로 움직이지 못하게 제어함.

抑勒 이치나 조건에 맞지 않게 강제함.

施措 채취해서 시행함.

征討 적을 무력으로 침, 정벌.

공물을 주고받는 관계로는 방국의 권리를 논할 수 없다. 그러므로 수공국과 동등한 조약을 체결하는 나라들 또한 증공국과 평균한 예수(禮數)를 행해서 동등한 조약을 체결하는 것이다. 만약 증공하는 한 가지 일로 인해 내치와 외교의 모든 권리를 손실한다면 이는 권리가 없는 증공국이 되어 속국과 차이가 없다. 천하에 자기를 중시하는 국가들이 어찌 속방과 같은 증공국과 존중하고 경외하는 동등약(同等約)을 기꺼이 정결(訂結)하겠는가? 이로써 논한다면 증공국과 수공국의 관섭(關涉)*은 형세의 강약을 분별한 것이며, 권리의 다소를 정한 것이 아니다. 그렇다면 증공국이 수공국에 대해 비아(卑亞)*의 명호(名號)를 사용하는 것은 곧 적례(敵禮)*의 호의를 표시하는 것이다. 그런데도 수공국이 이를 들어서 더 높은 지위를 자처하고 권리의 분한(分限)을 구별한다면, 이는 허명을 숭상하고 실리를 버리는 것이다. 실리는 허명의 요동(搖動)을 받지 않을 뿐만 아니라, 천하의 존중(尊重)한 여러 대국들과 동등약을 맺고 증공국도 동등약을 맺으니, 그렇다면 수공국의 동등약국(同等約國)이 증공국의 동등약국이며, 증공국의 동등약국이 수공국의 동등약국이 된다. 이 나라들은 수공국도 동등한 우방으로 대접하고 증공국도 동등한 우방으로 대접해서 존비(尊卑)의 예와 고하(高下)의 차례를 두지 않을 것이다. 수공국의 지위가 증공국의 위에 있어서 이처럼 자존(自尊)한다면, 어째서 증공국의 동등 우방(同等友邦)과 동등례(同等禮)를 행하고 동등약을 맺는 것인가?

關涉 관계, 관련성.

卑亞 낮은.

敵禮 대등한 예.

그 형세상 증공국에 명령해서 국가들과의 동등약을 사절하고 물리치게 해야 하는가? 그렇지 않다. 국가들에 간청해서 증공국과의 동등약을 소말(消抹)해야 하는가? 그렇지 않다. 증공국과 국가들의 동등약은 각각 그 수호하는 관계로서 결약(結約)하는 권리가 있기 때문이요, 증공국이 독행(獨行)한 것이 아니다. 그렇다면 타방(他邦)의 결화(結和)하는 우목(友睦)과 통상하는 이익에 대해 삽리(插理)하고 조당(阻擋)*할 수 없으니 명언(明言) 혹은 은밀한 명령으로 늑제(勒制)하는 위세를 부리기가 극히 어려운 것이다. 뿐만 아니라 자기를 중시하는 국가들은 남의 입만 쳐다보면서 그 이지(頤指)*에 부림을 받는 것을 인정하지 않고, 공법을 들어서 그 무례한 죄를 문책할 것이다.

阻擋 저지(沮止).

頤指 턱으로 가리킨다는 뜻으로, 사람을 마음대로 부림을 이르는 말.

그렇다면 어떻게 해야 하는가? 수공국이 그 자존(自尊)하는 지위를 위해서 국가들과의 동등약을 사절하고 이미 파견한 사절을 불러들이며 이미 개항한 항구를 폐쇄해서 만국의 사이에 오만하게 독처(獨處)해야 하는가? 이 또한 불가하다. 왜냐하면 자기의 이익에 손해가 있고 타인의 화호(和好)를 잃어서 위란의 계제를 스스로 만드는 것이기 때문이다.

수공국은 그렇다면 국가들을 향해서 동등의 예도(禮度)를 행하고 증공국을 향해서 독존(獨尊)한 체모를 마음껏 시행해야 할 것이니, 이는 증공국의 체제가 수공국과 여러 타국을 향해 전후(前後)의 양절(兩截)*이요, 수공국의 체제도 증공국과 여러 타국에 대해 전후의 양절인 것이다. 국가들이 수공국과 증공국의 양절체제(兩截體制)를 동일시함은 어째서인가? 형세의 강약은 살피지 않고 권리의 유무만을 보기 때문이다. 강국의 망존(妄尊)은 공법의 기자(譏刺)*가 따로 있고, 약국이 수모를 받는 것은 공법의 보호가 있다. 이처럼 통일되지 않은 편체(偏滯)*는 공법이 행해지지 않아서 약자가 자보(自保)하는 도(道)에서 비롯된 것이니, 강자의 자행(恣行)하는 교습(驕習)을 조성(助成)하기 위해서는 공법에 한 조항도 설정되어 있지 않다.

兩截 반으로 앞과 뒤가 잘려졌다는 뜻으로 증공국(또는 수공국)의 입장에서 수공국(또는 증공국)과 양자 사이의 관계와 무관한 다른 나라들을 교섭하는 체제가 서로 같지 않음을 비유한 말.

譏刺 비난하고 풍자함.

偏滯 어떤 일에 구애되어 변통할 줄 모름.

때로는 수공국의 인민이 자기 나라의 자존(自尊)하는 체제를 망용(妄用)해서 증공국을 무시하여 그 국법을 법으로 여기지 않고, 그 국례(國禮)를 예로 여기지 않아서, 준봉(遵奉)하는 경의(敬意)가 전혀 없는 경우가 있다. 심한 자는 자신이 수공국의 관작 또한 사절의 명호(名號)를 지니게 되면, 증공국의 군주에게 동등의 예를 남행(濫行)하기도 한다. 강국의 임금도 임금이요, 약국의 임금도 임금이다. 일국의 위에 서서 지존한 지위에 처하고, 최대의 권(權)을 집행해서 정치를 시행하고 전장(典章)을 재제(裁制)*함은 피차의 차이가 없는데, 도리어 저쪽 나라의 정치와 전장을 봉행(奉行)하는 신자(臣子)가 이쪽 나라의 정치와 전장을 발재(發裁)*하는 군주와 동등한 예를 거행한다면 어찌 이를 합당하다고 하겠는가? 무엄의 극도에 달해서 크게 불경한 것이다. 증공국 군주의 동등약국

裁制 마름질해서 제작함.

發裁 결정하다.

의 군주를 향해선 이처럼 불법한 행동을 감히 자행할 수 없을 것이다. 그런데 이 국가들의 군주는 또 수공국의 군주와 동등한 예를 행하니, 그렇다면 증공국의 군주는 바로 수공국의 신민이 섬기는 군주가 우인(友人)으로 간주하는 동등약국 군주가 또 함께 우인으로 보는 동등약국 군주가 된다. 그러므로 증공국의 군주는, 수공국 군주가 경례(敬禮)하는 우인이 또한 경례하는 우인인 것이다. 우인의 우인은 바로 자기의 우인과 같다. 어째서인가? 어떤 사람과 벗 한다면 그 사람의 벗 또한 벗이다. 그렇다면 수공국 군주가 증공국 군주에게 동등한 예를 허락하지 않음은 바로 우인의 벗을 경애하지 않는 것으로 만국의 품례(品例)에 부합하지 않는데, 하물며 그 신민의 무례함을 누가 옳다고 하겠는가? 이는 자기가 섬기는 군주에게 불경한 짓을 하는 것과 다를 바 없다. 사람을 사랑하는 자는 그 사람의 벗 또한 사랑하는데, 그 군주를 공경하는 자가 그 군주의 벗에게 불경할 수 있는가? 예를 아는 자라면 반드시 이처럼 남월(濫越)하는 악행이 없을 것이다.

외교하는 권리는 내치하는 제도로부터 그 보수하는 방책과 형세가 서는 법이다. 인민의 지식이 고명하고 국가의 법령이 균평해서 각자가 한 사람의 권리를 위호(衛護)한 후에 만민이 각각 지키는 의기(義氣)를 들어서 일국의 권리를 지킬 수 있다. 인민이 권리의 중대함을 알지 못하면 타국의 침월을 당해도 분격(憤激)하는 노기(怒氣)가 일어나지 않으니, 정부의 관리 두세 사람이 비록 그 심력을 쏟아서 보수하는 방도를 모두 마련하더라도 그림자와 메아리 같은 응종(應從)*이 없어서 그 실효를 거두기가 막연한 것이다. 옛말에 이르길, 사람이 많으면 천명(天命)도 이긴다고 했다. 전국의 인민이 각자 그 나라의 중대함을 자임해서 산처럼 우뚝한 기세를 이룬다면 천하에 이를 꺾을 자가 어디 있겠는가? 그러므로 인민의 지식을 요하는 것이다. 지식은 교육이 아니면 세울 수 없으니, 따라서 교육하는 규모를 밝게 정해서 권리의 근본을 가르쳐야 한다. 그러나 법률이 밝지 않으면 인민이 권리를 서로 침범해서 일국의 권리를 함께 지키기는 고사하고, 이로 인해 타방(他邦)의 침탈을 받더라도 비어(備禦)하지 못할 뿐만 아니라 도리어 그 만모(慢侮)하는 계제를 만든다. 그러므로 국가의 법령은 엄명(嚴明)해야 하는 것이니, 이는 귀천과 빈부를 불문하고 동일시하는 공도(公道)를 행하는 것에서 벗어나지 않는다. 이에 법률의 공도를 힘써 지켜서 권리의 쓰임을 정하게 되니, 이로써 논하건대 교육과 법률이 바로 방국의 권리를 보수하는 큰 근본인 것이다.

應從 응하고 따름.

제2부

자주독립의 모색과 국제정치관: 청일전쟁~러일전쟁

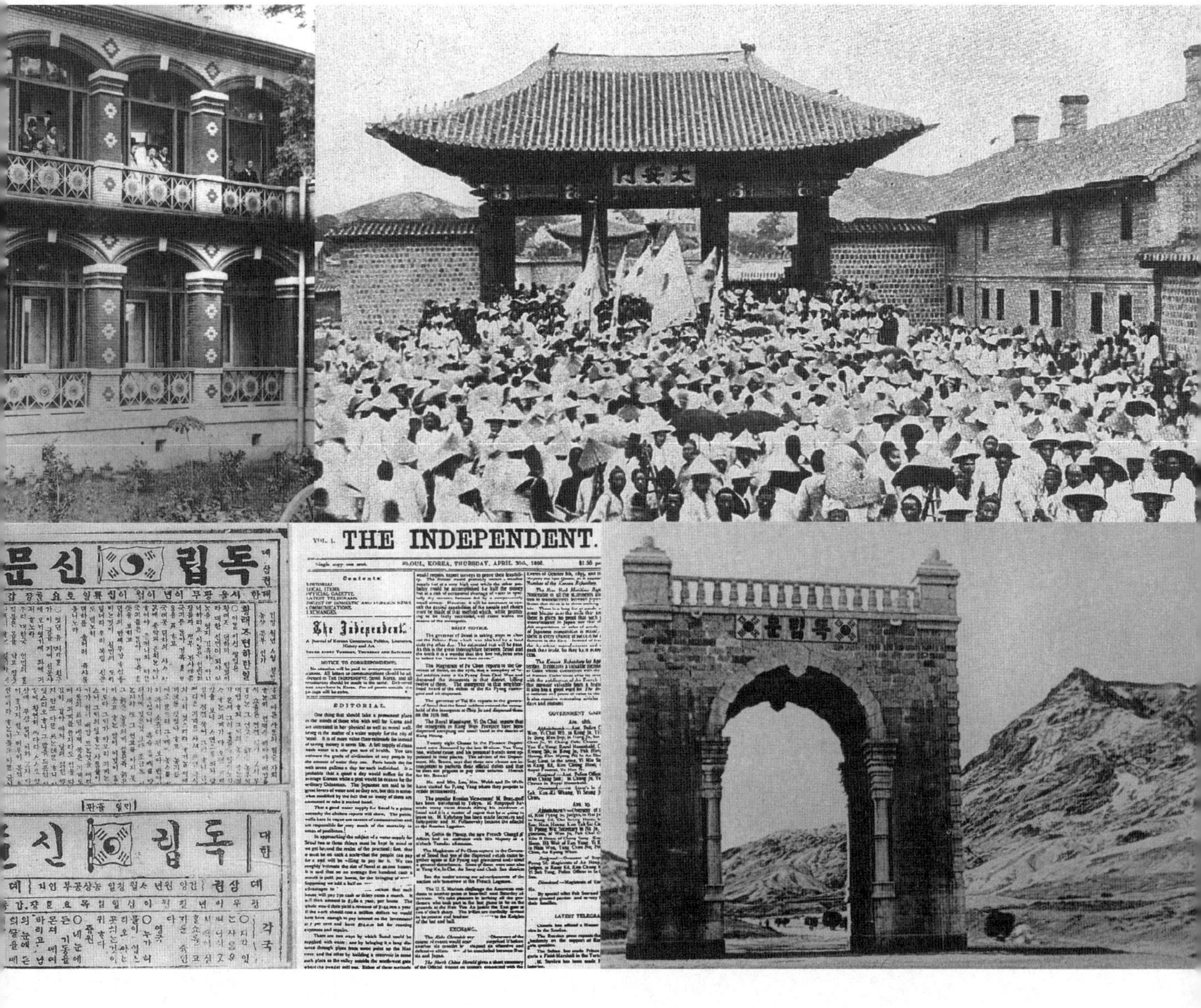

33. 조병직, 오토리 공사의 '보호속방' 조회에 대한 회답

[발신] 독판교섭통상사무 조병직 고종 31년 5월 27일
[수신] 일본공사 오토리 게이스케 서기 1894년 6월 30일

대조선 독판교섭통상사무 조병식이 조복(照覆)*함.

조득(照得)*하였습니다. 우리 역법으로 본월 25일에 보내주신 글을 접수했는데, 그 내용에 속방 여부를 상세히 조사한 후 결정해서 명확하게 조복하라고 했습니다. 이에 따라 살펴보건대 병자수호조규 제 1관에 "조선은 자주지방(自主之邦)으로 일본국과 평등지권(平等之權)을 보유한다."라는 한 구절이 있습니다. 본국은 입약한 이래로 모든 양국의 교제와 교섭 사건을 똑같이 자주평등지권에 따라 판리(辦理)*했습니다. 이번에 중국에 구원을 요청한 것도 우리나라의 자유의 권리에 따른 것이니 조일조약에는 추호도 위반이나 장애가 없습니다. 본국은 다만 조선과 일본이 정립한 조약을 준수해서 성실하게 거행해야 함을 알 뿐이요, 또 본국의 내치와 외교가 예전부터 자주에서 연유해 온 것 또한 중국이 평소부터 알고 있던 바입니다. 중국 왕 대신(汪大臣)* 조회의 경정(逕庭)* 여부는 본국과 관계가 없습니다. 본국과 귀국의 교제 방법은 단지 양국 조규에 따라 행할 뿐입니다.

■ 청일전쟁 개전 직전인 1894년 6월 30일 오토리 게이스케(大鳥圭介) 주한일본공사가 개전의 명분을 만들고자 조선이 청의 속방인지를 확인하는 공문을 조선정부에 보내왔는데, 이에 대한 외무독판 조병직의 답신. 조선정부 법률고문 미국인 그레이트하우스와 유길준이 기안했다고 한다. 원문 출전은 『舊韓國外交文書』 日案2, 2893(贍28册), 656-657쪽.

■ 趙秉稷(1833~1901) 1894년 외무독판(外務督辦)에 올랐으나 청일전쟁 때 일본의 압력으로 물러났다. 일본의 침투를 막기 위해 노력했으며, 친러정책에 가담했다.

照覆 조회에 답함.
照得 살펴서 알았다는 뜻으로 옛 공문이나 포고문에서 관용적으로 쓰는 표현.
辦理 일 따위를 처리함.
汪大臣 당시 주일 청국 공사였던 왕봉조(汪鳳藻)를 가리킴.
逕庭 거리가 매우 멀거나 차이가 큼.

[원문]

[發] 督辦交涉通商事務 趙秉稷 高宗 31年5月27日
[受] 日本公使 大鳥圭介 西紀 1894年6月30日
大朝鮮督辦交涉通商事務趙秉式爲照覆事 照得 我曆本月二十五日 接准貴來文 內開屬邦與否 核奪確覆云云等因 准此 查丙子修好條規第一款 內載 朝鮮自主之邦 保有

與日本國平等之權一節 本國自立約以來 所有兩國交際交涉事件 均按自主平等之權辦理 此次請援中國 亦係我國自由之權利也 與朝日條約毫無違碍 本國但知遵守朝日定立條約 認眞擧行 且本國內治外交 向由自主 亦爲中國之素知 至中國汪大臣照會逕庭與否 應與本國無涉 本國與貴國交際之道 只可認照兩國條規

34. 홍범14조 취지문

■ 고종이 1894년 12월 12일 종묘 영녕전(永寧殿)에서 공포한 홍범(洪範) 14개조의 취지문. 제1조항에서는 "청에 의존하는 생각을 끊어버리고 자주독립의 터전을 확고히 한다"고 하여 한청 조공관계의 종식을 공식 선언하였다. 원문 출전은 『高宗實錄』 高宗 31年 12月 12日條.

감히 황조(皇祖)*와 열성(列聖)*의 신령에 환히 고합니다. 짐(朕) 소자(小子)는 유년부터 우리 조종(祖宗)의 성대한 터전을 물려받아 지켜 온 지 이제 31년이 됩니다. 하늘을 경외하고 또한 우리 조종을 본받고 의지하여 여러 차례 어려움을 만났지만 그 전통을 실추시키지 않았으니,* 짐 소자가 어찌 감히 천심(天心)에 합당하다고 하겠습니까?* 다만 우리 조종의 돌보심에서 비롯된 것일 뿐입니다. 크신 우리 태조께서 우리 왕가를 처음 만드시고 후인(后人)을 계도하신 지 503년이 되는데, 짐의 때에 이르러 시운(時運)이 크게 변해서 인문(人文)이 개창(開暢)*했습니다. 우방이 모충(謀忠)*하고 조정의 논의가 일치했으니 오직 자주독립만이 우리 국가를 공고히 할 수 있습니다. 짐 소자가 어찌 천시(天時)를 받들어 우리 조종의 유업(遺業)을 보존하지 않으며, 어찌 분발하고 연마해서 우리 전인(前人)들의 공렬을 더욱 빛내지 않겠습니까? 지금부터는 타방(他邦)에 기대지 않으며 국운을 융성하게 넓히고 생민(生民)의 복지를 이룸으로써 자주독립의 터전을 공고히 할 것입니다. 생각건대 그 길은 혹시라도 구습에 구애되지 않고 안일한 즐거움에 길들지 않으며, 우리 조종께서 남기신 원대한 계획을 따르고 우내(宇內)의 형세를 살펴서 내정을 개혁하고 오랜 폐단을 교정하는 데 있을 것입니다.

짐 소자는 이에 14조 홍범(洪範)을 가지고 우리 조종의 하늘에 계신 신령께 서고(誓告)하노니, 조종들이 남기신 공렬을 우러러 공적을 이룰 것입니다. 혹시라도 감히 어기지 않을 것이니 밝은 신령들께서는 굽어 살피소서.

皇朝 일반적으로 군주의 조부나 조상을 가리키나 여기선 태조 이성계를 지칭.

列聖 역대 선왕들을 가리킴.

荒墜厥緖 『書經』「五子之歌」에 "통하는 석(石)과 공평한 균(鈞)이 왕부(王府)에 있었는데 그 전통을 실추시켜 종족을 망치고 제사를 단절시켰다."[關石和鈞 王府則有 荒墜厥緖 覆宗絶祀]라는 구절에서 인용한 말.

克享天心 『書經』「咸有一德」에 "저[伊尹]는 몸소 탕왕과 더불어 모두 일덕(一德)을 소유해서 능히 천심에 합당해서 하늘의 밝은 명을 받았다."[惟尹躬暨湯 咸有一德 克享天心 受天明命]라는 구절이 있다.

開暢 크게 열림.

謀忠 남을 위해서 도모하는 것.

홍범(洪範)

하나, 청국에 부의(附依)하려는 생각을 끊어서 자주독립의 기초를 확고하게 세운다.

하나, 왕실의 전범을 제정해서 대위(大位)*의 계승과 종척(宗戚)*의 분의(分義)*를 밝힌다.

하나, 대군주가 정전(正殿)에 나와서 정사를 보되 정무는 친히 대신들에게 하순

大位 높은 관직이나 지위.

宗戚 종실과 외척.

分義 분수에 따라 행해야 할 의리.

后嬪 왕후와 후궁.

(下詢)해서 재결하며 후빈(后嬪)*과 종척은 간여할 수 없다.

하나, 왕실 사무와 국정 사무를 즉시 분리해서 혼합하지 않는다.

하나, 의정부 및 각 아문의 직무와 권한을 분명하게 제정한다.

하나, 인민의 세출은 모두 법령에서 정해진 세율에 따르며 함부로 명목을 추가해서 과도하게 징수할 수 없다.

하나, 조세, 과세 및 경비의 지출은 모두 탁지아문의 관할에 따른다.

하나, 왕실 비용은 솔선해서 절감함으로써 각 아문 및 지방관의 모범으로 삼는다.

하나, 왕실 경비 및 각 관부의 비용은 미리 1년 예산을 정해서 재정의 기초를 확립한다.

하나, 지방관제는 속히 개정해서 지방 관리의 직권을 제한한다.

하나, 나라의 총명하고 준수한 자제들을 널리 파견해서 외국 학술과 기예를 전습(傳習)한다.

將官 장수 급의 군관(軍官)을 가리키는 말.

하나, 장관(將官)*을 교육하고 징병법을 써서 군제의 기초를 확정한다.

하나, 민법과 형법을 엄명하게 제정하고 감금, 징벌의 남용을 금지하여 인민의 생명과 재산을 보전한다.

하나, 사람을 쓸 때 문벌에 구애받지 않고 사(士)를 조야(朝野)에서 두루 구하여 인재 등용의 길을 넓힌다.

[원문]

敢昭告于皇祖列聖之靈 惟朕小子 粤自沖年 嗣守我祖宗丕丕基 迄今三十有一載 惟敬畏于天 亦惟我祖宗 時式時依 屢遭多艱 不荒墜厥緖 朕小子其敢曰克享天心 亶由我祖宗眷顧騭佑 惟皇我祖 肇造我王家 啓我后人 歷有五百三年 逮朕之世 時運丕變 人文開暢 友邦謀忠 廷議協同 惟自主獨立 迺厥鞏固我國家 朕小子曷不奉若天時 以保我祖宗遺業 曷敢不奮發淬礪 以增光我前人烈 繼時自今 毋他邦是恃 恢國步于隆昌 造生民之福祉 以鞏固自主獨立之基 念厥道 毋或泥于舊 毋忸于恬嬉 惠迪我祖宗宏謨 監察宇內形勢 釐革內政 矯厥積弊 朕小子玆將十四條洪範 誓告我祖宗在天之靈 仰玆祖宗之遺烈 克底于績 罔或敢違 惟明靈降鑑

洪範

一 割斷附依淸國慮念 確建自主獨立基礎

一 制定王室典範 以昭大位繼承曁宗戚分義

一 大君主御正殿視事 政務親詢大臣裁決 后嬪宗戚 不容干豫

一 王室事務與國政事務 須卽分離 毋相混合

一 議政府及各衙門職務權限 明行制定

一 人民出稅 總由法令定率 不可妄加名目 濫行徵收

一 租稅課稅及經費支出 總由度支衙門管轄

一 王室費用 率先減節 以爲各衙門及地方官模範

一 王室費及各官府費用 豫定一年額算 確立財政基礎
一 地方官制 亟行改定 以限節地方官吏職權
一 國中聰俊子弟 廣行派遣 以傳習外國學術技藝
一 敎育將官 用徵兵法 確定軍制基礎
一 民法刑法嚴明制定 不可濫行監禁懲罰 以保全人民生命及財産
一 用人不拘門地 求士遍及朝野 以廣人才登庸

35. 자주독립을 고취시키는 고종의 윤음

아! 너희 모든 집사(執事)*와 서사(庶士)*들은 짐의 가르침을 들으라. 하늘이 우리 조종(祖宗)에 성대한 터전을 내려 주셨으니 그 덕으로 우리 조종이 하늘에서 밝은 명을 받아 자손을 보우하고 여민(黎民)*을 화목하게 했으며, 또한 그 덕으로 짐이 무궁한 역복(歷服)*을 이어받아서 옛 전장(典章)을 따르고 큰 계책을 받들어 밤낮으로 혹시라도 감히 안일함이 없게 하면서 중년에 이르렀으니 이로써 능히 천심에 합당하게 할 수 있었다. 그러나 어찌 감히 짐의 덕이라고 말하겠는가? 오직 덕이 그때와 맞아야 모든 일이 마땅하고 밝게 되니 짐은 그때를 가린 것일 뿐이다.

이제 각국과 체교(締交)*하여 그 조약을 따르면서 오직 독립의 실제에 힘써 왔다. 독립의 실제는 내수(內修)에서 시작되니 우리의 독립을 공고히 하고자 할진대 오직 오랜 폐단을 교혁(矯革)해서 실정(實政)을 거행하여 왕국이 능히 부강해지는 데 달려 있을 뿐이다. 이에 짐은 마음속으로 크게 경계하고 두려워하여 조정 신하들에게 하순(下詢)하니, 오직 경장(更張)*만이 있을 뿐이라고 했다. 이에 확연(廓然)*하게 생각하여 선왕의 성헌(成憲)을 계고하고 열국의 형세를 귀감으로 삼아서 관전(官典)*을 바꾸고 기년(紀年)을 반포했으며, 군제를 개혁하고 재정을 정돈했으며, 교학(敎學)에 힘쓰고 부요(賦徭)*를 바로잡았으며, 상공(商工)을 면려하고 농상(農桑)을 권장했다. 백성을 병들게 하는 일은 대소를 막론하고 모두 제거해서 백성의 생명을 소생하게 할 것이니, 상하가 협화(協和)해서 이 말이 실행에 옮겨질 것을 기약하고 그 실행이 공적에까지 이르게 할 것이다. 이러한 나라의 상서를 길일을 물어서 종묘와 태사(太社)에 나가서 짐의 마음을 서고(誓告)했으니, 힘쓸지어다, 모든 집사와 서사들아! 짐의 나라가 비록 오래되었으나 그 명(命)을 새롭게 할 것이다!

아! 너희 서민들은 실로 나라의 근본이로다. 자주도 백성에게 달렸고 독립도 백성에게 달렸으니, 임금이 자주를 하려고 해도 백성이 아니면 무엇에 의존하며,

■ 홍범14조를 공포한 다음날인 1894년 12월 13일 고종이 자주독립을 고취시키고자 내린 윤음(綸音). 정부 차원뿐 아니라 '민' 차원에서 자주독립 정신을 고취시키고 있다. 출전은 『高宗實錄』, 高宗 31年 12月 13日條

執事 관원.
庶士 관부의 하급 관리.
黎民 일반 백성.
歷服 역(歷)은 오래됨의 뜻이고 복(服)은 곧 일이니, 역복은 무궁한 왕위(王位)를 가리키는 말이다. 『書經』 「大誥」에 "끝없이 큰 역복을 이어받았다."[嗣無疆大歷服]라는 구절이 있음.
締交 결맹(結盟), 결교(結交)의 뜻.

更張 거문고나 비파 등 현악기의 줄을 다시 묶는다는 뜻으로 흔히 정치 개혁을 비유하는 말로 사용된다. 중국 한나라 재상 동중서(董仲舒)의 다음과 같은 건의에서 유래한 말이다. "비유하자면 거문고나 비파의 음률이 맞지 않을 때, 심한 것은 반드시 줄을 풀었다가 다시 묶어야지만 비로소 울릴 수 있을 것입니다."[竊譬之琴瑟不調 甚者必解而更張之 乃可鼓也]
廓然 넓고 거리낌이 없는 모양.
官典 조정의 법제.
賦徭 부세(賦稅)와 요역.

나라가 독립을 하려고 해도 백성이 아니면 누구와 더불어 하겠는가? 너희 서민들은 너희 마음을 하나로 하여 오직 나라를 사랑하고, 너희 기(氣)를 같게 하여 오직 군주에게 충성하라. 참으로 이와 같이 한다면 짐은 적개(敵愾)*할 이 있다고 할 것이며, 어모(禦侮)*할 이 있다고 할 것이다. 재덕(才德)이 있으면 측루(側陋)*라도 천거될 것이며, 비천하고 지각이 없는 사람도 귀한 사람에게 가려지지 않아서 이에 등용할 것이니, 너희 서민들은 자신을 닦을 것을 생각하라. 너희 백성들이 생명과 재산이 있거든 짐은 그것을 보호하고 안전하게 하여, 법이 아니면 너희를 형에 처하거나 죽이지 않고 율(律)이 아니면 너희에게 부세를 가하거나 취하지 않겠다. 너희의 생명과 재산은 끝내 법으로 보호할 것이니 너희들은 힘쓸지어다. 나라가 부유하지 않고 군대가 강하지 않으면 설령 자주와 독립을 말하더라도 그 실제를 이룰 수 없다. 이제 우리 자주독립의 홍업(鴻業)을 확실히 세워서 팔방(八方)의 백성들에게 탄고(誕告)*하노니, 짐의 나라가 비록 오래되었으나 그 명을 새롭게 할 것이다. 너희 사민(士民)들은 서로 권고해서 충군애국의 마음을 면려하여 마치 산이 흔들리거나 뽑히지 않는 것처럼 하라. 널리 만국에서 학식을 구하며 또한 기예를 장점에 따라 취용(取用)해서 우리 자주독립의 터전을 공고히 하라. 이에 짐이 종묘에서 서고(誓告)한 글과 함께 너희 백성들에게 두루 보이노라. 아아! 짐의 말은 이것뿐이니, 힘쓸지어다, 백성들아!

敵愾 적왕소개(敵王所愾)의 줄임말로 『春秋左傳』 文公 四年條에 "제후가 왕이 노엽게 여기는 상대를 대적해서공을 바친다." [諸侯敵王所愾 而獻其功]라는 구절이 있음.

禦侮 외부의 업신여김을 막음.

側陋 비천한 지위에 있는 현자를 말한다. 『書經』 「堯傳」에 "밝은 이를 밝히며 측루를 천거하라" [明明 揚側陋]는 구절이 있음.

誕告 탄(誕)은 크다는 뜻이니 천명과 대의를 만방 백성들에게 널리 고한다는 뜻이다. 『書經』 「湯誥」에 "왕이 하(夏)나라를 이기고 돌아오시다가 박(亳) 땅에 이르러 만방의 백성들에게 크게 고하셨다."[王歸自克夏 至於亳 誕告萬方]라는 구절이 있음.

[원문]

咨 爾百執事庶士 咸廳朕誥 惟天付畀我祖宗丕丕基 惟德惟祖宗 受天明命 保佑子孫輯睦黎民 厥歷年惟永 亦惟德 惟朕嗣無疆大歷服 舊章時率 亦惟丕謨時承 夙夜罔敢或逸 逮于中身 用克享于天心 朕其敢曰德 惟德相厥時 咸宜熙 朕采惟時 迺今締交各國 循厥約 惟獨立之實是懋 獨立之實 肇於內修 厥欲鞏固我獨立 亶在矯革宿弊 修擧實政 以圖王國 克富克强 肆朕大警惕于心 詢于在廷 惟曰更張 玆庸廓然發慮 稽先王成憲 鑑于列國形勢 變官典頒紀年 改軍制整財政 懋敎學正賦繇 勵商工勸農桑 凡厥恫瘝罔有小大 悉剔悉除 俾元元之命其蘇 上下協和 約厥言于行 底厥行于績 惟國之禎 乃諏吉日 格于祖廟曁太社 以誓告朕心 勖哉百執事庶士 而朕邦雖舊 惟新厥命 嗚呼 爾庶民 實惟邦本 自主惟民 獨立惟民 君雖欲自主 匪民何依 國雖欲獨立 匪民曷與 惟爾庶民 一乃心 惟國是愛 同爾氣 惟君是忠 允若玆 朕曰有敵愾 朕曰有禦侮 厥有才德 側陋亦揚 闒茸罔覺 不蔽于貴 [蕩蕩絶植母域]* 玆登庸 惟爾庶民 念厥修 惟爾民 厥有生命有財産 朕其保其安 非法不底汝于刑于殺 非律不賦汝取汝 惟汝命汝産一用法律是護 惟爾民勖哉 而國不富兵不强 雖曰自主曰獨立 其實不擧 今確建我自主獨立之鴻業 誕告爾八方有衆 而朕邦雖舊 惟新厥命 惟爾士爾民 胥勸胥告 勵忠君愛國之心 若山之不騫不拔 廣求學識于萬國 亦惟技藝從長克取用 鞏固我自主獨立之基 玆竝以朕所誓告宗廟之文 徧示汝有衆 嗚呼 朕言止于時 勖哉有衆

蕩蕩絶植母域 앞의 "蕩蕩絶植母域"이라는 구절은 뜻이 잘 통하지 않아서 우선 놓아두었다.

36. 내무아문 훈령 제1호

지난 12월 12일에 우리 성상(聖上) 폐하께서 우리 국가의 독립자주하는 기업(基業)으로 종묘에 서고(誓告)하시며 그 명일에 태사(太社)*에 나가셔서 또한 그렇게 하시고, 인하여 신민에게 포고하시는 윤음을 내리시니 우리 대조선국 대군주폐하의 신민(臣民) 되는 자가 성의(聖意)를 준봉함이 옳다. 대저 우리 대조선국이 본래 당당한 자주독립국이었는데 중간에 청국의 간섭을 받아 국체(國體)를 조금 상실하고 국권을 점차 손상당하게 되었다. 그러므로 우리 성상 폐하께서 우내(宇內) 형세를 살피시고 확연(廓然)*하게 건단(乾斷)*을 발휘하사 중흥하시는 공업(功業)으로 자주독립하는 넓은 터전을 확고하게 세워서 청국에 부의(附依)하는 구습을 끊어내신 것이니 국가의 경복(慶福)과 신민의 영광이 막대하다. 이로 말미암아 국시가 한번 정해졌으니 이론이 없어야 할 것인데 불량무뢰한 도당이 국가의 대의를 망각하고 아직도 청국을 사모해서 무한한 헛소문을 지어내서 인심을 선동하고 국시를 흔드니 이는 우리 성상 폐하의 충경(忠敬)하지 않은 신민이다. 이러한 무리는 나타나는 대로 체포해서 부도국적(不道國賊)*으로 벌할 것이니 우리 대조선국 대소 민인은 우리 성상 폐하의 홍공(洪功)을 흠송하며 심의(深意)를 체득해서 자주독립하는 대사업을 함께 지키고 헛소문으로 선동하는 국적(國賊)이 있거든 함께 공격하기를 기망(跂望)하노라.

■ 1895년 음력 1월 5일 조선정부는 「內務衙門 訓令 第1號」를 통해 다음과 같이 자주독립의 큰 사업을 함께 지킬 것을 포고하였다. 이어서 1895년 음력 3월 10일(양력 4월 4일) 각 도에 훈시한 「內務衙門改革訓示」 서문에서 갑오개혁시기 박영효가 자신이 추진하고 있는 개혁의 방향이 독립국가의 기초를 세우며 문명국가를 지향하는 것임을 밝혔다. 원문 출전은 『高宗實錄』, 高宗 32年 1月 5日條.

太社 임금이 백성을 위해 토지의 신과 오곡의 신에게 제사를 지내던 장소. 사직(社稷).
廓然 넓고 거리낌이 없는 모양.
乾斷 제왕의 결단.

不道 장차 반란하려는 뜻이 있어서 도리에 어긋나는 일을 말함.

[원문]

去十二月十二日에 我聖上陛下게셔 我國家의 獨立自主ᄒᆞᄂᆞᆫ 基業으로 宗廟에 誓告ᄒᆞ시며 其明日에 太社에 詣ᄒᆞᄉᆞ 亦然ᄒᆞ시고 因ᄒᆞ야 臣民에게 布告ᄒᆞ시ᄂᆞᆫ 綸音을 降ᄒᆞ시니 惟我大朝鮮國大君主陛下의 臣民되ᄂᆞᆫ 者가 聖意를 尊奉함이 可ᄒᆞᆫ지라. 大抵我大朝鮮國이 本來堂堂ᄒᆞᆫ 自主獨立國이러니 中間에 淸國의 干涉을 受ᄒᆞ야 國體를 稍損ᄒᆞ고 國權을 漸傷ᄒᆞᄂᆞᆫ故로 我聖上陛下게셔 宇內形勢를 顧察ᄒᆞ시고 廓然히 乾斷을 揮ᄒᆞᄉᆞ 中興ᄒᆞ시ᄂᆞᆫ 功業으로 自主獨立ᄒᆞᄂᆞᆫ 洪基를 確建ᄒᆞ야 淸國에 附依ᄒᆞᄂᆞᆫ 舊習을 割斷ᄒᆞ심이니 國家의 慶福과 臣民의 榮光이 莫大ᄒᆞᆫ지라. 國是가 是를 由ᄒᆞ야 亦一定ᄒᆞ니 異論이 宜無ᄒᆞᆯ터이어ᄂᆞᆯ 不良無賴ᄒᆞᆫ 徒黨이 國家의 大義를 忘却ᄒᆞ고 尙且淸國을 思慕ᄒᆞ야 無根ᄒᆞᆫ 訛言을 造ᄒᆞ야 人心을 煽惑ᄒᆞ고 國是를 撓動ᄒᆞ니 此ᄂᆞᆫ 我聖上陛下의 不忠敬ᄒᆞᆫ 臣民이라. 如此ᄒᆞᆫ 輩類ᄂᆞᆫ 現ᄒᆞᄂᆞᆫᄃᆡ로 捉ᄒᆞ야 不道國賊으로 罰ᄒᆞᆯ지니 惟我大朝鮮國大小民人은 我聖上陛下의 洪功을 欽頌ᄒᆞ며 深意를 克體ᄒᆞ야 自主獨立ᄒᆞᄂᆞᆫ 大事業을 共守ᄒᆞ고 訛言煽動ᄒᆞᄂᆞᆫ 國賊이 有ᄒᆞ거든 共攻ᄒᆞ기를 跂望ᄒᆞ노라.

37. 최익현, 복제개혁을 반대하는 상소

■ 단발령(1895)을 포함한 정부의 개화정책을 총체적으로 비판한 최익현의 상소문. 최익현은 단발령이 유교적 예의문물에 반함과 동시에 왜적의 사주에 의한 것이라 비판하였다. 원문 출전은 「請討逆復衣制疏」, 『勉菴集』 1권(면암학회, 화서학회 공편, 2006), 281–296쪽.

신(臣)은 미물과 같이 비천한 존재로서 누차 국헌(國憲)을 범하였으니 죄가 사멸(死滅)에 해당한 것이 이미 오래되었는데 전하의 재조의 은혜[再造之恩]*를 입어 천지 사이에서 구차하게나마 생명을 부지하여 한적하게 세월을 보내고 있습니다. 신으로 하여금 선부(先父)의 봉양을 마치게 하시고 자손을 교육하게 하셨으니 신의 터럭 하나까지도 모두 신의 소유가 아니라 바로 전하께서 내려주신 것입니다. 신 또한 인심이 있는 자일진대, 대은(大恩)에 감격해서 만분의 일이라도 보답하려는 마음을 어찌 밤낮으로 그칠 수 있겠습니까? 다만 구구한 저의 처의(處義)가 망령되나마 근거하는 바가 있기에 감히 조정의 일에 다시 간여하지 못했습니다. 그러나 근래 10여 년 사이에 국가에 많은 변고가 생기고 주상께서 누차 위험에 빠지셨습니다. 신이 비록 두세 번 달려가 상위(象魏)*를 바라보았으나 소천(疎賤)한 제가 도달할 길이 없어서 단지 궐문 밖에서 통곡하고 돌아올 뿐이었습니다.

再造之恩 다시 생명을 내려주었다는 뜻으로 큰 은혜에 대한 감격을 표시할 때 주로 쓰이는 말.

象魏 고대의 천자나 제후가 거처하는 궁궐 문 밖에 세운 높은 건축물로서 여기서 교령을 선포했다. 이로부터 궁실, 조정의 의미로 사용되었다.

朝紙 승정원에서 매일 아침 그 전날 조정에서 처리된 일들을 기록해서 배포하는 일종의 관보. 조보(朝報)라고도 함.

冬官長 동관은 공조(工曹)를 뜻하는바, 동관장은 공조판서를 의미함.

갑오년 7월에 어떤 이가 조지(朝紙)*를 전해 주었는데 그 속에 신을 동관장(冬官長)*으로 삼는다는 말이 있었습니다. 신이 처음엔 부끄럽다가 종국엔 의심하면서, 방금 왜(倭)가 나라를 함정에 빠뜨렸으니 남은 것은 허호(虛號)일 뿐이요, 적도(賊徒)가 임금님을 핍박하고 있으니 내린 것은 위명(僞命)일 뿐이라고 생각했습니다. 전사(前事)를 헤아려보고 시변(時變)을 참작하건대 신에겐 마땅히 화(禍)만 있어야 할 뿐 복이 있어선 안 되거늘, 하물며 군부(君父)가 위급에 빠졌는데 신자(臣子)가 제 몸을 잊고 힘을 바쳐서 그 난리에서 구원하지 못하고 도리어 분수에 맞지 않는 관작을 받고 홀로 영예롭게 여길 수 있겠습니까?

뒤이어 갑신년에 달아났던 적들이 방자하게 조정에 출사했습니다. 그런데 조정에서는 그들을 체포해서 난도질하지 못하고 도리어 벌벌 떨면서 오직 그들의 명령만을 따랐습니다. 심지어 마침내 흉계를 꾸미다가 또 성공하지 못해서 도망갔습니다. 그들이 남긴 기염과 위세가 아직도 온 나라를 공포로 떨게 하는데, 역적을 토벌하자는 한 마디 주청도 못하고 끝까지 그 약속을 준수해서 어김이 없게 하고 있으니, 이러고도 나라에 사람이 있다고 할 수 있겠습니까? 지금 삼천 리 내에 모든 함생지류(含生之類)*가 역적의 살을 씹어 먹고자 하여 조정의 거조(擧措)를 들어보려고 생각하고 있으니 지금이야말로 위기를 바꾸어 안정을 이루고, 금수를 면하여 사람이 될 수 있는 때입니다.

含生之類 모든 생명체를 가리키는 말로 주로 인류를 의미.

마땅히 군신 상하가 분발하고 연마해서 큰 소리로 토죄하기에도 겨를이 없어야 할 것인데, 한 달 넘게 들어보아도 적막하기 이를 데 없어 마치 태평무사한 자들과 같습니다. 아아! 조정에 있는 신린(臣隣)*들 가운데 누군들 전하의 심려(心膂)*와 수족이 아니겠습니까? 그런데 모두 역적을 편안히 보고 있으니, 미세한 사정이자 작은 잘못이라고 여겨서 그런 것입니까? 아니면 은혜와 원수를 모두 잊고 신자와 도적을 구별하지 못하는 것이 본래 개화의 본색이라서 그런 것입니까?

군신(君臣)이라는 것은 천경민이(天經民彝)*이니 고금에 바꿀 수 없는 대의입니다. 한 번 허물어지면 천지에 결함이 생겨서 인민이 그 생을 편안히 할 수 없습니다. 그러므로 주역에 이르길, "하늘은 높고 땅은 낮으니 건괘와 곤괘가 정해지고, 낮고 높은 것이 베풀어지니 귀한 것과 천한 것이 제 자리에 정해진다."*고 한 것이니, 군신의 분별은 천지의 높고 낮음과 같아서 절연(截然)히 넘을 수 없음을 말한 것입니다. 만약 다른 사람의 신하가 되어 쉽게 군주를 범하고 무난하게 반란을 일으키는데도 법으로 다스리지 않는다면 장차 하루도 난적의 흥기가 그치지 않는 날이 없어서 천지가 천지일 수 없을 것이니, 앞으로 어떻게 만물의 마땅한 바를 이루어 하루의 생존이나마 보장할 수 있겠습니까?

지금 역적을 논하는 자들은 전에는 "저들이 일본에 의뢰해서 원군을 삼고 있으니 나는 어찌 할 수 없다."라고 하고, 후에는 "서광범은 두 번째 음모엔 관여하지 않았고, 박영효는 이미 달아났으니 잡을 수 없다."라고 합니다. 아아! 이는 모두 역적 주변인들의 말입니다. 갑신년의 변란이 비록 오적(五賊)의 소행이었지만 왜가 아니었다면 그 힘을 빌릴 수 없었고, 일이 실패한 후엔 왜가 아니면 또한 그 목숨을 부지할 수 없었을 것입니다. 우리가 이미 왜와 형제를 맺어서 진실 되게 맹서했습니다. 그렇다면 만국의 사귐엔 모두 공법이 있고 조약이 있을 것이니, 신은 비록 고루해서 아는 바가 없으나 그 공법과 조약엔 반드시 이웃나라의 역적과 결탁해서 그를 돕는다는 문장이 없을 것이며, 또한 달아난 자들을 보호해 주고 받아들인다는 문장도 없을 것입니다. 만약 천하에 환공(桓公)과 문공(文公)* 같은 군주가 있었다면 단지 이 두 가지만 가지고도 충분히 왜를 꾸짖었을 것인데, 하물며 10년을 난육(卵育)*한 다음에 우리의 유사(有事)한 때를 틈타서 뒷 수레에 태우고 와서는 우선 군대로 겁박하여 나라를 훼손하고 군주를 모욕함이 극에 달하고, 그들로 하여금 권병을 잡고 전제(專制)하게 하면서 시종 음모를 돕다가 재삼 보호하고 은닉해 주고 있으니, 고금 천하에 어찌 이렇듯 인륜을 저버린 형제가 있겠습니까?

하늘이 백성을 바라봄에 본래 여기는 후하게 하고 저기는 박하게 하는 차별이 없으니 선한 일을 하면 복을 받고 악한 일을 하면 재앙을 입음은 항상된 이

臣隣 『書經』「益稷」에 "신하는 가까운 자이며, 가까운 자가 곧 신하이다."[臣哉隣哉 隣哉臣哉]라고 한 데서 유래한 말로 신하를 뜻함.

心膂 가슴과 등골로서 임금을 보좌하는 신하를 비유한다. 『書經』「君牙」에 "지금 너에게 명하노니 나를 도와서 나의 팔다리와 심려가 되어라."[今命爾予翼 作股肱心膂]고 했다.

天經民彝 천경은 하늘의 상도(常道)이고, 민이는 사람의 떳떳한 본성이다.

天尊地卑 乾坤定矣 卑高以陳 貴賤位矣 『周易』「繫辭傳上」에 나오는 구절.

桓公文公 춘추오패(春秋五霸) 가운데 제(齊)나라 환공과 진(晉)나라 문공을 가리킴.

卵育 어미 새가 알을 낳고 키우듯 고이 품어서 길렀다는 뜻.

치로서 역력히 고금에 볼 수 있는 것입니다. 저들이 비록 무지한 오랑캐이지만 어찌 또한 항상된 천리를 듣지 못해서 감히 그 조금 강함을 믿고 이처럼 심하게 이웃나라를 기만하고 모멸하는 것이겠습니까? 다만 저들도 우리에게 사람이 없음을 엿보았기 때문에 거리낌 없이 흉악한 짓을 자행하는 것일 뿐입니다.

신의 계책을 행하시되 부디 의리를 밝게 펴시고 곡직을 상세히 진술하셔서 우선 저들의 위법, 배약(背約), 모린(侮隣), 조역(助逆)*의 죄상을 열거하여 동맹에게 알리고 저들 정부에 공문을 보내십시오. 그리하여 천하로 하여금 왜의 죄가 천지 사이에 용납받을 곳이 없음을 환히 알게 하신다면 만국 공공의 견문에 따라 어찌 같은 말로 토죄하여 함께 분노하고 증오하는 자가 없겠습니까? 그리고 우리 사민(士民)을 정돈하시고 갑병을 정비해서 동해(東海)*에 문죄하여 한 번 노추(奴酋)*를 베어 버린다면 저들이 비록 부강하다고 자칭하나 여러 해 동안 진력하고 허비한 끝에 자멸하기에도 겨를이 없을 것이니, 하물며 역적 박영효 하나쯤이야 무슨 어려움이 있겠습니까? 만약 그렇게 하지 않으신다면 이 역적이 여러 차례 실패한 분함으로 더욱 반서(反噬)*하려는 마음을 쌓고 있으니 몇 년 후에 또 다시 어떤 화기(禍機)가 하루아침에 홀연히 나타날지 알 수 없습니다. 그렇게 되면 전하께서는 장차 어떻게 대응하시겠습니까?

역적 박영효는 비록 잡을 수 없다고 해도 서광범은 언연(偃然)*하게 달아나지 않고 진신(搢紳)*의 사이에서 무리를 좇아다니며 의기양양하고 있으니 어찌 광범이 홀로 역적이 아니겠습니까? 아니면 용서할 만한 단서가 있기 때문인 것입니까? 가령 이 역적이 참으로 성교(聖敎)에서 이르신 바와 같이 나이가 어리고 생각이 짧아서 다른 사람의 꾐에 빠져서 했다고 하더라도 분명히 이는 군부(君父)를 도모하려고 한 자요, 분명히 도적을 끌어들여서 반서(反噬)한 자이니, 분명히 오적(五賊) 가운데 하나입니다. 그런데도 어째서 나이가 어리고 생각이 짧다는 이유로 용서하시는 것입니까? 또 역적 무리들이 동일하게 흉간역장(凶肝逆腸)을 가지고 있으니 어찌 영효가 일을 꾸밀 때 광범이 간여하지 않았을 리가 있겠습니까? 설사 간여하지 않았더라도 그것으로 속죄할 수는 없습니다. 더구나 영효가 밖에서 이를 갈고 있는데 광범이 안에서 내응한다면 전하께서는 또 무엇으로써 막으시겠습니까?

그러나 이 두 역적을 토죄하지 않을 수 없음은 온 세상이 알고 있는 바이지만, 유독 갑오년의 여러 흉인들의 죄만은 알지 못하고 있으니, 어찌 이와 다를 바 있겠습니까? 왜인을 끼고서 궁궐을 포위하고 군부(君父)를 겁박했으니 이는 완연히 갑신년 역적들이 쓰던 술책입니다. 옛 전장(典章)을 어지럽히고 예의를 무너뜨린 것은 옥균과 영효조차도 하지 못했던 일인데, 여러 간흉들이 연달아 이

侮隣助逆 모린(侮隣)은 이웃나라를 업신여긴 것이며 조역(助逆)은 역적을 도운 것.

東海 일본을 가리킴.

奴酋 오랑캐 추장.

反噬 은혜를 베푼 사람을 도리어 해친다는 뜻.

偃然 오만하게 여유만만한 모양.

搢紳 진(搢)은 관복과 제복(祭服)에 갖추는 홀(笏)을 허리띠에 꽂음이고 신(紳)은 관복에 매는 큰 띠이니 진신은 모든 벼슬아치를 가리키는 말.

를 했으니 김가진, 안경수, 조희연, 유길준의 무리가 바로 그들입니다. 김홍집의 경우에 있어선 몸이 수상의 자리에 있으면서도 기꺼이 구적(寇賊)과 표리를 이루어 공모하여 나라를 어지럽히고 또 역신을 토죄하지 않았으니, 이들 몇 명의 간흉에게 영효, 광범과 같은 율(律)을 적용해야 함은 의심의 여지가 없다고 생각합니다.

아아! 신은 노병(老病)으로 가쁜 숨을 내쉬며 조석으로 죽을 날만을 기다리고 있습니다. 이제 부득이 역적을 토벌하자는 주청을 올렸으니, 다른 일을 망론(妄論)해서 불위(不韙)*의 죄를 범해선 안 될 것입니다. 그러나 강상(綱常)과 전례(典禮)가 분양(糞壤)*에 빠지고 의관문물이 금수로 떨어져서 망국의 근심이 경각에 달린 것을 목도했으니 신이 또 대략 진달(進達)하지 않을 수 없습니다.

신이 외람되게 살펴보니 전하께서는 근년 이래로 정신을 가다듬어 통치를 하셔서 새벽부터 밤까지 해이함이 없으신데도, 어찌하여 그 뜻을 받들어 행하는 적임자를 얻어서 옳은 작위를 행하여 성의(聖意)를 받들게 하지 못하시고, 한갓 오랑캐의 풍속으로 중화를 변화시키고 인류를 타락시켜 금수를 만드는 것을 능사라고 여기게 하십니까? 그러면서도 이름은 개화(開化)라고 하니, 이 개화 두 글자는 용이하게 남의 나라를 망치고 남의 집을 무너뜨리는 것입니다. 혹 이름은 자주라고 하면서도 나라를 왜에 넘겨주어 모든 정치와 법령을 반드시 그들에게 자품(咨稟)하며, 혹 군부(君父)를 마치 열국의 우공(寓公)*과 같이 대하면서도 거짓으로 대호(大號)를 올리며, 혹 의상(衣裳)을 훼손해서 오랑캐를 따르면서도 억지로 문명을 칭하며, 혹 스스로 부강을 말하면서도 군제를 제거하고 방수(防戍)를 해산시켜서 국세를 날로 약하게 합니다. 그리고 그 밖에 모든 조처가 흡사 어린아이의 유희에 지나지 않아서 어느 하나 장구하고 원대한 규모가 없습니다. 지금 비록 일일이 따질 수는 없지만 오직 변복(變服) 한 가지 일만큼은 더욱 의를 심하게 해치기 때문에 시급하게 먼저 복구하지 않을 수 없는 것입니다.

의복이라는 것은 선왕께서 오랑캐와 중화를 판별하시고 귀천(貴賤)을 표장(表章)하시던 것입니다. 우리나라의 의복 제도가 비록 옛날과 완전히 합치하는 것은 아니지만 중화문물이 남은 것이요, 동방풍속을 볼 수 있는 것이기 때문에 일찍이 선왕과 선정(先正)이 강명(講明)하셔서 준수하시고 천하만국이 우러러 흠탄했던 것입니다. 이것마저 버린다면 요, 순, 문왕, 무왕이 서로 전한 화하(華夏)의 일맥을 어디서도 찾을 수 없고 은사(殷師)*와 우리 조종(祖宗)께서 중화의 문물로써 오랑캐를 변화시키던 성덕(盛德)과 대공(大功) 또한 천하 후세에 밝게 드러낼 수 없을 것입니다. 아아! 이 어찌 차마 할 수 있는 일이겠습니

不韙 불위(不韙)는 바르지 않다는 뜻인데, 여기선 자신의 분수를 헤아리지 않고 함부로 말하는 죄를 뜻한다. 춘추시대 식(息)나라 군주가 정(鄭)나라를 쳤다가 싸움에 대패하고 돌아갔는데, 군자가 "자신의 덕을 헤아리지 않았고, 자신의 역량을 헤아리지 않았고, 친척을 친하게 대하지 않았고, 말의 진위를 따져 보지 않았고, 누구에게 죄가 있는지 살피지 않았다."라고 하고, "다섯 가지 옳지 못한 죄[五不韙]를 범했다."라고 한 데서 나온 말이다. 『春秋左氏傳』 隱公 11년조.

糞壤 더러운 흙, 또는 두엄 더미.

寓公 자신의 나라를 잃고 다른 나라에 붙어사는 제후.

殷師 기자(箕子)를 가리킴.

까?

지난 갑신년에 전하께서 일찍이 소매가 좁은 의복 제도를 만드셨다가 바로 그 잘못을 깨닫고 폐지하시니, 민서(民庶) 상하가 큰 성인의 천선개과(遷善改過)하는 도량이 심상한 자들과 절대 비할 바가 아님에 우러러 보지 않는 이가 없었습니다. 그런데 금일에 와서는 한 번 변해서 갑신년의 일이 생겼고, 두 번 변해서 검은 옷을 입게 되었으니, 이를 계속 따라간다면 또 점차 단발하는 행위까지 하게 될 것입니다. 전하께선 선왕께서 남기신 오백 년 종사(宗社)의 중임을 받으시고 선왕께서 남기신 삼천 리 생민(生民)의 무리를 맡으셨으니 진실로 그 부탁을 완수해서 다시 선왕께 바쳐야 할 것입니다. 그런데 어째서 한결같이 적신(賊臣)의 모략을 좇아 국가의 법을 어지럽혀서 당당한 소중화로 하여금 이적(夷狄)의 풍속을 따라 금수의 부류가 되게 하시는 것입니까? 신은 참으로 이것이 모두 전하의 본의가 아니라 부득이해서 이 구차한 고식지계(姑息之計)를 쓰신 줄 압니다. 그러나 자고로 망하지 않은 나라는 없으며, 또한 죽지 않은 사람도 없었으니, 선왕에게 죄를 얻고 후세에 욕을 받는 것보다는 차라리 바른 예의를 지켜서 아름다운 성명을 보존함이 낫지 않겠습니까?

往者雖不可諫　而來者猶可追也 도연명의 '歸去來辭'에 "지난 일은 어쩔 수 없음을 깨닫고 올 일은 바로잡을 수 있음을 알겠다." [悟已往之不諫　知來者之可追]라는 구절에서 인용했다.

德音 왕의 교지, 명령을 뜻함.

지난 일은 비록 어쩔 수 없지만 올 일은 그래도 바로잡을 수 있습니다.* 이제 시급히 덕음(德音)*을 환히 발하셔서 검은 옷을 엄금하시고 모두 구제(舊制)를 복원하소서. 그리고 이적과 금수의 풍습에 가까운 모든 법도와 정령을 차례로 폐지하셔서 잠시라도 남겨 두지 마시옵소서. 지금 복구를 꺼리면서 이러한 설을 시무를 알지 못하는 것이라고 지목하는 자는 모두 왜를 빙자하여 구실을 삼으면서, "왜가 지금 우리의 개화를 도와서 부강의 업을 이룬다."라고 합니다. 저 강병(强兵)의 설은 그 유래가 깊습니다. 변사들이 입으로 종횡(縱橫)해서 전국시대에 전쟁의 성패를 좌우했으나 이미 다 알려진 감계(鑑戒)*이자 식어 버린 잿더미이니 참으로 남의 집이나 나라에 큰 화를 끼치기엔 부족합니다. 그러나 세상의 인군(人君)들이 매번 그것에 의해 잘못되면서도 깨닫지 못하는 것은 근공(近功)과 소리(小利)가 있어서 그들을 유혹하기에 충분하기 때문입니다. 만약 한 번 일을 행하고 한 번 정사를 펼 때마다 화패(禍敗)가 바로 닥친다면 비단 세상 군주들이 듣지 않을 뿐만이 아니요, 변설하는 자들 또한 반드시 이 천근(淺近)한 모략을 내지 않을 것입니다.

鑑戒 지난 잘못을 거울로 삼아 다시는 잘못을 되풀이하지 않도록 경계함.

전하께서 한 번 저 근일의 개화라는 것을 살펴보소서. 그 효과가 과연 어떠합니까? 앞에서 말씀드린 역적을 사면하고 의복을 훼손한 일들이 또한 어찌 모두 부강에 유익한 것이겠습니까? 왜에게 나라를 맡기고 그 절제를 받으면서 그 이지(頤指)*를 따라 사사건건 왜를 배우면서도 끝내 전곡(錢穀)이 풍부해지고 인민이

頤指 턱으로 지시한다는 뜻으로 남을 함부로 부린다는 뜻.

더 늘어나고 갑병이 더 강해졌다는 말은 들리지 않고, 다만 삭약(削弱)*이 날마다 심해지고 위망(危亡)이 날마다 닥치고 있으니 이는 또 무슨 이유입니까? 아아! 이는 모두 알기 어렵지 않습니다. 저 왜라는 것들은 예의를 버리고 단지 이익만을 도모하는 오랑캐인데 무엇 때문에 여러 해 동안 수고롭게 군대를 이동하고 재정을 소비하여 이웃나라를 위해 부강의 계책을 세워 주면서 제 이익이 되지 않는 일을 하겠습니까? 반드시 흉모(凶謀)와 간계를 이미 오래전부터 품고 있었을 것이니, 우리를 돕는다는 명분을 빙자해서 실제로는 반드시 우리를 망하게 하려는 것입니다. 갑신년과 갑오년의 일을 본다면 비록 우매한 아낙과 어린아이라도 모두 그 마음을 알 수 있을 것입니다. 진실로 정사에 시행되기를 기다리지 않더라도 화패(禍敗)가 먼저 닥칠 것인데, 어째서 온 조정에서는 기꺼이 그 술책에 빠져서 희희낙락하며 깨닫지 못하는 것입니까? 설령 왜의 도움을 받아 참으로 부강을 이룰 수 있다고 해도 하지 않을 것인데, 더구나 반드시 부강해지는 것도 아니고 한갓 그 수모와 희롱만을 받는 경우에 있어서겠습니까? 이것이 어리석은 신이 역적을 시급히 토죄하지 않을 수 없고 의복과 다른 모든 변경한 것들을 복구하지 않을 수 없다고 아뢰는 이유입니다.

또 신이 듣건대 정치의 시행은 자신으로부터 시작된다고 하니, 인군(人君)이 먼저 자기 몸을 바르게 한 후에야 백사(百司)와 서료(庶僚), 육군(六軍)*, 만민을 바르게 할 수 있는 것입니다. 바라옵건대 전하께서는 금일부터 천명과 인심의 거래(去來)가 두려워할 만한 것임을 깊이 살피소서. 삼무사(三無私)*의 뜻을 받들어 천하의 우두머리가 되시되, 선한 것이 있으면 반드시 몸소 먼저 행하시고, 불선(不善)한 것이 있으면 반드시 몸소 먼저 제거하소서. 공맹(孔孟)의 책이 아니면 보지 마시고, 요순(堯舜)의 정치가 아니면 행하지 마소서. 모든 기기(奇技), 음교(淫巧), 완호(玩好)하는 물건*들을 눈에서 멀리 하시고, 태만하고 사벽하며 바르지 못한 기운을 몸에 베풀지 마시되 이를 오래 견지하시고 예에 따라 행동하소서.

전하의 일념을 이와 같이 성실하게 하신다면 지성으로써 움직일 수 없는 자는 아직 있지 않았으니,* 위에서 좋아하는 것이 있으면 아래선 반드시 더욱 좋아할 것입니다.* 그리하시면 전일에 완둔(頑鈍)하고 이익만을 좋아해서 수치를 모르던 자들이 면모를 일신하고 정백(精白)한 한마음으로 휴덕(休德)*을 받들어서 처음엔 병들었지만 나중엔 치유되는 기반이 되지 않으리라고 어떻게 알겠습니까? 만일 이와 같이 하신다면 교령이 궁문을 나가지 않아도 마치 물과 같아서 민정(民情)이 천 리 밖에서도 믿고 감응할 것입니다. 그 기회를 이용해서 어진 자에게 일을 맡기고 능한 자를 부려서 실추된 일을 거행하며, 공 있는

削弱 국토가 깎이고 군대가 약해짐.

六軍 중국 고대 주(周)나라 때의 군제(軍制)로서 왕이 통솔하는 6개의 군(軍)을 말한다. 『周禮』에 따르면 1군은 1만 2,500명으로 구성되었다. 여기선 군대의 의미로 사용.

三無私 『禮記』 「孔子閑居」에 "하늘은 사사롭게 덮지 않고, 땅은 사사롭게 싣지 않으며, 해와 달은 사사롭게 비추지 않는다." [天無私覆 地無私載 日月無私照]라는 구절에서 유래한 말로 임금이 만백성을 공평하게 다스려야 함을 비유하는 뜻으로 사용.

奇技淫巧玩好 기기(奇技)는 기이한 기예, 음교(淫巧)는 정도에 지나치게 정교한 물건, 완호(玩好)는 감상하면서 아끼는 물건을 말함.

至誠而不動者 未之有也 『孟子』 「離婁上」에 나오는 말.

上有好者 下必有甚焉 『孟子』 「滕文公上」에 나오는 말.

休德 미덕(美德).

자에게 상을 내리고 죄 있는 자에게 벌을 내려서 토죄의 명을 공손히 행하신다면, 저 난신적자들이 저절로 숨을 죽이고 물러나 죽을 길 찾기에도 겨를이 없을 것이니, 양(洋)을 제어하고 왜를 매질하는 것은 근심할 것이 없습니다. 이는 다만 전하의 일심이 어떠한가에 달려 있을 뿐입니다. 부디 전하께서는 유념하소서. 신은 두렵고 간절히 바라는 마음을 가눌 수 없어서 삼가 죽음을 무릅쓰고 아뢥니다.

소(疏)가 완성된 후에 다시 올릴 말씀이 있어서 감히 말미에 붙이오니 부디 굽어 살펴주시옵소서. 신이 궁벽한 시골에 있어서 지금까지 조가(朝家)의 문자를 보지 못한 지 몇 년이 되었습니다. 그런데 근일 들어보니 조정에서 청(淸)을 배반하고 자주를 하며, 전하를 높여서 대군주 폐하(大君主陛下)로 모신다고 했습니다. 만약 전하께서 효종(孝宗)의 뜻과 일을 계술하셔서 중원을 청소하시고 사이(四夷)를 진무(鎭撫)하신다면 명분이 바르고 말이 순하므로 천하후세에 할 말이 있을 것입니다. 비록 반드시 그렇지 않더라도 만약 능히 진정한 자주를 해서 청(淸)과 왜(倭)를 제어할 수 있다면, 황통(皇統)이 단절된 지 오래인 오늘날에 계천입극(繼天立極)*을 자임하시더라도 혹 안 될 것이 없습니다. 그러나 지금은 그렇지 않아서 성명(聖明)이 고립되고 구적(寇賊)이 곁에서 노리고 있어서 지척인 조정에서도 위령(威令)이 행해지지 않는데, 한갓 왜노(倭奴)의 참칭(僭稱)만 본떠서 하루아침의 폐하라는 호칭을 받으신다면 명실이 상부하지 않으니 아마도 끝내는 성덕(聖德)에 누가 될 것입니다. 하물며 '대군주'라는 세 글자는 『예경』(禮經)에 근거가 없고 예로부터 들어본 적도 없는 말입니다. 구구한 망견(妄見)이 차라리 부월(斧鉞)*의 형벌을 당할지언정 감히 사람들을 따라 '폐하' 두 글자를 붙이지 못하고 예전처럼 '전하'라고 썼으니 무례하고 불경한 죄를 실로 면하기 어려울 것입니다. 신은 더욱 황공하고 처벌만을 기다리는 마음을 가누지 못하겠나이다.

繼天立極 주희(朱熹)의 『中庸章句』 서문에 나오는 말로 하늘의 뜻을 이어받아 바르고 중용에 알맞은 표준을 세운다는 뜻.

斧鉞 부(斧)는 작은 도끼, 월(鉞)은 큰 도끼로 부월은 형벌을 의미.

[원문]

伏以臣以蟣蝨卑微 屢干國憲 罪當死滅已久 而賴殿下再造 得以假息乎覆載 優遊乎歲月 使終養先父 敎育子孫 臣之一毛一髮 皆非臣之有也 乃殿下之賜也 臣亦有人心者焉 其所以感激大恩 欲圖報於萬一者 寧日夜已乎 但區區處義 妄有所據 不敢更與於朝廷之事 而邇來十餘年之間 國家多變 主上屢危 臣雖再三奔問 瞻望象魏 然踈賤之蹤 無路自達 只自外痛哭而歸而已 至於甲午七月 有人傳示朝紙 其中有以臣爲冬官長者 臣始慙終疑 以爲方今倭已陷國 其所存者 虛號也 賊徒逼君 其所制者 僞命也 揆之以前事 參之以時變 臣宜有禍而不宜有福 況君父方在危急 而臣子不能忘身效力 以救其難 乃反以匪分之官爵自榮乎 繼而甲申逋賊 肆然出仕於朝 朝廷非惟不能捕而斲之 顧乃惴惴慄慄 惟其令之是從 至欲終售凶計 又不成而逃之 而其遺焰餘威 猶足恐怖一國 不能出一言爲討逆之

請 而使一遵其約束 守而勿失 如此而猶爲國有人乎 今方三千里內 凡有含生之類 皆莫不欲食逆賊之肉 而想聞朝廷之擧措 此正轉危致安 免獸爲人之會也 所宜君臣上下 奮發淬礪 聲言討罪之不暇 而仄聞月餘 寂寂寥寥 有固若泰平無事者然 噫 在廷臣隣 夫孰非殿下之心膂手足 而豈皆恬視逆賊 以爲薄物細故 微眚小過而然乎 抑以爲恩讐兩忘 子賊無別 自是開化之本色而然乎 夫君臣者 天經民彝 亘古亘今 不易之大義也 一或有壞 則天地有缺闕 而人民不得安其生 故易曰天尊地卑 乾坤定矣 卑高以陳 貴賤位矣 言君臣之分 如天地之高下 截然不可踰也 若爲人臣而容易犯君 無難肆逆 而猶不致法 則亂賊之興 將無日可止 而天地不得爲天地矣 其何以遂萬物之宜 而保一日之存乎 今之論逆賊者 前則曰彼方恃倭以爲援 吾末如之何 後則曰光範無與於再謀 而泳孝則已逃不可獲也 嗚呼 此皆賊邊人之說也 夫甲申之變 雖五賊之爲 而非倭無以藉其力也 事敗之後 非倭亦無以逃其命也 我旣與倭結爲兄弟 信誓丁寧 則萬國之交 皆當有公法矣 亦當有約條矣 臣雖固陋無所識 然之法之約 必無結鄰逆而助之之文矣 亦必無保納逋逃之文矣 若天下有桓文之君 只此二者 已足以詘倭矣 況十年卵育 乘我有事 載後車而先劫以兵 毁國辱君 無所不至 而使之秉權專制 終始助謀 再三保匿 古今天下 豈有如此悖兄弟乎 夫天之視民 固無厚此薄彼之別 而爲善受福 爲惡受殃 此理之常 而歷歷可觀於古今者也 彼雖蠻虜無知 豈亦不聞夫天理之常 而敢恃其稍強 欺侮鄰國 如此之甚乎 但彼亦瞰我無人 故肆其凶惡而無忌耳 行臣之計 請明申義理 詳陳曲直 先數其違法背約侮隣助逆之罪 諭諸同盟 移彼政府 使天下曉然知倭罪之無所容於覆載之間 則以萬國公共之見聞 豈不有同辭致討 以共憤疾者乎 乃整我士民 詰我甲兵 問罪東海 試刃奴酋 則彼雖自稱富強 以經年勞費之餘 當自滅之不暇 況何有於一賊孝哉 如其不然 則此賊以屢敗之憤 愈蓄反噬之心 不知幾年 又復有何樣禍機 忽發於一朝之間也 殿下將何以應之乎 夫孝賊 雖不可獲而光範 則偃然不逃 揚揚逐隊於搢紳之間 豈光範獨非逆賊 而抑有可恕之端耶 假使此賊 眞如聖敎 所謂年淺慮短 爲人誘陷而爲之 分明是欲圖君父者也 分明是引寇反噬者也 分明是五賊之一也 奈之何以年淺慮短而恕之哉 且賊輩 同一凶肚逆腸 豈有泳孝謀事 而光範不與之理 設使不與 其不可以此贖罪也 況泳孝切齒於外 而光範爲應於內 殿下又何以待之也 然此二賊之不可不討 擧世之所知也 獨不知甲午諸凶之罪 亦與此無異也乎 挾倭圍宮 劫迫君父 宛是甲申諸賊之餘術 而其變亂舊章 壞滅禮義 又玉均泳孝之所不及爲也 而諸凶皆踵爲之 若金嘉鎭安駉壽趙羲淵兪吉濬輩 是也 至於金弘集 身居首相 甘與冦賊表裏 同謀亂國 又不討逆臣 以爲此數凶者 皆當用泳孝光範之律而無疑也 嗚呼 臣以老病殘喘 朝夕待盡 今不得已爲討逆之請 則固不當妄論他事 以犯不韙之罪也 但目見綱常典禮 淪於糞壤 衣冠文物 陷爲禽獸 而亡國之慮 迫在呼吸 臣又不容不槩陳之也 臣竊伏覩殿下 自近年以來 勵精爲治 晨夜靡懈 奈奉行者 不得其人 不能善有作爲以承聖意 徒以用夷變夏 降人爲獸 爲能事 而名之曰開化 此開化二字 容易亡人之國 覆人之家 或名爲自主 而以國與倭 一政一令 必以咨稟 或待君父 如列國寓公 而佯尊大號 或毁裂衣裳 下從夷狄 而強稱文明 或自言富強而去軍制 罷防戍 使國勢日弱 其餘凡百施措 類不過如兒童之戱 而一無長久遠大之規 今雖不可一一究覈 而惟變服一事 尤其害義之甚而不可不急先復舊者也 夫衣服者 先王所以辨別夷夏 表章貴賤者也 我國衣制 雖非盡合於古 然是中華文物之所寓 東方風俗之攸觀 先王先正 嘗講明而遵守之矣 天下萬國 嘗仰慕而欽歎之矣 此而棄之 則堯舜文武相傳之華夏一脉 無地可尋 而殷師及我祖宗用夏變夷之盛德大功 亦無以發明於天下後世矣 嗚呼 是豈可忍也耶 往在甲申 殿下曾爲狹袖之制矣 旋覺其非而除之 民庶上下 莫不仰大聖人遷善改過之量 非比尋常萬萬也 至於今日 一變而爲甲申 二變而爲黑衣 循是以往 則又將駸駸然爲斷髮之擧矣 殿下受先王五百年宗社之重 任先王三千里生民之衆 固當全其付託 以獻于先王可也 奈何一從賊臣之謀 變亂國家之章 使堂堂小中華 從夷狄之俗 而爲禽獸之類哉 臣固知此皆非殿下之本意 而

不得已爲是苟且姑息之計也 然自古未有不亡之國 亦未有不死之人 則與其得罪於先王受罵於後世也 無寧守禮義之正 存聲名之美乎 往者雖不可諫 而來者猶可追也 今急渙發德音 嚴禁黑衣 一復舊制 而凡諸法度政令之近於夷狄禽獸之風者 皆次第罷去 不可頃刻留也 今之憚於復舊 而指是說爲不識時務者 皆莫不藉倭爲辭以爲倭方助我開化 而致富強之業也 夫富強之說 其來遠矣 縱橫乎辯士之口吻 成敗乎戰國之交爭 其已照之鑑 已冷之灰 固不足重禍人家國 然世之人君 每每被其所誤 而莫之悟者 以其有近功小利 猶足以惑之也 若行一事施一政 而禍敗立至 非惟時君不聽 說之者 亦必不爲是淺近之謀也 殿下試觀夫近日所以爲開化者 其效果何如哉 如上所陳赦逆賊毁衣服諸事 亦豈皆有益於富強乎 委國於倭而受其節制 聽其頤指 事事學倭 件件學倭 而終不聞錢穀加富 人民加多 甲兵加強 而但見削弱日甚 危亡日至 此又何故也 嗚呼 是皆不難知也 彼倭者 棄禮義 但謀利之虜也 何苦而經年積勞 動兵費財 爲隣國富強之謀 而無所取其利哉 必其凶謀奸計 包藏已久 藉名助我 而實欲亡我也 以甲申甲午之事觀之 雖愚婦小兒 亦皆知其心之所在矣 固不待施諸政事之間 而禍敗先至矣 夫何擧朝甘墮其術 嘻嘻然而莫之悟也 假使得倭之助而眞致富強 亦且不爲 况未必能富強 而徒受侮弄哉 此愚臣所以謂逆賊不可不急討 而衣服與凡諸變更 不可不復舊也 抑臣又聞之 行政自身始 人君先正其身而後百司庶僚六軍萬民 可得以正矣 伏願殿下 自今日始 審察天命人心去來之可畏 奉三無私以爲天下先 有善必身先行之 有不善必身先去之 非孔孟之書不觀 非堯舜之政不行 凡奇技淫巧玩好之物 不接於目 凡惰慢邪僻不正之氣 不設於身 持之以久 動之以禮 殿下之一念 誠實如此 則至誠而不動者 未之有也 上有好者 下必有甚焉 凡前日頑鈍嗜利無耻之輩 安知不改頭革面 精白一心 以承休德而爲先病後瘳之地乎 苟如是也 敎令不出宮門而如水 民情孚感於千里之外矣 因之而任賢使能 修擧廢墜 賞功罰罪 恭行命討 則彼亂臣賊子 自當屛息退縮 求死不暇 而制洋撻倭 不足慮也 此只在殿下一心之如何耳 伏願殿下留神焉 臣無任戰栗祈懇之至 謹昧死以聞

疏成後 又有一說 玆敢尾附 伏願垂察焉 臣居在窮巷 未見朝家文字有年于玆矣 仄聞近日朝廷 背淸自主 尊殿下爲大君主陛下 若使殿下 繼述孝廟志事 掃淸中原 鎭撫四夷 則名正言順 可以有辭於天下後世矣 雖未必然 若能眞箇自主制淸制倭 則迨此皇統久絶之日 自任以繼天立極 或無所不可 而今則不然 聖明孤立 寇賊傍伺 咫尺殿庭威令不行 而徒效倭奴之僭稱 一朝受陛下之號 則名實不副 恐終爲聖德之累也 况大君主三字 於禮無據 於古未聞者乎 區區妄見 寧伏鈇鉞 不敢隨衆加陛下二字 而依舊以殿下書之 無禮不敬之誅 實所難免 臣尤不勝惶恐俟勘之至

38. 최익현, 선유대원(宣諭大員)에 임명된 후 소회를 아뢰고 대죄(待罪)하는 상소

■ 1896년 2월 20일(음1월 8일) 최익현이 선유대원(宣諭大員)에 임명되자, 며칠 후인 2월 25일(음1월 11일) 상소하여 명성황후 시해, 단발령, 아관파천, 의병 궐기 등의 사태를 통탄하고 역적의 처리가 엄정치 못함을 지적하면서 일본의 만행을 규탄하였다. 원문 출전은 「宣諭大員命

삼가 아룁니다. 황천(皇天)이 불쌍히 여기지 않으셔서 우리 대행왕후(大行王后)*께서 갑자기 민흉(愍凶)*을 당하시니 팔방의 민서(民庶)가 대소를 막론하고 통곡하면서 천지 사이에서 역적과 함께 살지 않겠다고 맹세하지 않는 이가 없습니다. 하물며 신과 같이 무상(無狀)*함에도 일찍이 천지부모의 재조지은(再造之恩)을 입어 오늘날까지 성명(性命)을 보전할 수 있었던 자가 또 어찌 십족(十族)*을 버리고 큰 원수를 갚으려 하지 않겠습니까?

다만 신이 재주가 미약하고 힘이 부족해서 이미 적의(翟義)가 왕망(王莽)을 토벌한 것* 같은 군사를 일으키지 못하고 또 장량(張良)이 한(漢)나라에 보답하고자* 마련한 철퇴도 구하지 못했으니, 다만 일찍 죽어서 여귀(厲鬼)가 되어 역적을 소멸시키는 것으로 이 생에 씻지 못한 원한을 갚고자 할 뿐이었습니다. 계속해서 적도(賊徒)가 철저하게 흉계를 부려서 상하를 협박하여 심지어 훼형(毁形)의 화*까지 있게 되었습니다. 이로써 일국의 풍속을 바꾸려고 했으니, 이에 신은 빨리 죽지 못함을 한탄하면서도 차마 종사(宗社)와 생민이 두엄 더미에 빠지는 것을 보고 있을 수 없었습니다. 그래서 작년 12월에 역적에게 체포되어 한 달이 넘도록 갇혀 있다가 마침 국가에서 역적을 토벌하는 때를 만나서 비로소 석방되어 돌아올 수 있었습니다. 신이 비록 옛 마을로 생환해서 언연(偃然)히 자재(自在)*할 수 있었지만 위로는 난여(鑾輿)*가 궁을 떠나 새벽부터 밤까지 근심을 풀지 못하심을 생각하고, 아래로는 민도(民徒)가 의(義)로 봉기해서 동류(同類)*가 서로 죽이는 것을 생각하니, 신이 목석이 아닐진대 어찌 마음을 다스릴 수 있겠습니까?

이제 막 노췌(老悴)*로 병을 얻어 고통스럽게 죽음을 기다리고 있을 때 홀연히 이곳의 수신(守臣)*이 십행윤음(十行綸音)*을 전해 주면서 신으로 하여금 여러 군(郡)의 의중(義衆)에게 선유(宣諭)하게 했습니다. 신이 두 손으로 받들고 배독(拜讀)하니 비록 그 문자의 체제가 국체에 손상됨이 있었으나, 그 말뜻의 지성측달(至誠惻怛)*함에서 대성인(大聖人)의 호생지덕(好生之德)*이 심상한 자의 수준을 크게 벗어남을 알 수 있었습니다. 비록 어리석고 무지한 무리들이라도 모두 감격해서 눈물을 흘리며 자복(自服)할 것인데, 더구나 저들은 모두 충의에 기댄 백성들로서 그 병이(秉彝)*의 발함을 스스로 멈출 수 없는 것이 참으로 성교(聖敎)에서 말씀하신 바와 같은 자들이니, 어찌 주저하면서 해산하고 귀향할 것을 생각하지 않을 리가 있겠습니까? 또 인신(人臣)이 명을 받음에, 혹 태평한 때라면 사면(辭免)할 수도 있겠지만 어찌 위란할 때 피하고자 할 수 있겠습니까?

다만 신에겐 막대해서 용서받을 수 없는 죄가 있고, 또 아직 이해할 수 없는 것이 있습니다. 신이 병자년 강화 초기*에 비록 망령되게 한 장의 소(疏)를 올렸으나 말이 분명하지 않아서 성의(聖意)를 감동시켜 되돌리지 못하여 이후의 화패(禍敗)가 이러한 지경에 이르게 했으니 이것이 신의 죄를 용서할 수 없는 첫 번째 이유입니다. 간당(奸黨)이 정치를 어지럽혀 오랫동안 고폐(痼弊)*가 되었습니다. 주상의 위엄이 날로 떨어지고 나라의 형세가 날로 기우는데 신은 한갓 작은 염치만을 지켜서 알고도 감히 말하지 못하여 스스로 망군부국(亡君負

下後陳懷待罪疏」, 『勉菴集』 1권(면암학회, 화서학회 공편, 2006), 296–305쪽.

大行王后 죽은 왕이나 왕후에게 시호를 올리기 전에 붙이는 칭호.

愍凶 부모를 여읜 불행. 여기선 명성황후의 시해를 의미.

無狀 내세울 만한 뛰어난 공적이나 선한 행실이 없음.

十族 구족(九族)에 그 친구와 문인을 더한 것을 가리킴.

翟義討莽 전한 말기 왕망이 정권을 탈취하자 적의가 군사를 일으켜서 왕망을 토벌하고 유신(劉信)을 천자로 세운 고사.

張良報韓 진시황이 천하를 통일하자 멸망한 조국을 위해 장량이 창해역사와 모의해서 박랑사(博浪沙)에서 진시황의 수레를 향해 철퇴를 던진 고사를 가리킴.

毁形之禍 형체를 훼손한 재앙이라는 뜻으로 단발령을 가리킴.

偃然自在 언연(偃然)은 여유만만한 모양이고 자재(自在)는 구속이 없음을 뜻함.

鑾輿 원래 천자가 타는 수레를 가리키는 말로, 여기선 고종의 이어(移御)를 의미.

同類 여기서는 같은 민족을 의미.

老悴 늙어서 몸이 마르고 핼쑥함.

守臣 수령.

十行綸音 십행은 제왕의 수차(手箚)나 조서를 상징하는 말이고, 윤음도 임금의 교서 등을 의미.

至誠惻怛 지극한 정성으로 측은하게 여기는 마음.

好生之德 살리기를 좋아하는 덕이라는 뜻으로 『書經』 「大禹謨」에 "(순임금의) 살리기를 좋아하는 덕이 민심에 크게 젖어들었다."[好生之德 洽于民心]는 구절이 있다.

秉彝 양심을 지니고 있다는 뜻으로 『詩經』 「大雅」 "蒸民"장에 "하늘이 사람을 이 세상에 낼 적에 누구나 하늘의 원리가 그 속에 깃들게 하였다. 그래서 사람들이 양심을 가지게 되어 이 아름다운 덕을 좋아하게 된 것이다."[天生蒸民 有物有則 民之秉彝 好是懿德]라는 구절이 있다.

痼弊 쉽게 치유할 수 없는 고질적 폐단.

國)의 죄과에 빠졌으니 이것이 신의 죄를 용서할 수 없는 두 번째 이유입니다. 임오, 갑신, 갑오, 그리고 작년과 같은 국변(國變)이 몇 해 동안 연이어 발생함에 비록 궐 밖에 달려가 대략 분의(分義)를 펼쳤지만, 끝내 일신을 잊고 목숨을 버리면서 역적을 토벌하고 군주를 구하는 계책을 행하지 못하여 인리(人理)가 다하고 신도(臣道)가 사라지게 되었으니, 이것이 신의 죄를 용서할 수 없는 세 번째 이유입니다. 인신(人臣)으로서 지은 죄가 이 중에 하나만 있어도 왕장(王章)*을 피할 수 없음이 분명한데, 하물며 신은 이 세 대죄를 겸하였으니 설령 천은(天恩)이 망극해서 잠시나마 목숨을 부지하더라도 응당 백세(百世) 동안 군자의 비난을 받게 될 것입니다. 그러니 어찌 당당한 의려(義旅)*의 앞에서 뻔뻔스럽게 낯을 들고 왕명을 말할 수 있겠습니까?

王章 왕의 법, 조정의 법률.

義旅 의병.

이는 이미 그렇거니와, 신이 경저(京邸)에 갇혀 있을 때* 작년 12월 28일의 일*을 눈으로 지켜보았습니다. 역괴(逆魁) 김홍집과 정병하는 비록 모두 살육당했으나, 조희연, 유길준 이하 여러 역적들은 또 달아나 잡지 못했습니다. 무릇 죄는 시역(弑逆)보다 큰 것이 없는데, 역(逆)으로는 김홍집, 정병하, 조희연, 유길준보다 큰 자가 없으니, 설령 만 조각으로 자르고 그 십족(十族)을 도륙하더라도 신인(神人)의 분노를 씻기 어려울 것입니다. 그런데도 이제 살육하면서도 그 죄를 밝게 정해서 온 나라에 호령하지 않고, 달아나게 하면서도 그 처자를 잡아다가 엄히 기포(譏捕)*하지 않고 단지 심상한 작은 죄처럼 보아서 한결같이 불문에 붙이고 오직 가볍게 처리하는 데만 힘썼습니다. 죄인의 처자에게까지 죄를 연좌하지 않음*은 참으로 문왕(文王)의 정치이지만, 지금 김홍집, 정병하, 조희연, 유길준 등의 역적과 같이 시역대고(弑逆大故)의 경우를 말하는 것은 아닙니다. 하물며 다시 달아나서 미처 주벌(誅罰)하지 못한 자들을 또 어찌 불문에 부쳐서 역적들로 하여금 거리끼는 바가 없이 그 뿌린 씨를 키워서 후일의 우환을 남기게 하겠습니까? 이는 이름만 토적(討賊)일 뿐 실제로는 그들을 놓아주는 것입니다. 지금 이렇게 하시면서 신에게 구차하게 변설을 시켜서 의(義)를 내세워 역적을 토벌하려는 무리를 해산하고자 하시니, 저들이 만약 이를 빌미로 논박한다면 신은 사리(辭理)가 이미 바르지 못한데 어떻게 성의(聖意)를 대양(對揚)할 수 있겠습니까? 이것이 신이 이해할 수 없는 첫 번째입니다.

臣囚在京邸 1895년 11월 17일 유길준의 권유로 고종이 머리를 깎고 단발령을 내리자 최익현이 성균관에 들어가 통곡을 했다. 이 일과 단발령을 따르지 않는다는 이유로 유길준에 의해 체포되어 전동(典洞) 사관(私館)에 갇혔다.

昨歲十二月二十八日之事 고종과 왕세자가 러시아 공사관으로 이어(移御)한 소위 '아관파천'(俄館播遷)을 가리킴.

譏捕 달아난 죄인의 행적을 수소문하고 염탐해서 체포하는 일.

罪人不孥 『孟子』「梁惠王下」에 나오는 구절.

고금 시역(弑逆)의 변란이 어느 시대인들 없었던 적이 없는데, 모두 그 나라의 신하에게서 나왔습니다. 지금 만국이 교화(交和)해서 사해(四海)가 하나가 되었으니, 마땅히 환난은 함께 돌보고 원수는 함께 미워해서 신의로써 상접(相接)해야 할 것입니다. 그런데 저 왜적은 인의(隣誼)를 생각하지 않고, 처음엔 박영효와 서광범이, 나중엔 조희연과 유길준이 모두 협동해서 모역(謀逆)을 하여 여러 해의 변란을 일으켰는데 그들의 포도수(逋逃藪)*가 되어 주었습니다. 신이 듣건대 각국의 통화(通和)에 소위 공법이란 것이 있고, 또 소위 조약이란 것이 있다고 했습니다. 신은 알지 못합니다만, 그 공법과 조약에 과연 이웃나라의 역적을 도와서 남의 군상(君上)을 겁박하고, 국모(國母)를 시해한다는 문장이 있습니까? 반드시 그러할 리는 없을 것입니다. 만약 없다면, 그 이른바 공법과 조약이라는 것은 어디에 쓰는 것입니까? 이미 법을 세우고 조약을 만들었다면, 응당 왜의 죄를 낱낱이 열거해서 각국에 공문을 보내어 군사를 일으켜 문죄함으로써 분질(憤疾)을 함께 하는 것이 대의입니다. 그런데 지금은 그렇지 않아서 우리는 이미 왜를 두려워해서 감히 입도 열지 못하고, 각국 또한 당연한 것으로 간주하고 있습니다. 이제 여러 군(郡)의 의병들이 항상 "왜적을 토벌하지 않으면 복수할 수 없다."라고 하니, 그 명분이 이미 바르고 그 말 또한 이치에 순합니다. 가령 신이 유지(諭旨)를 가지고 내려가 형세를 가지고 타이른다고 해도 저들이 만약 대의에 근거해서 "일의 성패는 논하지 않겠다."라고 한다면 신이 무슨 말로 대꾸할 수 있겠습니까? 이것이 신이 이해할 수 없는 두 번째입니다.

逋逃藪 죄를 짓고 달아난 자들을 은닉해 주는 소굴.

개화 이후로 선왕의 법제를 모두 바꾸고 오직 왜적의 지휘만을 따라서 중화를 이적으로 만들고 인류를 금수로 만들었으니, 이는 개벽 이래 없었던 대변(大變)인데 체발(剃髮)* 한 가지 일은 그중에서도 더욱 심한 것입니다. 다행스럽게도 성심(聖心)을 돌리시어 옷과 갓을 함께 거론하시면서 각자 편한 대로 하라는 분부를 내리셨으니 이는 참으로 태양이 거듭 밝아지는 때입니다. 그러나 위로부터 명쾌하게 장발(長髮)의 유지(諭旨)를 내리셨다는 말을 듣지 못해서 한두 신하들 가운데 여태껏 머리를 보존하였던 자들이 도리어 애통한 조서를 내리신 후에 머리를 깎았습니다. 아아! 성심(聖心)이 어찌 또한 중화를 향하고 오랑캐를 배척하는 일을 잠시나마 늦춰선 안 됨을 알지 못하시겠습니까? 다만 이미 자른 머리가 갑자기 길어질 수는 없기 때문에 서서히 처리하시려는 것입니다. 그러나 저 지극히 우매한 백성들이 어리석게 서로 짐작하기를, 성상께서 오랑캐 따르기를 좋아하셔서 백성을 크게 속인다고 여기고 있습니다. 이러한 말이 변하여 와언(訛言)이 돼서 타파할 수가 없으니, 신이 비록 성유(聖諭)를 받들어서 와언을 따르지 말라고 설득하더라도 저들은 필시 "어째서 왕께서 명령하시는 바가 좋아하시는 바와 반대되는가?"라고 할 것입니다. 신이 또 대답할 말이 없으니, 이것이 신이 이해할 수 없는 세 번째입니다.

剃髮 머리카락을 깎음.

이제 신은 이미 조정에 대죄를 지었고, 조정의 조처에 대해 이해할 수 없는 바가 또 이와 같으니 신이 비록 성실하게 명을 받들더라도 일에는 보탬이 없고 한갓 국가의 체통에 손상을 입힐까 두렵습니다. 대체로 일은 의(義)를 따르면 순조롭고 의를 저버리면 거스르는 것입니다. 이제 속히 왜적의 죄를 열거해서 공문을 만들어 동맹 각국에 보낸 다음에 공법을 참조하고 조약으로 입증한다면, 우리의 의리가 이미 분명하고 또 바르니 저들의 위법배약(違法背約)의 죄는 장차 만국 공공의 논의[萬國公共之論]를 피할 수 없을 것입니다. 그리고 우리의 사려(師旅)*를 정비해서 동해(東海)*에 문죄한다면, 저 부군(府郡)의 병사들은 본래 모두 절치부심하면서 일신을 버리고 의를 따르는 자들입니다. 만약 그 두목을 선발한 후 대관(隊官), 초장(哨將)의 임무를 내려서 각자 자기의 무리를 지휘해서 나가게 한다면, 이미 봉기한 자들은 물론이거니와 아직 일어나지 않은 자들도 어찌 풍문을 듣고 서로 이끌며 다투어 국가를 위해 죽으려고 하지 않겠습니까? 이것이 그래도 오늘날의 중책(中策)이 됩니다.

師旅 군대.
東海 일본을 가리킴.

만약 강약의 형세를 비교하고 중과부적(衆寡不敵)을 생각해서 일을 행할 만한 기회를 기다리고, 또한 우리의 전례(典禮)를 보존하고 문물을 복구하면서 오랑캐의 풍속에 조금이라도 관계된 모든 정령을 일체 혁파하고, 다시 애통한 조서를 내리시어 회개의 뜻을 명시하신다면 저 벌떼처럼 둔치고 개미떼처럼 모인 무리들이 장차 선유(宣諭)를 기다릴 것도 없이 모두 병기를 버리고 해산해서 귀향할 것이니, 이것은 하책(下策)입니다.

만약 그렇게 하지 않고 오직 백성의 분란만을 미워해서 구차하게 눈앞만 진정시키고자 하여, 과거와 같이 왜적이 역적을 비호하고 조가(朝家)에서 체발(剃髮)을 시행한다면 저 지극히 어리석으면서도 신통한 백성들이 어찌 기꺼이 스스로를 속이며 대번에 해산해서 귀향하겠습니까? 만약 해산해서 귀향하려고 하지 않는다면 반드시 뇌정(雷霆)*의 군대가 뒤따라 나타나 만나는 모든 것을 최절(摧折)*할 것입니다. 아아! 본래 이들도 모두 성상(聖上)의 적자(赤子)*인데 이것을 몰아 저것을 죽임이* 어찌 인인(仁人)이 할 수 있는 일이겠습니까? 이것은 무책(無策)입니다.

중책(中策)을 쓰신다면 신이 비록 노쇠하지만 왕사(王師)의 전구(前驅)*가 되어 죽을 자리를 감히 사양하지 않겠습니다. 만약 부득이 하책을 쓰신다면, 조정에 노성(老成)하고 오랜 덕망을 갖춘 인물이 따로 있을 것이니 신과 같이 용렬한 자에게 구차히 막중한 선유사의 임무를 맡길 필요가 없습니다. 지금 이 두 계책을 쓰지 않으시고 한갓 신으로 하여금 도로에서 분주하게 하고자 하신다면, 신은 차라리 군명(君命)에 순종하지 않았다는 죄를 받을지언정 감히 그 이해할 수 없는 것을 억지로 범해서 만인의 비웃음을 살 수는 없습니다.

雷霆 천둥과 벼락. 여기선 일본군을 가리킴.
摧折 꺾는다는 뜻으로 파괴, 좌절, 타격 등과 그 의미가 유사함.
赤子 갓난아이로서 백성을 비유하는 말.
驅此殺彼 '이것'은 일본군이고 '저것'은 봉기한 의병을 가리킴.
王師前驅 왕사(王師)는 왕의 군대, 전구(前驅)는 앞에서 길을 인도하는 자다. 『詩經』「衛風」"伯兮"장에 "백아는 수(殳)를 잡고 왕의 길잡이가 되었다."[伯也執殳 爲王前驅]는 구절이 있다.

신은 감히 명을 받들어 노정에 오를 수도 없고, 또 편안히 집에 있을 수도 없습니다. 이에 삼가 노차(路次)*에 엎드려 부월(鈇鉞)*의 주벌(誅罰)만을 기다리오니 부디 성명(聖明)께서는 재량하여 살피소서. 신은 간절하고 황공한 마음을 가누지 못하여 삼가 죽음을 무릅쓰고 아뢰나이다.

路次 길을 가는 도중.
鈇鉞 임금의 권위를 상징하는 작은 도끼와 큰 도끼를 아울러 이르는 말.

[원문]

伏以皇天弗吊 我大行王后奄遭愍凶 八方民庶 罔有小大 皆莫不痛哭呼冤 誓不欲與逆賊共生於覆載之間 況如臣無狀 曾荷天地父母再造之恩 得以保全性命延至今日者 又豈不欲捨十族而復大讐哉 顧臣才微力薄 旣不能興翟義討莽之師 又不能辦張良報韓之椎 只願速死爲厲鬼 掃滅逆賊 以報此生未雪之冤而已 繼而賊徒 到底肆凶 勒迫上下 至有毁形之禍 而欲以易一國之俗 臣於此 尤恨其死之遲 而不忍見宗社生民淪於糞壤之中矣 乃於去歲十二月 被逮於逆賊 滯囚踰月 適値國家討賊之會 始得放釋而歸 臣雖生還故里 偃仰自在 然上念鑾輿離宮宵旰未弛 下念民徒義起 同類相殺 臣非木石 何以爲心 方勞悴成病 苦苦叫死之際 忽本地守臣 奉傳十行綸音 俾臣宣論于諸郡義衆 臣雙擎拜讀 雖其文字體製 有損國體 其辭意之至誠惻怛 則可以見大聖人愛民好生之德 逈出尋常萬萬也 雖冥頑無知之徒 皆應感涕自服 況彼皆仗忠義之民 其發於秉彝之不能自已 洵如聖敎所云者 又豈有逡巡躕躇 不思解歸之理哉 且人臣受命 或可辭免於泰平之時 寧可圖避於危難之日哉 第臣有莫大不可赦之罪 而又有所未解者 臣於丙子媾和之初 雖妄陳一疏 而辭不分明 不能感回聖意 使後來禍敗 至於如此 臣罪之不可赦 一也 姦黨亂政久爲痼弊 主威日降 國勢日傾 而臣徒守小廉 知不敢言 以自陷於忘君負國之科 臣罪之不可赦 二也 連年國變 如壬午甲申甲午及昨年焉 而雖嘗奔問闕外 略伸分義 終不能忘身捨命 爲討賊救主之計 人理盡矣 臣道蔑矣 臣罪之不可赦 三也 人臣負罪有一於此 未或免於王章也明矣 況臣兼此三大罪 縱天恩罔極 得暫假息 當爲百世君子之誅 寧可覥然抗顔 稱說王命於堂堂義旅之前哉 此則旣然矣 而臣囚在京邸 目見昨歲十二月二十八日之事 逆魁弘集秉夏 雖皆就戮 而羲淵 吉濬以下諸賊 則又皆在逃不獲 夫罪莫大於弑逆 逆莫大於弘夏淵吉 雖斬作萬段 屠其十族 猶未足以雪神人之憤 今戮之而不明正其罪 號令一國 逃之而不收其妻子 嚴加譏捕 只視之若尋常薄罪 一置勿問 務從惟輕 夫罪人不孥 固文王之政 然非謂弑逆大故如今弘夏淵吉諸賊者也 況又逃不及誅者 又安可置不復問 使逆賊 無所憚而養其遺種 以貽後日之患哉 是則名爲討賊 而實使縱之也 今以是而使臣苟爲辨說 欲以散擧義討賊之衆 彼若執此以詰 則臣辭理已屈 其何能對揚聖意 此臣之未解者 一也 古今弑逆之變 無世無之 而皆出於其國之臣 今萬國交和 四海爲一 則當患同恤仇同嫉 以信義相接可也 彼倭賊者 不思隣誼 先焉而泳孝光範 後焉而羲淵吉濬 皆莫不協謀同逆 以成屢年之變 而爲逋逃藪 臣聞各國通和 有所謂公法者 又有所謂約條者 臣未知之法之約 果有助隣逆而劫人君上 弑人國母之文乎 必無是理也 如果無之 其所謂法所謂約者 當用於何地 旣立法矣 旣設約矣 則當數倭之罪 移諸各國 興師問罪 以同憤嫉 大義也 今則不然 我旣畏倭而不敢開口 各國亦視以爲當然 今諸郡義兵動以爲倭賊不討 無以復讐 其名旣正 而其言亦順 假使臣賫旨下去 諭以形勢 彼若據以大義 不論成敗云爾 則臣何以對 此臣之未解者 二也 自開化以後 盡革先王之法制 一從倭賊之指揮 使中華爲夷狄 人類爲禽獸 此開闢以來所未有之大變也 而剃髮一事 尤其甚者也 何幸聖心幡然 至並擧衣笠 有從便爲之之敎 此誠天日重明之秋也 然自上未聞有明快長髮之旨 而一二諸臣之尙今保髮者 乃反削之於哀痛詔下之後 噫 聖心豈亦不知華夷向背之不可頃刻遲也 特以已斷之髮 不可猝然而長也 故欲徐徐而處之矣 然彼至愚之民 妄相忖度以爲聖上 樂於從夷而厚於誣民也 轉相致訛 牢不可破 則臣雖奉宣聖諭

話其不攣 彼必曰何所令之反其所好也 臣又無辭以對 此臣之未解者 三也 今臣旣負大罪 而於朝廷擧措之間 其所不可解者又如此 臣雖欲黽勉膺命 竊恐無益於事 而徒損國家之體也 夫事從義則順 背義則逆 今急數罪倭賊爲文 傳移于同盟各國 照之以公法 證之以約條 則在我之義 固已明且正 而彼之違法背約之罪 將無所逃於萬國公共之論矣 乃整我師旅 問罪東海 則彼府郡之兵 固皆切齒腐心 捐身赴義者也 若選其頭目 賜之以隊官哨將之任 而使各麾其衆以進 則其已起者尙矣 其未起者 豈有不聞風相攣 爭欲死於國家者乎 此猶可爲今日之中策也 若夫較强弱之勢 而量衆寡之不敵 以俟可爲之機 亦當存我典禮復我文物 凡政令之稍涉夷俗者 一並革罷 而更下哀痛之詔 明示悔改之意 則彼蜂屯蟻聚之衆 將不待宣諭 而皆已棄兵散歸矣 此下策也 如或不然 而徒惡民之紛亂 苟欲鎭靜目前 而倭賊之護逆依舊 朝家之剃髮依舊 則彼至愚而神者 豈肯樂於自瞞而遽然散歸哉 夫不欲散歸 則必繼之以雷霆之師 而所遇無不摧折矣 嗚呼 是本皆聖上之赤子 而驅此殺彼 豈仁人之所爲哉 此無策也 用中策則臣雖老頹 猶當爲王師前驅而死所不敢辭也 如不得已而用下策 則朝廷之上 老成宿望 自有其人 不須以臣醜差 苟充莫重使事之任也 今不出此兩策 而徒欲使臣奔走道路 則臣寧伏違傲君命之罪 而誠不敢强冒其不可解者 以受萬口之嗤也 臣旣不敢聞命登途 又不敢偃然在家 謹玆出伏路次 恭俟鈇鉞之誅 惟聖明財察焉 臣無任祈懇屛營之至 謹昧死以聞

39. 독립신문, 개화의 의미

■ 실상과 이치와 도리의 관점에서 개화를 논한 1896년 6월 30일자 『독립신문』 논설. 원래는 무제. 공사 간에 마음을 열고 서로 의론해서 만사를 정하는 공론의 관점에서 개화를 이해하고 있다. 유길준의 개화론과 상통한다.

■ 『독립신문』 1896년 창간된 한국 최초의 민간신문. 미국에서 귀국한 서재필이 정부의 지원을 받아 만들었다. 주 3회 발행. 4면 가운데 3면은 한글, 1면은 영문 "The Independent"로 편집하였다. 서재필이 수구파의 탄압을 피해 1898년 미국으로 돌아간 뒤 윤치호가 운영을 맡으면서 일간지가 되었다.

개화라고 하는 말이 근일에 매우 번성해서 사람마다 이 말을 옮기나, 우리가 보기엔 개화란 것을 뜻들을 자세히 모르는 모양이다. 그러므로 오늘 우리가 그 의미를 조금 기록하는 것이다. 개화란 말은 당초에 청국에서 지어낸 말인데, 아무것도 모르는 소견이 열려서 이치를 가지고 일을 생각하여 실상대로 만사를 행하자는 뜻이다. 실상을 가지고 일을 하게 되면 헛되고 실상 없는 외식(外飾)은 행하지 않고, 참된 것만 가지고 공평하고 정직하게 생각도 하고 행신도 그렇게 하는 것이다. 만사를 공평, 정직하게 행한 다음에야 그늘진 일이 없을 것이요, 그늘진 일이 없어야 나 하는 일을 남이 알아도 부끄러울 것이 없을 것이니, 문을 열어 놓고 일을 해도 방해될 일이 없을 것이다.

그늘진 데서 하는 일은 매양 남이 알까 두려워하는 일이니, 남이 아는 것을 두려워하는 것은 다름이 아니라 그 일이 공평 정직하지 않은 까닭이다. 그러므로 나랏일을 의논하든지, 상회 일을 의논해도 문을 열어 놓고 만민이 보는 데서 일을 행해야 그 일이 정당하게 되는 것이요, 남이 봐도 부끄럽지 않게 된다. 나랏일 할 때 다만 비밀리에 할 일은, 싸움할 때 용병하는 계책이 비밀스럽게 해야 하는 법이요, 외국과 교제할 때 혹 비밀스러운 약조를 하면 그런 것은 비밀리에 해야 한다. 하지만 그 밖의 일은 드러내 놓고 해야 백성이 의심이 없는 법이요, 또 백성들이 정부에서 무슨 일을 하는 줄 알아야 가부간에 말도 하고 나랏일에 전국 백성이 힘도 쓸 것이다.

당초에 백성이 정부와 상관이 없으면 재미가 날 묘리도 없고 정부와 백성이 각각 따로 돼서 흥망 간에 남의 일 보듯 할 것이니, 그렇게 돼서야 어찌 나라가 강하며 국민이 공화해서 서로 돕고 서로 사랑할 마음이 생기겠는가? 그러므로 조선 사람들이 지금 힘쓸 것이 무슨 일이든지 공사 간에 문 열어 놓고 마음 열어놓고 서로 의논해서 만사를 작정하고, 컴컴한 것과 그늘진 것은 없애 버리고 실상과 이치와 도리를 가지고 햇빛 있는 데서 말도 하고 일도 하는 것이 나라를 중흥하는 근본이라고 우리는 생각한다.

화(化)하단 말은 다른 뜻이 아니다. 학문이 없는 사람들은 생각이 막 돼서 남을 해칠 생각만 있고 중생을 위해 무슨 사업이든지 할 경영이 적다. 그러므로 생각이 멀리 미치지 못하고, 다만 당장의 조그마한 이(利)만 생각하고 옳지 않은 일을 행하다가 자기가 스스로 놓은 덫에 걸리는 일이 많은 것이다. 이런 일은 다만 증거가 한둘이 아니기 때문에 길게 말하지 않아도 대강 짐작할 듯하다.

사람을 화(化)해 놓으면 첫째, 인정이 있으니 사람을 음해할 경영이 없을 것이며, 악형으로 내가 권(權)이 있다고 남을 해칠 리가 없고, 내 욕심으로 남의 물건을 억탈할 리가 없고, 아래 사람과 약한 사람들을 사랑하고 도와줄 생각이 있는 것이다. 이런 사람이 관인(官人)이 되면 그 아래 관원들과 백성들이 상벌을 분명히 받을 것이요, 이런 사람들은 백성을 위해 일할 때 문을 열어놓고 남이 듣는 데서 일을 행할 것이요, 소록질*과 공송군*과 밤에 오는 손님들과 골방에서 귀엣말로 무슨 일을 행할 리는 없을 것이니, 조선이 잘되려면 별 빛을 좋아 하는 사람이 많이 있어야 나라가 잘 될 것이요, 음밀애밀*하는 것이 없어질수록 나라가 강해질 것이요, 백성이 원통한 일이 없을 것이다.

소록질 小錄－. 작은 쪽지로 의사를 전달함.
공송군 公訟－. 사람을 천거하는 사람.
음밀애밀 陰密曖密. 드러내지 않고 몰래 행함.

이것이 개화니, 개화를 하게 되면 나라가 잘 될 것은 다시 말하지 않아도 알 수 있을 것이요, 문구(文具)*와 외식(外飾)은 저절로 없어질 것이다. 그렇게 되면 사람들이 실상의 일을 생각할 것이요, 공허한 것과 헛된 것은 그늘 속으로 들어갈 것이요, 나라에 영광과 풍속과 생각하는 법과 행실이 햇빛과 같이 빛날 것이다. 우리는 바라건대 조선에 유지각한 이들이 이 개화의 뜻을 알아서, 생각하고 일도 하여 다른 사람들이 다 개화란 것이 참 나라에 좋은 것인 줄 알게 한다면, 옳은 사람들은 모두 개화를 하지 말라고 해도 자연히 개화하게 될 것이다.

문구 실속은 없이 겉만 그럴듯하게 꾸밈.

40. 김익로, 을미사변 관련자 처벌에 관한 상소

신 등이 작년 10월에 두 차례 봉장(封章)을 올렸는데 하나는 '복위'(復位)에 관한 것이며 다른 하나는 '복수'(復讎)에 관한 것이었습니다. 그런데 전일 각료들의 옹폐(壅蔽)*를 당하여 중도에 가로 막혀 올리지 못했습니다. 신 등이 우분(憂憤)과 통한스러운 마음을 이기지 못하여 다시 감히 간담을 드러내어 피를 흘리며 재차 대궐문 앞에서 울부짖사오니 부디 성명(聖明)께서는 밝게 살피시어 맹성(猛省)하소서.

지금 저 일인(日人)이 우리나라에 대해서 멀리는 임진년의 이릉(夷陵)*의 고통을 주었고, 가까이는 을미년에 황후를 시해한 원수가 있으니 같은 하늘을 이고 살아갈 수 없음을 신민들이 통절히 느끼고 있습니다. 그런데도 장상과 대신들은 원통함을 참으며, 주변을 살피고 두려워하면서 한 마디 말도 하지 못한 채 금일에 이르렀으니 어찌 애석함을 이기겠나이까? 『춘추』의 법에 군주를 시해한 적을 토벌하지 못했으면 '장'(葬)자를 쓰지 않은 것은 바로 복수의 대의는 무겁고 상장(喪葬)의 상례(常禮)는 도리어 가볍기 때문이니, 이로써 만세의 신자(臣子)가 이러한 비상한 변고를 만나면 반드시 토적(討賊)하고 복수한 후에야 그 군친(君親)의 장사를 치를 수 있음을 보인 것입니다. 그 의리가 심절(深切)하고 저명하다고 할 만합니다.

지금 예월(禮月)*이 이미 지났는데 인봉(因封)*을 아직 마치지 못했고, 상기(祥期)*가 이미 지났는데 결복(闋服)*은 기약이 없으니 어찌 원통함이 절박하지 않겠나이까? 지금 복수의 대사(大事)가 시일이 급한데도 형세가 궁하고 힘이 부족해서 스스로 분발할 수가 없으니, 아아! 원통합니다. 연(燕)나라에선 선군(先君)의 치욕을 씻고서도 오히려 늦었다고 했으며,* 제(齊)나라에선 구세(九世) 전의 원수를 갚았으니* 무엇을 기다리겠나이까? 무릇 하늘이 덮어 주고 땅이 실어주며, 일월이 비추고 서리와 이슬을 맞는 바로서 진실로 인심과 인성이 있는 자라면 누가 그 부모의 원수를 원통히 여기지 않겠습니까?

지금 만국이 기포(碁布)*해서 대소가 병렬하고 강약이 제등(齊等)*하여 우내(宇內) 평균(平均)의 형세를 이룬 것은 다른 이유에서가 아니라 공법으로써 유지하기 때문입니다. 만약 공법이 아니면 약육강식할 것이니 어찌 하루라도 온전할 수 있겠나이까? 더구나 만국의 풍속이 비록 다르지만 천지병이(天地秉彝)*의 성(性)은 하나입니다. 이웃나라의 내정에 대한 간섭은 이미 공법에서 불허하는 바인데, 하물며 방자하게 행흉(行凶)*하여 우리 국모를 시해했으니 이를 공법에서 용서하는 바라고 할 수 있겠습니까? 폐하께선 어째서 각국에 널리 의논하지 않으

■ 1896년 10월 19일 전(前) 주사(主事) 김익로(金益魯) 등이 올린 상소문. 만국공법을 원용하면서, 각국과 의논하여 국제법을 위반한 일본을 토벌하고 명성황후시해사건에 연루되어 일본에 피신한 망명자들을 처벌할 것을 요청하였다. 원문 출전은 『高宗實錄』, 高宗 33年 10月 19日條.

■ 金益魯(1845~1915) 호는 미방(米舫). 서화에 뛰어나 대원군의 초청을 받아 운현궁에 드나들었다. 대원군에게 일족법(一族法)을 폐지할 것을 건의해 폐지케 했다.

壅蔽 임금의 귀를 막고 눈을 가림.

夷陵 이릉은 초(楚)나라 선왕들의 묘지가 있던 곳인데 진(秦)나라가 초나라를 공격해서 수도인 영(郢)을 함락시키고 이릉을 불태웠다. 여기선 임진왜란 때 서울이 함락되고 일본군이 성종과 중종의 능을 파헤친 것을 가리킴.

禮月 초상을 당한 후 장례를 치르는 달을 말한다. 천자는 일곱 달, 제후는 다섯 달, 대부는 세 달, 사(士)는 한 달이다.

因封 임금, 왕비, 세자, 세자빈 등의 장례를 말한다. 인산(因山)이라고도 한다.

祥期 상제(祥祭)까지의 기간을 말한다. 일반적으로 상제는 대상(大祥)에 지내는 제사인데, 참최복의 경우 초상 후 25개월, 즉 만 2년째 대상을 지낸다. 조선조 왕실에선 상례를 빨리 끝내기 위해 달수를 날수로 바꾸어 계산하는 이일역월제(以日易月制)를 썼으므로 명성황후의 상기가 지났다고 한 것이다.

闋服 탈상해서 상복을 벗음.

燕雪先君之恥 尙云晩矣 전국시대에 연나라가 제나라에 의해 멸망당했는데, 그 뒤를 이어받은 소왕(昭王)이 명장 악의(樂毅)를 얻어서 결국 제나라에 복수한 고사를 가리킴.

齊復九世之讎 춘추시대에 기후(紀侯)가 제나라 애공(哀公)을 주나라에 참소해서 애공을 팽살

시옵니까? 한 목소리로 의를 함께 해서 공법에 따라 토죄를 행하여 영원히 오주동맹(五洲同盟)에 끼지 못하게 하신다면 삼백 년의 오랜 원수와 새로운 치욕이 하루아침에 씻길 뿐만이 아니요, 모든 우리의 신민과 사졸들이 의용(義勇)으로 적개(敵愾)*해서 약함이 변하여 강함이 되어 자주독립지권(自主獨立之權)이 이에 완성될 것인데 전하께선 무엇을 꺼려서 하지 않으시는 것이옵니까?

또 반역한 무리들이 타국에 달아나 숨었는데, 공법이 또한 용은호장(容隱護藏)*을 허락하지 않습니다. 지금 망명해서 법망을 빠져 달아나 일본을 소굴로 삼은 자들이 모두 몇이나 됩니까? 변고를 빚고 매얼(媒蘖)*하여 명명(冥冥)한 가운데 잠복해 있는 화기(禍機)가 또 어떠한지 알 수 없습니다. 폐하께서는 또 누구를 두려워하셔서 그들을 엄히 조사하고 쇄환(刷還)*하여 속히 국법을 바로 세움으로써 후일의 무궁한 근심을 막지 않는 것이옵니까?

부디 바라옵건대 성명(聖明)께서는 속히 우레와 같은 위엄을 떨치시고 일월과 같은 밝음을 환히 발하시옵소서. 의로운 명성을 한번 떨치심에 천하가 진동할 것이니, 그리하시면 조종의 혼령이 장차 흔연히 지하에서 감응하여 우리 방가(邦家)의 중흥을 묵묵히 보우하사 다시 만억의 복을 내려주실 것입니다. 신민들이 고무하고 용약(踊躍)함은 또 말할 필요도 없을 것입니다.

(烹殺)한 일이 있었다. 제나라 양공 때에 이르러 구세(九世) 전의 원수를 갚기 위해 기후(紀侯)를 멸망시킨 고사를 가리킴.

碁布 바둑판 위에 놓인 바둑돌처럼 조밀하게 분포된 모양.

齊等 평등, 동등과 같은 말.

秉彝 양심을 지니고 있다는 뜻.

行凶 일반적으로 살인의 의미로 쓰이는 말.

敵愾 적왕소개(敵王所愾)의 줄임말로 『春秋左傳』 文公 四年條에 "제후가 왕이 노엽게 여기는 상대를 대적해서 공을 바친다."[諸侯敵王所愾 而獻其功]라고 한 구절에서 유래한 말.

容隱護藏 용은(容隱)은 달아난 죄인을 숨겨 주는 것을 말하며, 호장(護藏)도 보호해서 숨겨 준다는 뜻.

媒蘖 재앙을 만들어서 모해(謀害)함.

刷還 외국에서 유랑하거나 망명한 자를 찾아서 데리고 돌아옴.

[원문]

臣等於昨年十月　有兩度封章　一曰復位　二曰復讎　而爲前日閣僚之所壅蔽　中格未達　臣等尤不勝憂憤痛恨之忱　更敢披肝瀝血　再爲叫閽之擧　伏惟聖明　澄察猛省焉　今夫日人之於我邦　遠而有壬辰夷陵之痛　近而有乙未弑后之讎　其不共一天　臣民痛切矣　乃將相大臣　含冤忍痛　顧瞻畏忌　噤無一言　挨至今日　可勝惜哉　春秋之法　君弑賊不討則不書葬者　正以復讎之大義爲重　喪葬之常禮反輕　以示萬世臣子遭此非常之變　則必能討賊復讎　然後以葬其君親也　其義可謂深切著明矣　見今禮月已過　因封未克　祥期已過　闋服無期　豈不痛切冤迫乎　現今復讎之大事　時日是急　而勢窮力孤　無以自奮　嗚呼痛哉　燕雪先君之恥　尙云晩矣　齊復九世之讎　何可待歟　凡天之所覆　地之所載　日月所照　霜露所墜　苟有人心人性者　孰不痛其父母之讎哉　今夫萬國碁布　大小竝列　强弱齊等　以成宇內平均之勢者　非有他也　以公法維持而已　苟非公法　則弱肉强食　豈能一日得全哉　況萬國之風俗雖殊　天地秉彝之性則一也　干豫隣國之內政　已是公法之所不許　而況肆然行凶　弑我國母　是可曰公法之所貸乎　陛下何不廣議於各國　同聲共義　按公法以行討　永不齒於五洲同盟　則不惟三百年舊讎新恥　一朝得雪　凡我臣民士卒　義勇敵愾　化弱爲强　自主獨立之權　於是乎成矣　陛下何憚而不爲也　且叛逆之徒　亡匿他國　公法亦不許容隱護藏　今亡命漏網　以日國爲窩窟者　凡幾人哉　釀變媒孼　禍機之伏冥冥者　又未知如何　陛下又誰憚而不嚴查刷還　亟正邦法　以杜後日無窮之慮哉　伏乞聖明　亟奮雷霆之威　渙發日月之明　義聲一擧　天下震動　則祖宗之靈　將欣然冥感　默佑我邦家之中興　更綿萬億之祚　至於臣民之鼓舞踊躍　又不待言矣

41. 대조선독립협회보, 독립론

■『大朝鮮獨立協會會報』 제13호(1897년 5월 31일자) 논설. 독립과 자강의 개념을 제시한 뒤, 조선의 독립을 위한 열 가지 자강책(正君心, 節財用, 擧賢材, 信賞罰, 修軍政, 擇守令, 察民隱, 厚民生, 定民志, 務開化)을 제시하고 있다.

■『大朝鮮獨立協會會報』 1896년 창간된 독립협회의 기관지이자 한국 최초의 잡지. 1896년 서재필은 독립문 건립사업과 함께 독립협회를 발족하고 자주국권, 자유민권, 자강개혁 사상에 의해 대중운동을 전개하였다.

우리나라가 개국한 지 오백여 년 동안에 현성(賢聖)한 군주가 일어나시고 덕화(德化)가 성대하게 이루어져서 후세에 전할 만한 것이 많았으나, 나라가 작고 백성이 약하여 오직 독립에 있어서만 들은 바가 없었는데, 다행히 성명(聖明)한 군주의 세상을 만나서 자주독립(自主獨立)으로써 만국의 반열에 나란히 서게 되었다. 건양(建陽) 연호를 시헌력(時憲曆)의 첫 번째 장에 날인하고 독립문의 문미(門楣)*가 영은문(迎恩門)의 옛 터에 우뚝이 세워졌으니 모든 백성 가운데 누군들 기뻐서 뛰고 경하하지 않겠는가. 그러나 독립의 형세는 영구히 쇠퇴하지 않은 후에야 백대(百代)에 영광을 드리울 수 있는 것이다. 영구히 잃지 않는 방법은 실정(實政)에 힘쓰는 데 달려 있으니, 실제 정치에 힘쓰면 독립의 기반이 세월이 흐를수록 더욱 견고해진다. 이것이 바로 독립론을 쓰는 이유다.

門楣 문 위에 가로댄 나무. 여기서는 간판의 뜻.

독립이란 치우치지 않고 기울지 않음[無偏無倚]을 뜻한다. 주역에 이르기를 "하늘의 운행이 굳세니 군자가 이를 보고서 스스로 힘써 쉬지 않는다."*라고 하였으니, 이로써 본다면 자강(自强)이란 하늘의 도이자 임금의 도이며, 불식(不息)이란 간단(間斷)*이 없다는 뜻이다. 자강을 한 연후에 독립을 할 수 있으니 자강이 아니면 독립할 수 없다. 자강의 방법은 성의(誠意)와 정심(正心)에 달려 있으며, 수신(修身), 제가(齊家), 치국(治國), 평천하(平天下)가 바로 그 다음 차례의 일들이다. 어찌 국가가 다스려지지 않으면서도 자강을 이룰 수 있는 경우가 있겠는가. 그 세목이 모두 열 개이니 다음과 같이 기록한다. (하략)

天行健乾君子以自强不息 『周易』 乾卦에 나오는 말로, 원문은 "天行健 君子以 自强不息."

間斷 잠시 그치거나 끊어짐.

[원문]

維我開國五百餘年之間 賢聖之作 德化之盛 多有可傳 而國小民弱 惟於獨立未有聞焉 幸際 聖明之世 以自主獨 立得比於萬國之列 建陽年號 印之於時憲曆之首葉 獨立門楣 高建於迎恩門之舊址 凡我率土之民 孰不踊躍而慶賀哉 然而獨立之勢 永久勿替然後 可以有光於百代也 永久勿替之道 在於懋其實政 懋其實政 則獨立之基 愈久而愈固矣 此獨立論之所以作也 獨立者 無偏無倚之謂也 易曰 天行健乾 君子以 自强不息 由是觀之 自强者 天道也 君道也 不息者 無間斷之意也 自强然後 可以獨立 非自强無以獨立 自强之道 在於誠意正心 而修齊治平乃其次第件事也 安有國不治而可以自强者乎 其目有十 謹書于左 (下略)

42. 김재현, 황제등극을 건의하는 상소문

신 등은 생각하건대 우리 폐하께서는 상성(上聖)의 자질이 빼어나시고 중흥의 시운에 순응하셨습니다. 왕위에 오르신 31년 동안 총명으로 임하셔서 신무(神武)*하여 백성을 죽이지 않으셨습니다. 새벽부터 밤까지 국사로 근심하고 근면하셨으며 정신을 가다듬어 잘 다스려짐을 도모하셨습니다. 그리고 화란(禍亂)을 감정(勘定)*하시고 형조(刑措)*를 기약하셨으니 그 크고 성대한 공렬이 천고에 으뜸입니다. 자주지권(自主之權)을 장악하시고 독립의 터전을 정하셔서 마침내 연호를 세우고 조칙을 행하시니 모든 제작하신 바가 환연히 개관(改觀)*했습니다. 이는 참으로 그렇게 하려고 하지 않아도 저절로 된 천명과 인심이니,* 어찌 지력(智力)이 용조(容措)*할 수 있는 바이겠습니까? 이는 이른바 "주(周)나라가 비록 오래된 나라이지만 그 명을 받음이 새롭다"*는 것이니, 아아! 성대합니다.

다만 겨를이 없어서 거행하지 못한 것은 오직 황제의 대호(大號)를 쓰는 일일 뿐이니, 신 등이 그 근원을 거슬러 올라가 낱낱이 진술하고자 합니다. 복희(伏羲)와 신농(神農)는 황(皇)을 칭하고, 요(堯)와 순(舜)은 제(帝)를 칭하고, 우(禹), 탕(湯), 문(文), 무(武)는 왕을 칭해서, 역대의 연혁은 비록 같지 않으나 지존이 됨은 동일했습니다. 그런데 진(秦), 한(漢) 이래로 황과 제를 합쳐서 황제라고 부르니 왕위는 마침내 오작(五爵)*의 윗자리에 들게 되었습니다. 구서(歐西) 각국 또한 문궤(文軌)*는 같지 않지만 황(皇)과 왕의 구별이 있습니다. 로마[羅馬]가 처음 황제라는 호칭을 쓰고 게르만[日耳曼]이 로마의 전통을 이어서 그 위호(位號)를 답습했습니다. 오스트리아[奧地利]는 로마의 옛 지역과 관계가 있기 때문에 또한 황제를 칭합니다. 독일[德國]이 게르만의 전통을 승계해서 그 존호(尊號)를 물려받았으며 러시아[俄國]와 터키[土耳基] 또한 자주지국(自主之國)이기 때문에 모두 지존의 호칭을 사용합니다.

우리나라는 경계가 중토(中土)와 상접해서 분리와 병합이 일정하지 않았지만, 신라, 고구려, 백제 3국이 각각 자기 땅에서 주인 노릇을 해서 똑같이 왕호(王號)가 있었고, 송양(松讓)*, 가야, 예맥, 여진, 탐라 등 등(滕)과 같은 소국에 이르러서도 각각 왕을 칭했습니다. 고려조가 통합할 때 단지 묘호(廟號)만을 썼는데, 본조가 선양을 받은 후에도 옛 관습을 인습했으니 이는 당송 이래로 멀리서 공제(控制)*했기 때문입니다.

우리 폐하의 성덕(聖德)이 일신(日新)해서 문교(文敎)가 멀리까지 미치고, 먼데서[梯航]* 교빙(交聘)*을 와서 만국과 동렬에 서게 되었는데도 아직도 옛 위

■ 1897년 9월 29일 봉조하(奉朝賀) 김재현(金在顯) 등 관리 716명이 올린 상소문. 갑오개혁 시기 조선의 자주외교가 명분에 그치고 있음을 지적하면서 조선이 자주독립국임을 국내외에 보여 주기 위해 고종의 황제 등극을 건의하고 있다. 원문 출전은 『高宗實錄』, 高宗 34年 9月 29日條.

■ 金在顯(1808~1899) 경기도 관찰사 재직 중에 군비 강화에 힘썼으며 이조, 호조, 예조, 형조, 공조 판서를 두루 역임하였다. 문장에도 뛰어나 왕의 교문(敎文)을 많이 지었다.

神武 길흉화복으로써 천하를 복종시켜 사형을 쓰지 않음을 뜻한다. 『周易』「繫辭傳」에 "옛날의 총명예지한 군주들은 신무해서 살인하지 않는 자들이었을 것이다."[古之聰明叡知 神武而不殺者夫]라는 구절이 있음.

勘定 헤아려서 안정시킴.

刑措 형법을 버려두고 쓰지 않음.

改觀 기존의 면모를 일신하여 새로운 모습이 출현함.

此誠天命人心之莫之爲而爲者也 『孟子』「萬章上」에 "사람이 그렇게 하려고 하지 않았는데도 그렇게 되는 것은 하늘이요, 그렇게 되도록 한 것이 없는데도 그런 결과가 온 것은 명이다."[莫之爲而爲者 天也 莫之致而至者 命也]라는 구절이 있음.

容措 용납하여 처리하다.

周雖舊邦 其命維新 『詩經』「大雅」'文王'장에 나오는 구절.

五爵 다섯 등급의 작위로서 공(公), 후(侯), 백(伯), 자(子), 남(男)을 말함.

文軌 문자와 수레바퀴라는 뜻으로 국가나 천하가 통일되었음을 비유할 때 쓰는 말. 『禮記』와 『中庸』에 "지금 천하가 수레는 바퀴의 폭이 같고 글은 문자가 같다."[今天下 車同軌 書同文]라는 구절이 있다.

松讓 비류국의 왕. 기원전 36년에 고구려 동명왕에게 항복했다.

控制 무언가를 장악하고 임의로 활동하거나 범위를 벗어나지 못하게 하는 것.
梯航 제산항해(梯山航海)의 줄임말로 산을 넘고 바다를 건너 먼 길을 온다는 뜻.
交聘 양국이 서로 사절을 파견하여 우호적으로 왕래하는 일.
對揚 명에 답하여 그것을 칭양(稱揚)함.
軒輊 앞이 높고 뒤가 낮은 수레를 헌(軒)이라 하고, 앞이 낮고 뒤가 높은 수레를 지(輊)라 한다. 고저, 경중, 우열을 비유하는 말로 사용.
猜疑 시기하고 의심함.

호를 습용(襲用)하고 계시니 이는 실로 천심을 대양(對揚)*해서 사민(斯民)의 표준이 되는 도가 아닙니다.

구미의 나라들을 살펴보건대 모두 평행왕래(平行往來)해서 고하[軒輊]*의 구분이 없습니다. 그러나 아시아의 풍속은 그렇지 않아서 그 위호를 보고 혹 대등하지 않으면 교제에 있어 장애를 면치 못하니, 이것이 참으로 충신과 의사(義士)가 밤낮으로 분개하는 것입니다. 지금 만약 대호(大號)를 조속히 올려서 만국에 성명(聲明)하신다면 시의(猜疑)*가 날로 사라지고 우의(友誼)가 더욱 돈독해질 것이니 장차 천하 만세에 영원히 할 말이 있을 것입니다.

우리나라의 강토는 한(漢), 당(唐)의 옛 지역이며, 의관문물이 모두 송(宋), 명(明)이 남긴 제도를 따르고 있으니 그 전통을 이어서 위호를 답습하는 것이 안 될 바 없습니다. 이는 바로 독일과 오스트리아가 똑같이 로마의 전통을 이은 것과 마찬가지입니다. 독립과 자주가 이미 만국의 공인을 받았으니 정도를 따라서 높은 지위에 오름은 응당 행해야 할 대전(大典)입니다. 그런데도 폐하께서는 무엇을 꺼려서 하지 않으시는 것입니까?

신 등이 그 공법서를 취해서 상고하니 "국주(國主)는 반드시 제호(帝號)가 있어야 칭제하는 나라와 평행한 것은 아니다."라는 구절이 있었습니다. 신 등이 생각하기에 이 설이 불가하다고 할 수는 없지만, 우리나라에 있어선 옳지 않습니다. 어째서겠습니까? 갑오경장 이후로 독립의 명(名)만 있고 자주의 실(實)이 없어서 국시가 정해지지 않고 백성들의 의구심을 없앨 수 없었으니, 지금의 계책으로는 다만 위의(威儀)를 바르게 하고 외관을 높여서* 민심으로 하여금 향할 바가 있게 해야 합니다. 또 그 공법의 소주(疏注)에 "러시아 군주가 황제로 개칭하자 각국에서 좋아하지 않다가 20여 년이 지난 뒤에야 비로소 승인했다."라는 말이 있었습니다. 신 등은 생각하기에, 이것을 보면 우리가 우리의 일을 행하고, 우리가 우리의 예를 쓰는 것이 모두 자유롭게 행하는 것이요, 그 공인을 받는 시기는 일에 앞서서 예측할 필요가 없다고 보았습니다.

尊瞻視 『論語』「堯曰」에 나오는 말. "군자는 의관을 바르게 갖추고, 시선을 높이 가져 늠름하며, 사람들이 바라보고 경외하니, 이것이 또한 위엄을 갖추되 사납지 아니함이 아니겠는가."[君子正其衣冠 尊其瞻視 儼然人望而畏之 斯不亦威而不猛乎]

또 논자들이 말하길, "왕이나 군(君)은 일국의 칭호이지만 황제라는 것은 여러 나라를 통할(統轄)하는 자의 칭호니, 영토를 개척하고 백성의 수를 넓혀서 각방(各邦)을 통합하지 않았다면 칭할 수 없다."라고 합니다. 그러나 우리나라는 삼한(三韓)을 통합하여 육지의 강토가 4천 리에 뻗어 있고 인구가 2천만을 넘으니 금일 폐하의 신민이 된 자들이 누군들 우리 폐하께서 지존의 자리에 오르셔서 지존의 칭호를 가지시기를 바라지 않겠습니까? 과거를 원용해서 금일의 일을 증명하고 정세를 헤아려보건대 이는 행하지 않을 수 없는 일입니다.

輿情 민정(民情).

바라옵건대 폐하께서는 여정(輿情)*을 굽어 살피셔서 큰 호칭을 받아들이십시오. 그리고 만국에 환히 알리셔서 천하와 더불어 다시 시작하신다면 종사의 큰 다행이자 신민의 큰 다행일 것입니다.

[원문]

伏以臣等欽惟我陛下挺上聖之姿 撫中興之運 御極三十有四載 聰明而有臨 神武而不殺 宵旰憂勤 勵精圖治 勘定禍亂 期致刑措 其弘功盛烈 卓冠千古 握自主之權 定獨立之基 遂乃建年號而行詔勅 凡所制作 煥然改觀 此誠天命人心之莫之爲而爲者也 夫豈智力所可容措哉 是所謂周雖舊邦 其命維新 猗歟盛矣 但所未遑而不擧者 惟皇帝之大號是已 臣等請泝其源而歷陳之 夫羲農稱皇 堯舜稱帝 禹湯文武稱王 歷代之沿革 雖不同 其爲至尊則一也 秦漢以降 合皇與帝 而以皇帝稱之 王位則遂列於五爵之上矣 歐西各國 文軌不同亦有皇王之別 羅馬始用皇帝之號 日耳曼接羅馬之統 而襲其位號 奧地利以其與於羅馬古地也 故亦稱皇帝 德國承日耳曼之統 而膺其尊號 俄羅斯 土耳其 皆自主之國也 故俱用至尊之號 我邦地界 毗連中土 分合無定 然新羅高句麗百濟三國 各主其地 均有王號至若松讓伽倻穢貊女眞耽羅等滕小之國 亦各稱王 麗朝統合 只用廟號 本朝受禪 舊貫斯仍 寔由唐宋以下遙相控制故也 惟我陛下聖德日新 文敎遠被 梯航交聘 萬國同列 而猶復襲用舊號 則實非所以對揚天心 標準斯民之道也 竊觀歐美諸國 率皆平行往來 無分軒輊而亞俗不然 視其位號 偶或不等 則在交際 不免有所妨礙 此誠忠臣義士夙宵憤慨者也 今若早進大號 聲明萬國 則猜嫌日銷 友誼益敦 其將永有辭於天下萬世矣 我邦疆土 係是漢唐古地 衣冠文物 悉遵宋明遺制 接其統而襲其號 無所不可 正如德奧之均接羅馬之統也獨立自主 旣經萬國公認 居正履尊 寔係應行大典 陛下何憚而不爲乎 臣等取考其公法書有曰 國主非必有帝號 方與稱帝之國平行 臣等以爲此說 非曰不可 而在我邦則不然 何也甲午更張之後 有獨立之名而無自主之實 國是靡定 民疑莫銷 爲今之計 亶宜正威儀尊瞻視 使民心有所趨向也 又其公法疏註曰 俄君改稱皇帝 各國不悅 越二十餘年 方認之 臣等以爲觀於此 則我行我事我用我禮 均可自由行之 若乃公認之遲速 不必先事料度 且論者曰 王者君者 有一國之稱 而皇帝者 統轄衆邦之稱 不有拓土廣民統合各邦 則不當稱之云 然我邦統合三韓 陸地疆土 延互四千里 人口不下二千萬 在今日爲陛下臣民者 孰不望我陛下處至尊之位 而膺至尊之號哉 援古證今 酌情度勢 寔所不容不行之者也 伏願陛下俯循輿情 誕受鴻號 聲照萬國 與天下更始 則宗社幸甚 臣民幸甚

43. 고종, 대한제국의 선포와 황제 등극을 알리는 조서

■ 고종이 조선이 자주국임을 선포하고 실추된 국권의 위상을 높이기 위해 정부 관료들의 칭제 건의 상소를 받아들여 1897년 10월 12일 황제 즉위식을 거행하고, 다음날 반포한 조서. 국호를 '대한'으로 하고 임금을 황제로 칭함을 선포하였다. 원문 출전은 『高宗實錄』, 高宗 34年 10月 13日 條.

봉천승운황제(奉天承運皇帝)의 조칙에 이르시길,

짐은 생각건대, 단군과 기자(箕子) 이래로 강토가 분리되어 각각 한 모퉁이를 점거하고 서로 자웅을 다투다가 고려 때에 이르러 마한, 진한, 변한을 병탄했으니 이를 통합삼한(統合三韓)이라 이른다. 우리 태조께서 용흥(龍興)*하신 초기에 여도(輿圖)* 이외에 개척지가 더욱 넓어져서 북으로는 말갈의 경계를 모두 차지해서 치혁(齒革)*과 염사(檿絲)*가 산출되었고, 남으로는 탐라국을 거두어서 귤과 유자, 각종 해산물이 공물로 바쳐졌다. 폭원(幅員)* 4천 리에 일통(一

龍興 용은 곧 제왕을 상징하는바

용흥은 왕업(王業)이 일어남을 비유하는 말.
輿圖 강토, 토지.
齒革 상아와 무소의 뿔.
檿絲 산뽕나무의 잎으로 기른 누에고치로 만든 실.
幅員 넓이를 폭이라 하고 둘레를 원이라 하니 폭원은 강역을 가리키는 말.
唐虞 중국 고대의 요(堯)임금과 순(舜)임금을 병칭하는 말로 옛 사람들은 이들의 치세가 가장 큰 태평성세라고 여겼다.
祖述 모방 혹은 발양(發揚)의 뜻.
軍伍市井 군오(軍伍)는 군대, 시정(市政)은 상인을 뜻함.
丕釐耿命 『書經』「立政」에 "상제의 밝은 명을 크게 받들다"[丕釐上帝之耿命]라는 구절에서 인용한 말.

統)의 업적을 세우시고는 예약과 법도는 당우(唐虞)*를 조술(祖述)*하고 산하를 공고히 하여 우리 자손만세에 반석과 같은 근본을 내려주셨다.

짐이 부덕한데 마침 어려운 시기를 만났으나 상제(上帝)께서 돌보아 주시니 위기에서 안정으로 돌아가 독립의 터전을 창조하고 자주지권(自主之權)을 행하게 되었다. 여러 신하들과 백성, 군오(軍伍)와 시정(市政)들이* 한 목소리로 조정을 향해 부르짖고 장소(章疏) 수십 장을 올려서 반드시 제호(帝號)를 추존하고자 하기에 짐이 누차 읍양(揖讓)했으나 더 이상 사양할 수가 없어서 금년 9월 17일에 백악산(白嶽山) 남쪽에서 천지에 고제(告祭)를 올리고 황제에 즉위했다. 천하의 칭호를 '대한'으로 정하고 금년을 광무(光武) 원년으로 삼고 사직단의 신위판을 '태사'(太社)와 '태직'(太稷)으로 고쳐 썼다. 그리고 왕후 민씨를 황후로, 왕태자를 황태자로 책봉했다. 이에 하늘의 밝은 명령을 크게 받들어* 처음으로 거전(鉅典)을 거행했으니 역대의 고사를 계고해서 특별히 대사(大赦)를 행하노라. (하략)

[원문]
奉天承運皇帝詔曰 朕惟檀箕以來 疆土分張 各據一隅 互相爭雄 及高麗時 呑竝馬韓辰韓弁韓 是謂統合三韓 及我太祖龍興之初 輿圖以外 拓地益廣 北盡靺鞨之界 而齒革檿絲出焉 南收耽羅之國 而橘柚海錯貢焉 幅員四千里 建一統之業 禮樂法度 祖述唐虞 山河鞏固 垂裕我子孫萬世磐石之宗 惟朕否德 適丁艱會 上帝眷顧 轉危回安 創獨立之基 行自主之權 群臣百姓 軍伍市井 一辭同聲 叫閽齊籲 章數十上 必欲推尊帝號 朕揖讓者屢 無以辭 於今年九月十七日 告祭天地于白嶽之陽 卽皇帝位 定有天下之號曰大韓 以是年爲光武元年 改題太社太稷 冊王后閔氏爲皇后 王太子爲皇太子 惟玆丕釐耿命 肇稱鉅典 爰稽歷代故事 另行大赦 (下略)

44. 민영환, 천일책

■ 1890년대 중후반 러시아와의 외교협상을 담당했던 민영환이 조선을 둘러싼 국제정세와 방어책에 관해 논한 글. 「千一策」이란 제목은 『晏子春秋』의 "성인의 천 가지 생각에도 반드시 하나의 실수는 있고, 어리석은 자의 천 가지 생각에도 반드시 하나는 맞는 것이 있다."라는 구절에서 인용한 것으로 자신과 같이 어리석은 사람의 생각 중에서도 들을 만한 것이 있다는 의미를 담고 있다. 전반부의 시세 4개조, 후반부의

낭묘(廊廟)의 위와 초래(草萊)의 사이에* 지금의 급무를 말하고자 하는 사람이 어찌 없겠는가마는, 한편으로는 월직(越職)*을 경계하고 다른 한편으로는 피혐(避嫌)*으로 인해서, 말을 하더라도 무익하다고 여겨서 말하지 않거나 혹 너무 늦었다고 여겨서 말하지 않으니, 이는 모두 처세의 경위(涇渭)*에 부합하는 것이나 실제로는 시국을 걱정하는 충분(忠憤)에 결함이 있는 것이다. 스스로 돌아보건대 무창(武倉)이 종적(蹤跡)이 비천하고 견식이 고루하지만, 시국을 근심하는 충분에 이르러선 본래 병이(秉彝)*에서 나온 것이니 처지가 멀고 사람이 미천하다고 해서 차이가 있는 것은 아니다. 그러므로 이에 감히 다른 사람들이

돌보는 바를 돌아보지 않고 다른 사람들이 말하지 않는 바를 외람되이 말해서 일득지우(一得之愚)*를 대략 진술하여 대군자(大君子)들에게 질언(質言)하려는 것이니, 아마도 반딧불을 모아서 일월의 밝음에 보태고 표주박의 물을 떠다가 하해(河海)의 크기에 더함과 같을 것이다. 삼가 시세(時勢) 4개 조와 비어(備禦)* 10개 조를 아래와 같이 열거한다.

시세의 첫 번째는 다음과 같다. 러시아[俄羅]의 강함이 천하에 대적할 자 없음은 그 지방이 30여 만 리며 육군이 66만여 명이고 군함이 368척인데 천하의 동북과 서북에 웅거하고 있으니 또한 험조(險阻)*한 지세를 얻었다고 할 만하기 때문이다. 그러므로 만국을 묘시(眇視)*해서 병탄할 뜻을 가진 것이다. 그 군주 표트르 대제[伯得帝]가 일찍이 15조를 그 자손에게 남겼는데 제1조에 타국을 빼앗아 부강을 이루라고 하고, 그 밖에 다른 조항들도 여기에 뜻을 두지 않은 것이 없었다. 그러므로 그 자손이 조상의 가르침을 물려받아 폴란드[波蘭]를 멸망시키고 터키[土耳其]를 침략해서 중앙아시아를 취하고 유럽 국가들의 일에 간섭했는데, 일찍이 이를 제후를 잠식하는 것이라고 여기지 않다가 다시 금세의 영진(嬴秦)*이 나타나게 되었던 것이다. 그 나라의 풍속이 독수리[鷲擊]를 숭상하기 때문에 그것을 그려서 휘장을 만든다. 이제 막 블라디보스토크[海參威]에 함대를 주둔시키고 흑룡강에 철로를 완성했으니 비유하자면 독수리의 왼쪽 날개가 이미 만들어진 것과 같다. 만약 시베리아[西比利] 철로가 또 연결된다면 그 오른쪽 날개가 모두 만들어져서 동아시아 나라들의 요해(要害)*를 모두 핍박할 것이니 동아시아 나라들이 어찌 그 부리 아래의 물건이 아니겠는가? 생각건대 우리 동방(東邦)은 마침 충돌하는 길목에 있어서 반드시 그 독(毒)을 먼저 입을 것이니 실로 타국에 비할 바가 아니다. 그렇다면 설사 믿을 만한 외원(外援)이 있다고 해도 어찌 혹시라도 내수(內修)를 느슨히 할 수 있겠는가? 그렇다면 내수의 방책을 미리 강구하지 않을 수 없는 것이다.

시세의 두 번째는 다음과 같다. 우내(宇內)의 나라가 69개인데 일본은 18번째에 해당한다. 그 2만 5천 리 경역(境域)에 민구(民口)가 극히 조밀하며 그 사람됨이 체구는 왜소하지만 심지는 사납고 독하다. 그 풍속은 대소 모두 법을 두려워하고 능히 장상(長上)을 위해 죽을 수 있으며, 그 군주 또한 여정도치(厲精圖治)*하여 정령이 일신되었다. 물화의 유통과 기계의 제조가 모두 외양(外洋)의 제도를 모방했으니 모든 규모가 우리나라와 비교하면 크게 우열의 차이가 있다. 다만 저들이 두려워하는 바는 러시아가 침릉(侵陵)하면 그 강대함에 저항하기 어렵다는 것이며, 근심하는 바는 국토의 폭원(幅圓)*이 협소해서 그 민인(民人)을 수용하기 어렵다는 것이다. 그렇기 때문에 저들이 지금 급급하게 소방(小邦)

비어책(備禦策) 10개조로 구성되는데 본서에선 시세 4개조의 내용을 수록했다. 원문 출전은 「千一策」, 『閔忠正公遺稿 全』(국사편찬위원회 편, 1971), 45–50쪽.

■ 閔泳煥(1861~1905) 고종의 외가이자 처가인 민씨 가문에서 태어났으나, 생부 민겸호는 임오군란, 양부 민태호는 갑신정변 당시 살해당했다. 1896년 아관파천 이후 특명전권공사로 임명되어 러시아 황제 니콜라이 2세의 대관식과 영국 빅토리아 여왕 즉위 60주년 기념식에 참석하였다. 두 차례 걸쳐 세계 각국을 둘러보고 군사, 입법 제도 등의 개혁을 주장하였다. 1905년 을사조약 체결 후 2천만 동포와 각국 공사에게 보내는 유서를 남기고 자살하였다.

廊廟之上 草萊之間 낭묘(廊廟)는 조정이며 초래(草萊)는 초야(草野)와 같은 말로 평민을 뜻함.

越職 직분의 범위를 벗어남.

避嫌 혐의를 피함.

涇渭 경수(涇水)와 위수(渭水)는 중국의 강 이름으로 옛사람들은 경수는 맑고 위수는 혼탁하다고 생각했다. 이로부터 경위는 청탁, 우열, 시비 등을 비유하는 말로 쓰였다. 여기서는 시비가 분명하다는 의미.

秉彝 양심을 지니고 있다는 뜻으로 『詩經』「大雅」"蒸民"장에 "하늘이 사람을 이 세상에 낼 적에 누구나 하늘의 원리가 그 속에 깃들게 하였다. 그래서 사람들이 양심을 가지게 되어 이 아름다운 덕을 좋아하게 된 것이다"[天生蒸民 有物有則 民之秉彝 好是懿德]는 구절이 있다.

一得之愚 『晏子春秋』의 "성인의 천 가지 생각에도 반드시 하나의 실수는 있고, 어리석은 자의 천 가지 생각에도 반드시 하나는 맞는 것이 있다."[聖人千慮 必有一失 愚人千慮 必有一得]는 구절에서 유래한 말로 자기의 의견을 가리키는 겸사.

備禦 환난에 미리 대비해서 막음.

險阻 험난하고 사방이 막혀서 진입이 용이하지 않음.

眇視 경시.

嬴秦 춘추전국시대 진(秦)나라 또는 그 왕조를 가리킨다. 진나라 왕실의 성이 영(嬴)이었다.

要害 요해처. 적을 막기에 편리하고 적이 쳐들어오기에는 불리하게 지세가 험한 곳.

厲精圖治 정신을 분발해서 잘 다스려지기를 도모함.

幅圓 폭은 넓이이고 원은 둘레이니, 폭원은 강역 전체를 지칭하는 말.

瀛寰 지구의 해양과 육지를 총칭하는 말로 세계와 같은 뜻.

昕夕 조석(朝夕)과 같은 말로 하루 종일이라는 뜻.

水土 여기서는 산천(山川)의 의미로 쓰임.

齒角 여치거각(予齒去角)에서 나온 말로 하늘이 동물을 낳을 때 날카로운 이빨을 주면 대신에 뿔을 주지 않는다는 뜻.

極陳 힘을 다해서 상언(上言)함.

을 얻어서 자국에 보태려는 것이다. 그러나 영환(瀛寰)*을 둘러보니 점점이 있는 섬들은 모두 유럽 각국이 겸병해서 손을 대지 않은 곳이 없고 한지(寒地)와 열국(熱國)은 또 그 바라는 바가 아니다. 그러므로 흔석지심(昕夕之心)*이 우리나라에 욕심을 부리려고 하지 않음이 없는 것이다. 게다가 경계가 접하고 수토(水土)*가 같고 물정이 가까우며, 저들의 토지는 대부분 평이한데 우리의 산천은 대부분 험조(險阻)하다. 그러므로 만약 하나로 합친다면 치각(齒角)*이 둘 다 완전해서 천하의 강국이 될 것이니 다시 무엇을 두려워하고 근심하겠는가? 이는 저들의 두려움으로 인해 우리의 두려움이 더욱 커지는 것이요, 저들의 근심으로 인해 우리의 근심이 더욱 절박해지는 것이다.

살펴보니 저 나라의 사람들은 일찍이 조선 정벌의 논의를 펴서 그 유리무해(有利無害)한 정상을 극진(極陳)*했다. 그 천한 장사와 보잘 것 없는 기술로 이곳에 유람 온 자들이 모두 기회를 틈타 우리의 허물을 엿보려고 했으니 그 은미한 뜻을 대략 알 수 있다. 지금 우리나라의 정강(政綱)이 문란하고 해이해서 민요(民撓)가 사방에서 일어나고 동학이 날로 세를 불리고 있으니, 저들은 이러한 상황을 알고서 암암리에 기뻐 날뛰며 스스로 제 소원을 이루었다고 여기고 있을 것이다. 그런데도 감히 경솔하게 침입하지 못하는 것은 중국이 돌보고 있기 때문이니, 만약 중국에 일이 생겨서 밖을 돌볼 겨를이 없게 된다면, 그 비상한 화(禍)가 반드시 닥칠 형세는 단연코 미리 헤아릴 수가 있다. 인천과 부평에서 밤에 1천 척의 군함으로 접근해 온다면 도성 근본의 땅이 필시 저들에게 함락될 것이며, 부산과 울릉도에서 철함을 멀리 몰아온다면 삼남(三南)의 운량(運糧)하는 길이 저들에게 점거될 것이다. 또 몰래 철함 몇 척을 북도(北道)*의 덕원(德源) 등지에 보내서 서북 두 도(道) 사이에서 충돌하여 중국의 육로를 통한 내원(來援)을 끊어 버린다면 머리・배・꼬리가 모두 공격을 받게 될 것이니, 이 한 조각의 동토(東土)가 어찌 다시 우리의 것이 되겠는가? 대체로 새둥지의 문은 비가 오고 있을 때 얽어맬 수 있는 바가 아니요,* 병서는 적에 임해서 읽을 수 있는 바가 아니다. 천하의 모든 일이 예비보다 귀한 것이 없는데, 오늘날의 예비는 방수(防守)보다 우선해야 할 것이 없다.

北道 함경도.

蓋牖戶非陰雨之所綢 『詩經』「豳風」 "鴟鴞"장에 "하늘이 흐리고 비오기 전에 뽕나무 뿌리를 캐어다가 둥지의 문을 튼튼히 얽어 둔다."[迨天之未陰雨 徹彼桑土 綢繆牖戶]라고 한 구절에서 인용.

東藩 동쪽 울타리.

內服 원래 왕이 직접 다스리는 왕기(王畿) 이내의 지역을 가리키는 말. 여기선 중국 본토의 의미.

相孚 상호신뢰.

顧讓扶翼 고양(顧讓)은 아끼면서 겸양한다는 뜻이고, 부익(扶翼)은 호지(護持)나 보좌 등의 의미.

시세의 세 번째는 다음과 같다. 우리나라는 중국의 동번(東藩)*으로 자소사대(字小事大)가 고유한 명분이었는데, 이제 동번을 거둬들임이 더욱 내복(內服)*보다 특별한 것은 러시아・일본의 근심이 있어서 상부(相孚)*를 공고히 하고자 하기 때문이다. 이 때문에 고양부익(顧讓扶翼)*해서 일찍이 그 심력(心力)을 다하지 않은 적이 없었던 것이다. 그러므로 우리나라 사람들 가운데 조금 지식이 있는 자들은 모두 말하기를, "지금의 급무는 기계를 제조하는 것보다 큰 것이 없고, 기계의 제조는 화함, 화포, 화총 등의 물건보다 귀한 것이 없다. 그런데 이는 우리나라가 일찍이 배웠던 것이 아니니, 비록 온 나라의 재물을 다 털어서 만들더라도 반드시 타국에 비견할 수 없을 것이다. 그렇다면 제일 상책은 평시엔 중국에 성심을 바치다가 변고가 생기면 중국에서 빌려 쓰는 것이다."라고 한다. 이 말에 이치가 없는 것은 아니지만, 이는 부차적인 것임을 알지 못한 폐단을 면치 못한다.

의원은 시체에 약을 처방하지 않고 아비는 탕자에게 재산을 나눠 주지 않는 법이니, 만약 자강(自强)하지 못해서 오직 중국에 의존하기만 한다면 중국이 혹시라도 우리나라를 시체, 탕자처럼 보지 않겠는가? 이는 바로 스스로 중국과 단절하는 것이다. 하물며 몇 해 전에 중국인 황쭌셴(黃遵憲)이라는 자가 『조선책략』을 짓고서 바로 말하길 "조선은 질폐(疾弊)가 이미 심해서 필시 스스로 진작할 수 없을 것이니, 중국의 힘으로 변역(變易), 갱장(更張)한 후에야 동고(東顧)*의 근심이 없을 것이다."라고 했다. 오직 리훙장(李鴻章)만이 "조선은 수백 년 자주국이니, 예의(禮義)로써 헤아린다면 어찌 변역하고 갱장할 수 있겠는가?"라고 해서 이 설은 시행되지 않았지만 우리나라 신민들이 이 말을 듣는다면 떨면서 한심해하지 않을 수 있겠는가? 이제 리훙장의 나이가 일흔이 넘었으니 반드시 인간 세상에 오래 있을 수 없고, 또 그 국내에 민당론(民黨論)이 일어나고 대령(代領)의 구속이 있어서 심지어 영사관 위안스카이(袁世凱) 또한 교체되어 귀국할 것이라고 한다. 두 사람이 우리나라에 대해서 비호하고 두루 보호하는 것에 여력을 남기지 않았는데, 만약 다른 사람으로 하여금 두 사람의 일을 맡게 한다면 어찌 두 사람이 한 것과 같으리라고 보장할 수 있겠는가? 대체로 중동(中東)*의 상부(相孚)는 러시아와 일본이 꺼리는 바다. 두 사람이 떠난 후에 저들이 만약 그 틈을 노리고 반간(反間)*의 계책을 행한다면 증자(曾子)의 어미도 오히려 투저(投杼)*했는데, 하물며 우리나라가 중국에 대해서 일찍이 신뢰를 얻은 바로 볼 때 반드시 우리를 의심하고, 우리에게 분노하는 자가 없으리라고 할 수 있겠는가? 어떻게 하던지 간에 상부(相孚)의 의리는 끝까지 믿기 어렵다.

또 계림(鷄林)과 연경(燕京)*이 모두 기미 분야(箕尾分野)*이니 이 때문에 양국의 사변이 매양 비슷한 것이며, 또한 수가(數家)*의 설에서도 갑오, 을미년에 중국에 변고가 생기면 우리나라에서도 따라서 변고가 생길 것이라고 했다. 이는 믿을 수 있는 말은 아니지만 목전에서 본 것에 반드시 징험이 없지는 않으니 탄식하지 않을 수 있겠는가? 이 때문에 말을 공손히 하고 폐백을 후히 갖춰서 사대(事大)의 성경(誠敬)이 조금이라도 달라져선 안 되지만, 내수외어(內修外禦)와 자강(自强)의 정치 또한 조금이라도 소홀히 해선 안 되는 것이다.

東顧 동방을 돌아보고 염려함.

中東 중국과 조선.

反間 적의 간첩이나 인물을 유도해서 반대로 이쪽에서 적의 내홍을 일으키거나 기밀을 탐지하는 데 쓰는 이중간첩을 말함.

投杼 베틀 북을 던진다는 뜻. 옛날 증자(曾子)가 비(費) 땅에 있을 때 증자와 이름이 같은 증삼(曾參)이라는 자가 살인을 했는데, 사람들이 증자의 어미에게 증삼이 사람을 죽였다고 하자 처음에는 믿지 않다가 세 번 같은 말을 듣자 두려워서 베틀 북을 던지고 달아났다는 고사에서 유래한 말. 헛소문이 많아지면 가장 친한 사람의 믿음도 동요하게 된다는 뜻. 저본에는 투저(投杼)가 투서(投抒)로 잘못되어 있다.

燕京 중국 북경을 말한다. 춘추전국시대에 연(燕)나라의 수도가

시세의 네 번째는 다음과 같다. 전술한 사항 3개 조가 참으로 우려할 만한 일에 속하지만, 병증에 비유하자면 풍한서습(風寒暑濕)*이 몸 밖에서 온 것과 같다. 다시 오장육부를 손상시키고 가슴 속이 뭉쳐서 장차 치유할 수 없는 것이 있으니 근일 삼남(三南)의 동학(東學)과 서북의 민요(民擾)가 그것이다. 대체로 이들 또한 우리 선왕께서 기르신 적자(赤子)*가 아닌 이가 없지만 다만 수령이 대부분 공정, 청렴하지 못하고 학교 또한 점차 쇠퇴, 해이해졌기 때문에 밖에 항산(恒産)이 없으면 안으로 항심(恒心)을 잃는* 이들이 점차 이러한 지경에까지 이른 것일 뿐이다. 민(民)이란 나라의 대본(大本)인데 대본이 이미 썩었다면 장차 나라가 어떻게 되겠는가? 이보다 더 크게 우려할 만한 일이 없다.

사람들이 모두 말하길, "이들 무리가 본래 지략이 없고 모두 잡류(雜流)로서 물고기 대가리가 귀신 가면을 쓴 것에 불과하니 하루살이처럼 모였다가 하루살이처럼 흩어질 것이다. 저들에게 병기가 없으니 무엇으로 양총(洋銃)을 당할 것이며, 연습하지 않았으니 어떻게 경군(京軍)을 당해낼 것인가? 반드시 할 수 있는 일이 없을 것이니 또한 우려할 것이 없다."고 한다. 그러나 이는 화(禍)가 소홀함에서 생기고 변(變)이 태만함에서 일어남을 알지 못하는 것이다. 서절구투(鼠竊狗偸)*가 비록 할 수 있는 일이 없었지만 마침내 진(秦)을 망하게 하는 근본이 되었고, 녹림황주(綠林黃州)*가 비록 할 수 있는 일이 없었지만 끝내 한(漢)을 어지럽힌 원천이 되었다. 자고로 난민은 그 처치가 소홀하고 주무(綢繆)*가 태만하면 필경은 혁세(革世)의 장본이 되는 법이니 그 감계(鑑戒)가 이미 명백하다. 대체로 초(醋)가 쌓이면* 파리매가 생기고 벌이 모이면 노래기가 오는 법이니 인중(人衆)이 자주 모이면 또한 반드시 걸오(桀驁)*한 자가 나타나 이들을 총섭(總攝)하게 될 것이다. 수만 명을 백여 부대로 나누어서 하룻밤 사이에 생각지도 못한 때를 틈타서 삼남의 백여 읍을 함락시킨 다음에 창고와 군기(軍器)*를 약탈하며, 성지(城池)를 점거하고 요해(要害)를 할거해서 성세상응(聲勢相應)*하고 기각상조(掎角相助)*한다면 삼남의 인심이 파도에 휩쓸리듯 와해될 것이며 서북의 민요(民擾)가 메아리처럼 울려서 더욱 늘어날 것이다. 참언(讖言)에서 말하는 "남쪽의 난리가 먼저 일어나고 북쪽의 난리가 그 다음에 올 것이다."고 한 것이 바로 이것이 아니겠는가? 또 일찍이 『영환지』(瀛寰誌)를 살펴보니 소위 '남조선'(南朝鮮)이란 것이 없었다. 그런데 '남조선' 설이 전래된 것이 오래되었으니, 그렇다면 필시 이는 우리나라의 참언일 것이다. 이들 무리의 뜻은 삼남에 별도로 일국(一局)을 세워서 '남조선' 참언에 응하려는 것이니 그 음흉한 마음을 대략 상상할 수 있다.

있었기 때문에 이와 같이 부른다.

箕尾分野 분야(分野)는 별자리에 대응해서 지역을 구획한 것을 말한다. 기미(箕尾)는 기성(箕星)과 미성(尾星)을 가리키는데 이들의 분야는 고대 중국의 기주(冀州)와 유주(幽州)에 해당.

數家 음양술수가를 말함.

風寒暑濕 한의학에서 풍(風), 한(寒), 서(暑), 습(濕)은 모두 병을 일으키는 외부의 사기(邪氣)를 가리킴.

赤子 갓난아이로서 백성을 비유하는 말.

外無恒産 內失恒心 『孟子』「梁惠王上」의 "생업이 없어도 언제나 선한 본심을 견지할 수 있는 것은 선비만이 가능한 일이다. 일반 백성의 경우는 일정한 생업이 없으면 선한 본심을 지킬 수 없게 된다."[無恒産而有恒心者 惟士爲能 若民則無恒産 因無恒心]는 구절을 인용.

鼠竊狗偸 쥐나 개처럼 물건을 몰로 훔친다는 뜻으로 좀도둑을 비유하는 말.

綠林黃州 녹림(綠林)은 중국 형주(荊州) 당양현(當陽縣)에 있는 산 이름이다. 전한(前漢) 시대 왕망(王莽)이 정권을 탈취해서 정치가 문란해지자 백성들이 녹림산으로 들어가서 산적이 되었는데, 몇 달 사이에 그 숫자가 7, 8천에 이르렀다고 한다. 이로부터 후세에 도적을 녹림당(綠林黨)이라고 했다. 황주(黃州)의 의미는 분명치 않다.

綢繆 사전에 치밀하게 준비함.

醯積 원문에 '醯積'이라고 되어 있는데 '醯'는 '醋'의 오자다. '積'은 확실치 않으나 여기서는 '積'의 오자로 보고 해석했다.

桀驁 흉포해서 잘 복종하지 않음.

軍器 원문에 '車器'라고 되어 있는데 이는 '軍器'의 오기인 것으로 보인다.

聲勢相應 성위(聲威)와 기세가 상응한다는 말로 군대 간에 멀리서 호응하여 서로 지원한다는 뜻.

掎角相助 사슴을 잡을 때 뒤에선 발을 잡고 앞에선 뿔을 쥔다는 말로 전후에서 협력한다는 뜻.

이때를 당해서* 일인(日人)은 반드시 "조선에 이처럼 내란이 있으니 틈을 탈 수 있는 때이다."라 하고, 중국은 반드시 "동번(東藩)이 외어(外禦)의 대비를 결여하고 단지 내란만 일으킬 뿐이니 설령 부지(扶持)해 주고 싶어도 방법이 없다."라고 할 것이다. 그렇다면 이들 무리는 외구(外寇)를 끌어들이고 외원(外援)을 단절하는 도구가 될 뿐인 것이다. 또* 이들 무리의 흉계가 일인(日人)과 결탁한 후 그들을 끌어들여 자기의 후원으로 삼을지 어떻게 알겠는가? 그렇다면 이들을 '할 수 있는 일이 없다'고 지목해서 이러한 무리를 소홀하고 태만한 상태로 내버려둘 수 있겠는가?

當此時也 원문에 '當此是也'로 되어 있는데 '是'는 '時'의 오기.

又 원문의 '叜'는 '又'의 오자.

작년엔 선무사(宣撫使)를 파견하고 금년엔 초토사(招討使)를 보내서 먼저 은덕을 보인 후에 위엄을 보였으니 사체(事體)를 얻었다고 할 수 있다. 그러나 한 사람의 초토사는 실로 수십 주(州)의 사목지관(司牧之官)*이 아니며, 또한 수십 년 동안 오래 임무를 맡긴 형세와도 같지 않으니, 비록 저들을 유도해서 해산시키더라도 반드시 그 민업(民業)이 안도하는 것은 아니요, 저들을 토벌해서 소멸시키더라도 반드시 그 민심이 열복(悅服)하는 것은 아니다. 만약 이와 같다면 경군(京軍)이 내려갈 때는 난당이 새떼처럼 흩어졌다가* 경군이 올라오면 다시 구름처럼 모여서, 경군이 오가는 사이에 국체와 국재(國財)가 날로 훼손되고 소모되고, 난당이 흩어지고 모이는 사이에 민심과 민업이 점차 해이해지고 무너질 것이니, 어찌 칼을 뽑아서 등에를 치려다가 등에가 날아가서 도리어 소를 베는 것과 같고, 불을 피워서 나무굼벵이를 불사르려다가 나무굼벵이는 사라지고 집만 모두 불태우는 것과 같지 않겠는가?

司牧之官 백성을 맡아서 돌보는 관직. 본래는 수령을 가리키지만 모든 지방관을 의미하기도 한다.

鳥散 원문의 '烏散'은 '鳥散'의 오기.

그 경색(景色)을 생각해 보건대 참으로 극히 우려할 만하다. 그러므로 의당한 조처를 대략 진술하고자 한다.

하나, 수령과 방백(方伯)*을 가려서 파견하여 민심을 기쁘게 하고 민업을 안정시키는 것을 급선무로 삼아야 한다.

方伯 관찰사.

하나, 난당의 괴수가 누구누구인지 조사한 연후에 해당 도(道)의 수신(帥臣)*으로 하여금 별도로 방략을 세워서 수색, 체포해야 한다. 다만 해당 영(營)의 장졸들 또한 난당과 같은 지역 사람이니 만약 마음을 다해서 수색, 체포하려고 들지 않는다면 그때 가서 경병(京兵) 몇 초(哨)*를 감병영(監兵營)*에 보내야 한다.

帥臣 병마절도사와 수군절도사를 병칭하는 말.

哨 군대 편제로서 1초는 약 100명의 병사로 구성됨.

監兵營 감영과 병영으로 감영은 감사(監司)가 있는 관아, 병영은 병마절도사가 있는 영문이다.

하나, 조정에서 각 읍에 관문(關文)을 보내되, "난당의 괴수를 잡아서 올리는 자가 있으면 반드시 후한 상을 내리겠다."라고 한다면 삼남의 사람들이 이들을 잡아 올릴 마음을 품지 않는 자가 없을 것이다.

하나, 초토사가 군대를 이끌고 바다로 나간 다음에 단지 귀순하지 않으면 장차 초멸(剿滅)할 것이라는 뜻만을 보여야 한다. 지금 만약 경병(京兵)의 4, 5초로 각 읍을 순찰하면서 수색하고 체포한다면 난당의 수색과 체포는 논하지 않더라도 남민(南民)의 곤액이 장차 어떠하겠는가? 이것이 더욱 두려워할 만한 일이 아니겠는가?

하나, 경군(京軍)이 만약 경솔하게 전쟁하다가 탄환이 다 떨어지면 검려지기(黔驢之技)*가 호랑이의 먹이가 될까 두려우니, 전쟁 여부를 막론하고 탄환을 충분히 준비해서 그 뒤를 이어야 한다.

하나, 또한 조정에서 각 읍에 관문(關文)을 보내되, 괴수를 체포하여 효시한 후에 그 협종(脅從)*은 모두 법으로 다스리지 않겠다고 한다면, 협종이 흩어져 떠날 것이다. 만약 반드시 초멸(剿滅)하려고 한다면 저들이 모두 죽을 때까지 저항할 것이니, 이와 같다면 초멸도 어렵고 설혹 초멸하더라도 삼남의 백성들이 태반은 공허해질 것이다. 이것이 어찌 왕자(王者)*의 정치겠는가?

하나, 난당이 비록 지금은 수백 리 밖에서 취산(聚散)하지만 매번 그 말에 "임금님 곁의 악을 제거한다."라고 하니, 경성 안의 군오(軍伍)를 단속할 방법과 경성 밖의 요해(要害)를 방수(防守)할 계책을 치밀하게 미리 생각해 두어야 한다. 금일의 조처는 이것에 불과하지만 다시 막심한 은우(隱憂)*가 있다. 필시 몇 년 안에 서북에 민요(民擾)가 발생해서 장리(長吏)*를 살해하고 쫓아낼 것이니 저 동학 무리는 다만 그 조짐에 불과한 듯하다. 서북은 풍기가 강경(剛勁)하고 인심이 완한(頑悍)하므로 여정(輿情)이 한번 변하면 동학에 비할 수 있는 바가 아니다. 진실로 그 조짐을 미리 막고자 한다면 또한 방백, 수령을 가려서 파견하는 데 달렸을 뿐이다. 지금 만약 계책을 이렇게 하지 않고 단지 한번 초토(招討)*로 멈추려고 한다면, 이는 오장육부와 심흉(心胸)에 병이 있는데 터럭과 피부, 손발에 약을 바르는 것과 같으니 나는 그것이 옳은지 알지 못하겠다. (하략)

黔驢之技 중국 검주(黔州)엔 나귀가 없었는데 호사자(好事者)가 데리고 왔다가 쓸모가 없어서 산 밑에 놓아두었다. 호랑이가 처음 보고서 그 크기와 소리에 겁을 집어먹고 접근하지 못하다가, 차츰 익숙해져서 물지도 못하고 발길질만 하는 나귀를 잡아먹었다는 고사에서 나온 말.

脅從 협박에 못 이겨 가담한 자.

王者 원문의 왕자(王子)는 왕자(王者)의 오기.

隱憂 은(隱)은 통(痛)의 의미이니, 은우는 매우 통절한 우려라는 뜻.

長吏 고을 수령의 별칭.

招討 초무정토(招撫征討)의 뜻으로 초무는 불러서 어루만져 위로한다는 뜻이고, 정토는 정벌과 같다.

[원문]

夫廊廟之上 草萊之間 欲言當今之急務者 豈無其人 一則戒乎越職 一則坐乎避嫌 或以爲言之無益而不言 或以爲言之已晩而不言 此皆合於處世之涇渭 實有欠於憂時之忠憤 自顧武倫 踪跡卑賤 見識孤陋 至於憂時之忠憤 本出乎秉彝者 不以地遐人微而有間焉 故玆敢不顧人之所顧 猥言人之不言 略陳一得之愚 欲以質諸大君子焉 其或爲拾螢爝而補日月之明 酌蠡水而添河海之量也哉 謹以時勢四條 備禦十條 臚列于左

時勢之第一曰 俄羅之强 天下無敵 蓋其地方三十餘萬里 陸軍六十六萬餘人 軍艦三百六十八隻 而雄據天下之東北西北 亦可謂得險阻之勢 是以眇視萬國 有幷呑之志 其主伯得帝 嘗以十五條 遺厥子孫 第一條 有曰 略他國致强大 而其外諸條 無非致意於

此者 故其子孫承襲祖訓 於是滅波蘭 侵土耳其 略中央亞細亞 干涉歐洲諸國之事 曾不謂蠶食諸侯者 復有今世之嬴秦也 且其國風俗 好尙鷙擊 畵鷲以爲徽章 今方駐艦隊於海參威 竣鐵路於黑龍江 譬猶鷲鳥左翼旣成 若西比利之鐵路又迄 則其右翼兼成 而逼盡東亞諸國之要害 東亞諸國 非其嘴下之物乎 惟我東邦 適居衝突之路 必先被其毒者 實非他國比也 則設有外援之足恃 而豈可內修之或緩耶 然則內修之策 不可不豫講也

時勢之第二曰宇內之國 六十有九 日本居第十八 其二萬五千里之境域 民口極爲稠密 而其爲人也 軀幹矮小 而心志則悍毒 其爲俗也 大小畏法 而能死乎長上 其君亦勵精圖治 政令一新 物貨之通 器械之造 皆倣外洋之制 凡百規模 比諸我國 大有優劣矣 但彼之所畏者 俄羅之侵凌而難抵其强大 所憂者 幅圓之狹小而難容其民人 彼方汲汲然欲得小邦而附益之 然環視瀛寰 點點島嶼 皆爲歐洲各國之所兼幷 無處着手者而 寒地熱國 又非其所欲故 昕夕之心 靡不欲逞欲於我國 加之以境界相接 水土相等 物情相近 彼之土地多平易 而我之山川多險阻 苟使合于其一 則齒角兩全 而爲天下之强國矣 其復有何畏何憂哉 此因彼之畏而我畏益大 因彼之憂而我憂益切也 竊觀彼國之人 嘗作征朝鮮之論 極陳其有利無害之狀 其豎商小技來遊於此者 皆欲乘其便而伺吾釁 其微意所在 槪可知矣 見今我國之政綱紊弛 而民撓四起 東學日聚 彼有以揣知如此之狀 暗暗蹈舞 自以爲得其所願 而不敢遽爾肆侵者 以有中國顧護也 若使中國有事 未暇外顧 則其非常之禍必至之勢 斷可豫料也 自仁川富平 夜泊千艘 則都城根本之地 必爲其所陷 自釜山鬱陵島 長驅鐵艦 則三南運糧之路 必爲其所據 而又潛使鐵艦幾隻出于北道德源等地 衝突西北兩道之間 以絶中國陸路來援 則頭腹尾 俱受敵矣 惟此一片東土 豈復爲我有哉 蓋牖戶非陰雨之所綢 兵書非臨敵之所讀 夫天下之萬事 莫貴於豫備 而當今之豫備 莫先於防守也

時勢之第三曰 我國乃中國之東藩 字小事大 固有名分 而今則受東藩 尤異於內服者以有俄日之憂 而相孚欲固也 所以顧讓扶翼 未嘗不殫其心力 故我國之人 稍有知識者皆以爲當今之務 莫大於器械 器械之制 莫貴於火艦火礮火銃等物 此非我國之所嘗學者則今雖竭一國之財以爲之 必不能與他國比肩也 第一上策 莫如平時則輸誠於中國 有變則藉用於中國云云 此說非不有理 然未免未知其二之弊也 夫醫不下藥於屍人 父不分財於蕩子 苟不能自强而專恃乎中國 中國或不以屍人蕩子 視我國乎 此便是自絶於中國者也 況年前中國之人黃遵憲者 作朝鮮策略 乃謂朝鮮疾弊已甚 必無以自振 須以中國之力變易更張然後 可無東顧之憂矣 惟李鴻章以爲朝鮮卽累百年自主國也 揆以禮義 何可變易更張哉 是以其說不能行 爲我國臣民者 其聞此說 得不凜然寒心乎 今李鴻章 年過七十 必不能久乎人世 且其國內熾民黨論方興 又有代領之械 至於領事館袁世凱亦將遞歸云爾 二人之於我國 其所眷庇周護者 不遺餘力 而如使他人當二人之事 則安保其能如二人之所爲乎 蓋中東相孚 俄日之所惡也 二人已去之後 彼若乘其隙 而行反間之計 則曾子之母 猶且投杼 況我國之於中國 所嘗取信者 必無疑我怒我者乎 以左以右相孚之義難可終恃也 且鷄林燕京俱是箕尾分野 所以兩國事變 比比相似 數家之說 亦謂甲午乙未之年 中國有變 則我國亦隨以有變 此非可信者 但以目下所睹 未必無驗也 可勝歎哉 所以卑辭厚幣 事大之誠敬 尤不可少二 而內修外禦 自强之政治 亦不可少忽者也

時勢之第四曰 上項三條所陳 固屬可慮者也 然譬諸病證 猶風寒暑濕自外至也 更有臟腑壞傷 心腐祕結 而將不可醫者 近日三南東學西北民擾是也 大抵此等亦莫非自我先王所養之赤子 而只緣守令多不公廉 學校亦漸衰弛 外無恒產 內失恒心 駸駸然馴致乎此也 夫民者國之大本 大本 已朽 將安爲國乎 其所可慮 莫此爲大 人皆曰 此輩素無智略都是雜流 魚頭鬼面 蜉聚蟛散 彼無兵器 何以當洋銃 彼不鍊習 何以當京軍 必無能爲 亦不足慮也云云 此不知禍生於疏忽 變起於怠墮者也 鼠竊狗偸 雖無能爲 終爲亡秦之本

綠林黃州 雖無能爲 竟作亂漢之源 自古亂民 處置疏忽 綢繆怠惰 則畢竟爲革世之張本 其鑑昭然矣 蓋醯積則蚋生 蜂聚則蚷至 人衆多會則 亦必有傑驁者 爲之總攝矣 以數萬之名 派分百餘隊 一夜之間 出其不意 傾陷三南百餘邑 掠其倉庫 奪其車器 占便城池 割據要害 聲勢相應 掎角相助 則三南人心 波奔瓦解 西北民擾 響應蔓滋 諺讖所謂 南亂先起 北亂次至者 非此耶 且嘗考瀛寰誌 無所謂南朝鮮 而南朝鮮之說 其傳已久 則必是吾邦讖言也 此輩之意 欲使三南 別立一局 以應南朝鮮之讖也 其陰凶之情 概可想矣 當此是也 日人則必曰朝鮮 若是內亂 可以乘釁之時 中國則必曰東藩 旣乏外禦之備 只致內亂之起 雖欲扶持 末由也云爾 則此輩亦足爲引外寇絶外援之具 而交安知此輩之凶計 締引日人以爲己援乎 然則是可以無能爲目之 以此輩而委之于疏忽怠墮之地乎 去年遣宣撫使 今歲遣招討使 先恩後威 可謂得體矣 然惟一招討使 實非幾十州司牧之官 亦非幾十年久任之勢也 則雖或誘之使渙散 而未必得其民業安堵 討之使剿滅 而未必得其民心悅服 如是則京軍下去 亂黨烏散 京軍上來 亂黨雲合 京軍來去之際 國體國財 日虧而日耗 亂黨散合之間 民心民業 漸解而漸壞 其不似拔劍擊蝱 蝱飛而牛反斬 噓火燔蝎 蝎亡而屋并燒者乎 想其景色 誠極可慮 故略陳措處之宜焉

一則 擇遣守令方伯 以悅民心安民業 爲先務可也

一則 査得亂黨之魁首某也某也 然後 使該道帥臣 別設方略 以爲搜捉 但該營將卒亦是亂黨同土之人 其不肯盡心搜捉 則及其時 派送京兵幾哨于監兵營可也

一則 自朝廷飛關各邑 有能捉致黨魁者 則必重厚賞云云 則三南人人 無不懷捉致之心矣

一則 招討使領兵泛海 只示不歸順 則將爲剿滅之意可也 今若以京兵四五哨 巡邑搜捉 則亂黨之搜捉亦不論 南民之困阨 其復何如 此非尤懼者乎

一則 京軍若或輕戰 彈丸旣盡 則或恐黔驢之技 爲虎所餌也 無論戰與不戰 優備彈丸 繼其後可也 一則 亦自朝廷飛關各邑 捉魁梟示之後 其脅從一竝勿治云云 則脅從或思散去矣 若必欲剿滅之 彼皆以死爲限 如此則剿滅亦難矣 設或剿滅 三南之民 太半空虛矣 是豈王子之政乎

一則 亂黨 今雖聚散於數百里之外 其言動輒曰 淸君側之惡云爾 則京城內軍伍措東之方 京城外 要害防守之策 此當密密預算可也 今日之措處 不過如此 更有隱憂之莫甚者 必不數年 西北民撓 殺逐長吏矣 如彼東學輩似乎特其漸耳 西北 風氣剛勁 人心頑悍 其當輿情一變 則非東學之所可比也 苟欲預杜其漸 亦在擇遣方伯守令 今若計不出此 只一招討而止 則是猶臟腑心胸病 塗藥於髮膚手足者也 實未知其可也 (下略)

45. 독립신문, 대한국이 어찌 속국이리오

■ 조선이 속국임을 부정하고 자주독립국임을 주장한 독립신문의 논설로서, 규범적 만국공법관에 의거하여 조선이 비록 힘은 없지만 외국과 대등한 조약을 맺는 관계에 있음을 들어 자주독립을 정당화하고 있다. 출전은 『독립신문』 1897년 10월 26일자. 원래 제목은 없음.

일본에 있는 영국 사람이 하는 영자 신문에서 우리 신문이 대한을 독립국이라 한다고 흉을 보았다. 이 신문기자들이 대한국이 독립국이 아니라고 하는 것은 다름이 아니라 대한 정부에서 지난 15년 동안 모든 일을 대한 정부 임의로 하지 못하고, 청국, 그 다음에 일본, 지금은 러시아의 지휘대로 내치와 외교를 하니, 자주독립국에선 남의 나라 사신이 그 주찰해 있는 나라의 사무에 관계하지 못한다. 대한은 이 나라 사신들이 한국 정부 일에 관계가 있고, 그 사람들의 지휘를 들어서 무슨 일이든지 대한 정부에서 거행하니, 이런 독립국은 세계에 없다고 하는 것이다. 그러나 그것은 이 신문기자들이 자세히 생각하지 않고 한 말이다.

대한이 몇 해 동안 외국 사신의 지휘를 들었으나, 그것은 그 사신의 지휘를 들어야 나라에 도움이 될 것 같아서 들은 것이요, 대한이 그 사람들의 지휘를 듣지 않더라도 무슨 도리를 어긴 것은 없다. 만일 속국일 것 같으면 상국 관원이 명령하는 대로 듣지 않으면 도리에 어긋나지만, 지금 대한국이 세계에 어떤 나라의 말을 듣지 않아도 조금도 도리에 어긋났다고 누가 말할 사람이 없고, 또 속국일 것 같으면 상국을 배반해서 싸움을 하는 것을 세계에서 '역란'(逆亂)이라고 하겠지만, 지금 대한은 세계에서 어떤 나라와 싸우더라도 싸움을 시작하게 되면 그 싸움을 역란이라고 할 사람이 없다.

그렇다면 대한이 어찌 속국이겠는가? 바로 말하자면 대한이 약해서 어떤 강한 나라가 지휘하는 것을 시행하지 않고는 능히 상지(相持)할 힘이 없다고 하면 그것은 그럴 듯한 말이지만, 상지할 권리가 없다고 해선 말이 되지 않는다. 대한뿐만이 아니다. 구라파 각국에도 강한 나라 틈에 있는 작은 나라들은 매양이 강한 나라들이 의론해서 공동 보호국을 만들어 그 나라 일을 여러 나라들이 상의해서 자주 독립을 시켜 준 경우가 많다. 이 나라들은 벨기에와 그리스와 네덜란드와 포르투갈과 터키다. 이 나라들이 강한 나라의 공의로 자주독립을 하고 있지만, 만일 구라파의 어떤 강한 나라가 억지로 다른 나라에 의논하지 않고 이 중에 한 나라에 대해 무슨 일을 하라고 권하는데, 그 나라는 만일 다른 강국의 도움이 없으면 이 강국이 하라는 대로 하기가 쉬울 것이다. 그러나 이 나라들은 다 구라파 대국들이 서로 살피고 서로 보호한다. 그러므로 어떤 나라라도 한 나라가 감히 억지로 무슨 일을 시키지 못하고 남과 다른 권리를 얻지 못하는 것이다. 그러나 대한국은 아직 인민이 개명하지 못해서 자주독립을 보존할 힘이 본국엔 없지만, 외국과 동등 약조를 했고, 일본과 청국 사이에 마관(馬關)*에서 약조해서 청국이 대한을 다시는 속국으로 대접하지 않겠다고 했다. 그러므로 대한국이 세계에 매인 데가 없는 것이다.

오늘날 대한국이나 청국이나 일본이나 영국이나 러시아나 똑같은 권리가 있지만, 다만 그 나라들만큼의 힘이 없다. 나라가 힘이 없다고 해서 그 나라의 정정방방*한 권리까지 없다고 한다면 법률상 어찌 타당하겠는가? 이런 신문기자들은 만국공법을 더 공부한 후에 이런 의론을 하는 것이 마땅할 듯하다. 대한국이 세계의 제일가는 나라들과 동등 권리는 있지만, 아직 그 나라들만큼 열리지만 못한 것이다.

마관 1895년 4월 17일 청일전쟁의 강화조약이 체결된 시모노세키를 가리킨다. 청국의 리훙장(李鴻章)과 일본의 이토 히로부미(伊藤博文)가 양국의 대표로 조인한 이 조약의 제1조를 통해 청국이 조선의 완전한 자주독립을 공식적으로 승인했다.

정정방방 正正方方. 조리가 반듯해서 혼란스럽지 않음.

대한이 독립국이 아니라는 것은 경계와 공법에 틀린 말이라고 우리는 생각하거니와, 대체 대한 인민이 되어서 대한에 대해 외국에서 자주독립국이 아니라고 신문지에서까지 하는 것을 보면 분한 마음이 어찌 안 생기겠는가?

우리 신문사에서 우리 힘껏은 대한이 독립국임을 세계에 대해 언제까지라도 말할 것이지만, 대한 인민들은 어서 꿈에서 깨어 자주권리를 남의 나라에 빼기지 말기를 바란다. 그리고 우리라도 대한이 점점 강해지고 나라의 권리를 조금이라도 남에게 잃지 않아야 외국 신문에 실례되는 말이 있어도 우리가 탄핵할 말이 되고, 탄핵하는 말에 증거가 있을 것이다. 우리 힘껏 실례되는 말은 탄핵할 것이니, 대한 인민들은 자주독립국 인민의 도리를 하라.

46. 독립신문, 지각이 있는 사람의 말

■ 『독립신문』 1898년 1월 18일, 20일, 22일자 기고문. 한국인의 성품에서 외국에 의존하려는 마음이 가장 큰 폐단임을 지적하면서, 청국, 일본, 러시아 등을 배경으로 개화정책을 시도하였으나 독립이 이루어지지 못했음을 한탄하고 있다. 대포 등 자위할 수 있는 실력이 뒷받침되어야 외국과 동등하게 교섭하고 자주독립을 유지할 수 있다고 설명하면서, 서양의 근대적 학문의 수용과 외국 유학을 적극 권장하고 있다.

지각이 있는 친구의 말을 아래 기재하노니, 우리 신문을 보는 이들은 등한히 지내지 말고 유의해서 보라.

슬프다! 대한 사람의 성품은 네 가지 큰 병원(病源)이 두골(頭骨) 속에 깊이 들었으니, 첫 번째는 의지해서 힘입으려는 마음이요, 두 번째는 가볍게 하고 능멸하는 마음이요, 세 번째는 의심하고 염려하는 마음이요, 네 번째는 신(信)과 의(義)가 없는 것이다.

첫 번째를 가지고 말하자면, 대한국은 큰 육지가 다른 데 연해서 시종 관계를 면치 못했다. 그러므로 작은 것이 큰 것에 삼켜져서 어울리기 쉬운 가운데 청국의 속방이 되어서, 사람이 나는 대로 소위 중국이라고 하는 데 의지하고 힘입으려는 마음을 겸하여 두었으니, 신체와 언어는 비록 대한 사람이지만 그 외의 만 가지 일은 모두 청국을 따른다. 대한 법률은 없고 대명률이라 이르며, 대한 국문은 쓰지 않고 한문이라 이르며, 대한 사적은 힘쓰지 않고 한(漢)나라와 당(唐)나라의 남겨진 의론만 숭상하며, 대한 예법은 없고 하(夏)나라와 은(殷)나라와 주(周)나라 삼대(三代)의 예라고 해서 작은 중화라고 칭함이 족하다고 여긴다. 누가 말하길, 한문은 선왕의 문자요, 국문 같은 것은 쓸 수 없는 것이라고 한다. 그러나 한번 묻건대 대한국이 원래 일본에 가까웠다면 '아이우에오'라고 하는 글자도 선왕의 문자라고 하고, 서양에 가까웠다면 '에비시'라고 하는 글자도 선왕의 문자라고 칭했겠는가? 국민들이 의지하고 힘입으려는 마음을 볼진대, 삼백 년 이래로는 청국 바람이 높아짐에 청국에 기울어져 향했고, 갑오년(1894) 이후에는 일본 바람이 높아짐에 일본에 기울어져 향했고, 건양(建陽, 1896) 이

후엔 러시아 바람이 높아짐에 러시아에 기울어져 향해서, 청국 바람에 기울어져 향하던 시절엔 서양 학문을 취하자고 하는 이가 있으면 서학당(西學黨)이라 지척(指斥)하고, 일본 바람에 기울어져 향하던 시절엔 청국의 제도를 쓰려고 하는 이가 있으면 청국당이라 지척하고, 러시아 바람에 기울어져 향하던 시절엔 일본 법도를 쓰려는 이가 있으면 일본당이라 지척하여 심한 자는 몸이 죽고 집이 망하기도 했다.

두 번째를 가지고 의논한다면, 또한 청국에 의뢰하려는 풍습에 전념하고 대한국은 예의지방(禮義之邦)이라고 생각해서, 30년 전에 외국 배가 강화에 도박(到泊)했을 때 이적(夷狄)을 물리치는 주의라고 해서 쫓아버렸다. 그 후로 지금까지 관인들이 외국 사람들을 대해 시세와 학문과 담판하는 자리엔 머리를 외국 사람에게 들이밀다가, 돌려보낸 다음엔 등으로 가리키면서 이적이니 금수니 떠들며 큰 소리로 능멸하니, 이는 곧 남산골 사는 가난한 어떤 양반이 종로 시정의 부자를 가리켜 비천한 사람이라고 하여 코웃음 치면서 자기는 굶주리다가 얼마 견디지 못하고 죽는 것과 같고, 사회상으로 경멸하는 마음을 보자면 청국 사람이 북경에 주차하는 각국 공사들을 가리켜 '조공하러 왔다'고 하는 것과 같다. 당당한 자주독립이 된 대한 제국 관민들이 청국사람을 보면 반드시 대인이라 부르고, 지금까지도 어리석은 사람들은 '우리나라를 구완할 나라는 청국'이라고 하니 이는 삼백 년 동안 외뢰하던 마음에서 나온 것이다.

세 번째를 가지고 의논한다면, 이는 대한 사람들의 한편으론 의뢰하려는 마음과 다른 한편으론 고루한 풍속에서 발생한 것이다. 개화하는 것을 별다른 일로 알아서 의심과 염려만을 가득히 품고 벼슬들만 연구해서 공당(公堂)에 나왔으니, 시사를 말할 땐 직무에 주의하는 듯하다가 사사로운 자리에 물러가선 서로 말하길, "개화가 무엇인가? 공연히 외국과 교통해서 우리나라의 제도를 병들게 했다. 필경은 어떻게 될 것인가?"라고 하며, 외국 사람을 자청해서 고용해 놓고 그 외국 사람들 앞에선 헌첨(獻諂)하며 굴복하다가 돌아가면 서로 말하길, "외국 사람이 우리나라의 일을 맡았으니 필경은 좋지 않을 것이다."라고 하며, 혹은 "근래 외국과 통상한 약조가 모두 우리나라에서 속은 것이다. 무엇을 취해서 외국 사람들과 교통했는가?" 하고 보니, 입으로는 허다한 의론이라도 하는 이가 있다고 하지만 하나도 마음과 정조가 굳센 사람이 없다. 전국 인민의 의려(疑慮)하는 마음을 볼진대, 외국 사람들과 언어를 서로 통하는 이를 보면 지척해서 말하길, '환장한 놈'이라 하고, 남녀 간에 동등권(同等權)을 생각해서 정중하게 서로 대접하는 것을 보면 '통 화색하는 놈'이라 지척하고, 전에 없던 큰 경사로 대한 연호를 세웠는데 혹 말하길, "어찌 대청(大淸)의 광서력을 버리고 서양력을 행하겠는가?"라고 한다.

네 번째를 가지고 의논한다면, 한쪽 나라와 의논해서 우리나라의 힘을 세웠다가 한쪽 나라의 권리가 기울어지면 그 나라를 물리치고 또 한쪽 나라에 비기며, 또 한쪽 나라의 세력이 와서 핍박하면 전과 같이 또 물리쳐서 저쪽과 이쪽에서 원망을 산다. 그래서 모든 나라에서 신의가 없다는 비방만 얻고, 혹은 앞뒤를 돌아보지 않고 외국과 약조를 했다가 중도에 잘못된 것을 깨달으면 혹 거절해서 신(信)을 보이지 않으니 진실로 애석하다. 이 네 가지 문제는 전국 인민에게 뿌리박힌 습관과 성질이다. 집집마다 개유(開諭)하고 사람마다 일러주기 어렵지만 그 좋은 계책은 물의 상류에서 먼저 깨달은 몇 사람들이 힘써서 행하는 것이니, 그렇게 하면 그 영자(影子)와 소리*가 자연히 아래로 미칠 것이다(『독립신문』 1898년 1월 18일).

영자와 소리 그림자와 메아리를 가리킨다. 그림자가 형체를 따르듯, 메아리가 소리에 울려 퍼지듯 그 반응이 신속하고 정확하다는 뜻.

세상 사람들이 말하길, "만국공법이 대포 한 자루만 못하다. 정치와 법률이 무엇인가?"라 하고, 혹은 "대한국은 제일 병비(兵備)가 없으니 어찌 외국과 다툴 수 있겠는가?"라고 하니, 이는 지각없는 자의 말이다. 나라에 관계 되는 것은 병비뿐만이 아니라 안과 밖의 형세를 민첩하게 살펴서 해 가야 하는 것이니, 대개 싸우는 것은 나라의 힘을 세운 후에 발동하는 것이다. 가령 강한 나라는 만국공법을 버리고 대포 한 자루만 쓰더라도, 약한 나라는 만국공법을 쓰는 것이 관중(貫中)*할 바다. 만국과 맹약을 함께 할 땐 간난(艱難)한 나라와 부유한 나라가 섞여서 살면서 부국의 재물, 많은 세력과 빈국의 넓게 사귀는 수단이 화동(和同)하여 지내는 것이다. 빈약한 나라에서 범백(凡百) 일은 갖추지 못하고 병비만 시행한들, 병비만 믿고 어찌 거만할 수 있고, 어찌 외국과 겨룰 수 있겠는가? 대한의 지금 문제는 완전히 정치가의 손 안에 있다. 만 가지 기틀을 낱낱이 말하기 어려우나, 대한 국민의 성질에 네 가지 큰 병의 근본을 고치는 데 제일 급히 힘을 써야 하기 때문에, 네 가지 큰 병에 쓸 약방문을 기록한다.

관중 화살이 과녁 한복판에 맞음.

슬프다! 대한 사람들은 남에게 의지하고 힘입으려는 마음을 끊어야 한다. 청국에 의지하지 말라. 종이나 사환에 지나지 못할 것이다. 일본에 의지하지 말라. 나중엔 내장을 잃을 것이다. 러시아에 의지하지 말라. 필경엔 몸뚱이까지 삼켜지게 될 것이다. 영국과 미국에 의지하지 말라. 청국과 일본과 러시아와 원수를 맺을 것이다. 이 모든 나라에 의지하고 힘입지는 않을지라도 친밀하지 않을 순 없다. 대한 사람들의 성질은 의뢰하지 않으면 거절해서, 나랏일이 밥도 죽도 되지 않을 것이다.

하와이[布哇] 나라의 형편을 보라. 합중국에 의뢰하고 하와이 사람들의 원래 있던 마음을 모두 잃었기 때문에 지금 와서 미국에 속한다는 약조를 맺은 것이다. 이탈리아 나라의 지난 일을 들어 보라. 로마 부(府)가 멸망해서 오스트리아에 속하자 로마 부 인민들이 오스트리아의 해, 육군이 되었으나, 로마 부에 근본이 있던 충심을 죽도록 변치 않았다. 그러므로 그 나라의 두 영걸이 유리(遊離)하면서 비밀스러운 글로 서로 약속하여 지중해에서 도망다니고, 영국과 프랑스의 군대에 지원도 했다가, 여러 나라가 모두 모인 곳에서 독립하겠다는 정원(情願)을 청하여 마침내 로마 부에 이탈리아 일통(一統)의 기업(基業)을 승인받고 확실하게 세웠으니, 그 의뢰하려는 마음의 화근됨과 친밀하자는 약조의 이로움이 과연 어떠한가?

대한의 입 가진 사람들이 문득 말하길, "우리나라도 독립했다, 독립했다."라고 하지만 말로만 독립이요, 실상이 그러지 않다면 어찌 독립이라 하겠는가? 대한의 나라 힘이 다른 나라의 힘에 의지하려고 하지 말고, 힘입으려 하지 말고, 다른 나라와 동등 지위와 동등 행세와 동등 권리와 동등 법률이 있은 연후에야 자주독립국이라고 할 수 있다. 대한은 어떤가 하니, 갑오 이전엔 일청(日清) 협상 조약이라고 하는 것과 갑오 이후엔 일로(日露) 협상 약조라고 하는 것이 밖에서 대한 국권(國權)을 능멸하고 침범했으니, 실상은 대한에 관계되는 바가 아닌 듯하지만, 그 약조를 맺어서 이루게 한 시근(始根)은 대한에서 자책해야 하는 것이다. 어찌 됐든지 이러한 때를 잃어선 안 된다. 대한국은 대한 사람의 대한이 된 것으로 죽기로써 결단하고 마음으로써 지키며, 각국과 사귀는 데는 팔방미인의 정태(情態)와 풍신 좋은 장부의 뚜렷한 처사로 행하여 편벽되게 사귀지 말고, 동편서편에 연합해서 화친하고 서로 제어하는 형세를 얽는다면, 이것이 보호 중립에 가까운 것이다. 중립으로 독립에 이르기는 정치가의 용이한 수단이다. 슬프다! 외교에 민첩하고 유의한 사람이 국내에 몇이나 있는가? 나라의 재물을 아끼지 말고 각국에 파송(派送)해서 이탈리아 영걸의 구변을 행할 만한 이 기회여! 이상은 의뢰하려는 마음을 구완할 친화의 계책이다. 각국과 친밀하지 않으면 보호할 정의와 독립할 획책이 어디서 나겠는가?

슬프다! 대한 사람들은 경멸하는 마음을 끊어야 한다. 대체로 사람이 세계에서 태어남에 모든 동물 외엔 사람의 심장을 가지고 형체를 뒤집어쓰기는 다 마찬가지니 상하귀천과 우열이 어찌 있겠는가마는, 황백(黃白)의 인종만 조금 다를 뿐이다. 소위 중화(中華)라고 하는 것은 무엇이며, 이적(夷狄)이라고 하는 것은 무엇인가? 이는 사람을 대해서 이르는 것이 아니라 그 행사(行事)를 가리키는 것인데, 대한 사람은 대한 사람이 아니면 이적이라고 부른다. 공자님과 맹자님의 도덕이 일찍이 좋지 않았던 것은 아니지만 이는 그 시절을 가리켜서 말씀하신 것이요, 주(周)나라 예절과 명(明)나라 법률이 일찍이 좋지 않았던 것은 아니지만 이 또한 그 시절에 행해야 할 바다. 가령 작년에 화려하던 집이 금년에 퇴락하고, 여름에 경쾌하던 삼베 의복이 겨울엔 맞지 않는 법인데, 대한 사람은 퇴락한 집을 중수(重修)하기 꺼려하고 여름에 입던 삼베옷을 겨울에도 마땅하다고 한다.

대한 사람이 개화를 별다른 물건이라고 생각하지만 실상은 그렇지 않다. 요순시절의 개화는 요순시절에 마땅하고, 구미 각국의 개화는 구미 각국 세계에 마땅해서, 날마다 극히 편리하게 하고 극히 연구해서 사람의 일과 물건의 치리(治理)를 시세를 따라 극진한 데로 나아감이 곧 개화다. 나의 짧은 것을 버리고 저의 긴 것을 취함은 한 몸의 개화요, 나의 없는 것으로 인해서 저의 있는 것을 취함은 온 나라의 개화다. 이 밖에 또 별다른 개화가 있는지 알지 못한다.

대체로 문명개화는 한 개의 둥근 구슬이다. 손으로 미는 것을 따라 굴러다니니, 옛적엔 동양 사람이 손으로 밂에 아시아에서 구르다가 지금은 서양 사람이 손으로 굴림에 구라파에서 굴러다닌다. 구라파 사람들도 당초엔 아시아의 문명함을 힘써 배워서 시세를 따라 나아감에, 지금은 기운이 저렇듯이 만길 같이 높아서 동양을 핍박하는 것이다. 그러나 자기들의 문명함을 숨기지 않고 동양 사람을 보면 반드시 가르쳐서 도로 갚을 의기가 있으니, 이는 둥근 구슬이 동양에 다시 돌아올 때인 것이다. 그런데도 대한 사람들은 이는 생각하지 않고 경멸하는 마음만 가져서 서로 말하길, "어찌 눈이 깊고 콧부리가 높은 사람에게 머리를 숙이고 기꺼이 배우겠는가?"라고 하니, 종말엔 경멸하던 마음은 형용(形容) 없는 데서 스스로 녹아지고, 자기들의 몸에 손해되는 것은 형용 있는 데서 나타나게 받을 것이다.

슬프다! 경멸하는 마음을 끊고 공자님과 맹자님을 높이는 마음들과 같이 구미 각국의 물리학도 배우며, 주례와 명률을 숭상하는 풍습과 같이 구미 각국의 법률학도 배워야 한다. 대한에 총준(聰俊)*한 자제들을 각국에 파송해서 아무쪼록 실지를 뚫어 어서 새 공기를 실어 들여야 한다. 청국의 완만하고 경멸한 마음으로도 일본에 파송해서 유학하는 자가 해마다 계속 이어지고, 일본은 조금 개화했지만 해마다 액수를 정해서 구미 각국에 보내어 넓게 배우게 한다. 그런데 대한 정부에선 어떻게 경영을 하는가? 이상은 경멸하는 마음을 구완할 존경하는 마음이다. 외국 사람을 존경하지 않으면 교제상 해로움이 있고, 우선 국민이 외국 사람에게 나아가 배울 마음을 내지 않을 것이다(『독립신문』 1898년 1월 20일).

총준 聰俊. 총명하고 준수함.

슬프다! 대한 사람들은 못생긴 의심과 염려하는 마음을 끊으라. 관인(官人)이 못생긴 마음을 두면 정부가 잘못되고, 국민이 못생긴 마음을 두면 온 나라가 빈약해질 것이다. 국민이 못생긴 마음을 가지면 지금 교육 받지 못한 인민이 새로 듣고 보면서 주저주저해서 믿지 않는 것은 자연스러운 인정이다. 이는 정부가 튼튼하면 자연히 복종할 바이지만, 정부 관인이 헛되이 의려(疑慮)하는 마음은 어떠한가? 일본을 사귀면서 겉면은 친밀하지만 속마음은 만단(萬端) 의려요, 러시아를 사귀면서 겉면은 정의가 가득한 듯하지만 속마음은 만단 의려요, 청국, 영국, 독일, 미국 등 각국에도 이러할 것이니, 저 사람들이 어찌 나의 폐간(肺肝)*을 보지 않겠는가?

폐간 肺肝. 폐와 간. 속마음을 비유.

만국의 오늘날 나타난 형상을 보건대, 동맹국이니 통상국이니 하지만 실상은 어떤 나라에 눈이 없으면 그 코를 베어 먹을 판국이다. 일본의 느즈러진 뺨도 대한을 위한 것이 아니요, 러시아가 흘리는 침도 대한을 위한 것이 아니요, 그 외 각국의 욕심들도 대한을 위한 것이 아니지만 이는 인간의 자여(自如)한 정세다. 가령 대한국도 일맥(一脈)의 양기(陽氣)가 조금 돌아오면 일본, 러시아, 청국, 영국 등 각국에 군함을 가지고 갈 마음이 없을까? 그러나 인정은 느끼고 움직이는 것이다. 나의 헛되고 못생긴 의려하는 마음을 끊고 광명정대한 마음을 가질지니, 각국이 약조하는 자리에 나가서 강한 창자와 굳센 혀로 정대한 의리를 말한다면 각국이 그때는 잠깐 항거하다가 나중엔 나의 바른 것에 스스로 굴복할 것이다. 교섭 등의 일은 저쪽이 동작하기 전에 나의 참 생각을 미리 예산(豫算)하고 준비해서, 교제 자리에 나가 힘껏 실상 마음을 밀어서 저쪽의 느끼는 정을 사야 하는 것이다. 나의 바름을 보이는 것은 나랏일에 자기의 목숨을 버림으로써 드러나는 것이요, 저쪽의 느끼는 마음을 산다면 외국으로 하여금 나에 대해 야속한 마음과 간사한 계교를 스스로 버리게 할 것이니, 그렇다면 실제 광명정대한 마음의 효험이 아니겠는가? 이상은 의려하는 마음을 구완할 광명정대한 마음이다. 나의 마음이 정대하지 않고서 저쪽의 광명한 것만 어떻게 얻을 수 있겠는가?

슬프다! 대한 사람들은 신용 없는 마음을 끊어야 한다. 집안 어른이 돼서 그 집안에서 믿지 않으면 그 지위를 보전하지 못하고, 정부 관인이 백성에게 미더움을 보이지 못하면 그 관인의 지위를 보전하지 못한다. 빈약한 나라의 근본이 되는 큰 보배는 신의 한 글자일 뿐이니, 신용을 지켜서 이루는 것은 원려(遠慮)로 목적을 삼아야 한다. 집안에서 내일 원려를 생각하면 자연히 진실하고, 허망한 것이 없게 처사할 것이며, 정부에서 장래 원려를 생각하면 자연히 진실하고, 허망한 것이 없게 공무를 할 것이다. 옛날엔 문을 닫고 집안에만 있으면서 혼자

살고 남들과 서로 통섭(通涉)하지 않았기 때문에 원려와 신용이 전혀 없어도 관계가 없었지만, 지금은 각국과 임의 교통, 조약을 행하였으니 신용이 없으면 할 수가 없다. 이왕엔 사람들이 직업을 각기 경영해서 피차간에 요구할 것이 없어도 살았지만, 이제 물화를 통상한 후에는 신용이 없으면 전국 경제가 옹체(壅滯)*되는 일이 가득할 것이다. 이상은 신용 없는 마음을 굴려서 진실하고 허망이 없는 데로 옮기는 것이다. 일만 가지 일을 원려조차 하지 않으면 다만 입술에 발린 말로 거짓 단장하고 거짓 꾸미는 데 지나지 않을 것이다. 이와 같이 한다면 조그맣게 경영하는 직업도 안 될 것인데 하물며 나라의 큰일에 있어서겠는가?

옹체 壅滯. 쌓이고 막혀 통하지 않고 걸림.

이상은 대한 사람들의 네 가지 큰 병의 근본을 구완할 네 가지 큰 좋은 방문(方文)*이니, 먼저 인도하여 시행할 사람들은 세계의 오늘날 새 학문과 새 생각을 두골 속에 가득히 두고, 구미 각국에 풍상(風霜)과 위험을 무릅쓰고 내외의 판세를 황연(晃然)*히 살피며, 다른 나라와 내 나라 인종의 성질을 황연히 알아서 다른 사람보다 한층 더 식견을 보존해야 한다. 만일 벼슬만 연구하고 눈의 힘이 바다 밖에 미치지 못하는 사람은 이런 말을 들어도 꿈 가운데 꿈을 말하는 것과 같을 것이다. 그러나 상등 인물 정치가에겐 높은 학문이 없어도 자연스러운 수단이 혹 있을지 모르겠다. 위의 네 가지 큰 병근(病根)을 고칠 방문(方文)을 혹 공허한 생각과 헛된 의론으로 알 사람은 곧 하늘 동편과 땅 서편을 분별치 못하고, 만국공법이 대포 한 자루만 못하다고 크게 말하는 사람일 것이다.

방문 方文. 약방문.

황연 晃然. 환하고 밝게.

슬프다! 대한 인민들은 이상 네 가지의 큰 성질을 고치고 네 가지의 새 성질을 기른 뒤에 만 가지 진실한 힘을 확장해야 참 실상 효험 있는 데로 나아갈 수 있을 것이다. 대한 한판에 쌓인 진애(塵埃)*를 새벽하늘에 쓸어 가지고 혼돈한 밤에 이루던 꿈에서 하루아침에 일제히 깨기를 바라노라(『독립신문』 1898년 1월 22일).

진애 塵埃. 티끌과 먼지.

47. 전병훈, 시무에 관한 상소

■ 1899년 1월 1일 전 도사(都事) 전병훈(全秉薰)이 올린 외교에 관한 상소문. 『公法便覽』을 거론하면서 벨기에와 스위스의 독립이 인정된 사례를 참조할 것을 주장하였다. 원문 출전은 『高宗實錄』, 高宗 36年 1月 1日條.

■ 全秉薰(1857~1927) 고종 때 의금부도사, 중추원의관 등을 지냈으며, 순종이 즉위하던 해

신이 생각하건대 시급한 절무(切務)*에 한 대강[綱]과 여섯 세목[目]이 있으니,* 군병을 선발해서 양성하는 것이요, 기계를 창조하는 것이요, 재용(財用)을 충실히 다스리는 것이요, 인재를 키우는 것이요, 언로를 널리 여시는 것이요, 국외(局外)를 도성(圖成)하는 것이요, 용인(用人)을 크게 공정히 하는 것입니다. 그러나 이 일들을 총괄해서 그 공적을 이루는 것은 오직 용인 한 가지 사안에 달려 있습니다. 그러므로 용인이 여섯 세목의 대강이 되는 것이옵니다.

이른바 군병을 선발해서 양성한다는 것은 장차 이들에 의지해서 한위(扞衛)*로 쓰기 위해서이니, 정예 장병을 특별히 선발해서 친위를 세우고 그 장수될 인재를 택해서 책임을 전담시키고 독려하신다면 5년 이내에 국위를 떨칠 수 있을 것입니다.

기계를 창조한다는 것은 예로부터 동문(同文)*의 시대엔 배와 수레, 농기구와 직기(織機) 등 모든 기용(器用)이 대체로 같았습니다. 그러므로 치란흥폐(治亂興廢)의 자취가 그 기(器)에 남아 있지 않고 도(道)에 남아 있는 것입니다. 그러나 성패와 강약의 형세는 때에 따라 전적으로 기용(器用)의 예리함과 둔함, 정교함과 졸렬함에 관계되기도 하니, 하물며 금일의 변국(變局)에 있어서겠습니까? 지금 외국에서 능히 부강을 이루고 일세(一世)를 가어(駕馭)*할 수 있는 이유는 전적으로 기기(機器)의 정교함에 의지한 것이니 이는 마땅히 강구해야만 하는 것입니다. 공부(工部)로 하여금 제조국을 별도로 설립해서 중외(中外)의 공장(工匠)을 불러 모은 다음에 외국법을 모방하도록 명하신다면 패연(沛然)하게* 흥기함이 없으리라고 어찌 알겠나이까?

재용을 충실히 다스린다는 것은 절검(節儉)에 달려 있을 뿐입니다. 그렇지 않으면 유한한 재물로 무궁한 수요를 대는 과정에서 백성들이 궁핍하고 재물이 고갈되지 않은 적이 없었습니다. 백성과 나라가 모두 부유한 것을 부국(富國)이라 하니, 만약 백성이 빈곤한데 나라만 부유하다면 전(傳)에서 이른바, '부고(府庫)의 재물이 그의 재물이 아니니다.'*라는 것이 아니겠습니까? 국제를 개량(改量)*하는 일은 이미 성명(成命)이 있으셨으니 실로 백성과 나라의 다행입니다. 장차 양전(量田)*을 하려고 하신다면, 반드시 우선 도식(圖式)을 각 읍에 나눠주시고, 마을사람으로 하여금 미리 숙지케 하셔서 임시로 거행하시되 관리가 간섭하지 못하게 하소서. 만약 파견한 관원에게 일일이 측량하게 하신다면, 비용이 크고 일이 지체될까 우려되니 오직 집사자(集事者)*가 정밀하게 더욱 상세히 살피는 데 달려 있을 뿐입니다.

인재를 키우는 일은 우리 조종조(祖宗朝)에서* 성심을 다하지 않았던 적이 없었습니다. 과거제 외에 별도로 재주와 행실이 뛰어난 자를 천거하여 초선(抄選)*하는 법을 만들어서 산림의 잠덕지사(潛德之士)*에까지 미치게 하시고, 후한 예로 불러다가 타이르셔서 권장하는 방도를 세우시며, 도예(道藝)와 실용으로 인도하고 기문(奇聞)과 신지(新知)를 더하신다면 장차 반드시 인재가 이루 다 쓸 수 없을 정도로 많아질 것입니다.

언로를 널리 연다는 것은 마치 순(舜)임금이 사방의 문을 여시고 사방에서 잘 들리게 하신 것*과 한 고조(漢高祖)가 신하의 간언을 듣기를 둥근 물건 굴리

에 관직을 버리고 중국으로 건너가 정신철학 연구에 몰두하였다.

切務 급무와 같은 말.

一綱六目 강(綱)은 벼리로서 그물의 위쪽 코를 꿴 굵은 줄을 말하고 목(目)은 그물눈이다. 강과 목의 관계는 그물의 벼리를 들면 그물눈은 저절로 따라오는 것과 같다.

扞衛 원래 고대 군대가 야간에 누벽(壘壁)을 설치한 뒤 궁수나 개를 매복시켜서 적의 습격을 막던 일종의 방어 시설을 가리킨다.

同文 같은 문자를 쓴다는 뜻으로 천하가 통일되어 문물제도가 단일함을 뜻함.

駕馭 원래는 말을 길들여 마음대로 부린다는 뜻으로, 비유적으로 사람을 부린다는 의미로도 사용.

沛然 장마 때 줄기차게 내리는 모양으로 성대하다는 뜻.

府庫之財非其財者乎 『大學』에 "윗사람이 인(仁)을 좋아하고서 아랫사람이 의(義)를 좋아하지 않는 자는 있지 않으니, 아랫사람들이 義를 좋아하고서 윗사람의 일이 끝마쳐지지 못하는 경우가 없으며, 부고(府庫)의 재물이 그 윗사람의 재물이 아닌 경우가 없는 것이다."[未有上好仁而下不好義者也 未有好義 其事不終者也 未有府庫財非其財者也]라는 구절이 있다.

改量 나라에서 회계상의 필요로 미곡 등을 다시 조사해서 계산하는 일.

量田 토지를 측량해서 토지대장을 재작성하는 일.

集事者 집사(集事)는 성사, 성공과 같은 의미인데, 여기서의 의미는 분명치 않다.

우리 조종조(祖宗朝)에서 이 구절의 의미가 통하지 않아 『日省錄』 고종 35년 11월 20일조에 수록된 내용을 참고해서 추가했다.

抄選 인재를 선발함.

潛德之士 세상 사람들이 알지 못하는 미덕을 소유한 선비.

闢四門達四聰 『書經』「舜傳」에 "사방의 문을 여시고, 사방으로 눈을 밝히시고, 사방으로부터 잘 들리도록 하셨다."[闢四門 明四目 達四聰]라고 한 구절에서 인용.

듯 쉽게 한 것과 같은 것이니, 이 때문에 천하의 지혜로운 자를 오게 해서 내가 쓸 수 있었던 것입니다. 간고비목(諫鼓誹木)*과 고송공잠(瞽誦工箴)*과 사헌민의(士獻民議)하는 규례가 아직 다 복고를 이루지 못했는데 단지 그 직책만을 폐지하신다면 장차 폐하의 이목을 도울 신하가 없을까 두려우니, 만약 발호하고 전횡하는 싹이 생기면 누가 다시 그 책임을 지겠나이까? 또 외국의 하의원의 예에 따라 각 읍의 준수한 인재를 칙선하셔서 매년 정월이 되면 경사(京師)에 모두 불러 모으십시오. 그리고 백성과 나라의 이해를 논진(論陳)해서 협공상제(協恭相濟)*하게 한 연후에 여러 계책들이 모두 모여서 치유(治猷)가 크게 진전할 것입니다.

국외(局外)를 도성(圖成)한다는 것은, 모두들 동도서기(東道西器)나 내수외교(內修外交)를 말하고 있지만, 나라에 한가한 틈이 없다면 상두(桑土)*의 준비도 거론할 겨를이 없을 것이니 어떻게 정교(政敎)를 닦고 서무(庶務)를 펴겠나이까? 일찍이 『공법편람』*을 살펴보니 국외(局外) 독립을 명시적으로, 또는 묵시적으로 허락한 예가 있었습니다. 그것이 벨기에, 스위스 등의 나라에 이미 시행되었으니 지금 만약 그 예를 원용해서 통화(通和)한 나라들에 조회문을 보내서 2, 3년간 국외 독립의 명시적 허락을 받게 된다면 외환이 닥치지 않아서 여정(輿情)*이 안정될 것입니다.

이른바 용인(用人)을 크게 공정하게 한다는 것은 여섯 세목의 대강이 되는 것이니, 적임자에게 맡기시면 그물의 벼리가 들려져 그물눈이 펴질 것이며, 적임자가 아닌 이에게 맡기시면 업적이 실패할 것입니다. 성심으로 널리 구하시고 예를 다해서 우대하시되 오래 임무를 맡기고 전적으로 책임을 지게 하신다면 비록 인물이 적은 이러한 때라도 어찌 일세를 함께 구제할 통치를 할 자가 시운에 응해 나타나지 않겠습니까? 아아! 우리나라는 한 모퉁이에 치우쳐 있고 승평(升平)한 날이 오랜데다가 붕당이 각립(角立)해서 권위 있는 자들이 용사(用事)*하고 반복된 오류가 격식이 되어서 단단하여 타파할 수가 없습니다. 현상(賢相)을 가려서 임무를 맡기시고, 장관을 보증해서 추천하게 하여 정령을 모두 6부에 귀속시킨 연후에야 서무(庶務)를 완수하고 태평을 이루실 수 있을 것입니다.

[원문]

臣竊謂時急切務 有一綱六目 曰選養軍兵也 創造器械也 暢理財用也 作成人材也 廣開言路也 圖成局外也 大公用人也 總其務而成其績 惟在用人一款 故用人爲六目之綱 所謂選養軍兵者 將以此恃爲捍衛之用 別選精壯 以立親衛 擇其將材 專責而督勵 則不出五年 國威可振矣 創造器械者 古來同文之世 舟車農織 凡百器用 曰惟大同 故治亂興廢之跡 不在其器 在於其道 然而成敗强弱之形 有時乎專係器用之利鈍工拙 況今日之變局

諫鼓誹木 간고(諫鼓)는 감간고(敢諫鼓)로 요(堯)임금이 간(諫)하려는 백성에게 칠 수 있도록 들어 매달아 놓은 북이며, 비목(誹木)은 비방목(誹謗木)으로 역시 요임금이 나무에 푯말을 만들고 백성들로 하여금 정치의 그릇된 점을 적도록 해서 스스로 반성한 것을 말함.

瞽誦工箴 악사와 사관이 시를 읊고[瞽史誦詩], 악공이 시를 지어 임금에게 훈계하며 간언하는 것[工誦箴諫]을 말함.

協恭相濟 협공(協恭)은 『書經』「皐陶謨」의 '同寅協恭'에서 유래한 말로 군신이 서로 공경하면서 협력한다는 뜻이고, 상제(相濟)는 서로 힘을 내어 성공을 도모한다는 뜻.

桑土 뽕나무 뿌리라는 뜻으로 『詩經』「豳風」"鴟鴞"장에 "하늘이 흐리고 비오기 전에 뽕나무 뿌리를 캐어다가 문을 튼튼히 얽어 두면 지금 너 같은 아래 있는 사람이 혹시라도 감히 우리를 업신여길 것인가."[迨天之未陰雨 徹彼桑土 綢繆牖戶 今女下民 或敢侮予]라고 한 구절에서 나온 말이다. 미연에 환난을 방지하는 것을 비유하는 말로 사용.

公法便覽 미국선교사 윌리엄 마틴이 울시(Theodore Woolsey)의 저작 *Introduction to the Study of International Law*를 한역한 책으로 1877년 간행되었음.

輿情 민정(民情).

用事 권세를 마음대로 부림.

乎 今外國所以能致富强 駕馭一世 專藉技器之精巧 此當講究者也 命使工部 別立製造局 招集中外工匠 模倣外國法 而安知無沛然興起也 暢理財用者 在乎節儉而已 不然則以有限之財 供無窮之需 未有不民窮財竭也 民國俱富曰富國 若民貧而國富 則非傳所謂府庫之財非其財者乎 改量國制 旣有成命 實爲民國之幸 將欲量田 必須先期頒給圖式于各邑 使坊里人 預爲習熟 臨時打行 而毋使官吏干涉 若使派員 一一尺量 則將恐費鉅而事遲 惟在集事者精加詳審也 作成人材 靡不用極 科擧之外 別設才行薦抄選之法 以至山林潛德之士 敦聘招諭 以立勸奬之方 迪以道藝實用 加以奇聞新知 則將必材不勝用矣 廣開言路者 如舜之闢四門達四聰 漢高之聽言 若轉圜者 所以來天下之智 爲吾用也 諫鼓誹木 瞽誦工箴 士獻民議之規 未盡復古 而只廢其職 則將恐無耳目之助 而若有跋扈專藉之萌 誰復專任其責乎 且因外國下議院例 勅選各邑俊秀之才 當每年正月 統萃京師論陳民國利病 協恭相濟然後 衆策畢集 治猷大進矣 圖成局外者 皆曰東道西器 內修外交 然而國無暇閒 則桑土之備 不遑論擧 何以修政敎張庶務也 嘗考公法便覽 有明許默許局外獨立之例 比利時瑞士等國 旣已行之 今若證援其例 照會于通和諸國 二三年局外明許 則外患不至 輿情定貼矣 所謂大公用人 爲六目之綱者 任得其人 則綱擧目張 任非其人則事僨績敗也 推誠博訪 盡禮優接 任久責專 則雖此人物眇然之時 安得無一世共濟之治者 應運而出也 噫 我邦僻在一隅 昇平日久 加以朋黨角立 權威用事 習謬成格 牢莫可破也 擇任賢相 薦保長官 而統歸政令于政府六部然後 可以濟庶務致太平也

48. 손병희, 삼전론

■ 손병희가 망명 중이던 1902년 동학 세력의 선봉적 임무를 강조하는 신도들의 교양 자료로 지은 글(부분). 도전(道戰)·재전(財戰)·언전(言戰)을 삼전(三戰)이라 불렀다. 손병희는 국권 회복을 위해 문명의 도, 농업·상업·공업의 발전, 세계 각국과의 교제에 필요한 외국어 및 교섭 능력의 배양 등을 촉구했다. 원문 출처는 『天道敎經典』(천도교중앙본부 편, 1969), 322-331쪽.

■ 孫秉熙(1861~1922) 동학 제3대 교조. 동학농민운동에서 북접군을 이끌며 전봉준의 남접군과 활약하였으나 일본에 체류하며 점차 계몽운동으로 노선을 변경하였다. 진보회(進步會)를 조직하였으나 점차 친일적으로 변하자 단절하고 1905년 동학을 천도교로 개칭한다. 3·1운동 당시 민족대표 33인으로 활동하다 징역을 선고받고 그 여독으로 병사하였다.

1. 도전(道戰)

도전(道戰)이란 무엇인가? "천시(天時)가 지리(地利)만 같지 않고, 지리가 인화(人和)만 같지 않다."*고 하는데 인화(人和)의 방법은 도(道)가 아니면 할 수 없고, "도로써 백성을 화목하게 하면 작위(作爲) 없이 다스리더라도 괜찮다."*라고 하는데 이 말을 전쟁에 돌리더라도 그렇지 않다고 할 수는 없다. 군자의 덕은 바람이요, 소인의 덕은 풀이니, 무릇 덕이 보존된 바와 덕이 행해지는 바에 바람에 따라 눕지 않는 자는 있지 않다.* 대덕(大德)은 그 교화가 초목에 입혀지고, 만방에까지 미치는 법이다. 지금 천도(天道)가 태통(泰通)하고 풍기(風氣)가 크게 열려서 먼 곳과 가까운 곳이 일체요, 솔빈(率濱)*이 한 곳으로 돌아간다. 이는 어째서인가?

각국에 국교(國敎)가 있어서 일관(一款)으로 주재하는 것은 개명문화(開明文化)이다. 먼저 개명한 도를 미개한 나라에 가해서 그 덕을 행하고 그 백성을 교화시킨다면, 민심이 돌아가는 바가 세차게 흐르는 물과 같을 것이다. "백성은 나라의 근본"*이니 그 근본이 온전하지 않은데도 그 나라만 홀로 온전한 경우는 있지 않다. 그러므로 세계 각국이 각자 문명의 도를 지켜서 그 백성을 보호하고 그 직분을 가르쳐서, 제 나라로 하여금 태산과 같은 편안함에 도달하게

天時不如地利요, 地利不如人和 『孟子』「公孫丑下」에 나오는 말.

하는 것이니, 이것이 바로 "도가 있으면 대적할 자가 없다."라는 것이 아니겠는가?

정벌이 이르는 곳엔 비록 억만 명의 사람이 있더라도 각자 억만 개의 다른 마음을 품고 있지만, 도덕이 이르는 곳엔 비록 십실(十室)의 충신(忠信)한 사람이 있어도* 마음과 덕을 함께 하는 법이니 보국지책(保國之策)에 무슨 어려움이 있겠는가? 그렇다면 천시(天時)와 지리(地利)가 시조(施措)*에 무익한 것인가? 지극한 덕으로 다스릴 때 전야(田野)가 열리고 풍우가 순해서 산천초목이 모두 정채(精彩)를 띠게 되니, 천시와 지리는 인화(人和)를 이루는 가운데 저절로 오는 것이 아니겠는가? 그러므로 나는 말하길, 싸워야 할 것은 도전(道戰)이라고 하는 것이다.

2. 재전(財戰)

재전(財戰)이란 무엇인가? 재(財)라는 것은 하늘의 물화(物貨)요, 생령의 이용(利用)이요, 원기(元氣)의 고택(膏澤)이다. 그 종류는 몇 가지인가? 동물, 식물, 광물이 그것이다. 사람은 물건을 이루는 주체니, 그 자원[利]은 무엇인가? 농, 상, 공의 세 가지 업이 그것이다. 농기(農器)를 발달시키고 농사철을 어기지 않으면 곡식이 풍부해서 이루 다 먹을 수가 없다.* 농사철을 놓치지 않고,* 쓰기를 절도에 맞게 하면 흉황(凶荒)*의 어려움에 대비할 수 있을 것이니, 이것이 이른바 농업이다. 있는 것과 없는 것을 무천(貿遷)하고 식리(殖利)* 치부(致富)하며, 수입을 요량해서 지출을 생각하고 제 힘으로 밥을 먹으면 이것이 바로 산업을 보호하는 방책이니, 이것을 상업이라고 한다. 기계를 제조해서 기용(器用)에 편하게 하고 이목의 교묘함을 극진히 이룬다. 규구(規矩)*의 기예를 바르게 하면 백물(百物)이 모두 풍족해지니 이것을 공업이라고 한다.

이 세 가지 업은 예로부터 지금까지의 미법양규(美法良規)이다. 지금 세계를 돌이켜보건대 인기(人氣)가 번성해서 박람경위(博覽經緯)하고 격물추리(格物推理)하여 제조하고 절용(節用)하니, 완호진보(玩好珍寶)를 이루 다 쓸 수 없는 것이 많다. 특이한 종류의 물건을 일찍이 각국에 시험해서 그곳에서 생산한 물건과 교역한다. 이와 같이 하다가 혹 미개한 나라가 이해의 분석을 알지 못하면 몇 년 사이에 그 나라의 조잔(凋殘)*을 선 채로 기다릴 수 있다. 이로써 본다면 정녕 이것이 남의 기름을 빨아먹는 소개(紹介)라고 할 수 있다. 그러므로 지모가 있는 선비는 의사가 같은 것이다. 위로는 국자(國子)*로부터 준수한 평민에 이르기까지 그 재주를 기르고 기예에 통달해서 이것으로써 한편으로는 외어(外禦)의 방책을 마련하고, 한편으로는 부국(富國)의 술책을 이루니 이 어찌 싸울

以道和民則無爲而治可也 『論語』「衛靈公」에 "작위 없이 다스리신 분은 순임금일 것이다. 무엇을 하셨겠는가? 몸을 공손히 하고 바르게 남면하셨을 뿐이다."[無爲而治者 其舜也與 夫何爲哉 恭己正南面而已矣]라는 구절이 있다.

君子之德은 風也요, 小人之德은 草也니, 道之所存과 德之所行에 望風而不偃者未之有也니라 『論語』「顏淵」에 나오는 말.

率濱 솔토(率土)와 같은 말로 온 세상을 뜻함.

民惟邦本 『書經』「五子之歌」에 "백성이 바로 나라의 근본이니, 근본이 굳건해야 나라가 편안하다."[民惟邦本 本固邦寧]라는 구절이 있다.

有十室之忠 『論語』「公冶長」에 공자가 "열 집[十室] 정도의 작은 고을에도 타고난 바탕이 충신(忠信)하기가 나[丘] 정도 되는 이는 있겠지만, 나처럼 학문을 좋아하는 자는 별로 없을 것이다."[十室之邑 必有忠信如丘者焉 不如丘之好學也]라고 한 구절을 인용.

施措 채취해서 시행함.

不違農時則穀不可勝食 『孟子』「梁惠王上」에 "농사철을 어기지 않으면 곡식이 풍부해서 이루 다 먹을 수 없다."[不違農時 穀不可勝食]라는 구절을 인용.

食哉惟時 『書經』「舜傳」에 "식량을 풍족하게 하려면 농사철을 어기지 말아야 한다."[食哉惟時]라는 구절을 인용했다.

凶荒 흉년으로 농사를 망침.

殖利 재물을 불려서 이익을 늘림.

規矩 원과 네모를 그리는 기구로 일정한 표준을 뜻함.

凋殘 말라서 시듦.

國子 공경대부의 자제.

만한 것이 아니겠는가? 그러므로 나는 반드시 말하길, 싸워야 할 것은 재전(財戰)이라고 하는 것이다.

3. 언전(言戰)

언전(言戰)이란 무엇인가? 언(言)이란 발온(發蘊)의 표신(標信)이요,* 서사(敍事)의 기본이다. 중정(中情)에서 발생하여 만물에 베풀어지니, 그 발함은 형체가 없고 소리만 있으며, 그 쓰임은 어느 때고 경위(經緯)를 밝히고, 조리를 터럭 끝까지 분석하지 않음이 없다. 지극히 정미(精微)한 말이 우호를 맺기도, 전쟁을 일으키는 데 모두 관계된다고 하니, 이 어찌 사실이 아니겠는가? 선유(先儒)가 이르길, "때에 맞은 연후에 말을 한다."라고 한 것이 바로 이것이다.

發蘊之標信 발온(發蘊)은 속에 온축된 생각을 드러냄이요, 표신(標信)은 원래 궁궐 문을 여닫거나 야간 통행금지 시간 중의 통행, 혹은 비상시 관원이나 군사를 소집할 때 증명하기 위한 증명서를 가리킴.

대체로 방언은 그 산천의 풍기에 따라 각각 그 조절(調節)이 다르다. 그러므로 만구(萬區)의 생령이 품질(稟質)은 비록 일체이지만, 서로 통정(通情)하지 못하는 것은 다른 이유에서가 아니다. 언어가 모순되기 때문인 것이다. 더구나 지금 세계에서 인기(人氣)가 통환(通環)하고 물화가 교역되어 국정(國政)을 두루 알고 있으니, 서에서 동까지, 남에서 북까지 교린하지 않음이 없다. 만약 언어의 통섭(通涉)이 아니라면 어찌 교제의 방책을 얻을 수 있겠는가? 말을 하는 데는 도(道)가 있으니 지모가 병행한 연후에 말에 법도가 있게 될 것이다. 그러므로 "한 마디 말로써 나라를 일으킬 수 있다."*라고 한 것은 선성(先聖)의 심법(心法)을 책에서 볼 수 있는 것이니, 화공의 교묘한 솜씨가 물건에 드러난 것과 다름이 없다.

一言可以興邦 『論語』「子路」에 "한 마디 말로써 나라를 흥하게 할 수 있다 하니, 그러한 것이 있습니까?"[一言而可以興邦 有諸]라는 구절이 있다.

교제하는 자리에 또 담판하는 방법이 있으니, 두 적(敵)이 서로 대치해서 끝내 결판이 나지 않는다면, 원근(遠近)이 모여서 먼저 사서(事緖)의 곡직을 따져 보고 귀화(歸化)의 규정을 열론(閱論)하는 것이니, 그때가 되어 만약 반 푼의 경위라도 지모에 합당치 않다면 어찌 세계에서 특립(特立)하는 위세를 얻을 수 있겠는가? 흥패(興敗)와 이둔(利鈍)이 모두 담판에 달려 있으니, 이로써 헤아린다면 지모 있는 선비가 발언함에 맞지 않음이 없을 것이다. 이와 같이 한다면 말이 사물에 대해 그 공이 어찌 중대하지 않겠는가? 그러므로 나는 또한 말하길, 싸워야 할 것은 언전(言戰)이라고 하는 것이다.

4. 총론

지금 세계의 형편을 보니, 도의 앞길이 더욱 극히 황연(恍然)*하다. 경(經)에 이르길 "병기 없는 전쟁"[無兵之亂]이라고 한 것이 어찌 명백하지 않은가? 다만 생각건대 여러 군자들은 마치 우물 안에 앉아 있는 것과 같아서, 반드시 외세의

恍然 황홀하여 어찌할 바를 모르고 멍하게 있는 모양.

형편에 대해 어두울 것이다. 그러므로 이에 「삼전론」 한 편을 지어 비루함을 잊고 보이는 것이니, 부디 심지를 극진히 해서 그 대동소이의 이치를 분석한다면, 여기서 힘을 얻어 환하게 그 전장제도가 마치 감미(甘味)가 여러 맛을 조화시키고 흰색이 여러 채색을 받아들이듯 할 것이니,* 잠심(潛心)*하고 완미(玩味)하여 장면지탄(墻面之嘆)*에 이르지 않게 함이 어떠하겠는가?

지금 세계 문명은 실로 천지가 일대 변하는 시창(始刱)의 운수이다. 선각한 자리에는 반드시 하늘이 친하게 여기는 기운이 있을 것이니, 응당 생각하여 천지 감동의 정신을 어기지 말라. 효제충신(孝悌忠信)과 삼강오륜은 세계에서 흠모하고 칭송하는 것이요, 인의예지(仁義禮智)는 선성(先聖)이 가르치신 바이다. 우리 도의 종지(宗旨)에 삼전(三戰)의 뜻을 합용(合用)한다면 어찌 천하의 제일이 아니겠는가? 이와 같이 한다면 금상첨화일 것이니 이를 명념(銘念)하기를 우러러 바라고 또 바라노라.

其章甘受和白受采矣 『禮記』「禮器」에 "감미는 모든 맛의 근본이라서 백미(百味)를 조화시키고, 흰색은 모든 색의 근본이라서 어떤 채색이나 받아들인다. 이와 마찬가지로 오직 충실하고 신실한 사람만이 예를 배울 수가 있다." [甘受和 白受采 忠信之人 可以學禮]라는 구절을 인용.

潛心 마음을 두고서 깊이 생각함.

牆面之歎 장면(牆面)은 담에 얼굴을 붙이고 있어서 한 걸음도 나아가지 못하고 어떤 물건도 보지 못하는 사람을 가리키는 말로 학문을 하지 않아서 식견이 없는 사람을 비유하는 말로 쓰인다. 『論語』「陽貨」에 공자가 아들 백어(伯魚)를 훈계한 "너는 주남(周南)과 소남(召南)을 배웠느냐? 사람으로서 주남과 소남을 배우지 않으면 담장을 정면으로 마주하고 서 있는 것과 같을 뿐이다."[人而不爲周南召南 其猶正牆面而立也歟]라고 한 말에서 유래.

[원문]

一. 道戰

道戰者는 何也오, 曰'天時不如地利요, 地利不如人和'라 하고, '人和之策은 非道不能이오, 曰以道和民則無爲而治可也'라 하나, 歸之於戰則不可曰不然이리라.

君子之德은 風也요, 小人之德은 草也니, 道之所存과 德之所行에 望風而不偃者未之有也니라. 夫大德은 化被草木이오, 賴及萬方也니라.

現今天道泰通하고 風氣大闢하여 遐邇一體요, 率濱同歸라, 玆曷故焉가.

各有國敎하여 一款主宰者 開明文化也니라. 盖以先開之道로 加彼未開之國하여 行其德 化其民則民心所歸 沛然如水니라. 盖曰 '民惟邦本'乎라, 其本不全而其邦獨全者未之有也니라.

是故로 世界各國이 各守文明之道하여 保其民敎其職하고, 使其國으로 至於泰山之安하니 此無乃道則 無敵者乎라. 征伐所到에 雖有億萬之衆이 各有億萬心이라도 道德所及에 雖有十室之忠이나, 同心同德이니 保國之策이 有何難矣哉아. 然則天時地利無益於施措者乎아. 曰至德之時에 田野闢하고 風雨順하여 山川草木이 皆有精彩니 天時地利 無乃人和中可致者乎아. 所以로 吾必曰可戰者는 道戰也라 하노라.

二. 財戰

財戰者는 何也오, 曰財也者는 天之物貨요, 生靈之利用이오, 元氣之膏澤이라. 其類幾何오, 動物植物礦物이 是也니라. 人爲致物之主니 其利惟何오, 農商工三業이 是也니라. 發達農器하여 不違農時則穀不可勝食也라. 食哉惟時用之以節中則可備兇荒之患難矣리니, 此所謂農業也요, 貿遷有無殖利致富하고 量人虞出하고 勞以食力則 此乃保産之策也니, 商業之謂也요, 製造機械하여 便於器用이어니와 盡耳目之巧라. 正規矩之藝則 百物俱足이니 此之謂工業也니라.

此三業者는 自古及今之美法良規也니라. 挽今世界則 人氣莫熾博覽經緯요, 格物推理하여 製造節用하니 玩好珍寶를 不可勝用者多矣라. 以若出類之物을 嘗試於各國하여 遷彼所産之物이라. 夫如是而或有未開之國이 莫知利害之分折則不幾之年에 其國

之凋殘을 可立而待也니라. 以此觀之면 丁寧是唆澤之紹介也니라. 是以로 智謀之士는 意思同然也라. 上以國子로 至於凡民之後秀히 養其才達其技하여 一以資外禦之策하고, 一以致富國之術하니 此豈非可戰者乎아. 所以로 吾必曰可戰者는 財戰也로라.

三. 言戰

言戰者는 何也오. 曰言也者는 發蘊之標信이오, 叙事之基本也니 發乎中情하여 施乎事物하나니, 其爲發也 無形而有聲이오, 其爲用也 無時而不然經緯也니, 毫分厘析條理也니라. 至精且微出이 好興戎而摠係乎아, 此可不信也哉아. 是故로 先儒所云 '時然後出言者' 此之謂也니라.

大抵 方言은 隨其山川之風氣하여 各殊其調節故로 萬區生靈이 稟質則雖是一體나, 相未通情者는 無他라, 言語之矛盾故也니, 况且於今世界荒罹之間에 人氣通環하고 物貨相交하여 國政旁照하니, 自由阻東과 自南之北이 無不交隣이라, 若非言語之通涉이면 安可得交際之方策乎아. 出言有道하니 智謀竝行然後에 言可有章矣리라.

是故로 一言可以興邦은 先聖之心法을 見於書斷이니, 無異於畵工之妙著於物也니라. 交際之地에 又有談判之法하니, 兩敵이 相持하여 及其未決之時則遠近團會하여 先覈事緖之曲直하고, 閱論歸化之規正이니 當其時也하여 若其 一半分經緯하여 不合於智謀則安可得世界上特立之威勢乎아.

興敗利鈍이 並在於談判이니, 以此量之則智謀之士 發言而無不中也니라. 夫如是則言之於事物이 其功이 豈不重大者哉아. 是故로 吾亦曰 可戰者는 言戰也로다.

四. 總論

觀今世界之形便하니, 道之前程이 尤極恍然이로다. 經에 曰 '無兵之亂'之者 豈不昭然哉아. 第念僉君子는 如坐井中이라, 想必昏暗於外勢之形便故로 玆成三戰論一篇하여 忘陋輪示하니 幸須極盡心志하여 分釋其大同小異之理則得力於此煥乎아. 其章甘受和白受采矣리니, 潛心玩味하여 無至墻面之嘆이 如何如何오.

方今 世界文明은 實是天地一大變始剏之運也라. 先覺之地에 必有唯親之氣니 應念哉勿違乎, 天地感動之精神也라. 夫孝悌忠信과 三綱五倫은 世界上欽稱也오, 仁義禮智 先聖之所敎也라. 吾道之宗旨에 三戰之意를 合用則 豈非天下之第一乎아. 夫如是則錦上添花리니 以此銘念을 顒祝顒祝이라.

Ⅱ. 청일전쟁과 동양평화

49. 독립신문, 작은 이익보다는 이웃형제처럼

■ 신임 주한일본공사 고무라 주타로(小村壽太郎)의 부임에 즈음하여 바람직한 한일관계를 논한 『독립신문』 사설. 청일전쟁 직후 일본에 대한 평가와 기대 상승 못지않게 한국인의 일본에 대한 두려움과 경계심이 반영되어 있다. 메이지유신 이후 일본의 문명개화상을 평가하고 조선을 이웃 형제국으로 대접하고 조선인들을 개화시키며 조선의 자주독립을 보존하도록 일본이 도와주어야 함을 강조하고 있다. 출전은 『독립신문』 1896년 4월 18일자.

일본 판리공사 고무라(小村) 씨*가 근일 전권공사가 되었다고 하니 우리가 듣기에 매우 즐겁고, 조선에 주찰한 각국 공사들이 모두 전권공사가 되길 바란다. 조선과 일본은 이웃 나라다. 장사하는 일에 많은 관계가 있고, 정치상으로도 일이 많이 있으니, 우리는 양국 정부와 인민이 서로 친밀하게 지내고 서로 도와서 피차 유익한 일이 많이 있기를 바란다. 작은 이(利)를 취해서 서로 속이거나, 업신여기거나, 미워하거나, 의심하거나, 각박하게 한다면 그 해(害)가 다만 이렇게 한 사람에게만 미칠 뿐 아니라 양국 인민 모두에게 미칠 것이다. 만일 양국 정부의 교제가 친밀하지 못하면 양국 인민이 서로 좋아하지 못할 것이니, 그렇게 된다면 양국 간 장사하는 일에 해가 대단할 것이며, 동양 각국의 정치상에도 유익함이 없을 것이다.

일본이 2년 전에 청국과 싸워서 이긴 후로 조선이 분명한 독립국이 되었다. 이로 인해 조선 인민이 일본에 대해 감사한 마음이 있을 것이지만, 조선 인민 중에 일본을 감사하게 생각하는 사람이 지금 없는 것은, 다름이 아니라 조선에 온 일본 사람 중에 큰 형세를 생각하지 못하고 당장의 작은 이(利)만 취하여 조선 사람을 박대하는 일도 많고, 또 8월의 변*에 일본 사람들이 관계가 있었으니 그 감사하는 마음이 생기기 전에 의심과 분한 마음이 먼저 생겼기 때문이다. 그러므로 양국 간 교제가 더 친밀하게 되지는 못하고 도리어 성글게 된 것이다. 이는 다름이 아니라 일본 사람 몇몇이 자기 정부의 본의를 자세히 알지 못했는지, 아니면 일할 줄을 몰라서 그렇게 했는지, 아무튼 일이 잘 된 것이 적고 다만 변(變)과 난(亂)만 많이 생겼기 때문이다.

그러나 우리는 이것이 유능하고 지혜로운 정치가가 한 일로는 생각하지 않는

고무라 小村壽太郎(1855~1911). 청일전쟁 후 변리공사(辨理公使)로 조선에 근무하며 1885년 조선의 내정에 간섭하는 경우 러시아와 일본이 공동으로 한다는 베베르-고무라 협정을 성립시켰다. 1910년 한일합병 시에도 주도적 역할을 담당하였다.

8월의 변 을미사변.

다. 일본이 30년 전엔 조선보다 더 열리지 못했는데, 처음으로 외국과 통상한 후에 그 어두운 백성을 밝게 하기 위해 이와쿠라 도모미(岩倉具視)*, 사이고 다카모리(西鄕隆盛)*, 오쿠보 도시미치(大久保利通)*, 오쿠마 시게노부(大隅重信)*, 후쿠자와 유키치(福澤諭吉)* 등 여러 사람들이 힘을 다해서 정부를 개혁하고, 인민의 교육에 힘쓰고, 상무와 농무를 넓히고, 물건의 제조와 각색(各色)의 높은 학문을 외국에 가서 배우게 했다. 그러므로 오늘날 일본이 예전의 일본보다 문명개화된 일이 많은 것이다. 조선 정부에 권(權)이 있을 때 일본이 참으로 조선 정부와 인민을 위할 생각만 있었더라면, 작은 권리는 생각하지 말고 조선을 이웃의 형제국으로 대접하고 조선 인민을 친구로 대접해서, 차차 이치로써 조선 인민을 도와 자주독립할 마음을 길러주고, 임금을 사랑하고 백성을 구완하는 법률과 이치를 차차 일깨워 주고, 새 법이 잘 시행되게 만든 후에 옛 법을 없앴더라면, 조선 인민이 일본을 참 고마운 친구로 생각했을 것이다.

이왕의 일은 어찌 됐든지 지금도 늦지 않았다. 아무쪼록 조선에 와서 사는 일본 인민들이 일본 정부에서 조선 일로 인연하여 일본이 어떻게 하겠다고 외국에 대해 한 말을 생각해서 일을 한다면, 조선이 참 자주독립국이 될 것이요, 양국 간 교제가 더 친밀하게 되어 장사도 흥할 것이요, 아세아의 형세도 강해질 것이니 지식 있는 일본 제군들은 아무쪼록 조선 사람들을 업신여기지 말고 규각(圭角)이 나지 않도록* 지내길 바란다. 새로운 일본 전권공사는 미국 대학교를 졸업했고, 조선 사정도 자세히 아는 사람이기 때문에 그가 공사로 있을 동안에 양국 간 교제가 더 친밀히 될 것이요, 양국 인민이 서로 도와서 유조(有助)한 일들이 많을 것으로 우리는 믿는다.

岩倉具視 (1825~1883). 메이지 정부 성립과 동시에 중용되어 사이고 다카모리 등 정한론파를 배제시키고 내치우선정책을 수행, 천황제를 확립하는 데 큰 역할을 하였다.

西鄕隆盛 (1827~1877). 메이지 정부의 요직에 참여하다가 정한론을 주창한 것이 정부에 받아들여지지 않자 관직에서 물러나 귀향하였다. 그러나 중앙정부와의 대립이 격화되어 1877년 세이난(西南)전쟁을 일으켰으나 패하여 자결하였다.

大久保利通 (1830~1878). 사쓰마번 출신으로 1866년 이와쿠라 도모미와 제휴하여, 무력으로 막부정권을 쓰러뜨리고 유신정권을 수립한 후 참의가 되어 판적봉환(版籍奉還), 폐번치현(廢藩置縣) 등 제도개혁을 단행하였다. 세이난전쟁 진압 후 1878년 암살되었다.

大隅重信 (1838~1922). 메이지 정부에서 국고를 정비하는 등 근대일본의 토대를 마련하였다. 국회의 즉시 개설를 주장하다가 독일식 입헌정치를 내세우던 이토 히로부미 측과 대립, 1881년 축출되었다. 1882년 입헌개진당을 조직, 민권운동을 추진하였다. 이후 두 차례에 걸쳐 내각총리대신을 역임하였다.

福澤諭吉 (1835~1901). 메이지 초기 교육과 언론에 전념하여 1873년 메이로쿠샤(明六社)를 창설하고, 1882년 『시사신보』를 창간하였다.

규각이 나다 사물, 뜻 따위가 서로 잘 맞지 않다.

50. 독립신문, 청국 독립이 위태롭게 된 사정

■ 청이 영국 등 서구 열강의 진출로 인해 독립이 위태롭게 된 정황을 설명하면서, 그 원인으로서 청국 정부의 부패와 관료들의 민에 대한 착취를 지적한 『독립신문』 논설. 청국이 서로 합심하지 않은 결과 베트남처럼 서구 열강의 식민지로 전락되는 현실을 지적하고 있다. 출전은 『독립신문』 1897년 2월 4일자.

청국 북경에서 온 편지를 보니, 청국 정부의 사정이 점점 더 말이 안 돼서 만일 변하지 않으면 몇 해가 못 되어 청국 독립이 위태롭게 될 것이요, 구라파 각국이 청국을 나누어 모두 속지(屬地)를 만들 것이 분명하다.

청국 정부에 있는 관인들은 나라의 흥망은 상관하지 않고 서로 시기하고 의심해서, 누구든지 황제가 조금이라도 믿고 문명 진보하는 사업을 하라고 하면, 다른 관원들이 시기하여 뒤에서 황제에게 언짢은 말을 해서 그 사람을 기어이 해치며, 무슨 일을 막론하고 청국에 도움이 되고 청국 백성에게 다행스러운 일은 기어이 막아서 안 되게 한다. 그리고 정부에 권(權) 있다는 사람들은 모두 완고당(頑固黨)인데, 완고당 안에서도 권 있다는 사람이 그 권을 몇 날을 가지지 못하고 오늘 권이 있다가도 내일 쫓겨 간다. 따라서 누구를 막론하고 경영하는 자는 나라의 흥망은 당초에 생각도 하지 않을 뿐만 아니라, 쌀 말, 돈 냥만 얻어서 놀고먹을 경영뿐이다. 궁내엔 간악한 궁속(宮屬)*이 많아서 모두 정치를 손상시키고 조정엔 모두 도적과 아첨하는 완고당들뿐이다. 황제는 나이가 어리고 학문이 없는 까닭에 이 사람들에게 좌우로 속임을 당하여, 자기에게 충성심이 있는 신하를 역적으로 생각하고, 자기 나라를 위해 큰 사업을 하고자 하는 사람이 있으면 이 간신배들에게 속아서 벌을 주니 그 와중에 결단나는 것은 나라요, 백성이다.

宮屬 궁궐에 소속되어 일을 처리하는 인원으로 원역(員役) 이하의 노복.

30년 전에 영국사람 하나가 청국에 와서 본 후에 본국에 돌아가서 말하길, "청국 정부 안에는 백성의 피를 빠는 거머리가 몇 만 마리가 있어서 전국 백성의 피를 다 빨아 먹는다. 그리고 백성들도 의례히 빨릴 줄 알기 때문에 돈 한 푼이라도 있으면 그 돈을 가지고 무슨 취리(取利)를 해서 의복, 음식, 거처를 안정시키려는 마음이 없고, 그 돈 한 푼을 뺏길까 두려워서 다른 곳에 감춰 둔다. 이것만 봐도 정부와 백성 사이에 사랑이 없는 것을 알 수 있다. 또 백성끼리 서로 의심하고 서로 해치려는 까닭에 서로 믿지 않으며, 서로 사랑하고 위할 생각이 당초에 없다. 그러므로 청국 안에 3억 명의 인구가 있지만 3억이 다 각심(各心)이요, 마치 사장(沙場)에 있는 모래와 같아서 서로 합하고 서로 도와주는 것이 도무지 없는 것이다. 서로 합하지 않는 까닭에 아무라도 청국에 들어가서 한 조각을 떼어가도 다른 사람들이 아무 말도 하지 않고, 어떤 관원이 아무나 잡아다가 무리하게 악형을 해서 재산을 뺏어도 전국 인민이 아무 말도 하지 않고 남의 일 보듯이 보고 앉아 있다. 그 까닭에 사람이 세(勢)만 있으면 아무 일이나 하고, 그렇게 각립이 된 까닭에 나라가 크고 백성이 많지만 아무나 가서 때리더라도 국중(國中)의 인민이 뭐라고 할 리가 없다. 그러므로 제일 약한 나라인 것이다."라고 했다. 이것이 30년 전에 한 말인데, 그 사정이 조금도 변하지 않아서 오늘날 경계가 30년 전과 똑같다.

청국이 이 모양대로 오래갈 수가 없다. 따라서 필경 구라파 강국에 독립권을 뺏겨서 미얀마[緬甸]나 베트남[安南] 모양이 될 것이니, 이 어찌 동양 제국(諸國)에 크게 관계되는 일이 아니겠는가? 청국 안에서 가장 완고한 사람들은 청국 사람들이 아니다. 바로 만주 사람들인데, 정부에 제일 권리를 가진 것이 처음부터 끝까지 만주 사람들이기 때문에 아무 일도 진보하는 데 있어선 되지가 않는다고 편지가 온 것이다.

51. 서재필, 동양론

동양은 세계 오대주 중에서 제일 큰 대륙이다. 그 가운데 큰 섬도 많이 있고 인구도 제일 많지만 지금 동양의 경계는 대단히 참혹하다. 아시아 서쪽은 지금 터키의 속국인데, 야만의 풍속이 많아서 백성이 도탄에 빠져 있고 도적이 사방에서 횡행하며 악형과 고약한 풍속이 성하여 인민의 목숨과 재산이 튼튼하지 않다. 그 다음은 페르시아인데, 이 나라도 역시 터키의 속지(屬地)와 같아서 나라가 점점 못돼 간다. 그리고 러시아와 영국의 권리가 대단히 성해서 독립하는 권리를 거의 다 빼기게 되었다. 아프가니스탄은 영국, 러시아의 틈에서 해마다 점점 사라져 간다. 인도는 벌써 영국의 속지가 되어 일억만 명의 인구가 오늘날 영국의 관할이 되어 지내니, 나라는 동양 나라이지만 실상은 영국 속지라서 말할 것도 없다. 미얀마는 청국의 속국으로 오랫동안 지내다가 몇 년 전에 프랑스의 속국이 되었다. 타이는 청국의 속국을 면해서 오늘날까지 자주 독립을 하지만, 몇 년 전에 프랑스에 땅을 3분의 1을 빼기고 또 영국에도 그만큼 빼겼다. 나라의 형세가 매우 약하나 그 정부에 개화한 사람이 많이 있어서 외국의 정치를 본받는 까닭에 오늘날까지 자주독립을 보존한 것이다.

청국은 지면이 크고 인구가 삼억만 명이 되지만, 정치가 고약하고 인민이 완고해서 지금은 약하기가 조선에 못지않다. 백성이 도탄에 빠져 있고 정부에 완고당이 성해서 야만의 복식과 풍속을 지금까지 숭상한다. 그 까닭에 영국이 홍콩을 차지하고, 러시아가 아시아 북쪽을 모두 차지했다. 그리고 지금 만주와 요동은 러시아의 손 안에 들어갔고, 청국의 남방은 프랑스에게 빼겼다. 일본과 싸워서 세계에서 망신을 당했으며 조선을 잃어버리고 대만을 일본에 빼기고, 또 몇 해 전엔 오키나와를 일본에 빼겼다. 그래서 전국의 형세가 대단히 위태롭게 되었으나 청국 정부 내에선 밤낮 협잡만 일삼고 구습을 버리지 못해서, 문구(文具)와 허탄한 일에 돈을 쓰고 세력 있는 사람이 약한 사람을 무리하게 대접한다. 그러므로 정부와 인민이 원수같이 지내며 인민끼리 서로 의심하고 속이고 해치려고 하는 것이다. 나라에 삼억만 명이 있지만 합심이 안 되고 애국하는 마음이 없는 까닭에 실상은 약하기가 조선에 못지않으니 어찌 한심하지 않겠는가?

일본은 근년에 구습을 모두 버리고 태서(泰西) 각국에서 좋은 법과 학문을 힘들여 배웠다. 그 까닭에 오늘날 동양에서 제일 강하고 부요(富饒)하며, 세계에서 개화한 동등국으로 대접을 받으니 치하하고 칭찬할 만하다. 그러나 일본도 아직 유럽 각국과는 겨뤄보기 어려워서 조심하고 있으며, 더 배우고 더 진보해야 완전한 독립권을 찾을 수 있을 것이다.

■ 아시아의 페르시아, 인도 등이 서구 열강의 식민지가 되었으며, 오키나와가 일본에 복속된 반면, 일본만이 문명개화하는 모습을 보이는 점을 열거하면서, 이 책을 읽는 독자들이 조선이 자주독립한 부강한 나라가 되기 위해서는 조선인 스스로 계몽하는 등 변화해야 함을 강조하고 있다. 출전은 「동양론」, 『대조선독립협회회보』 제6호(1897년 2월 15일자).

■ 徐載弼(1864~1951) 미국 귀화명 Philip Jaisohn. 일본 도야마 육군학교에서 공부하고 갑신정변에 참여하였으나 실패하고 일본, 미국으로 망명하였다. 귀국하여 1896년 독립협회를 창설하고 상해임시정부 외교위원장 자격으로 활약하였다.

원문의 각국 지명 표기는 다음과 같다. 터키: 토이긔, 페르시아: 파샤국, 러시아: 아라샤, 아프가니스탄: 애푸가니스댄, 베트남: 안남, 프랑스: 불난셔, 미얀마: 면전국, 타이: 셤나, 홍콩: 향항, 오키나와: 류큐국, 스페인: 셔반아 청국의 남쪽에 있는 섬들은 지금 스페인의 속지인데, 독립을 할 모양으로 근일에 내란이 나서 지금까지 싸움이 그치지 않고 있다.

조선은 청국의 학문을 배운 까닭에 각색(各色)의 일이 청국과 같은 것이 많고 나라의 형세가 청국과 같으니 어찌 서럽고 분하지 않겠는가? 그러나 국중(國中)에 있는 인민들이 종시 구습을 좋아하고 청국의 학문을 가지고 생각하고 있으니, 이를 변치 않고 청국처럼 완고하게 있으면 뒷일이 어떻게 될지 우리는 차마 말하기 어렵다. 이 책을 보는 사람들이 생각이 있고 지혜가 있다면, 나라를 사랑하고 백성을 구완할 뜻을 가지며, 싫어도 구습을 버리고 문명 진보하는 학문에 힘쓰며, 마음을 합해 나랏일을 하고, 정직하고 공변되고 편리하고 실상으로 유익하고 자주독립할 마음을 가지고 일을 하며, 사사(私事)와 청과 비루한 것과 완고한 뜻을 내어버려서 나라를 속히 세계에서 대접받게 하고, 농상공무(農商工務)와 교육과 법률과 각색의 정치를 유신(維新)시키는 것이 단지 나라를 보호할 뿐만 아니라 몸과 집을 보호하는 양책이다. 베트남이나 미얀마가 되려면 될 것이요, 동양의 자주독립하는 부강한 나라가 되려면 될 권리가 조선 사람의 손안에 있다. 이것이 동양 세계이니 참작해서 제군은 읽어 보라.

52. 독립신문, 동양 삼국이 유럽열강을 동심으로 막아야

■ 유럽대륙과 아메리카대륙 내 국가들이 상대 진영의 침입 시 서로 단결하여 대항하는 사례를 들면서, 동양이 서양의 식민지가 되지 않기 위해서는 동양 3국이 단합해야 함을 설명하고 있다. 한중일 3국은 동문동종이기 때문에 청국이 서구 열강의 침탈을 받는 상황을 외면하지 말고, 한일이 같이 청국을 개명시키도록 노력해야 한다고 보고 있다. 출전은 『독립신문』1898년 4월 7일자.

외국 말에 피가 물보다 중하다는 말이 있는데, 남과 아무리 조화하고 내 혈육과 조화하지 않더라도 위태로운 일을 당하면 일생 혈육이 남보다 먼저 봐 주는 법이라는 뜻이다. 이것은 다만 작게 한 말이지만, 크게 말하자면 나라와 나라 사이에 교제하는 것 또한 이와 같다.

화평한 때 각국이 서로 조화하고 정의가 있었어도, 한번 양국 사이에 시비가 나서 싸움이 일어날 지경이 되면 화평한 때 친하던 정분은 둘째가 된다. 형제같이 지내던 친구들이 나랏일에 당해선 서로 총질하는 것은 의리상 마땅한 것이요, 세계에 통행(通行)하는 풍속이다. 아무리 내 나라 사람들이 어리석고 무식해서 평화할 때 교제하는 데는 재미가 없더라도, 만일 나라에 병화(兵禍)가 있어서 양국이 싸우는 지경이 되면 평일에 조화하던 외국 친구는 건너편으로 가서 나를 향해서 총을 놓지만, 평일에 서로 미워하고 박대하던 동국(同國) 사람은 어찌 됐든 내 편에 서서 나와 같이 적병을 향해 총을 놓을 것이요, 내 목숨과 내 처자와 내 국기를 나와 같이 힘껏 보호할 것이니, 평화로운 때라도 사람이 이 의(義)를 잊어버리는 것은 사람이 자기 수족을 잊어버리는 것과 같다. 아무리 미워도 한 종자로서 한 혈육을 가지고 같은 국기 아래서 살게 되면 어찌 됐든 그 사람이 나에게 더 가깝고, 나를 위태로울 때 보호해 줄 것이다. 그러므로 국중(國中)에 인민이 서로 일정하게 지는 직무와 정의가 있는 것이니, 치국(治國)하는 정치가들이 이 직무와 정의를 잠시라도 잊게 되면 그 해가 다만 자기 몸에만 미칠 뿐만이 아니라 전국에 미칠 것이다.

또 나라가 세계에서 자주독립을 하기 위해선 그 나라 안에 사는 사람들이 서로 버티고, 서로 괴어 주어야 그 나라 덩어리가 풍우(風雨)를 무릅쓰면서도 지탱할 수 있는 것이다. 만일 그 안에 있는 인민들과 정부가 서로 반대하고, 서로 지고 있는 직무와 정의를 잊어버리고 서로 목을 따려고 한다면 그 덩어리가 잠시도 지탱할 수 없을 것임을 분명히 알 수 있다. 그렇기 때문에 사람이 자기 처자를 남의 처자보다 덜 사랑하는 자는 사람이 아니요, 제 부모형제를 남의 부모형제보다 덜 사랑하는 자는 사람이 아니요, 제 동리(洞里) 사람을 남의 동리 사람보다 덜 사랑하면 사람이 아니요, 제 나라 정부를 남의 나라 정부보다 덜 믿으면 인민이 아니요, 자기 나라 사람을 타국 사람보다 덜 사랑하면 사람이 아니요, 자기 나라 임금을 남의 나라 임금보다 덜 사랑하면 신하가 아닌 것이다. 또한 이 직무는 한 쪽에서만 해서는 안 되고, 양편이 다 그렇게 응해야 그 덩어리가 견디는 것이 천하에 해가 빛나듯이 빛나는 일이 된다.

각국과 교제할 때도 어느 정도는 이 정의와 직무를 생각하지 않으면 나라의 도리가 아니다. 유럽 각국들이 유럽 안에선 서로 싸우고 서로 겨루지만, 만일 아시아나 아메리카의 나라들이 유럽을 침범하면 그때는 유럽 각국이 서로 싸우다가도 그 싸움을 그치고 일심으로 합력해서 아시아나 아메리카에서 온 적병을 함께 막을 것이다. 아메리카 안에 나라가 여럿 있지만, 그중에 제일 문명개화되고 부강한 나라는 합중국이다. 합중국은 유럽 각국과 교제가 친밀하고 상무가 대단해서 1년에 유럽 각국과 미국 사이에 돈 거래 되는 것이 몇 억만 원이며, 유럽 각국과 미국 사이에서 인민들이 교제하는 것이 형제와 같다. 풍속과 법률이 대체로 같고 영국과는 말과 글까지 같지만, 만일 유럽 내 있는 어떤 나라든지 아메리카 대륙 안에 있는 어떤 작은 나라를 침범하게 되면, 그때는 합중국이 그 작은 나라를 위해서 형제같이 지내는 영국과 싸울 것이다. 아메리카의 남방에 있는 나라들은 미국과 말도 다르고, 글도 다르고, 풍속과 법률도 다르지만 기어이 나와 더 가까운 영국일지라도 만약 침범한다면 합중국이 싸우려는 까닭은 다름이 아니라 남아메리카 나라들은 언어와 풍속이 다르더라도 한 반구 안에 있기 때문이요, 영국은 언어와 풍속과 법률이 같더라도 다른 반구에 있는 나라기 때문이다.

그렇기 때문에 아시아에 있는 각국도 서로 한 대륙에서 사는 직무와 정의를 생각해서 서로 도와주고 북돋워야 하는 것이다. 또 그뿐만이 아니다. 특별히 대한과 일본과 청국은 다만 같이 한 아시아에서 살 뿐만이 아니라 종자가 같은 종자이기 때문에 신체와 모발이 서로 같고, 글을 서로 통용하고, 풍속에도 같은 것이 많다. 이 세 나라가 특별히 교제를 친밀히 해서 서로 보호하고 도와줘서, 아무쪼록 유럽의 학문과 교육을 본받아서 어서 속히 동양 삼국이 유럽의 침범을 동심(同心)으로 막을 수 있어야 동양이 유럽의 속지가 되지 않을 것이다.

그런데 청국이 이 형편을 모르고 그저 구습에 젖어 잠만 자고, 좌우로 토지와 인민을 뺏겨서 형세가 위급한 모양이 대한보다 더 위태로우니 어찌 한심할 일이 아니겠는가? 대한이 어서 물을 쥐어 먹고 청국을 목전에 두고 봐서, 청국처럼 구습에 취하여 잠만 자면 망한다는 것을 증거물로 알고 밤낮으로 배우고 진보해야 한다. 첫째 군신상하가 이간할 수 없게 상합(相合)하여 나라의 기초를 단단히 하고, 대한의 사정이 능히 자수(自守)할 만하면 그때는 일본과 합력해서 억지로라도 청국을 개명시켜서 동양의 형편을 보존해야 한다. 그래야만 이 세 나라가 자주독립권(自主獨立權)들을 지탱할 수 있을 것이다. 만일 대한이 또 청국 모양으로 자살지계(自殺之計)만 한다면 일본이 혼자 지탱할 수 없을 것이다. 그리고 청국과 대한이 절단 나는 날엔 일본도 얼마 지나지 않아 유럽의 힘에 견딜 수 없게 될 것이다.

53. 독립신문, 통석할 청국형세

■『독립신문』1899년 10월 2일자 논설. 청국 서태후의 부덕함과 정치 부패 등으로 인해 청국이 위태로운 상황에 처해 있음을 지적하였으며, 러시아의 진출로 청국이 분열될 경우 한국이 위태롭게 될 것이라고 전망하면서, 한·중·일 3국의 협력을 주창하였다. 출전은『독립신문』1899년 10월 2일자.

전 호에서도 청국의 정형을 대강 말했지만『북청일보』(北淸日報)에 기록한 것을 또 보니, 확실히 믿을 순 없지만 만약 그런 기틀이 있다면 청국의 일이 참 말도 안 되는 것이, 여기서 말하길 서태후가 광서 황제를 폐위시키고 재치왕(載治王)*의 아들로 금년에 나이가 9세 되는 튜츠안 씨*로 대립(代立)시키려고 하는데 튜츠안 씨는 만주 방언은 겨우 알지만 지나(支那) 말은 조금도 모른다고 한다. 그리고 광서 황제께서 마지못해 항상 병이 있어서 황제위를 사양한다는 뜻으로 서태후께 글을 올렸으나, 이것은 서태후의 핍박으로 인한 것이라고 하며, 서태후가 그 글을 보고 외면으로는 위를 사양하지 말라고 광서 황제께 권하는 듯했으나 속으로는 실상 광서 황제께서 양위하시기를 바랐는데, 세 번 상표(上表)하는 것을 기다렸다가 허락한 것 같다고 한다. 또 러시아에서 수일 내로 큰 군사를 북경으로 보낸다는 풍설이 있다고 하니, 슬프다! 청국은 동양에서 제

載治王 청나라 8대 선종성황제(宣宗成皇帝)의 장남의 양자. 공근패륵 재치(恭勤貝勒 載治, 1835~1880).

튜츠안 애신각라 부준(愛新覺羅 傅儁, 1885~1908). 한때 광서제의 뒤를 이어 황제 자리에 오를

가능성이 점쳐졌으나 의화단의 난에 연루되어 순왕부로 쫓겨남. 이후 광서제가 재위에 복귀하였음.

일 큰 나라로 인물이 번성하고 토지가 광대하여 오주(五洲) 세계에 횡행할 만했는데, 지금 청국 형세를 보건대 지극히 미약해서 도무지 행세를 못 하게 되었으니 어찌 통석하지 않겠는가?

대체로 청국엔 당파가 두 개 있으니, 하나는 완고당(頑固黨)이고 다른 하나는 개진당(開進黨)이다. 완고당은 만주 종자인데 근본 성품이 완악하고 문견(聞見)이 고루하며, 옛적 풍속을 좋아하고 새 학문은 싫어한다. 다만 교만한 구습으로 외국 사람은 다 오랑캐로 부르고 자기나라 법률만 옳게 여겨서 시세 형편이 어떤지, 문명개화가 무엇인지 알아볼 생각도 하지 않고 본받을 경영도 없으니, 이것이 이른바 완고당이다.

개진당은 강남 사람들인데, 근본 심지가 순량하고 행위가 점잖다. 그런데 국사가 날로 그릇되는 것을 깊이 한탄하고 서양 각국이 점점 부강해지는 것을 크게 부러워한다. 아무쪼록 자기나라의 이전 썩은 학문을 버리고 앞으로 나아가기를 힘써서, 시세를 따라 법률을 변혁하고 형편을 보아 교육을 고치며, 인재를 교육하고 백성을 보호해서 무슨 일이든지 이국편민(利國便民)케 하기를 바라니, 이것이 이른바 개진당이다.

어떤 때든지 나라가 흥하려면 군자가 나오고, 나라가 망하려면 소인이 득세하는 법이다. 청국이 이처럼 어렵고 위태로운 때 완고당들은 벼슬하는 이가 많을 뿐 아니라 정부 권리를 많이 차지하고, 개진당들은 벼슬하는 이도 적지만 애초에 관작과 권리를 다투지 않기 때문에 완고당의 형세가 점점 왕성하게 되었다. 그런데 몇 해 전에 청국이 일본에게 낭패를 본 후로 청국의 뜻 있는 군자들이 누군들 대단히 부끄럽고 간절히 근심하지 않겠는가?

청국 광서 황제의 활달하신 도량과 탁월하신 지혜로 정신을 가다듬고 정치를 밝게 하셔서, 확연한 용단으로 법도를 일신시키고 영걸한 위풍으로 수치를 통쾌하게 씻고자 하셨다. 이에 캉유웨이(康有爲) 씨 외 몇몇 신하들과 함께 백성의 폐막(弊瘼)*을 없애고 정부의 협잡질하는 못된 간신배를 물리치며, 태서(泰西)의 문명한 법률을 모본(模本)해서 개명의 기초를 굳게 세우려다가, 서태후가 완고당을 신임하고 만단(萬端)*으로 저해하여 일이 여의치 않게 되었다. 그뿐만 아니라 황제께서 곤액에 들게 되셨으니 동양 세계에 크게 관계되는 바다.

폐막 弊瘼. 고치기 어려운 폐단.

만단 萬端. 여러 가지.

이제 서세(西勢)가 동점(東漸)하는 때를 당하여 사방에 강한 이웃들이 눈을 부릅뜨고 침을 흘리는데, 서태후는 전국의 흥망은 돌아보지 않은 채 이러한 영걸지주(英傑之主)를 폐하고 9살 난 유주(幼主)*를 세우려고 하니, 서태후의 생각은 비록 전권청정(全權聽政)하자는 경영이지만 만약 이 지경이 된다면 바로 내란이 일어나서 도적이 곳곳마다 봉기할 뿐만 아니라 틈을 엿보는 외국인들이

유주 幼主. 나이 어린 군주.

"좋은 때여 다시 오지 않으리라."[時乎時乎 不再來라]고 하면서 구름같이 몰려들 것이다. 그때 가선 서태후의 세력으로 어떻게 방비하고, 완고당의 패습으로 어찌 저당(抵當)*하겠는가? '청국' 두 글자는 서양풍에 날아가고, 18성(省)의 땅덩이를 과분(瓜分)*하려고 의논할 때 누구는 어디를 차지하고 어느 나라는 아무 곳을 점령한다고 하면, 그때 아무리 후회해도 쓸데가 없고 호소한들 무엇하겠는가?

저당 抵當. 맞서서 겨룸.

과분 瓜分. 오이를 나누듯 제국주의 열강에 의한 중국 영토의 분할을 의미함.

러시아에서 근일 북경으로 대군을 기송(起送)*한다는 풍설은 우리가 말하지 않아도 세계가 다 짐작하는 것이거니와, 청국의 위급존망이 실로 경각에 달렸다. 만일 청국이 결단날 지경이면 우리 생각에 세 가지 탄식할 일이 있다. 첫째는 물중지대(物衆地大)한 청국이 하루 하침에 형체가 없게 될 것이니, 그렇게 되면 서태후의 박덕함과 완고당의 패악함을 누가 원망하지 않겠는가? 광서 황제와 청국 인민을 위해서 극히 개탄할 것이다. 둘째는 동양 삼국이 서로 동심합력해서 개명에 진보가 되어야 태서 각국의 동점하는 형세를 방비할 수 있는데, 지금 이후론 대동합방(大東合邦)의 의론을 시행할 곳이 없을 것이니, 동양 대세를 위해서 극히 개탄할 것이다. 셋째는 대한이 비록 동해 일우(一隅)*에 웅거했으나 세계에 통상 약조를 한 이후론 차차 개명에 유의해서 동아 대세를 확장하고자 했는데, 청국이 만일 삼분오열(三分五裂)될 지경이면 대한의 형세가 점점 외롭게 될 것이다. 이 또한 대한 전국을 위해 극히 염려할 일이다.

기송 起送. 죄인을 호송함.

일우 一隅. 한쪽 구석, 모퉁이.

54. 독립신문, 남의 나라와 대등권리를 가져야

■ 1899년 11월 『독립신문』의 3회에 걸친 논설. 일본이 치외법권을 극복하고 외국인에게 내지잡거(內地雜居)를 허용한 사례를 들어 일본의 자주독립 노력을 평가하는 한편, 한국도 다른 나라처럼 동등한 주권을 가질 수 있도록 노력해야 함을 호소하고 있다 출전은 『독립신문』 1899년 11월 7일, 8일, 9일자.

장야(長夜) 한등(寒燈)*에 서안(書案)에 기대어 자기의 이왕 지난 일과 지금의 일과 장래에 올 일을 소소하게 생각하고 역력히 궁구하며 묵묵히 췌탁(揣度)*하다가, 이어서 동서양 세계 각국의 시세와 형편을 미루어 짐작하니 잠잘 마음이 전혀 들지 않고 정신이 새롭다. 이에 서책 한 권을 빼어 들고서 차차 열람하니, 어떤 외국 친구의 고명한 식견으로 편집한 것인데 그 전편의 사의(辭意)가 대한 사람으로 하여금 더운 피가 속에서 끓게 하고 이가 저절로 갈리며 주먹을 저절로 쥐게 하고 눈이 저절로 번쩍 뜨이게 한다. 장부가 이때를 당해서 이 글을 보고 어찌 크게 강개하며 간절히 통분하지 않겠는가? 이러한 글은 불가불 대한 천지에 자세히 광포(廣布)*해야겠기에 아래와 같이 게재하니, 정부의 대소 관리들과 여항(閭巷)*의 상하 인민들은 다 함께 보고 다 함께 분발해서, 서로 권면하고 일심동력(一心同力)으로 갈성진충(竭誠盡忠)하여 나라를 도와 남의 나

한등 寒燈. 추운 밤에 비치는 등불.

췌탁 揣度. 남의 마음을 미루어 헤아림.

광포 廣布. 세상에 널리 퍼뜨리거나 알림.

여항 閭巷. 백성의 살림집이 많이

모여 있는 곳.

라처럼 큰 대접을 받고, 남의 나라와 같이 대등권리를 가지게 하는 것으로 각기 의무를 삼으라.

기자가 말한다. 국가의 법률과 정령은 내외 신민을 막론하고 그 나라 안에 있는 자는 다 준행(遵行)*하여 받들어야 한다. 그러므로 구미 각국에서는 이 나라 사람이 저 나라에 갈 때 저 나라의 법률과 정령을 좇고 받들어서 감히 어기지 못하는 것이다. 그런데 구미 각국이 동양 각국과 조약을 할 때는 "너희 나라 법률이 우리나라 인민에게 맞지 않고 너희 나라 정령이 우리나라 인민에게 편하지 않으니, 우리나라 인민이 너희 나라에 와도 너희 나라 법률을 따르지 않고, 너희 나라 정령을 따르지 않겠다."고 하면서 약조를 세울 때 대등권리(對等權利)를 쓰지 않고 치외법권을 허락하지 않으며, 주접(住接)*할 곳을 정하더라도 따로 거류지를 구획해서 점령한다. 그래서 외국과 통상하는 항구는 완연히 외국 사람에게 베어 준 것과 같아서 외국의 정령과 법률 그리고 경찰이 그 땅에서 행해질 뿐만 아니라, 토지의 주인이 되는 본국은 그 땅에 대해 감히 말 한 마디 하는 것도 용납되지 않는다. 슬프다! 천하에 어찌 이런 이치가 있겠는가?

준행 遵行. 그대로 좇아서 행함.

주접 住接. 한때 머물러 삶.

그러나 오늘날 조선과 청국의 각 항구를 보라. 그 정상(情狀)이 과연 어떠한가? 일본은 30여 년 전에 외국과 약조할 때 조야(朝野) 관민이 바다 밖의 사정에 망매(茫昧)*했으므로 또한 조선과 청국에서 지금 시행하는 외국 약조와 한 가지 모양으로 외국 사람에게 압제를 받았는데, 그 후에 일본에서 그 그릇을 점점 깨닫고 전권공사를 특별히 파송(派送)*해서 약조를 고쳐 정하자고 구미 각국 정부에 청구했다. 그러나 그 청구하는 일이 끝내 이뤄지지 않자 이에 일본에서 비로소 척연(惕然)*하게 스스로 깨닫고는 "실세(實勢)가 서지 못하면 빈말이 무엇에 유익하겠는가? 대체로 나라의 법권을 얻고자 한다면 법률을 먼저 정하지 않을 수 없고, 정령을 주지(主持)하고자 한다면 정무(政務)를 먼저 들지 않으면 안 된다. 그러면서 육군과 해군의 군비를 정돈해서 국가의 간성(干城)을 만들고, 농공상 실업을 흥기시켜서 국가의 부요(富饒)한 근원을 열어 외국 사람을 진실로 기쁘게 하고 참으로 굴복시킨 후에야 약조를 고쳐 정하는 것이 뜻대로 되어 국가의 부끄럽고 욕된 것을 씻을 수 있을 것이다."라고 생각했다. 그리고 상하가 한마음으로 밤낮 부지런히 그 떨쳐 일어날 도리를 경영할 때, 유학생을 구미 각국에 파송해서 세계의 지식을 구하고 나라 안의 법률과 경제와 군비를 일신하도록 닦아 그 형세가 등등하여 날마다 앞으로 나아갔다. 그 결과 30년이 못 돼서 문명한 학식과 부강한 실력이 구미의 백인종 제국(諸國)과 세계의 큰 판에 병구(竝驅)*할 수 있게 되었으니, 그제야 비로소 구미 각국과 그 약조를 고쳐 정하려던 큰 사업이 이뤄져 실시되었다. 이젠 일본에서 외국 사람들의 거

망매 茫昧. 경험 따위가 적어 세상 물정에 아주 어두움.

파송 派送. 일정한 임무를 주어 사람을 보냄.

척연 惕然. 근심스럽고 두려움.

병구 竝驅. 말을 나란히 함께 몬다는 뜻으로 여기선 경쟁을 비유하는 말로 쓰임.

류지 제도를 폐기하고 내지잡거(內地雜居)까지 허락했다. 대체로 그 약조를 고쳐 정하기 전엔 일본에서 외국 사람들의 내지잡거를 허락하지 않았을 뿐만 아니라, 그 외국 사람들이 구경 차 놀러 다니는 것까지도 반드시 관부의 허가를 얻어서 여행장(旅行狀)을 가진 후에야 내왕과 지숙(止宿)*을 허락했다. 그리고 내지에 들어와 무역하고 장사질 하는 것은 일체 엄금했다. 그렇게 한 이유는 다름이 아니라 외국 사람이 일본의 법률에 복종하지 않으니, 설혹 죄범(罪犯)이 있어도 일본 법률로 다스리지 못하고, 또 일본 내지 인민의 산업이 아직 발달하지 못해서 외국 사람의 수단에 항거할 수 없었기 때문이다. 오늘날 일본에서 내지잡거를 허락하면서도 일본국 토지를 주는 권(權)은 외국 사람에게 허락하지 않고, 일본국 토지는 일본국 신민 외에 그 주는 권(權)을 얻지 못하게 하니, 이는 나라의 토지를 보호해서 지키려는 깊은 뜻에서 나온 것이다.

지숙 止宿. 어떤 곳에 머물러 감.

혹자는 말하길, "토지는 움직이지 않는 물건이다. 외국 사람에게 주는 권(權)을 허락해도 그가 돌아갈 때 토지는 옮겨 갈 수 없으니, 의연히 일본 나라 안에 그대로 있을 것이다."라고 한다. 그러나 이는 간난(艱難)하고 부요(富饒)함이 서로 같은 나라 간에는 그럴 듯하지만, 오늘날과 같이 동서양이 월등히 다른 경우엔 일체로 비겨서 의논하기 어렵다. 동양의 재정이 구미 각국에 비하면 간난함을 면치 못한다. 그러므로 토지의 값도 지극히 헐한 것이다. 구미 각국의 부자들이 그 재산의 자본을 외국토지에 두려고 하는데, 동양같이 지극히 헐한 토지를 놔두고 어디로 가겠는가? 이 말이 반드시 꼭 그렇다는 것은 아니지만, 유럽의 옛날과 지금에 이웃 나라를 아울러 삼키는 계책으로 토지를 사는 수단을 부려서, 부지중에 삼켜 먹는 공을 이룬 전례가 소연(昭然)*하다(『독립신문』 11월 7일자).

소연 昭然. 일이나 이치 따위가 밝고 선명함.

옛적에 아일랜드가 독립하던 때 잉글랜드의 호족(豪族)이 아일랜드의 토지를 샀다가 그 합해서 어울리는 정계(政界)를 돕고, 그 연합한 후엔 잉글랜드의 사람들이 아일랜드의 토지 임자가 되었다. 이에 아일랜드의 농사하는 백성들은 모두 잉글랜드 사람의 전지(田地) 작인(作人)이 되어 매년 그 도조(賭租)*를 내고 주구(誅求)*를 수응(酬應)*하는데 생업이 구간(苟艱)*해서 그 죽음을 면하기에도 겨를이 없게 되었다. 이로 인해 오늘날까지도 잉글랜드 사람들과 아일랜드 사람들 사이에 갈등이 그치지 않는다. 또 근자에 잉글랜드의 나이가 회사가 남아프리카 주의 열리지 못한 모든 나라에 들어가서 그 토지를 사고 점령하여 그것이 50만 방리(方里)까지 이르자, 영국 정부가 그 토지의 통할(統轄)하는 권(權)을 거둬들여 영국의 큰 식민지를 만들었다. 이것이 모두 그 시초엔 토지를

도조 賭租. 남의 논밭을 빌려서 부치고 빌린 대가로 해마다 내는 세.
주구 誅求. 관청에서 백성의 재물을 강제로 빼앗음.
수응 酬應. 요구에 응함.
구간 苟艱. 몹시 구차하고 가난함.

사는 것으로 시작해서 나중엔 주객의 세(勢)를 바꾸는 데 이른 것이다.

일본의 정부와 인민은 각국의 성패를 거울삼고 자기 나라의 이해를 교계(較計)*하여, 과거엔 치외법권이 없었기 때문에 통상하는 각 항구 외엔 외국 사람들의 거주를 금하고, 또 철도 주식까지도 외국 사람에게는 팔거나 사양해 주는 것을 허락하지 않아서 나라 안의 이익을 털끝만치도 외국 사람들에게 주지 않았으니, 동양의 완전한 나라라고 할 수 있을 것이다. 오늘에 와선 나라의 형세가 크게 나아가 구미 각국과 대등 지위에 섰기 때문에 외국 사람들이 내지에 섞여 사는 것을 비로소 허락해서, 그 실시와 관련하여 일본 천황께서 임의 조칙을 내리고 각 대신은 훈령을 발했으니, 일본의 군신상하는 그 국가를 위해 속마음을 화락(和樂)하게 하고 함께 건짐*으로 이 같은 큰 사업을 이뤄 나갔다.

그런데 청국의 천자를 돌아보건대 요충과 보장(保障)이 되는 중지(重地)는 모두 외국 사람들의 손바닥 안으로 모두 보내며, 철도와 광산의 이익 있는 권(權)은 모두 외국 사람들의 손에 떨어지고, 썩은 빈 껍질만 차지해서 그 쇠잔한 목숨이 조석(朝夕)을 보존하기 어려운 지경에 이르렀다. 슬프다! 청국의 청국은 청국사람의 청국이요, 애신각라(愛新覺羅)* 황실의 사사 물건이 아니며, 만청정부가 완롱(琓弄)*질할 물건이 아니다. 그런데도 애신각라의 한 부인과 만청인의 2, 3명 대신이 국가의 편안하고 위태하며, 보존하고 멸망할 것은 관계치 않고 오직 눈앞의 작은 이끗만 탐해서, 외국 사람의 구청(求請)이 한번 오면 대소는 묻지 않고 오직 외국 사람의 영(令)만 공손히 좇을 따름이다. 계집 임금이 나라의 정치를 탁란(濁亂)*하는데 어떤 근심이 생기지 않으며, 소인배가 조정의 권세를 범람하게 잡고 있는데 어떤 화근이 이르지 않겠는가? 이 때문에 청국의 개혁당은 서태후를 지목해서 역적이라 하고, 영록배*를 지목해서 역적이라 하여 이를 폐하고 베어 버리려고 하는 것이다. 높고 귀한 태후로서도 국가에 우환을 끼치는 자는 국가의 역적이며, 관인의 완특(頑慝)*함이 국가의 화근을 빚는 자는 국가의 역적이다. 그러므로 지목해서 역(逆)이라 하고, 적(賊)이라 해도 청국의 사정을 깊이 아는 자는 내외국 사람을 막론하고 과한 의론이 아니라고 하는 것이다.

오늘날 세계는 황인종과 백인종이 각립(角立)해서 서로 다투는 시대다. 일본이 황인종 중에 먼저 깨달은 사람이 되어 동포 형제의 의로써 뒤에 깨닫는 조선과 청국을 깨닫게 해서 동양의 큰 판을 보존하고, 서양 백인종의 침노(侵擄)*와 노략질에 항거하려고 하기 때문에 그 마음을 허비함이 심히 괴로운데, 조선과 청국의 관민들은 이제 이 두 인종이 다투는 큰 형세를 알지 못하고 도리어 다른 종자인 서양 백인들에게 의지하고 붙어서, 겨우 한때의 편안함을 구차히 도모

교계 較計. 서로 견주어 살펴봄.

함께 건짐 공제(共濟)를 직역한 말이다. 흔히 함께 힘을 모아 성사시킨다는 뜻으로 풀이한다.

애신각라 愛新覺羅. 청나라 황제의 성(姓).

완롱 琓弄. 장난감이나 놀림감처럼 희롱함.

탁란 濁亂. 사회나 정치의 분위기를 흐리고 어지럽힘.

영록배 영록(榮祿), 즉 공명과 녹봉만을 추구하는 무리를 뜻함.

완특 頑慝. 완고하고 간사함.

침노 侵擄. 남의 나라를 불법으로 쳐들어감.

하려고 한다(『독립신문』 11월 8일자).

대개 서양 사람들의 목적은 다른 종교는 다 쓸어 없애고, 다른 종자의 사람들은 다 눌러서 엎드리고, 세계상에 높게 보고 넓게 걸어 오직 자기들만 홀로 높고자 하는 데 있다. 서양 사람들이 남북 아메리카 주에 들어가서 그 곳의 적색 인종의 나라집을 멸망시키고 사회를 능이(陵夷)*함에 지금은 그 땅의 주인이었던 구족(舊族)들이 씨가 없도록 소멸되었다. 서양 사람들이 또 아프리카 주에 들어가선 그곳의 흑색 인종들을 종으로 삼아 사역시키고 금수같이 죽여서, 그 큰 육지의 고옥(膏沃)*한 토지를 거의 다 뺏어서 차지했다. 아시아 주의 갈색 인종들 또한 모두 잡아 꺾어서 그 호령 아래에 두었지만, 오직 조선과 일본과 청국의 황색 인종이 아직 그 손아귀에 들어가지 않았다. 그런데 근일에 와선 러시아가 남으로 내려오는 형세와 그 밖의 각국이 동으로 향하는 세력이 바람에 조수가 밀려오듯 동양의 큰 천지를 달태* 두르듯 싸서 에웠다.

능이 陵夷. 구릉이 세월이 지나면서 평평해진다는 뜻으로 처음에는 성하다가 나중에 쇠퇴함을 이르는 말.

고옥 膏沃. 땅이 기름지고 양분이 많음.

달태 달무리의 방언.

오호라! 지금은 어떤 때인가? 급급하고 위태롭도다! 황인종들이여! 장차 서양 사람들의 무릎 아래 굽히고 엎드려서 하등 지위를 스스로 달게 여길 것인가? 아니다. 결단코 그렇지 않을 것이다. 어떻게 그렇지 않을 것을 아는가? 일본 사람에게 증험해서 황인종의 장래를 미루어 아는 것이다. 저 서양 사람들이 동양 각국을 가볍게 여기고 업신여기며, 다른 종자의 인종들을 작게 보아서, 기꺼이 자기와 비견하고 동렬에 놓으려고 하지 않는다. 그러므로 일본의 모든 제도가 구미 각국의 가장 열린 나라들과 비등해서 스페인과 이탈리아 등의 나라의 위에 올랐는데도 구미 각국이 오히려 그 일본과의 조약을 고쳐 정하는 것을 근지(靳持)*했던 것이다. 그러다가 일본의 무력이 그 문화와 함께 앞으로 나아가 동양의 새로운 광채가 저 서양 사람들의 눈동자에 비추어 쏘이자, 비로소 이에 마지못해 대등 권리를 허락했으니, 이는 일본 사람이 황인종의 지식과 능력을 천하만국에 표출한 것이다. 그러므로 일본을 위해 치하할 뿐 아니라 동양의 황인종을 위해 치하해야 할 것이다.

근지 靳持. 마음이 내키지 않아 미루는 모양.

구미 각국의 사람들이 나라는 각기 다르지만 동양의 황인종들을 향할 때는 협동일치할 것이다. 따라서 동양 일에 대하여 말하길, "모모 3국의 동맹, 모모 양국의 협상으로 앞뒤로 서로 접속해야 하는데, 어째서 동양의 황인종들은 한 뭉텅이가 되지 않고, 서양 사람들의 반간질* 하는 데만 빠지고 농락질 하는 술중(術中)에만 떨어져서 그 침노하고 깎는 것을 항상 받으면서도 스스로 살피지 못하는가?"라고 하는 것이다.

반간질 이간질.

대체로 사람이란 스스로 업신여긴 후에 남이 나를 업신여기는 법이다. 동양 사람 중에 어둡고 완고해서 깨닫지 못하고 서양 사람들의 노예에 처하려는 자는 비록 존귀한 왕공일지라도 온 나라의 죄인이 될 뿐만 아니라, 동양의 황인종 전체의 원수가 될 것이다. 진실로 원하건대, 동포가 되는 황인종의 모든 나라는 일본 형제의 분발한 기개와 떨쳐 일어난 정략을 본받아서 독립국의 대등권(對等權)을 회복할지어다. 오늘날의 일본은 곧 동양의 황인종이 앞으로 나아갈 움싹이며, 안으로 정치와 법률을 바르게 할 거울이며, 바깥 도적을 물리칠 장성(長城)이다. 구미 각국과 조약을 고쳐 정하여 실시한 일본 사람들은 황인종 형제의 모든 나라에 권고하고 인도하되, 작은 이끗을 탐하지 말고 작은 분(忿)에 충격받지 말며, 한 가지인 종자를 서로 보호할 큰 계책을 세워 동양 큰 판에 평화를 유지하는 것이 그 하나님께서 정해 주신 직분의 당연한 의무일 것이다(『독립신문』 1899년 11월 9일자).

제3부

국권상실과 국제정치관:
러일전쟁~한일병합

Ⅰ. 국제정치론 일반

55. 최석하, 국제교제론

■ 국권회복의 방법론으로서 외교의 중요성을 인식한 최석하의 논설. 서구 국가의 팽창과정에서 외교가 중요한 역할을 했음을 강조하면서, 한국도 서구의 외교제도 및 관례에 적응하며, 국제법과 외국어의 습득 등을 통해 유능한 외교관의 양성이 시급함을 강조하였다. 원문 출전은 崔錫夏, 「國際交際論」, 『太極學報』 제2호(1906년 9월 24일자).

■ 崔錫夏(1878~1929) 1899년 메이지법률학교에 입학하였고, 재일 유학생단체 태극학회에 주도적으로 참여하였다. 러일전쟁 때 '동양평화를 위해 일하겠다'고 자청하여 일본군 통역으로 일했다. 귀국하여 일진회, 대한협회, 서북학회의 3파연합을 형성하는 과정에서 핵심적 역할을 하였으며, 국권침탈 이후에는 평안북도를 중심으로 활동하며 일제의 정책에 동조했다.

■ 『太極學報』 일본 도쿄의 한국인 유학생 모임인 태극학회에서 1906년 8월에 창간한 월간지. 편집 겸 발행인은 장응진(張膺震). 학술계몽과 문예, 민중계몽을 위한 논설들을 실었고 회원과 학계 소식 및 유학생 동정도 소개하였다. 1908년 12월 통권 27호로 종간.

理勢 사리(事理)와 형세.

동서양을 막론하고 일방(一方)을 홀로 지켜서 자국 외에 타국이 있음을 알지 못하던 쇄국시대에는 수교할 필요가 없었으나, 세운(世運)이 변천하고 문화가 발달해서 오주열국(五洲列國)이 이웃집과 같이 상통하는 금일에는 일국의 소장(消長)이 만국균형세력(萬國均衡勢力)에 중대한 영향이 있을뿐더러, 우리가 이 사회에서 단독 생활을 영위할 수 없는 것과 같이 우내(宇內) 열국이 각각 자국의 문명을 계발해서 국보(國步)의 발전을 경영하려면 우방의 조력을 빌리지 않을 수 없다. 이에 국제상 교제의 필요가 생긴다.

아아! 우리가 20세기 경쟁시대에 처해서 평심정기(平心正氣)하고 천하 대국(大局)을 관찰하니, 일국의 성쇠흥망이 외교 수단의 우열에 달려 있다. 가령 국가의 생산이 거대하고 인민의 재력이 풍부해서 강대 열국과 무역을 경쟁할 실력이 있더라도, 국가의 외교 기관이 완비하지 못하면 자국의 상업권을 해외에 확장할 수 없고, 가령 적국과 개전해서 수백만 인명을 죽이며 수억만 군비를 써서 대승리를 얻더라도 최후 강화 담판에 불리한 조약을 체결하면 전승의 공과(功果)가 어디 있겠는가?

이는 금일의 이세(理勢)*만 말하는 것이 아니라 만국 흥망사에도 그 실례가 명백하다. 근세에 프랑스 나폴레옹이 유럽[歐洲]을 병탄하고자 해서 침략주의를 자행하더니, 열국이 공적(公敵)으로 인정해서 연합군을 편성하여 좌공우격(左攻右擊)함에 프랑스 군이 세고(勢孤)하여 파리 성하(城下)에서 투항하고 개세영웅(蓋世英雄)* 나폴레옹은 고도(孤島) 중에 유수(幽囚)의 치욕을 당하니, 잠시 유럽의 패권을 장악하고 세계를 호시(虎視)*하던 프랑스의 국위는 한 번 패배로 땅에 떨어졌으니 그 형상을 어떻게 형언할까. 이 대란을 거친 후에 열국이 비엔나[維也納]에 전권대사를 파견해서 회의를 열고 프랑스가 침략했던 토지를 처분하려고 할 때, 그중에 최대의 이해관계가 있던 것은 프랑스였다. 대사 탈레이랑을 파견했는데 영국, 러시아, 프러시아, 오스트리아 등 4대 강국은 이미 비밀 맹약을 체결해서 회의의 전권을 장악하려고 했으니, 그 안중에 어찌 패전국의 사신이 들어오겠는가?

탈레이랑은 민활한 외교가였다. 그 기밀을 탐지하고 여러 소국의 대표자들을 규합해서 자기가 모주(謀主)*가 되고 회의 중에 성명하기를, "본 회의에 참석한 대표자는 모두 평등하다. 나라의 대소로 인해 권리의 차별이 없고 또 유럽 나라들은 나폴레옹이 전쟁한 것이요, 프랑스와 적대시한 것이 아니다. 현왕(現王) 루이[路易] 18세는 정당한 국왕이니 정당한 국왕을 대표하는 탈레이랑은 다른 열강의 전권 대사와 같이 대소 의건(議件)에 참여할 권리가 있다."라고 변론했다. 또 4대 강국이 이해 문제에 관해 각각 이견을 가지고 있음을 보고 교묘한 수단을 발휘해서 반간책(反間策)*을 행하여 마침내 프랑스로 하여금 이 회의에서 중대한 지위를 점하게 했다. 그래서 프랑스에 유익한 조건으로 열국과 조약을 체결해서 패전국이 도리어 국위를 표창(表彰)했으니, 위대하구나! 탈레이랑의 빼어난 공이여! 만약 이 사람이 아니었다면 프랑스가 어찌 금일에 저와 같은 지위를 유지하겠는가?

이러한 실례는 유럽에만 있는 것이 아니라 인방(隣邦) 청국에서도 볼 수 있다. 근년에 청국이 러시아와 조약을 체결해서 요동반도를 조차지로 양여했는데, 러시아가 조약을 준수하지 않아서 동아(東亞)에 일대 문제가 되었다. 마침내 일로전쟁의 참화를 양출(釀出)*하고 금일까지 세계열강이 주목하는 곳이 되어 장래 동양의 평화와 분란의 분기점이 되는 듯하다. 이로써 보건대, 외교는 국가의 생명에 관련된 대기술(大技術)이다. 일보(一步)를 나가면 그 나라를 흥하게 할 수 있고, 일촌(一寸)을 실수하면 그 나라를 망하게 할 수 있다. 서양 철학자의 말에 외교사상이 없는 민족은 그 나라를 보존할 수 없다고 했으니, 지극하구나! 이 말이여! 참으로 복응(服膺)*할 만한 잠언(箴言)이다.

아아! 동양 대세를 조용히 생각하건대, 세계열강의 축록장(逐鹿場)*이 되었으니 강자가 아니면 그 나라를 발전시킬 수 없고 능자(能者)가 아니면 그 나라를 유지할 수 없다. 강자는 무엇을 말하는가? 실력을 양성해서 외모(外侮)를 막을 수 있는 자다. 능자는 무엇을 말하는가? 외교에 민첩해서 자국의 이익을 도모할 수 있는 자다. 그렇다면 동양민족이 되어 국가의 독립권을 보전하고자 한다면, 안으로는 정치를 혁신해서 국력을 공고하게 하며 밖으로는 다수 우방을 만들어야 그 목적을 거의 달성할 수 있을 것이다.

蓋世 재능이나 공적 등이 당대에 특출함.
虎視 큰 뜻을 품고 형세를 살핌.

謀主 계책을 내어 시행을 주도하는 인물.

反間策 적의 간첩이나 다른 관련된 인물을 반대로 이쪽에서 활용하여 내홍을 일으키거나 비밀을 탐지하는 책략.

釀出 어떤 사건이나 현상을 빚어 냄.

服膺 교훈 등을 마음에 간직해서 잊지 않음.
逐鹿場 『史記』「淮陰侯列傳」에 "진나라가 사슴을 놓치자 천하가 모두 이를 쫓았다. 이에 재주가 뛰어나고 발이 빠른 자가 먼저 잡을 것이었다."[秦失其鹿 天下共逐之 於是高材疾足者先得焉]라고 한 데서 유래한 말로 사슴은 곧 제위(帝位)를 비유하는바, 축록장은 통치권을 두고 벌이는 각축장이라는 뜻.

우리 한민족은 개국 이래로 대외관계가 거의 없어서 외교사상이 결핍되었기 때문에, 외인(外人)을 대하면 혹은 위축하는 마음이 생겨서 명령에 따르기만 할 뿐이며, 혹은 무단히 배척하는 마음이 생겨서 악감을 자초하니 개탄 막심이다. 이는 다른 이유에서가 아니다. 우리 한(韓)이 근고(近古) 이래로 국민교육이 보수적 주의를 숭상했기 때문에 국민의 정신이 소극적으로 향해서 이러한 결과에 이른 듯하다. 지난 일은 논할 수 없지만 올 일은 생각하지 않을 수 없다. 우리가 경쟁장에 처해서 국제상 도태(淘汰)가 외교의 교졸(巧拙)에 달려 있음을 알았으니, 조차전패(造次顚沛)*하는 사이에라도 그 이칙(理則)을 잊지 말고 외교 사상을 양성하되 우선 외교계에 통용되는 구미 제국의 언어를 학습해서 그 국인(國人)의 종교, 문학, 이상, 기풍, 습관 등을 깨우치며, 만국 외교사를 숙독해서 그 흥망성쇠의 원인을 연구하며, 국제법을 정밀히 고찰해서 열국의 선례를 기억하여 우내적 두뇌(宇內的 頭腦)를 생장시키면, 외인과 교제함에 감정이 공통되고 사상이 같아져서 자연히 사해형제주의를 관철할 수 있을 것이다. 이렇게 한 후에 항상 주의할 것은, 외인은 개인적으로는 동포와 같이 친밀할 수 있지만 국가적으로는 이해(利害)가 상반되어 강식약육(强食弱肉)하는 경쟁을 면하기 어렵다. 그러므로 외교상 한 마디 말이 국가를 전복시킬 수 있으며, 조약상 한 구절이 민족을 잔멸(殘滅)시킬 수 있다는 이칙(理則)을 깨닫는다면 빈사 상태에 놓인 국가를 회생시킬 수 있을 것이라고 생각한다.

造次顚沛 엎어지고 자빠지는 급한 순간이라는 뜻으로 매우 급박한 상황을 비유하는 말.

56. 이승근, 국제공법론

■『태극학보』와『대한학회월보』 등에 국제정세를 소개하는 논설을 쓴 바 있는 이승근은『대한유학생회회보』 제2호 "국제공법론"과 제3호 "국제공법론(속)"에서 만국공법(국제법)의 역사적 연원과 주요 내용에 대해 개괄적으로 소개하고 있으며, 만국공법의 구체적 내용에 대한 이해를 엿볼 수 있다. 본서에서는 제2호 국제공법론의 일부를 실었다. 원문 출전은 李承瑾,「國際公法論」,『대한유학생회학보』 제2호(1907년 4월).

■『대한유학생회학보』 1906년 일본 도쿄에서 조직되었던 유학생 친목 단체인 대한유학생회의 기관지. 1904년 이후 일본 관비유학생 파견이 재개되고 사비유학생이 증

우리 인류 사회상에 호상생활(互相生活)하는 규칙과 국가 문명 세계상에 상호 교제하는 공법을 명료히 이해하지 못하면 어찌 부끄럽지 않겠는가? 그러므로 나는 얕은 지식에도 불구하고 들은 바를 대략 기술하고자 한다.

국제공법의 연기(緣起)*를 알고자 한다면 반드시 법률의 연기를 먼저 알아야 한다. 법률이라는 두 글자는 중국 고서에도 많이 기재되어 있다.『상서』(尙書)의 오학지형(五虐之刑)*을 법이라 부르고, 한(漢) 고조의 약법삼장(約法三章)*을 법이라 불렀으니 이것이 법의 유래[原]요, 소하(蕭何)가 편차한 율령과 유소(劉劭)가 제정한 신율(新律)이 법의 유래다. 다만, 중국의 이른바 법률은 모두 형법을 가리켜서 말하는 것이며, 형법 외에는 법이라고 부른 것이 없고 또한 율(律)이라고 칭한 것도 없었으니, 금일의 이른바 민법, 상법이라는 것이 옛날엔 전연 없었고 국제법도 다시 논하지 않았다. 이는 수(隋), 당(唐), 명(明), 청(淸)의 율(律)들

을 고열(考閱)하면 알 수 있는 것이다. 일본 메이지 이전의 이른바 법률도 이에 불과했다. 그러므로 대보율(大寶律)과 양로율(養老律)이 만들어진 바 있지만, 그 뜻이 극히 협소해서 법률의 범위를 다 포괄하진 못했던 것이다.

국제공법의 연기(緣起)에 대해선 자고로 논설이 일치하지 않지만, 쉽게 알 수 있는 것으로 말하자면 습관(習慣)과 뭇 조약을 말미암아 만들어진 것이다. 공사의 파견과 죄인의 구교(拘交)와 대표자가 향유하는 치외법권과 중립국의 상선 운행과 같은 것이 모두 처음엔 습관에 불과했다가 마침내 공법을 이루게 된 것이니, 그것이 습관에서 나왔다고 하지 않을 수 없는 것이다. 또 비엔나[維也納] 회의의 국제하류법(國際河流法, 1815년)과 파리[巴里] 회의의 해상법(海上法, 1856년)과 제네바[娶埒霧] 회의의 창상구호법(瘡傷救護法, 1864년)과 적십자 조약과 네덜란드[荷蘭] 헤이그[海牙] 만국조약과 같은 것을 유럽 각국이 모두 준수하니, 그렇다면 그것이 조약에서 나왔다고 하지 않을 수 없는 것이다.

그러나 미국의 육전법률(陸戰法律)과 독일의 포옥조약(捕獄條約)은 각국에서 모두 좋다고 하며 본받아 적용하고 있으니, 이는 또 국내법으로 말미암아 국제법의 연원을 변성(變成)한 것이다. 그렇다면 국제법을 연구하고자 한다면 각국의 국내법과 조약 외교사를 마땅히 유의해야 한다. 중국 국제공법의 연기(緣起)는 삼대(三代)를 위시해서 그 고적에 여기저기 보이는 것이 많으니, 맹자(孟子)의 "춘추무의전"(春秋無義戰)*설과 "제인벌연"(齊人伐燕)*장(章) 등이 모두 공법의 정의(精義)에 의탁해서 이 학설의 공법에 부합하는 것이 된다. 다시 실례를 들어 증명하자면 제 환공(齊桓公)의 규구(葵邱)의 회합과 진 문공(晉文公)의 천토(踐土)의 회맹과 같은 것이 공법에 이른바 공수동맹이요, 하외 오성(河外五城)*을 바친 것과 병거(兵車)와 문마(文馬)를 보낸 것*이 공법에 이른바 할지상관(割地償款)이요, 동주(東周)에서 벼를 심으려 했는데 서주(西周)에서 물을 흘려보내지 않은 것*이 바로 공법의 국제하류(國際河流)요, 제(齊)나라와 초(楚)나라가 전쟁할 때 송(宋)나라가 중립을 청한 것이 바로 공법의 국외중립(局外中立)이며, 제후(齊候)가 난을 평정함으로써 진(晉)나라를 공벌한 것은 공법의 간섭내란(干涉內亂)에 부합하는 것이요, 등(藤)나라와 설(薛)나라가 내조(來朝)할 때 서로 윗자리를 다툰 것은 공법의 열석순서(列席順序)와 합치되니 이것이 모두 중국에서 공법을 실행한 증거이다. 그 외 이것과 유사한 사례를 모두 거론하기 어려우니, 공법학이 중국만큼 발달한 나라가 없었다고 해야 할 것이다. 그러나 중국에서 수천 년 이전에 이를 발명했으나 금일에 이르러 도리어 연몰(煙沒)된 것은 진(秦), 한(漢) 이래로 봉건제를 폐기하고 군현(郡縣)이 되어 교린의 예를 강구하지 않았기 때문이다. 이제 환구(環球)가 교통함에 이르러서는 공법이 아니면 경쟁의 장

가하면서 출신지, 관비·사비 등에 따라 여러 유학생단체가 설립되었다. 대한유학생회는 단체의 운영과 사업의 충실화를 위해 여러 단체가 합쳐 설립된 것이다. 주요 인물로는 최석하, 최린, 박승빈, 최남선 등이 있다.

緣起 원래 불교 용어로 모든 현상에 법칙이 있어서 인연에 따라 일어남을 뜻한다. 여기선 사물의 유래, 기원 정도의 의미로 쓰임.

五虐之刑 『書經』「呂刑」에 나오는 말로 대벽(大辟), 할비(割鼻), 단이(斷耳), 궁(宮), 경(黥)의 다섯 가지 가혹한 형벌을 뜻함.

約法三章 한 고조(漢高祖) 유방(劉邦)이 처음 관중(關中)에 들어가서 진(秦)나라의 가혹한 법률을 폐지하고 만든 3장의 법으로서 "살인자는 사형에 처하고, 사람을 상해한 자와 도둑질한 자에겐 죄를 내린다."[殺人者死傷人及盜抵罪]라는 것.

春秋無義戰 『孟子』「盡心下」에 나오는 구절로 공자가 『春秋』를 찬수할 때 제후들의 전쟁을 기록하면서 반드시 기폄(譏貶)을 가한 일을 가리킨다. 이는 제후들이 제멋대로 전쟁을 일으킨 죄를 드러내기 위한 것으로 의(義)에 부합한다고 여겨서 허여(許與)한 일이 없었다는 뜻.

齊人伐燕 『孟子』「梁惠王下」에 나오는 구절로 제(齊) 선왕(宣王)이 맹자에게 내부적으로 혼란한 연(燕)나라를 정벌해서 취해야 할지를 묻자, 맹자가 "연나라를 취해서 연나라 백성들이 기뻐하면 취하고, 기뻐하지 않는다면 취하지 말라."라고 했다.

河外五城의 賂 『左傳』 희공(僖公) 15년조에 진후(晉侯)가 진백(秦伯)에게 하외(河外)의 성 다섯 곳을 주기로 했다가 약속을 어기고 주지 않았는데, 그 후 진(秦)나라가 기근이 들었을 때 또 진(晉)나라가 곡식을 주지 않자 진백이 진나라를 쳐서 진후를 사로잡았다는 기록이 있다.

兵車文馬의 遺흔 것 『左傳』 선공(宣公) 2년조에 "송인(宋人)이 병거(兵車) 100승과 문마(文馬) 100사(駟)를 정나라에 화원을

위해 속(贖)바쳤다."[宋人 以兵車百乘文馬百駟 以贖華元於鄭]는 구절이 있다. 문마(文馬)는 털빛깔에 무늬가 있는 말.

至於東周의 欲爲稻와 西周의 不下水 『戰國策』「東周策」에 "동주에서 벼를 심으려 했는데 서주에서 물을 흘려보내지 않자 동주에서 근심했다."[東周欲爲稻 西周不下水 東周患之]라는 구절이 있음.

에 설 수가 없으니 고유한 법에 현행의 관례를 참작하면 우리나라에서도 이 학문의 발달을 곧 볼 수 있을 것이다.

국제공법이 법률이 되는가의 여부에 대해선 자고로 학설이 일치하지 않았다. 혹자는 말하길, "국내법은 입법, 사법, 행정법의 설비가 있지만 국제법은 이러한 기관이 없기 때문에 법률이 되지 못한다."라고 해서 사람들이 많이 의심했지만, 이는 끝내 정당한 이해는 아니다. 왜 그런가? 국제법이 국내에서 의회의 협찬(協贊)과 주군의 재가를 거치기 때문이니, 비록 협의의 법률이 될 순 없다고 하더라도 어찌 광의의 법률이 아니라고 할 수 있겠는가? 이는 두 법이 비록 협의와 광의의 차이가 있지만, 그 성질이 동일하기 때문이다. 대체로 법이란 사회로 말미암아 발생한 것이니, 일국에 대해서 말하면 한 국가, 한 사회가 되었기 때문에 국내법이 있는 것이고, 각국에 대해서 말하면 각 국가가 일대사회(一大社會)가 되었기 때문에 국제공법이 생긴 것이다. 비록 이 법이 금일엔 오히려 유치시대(幼稚時代)에 불과하지만, 어찌 훗날 완전히 국내법과 동일한 영역으로 나가지 않겠는가? 그러므로 이 법의 법률됨이 의심할 바 없는 것이다.

국제공법의 정식 명칭은 영국 학자 벤담 씨로부터 시작되어 중국이 서양인의 책을 번역하여 "만국공법"(萬國公法)이라고 명명했으니, 실로 나라와 나라 사이의 교제의 뜻을 잃은 것이다. 대체로 국제공법이라는 것은 나라와 나라 간의 법률이요, 만국공통의 법률은 아니다. 만국공법이라고 명명하면 이는 만국공통의 법률이 된다. 그러므로 일본이 그 책을 번역해서 "국제공법"(國際公法)이라고 했으니 이는 『맹자』(孟子)의 "교제하심"(交際何心)*의 뜻을 취한 것이다. 비록 어떤 이가 언제 창시한 것인지는 모르겠지만, 그 뜻이 매우 타당해서 통용하는 명칭이 되었다. (하략)

交際何心 『孟子』「萬章下」에 나오는 구절로 만장(萬章)이 맹자에게 "교제는 어떤 마음으로 해야 합니까?"라고 묻자 맹자가 "공(恭)으로써 한다."라고 했다.

57. 최석하, 천하대세를 논함

■ 자강에 기초한 국권회복을 주장한 최석하의 논설. 한국이 식민지가 될 위기에 처한 원인으로 외교력 부재를 지적하면서, 비스마르크, 나폴레옹처럼 국가를 부강하게 만든 외교관이나 영웅이 한국에서도 출현하기를 기대하였다. 원문 출전은 崔錫夏, 「天下大勢를 論함」, 『太極學報』 제12호(1907년 7월).

영웅이 시세를 만들고 시세가 영웅을 만드는 법이니 영웅과 시세는 밀접한 관계가 있다. 그러므로 일국의 영웅이 되려면 일국의 시세를 알지 못해선 안 되고, 일세의 영웅이 되려면 일세의 시세를 알지 못해선 안 되는 것이다. 개세영웅(蓋世英雄) 나폴레옹이 어째서 하루아침에 패배해서 창해고도(滄海孤島)의 수객(囚客)이 되었는가? 중대한 원인은 다른 것이 아니다. 19세기는 전국시대가 이미 지나고 평화시대가 도래했는데, 시세의 변천을 전연 알지 못하고 한갓 남의 군권(君權)을 분수에 맞지 않게 훔치고 제멋대로 탈취했기 때문이 아닌가? 그러나 시세는 우리의 구적(仇敵)이 아니요, 도리어 양우(良友)가 되나니, 이를 이용하는 자는 강자요, 우자(優者)며, 이를 이용하지 못하는 자는 우자(愚者)요, 열자(劣者)이다.

아아, 이천만 동포여! 우리 한민족이 천하대세를 능히 이용할 수 있는가, 그렇지 않은가? 일청전쟁(日淸戰爭) 시에 영위한 일이 무엇이었으며, 일아전쟁(日俄戰爭) 시에 영위한 일이 무엇이었는가? 불이 대들보에 번지는데 제비, 까치가 알지 못하는 태도로 베개를 높이하며 안심하다가, 넓은 집 천만 칸이 잿더미가 될 때야 비로소 경악하고 통곡했으니 후회한들 어쩌겠는가? 이는 다른 이유에서가 아니다. 시세를 방관만 하고 활용하지 못했기 때문이다. 그러나 한 번 패배는 병가(兵家)의 상사(常事)니 어찌 길게 논할 필요가 있겠는가? 그러나 앞으로 올 일은 따져보지 않을 수 없다.

회고하고 전구(全球)의 외교계를 두루 살피니, 서양은 외교의 원동력이요, 동아(東亞)는 외교의 목적물(目的物)이다.

철혈재상 비스마르크[比斯麥]가 보불전쟁에서 대승리를 거두고 천리일사(千里一瀉)의 기세로 독일 제국을 통일하니, 수십 년 동안 프랑스의 손아귀에 있었던 세계 외교의 중심점이 독일로 이동했다. 비스마르크가 유럽[歐洲] 현상(現狀)을 유지하기 위해 일면으로 독일, 오스트리아, 이탈리아의 3국 동맹을 체결해서 국위를 사방에 표창하며, 일면으로 프랑스가 타국에 접근함을 방지했는데, 국제상 분합(分合)은 일개인의 능력으로 오래 좌우할 수 있는 것이 아니다. 비스마르크 사직 후 1895년경에 러시아, 프랑스 동맹이 성립하니 독일이 등과 배 양쪽에서 적의 공격을 받아 외교상 세력이 자연 감퇴하기에 이르렀다.

독일의 현 황제 빌헬름 2세는 영걸한 군주이다. 즉위 초에는 프랑스에 종종 적의를 표시했는데, 러시아와 프랑스 양국이 손을 맞잡고 동맹한 것을 보고 홀연히 대불 정책을 고쳐서 모든 기회를 이용하여 호의를 표시하기에 이르고, 또 동아에서 러시아와 협약을 구하여 정신상으로 러시아, 프랑스 동맹을 식게 만들고, 러시아로 하여금 동아에 세력을 부식해서 유럽에서 압박하는 세력을 감쇄하게 만들었다. 일청전역(日淸戰役)에 독일이 러시아, 프랑스와 협약*해서 요동반도 환부(還附)문제에 대해 일본에 저항한 것이 이러한 정략에서 말미암은 것이다.

비스마르크가 떠난 후에 독일의 외교정책은, 혹은 프랑스에 우의를 구하고, 혹은 러시아에 추파를 던졌으니 그 주의가 진취적이 아니요, 방비적(防備的)에 불과했다. 그 사이 기회를 이용해서 러시아는 동아에서 활동하여 만청 경영(滿淸經營)에 최대 이익을 차지하고, 유럽에서 비약하여 제반 외교문제에 일일이

러시아, 프랑스와 협약 이른바 삼국간섭을 가리킨다. 1895년 4월 17일 조인된 청일전쟁의 강화조약인 시모노세키 조약에서 청국이 일본에 대해 요동반도를 할양하기로 결정했으나, 23일 러시아, 프랑스, 독일 3국이 일본 정부에 이를 청국에 반환할 것을 강력히 요구하여 결국 반환하게 되었다.

간섭해서 다수 열강을 호시탐탐 노리니, 사실상 세계 외교의 중심점이 러시아에 돌아가게 되었다. 한 번 융성은 한 번 쇠락을 부르는 법이니, 누가 그것을 예측할 수 있겠는가? 러시아가 몇 해 전에 극동 일본과 개전해서 연전연패의 지위에서 포츠머스 강화조약을 체결했으니, 형식상으로 보면 러시아가 잃은 것이 사할린[樺太] 일부에 지나지 않지만, 정신상으로 논하면 동아의 대경영이 일시에 좌절을 당했으니 종래의 위권(威權)을 유지하려면 다소간 손색이 있을 수밖에 없다.

일도일립(一倒一立)하고 일패일승(一敗一勝)은 외교계의 상태(常態)다. 영국이 수십 년 이래로 러시아의 침략정책을 방비하기 위해 노심초사했는데, 일아전쟁(日俄戰爭)에서 러시아가 일패도지(一敗塗地)를 당했으니 어찌 가만히 있겠는가? 천재일우의 좋은 기회를 얻은 것이다. 원래 고립으로써 명예를 삼던 영국이 일본과 파격의 동맹을 맺어 아동(亞東)의 영토를 보장(保障)하고, 또 유럽 외교무대에 활동하여 프랑스, 이탈리아, 스페인 등 여러 나라와 우의를 돈독하게 해서, 일면으로 러시아에 대항하며, 일면으로 독일에 대항하니 세계 외교가의 시선이 영국에 집중되기에 이르렀다. 그러나 러시아는 총을 맞은 범과 같다. 그 상처가 완전히 낫기까지는 잠시간 외부의 활동을 중지하지 않을 수 없지만, 독일은 영기(英氣)가 발발(勃勃)하는 신흥국이다. 유럽 육군계에서 사자(獅子)의 지위를 점령했으니, 영국의 외교상 성공을 보고서 어찌 수수방관하겠는가? 금일 영국과 독일의 양국 관계는 적개심이 극도에 달했다. 얼마 전에 영국과 스페인 두 나라 원수가 카르타헤나에서 회합하여 우의를 친밀히 하고, 스페인의 신군함 제조에 대해 영국이 모든 보호를 해 주기로 약정했다. 그러자 독일의 신문들이 영국을 매도하면서 "영국이 스페인 군함 제조에 대해 원조한다고 하니 이것은 무슨 마음인가? 이는 반드시 영국이 군사상, 정치상으로 스페인 군함을 이용해서 독일을 압제하려는 것이다."라고 했다. 이로써 보건대 영국과 독일 양국은 지금 외교계에 두 원동력이 되어 서로 패권을 다투는 듯하다.

나폴레옹의 외교권이 독일로 이동하고, 독일의 외교권이 러시아로 이동했는데, 일아전쟁(日俄戰爭) 이후에 대국이 일변해서 외교의 중심점이 영국과 독일 양국 사이에 왕래하여 그 승부를 용이하게 판단할 수 없는 지금의 현상으로 논하면, 독일은 모로코[摩洛哥] 문제 이후로 열국의 동정을 조금 잃어서 실책이 많지만, 영국은 천하 시세가 자국에 적당한 것을 이용하여 일면으로 일영동맹을 수단으로 인도 지방을 보증받고, 일면으로 라틴[羅甸] 민족의 여러 나라들과 협화동력(協和同力)하니 그 외교상 세력이 공고하고 확실하다. 그러나 우리가 그 사이에 대단히 주의할 것이 있다. 무엇인가? 즉 근일 독일과 미국 양국의 접근 문제다. 프랑스와 미국 양국은 원래 남미 식민문제에 이해관계가 상반되어 다년간 서로 흘겨보았는데, 근간에 독일이 영국의 외교 계통에 속하는 나라들의 견제를 받아서 항상 노심초사하고 있었다. 그러던 중 세계 시세가 독일로 하여금 그 반려를 미국에서 구하게 한 것이다. 지난달 이래로 미국에 호의를 표하였으니, 만약 이러한 현상이 계속되면 불원간 독일과 미국이 손을 잡고 협력할 것 같다. 아아! 금일 우리 한(韓)은 외교의 궤도에서 이탈해서 세계상 문제와 동양문제는 물론이고, 자국의 문제에 대해서도 발언권이 없으니 어찌 통탄스럽지 않겠는가? 그러나 황천(皇天)은 스스로 돕는 자를 돕는다고 했으니, 금후로 우리 동포가 자조(自助) 정신을 잃지 않는다면 어찌 기회가 없겠는가? 그러므로 나는 이에 우리 한국민은 외교상 사상을 가일층 양성해서 열국의 일합일분(一合一分)이 우리 한(韓)에 어떤 영향을 줄지 연구할 의미가 있다고 하는 것이다.

아아! 우리의 가장 경애하는 동양은 어떠한 시국을 당하였는가? 한 마디로 형용하면 열국 외교계의 목적물이 되었다. 한 번 둘러보라. 베트남[安南] 등지는 프랑스의 세력범위요, 양자강 일대는 일본과 영국의 세력범위요, 자우저우만(膠州灣)은 독일의 세력범위요, 지나(支那) 동북부는 일본과 러시아의 세력범위가 아닌가? 대개 열강 제국주의의 집합점은 항상 충돌이 발생하여 저쪽도 침범할 수 없고, 이쪽도 침범할 수 없어서 서로 방휼상지(蚌鷸相持)*의 태도를 유지했는데, 근세는 열국 간에 이익 분할법이 발달하여 한 나라 안에서 여러 나라의 이익이 충돌할 때는 서로 타의(妥議)*하여 비례법으로 그 이익을 균할(均割)하고 그 나라의 주인공에게는 추호도 용훼권(容喙權)*을 허락하지 않는다. 여기서 우리가 대단히 주의할 것은 자국 내에서 어떤 강국의 압박력(壓迫力)을 배척하기 위해 다른 강국의 세력을 함부로 원용(援用)하면 도리어 다른 강국에게 이용을 당해서 신속한 멸망을 초래한다는 것이다.

蚌鷸相持 방휼지세(蚌鷸之勢)라고도 한다. 도요새가 조개를 쪼아 먹으려고 부리를 넣는 순간 조개가 껍데기를 닫고 놓지 않는다는 뜻으로, 대립하는 두 세력이 맞서 겨루면서 조금도 양보하지 않는 형세를 말함.

妥議 서로 타협적으로 의논함.

容喙權 원래 용훼(容喙)는 간섭해서 말참견을 한다는 뜻인데, 여기서는 자국 문제에 대해 간여할 수 있는 권리의 뜻.

이번에 서로 흘겨보던 일본과 프랑스 양국이 갑자기 협약을 체결해서 대청(對淸)문제와 동아의 현상유지 정책을 확립했다. 이에 세상 사람들의 평론이 일치하지 않지만, 지금 열강이 관용(慣用)하는 양국 정책 상인법칙(相認法則)을 이해하면 그 협약의 진상을 명백히 알 수 있다. 상인법칙은 다른 것이 아니다. 갑국이 을국에 대해 "우리나라는 귀국의 어떠어떠한 정책에 반대하지 않을 것이니, 귀국은 우리나라의 어떠어떠한 정책에 반대하지 말라."고 하고, 서로 협화함을 말하는 것이다. 근일 일본과 프랑스의 협약도 이러한 정신에서 낳은 것이다. 일본과 프랑스 양국이 특별히 역사상 관계는 없지만, 일청전역에서 한 번 충돌한 이후로는 서로 감정이 좋지 않아서 대동아(對東亞)정책에 매번 서로 의

심하고 불신했다. 그런데 근일 영국이 프랑스에 접근한 결과, 일본이 영국의 소개를 받아 프랑스와 협약을 맺었으니 일본의 외교상 하나의 성공이라고 해야 할 것이다. 대개 협약은 조약과 성질이 크게 같지 않아서 보증력이 미미해서 일시적으로 사건을 협정하는 데 불과하다. 그러나 이 협약은 유럽인의 평론과 같이 일본과 프랑스 양국의 동아에 대한 현상유지 정책엔 확고한 효력이 있어서, 금후로는 양국이 용이하게 저항, 충돌할 이유는 없을 것 같다. 이 협약에 대한 열강의 감상을 보니, 러시아는 일아전쟁 이후에 상처가 아직 치유되지 않아서 잠시 지중물(池中物)*의 처지에 만족할 수밖에 없다. 그러므로 동아현상을 유지하는 데 가설(假設)적 찬성을 표시했으며, 또 프랑스는 자국의 동맹국이기 때문에 이러한 관계로 인하여 일본과 프랑스의 협약에 찬성한 것이다. 그 외 영국, 이탈리아 등의 나라는 물론 찬성의 의사를 표시했고, 독일과 미국 양국은 모국(某國)에 대한 감정이 좋지 않아서 표면으로는 찬성했지만 내면으로는 반기지 않는 태도가 있는 듯하다.

池中物 하늘을 날지 못하고 못 속에 가라앉은 교룡(蛟龍)을 뜻하는 말로 하는 일 없이 칩거하는 인물을 비유하는 말.

이상 열국의 관계를 대략 고찰함에 동아에서 활동하는 열강의 세력 확장 문제는 잠시 현상을 유지해서 특별한 충돌이 없을 것 같다. 그러나 하나의 미지수는 지나인(支那人)의 외교정책이다. 지나인이 오늘날과 같이 조용하게 움직이지 않는다면 열강이 협약적 수단으로 현 지위를 지키려고 할 것이지만, 만일 신주(神州) 만리에 풍운아가 나타나서 4억만 병졸을 지휘해서 활동한다면 해하(垓下)* 일전이 8년 초패왕(楚霸王)을 타도할 수 있을 것이다. 우리는 눈을 비비면서 기다린다.

垓下 해하(垓下)는 현재의 안휘성(安徽省) 영벽현(靈璧縣) 동남쪽에 있는 곳으로 한(漢) 고조 유방이 초(楚)나라 항우(項羽)와 격전을 벌여서 멸망시킨 땅.

아아! 나의 가장 경애하고 복종하는 이천만 동포여! 한갓 한국의 전도에 대해 실망낙담하지 말고 안으로 실력을 양성해서 나라의 기초를 공고히 하고, 밖으로 천하대세를 잘 살펴서 활동의 기회를 잃지 말지어다. 처음엔 처녀처럼 하다가 나중엔 달아나는 토끼처럼 하는 것이 손무(孫武) 병선(兵仙)의 비결이다. 맹성(猛省)! 맹성(猛省)!

58. 문일평, 한국의 장래문명을 논함

■ 문일평의 논설. 서구의 문명 발전사를 소개하면서 문명도 발전과 쇠퇴의 순환과정을 거치므로 현재는 동아시아가 서양 문명의 지배하에 놓여 있지만, 장차 일본에 이어 한국 등 동양 문명이 주도하게 될 것으로 전망하면서,

유사 이래로 세계문명이 도도히 진행됨에 누차 변천해서 드디어 금일 동서 역사의 회합(會合)적 시대에 이르렀다. 그 문명의 내력을 거슬러 따져보면, 여러 국가들이 각각 다르니 옛날에 유대는 종교로 지상에 신성한 천국을 건설했고, 그리스는 문예와 학술을 이웃나라에 전파했으며, 로마는 제왕의 주의로 세계에

군림했다. 근세에 내려와서 영국은 해상권을 장악해서 해외에 다대한 식민지를 개척했고, 미국은 자주와 자유의 권(權)을 더욱 발달시켜서 완전한 공화국체를 조직했고, 독일은 과학과 정치로 세계에 독보적이었으며, 프랑스는 인간적 사상과 감정을 우내(宇內)에 널리 퍼뜨렸으니 이는 그 국민의 고유한 특질로 인해 문명의 방향이 각각 다른 것이다.

이처럼 각각 다른 문명을 가지고 세계무대에서 각자의 활극을 연출하다가 끝내 원기가 피로하게 되면 곧 그 나라가 쇠퇴하고 그 대에 타국이 뒤이어 일어나서 은연히 전자의 직분을 전임(轉任)하는 것이다. 그 예를 들어보면 옛날에 그리스가 사라짐에 로마가 성하고, 근세에 청국이 패함에 일본이 흥하지 않았는가? 이로써 보건대 세계문명이 양기(陽氣)의 대세와 같이 간단없이 윤차회전(輪次廻轉)해서, 태고에 그 근원이 동아(東亞)에서 발생했을 때 요요빈빈(耀耀彬彬)*한 광명 아래서 동아의 민족들은 활극을 연출했지만, 아아! 저 서양 나라들은 어둡고 컴컴한 동굴 속에서 준동(蠢動)*을 시도했다. 그런데 이 세(勢)가 서양으로 점차 이동함에 따라 동양은 점점 암흑이 되고 서양은 더욱 문명해져서 그리스로부터 금일에까지 이른 것이다. 그러나 천도(天道)는 지극히 공정해서 변역(變易)이 없기 때문에, 이 세(勢)가 재전(再轉)해서 십수 년 전부터 동양의 장야건곤(長夜乾坤)을 다시 비추어 이전에 피로하고 침정(沈靜)했던 민족들이 광휘한 신문명천지에서 다시 활동하고 웅비하려고 하니, 바로 일본이 그것이요, 그 다음은 우리 한(韓)일 듯하다.

원래 우리 한(韓)이 지나(支那)의 문물을 수용한 당시엔 시서예악(詩書禮樂)이 울흥(蔚興)*해서 문명 정도가 도리어 선진국 지나를 능가하고, 일본과 기타 미개한 나라들을 개도하고 지휘하는 사표(師表)가 되어 그 직분을 다했다. 그런데 원력(元力)이 점차 약해져서 근래 수백 년간은 주야를 구분 못하고 춘추를 망각하며 오직 곤히 잠들어 코고는 소리가 마치 우렛소리 같았으니, 이에 여러 도적들이 그 틈을 노려서 제멋대로 침입하여 각종 보물과 재화를 탈취했으며, 심지어 인명을 침해하려고 했다. 그제야 비로소 몇 사람들이 먼저 눈을 비비고 보니, 동천(東天)에 새벽빛이 막 비추기 시작함에 도적들이 제멋대로 횡행하여 살기가 등등했다. 선각인(先覺人)들이 황겁(慌怯)하고 울분을 품어서 큰 소리로 황급히 외치며 아직 잠에서 깨지 못한 자들을 흔들어 깨우려고 했다. 그러나 잠에서 깨지 못한 자들이 아직도 이를 알지 못해서 시세가 점점 더 극에 달했는데, 홀연히 갑오(甲午, 1894)년의 포성에 몇몇이 경기(驚起)하고, 또 갑진(甲辰, 1904)년의 포성에 몇몇이 경기해서 서로 흔들어 깨우며 서로 경계(警戒)했다. 이로부터 온 나라가 모두 잠에서 깰 것이니 약간의 도적을 어찌 근심하겠는가?

한국인들이 분발할 것을 고취하고 있다. 원문 출전은 文一平, 「韓國의 將來文明을 論함」, 『太極學報』 제12호(1907년 7월).

■ 文一平(1888~1939) 1905년 일본으로 유학, 1907년 메이지학원 보통부 3학년에 입학하였다. 1910년 귀국 후 교편을 잡았다가 1911년 다시 정치학을 공부하기 위해 일본으로 건너가 와세다대학에 입학하였다. 그러나 2년만 다니고 공부를 중단하고 1912년 중국으로 건너가 언론, 교육 활동 및 동제사에 참여하였다. 1914년 중국에서 귀국한 후 교육활동에 힘쓰며, 문필가로서 시, 역사논설, 역사이야기, 수필 등을 집필하여 여러 신문이나 문학지에 게재하였다. 조선일보에 1928~1931년, 1933~1939년 근무하였다.

耀耀彬彬 밝게 빛나는.
蠢動 벌레 등이 꿈틀거리는 모양으로 미약한 세력이 소란을 부린다는 뜻.

蔚興 성하게 부쩍 일어남.

아아! 이천만 형제들아, 속히 일어나라! 붉은 태양이 동쪽에서 솟구치고 있으니 동양문명의 시대이다. 나는 생각건대, 우리나라가 세계무대에 뛰어오를 기회라고 확신한다. 그렇다면 어떤 정신으로 어떤 문명을 만들어 내야 하는가? 우리 국민이 윤리 사상에 가장 풍부함은 전 세계가 모두 아는 바이다. 이와 같은 고유한 특질로써 일체 권모술수는 버리고 일시동인(一視同仁)의 천의(天意)을 체현해서, 상천(上天)의 대명(代命)으로 세계의 횡도(橫道)를 토벌초주(討伐剿誅)하고, 만국 안전의 방침을 강구해서 평화의 열쇠를 쥐는 것이 바로 우리 국민의 특질에 적합하다.

백두산맥이 척추가 되고 황해수(黃海水)로 수족을 삼은 우리나라 삼천리 강역은 부패한 세계에서 우뚝 뛰어난 것이니, 이러한 절승수미(絕勝秀美)한 산천 풍토에 양육되고 생장해서 군신, 부자, 부부, 형제, 붕우의 도가 바른 우리 국민은 정의공도(正義公道)의 신성한 검으로 사욕을 범람하는 잔적(殘賊)을 배제, 소탕하고, 미약한 자를 도와주고 거들어주며 교만한 자를 견제하고 압도해서, 청천백일(靑天白日) 하에 세계의 사심(私心)을 근절하고 스스로 도덕상의 제왕이 되어 천지대도(天地大道)에 화신(化身)하여 만국민을 경성(警醒)*해야 할 것이다.

警醒 그릇된 행동을 하지 않도록 타일러 깨우침.

59. 김성희, 국민적 내치 국민적 외교

■ 을사보호조약 체결 후 국망의 원인을 찾는 논설들이 많이 발표되었다. 김성희도 국권 유지를 위해서는 외교의 중요성을 언급하면서, 정부의 외교정책 결정 및 조약 체결 시 국민의 동의를 필요하다는 '국민적 외교' 개념을 제시하고 있다. 원문 출전은 金成喜, 「國民的內治 國民的外交」, 『대한협회회보』 제4호(1908년 7월).

■ 『대한협회회보』 1908년 4월에 창간된 대한협회 기관지. 논설, 정치, 학술, 문예 등을 고루 실어 국민계몽에 힘썼으며, 남궁억, 신채호, 이윤영 등이 주요 필진이었다. 1909년 3월 제2권 제2호(통권 제12호)로 종간.

국가가 어떻게 망하고 어떻게 존속하는가를 우리 국민이 모두 알고 있는가? 우리의 생존을 바란다면 한 국가를 갖지 않을 수 없다. 그러므로 장차 망할 것을 알면 보존할 것을 생각하고, 만약에 이미 망했다면 그것을 구조(構造)할 방법을 생각할 것이니, 이는 우리 이천만 사람들의 동정(同情)이다. 아아! 여곽(藜藿)*이 유린(蹂躪)됐으니 칠실지우(漆室之憂)*가 무슨 보탬이 되며, 목석이 원약(寃若)하니 동해지심(東海之心)*을 누가 메울 것인가?

대체로 사람이 병에 걸렸을 때 내계(內界)의 박식(剝蝕)*과 외계(外界)의 자격(刺擊)이 어떠한 원인이 되었는지를 알지 못하면 치료할 수 없어서 끝내 죽음에 이를 뿐이다. 지금 세계에 한인의 역사를 연술(演述)하는 자가 많지만, 모두 한국의 운명은 편작(扁鵲)이 도주해서 제후(齊侯)가 이미 죽은 날과 같기 때문에* 뜸을 써도 미치지 못하고 침을 쓸래도 쓸 곳이 없다고 하니, 어찌 그 말이 사실이겠는가? 어찌 그 말이 사실이겠는가? 내가 들으니, "국가라는 것은 유기체다. 국민의 혈육과 근골로 조직하고, 국민의 정신으로 그것들을 관련시킨다고 하니, 우리 이천만 인의 혈육과 근골이 흩어지지 않으면 국체(國體)를 보존할

藜藿 명아주 풀로 충신을 비유하는 말로 쓰임.
漆室之憂 춘추시대 노나라 목공

수 있고, 우리 이천만 인의 정신이 부서지지 않으면 황통(皇統)이 일월과 함께 섭응(攝應)하며 운한(雲漢)*과 함께 소생해서 장차 대동양(大東洋)의 새 무대 위에서 발휘동탕(發揮動盪)할 것"이라고 했다.

그렇지만 지금 가장 슬퍼할 만한 것은 내계(內界)의 박식(剝蝕)을 구제하기 어려움이다. 어째서인가? 정부가 국민과 함께 통양(痛癢)*의 관계를 맺지 않으려 한 것이 오래되었다. 자동자주지력(自動自主之力)이 없는 지경에 이르러 단지 범의 아가리 아래서 비호만을 구하면서도 국민의 논의를 끌어들여 자제(自濟)하고 국민의 힘을 빌려 자강(自强)할 생각은 하지 않은 채 홀로 공동적 국민(共同的國民) 이외의 곳에서 행동하고자 해서 대내 정책이 이처럼 전도되었으니, 이 때문에 국민이 정부의 견제로부터 초탈(超脫)해서 선악이 무관한 밖에서 자립하려고 생각하는 것이다. 그러므로 민인(民人)이 정부를 도적처럼 막고, 정부가 민인을 구적(仇敵)처럼 보아서 각자 따로 도모하여 양쪽이 서로 용납하지 않으니, 이것이 망국의 첫 번째 원인이다. 어찌 하늘을 원망할 것이 있겠는가? 오호, 통재라! 민인의 죄인가, 정부의 죄인가? 나는 단안(斷案)하여 말하길, 전제정체(專制政體)의 죄라고 한다.

또 두려워할 만한 것이 있으니, 외계의 자격(刺擊)을 풀기 어려움이다. 대체로 강국이 약국을 대할 때 처음엔 독립을 존중하고 영토를 보전한다는 등의 말로 유혹하니, 이는 조약상의 궤우(詭遇)*다. 그러다가 중간엔 평화로 의로움을 가장하여 내정에 간섭하면서 가장 먼저 교육을 칭탁하니, 이는 동화술(同化術)의 도선(導線)이다. 마지막엔 천산(天産)을 계발하는 것이 세계의 공익이 된다고 하면서 그 국민을 이식하고 토지를 개척한다. 그 추구하는 바는 군대의 피를 흘리지 않고 군량을 소비하지 않으면서 차츰 하늘이 내려주신 영지를 만드는 데 있으니, 이는 정략가의 수단이자 문명국의 통례다. 이제 이러한 세상에서 생존하고자 하면서 시세에 어두워 시작과 끝을 잘 도모하지 못하는 것은 비록 정부에만 그 책임을 돌릴 순 없지만, 국제상 약장(約章)을 비밀적, 호도적(糊塗的)으로 국민이 의논하는 것을 허락하지 않고 제멋대로 시행했다면, 분패(僨敗)한 후에 그 허물을 어디에 돌려야겠는가? 지금 폭도, 의병이라고 하는 자들의 망동(妄動)이 또한 무엇 때문인가? 이로 인해 전국의 인종이 진멸(殄滅)하고야 말 것이니 천하 만세에 장차 무슨 말로 사죄할 것인가? 국가는 곧 인민 공동의 공산(公産)이요, 정부의 사유(私有)가 아니다. 그런데도 이제 혁구취신(革舊就新)하여 정리하는 시대에 어리석게 독재를 시행하다가, 중비(中痞)*의 괴질이 갑자기 발생해서 보양하지도 쏟아내지도 못함에 어떻게 수습할 수도 없게 되었으니 이것이 망국의 두 번째 원인이다. 누가 이렇게 했는가? 오호, 통재라! 정부의 죄인

(魯穆公) 때 임금은 늙고 태자는 어려서 국사가 몹시 위태로웠는데, 칠실이라는 고을에 사는 어떤 나이 어린 여자가 기둥에 기대어 탄식하면서 나라와 백성을 걱정했다는 고사에서 유래한 말로 미천한 백성이 나라의 일을 근심함을 뜻함.

東海之心 전국시대 제(齊)나라의 노중련(魯仲連)이 포악한 진(秦)나라를 증오해서 말하길, "저들이 방자하게 황제가 되어 천하에 군림한다면, 나는 차라리 동해에 가서 빠져 죽을지언정 차마 진나라의 백성은 될 수가 없다."라고 한 데서 인용한 말.

剝蝕 벗겨지고 침식됨.

扁鵲이 逃走而齊侯已死之日也라 편작(扁鵲)은 중국 전국시대의 명의 진월인(秦越人)으로 고대에 편작이라는 명의가 있었는데, 그와 의술이 방불한다고 해서 편작이라고 불렀다. 제후(齊侯)는 제나라 환후(桓侯)를 가리킨다. 처음에 편작이 환후에게 살결[腠理]에 병이 있으니 치료해야 한다고 하자 환후가 말을 듣지 않았다. 그 후에 병이 점차 혈맥과 내장에까지 이르렀는데도 환후가 말을 듣지 않았다. 마침내 편작이 환후에게 "병이 이제 골수에까지 이르렀다"고 하고 떠나갔다. 그 후 5일 되던 날 환후가 죽었다.

雲漢 은하수.

痛癢 아픔과 가려움이라는 뜻으로 통양상관(痛癢相關)은 아픔과 가려움을 함께 느낄 만큼 매우 친밀하거나 이해관계가 밀접한 관계를 뜻함.

詭遇 사냥할 때 예법을 지키지 않고 짐승을 쏘아 맞히는 것으로, 정당하지 않은 방법으로 이익을 취함.

中痞 뱃속이 막힌 것처럼 결리는 증세.

가, 민인의 죄인가? 나는 단안하여 말하길, 전제정체의 죄라고 한다.

그렇다면 국가 체재를 부득불 새로 구조(構造)한 후에야 20세기의 신세계에서 생존할 수 있을 것이다. 새로운 구조는 어떠해야 하는가? 첫째는 국민적 내치요, 둘째는 국민적 외교다. 내치의 재료는 헌법상 감독의 기관이고, 외교의 재료는 사실상 경험의 역사다. 이에 차례대로 아래에 게재하여 설명하고자 한다.

무엇을 국민적 내치라고 하는가? 지금 세계는 입헌과 전제, 두 정체(政體)가 신진선대(新陳嬗代)*하는 때다. 이른바 전제라는 것은 정부 소수인의 정치며, 입헌이라는 것은 국민 대다수의 정치이다. 영국 학자 벤담[邊沁]이 말하길, "국가에 정치가 있는 것은 최대 다수의 최대 행복을 위해 만들어진 것이다."라고 했다. 만약 소수인의 한 방면의 이익만을 위해서 대다수가 나가는 방향을 역조류(逆潮流)한다면 절대적 반조력(反阻力)이 생겨서 반드시 자신을 망치고 나라를 전복시키는 지경에 이른다. 오스트리아 재상 메테르니히[梅特涅]의 일과 나폴레옹[拿破侖]의 말로를 보지 못했는가? 그 이해(利害)의 귀결을 지극히 쉽게 알 수 있다.

新陳嬗代 신진(新陳)은 새 것과 진부한 것, 선대(嬗代)는 교체의 의미.

근일의 일로 말하더라도 스승과 벗으로 삼을 만한 이웃나라 사람들이 한인을 지도함에 일찍이 정치 개선을 최우선의 목적으로 삼지 않은 적이 없는데, 오랜 때를 벗겨내지 못하고 오히려 그 불사(不死)의 전제를 외치면서 제 몸만 이롭게 하려고 했다. 또 정부를 유도해서 소수의 사람들만을 이용하고 대다수의 오랫동안 쌓인 원망과 분노는 돌보지 않은 채 도리어 이를 질시했으니, 이는 한일 양국 사람들이 받는 고통이 아직도 치유되지 않은 것이다. 어찌 두려워하지 않을 수 있겠는가?

나는 지방에서의 소동의 풍조와 불평의 감정이 국회의 의석에서 소마(銷磨)*되지 않으면 교화시킬 수 없고, 자치의 범위로 이전하지 않으면 그치게 할 수 없으리라고 생각한다. 어째서인가? 작년 이래로 민지(民志)의 흩어짐이 이와 같고 민체(民體)의 분열이 또 이와 같으니, 설령 저들로 하여금 스스로 요리(料理)해서 향화(向化)*하게 하더라도 돌아가 쉬거나 편히 생활할 곳이 없을 것이다. 그 압박이 심할수록 더욱 격렬하고 탄압이 더할수록 더욱 일어나는 것이 바로 오늘날의 현상이다. 그렇지만 그치게 하지 않으면 반드시 자분(自焚)할 것이요, 자분(自焚)할 뿐만이 아니라 환사(環伺)*하는 열강들의 풀기 어려운 문제가 반드시 동아(東亞)의 전국(全局)에 미칠 것이니, 참으로 그렇게 된다면 어찌 한일 양국 사람들이 발 디딜 땅이 남아 있겠는가? 무릇 충돌은 조화를 위한 계책이다. 지금 오랫동안 쌓인 분노를 폭발시키는 데 단지 병력으로 충돌할 뿐이라면 비록 백

銷磨 닳아 없어짐.

向化 귀의하여 복종함.

環伺 빙 둘러보면서 틈을 노림.

번을 충돌하더라도 한 번 조화할 때가 없을 것인데, 하물며 외병(外兵)을 빌려서 내족(內族)을 토벌하는 경우에 있어서겠는가! 설령 같은 피를 나눈 민족을 토벌할 만한 도적으로 간주하더라도, 초목이 산에 가득한데 조운(鳥雲)의 출몰을 쉽게 제어할 수 있으며, 벼의 묘가 밭에 가득한데 강아지풀이 섞인 것을 쉽게 솎아낼 수 있겠는가? 행군하여 수색, 토벌하는 것은 이치와 형세에 전혀 불가능한 일이니, 이 국민들로 하여금 스스로 그 흉포함을 버리고 양순하게 하는 것보다 쉬운 일이 무엇이겠는가?

몽테스키외[孟德斯鳩]가 말하길, "국가의 정도(程度)는 반드시 국민의 정치사상에 따라 발달한다."고 했다. 정치사상이라는 것은, 헌장(憲章)을 세우고 권한을 정하여 정부의 행정을 감독하며, 시·주·군의 자치 제도에 이르러선 모두 민인이 스스로 맡아서 처리함을 말한다. 분명하게 말하면 국가정치의 본원이 바로 국민의 사상이다. 정치적으로 고취하고 쉬려(淬礪)해서 일대 공동적 노야(爐冶)*의 사상을 만들어 내면 그 작용 상에는 반드시 어리석은 자도 있고 지혜로운 자도 있어서, 흉포한 자들의 교화는 기약하지 않아도 저절로 될 것이다. 일본의 사쓰마, 조슈 두 주(州)의 풍기로서, 개혁의 초기에 편안히 귀순해서 힘껏 왕실을 보필하여 능히 대업을 이루었으니 이것이 바로 정치사상이 한 일이 아니겠는가? 프랑스에서 대혁명이 갑자기 폭발해서 피비린내가 흥건함에 조야(朝野)가 분열되었는데, 마침내 단체를 집성(集成)해서 다시 웅국(雄國)을 만들었으니, 이것이 바로 정치사상이 한 일이 아니겠는가? 속히 헌법 조례를 초창(草創)하여 나라에 포고하되, 국민들로 하여금 스스로 이해해서 조목조목 변석(辨析)*하게 하고, 각자 의견을 진술하게 해서 국정(國情)을 통합하는 데 힘쓰고 이를 가감해서 헌법을 제정해야 한다. 그리고 국회의 정기(定期)를 고시해서 선거제도와 예산문제를 각자 준비하게 하고, 또 자치 제도를 강정(講定)하게 해서 우선 도시에서부터 실행하고, 경찰 기관을 널리 시행하여 지방행정을 중앙집권에 관철(貫徹)시킨다면 비록 표탕무항(漂蕩無恒)*한 부류라도 모두 법률의 중함을 알아서 범하지 못할 것이니, 이것이 서둘러서 해야 할 일이 아니겠는가? 비록 이러한 조직을 3, 4년 내에 모두 갖출 순 없지만, 먼저 국민들에게 선시(宣示)해서 그들로 하여금 개관(改觀)*한 국가에서 민의(民議)가 사용됨을 알게 한다면 스스로 분려(奮勵)하고 경칙(警飭)할 것이다. 그 패악하고 기강을 무시하는 무리는 그 간사함이 용납되지 않게 하고, 조금 공의(公義)를 아는 자들을 모두 궤도에 따르게 한다면, 이것이 이른바 국민으로써 국민을 그치게 하고 국민으로써 국민을 교화시키는 도(道)다. 외병(外兵)을 수고롭게 해서 내족(內族)을 죽이는 것보다 낫지 않은가?

爐冶 쇠를 녹이는 가마와 풀무.

辨析 내용을 분명히 분석함.

漂蕩無恒 일정한 거처가 없이 부유하는 무뢰배.

改觀 원래의 면모를 일신함.

前驅 앞잡이, 선봉부대.

小野塚喜平次(1871~1944) 정치학자. 1901년 도쿄대 교수가 되었으며 1928년에는 도쿄제국대학 총장에 취임하였다. 1903년 당시 가쓰라 총리대신에게 대러시아 강경노선의 의견서를 제출한 도쿄대7박사의 한 사람으로 알려져 있다.

過聞 어떤 일에 대해서 관심이나 참가 의사를 표시함.

무엇을 국민적 외교라고 하는가? 국제상 교섭사무의 책임을 민인이 짊어진다는 것은 비록 각국 헌법조례에 명문(明文)이 없지만, 19세기 이래로 구미 열강의 대외정책이 민족을 전구(前驅)*로 삼지 않음이 없었다. 그러므로 외교방침을 반드시 그 국민에게서 정하는 것이다. 일본의 오노즈카 기헤이지(小野塚喜平次)* 박사가 저술한 『정학대강』(政學大綱)에 국민적 외교의 정책이 매우 명료하게 나타나 있다. 이에 많은 세계 외교가들이 창화(唱和)해서 국민적 외교시대는 바로 지금의 20세기라고 한다. 그러므로 청나라 사람 관운자(觀雲子)가 "과거엔 외교의 사무를 모두 국군(國君)이 담당하고 국민은 간여하지 못했는데, 근일의 국가는 이와 반대로 모든 외교에서 국민을 주재(主宰)의 원동력으로 삼는다."라고 한 것이다. 근일의 일로 본다면 미주(美洲)는 아시아인의 배척이 외교상의 일대 안건인데 그 원동력이 국민에게서 나왔으니 이는 미주 국민의 외교며, 중국은 철도의 차관으로 인해 봉기해서 저항하는 원동력이 그 국민에게서 나왔으니 이는 중국민의 외교다. 대체로 청국의 국민들이 정부 전제의 아래서 순순히 복종한 것이 오래되었다. 그래서 내정과 외교를 감히 과문(過聞)*하지 못했는데 최근엔 외교에 간여하는 기력이 점차 강해지고 있으니, 이를테면 재작년의 미국과의 조약 거부와 작년의 영국 차관의 거절 등에서 대략 볼 만한 것이 있었다. 외교 사무의 처리는 정부의 것으로 간주해선 안 되고 국민의 것으로 보아야 한다. 그리고 이미 국민의 것으로 봤다면 외교의 문제를 우선 국민들에게 알려서 그 동의를 구한 연후에 시행하지 않을 수 없다. 만약 이와 반대로 정부가 국민들의 뜻과 크게 다른 체약(締約)을 했다가 국민 대다수의 반대가 있으면 장차 어떻게 대처하겠는가? 그러므로 국민의 동의가 없는 외교는 완전한 성약(成約)이 아니며, 효력이 있는 공안(公案)이 아닌 것이다.

내치외교상의 재료가 되는 것과 감독의 기관과 경험적 역사는 다른 때를 기다렸다가 다시 논하기로 한다.

[원문]

國家之何以亡何以存을 我國民이 皆知之乎아 欲吾人之生存인된 不能不有一國家라. 故로 知其亡則當思保存之오. 若已亡也則當思其構造之니 此는 我二千萬人人之同情也라. 嗚呼라 藜藿이 蹂躪ᄒᆞ니 柒室之憂가 奚益이며 木石이 寃若ᄒᆞ니 東海之心을 誰塡고.

夫 人之病也에 不知內界之剝蝕과 外界之刺擊이 爲如何之原因則莫或醫之而終至於死而已라. 今世界에 演述韓人歷史者多而皆曰韓國之命運은 卽扁鵲이 逃走而齊侯已死之日也라. 湯熨이 無所及이오 鍼石이 無所施라 ᄒᆞᄂᆞ니 豈其然乎리오 豈其然乎리오. 余는 聞之호니 國家者는 有機體也라. 以民之血肉筋骨로 組織之ᄒᆞ고 以民之精神으로 關聯之라 ᄒᆞ니 夫我二千萬人之血肉筋骨이 不散이면 國體를 可存이오.

夫我二千萬人之精神이 不鎖ᄒᆞ면 皇通焉與日月而攝應ᄒᆞ며 幷雲漢而蘇回ᄒᆞ야 將發揮動盪於大東洋新舞臺之上云耳라.

雖然이나 現今에 最可悲者ᄂᆞᆫ 內界之剝蝕을 難救니 何也오. 政府之不欲與民으로 爲痛癢之關係者ㅣ 久矣라. 至於無自動自主之力에 但求庇假息於虎口之下而猶不圖援民之讓而自濟ᄒᆞ며 借民之力而自强ᄒᆞ고 自欲行動於共同的國民以外之地ᄒᆞ야 對內政策이 如是顚倒ᄒᆞ니 所以國民之不得不超脫於政府之牽制ᄒᆞ야 思欲自立於善惡無關之外者也라. 故로 民人之防政府를 如盜賊ᄒᆞ고 政府之視民人을 如仇敵ᄒᆞ야 各自爲謀에 兩不相容ᄒᆞ니 此ᄂᆞᆫ 亡國之第一原因이라 何辜于天고. 嗚呼痛哉라 民人之罪歟아 政府之罪歟아 吾自斷案曰專制政體之罪라 ᄒᆞ노라.

又 有所可懼者ᄒᆞ니 外界之刺擊을 難解也라. 夫强國之對弱國에 始以尊重獨立ᄒᆞ며 保全領土等語로 誘惑之ᄒᆞ니 此ᄂᆞᆫ 條約上之詭遇也오 中以假義於平和ᄒᆞ야 干涉內政에 首稱敎育ᄒᆞ니 此ᄂᆞᆫ 同化術之導線也오 終以啓發天産이 爲世界公益이라ᄒᆞ야 殖其民而拓土地ᄒᆞ니 其所究竟은 不血兵刃ᄒᆞ며 不費糧餉ᄒᆞ고 駸駸然作天授之領地而後에 已ᄒᆞ니 此ᄂᆞᆫ 政累家之手段而文明國通例也라. 今 欲生存於此世而 昧於時勢ᄒᆞ야 不能善始而圖終은 雖 不但責備於 政府ᄒᆞ나 國際上約章을 秘密的 糊塗的으로 不許 國民議之而專擅行之則憤敗之 後에 其 咎安歸오. 今 云暴徒也 義兵也之妄動이 亦 何故也오. 因此而全國人種이 殄滅乃已니 天下萬世에 將何以謝之오 國家ᄂᆞᆫ 乃人民共同之公産이오 非政府之私有어ᄂᆞᆯ 今於革舊就新整理之除에 瞑行獨裁라가 中痞之怪疾이 猝發ᄒᆞ야 補不得瀉不得에 莫可收拾ᄒᆞ니 此ᄂᆞᆫ 亡國之第二原因이라 誰爲爲此오. 嗚呼痛哉라 政府之罪歟아 民人之罪歟아 吾自斷案曰專制政體之罪也라 ᄒᆞ노라.

然則 國家體裁ᄅᆞᆯ 不得不 新構造 然後에 可以得生存於二十世紀新世界也니 新構造ᄅᆞᆯ 當如何오 第一은 國民的 內治오 第二ᄂᆞᆫ 國民的 外交也니 內治의 材料ᄂᆞᆫ 憲法上 監督之機關이 是也오 外交의 材料ᄂᆞᆫ 事實上 經驗之歷史가 是也玆欲次第揭說于下ᄒᆞ노라.

何謂國民的內治오 今世界ᄂᆞᆫ 立憲專制兩政體之新陳嬗代之時也라. 所謂 專制者ᄂᆞᆫ 政府少數人政治也오 立憲者ᄂᆞᆫ 國民大多數之政治也니 英 儒邊沁이 曰 國家之有政治ᄂᆞᆫ 爲最大多數之最大幸福而設이라 ᄒᆞ니 若爲少數人一方面之利益ᄒᆞ야 逆潮流於大多數所趍之地則絶對的反阻力이 生ᄒᆞ야 必至於亡其身覆其國ᄒᆞ나니 不見夫奧相梅特涅之事乎아 不見夫拿破侖之末路乎아 其利害之所歸ᄅᆞᆯ 至易見也로다.

以近日事로 言之라도 可師可友之隣人이 指導韓人에 未始不以政治改善으로 爲最先目的而曾不剔刪舊汙ᄒᆞ고 猶噓其不死之專制ᄒᆞ야 欲自利其身而又餌之於政府ᄒᆞ야 利用其少數之人ᄒᆞ고 不恤其大多數之積久怨怒而反以嫉之ᄒᆞ니 乃如是則韓日兩國人所受之痛毒이 尙有未艾者也라 其不懼乎아.

余ᄂᆞᆫ 以爲地方騷動之風潮와 不平之憾情이 不鎖磨於國會之議席이면 無以化之오 不移轉於自治之範圍면 無以戢之라 ᄒᆞ노니 何也오. 自昨年以來로 民志之渙散이 如是ᄒᆞ고 民之體分裂이 又如是ᄒᆞ니 雖使彼等으로 自爲料理向化라도 歸宿也無所오 契活也無地則其所愈壓而愈激ᄒᆞ고 愈彈而愈發은 卽今日之現象也라. 雖然이나 不戢之면 必自焚이오 不惟自焚이라 環伺列强의 難解之問題가 必有及於東亞之全局矣리니 眞如是也則豈容留韓 日兩國人立足之地乎아. 夫 衝突은 爲調和計也라. 今於漲怒積沸之發에 但以兵力衝突則雖百衝突이라도 無一調和之時어ᄂᆞᆯ 況以借外兵而討內族乎아 設以同血之族으로 爲可討之賊이라도 草木이 滿山에 鳥雲之▨沒을 其 能易制乎아 稻苗盈疇에 稂莠之糅雜을 其 能易鋤乎아 行陣搜討ᄂᆞᆫ 以理以勢에 萬不可能이니 孰與其使斯民으로 自行其除暴安良之爲易易事也오. 孟德斯鳩曰 國家之程度ᄂᆞᆫ 必依國民

政治思想而發達이라 ᄒᆞ니 夫 政治思想者ᄂᆞᆫ 卽立憲章定權限ᄒᆞ야 監督政府之行政ᄒᆞ며 曁乎市州郡自治之制를 皆 民人이 自擔自辦之謂也니 質言之ᄒᆞ면 國家政治之本源이 卽 國民之思想也라. 凡 以政治的으로 鼓吹之淬礪之ᄒᆞ야 成出公同的一爐治之思想이면 作用上에 必有愚者智ᄒᆞ며 梗者化ᄒᆞ야 不期然而然者矣라. 蓋以日本薩長二州之風氣로 改革之初에 帖然歸順ᄒᆞ야 力贊王室에 克成大業ᄒᆞ니 此非政治思想之爲歟아. 法國大革命이 忽焉爆發ᄒᆞ야 腥血이 淋漓에 朝野分裂而卒以集成團體ᄒᆞ야 更造雄國ᄒᆞ니 此非政治思想之爲歟아. 亟宜草創憲法條例ᄒᆞ야 布告國中호ᄃᆡ 令民自解而逐條辨析ᄒᆞ고 各述意見而務合國情ᄒᆞ야 損益制定之ᄒᆞ고 又示國會定期ᄒᆞ야 選擧制度와 豫算問題를 使各準備ᄒᆞ고 各令講定自治之制ᄒᆞ야 先自都市實行ᄒᆞ고 廣施警察機關ᄒᆞ야 使地方行政으로 貫徹於中央集權則雖漂蕩無恒之流라도 皆知法律之爲重而不可犯者니 此非汲汲爲之者乎아. 此等 組織을 雖不可以四三年內畢擧也나 然이나 先須宣示於民ᄒᆞ야 使知改觀的國家에 民議之見用則自當奮勵警飾ᄒᆞ리니 使其悖惡蔑紀之徒ᄂᆞᆫ 不得容其奸ᄒᆞ고 稍知公義者를 皆得率轂循軌則此所謂以民戢民以民化民之道也라. 不有愈於勞外兵而殘內族乎아.

何謂國民的外交오 國際上 交涉事務를 民人之擔負其任은 各國 憲法條例에 雖無明文ᄒᆞ나 十九世紀 以來로 歐米 列强의 對外政策이 無不以民族으로 爲前驅故로 外交方針을 必從其民而定之矣라. 日本 小野塚喜 平次博士之所述政學大綱에 著有國民的外交之政策이 甚明瞭ᄒᆞ니 世界 外交家가 多爲唱和ᄒᆞ야 國民的 外交時代ᄂᆞᆫ 卽 今二十世紀 新世界라 ᄒᆞᄂᆞ니 故로 淸人 觀雲子曰往古之時에 外交之事를 皆以國君으로 當之ᄒᆞ고 國民은 無預而近日之國家ᄂᆞᆫ 反是ᄒᆞ야 凡 外交를 無不以國民으로 爲主宰之原動力ᄒᆞ니 以近日事로 觀之則美洲之排斥亞細亞人이 爲外交上一大案而其原動力이 出於其民則此ᄂᆞᆫ 美洲國民之外交也오 中國은 因鐵道之借款ᄒᆞ야 起而抗之原動力이 出於其民則此ᄂᆞᆫ 中國民之外交也라 ᄒᆞ니 蓋 淸國之民이 馴擾於政府專制之下久矣라. 內政外交를 不敢過問이러니 近則干預外交之氣力이 漸强ᄒᆞ니 如再昨年之拒美約, 去年之拒英款에 槪有可觀者也로다.

夫辦外交之事務者ᄂᆞᆫ 不可視爲政府的이오 當視爲國民的이니 旣視爲國民的則不可不以外交之問題로 先布于民ᄒᆞ야 求其同意然後에 乃行之可也라. 若反是而政府ㅣ 逕庭締約이라가 遇有國民大多數之反對則其將何以處之오. 故로 無國民同意之外交ᄂᆞᆫ 非完全之成約이오 非有力之公案이라.

內治外交上의 所以爲材料若監督之機關若經驗的歷史ᄂᆞᆫ 當俟他時更論ᄒᆞ노라.

60. 신채호, 한국과 만주

■ 『大韓每日申報』에 발표한 신채호의 논설. 신채호는 만주를 한민족의 역사에 편입시켜 한국고대사의 체계화를 시도했다. 만주는 역사적으로 한민족의 흥망과 직결되는 지역으로, 한국은 일본이 만주를 지배하게 되면 일본제국주의의 지배권에 들어갈 것이며, 러시아와 일본이 만주를 지배하게 되면 러일의 지배하에 놓일 것으로 보았다. 원문

한국과 한 줄기 강으로 떨어져서 한국 화복(禍福)의 기관을 만드는 지방이 있다. 그 땅은 어디인가? 만주가 그것이다. 기자는 한국 사천 년 역사상에 피차간 관계되는 실적을 들어서 학문에 뜻을 둔 여러 군자의 연구에 이바지하고자 한다.

단군이 처음으로 나신 성인으로서 조선국을 창설하실 때, 만주를 중히 여겨서 그 아들 '부루'로 하여금 이를 개척해서 후세 자손에게 남겨 주었는데, 그 자손이 중간에 쇠해서 강토를 많이 잃고 몇 백 년 역사상에 영광을 나타내지 못했다. 그러나 오히려 만주 한 지경(地境)을 가지고 있는 동명왕 주몽(朱蒙)이

이것을 자뢰(資賴)해서 한 채찍을 들어 동쪽을 가리킴에 위씨와 사군이부(四郡二府)가 몇 백 년 동안 기르고 쌓았던 세력을 하루아침에 쳐서 항복을 받았다. 그 후에 대무신왕(大武神王), 광개토가 이어서 일어나 칠천 리 강토를 넓히고 큰 제국을 세웠으니 이것이 비록 총명예지한 임금의 웅도대략(雄圖大略)에서 나온 바이지만, 또한 그 근거지의 형세가 있었기 때문이니, 만주는 진실로 한국에 중대한 관계가 있는 지방이다.

출전은 『大韓每日申報』 1908년 7월 25일자.

그 후 고구려가 점점 동으로 밀려와서 평양을 근거지로 삼고 만주를 무심히 본 이후로 국사가 또한 실추되어, 비록 을지문덕 같은 재략으로 수양제(隋煬帝)의 백만 군사를 도륙하고, 연개소문의 수단으로 당태종(唐太宗)의 교만한 담을 꺾었으나, 필경은 보장왕의 한 조각 백제가 신성한 나라의 사기에 오점을 끼쳤으니, 오호라! 당시에 남생(男生)과 남건(男建) 같은 용렬한 재목이 국권을 잡았고, 또 광개토왕의 동종과 화호(和好)하라는 유언을 전혀 잊어버리고 신라와 해마다 싸웠으니, 고구려가 멸망한 까닭이 심히 많지만 만주를 가볍게 본 것이 또한 중대한 까닭이 될 것이다.

그렇기 때문에 대조영 부자가 고구려가 끼친 터를 다시 밟아서 발해국을 창립할 때, 첫 번에 만주에 웅거했으니 천재(千載)* 이하 영웅의 소견이 거의 서로 같다.

千載 천세(千世). 천 년에 이르는 오랜 세월을 뜻함.

대씨(大氏)가 이 땅에 웅거해서 삼백 년을 다스렸는데, 후세에 대인찬(大諲譔)이 거란에게 망하고, 태자 광현(光顯)이 백성 수만 호를 거느리고 고구려의 구토(舊土)로 다시 돌아온 후로 만주는 거란과 몽고가 서로 다투는 땅이 되었고, 한국민족의 국기를 이 땅에서 다시 보지 못한 것이 몇 백 년이 되었다.

이왕에 청국의 조상인 금준(今俊)*은 본래 한국 사람으로 이 땅에 들어가서 새로 식민지를 개척하고, 당시에 지나(支那)를 병탄해서 대금국(大金國)을 세웠고, 오늘날에 이르러선 청국의 조종(祖宗)이 되었으니 그 언어가 한국과 다르며 풍속이 한국과 같지 않아서 거연히 민족이 나누어졌다.

今俊 금(金)나라 시조로 추숭된 완안함보(完顔函普, 재위 941~960년)를 가리킨다. 일설엔 황해도 평산의 중이었다가 여진으로 들어가서 금나라의 시조가 되었다고 한다.

그러나 근래 몇 십 년 내로 청국의 권력도 온전히 실추되어, 러시아가 엿보다가 뜻을 이루지 못하고 지금은 일본의 세력 범위 안으로 들어갔다.

지금까지 대강 기록한 만주역사를 보건대, 한국과 만주의 관계가 얼마나 가까운가? 한민족이 만주를 얻으면 한국이 강하고, 다른 민족이 만주를 얻으면 한국민족이 쇠약하며, 또 다른 민족 중에도 북방민족이 만주를 얻으면 한국은 북방민족의 세력범위 안에 들어가고, 동방민족이 만주를 얻으면 한국은 동방민족의 세력범위 안으로 들어갔으니, 오호라! 이는 사천 년 이래 바꾸지 못할 정해진 전례가 되었다.

만주가 한국과 이같이 중대한 관계가 있는 것을 아는 자가 몇 백 년간에 몇이나 있었는가? 고구려 태조가 삼한을 통일한 후에 즉시 거란과 화친을 끊고 옛 강토를 회복하려고 하다가 황천(皇天)이 그 수명을 더해 주지 않아서 그 이듬해에 승하했고, 윤관(尹瓘)이 여진족을 쫓고 구성(九城)을 쌓아 지경(地境)을 확장하려다가 간신배의 미움을 받아 이루지 못했다. 최영이 명나라 장수 복진을 쳐서 물리친 후에 우선 만주의 문호인 요동(遼東)을 회복하고자 하여 조정의 의론을 누르고 홀로 결단해서 시행할 때, 쾌검(快劍)을 빼서 명 태조(明太祖)의 사신 40여 명을 베고 대병을 움직여 갔는데 나라가 혁명되는 운을 당해서 큰 뜻을 이루지 못했으니, 애석하다!

본조(本朝) 오백 년 동안엔 방 안에서 잠에 취하여 문밖의 일을 알지 못함에 만주 일폭(一幅)은 꿈속에서도 생각하지 못했으니, 인물의 부족함이 어찌 이 지경에 이르렀는가?

동서가 통한 이후로 이 땅이 더욱 동아(東亞)가 경쟁하는 땅이 되어 러시아, 일본 양국이 만주 문제로 수십 년을 서로 다투는데도 한국은 수수방관하기만 하더니, 이제 만주는 어떻게 되고 한국은 어떻게 되었는가?

劫運 재앙이 낀 운세. 겁회(劫會).

동쪽에서 잘못된 계책에 놀랐는데 서쪽에 와서도 겁운(劫運)*을 만난 것을 한탄하여 이를 기록하는 것이니, 장래 한국에도 안목이 열린 사람이 몇이나 나올는지 알지 못하겠다.

61. 김성희, 외교상 경험의 역사를 논함

■ 조선이 보호국의 현실을 극복하기 위해서는 내정개혁 못지 않게 외교도 중요함을 서구의 예를 들어 설명하고 있다. 외교권을 박탈당한 상황에서 독립을 보전하는 국민은 외교사상이 선결문제이므로, 시세에 방관하지 않고 이를 이용할 자각심을 환기시키고, 사회적 외교, 즉 민족적 외교의 필요성을 주장하고 있다. 출전은 金成喜, 「論外交上經驗的歷史」, 『대한협회회보』 제8호(1908년 11월).

離婁 눈이 매우 밝았던 것으로 알려진 전설상의 인물이다. 『孟子』「離婁上」에 그에 관한 언급이 보인다.

'매'(昧)라는 글자는 본래 '맹'(盲)과 뜻이 같으니 맹인이 여러 이루(離婁)*의 곁에 있으면 어떻게 큰일을 할 수 있겠는가? 근세 국제의 경쟁은 반드시 국민을 절대의 후원으로 삼는다. 그러므로 정부는 국민의 후원력(後援力)을 양성해서 외교상의 곤란을 해결하는 것을 둘도 없는 법문(法門)으로 삼는 것이니, 이와 반대로 외교를 정부적 권리로 인식하고 국민적 권리가 아니라고 여겨서 맹단(盲斷)하여 독재한다면 밖에서의 각국의 핍박과 안에서의 국민의 원망을 해결할 수 없을 것이요, 심지어 자기의 권위(權位)도 보전할 수 없을 것이다. 그러므로 각국과의 체약(締約)에 대해서 시세의 흐름에 어두운데다가 또 학자의 이론을 연구하지 않아서, 크게 차질을 빚어 세상에 다시 서지 못하고 스스로 제 나라를 망친 경우가 허다하다. 어지러운 물을 건너갈 때 나침반이 없고, 어지럽게 연주되는 곡에 주음(主音)이 없으면 되겠는가? 애석하다, 정부의 어두움이여!

설령 국민의 화복을 위해 계책을 세우지 않더라도 어째서 자기의 이해(利害)마저도 생각하지 않는가?

금일 국민이 정부에 대해 원망하는 것은 만인의 말이 똑같다. 그 원망은 어디서 비롯된 것인가? 내치인가, 외교인가? 성질로 논한다면 내치는 비록 이해가 크게 관계되는 것이지만, 그래도 만구(挽救)*를 서서히 도모하는 성질이 있다. 하지만 외교는 그렇지 않아서 본래 급박성이 있고 또 돌이킬 수 없는 성질이 있으니, 각 여국(與國)*과 체약할 초기에 과문(過問)*하지 않고 오직 정부에서 가지고 노는 대로 맡겨서 그 지휘를 맹종하다가 그 오류와 낭패가 발생한 후에야 비로소 원망한다면 무슨 도움이 되겠는가? 한 번, 두 번 오류가 거듭되면서 해결하기도, 구조하기도 어려운 지경에 이를 것이니 어찌 슬프지 않은가? 국가의 책임이 나에게 있음을 모르고 정부에게 미루려고만 하는 자는 국민 자격이 있다고 할 수 없다. 어리석은 아이는 불이 난 집에서 자면서도 편안해 하고, 바보 같은 종은 밤의 대문에서 인사하면서 도둑을 맞이한다. 아아, 국민의 어두움이여! 비록 정부의 희비를 위해 생각하지 않더라도 어째서 국가의 휴척(休戚)* 마저도 염두에 두지 않는가?

挽救 위험이나 불리함 속에서 건져 올림.

與國 동맹국.

過問 어떤 일에 대해서 관심이나 참여 의사를 표시함.

休戚 화복(禍福).

혹자는 말하길, "외교상 조약의 일은 그 권(權)이 정부에 있고 국민에게 있지 않다. 이는 곧 우리 국가가 생긴 이래 바뀌지 않은 법이다. 정부가 아직 개선되지 않았더라도 외교의 잘잘못의 책임을 민인(民人)에게 돌리는 것은 본래 근거가 없는데, 그대는 어째서 그런 말을 하는가?"라고 한다. 나는 그렇지 않다고 생각한다. 민(民)이란 것은 국가 전체의 주인이요, 정부란 것은 민인 의지의 대표다. 대표라는 명의에 있으면서도 주인의 동의를 구하지 않고 제멋대로 행동해서 중요한 조약을 체결하는 일에 대하여 주인 된 자는 어떻게 대처해야겠는가? 그 조약은 작소(繳消)*해도 괜찮고, 그 일은 철폐해도 괜찮은 것이다. 비록 작소하지 않아도 그것이 반드시 무효임은 확실하다. 그러므로 서양인들이 말하길, "국제 조약이 민인의 의지에 따른 것이 아니라면 완전한 공안(公案)이 될 수 없다."라고 하는 것이다. 미국의 제도에 국회 3분의 2의 찬성이 없으면 외국과 체약할 수 없게 되어 있는 것이 바로 이것이다. 이는 실로 국민이 저절로 얻는 권(權)으로서 정치에 참여할 수 있는 것이요, 정부로부터 힘을 빌려서 그 권(權)을 세우는 것이 아님이 분명하다.

繳消 거두어들여서 없애버림.

일본민으로 말하자면, 울결(鬱結)*한 것을 성대하게 펼친 외교사상을 한두 가지 사례에서 대략 볼 수 있다. 40년 전에 미국의 군함 한 척이 처음 일본에 도착했는데, 이는 해안을 측량하려는 것에 불과했다. 그런데도 온 나라가 남녀와 군민(軍民)을 막론하고 눈을 부릅뜨고 이를 갈아서 바람이 일어나듯, 물이

鬱結 꽉 막혀서 내려가지 않는 모양.

솟구치듯 하는 와중에 끝내는 파괴주의[破壞之主義]를 제창해서 유신의 대업을 이루었다. 갑오(甲午, 1894)년의 전쟁에선 러시아, 프랑스, 독일 3국이 일본을 핍박해서 요동을 청국에 반환하게 했다. 이는 남에게서 탈취한 것을 원주인에게 돌려주는 것에 불과했다. 그런데도 온 나라가 남녀와 군민을 막론하고 팔을 걷어 부치고 휘둘러서 결국엔 거대한 군비(軍備)를 확장하고 만주의 승리를 획득했다. 몇 해 전 일아화약(日俄和約)*의 성립은 부득이한 국세(局勢)에 기인한 것으로 민의(民議)를 거치지 않은 잘못밖에 없었다. 그런데도 온 나라가 남녀와 군민을 막론하고 상심해서 큰 소동을 일으켰다. 간신히 정부의 유도로 멈추게 했으니, 그 멈춘 것은 장래 동아(東亞)를 분할하는 책략이 금일의 격쟁보다 더 중대함을 알았기 때문이다. 일본민의 사상은 어떻게 이를 성취했는가? 만약 한국민이 입장을 바꾼다면 그렇게 할 수 있겠는가? 60년 전에 프랑스 병함이 처음 홍주(洪州) 연도(烟島)에 도착했을 때* 교섭 과정에서 꾸짖는 말이 파다했는데, 우리 한민(韓民)이 저항했다는 소문을 과연 들은 적이 있는가? 27년 전 영국 수사제독 윌스[韋力士]*, 미국 총병(總兵) 슈펠트[薛斐爾]*, 독일 공사 브란트[巴蘭德]*가 차례대로 인천에 들어와 그 무위(武威)를 과시하고 협박해서 조약을 맺었는데, 우리 한민이 저항했다는 소문을 과연 들은 적이 있는가? 당시에 저항했다는 소문이 없었을 뿐만 아니라 또한 그 후에도 의견을 진술한 자가 없었으니, 이 몇 가지 일을 가지고 일본민과 비교해 보면 어찌 부끄럽지 않은가?

일본국의 흥륭은 바로 인민의 발달에서 비롯된 것인데 형세에 따라 유리하게 인도한 것은 정부요, 대한국의 쇠퇴는 정부의 전제로부터 말미암은 것인데 이를 묵인하고 암조(暗助)한 것은 민인이다. 민인들의 지혜롭고 어리석음의 상반됨이 어찌 끝내 이 지경에까지 이르렀는가? 요점을 말하자면 참정권이 자기에게 있음을 알지 못해서 스스로 그 책임을 방기했기 때문이다. 서구인이 동아의 사람들을 평판하기를, "일본인은 알아서 잘 행하고, 청국인은 알아도 행하지 않고, 한인은 알지도 못하고 행하지도 않는다."라고 하니, 나는 알고서 능히 행하는 것은 강국의 도(道)요, 알지 못하고 또 행하지도 않는 것은 망국의 도라고 생각한다. 『서경』에 이르길 "유약하면 겸병하고 혼매하면 공격하며, 어지러우면 잡아들이고 망치면 모욕을 가한다."*라고 했으니, 약함은 자신이 약하게 만드는 것이요, 어지러움은 스스로 어지럽게 만드는 것이요, 망함은 스스로 망하게 하는 것이로되 이 모든 것이 오직 "어두움"[昧]이라는 한 글자에 기인하는 것이다. 대세의 흐름과 입국(立國)의 원리를 알지 못하고 한갓 명위(名位)만을 훔쳐 자기 사욕을 이루려고 해서, 전제의 압력이 대기(大氣)보다 무거우니 국민

日俄和約 러일전쟁의 사후처리를 위한 강화조약인 포츠머스 조약(1905)을 가리킴.

60년 전에 프랑스 병함이 ~ 도착했을 때 1846년 6월 프랑스 해군제독 세실(Cecille)이 세 척의 군함을 이끌고 서울 한강으로 진입하려 하였으나 한강을 못 찾고 외연도에 정박, 헌종에게 1839년 기해박해의 책임을 묻는 편지만 남겨 놓고 돌아간 일을 가리킴.

윌스 George D. Willes(1823~1901). 영국해군제독으로 나가사키 주재 영국대사 애스톤(William George Aston)을 대동하여 제물포로 와서 우리 측의 조영하, 김홍집과 상판을 벌여 조약 체결 단계까지 갔으나, 이후 영국의 무역과 지위보장에 불리하다는 이유로 영국정부가 비준을 거부하였다.

슈펠트 Robert W. Shufeldt(1821~1895). 미국해군제독, 외교관. 1867년 군함 와츄세트호 함장으로 미국 상선 제너럴셔먼호의 행방을 수색하고, 조선의 개국을 촉구하고 돌아갔다. 1882년 미국 전권대사 자격으로 군함을 이끌고 인천으로 들어와 신헌, 김홍집, 서상우 등과 조미수호통상조약을 맺었다.

브란트 Max August Scipio von Brandt(1835~?). 1870년에 군함 헤르타호로 부산 앞바다에 와서 조선과 통상 교섭을 하다 거절당하였다. 1872년 주일 독일전권공사, 1875년 주중공사를 역임한 후 1883년 인천에서 조영하, 김홍집 등과 만나 조독수호통

이 어둡고, 앞에서 인도하는 창혼(倀魂)이 미궁을 살피지 않으니 정부가 어둡다. 그 어두운 자를 어둡지 않은 자들이 모두 속일 수 있음은 공례(公例)가 그러하다. 그러나 그 어두움이 같은데도 정부가 국민에게서 원망을 사는 것은 어째서인가? 바로 스스로 자기 국민을 업신여겨서 후원력을 구하지 않기 때문이니, 이를 염두에 둬야 한다.

현 세계에서 가장 두렵고 슬퍼할 만한 것은 '보호'라는 명사다. 세상 사람들이 말하길, "어떤 나라가 다른 나라의 세력 범위 안에 있으면 '피보호국'이라고 부르지 않을 수 없고, '피보호'가 되면 자유도, 독립도 할 수 없다."라고 한다. 아아! 어찌 그것이 사실이겠는가, 어찌 그것이 사실이겠는가? '보호'라는 명칭은 최근에 생겼는데, 강한 힘을 가진 나라가 약한 나라의 권리를 차지하려고 할 때 "약한 나라가 매번 나라 사이에서 경쟁의 공례를 위반할 때마다 스스로 권리를 잃고 공동공법(共同公法)에 오점을 남긴다."라고 하면서 바로 보호라는 명사를 붙인 것이다. 그 제도는 보호국이 피보호국에 대해서 모든 일을 자기 뜻에 따라 자유롭게 간섭하니, 그 폐단이 천리(天理)를 저버리고 인도(人道)를 소멸시키는 것이 많다. 그러므로 유럽의 학자들이 10여 년 전부터 다시 그 원리를 연구해서 말하길, "보호국의 발생은 인류의 국제생활의 방침에서 유래한 것이다."라고 한 것이다. 따라서 비교적으로 계급상 연구를 하지 않을 수 없으니, 그 형식에 따라 아래와 같이 네 가지 종류로 구분한다.

첫 번째 종류. 국력이 미약하면 다른 강국이 병합하려고 하지만 타국의 견제와 간섭으로 인해 일정한 범위를 넓힐 수가 없다. 이에 그 주권을 옹호하면서 자국의 이익을 유지하는 경우니, 이를 호위(護衛)적 보호국, 단순적 보호국이라고 한다. 이를테면 모로코[摩洛哥], 몬테네그로[孟底内格羅], 쿠바[古巴], 아프가니스탄[阿富汗]이 여기에 해당한다.

두 번째 종류. 사절을 보내는 주권[行使之主權]과 모든 외교권, 재정권, 군사권, 기타 중요한 것들을 보호국이 가지고, 남아 있는 것은 통치의 형식뿐인 경우다. 이를 후견적 보호국, 정치상 보호국, 국제보호국이라고 한다. 이를테면 타히티[塔喜齊], 베트남[安南], 튀니지[突尼斯], 마다가스카르[馬達加斯加]가 여기에 해당한다.

세 번째 종류. 전국이 다른 나라 사람에게 겸병되고 간신히 군위(君位)만을 남겨서, 그 남은 위세를 빌려 내부의 행정을 편하게 하는 경우다. 이를테면 영국령 인도가 여기에 해당한다.

네 번째 종류. 국가를 이루지 못한 토추(土酋)가 강국에게 정복을 당하고 토지, 혹은 만든 물품의 매수자가 되는 경우니, 아프리카 주 내의 각국 식민지가

상조약을 맺었다.
兼弱攻昧 取亂侮亡『書經』「仲虺之誥」에 나오는 말.

여기에 해당한다.

이 네 가지 종류는 오직 외관상 세력의 강약에 따라 구별한 것이며, 민족적 국가의 국민주의에 따라 논한 것이 아니다. 무슨 말인가? 보호 하에서도 자유독립과 완전독립이 있다. 그 예로는 1815년에 영국, 러시아, 오스트리아, 프러시아의 연합 조약에서 이오니아[愛禾尼亞] 제도*를 영국의 직접 보호 하에 두면서 반포한 헌법에 그 자유독립을 명기하고, 1847년에 프랑스가 타히티와 맺은 조약에서도 직접 보호하면서 반포한 헌법에 그 자유독립을 명기하고, 1863년에 또 튀니지와 보호조약을 맺으면서 반포한 헌법에 그것이 독립군주국임을 명기하고, 1888년에 영국이 사라와크[塞拉瓦克]*, 부르나이[普爾納]와 보호조약을 체결하면서 그 반포한 헌법에 그 자유독립을 명기한 것을 들 수가 있다. 이러한 예는 일일이 다 거론할 수도 없다.

이오니아 제도 그리스 서해안에 위치, 18세기 말까지 베네치아인의 지배하에 있다가 1798년 프랑스의 손에 넘어감. 나폴레옹전쟁 중 영국이 점령하여 그리스 독립 후에도 보호하에 두었다가 1864년에 반환하였음.

사라와크 사라와크 왕국. 1841년 제임스 브룩(James Brooke)이 브루나이 술탄으로부터 시라와크 지역 통치권을 양도받아 세운 나라. 현재 말레이시아 보르네오 섬에 위치.

총괄한다면, 보호국의 관계는 비록 각각 다르더라도 이미 독립을 승인했다면 독립된 것은 매한가지다. 그런데 학자들은 매양 고심하면서 분별하여, 이오니아가 영국의 보호를 받는 것에 대해 극약백로(克約伯路) 씨는 반(半)주권국이라고 지목하고 자위사(資威斯) 씨는 독립국이라고 칭한다. 튀니지가 프랑스의 보호를 받는 것에 대해서 프러시아의 열초화철(列樵華鐵) 씨는 독립국이라고 부르고, 다른 학자들은 반(半)주권국, 또는 식민지라고 한다. 영국인 비리모라(菲利姆羅) 씨는 보호국도 독립국의 자격이 있다고 하고, 일본의 아리가 나가오(有賀長雄)* 씨는 민법상 보좌인(保佐人)과 후견인의 법리에 준거해서 세 번째 종류의 보호국은 제3국에 대해선 독립국이 되지만, 보호국에 대해선 독립국이 될 수 없다고 한다. 여러 설들이 혼란스러워서 어느 한 가지가 맞다고 단정할 수 없지만, 아리가 씨의 말은 그중에서도 더욱 이치에 맞지 않는다.

有賀長雄(1860~ 1921) 법학자, 사회학자. 1882년 도쿄제대 문학부를 졸업한 후, 1886년 유럽에 유학하여 국제법을 공부하였다. 이후 육군대학, 해군대학, 도쿄제국대학, 와세다대학 등에서 헌법, 국제법을 강의하였다.

국가의 체재(體裁)는 민족의 추상적 정신이다. 이미 그 국민주의가 향하는 바가 있다면, 어찌 독립국에 대해 반(半)주권이나 식민지와 같은 명칭이 있겠는가? 독립이란 남에게 도움을 바라지 않음을 뜻한다. 그렇다면 어찌 저쪽에 대해선 독립이고 이쪽에 대해선 독립이 아닌 이치가 있겠는가? 외교가들의 동조서소(東眺西笑)*하는 골계(滑稽)의 논의와 조삼모사(朝三暮四)로 우롱하는 술책이 매번 이와 같으니, 현 세계에서 나라를 다스리는 자가 어찌 두려워하지 않을 수 있겠는가? 어떤 나라에서 외교관에게 훈시한 말을 보지 못했는가? 혼란한 나라에 대해서는, 만약 이용할 수 있는 작은 틈이라도 있으면 겉으론 병위(兵威)로 위협하고 속으론 감언으로 유인하며, 그 주권에 가장 가까운 집정자에게 뇌물을 써서 그 군주를 동요시키고 유혹하게 만들며, 혹은 타국의 방해를 막아서 은비(隱秘)한 맹약을 체결하고 혹은 사설(私設)의 사회(社會)를 이용해서, 내국

東眺西笑 동쪽에서는 맞이하고 서쪽에서는 비웃는다는 의미.

정권을 동요시켜서 자기 나라의 세력 하에 굴종하게 만들어 식민지를 확장하라고 했다.

이로써 본다면 인류의 국제 생활상 경쟁은 비록 음사(陰射)*적이긴 하지만 무도(無道)하다고 할 순 없고, 궤우(詭遇)*적이긴 하지만 참덕(慙德)*이라고 할 순 없다. 어째서인가? 근세 민족주의가 인구를 장려한 이래로 땅은 좁은데 인구는 가득한 어려움을 모든 열강이 우려했다. 그 수요와 공급의 부족액은 타국을 도모해서 자기의 소유로 만들지 않으면 안 되었다. 그러므로 열등하고 미개한 나라를 하늘에서 내려준 공산(公產)으로 간주했던 것이다. 하물며 외교의 목적은 "빼앗지 않으면 만족하지 못하는"* 뜻이 경쟁 중에 비밀리에 싸여 있어서, 때로는 분투적 경쟁을 하고 때로는 평화적 경쟁을 하지만, 그것이 한 번 변하면 능모(凌侮)적이 되고, 한 번 변하면 궤사(詭詐)적이 되어 별도의 수단을 사용해서 그 권리를 몰수하기 전까진 그치지 않음에 있어서겠는가! 위험하도다, 외교술이여! 운번우복(雲飜雨覆)*함에 끝내 횡류(橫流)가 도도히 흐름을 볼 것이다.

陰射 은밀하게 쏘아서 맞춤.
詭遇 사냥할 때 수레를 예법에 따라서 몰지 않고 짐승을 속여서 몰이하는 것을 뜻한다. 『孟子』「滕文公下」에 나오는 말.
慙德 부끄러운 덕, 떳떳하지 못한 덕.

不奪不厭 『孟子』「梁惠王上」에 "만일 의(義)를 뒤로 하고 이(利)를 앞세운다면 모두 빼앗지 않고는 만족하지 않을 것입니다."[苟爲後義而先利 不奪不饜]는 구절을 인용.

雲飜雨覆 두보(杜甫)의 "빈교행"(貧交行)이라는 시에서 "손 뒤집으면 구름이요, 손 엎으면 비로다. 경박한 작태 분분함을 어찌 따질 것이 있으랴."[翻手作雲覆手雨 紛紛輕薄何須數]고 한 데서 유래한 말로 세상 사람들의 작태가 어지럽고 무상함을 비유하는 말.

대체로 우리 국민의 어리석음[愚]이 어두움[昧]에 있으니, 그 어둡지 않은 것 또한 말하기가 어렵다. 그러나 민력을 외교의 후원으로 삼지 않아서 스스로 실패를 자초함은 그래도 한두 사람의 어두움이지만, 외교의 기무(機務)*를 정부에만 맡기고 앉아서 채찍을 기다림은 이천만 인의 어두움이다. 소수도 어둡고 다수도 어둡다면 이를 맹국가(盲國家)라고 해도 지나친 말이 아닐 것이다. 강자가 약자를 겸병하고 밝은 자가 어두운 자를 공격함은 이치와 형세의 필연이다. 오호, 통재라!

機務 기밀하고 중대한 국가의 대사.

그렇다면 우리 국민이 어둡지 않게 하려면 어떻게 해야 하는가? 내가 말한 바 정치사상의 양성이 바로 그것이다. 헌법을 제정해서 그 완전독립의 명문(明文)을 확실하게 기록하고, 선거대의(選擧代議)를 해서 정부를 감독하는 기관을 건립한다면, 자치단체는 모두 정치의 학교가 될 것이요, 통상약장은 모두 정치의 역사가 될 것이니, 국민의 외교상 뇌상(腦想)과 완력(腕力)이 어찌 계발되지 않을 수 있겠는가? 우리 민족이 진멸(殄滅)하기 전까진 우리 국가의 독립이 존재하는 날이니, 오오, 동포여! 정부를 상망(想望)*하지 말고, 정부를 숭배하지 말고, 정부에 책임을 돌리지 말고, 정부를 원망하거나 욕하지 말고, 오직 나에게 있는 헌정당(憲政黨)의 책임을 다하라. 고립된 군대가 겹겹이 포위당했으니 스스로 살육전에 가담하지 않으면 성명(性命)을 보전할 수 없고, 한 조각배가 폭풍우를 만났으니 죽음 속에서 활로를 찾지 않으면 피안(彼岸)에 도달할 수 없을 것이다. 생각하라!

想望 기대, 희망.

[원문]

夫昧는 固盲也니 盲而處於衆離婁之側이면 其能有爲乎아. 近世國際之競爭에 必以國民으로 爲絶大之後援故로 政府는 當以養成國民之後援力ᄒᆞ야 解決外交上之困難으로 爲不二之法門이니 反是而認外交爲政府的權利오 非認爲國民的權利ᄒᆞ야 盲斷而獨裁之則外之各國之所迫과 內之國民之所怨을 有不可解而至於自已之權位도 亦不得保矣라. 故로 凡對於各國締約에 旣昧時勢之所趨ᄒᆞ고 又不究學者之理論而徑庭蹉跌ᄒᆞ야 不能復立於世而自亡其國者ㅣ比比然矣라. 亂流之渡에 無羅針ᄒᆞ며 亂彈之曲에 無主音ᄒᆞ면 其可乎아. 惜乎라 政府之昧여 縱不爲國民禍福計也나 獨不念自己之利害也오.

今日國民之所怨於政府者ㅣ 萬口同辭ᄒᆞ니 其怨由何오 卽內治乎아 外交乎아. 夫以性質로 論之則內治는 雖利害之大關係者라도 猶有徐圖挽救之性이어니와 外交則不然ᄒᆞ야 素有急迫性ᄒᆞ고 又有不可返之性이니 凡對於各與國締約之始에 曾不過問ᄒᆞ고 專諉政府之操弄而盲從政府之指揮라가 及其誤謬良貝之後에 乃相怨讟이 顧何益焉고 一誤二誤에 至於難解難救之境ᄒᆞ니 寧不悲哉아. 蓋不知國家之責任이 在己而欲推諉於政府者는 不可謂之國民資格也라. 憨兒는 眠火宅而自安ᄒᆞ고 疾奴는 揖夜間而迎盜ᄒᆞ니 嗟乎라 國民之昧여 縱不爲政府悲喜計나 獨不念國家之休戚也오.

或曰外交上條約事는 其權이 在乎政府而不在乎民은 卽有吾國家以來不刊之典也라. 政治則猶未改善而以外交之得失로 責備民人은 固無所據니 子何爲乎爾오. 余曰不然ᄒᆞ다. 民者는 國家全體之主人이오 政府者는 民人意志之代表也라. 旣在代表之名義而不求主人之同意ᄒᆞ고 專恣擅行ᄒᆞ야 締結重要之約事則爲主人者ㅣ 當如何處之오. 其約은 繳消도 可也오 其事는 撤廢도 可也니 雖不繳廢라도 必歸無效는 有斷然者也라. 故로 西人이 謂國際條約이 非民人之意志則不得爲完全公案이라 ᄒᆞ니 觀於美國之制에 非有國會三分二之贊成이면 不得與外國締約이 是也라. 此實民自得之權而參政者오 非借力於政府而立其權이 明矣라.

夫以日本民言之則磅礴鬱結之外交思想을 卽於一二事에 槪見矣로다. 四十年前 美國一軍艦이 始到日本而不過一測量海岸者耳라. 然而 擧國이 無論爲男爲女爲軍爲民ᄒᆞ고 莫不瞋目切齒ᄒᆞ야 風起水湧에 畢竟은 倡破壞之主義ᄒᆞ야 成維新之大業ᄒᆞ며 甲午之役에 俄德法三國이 逼日本還遼於淸國而不過以其奪取於人者로 還其原主者耳라. 然而 擧國이 無論爲男爲女爲軍爲民ᄒᆞ고 莫不攘臂扼腕ᄒᆞ야 畢竟은 擴張巨大之軍備ᄒᆞ고 獲有滿洲之勝利ᄒᆞ며 年前日俄和約之成은 卽因局勢之不得已者而不過未經民議之咎耳라. 然而擧國이 無論爲男爲女爲軍爲民ᄒᆞ고 疾首痛心에 大起騷擾ᄒᆞ야 僅以政府之誘解而止焉ᄒᆞ니 其止焉者는 將來控轄東亞之策이 知有大於今日之激爭也라. 日本民之思想은 何以得此오 卽使韓國之民으로 易之則其能乎否아. 六十年前에 佛蘭西兵艦이 始到洪州烟島에 交涉上苛詰이 頗多而我韓民抵抗之言議를 果聞之乎아. 二十七年前 英國水師提督韋力大, 美國總兵 薛斐爾, 德國公使 巴蘭德이 次第駛入於仁川ᄒᆞ야 示其威武에 脅成條約而我韓民抵抗之言議를 果聞之乎아 不惟抵抗之無聞於當時라 亦無意見之陳述於後者ᄒᆞ니 以此數者로 較視於日本之民ᄒᆞ면 得不靦然可愧乎아.

夫日本國之興隆은 卽由乎人民之發達而因勢而利導者는 政府也오 大韓國之衰頹는 卽由乎政府之專制而默認而暗助者는 民人也라. 民人知愚之相反이 一何至此오 要而論之면 不知參政權이 在己而自棄其責任也라. 歐西人이 有評判東亞之人曰 (日人은 知而能行ᄒᆞ고 淸人은 知而不行ᄒᆞ고 韓人은 不知又不行이라 ᄒᆞ니 吾謂知而能行者는 强國之道오 不知又不行은 亡國之道라. 書曰 兼弱攻昧取亂侮亡이라 ᄒᆞ니 弱自弱之오 亂自亂之오 亡自亡之而皆基因於一昧字者也라. 不知大勢之所趨ᄒᆞ고 不知立國

之原理而徒竊名位에 欲濟已私ᄒᆞ야 專制壓力이重於大氣ᄒᆞ니 國民이 昧矣오 前導倀魂이 不省所迷ᄒᆞ니 政府昧矣라. 惟其也則不昧者皆得以欺之ᄂᆞᆫ 公例則然也라. 然이나 以昧則同而政府之取怨於民은 何也오 卽以自侮其國民而不求其後援力也니 盍念之哉오.

現世界最可懼最可悲者ᄂᆞᆫ 保護之名詞也라 世人이 有謂某國이 在於某國勢力範圍之中則不得不名爲被保護國이오 被保護則非可以自由非可以獨立이라 ᄒᆞ니 惡라 豈其然乎리오 豈其然乎리오. 保護之名稱이 起自近世而國之有强力者ㅣ 欲占取弱國之權利홀시 以爲弱國이 每於國際에 違反競爭之公例則自失其權利而玷汙於共同公法이라 ᄒᆞ야 乃附以保護之名詞ᄒᆞ니 其制度ᄂᆞᆫ 能保護國이 對於被保護國에 無事不自由其意而干涉之則其弊也背天理蔑人道者多矣라. 故로 歐洲學者自十餘年前으로 更究其原理ᄒᆞ야 以爲保護國之發生은 卽由乎人類國際生活之方針이라 不得不以比較的으로 階級上 研究ᄒᆞ야 從其形式而分爲四種者如左ᄒᆞ니

第一種. 國力이 微弱 則 强國이 欲爲倂呑而因他國之牽涉ᄒᆞ야 不能施爲一定之範圍일싀 於是에 擁護其主權而維持自國之利益이니 是之謂護衛的保護國, 單純的保護國也니 如摩洛哥, 孟底內格羅, 古巴, 阿富汗等이 是也오.

第二種, 行使之主權에 凡 外交權 財政權 軍事權 其他 重要者를 能保護國이 操之ᄒᆞ고 其 存留者ᄂᆞᆫ 統治之形式而已라. 是之謂後見的保護國, 政治上保護國, 國際保護國也니 如塔喜齊, 安南, 突尼斯, 馬達加斯加等이 是也오.

第三種, 全國이 爲人所倂而僅留君位ᄒᆞ야 藉其餘威而便其內部之行政者也니 如英領之印度是也오.

第四種, 不成國家之土酋가 被征服於强國ᄒᆞ고 土地或爲物品買收者也니 如非洲內各國殖民地是也라.

夫此四種은 專爲外觀上勢力强弱而區別者오 非爲民族的國家之國民主義而論者也라. 何也오 保護之下에 亦有自由獨立完全獨立ᄒᆞ니 其例ᄂᆞᆫ 一八一五年英 俄 奧 普聯合條約에 愛禾尼亞諸島를 寘於英國直接保護下而其所頒憲法에 明記其自由獨立ᄒᆞ고 一八四七年에 法國이 與塔喜齊 條約에 亦直接保護者而其所頒憲法에 明記其自由獨立ᄒᆞ고 一八六三年에 又與突尼斯로 爲保護條約而其所頒憲法에 明記其獨立君主國ᄒᆞ고 一八八八年에 英國이 與塞拉瓦克, 普爾納으로 爲保護條約而其所頒憲法에 明記其自由獨立ᄒᆞ니 如此之例ᄂᆞᆫ 不遑枚擧也로다.

總之컨ᄃᆡ 保護國之關係ᄂᆞᆫ 雖各不同ᄒᆞᄂᆞ 旣認獨立則獨立은 一也어ᄂᆞᆯ 學者輩每欲苦心分別ᄒᆞ야 對於愛禾利之被英保護에 克約伯路氏ᄂᆞᆫ 指爲半主權國ᄒᆞ고 資威斯氏ᄂᆞᆫ 稱爲獨立國ᄒᆞ며 對於突尼斯之被法保護에 普列樵華鐵氏ᄂᆞᆫ 稱爲獨立國ᄒᆞ고 其他學者ᄂᆞᆫ 或謂半主權國或謂殖民地ᄒᆞ며 英人菲利姆羅氏ᄂᆞᆫ 以爲保護國이 猶有獨立之資格이라 ᄒᆞ고 日本有賀長雄氏ᄂᆞᆫ 特準民法上保佐人後見人之理ᄒᆞ야 以爲第三種保護國은 對於第三國에ᄂᆞᆫ 爲獨立國이나 對於能保護國에ᄂᆞᆫ 不能爲獨立國이라 ᄒᆞ니 諸說之紛挐에 不惟其莫衷一是라. 有賀氏之說은 尤爲大不倫矣로다.

夫國家之體裁ᄂᆞᆫ 民族之抽象的精神也라. 旣有其國民主義之所趨則豈於獨立之國에 有半主權及殖民地之名稱乎아. 獨立者ᄂᆞᆫ 不望助於人之謂也則豈有對於彼而獨立而對於此而不獨立之理乎아.外交家 東眺西笑滑稽之論이 每如是ᄒᆞ고 朝三暮四愚弄之術이 每如是ᄒᆞ니 爲國於現世界者ㅣ 其不可懼乎아 不觀夫某國이 訓示外交官之語乎아. 對昏亂之國ᄒᆞ야 苟有纖隙之可乘이어던 陽嚇以兵威ᄒᆞ고 陰誘以甘言而賂賄其主權之最近當道者ᄒᆞ야 使之搖惑其君主ᄒᆞ고 或防他國之阻碍ᄒᆞ야 締結陰秘之盟約ᄒᆞ고 或藉私設之社會ᄒᆞ야 以撓內國政權而務使屈從於已國勢力之下ᄒᆞ야 擴張其殖民地라 ᄒᆞ니

卽此而觀ᄒᆞ면 人類國際生活上競爭은 雖陰射的이라도 不可謂無道오 雖詭遇的이

라도 不可謂慙德이라 何也오 自近世民族主義人口奬勵以來로 地少人滿之患을 列强이 莫不憂之而其需要供給之不足額은 不謀於他國而取爲己有則不可爲耳故로 其視劣等未開之國을 認爲天授之公産ᄒᆞᄂᆞ니 況復外交之目的은 不奪不厭之意가 競爭中 秘密包在故로 或時以奮鬪的競爭ᄒᆞ고 或時以平和的競爭而一變則爲凌侮的一變則爲詭詐的, 另用手段ᄒᆞ야 不沒收其權利而掌握則不止者乎아 危險哉라 外交術이여 雲飜兩覆에 終見橫流滔滔로다.

大抵吾國民之所愚者ㅣ 在昧則其不昧亦難言矣라. 然이나 外交之後援을 不以民力而自速失敗ᄂᆞᆫ 猶爲一二人之昧也어니와 外交之機務를 諉之政府而坐待鞭策은 是爲二千萬人之昧也니 少數也昧ᄒᆞ고 多數也昧則雖謂之盲國家라도 未爲過也로다. 强者兼弱ᄒᆞ고 明者攻昧ᄂᆞᆫ 卽理勢之不得不然者也니 嗚呼痛哉라.

然則敎吾民不昧者ㅣ 當奈何오 吾所爲養成政治之思想이 卽是也라. 製定憲法ᄒᆞ야 確記其完全獨立之明文ᄒᆞ고 選擧代議ᄒᆞ야 建立監督政府之機關則自治團體ᄂᆞᆫ 皆爲政治之學校오 通商約章은 皆爲政治之歷史ᄒᆞ리니 國民之外交上腦想腕力이 安得不啓發이리오 吾民族未殄滅之時ᄂᆞᆫ 吾國家獨立存在之日이니 嗚呼同胞여 勿想望政府ᄒᆞ며 勿崇拜政府ᄒᆞ며 勿責備政府ᄒᆞ며 勿怨詈政府ᄒᆞ고 惟盡在我憲政黨之責任이어다. 孤軍而被重圍ᄒᆞ니 非自爲鏖戰이면 不足以保性命이오 扁舟而遇大颶ᄒᆞ니 非死中求生이면 不足以達彼岸이라 念哉어다.

62. 박유병, 유럽의 연합

■『대한흥학보』 제6호에 실린 박유병의 논설. 1909년 3월 유럽 연합 위원회의 개최 소식을 전하면서, 유럽연합의 창설이 아시아 지역에 대한 침략의 수단으로 나아갈 전망에 대해 우려를 표명하고, 아시아연합의 필요성을 언급하고 있다. 원문 출전은 朴有秉, 「歐羅巴의 聯合」, 『대한흥학보』 제6호(1909년 10월).

■ 朴有秉(생몰연도 미상) 1907년 「진화론」이라는 글에서 유전학의 개념을 비교적 정확히 파악하고 있었으며, 이는 당시 사회진화론의 유행에 큰 영향을 주었다.

■『대한흥학보』 1909년 3월 창간된 대한흥학회의 기관지. 학술 전반에 관한 논설 등 다양한 내용이 수록되었다. 매호 2천부씩 발행하여 국내에 배포하였다. 1910년 5월 제13호로 종간.

금년 3월에 로마[羅馬] 수부(首府)에 유럽 연합 위원회를 열었다. 이 모임의 동기는 영국인 우익달 씨의 수창(首唱)에 의한 것이었다. 유럽[歐洲]의 국가들이 연합해서 유럽 합중국을 조직할 목적으로 그가 다년간 이 대사업을 위해서 유럽 국가들의 각 주권자 및 기타 유력자들을 유세한 결과 회합하기에 이른 것이다. 이에 관해 그의 논문에 게재한 주지(主旨)를 개설하고자 한다.

논문을 읽어 보니, 그가 제1차 만국평화회의가 조금도 효과가 없었던 데 대해 만국회의보다 유럽 연합이 비교적 용이하게 성립될 수 있음을 주장했다. 그 목적을 달성하는 방법은, (1) 유럽 각국의 의회를 폐지하고 유럽 공통의 의회를 조직하며, (2) 유럽 국가들의 외교를 전적으로 연합 외무성에 일임하며, (3) 유럽 국가들의 육해 군대를 통일시켜서 연합기관을 조직하며, (4) 유럽 국가 간의 관세를 모두 폐지한다는 것이다. 이 연합을 실행할 시 유럽 국가 간에 영구히 전쟁이 없어져서 매년 이십만억 이상의 군비를 절약하고 그 여력으로 정치상, 경제상 발달을 촉진시켜 유럽 여러 나라 인민들의 행복을 증진케 하고자 한다고 했다.

이 사람의 유럽 연합이 과연 실시될지의 여부에 대해선, 유럽 국가 간 현재 군비 경쟁의 격렬한 상황을 아는 자는 가히 알 만하다. 그러나 이 사람이 주창한 주의를 유럽 국가들이 배척하지 못해서 각국의 위원들의 회동했으니, 이 연합이 실제로 성립한다는 논의엔 감히 좌단(左袒)*할 수는 없지만, 저 백화설(白禍說)이 동양 국가들에 유해함과 같이 유럽 연합이 또한 동양 전국(全局)을 침탈하는 결과를 낳을 우려가 없지 않다. 20세기 후반 이래로 아시아가 점차 각성한 결과 유럽 국가들이 과거와 같이 아시아에 대해 압박주의(壓迫主義)를 마음대로 하지 못할 뿐 아니라, 아시아 지구상에 이미 획득한 권리와 횡탈(橫奪)한 영토를 상실할 형세가 생겼다. 그러므로 유럽 연합을 창설해서 동양 국가들에 대한 정략상 수단에 사용할 필요가 생긴 것이요, 본래 군비 축소의 목적이 침략 수단에 이용하는 데 있음을 알 수 있다.

左袒 남의 편을 들어서 동의함.

옛날에 소진(蘇秦)이 합종을 유세하고 장의(張儀)가 연횡을 주창한 것*과 같이 금일 우익달 씨의 유럽 연합설에 대해서 아시아 연합이 필요할 것이니, 종래와 같이 각국이 분립해서는 저들을 대항할 수 없을 것이다. 그러므로 세계의 추세가 2대 연합을 동서에 대립하게 해서 서로 웅시(雄視)하는 데 이르게 할 것이다. 이 유럽 연합이 표면적으로는 평화주의를 가장하고 있지만, 반면(反面)에 깊이 들어가서 보면 실로 그렇지 않아서 침략을 자행하려는 뜻에서 나온 것이니, 유럽 연합이 실제로 성립되는 날에는 저들이 실력으로 세계에 횡행하여 유럽 이외의 지구를 손바닥 안에 넣을 것이며, 아시아 민족을 장차 멸망에 이르게 할 것이다. 형세가 그 지경에 이르면 열패도태(劣敗淘汰)하는 것은 우리요, 우승조장(優勝助長)하는 것은 저들이 될 것이다. 그렇다면 어떻게 이 침략을 막을 것인가? 우리는 한 국가를 조직하는 분자(分子)일 뿐 아니라 세계의 한 분자이다. 그러므로 세계의 추세를 맹시(猛視)해서 횡탈잠식(橫奪蠶食)을 미연에 방지할 필요가 있는 것이다. 차라리 일국을 나누어 지키기보다는 앞으로 나가서 아시아 연합을 조직하여 통일된 기관으로써 대립하지 않으면 아시아 전체를 보존하지 못할 것이라고, 헛되이 기우(杞憂)를 품노라.

옛날에 소진이 ~ 주창한 것 합종설은 산동(山東) 6국이 연합해서 진나라의 침략을 방어해야 한다는 논리이고, 연횡설은 6국을 설득해서 진나라를 섬기게 해야 한다는 논리.

63. 신채호, 20세기 신국민

■ 『대한매일신보』 1910년 2월 23일자 논설. 국제정세의 흐름을 제국주의, 민족주의 및 자유주의로 규정하고, 한국이 제국주의의 희생물이 된 현실을 지적하면서, 한국인의 각성을 촉구하고 있다.

■ 申采浩(1880~1936) 독립

오늘날 동포들은 어떻게 하면 동양 한 모퉁이에서 몇 천 년 동안 깊이 든 꿈을 타파하고 20세기에 새 국민의 사상을 발양하며, 어떻게 하면 대국을 복사(服事)하면서 몇 백 년 동안 고질이 된 수치를 씻어버리고 20세기에 새 국민의 사업을 떨쳐서 이 세계에 명예를 날릴 수 있을 것인가? 우리는 한 마디 말을 내어 국민 동포가 채용하기를 바란다.

협회와 만민공동회 간부로 활동하다가 강제 해산된 후 『황성신문』, 『대한매일신보』에 논설진으로 참여하였다. 이후 중국으로 망명하여 독립운동에 힘썼으며 의열단의 「조선혁명선언」을 작성하였다.

대양주 오세아니아주.

專管 전적으로 책임지고 맡아서 관리함.

(1) 국민과 깨닫는 일

이 세계는 제국주의를 숭상하는 세계다. 강한 자가 약한 자를 삼키고 큰 자가 작은 자를 병탄함은 옛적부터 있던 바다. 그러나 근세에 이것이 더욱 맹렬해서 이 제국주의가 온 천하에 진동하니 이에 유럽의 열강국이 긴 채찍을 들고 세계에 횡행해서 동으로 아시아를 침노(侵擄)하며 대양주*를 점령하고 남으로 아프리카를 분할했다. 유럽 사람의 발자취가 이른 곳엔 산천이 진동하고 유럽 나라의 깃발이 날리는 곳엔 천지가 변한다.

영국은 남아프리카를 통일해서 큰 철도가 남아프리카 대륙을 횡단했다. 그리고 한편으론 남아시아를 점령하고 다른 한편으론 오스트레일리아를 전관(專管)*했다. 프랑스는 사하라 사막 근처에 광대한 지단(地段)을 점령하고 마다가스카르를 정복했다. 그리고 대양주의 여러 섬을 점령하고 베트남을 점탈(占奪)해서 청국의 남방을 엿본다. 러시아는 중아시아와 동북아시아를 점령해서 시베리아 대철도가 태평양과 맞닿아 있고 아프가니스탄과 몽고를 엿본다. 독일과 포르투갈과 스페인과 네덜란드 등은 각각 광대한 지방을 점령해서 땅을 개척하고 인민을 이식하는 데 열심이다. 몇 십 년 동안 밖을 엿보지 않고 자수(自守)만 하던 북미합중국도 홀연히 스페인을 이긴 후로는 필리핀을 점령하고 하와이를 합병했다. 수천 년 동안 동양의 외로운 섬나라로서 새로 된 지 몇 해 되지 않는 일본도 러시아와 싸워서 이기고, 한국에 입각하여 만주에 세력을 확장하고 있다.

또 이 세계는 민족주의를 숭상하는 세계다. 자기 동족이면 합하고 자기와 다른 종족이면 다투는 것은 상고 적에도 이미 있던 바다. 중고 이후로 그 경쟁이 더욱 심하고 참혹해져서, 이기는 자는 그 위세가 더욱 확장되고 지는 자는 영영 쇠멸한다. 이 때문에 백인종이 아메리카에 횡행함에 흑인종이 번성하지 못하고, 대양주에 횡행함에 말레이 인종이 점점 진멸(殄滅)되어 가며, 러시아 밑의 유태인과 폴란드 인들이 학대를 견디지 못하는 것이다. 그 외에도 어떤 민족이 어떤 민족을 이기던지, 이기고 패하는 그 사이에 참혹함은 이루 다 말하기가 어렵다. 아아! 이 세상의 민족주의가 어찌 이 지경에 이르렀는가!

또 이 세계는 자유주의에 힘쓰는 세계다. 자유주의는 유럽에서 시작한 것이다. 첫 번째로 영국에서 이 주의로 큰 혁명이 일어났고 두 번째로 프랑스에서 이 주의로 큰 혁명이 일어났으며, 이 주의로 미국에서 독립전쟁이 있었고 이 주의로 독일이 부강해졌고 이 주의로 벨기에가 자주(自主)가 되고 이 주의로 이탈리아가 통일이 되었으며, 이 주의로 유럽 각국이 복락을 누리고 이 주위로 남아메리카 각국이 자주가 된 것이다. 당시 유럽 전체에서 독보적이던 신성동맹도 물거품같이 사라지고 자유의 공기가 동서에 미만(瀰滿)*해서, 자유주의를 배척하는 자는 망하고 자유주의에 복종하는 자는 보존하며 자유주의를 거스르는 자는 쇠잔해지고 자유주의에 순응하는 자는 그 강함이 이와 같게 되었다.

瀰滿 가득 참.

동양에선 지나(支那)와 인도가 문명의 빛을 확장했고 서양에선 그리스와 로마가 문명의 씨를 던져서 각각 한편에서 주인이 되었다. 그러다가 마침내 인도의 문명은 쇠해서 없어지고 지나의 문명은 제 집만 지키는 데 불과했다. 그런데 저 서양에선 흑암시대(黑暗時代)가 잠시 지나가고 황금시대가 돌아와서 문명한 기운이 정신계와 물질계에 가득하여 도덕, 정치, 경제, 종교, 무력, 법률, 학술, 공업 등이 점점 진보되었다. 이에 국가의 이익이 날로 더해지고 인민의 행복이 날로 커져서 전일의 전제정치를 버리고 헌법과 공화정치의 복음이 행해지니 국가는 인민의 낙원이 되고 인민은 국가의 주인이 되었다. 맹자의 "세상을 도와서 백성을 편리하게 한다."라는 주의가 이에 실행이 되고 루소의 평등자유라고 하는 주의가 이에 성공이 되었다.

이제 한국의 지위가 어떠한가는 우리가 말하지 않아도 모르는 사람이 없을 것이로되, 차례로 한 마디 말이 없을 수 없기 때문에 한 마디 말을 하고자 한다.

천여 년 동안을 반도 안에서 다만 오른편에 지나가 있고 왼편에 일본이 있는 줄만 알고 있다가 수십 년 전부터 졸지에 세계 중의 일개 국가가 되어 열국의 경쟁장에 들게 되었다. 그러다가 청일전쟁에 한 번 변하고 아일전쟁(俄日戰爭)에 두 번 변해서 이로 인해 오늘날의 형편이 된 것이다. 대체로 한국이 이처럼 진기(振起)하지 못하고 자립하지 못하며 한 번 패하고 두 번 패한 것은 몇백 년 동안 정치가 혼암(昏暗)해서 빈약함이 지극하고, 천하의 대세를 알지 못해서 외국과의 경쟁을 잃고, 완고한 습관을 버리지 못해서 문명에 나가기를 즐기지 않는 여러 가지의 병통이 있기 때문이다. 지금은 한국이 제국주의 속에 빠지고 민족주의의 고통스러운 지경을 당해서 쇠잔한 명이 위급하게 되었다. 묻건대, 오늘날 한국의 정신이 발달되었는가? 실력이 확장되었는가? 문명이 진보되었는가? 그렇지 못하다. 다만 도덕이 부패하고, 생애가 곤핍하고, 교육이 떨치지 못하고, 모든 권리가 모두 다른 사람의 수중으로 들어가고, 인민의 기세가 타락함이 극도에 달하여 보이는 바가 소조(蕭條)*하고 들리는 바가 처량할 뿐이다. 아아! 하늘이 어찌 이 백성을 불쌍히 여기지 않으시는가!

蕭條 고요하고 쓸쓸함.

아아! 국민동포여! 동포들은 어서어서 세계의 추세를 살펴서 이것을 이용하고, 문명의 진보를 당겨 이것을 환영하며, 한국의 지위를 보아서 이것을 분발할지어다. 이것은 우리가 국민동포에게 깨달으라는 말로 드리는 바다.

Ⅱ. 일본과 한국

64. 최익현, 일본정부에 보내는 글

■ 을사조약 체결 후인 1906년 윤5월 7일 최익현이 작성한 항의문. 일본이 동양평화론을 떠들지만 실제로는 한국과 중국에 대한 침략을 계속했다고 비판하면서 한국에 신의를 배반한 죄를 16가지로 열거하고, 이러한 만행이 계속된다면 일본도 머지않아 패망할 것이라 경고하고 있다. 원문 출전은 최익현, 「寄日本政府」, 『勉菴集』 3권(면암학회, 화서학회 공편, 2006), 417-431쪽.

아아! 충국애인(忠國愛人)을 성(性)이라 하고, 수신명의(受信明義)를 도(道)라고 하니, 사람이 이 성이 없으면 반드시 죽고, 나라에 이 도가 없으면 반드시 망합니다. 이는 완고한 노생(老生)의 상담(常談)*이 아니요, 비록 개화경쟁(開化競爭)의 열국이라도 이것을 버리면 또한 세계에서 자립할 수 없을 것입니다.

지난 병자(丙子, 1876)년에 귀국 사신 구로다 기요타카(黑田淸隆)*가 통상을 청하러 왔을 때, 본인은 항소(抗疏)를 올려 이를 배척했습니다. 그때 본인이 교린수호가 아름다운 일이 됨을 몰랐던 것이 아니었으나, 귀국의 반복무상해서 신뢰할 수 없는 정상을 본인만은 알고 있었습니다. 그러므로 미리 우려하여 아뢰었던 것입니다. 그러나 천하의 대세가 이미 옛날과 달라서 동점(東漸)하는 서세(西勢)를 홀로 막을 수 없으니, 그렇다면 반드시 한, 청, 일 3국이 서로 보거순치(輔車脣齒)*의 형세를 이룬 이후에 동양 대국(大局)을 보전할 수 있음은 지자(智者)를 기다리지 않더라도 알 수 있습니다. 본인 또한 그것을 깊이 바랐습니다. 그러므로 비록 귀국을 꼭 신뢰하지는 못하면서도 내 의견을 지나치게 세워서 헛되이 양국의 화기(和氣)를 상하게 하고 싶지 않았던 것입니다. 이 때문에 병폐(屛廢)*한 20년간 시사(時事)에 관해 함구하고 말하지 않았는데, 근년에 귀국의 소행이 대부분 신의가 없음을 목도한 연후에야 비로소 우견(愚見)이 크게 틀리지 않았다는 것을 깨닫게 되었습니다. 또 귀국이 비록 지금은 강대하지만 끝내는 반드시 망할 것이요, 동양의 재앙이 그칠 날이 없을 것임을 알게 되었습니다. 이제부터 먼저 귀국이 신의를 저버린 죄를 말하고, 그 후에 차례대로 귀국이 반드시 망할 이유와 동양의 재앙이 그치지 않을 이유에 관해 말하겠습니다.

본인이 살피건대, 우리 개국 485년인 병자(丙子, 1876)년에 우리 대관 신헌

黑田淸隆(1840~1900) 사쓰마번 출신의 무관, 정치가. 1875년 운양호를 앞세워 조선을 침입한 강화도사건이 일어나자 전권대사로 조선에 건너와 1876년 강화도조약을 체결했다. 이토 히로부미 내각의 농상무대신, 우정대신 등을 역임한 후 추밀원 의장을 지냈다.

常談 평상적으로 하는 말.

輔車脣齒 보거(輔車)는 광대뼈와 잇몸, 순치(脣齒)는 입술과 이로서 서로 도와서 의지함을 비유.

屛廢 쫓겨남.

(申檍), 윤자승(尹滋承)이 귀국 사신 구로다 기요타카, 이노우에 가오루(井上馨)와 우리 강화부에서 만나서 의약(議約)할 때, 제1관에 "조선은 자주지방(自主之邦)으로서 일본과 평등지권(平等之權)을 보유한다. 이후로 화친의 실제를 표시하고자 한다면 반드시 피차 동등지례(同等之禮)로써 서로 대해서 추호라도 침월(侵越)이나 시혐(猜嫌)이 있어선 안 된다. 마땅히 먼저 종전에 교정(交情)을 가로막는 근심이 있던 제반 예규를 일체 혁제(革除)하고 영원히 성실하게 준수한다."라고 했습니다. 또 개국 504년 을미(乙未, 1895)년에 청국 사신 리훙장(李鴻章)이 귀국 사신 이토 히로부미(伊藤博文)와 시모노세키에서 만나 의약(議約)할 때 제1관에 "조선의 독립자주는 양국이 인명(認明)하여 조금도 침월할 수 없다."라고 했습니다. 메이지 37년(1904)에 일아(日俄) 선전(宣戰) 조칙에서도 "한청 양국의 평화를 유지한다."라는 구절이 있었고, 또 귀국이 러시아에 대해서 국제공법을 위반했다 하여 열국에 통첩한 변명서(辨明書)에서도 "원래 한국의 독립된 토지와 주권을 보지(保持)하는 것이 전쟁의 목적"이라고 했으며, 또 서구에 사신을 파견해서 전쟁의 원인을 설명하면서도 "한국의 독립을 공고히 한다."라고 했습니다. 이로써 보건대, 전후 30년 동안 귀국의 군신(君臣)이 우리나라에 신서(信誓)한 것과 천하에 성명한 것이 우리의 토지와 인민을 침범하지 않고, 우리의 독립자주를 해치지 않는다는 것으로 자임하지 않았던 적이 있습니까? 아니면 천하 열국이 또한 한일 양국은 순치(脣齒)의 관계에 있는 나라들이니, 서로 보호하고 지지하여 서로 침해하지 않을 줄 안다고 하지 않았던 적이 있습니까? 그러나 귀국이 우리나라에 흉포한 짓을 함은 날이 갈수록 심해져서 신의를 저버리기가 이를 데 없었습니다.

예전엔 "조선국은 독립자주로서 일본과 평등지권을 보유한다."라고 한 것이 지금은 우리를 노예로 삼았고, 예전에 러시아와 전쟁할 땐 "한국의 독립된 토지와 주권을 공고히 하기 위해서"라고 했는데 지금은 "한국의 독립된 토지와 주권을 빼앗기 위해서"라고 말하며, 예전엔 "서로 침월하거나 시혐(猜嫌)하지 않기 위해서" 정성스럽게 신서했는데, 지금은 오직 침탈만을 일삼아 우리 이천만인의 복수심을 불러일으켜서 모든 이를 동쪽을 향해 앉지도 않게 만들었으며, "조약을 변혁하지 않아서 영원히 성실하게 준수하고 영원히 서로 편안하게 할 수 있는 자료로 삼는다."라고 했는데, 지금은 조약을 변혁하고 성실히 준수하지도, 서로 편안하게 하지도 않아서 하늘과 귀신을 기만하고 또 천하 열국을 속였습니다. 이제부터 그것을 입증하고자 합니다.

갑신(甲申, 1884)년 다케조에 신이치로(竹添進一郎)의 난*에 우리 황상(皇上)을 겁박해서 이어(移御)하시게 하고, 우리 재상을 살육했으니 그 신의를 저버린

甲申竹添進一郎之亂 갑신정변을 말한다. 김옥균, 서광범 등의 개화당은 일본공사 다케조에와

죄의 첫 번째입니다. 갑오(甲午, 1894)년 오토리 게이스케(大鳥圭介)의 난*에 우리 궁궐을 불태우고 노략했으며, 우리 재물을 탈취해서 우리의 전장문물(典章文物)을 훼손했습니다. 명분은 비록 우리나라를 독립시킨다고 했으나 훗날 빼앗고 약탈하는 기반이 실로 여기서 비롯되었으니, 그 신의를 저버린 죄의 두 번째입니다. 을미(乙未, 1895)년 미우라 고로(三浦梧樓)의 변*에 우리 모후(母后)를 시해하여 만고에 없는 흉역한 짓을 저질렀는데도, 오직 달아난 적들을 비호하기만을 일삼아 어느 한 사람도 포박해서 보내지 않았으니, 그 대역무도함은 다만 신의를 저버렸을 뿐만이 아닙니다. 이것이 죄의 세 번째입니다. 하야시 곤스케(林權助)와 하세가와 요시미치(長谷川好道)가 우리나라에 와서 주재했을 때 그 협박하고 겁탈한 것이 손꼽을 수 없을 정도로 많았습니다. 그 가장 큰 것들만 든다면, 각처에 철로를 부설했는데 경의철로(京義鐵路)는 처음부터 알리지도 않고 자의적으로 시행했으며, 어채(漁採), 삼포(蔘圃)의 이익과 광산, 항해의 권리 등 모든 일국의 재원(財源)이 나오는 것 가운데 큰 것들을 모두 남김없이 빼앗아 갔으니, 그 신의를 배반한 죄의 네 번째입니다. 군사상의 일을 칭탁하면서 토지를 강점하고 인민을 침학(侵虐)해서 묘를 파헤치고 가택을 훼손한 것이 부지기수며, 정부에 권고한다고 하면서 우리나라 사람들 가운데 비루하고 패잡(悖雜)한 부류들을 협박해서 강제로 관직을 주게 하여, 뇌물이 공공연히 행해지고 추문이 낭자했으니 그 신의를 저버린 죄의 다섯 번째입니다. 철도, 지단(地段)*, 군율은 전쟁할 때는 혹 군용을 빙자해서 시행할 수도 있지만 지금은 전쟁이 이미 끝났는데도 철도는 돌려줄 생각을 하지 않고, 지단은 여전히 점탈(占奪)하고 있고, 군율도 여전히 시행되고 있으니 그 신의를 저버린 죄의 여섯 번째입니다. 우리의 적자(賊子) 지용(址鎔)*을 꾀어서 강제로 의정서를 체결하여 우리 국권을 능체(凌替)*하게 만들고, 그 가운데 대한독립과 영토보전과 같은 구절은 버려둔 채 논하지도 않았으니, 그 신의를 저버린 죄의 일곱 번째입니다. 진신(搢紳)*과 장보(章甫)* 가운데 전후로 상소를 올린 자들이 모두 스스로 우리 군주께 아뢰고 충성을 바치는 것이었는데, 번번이 포박해서 오랫동안 구류하고, 심지어 살해하여 석방하지 않았으니 이는 충신의 입에 재갈을 물리고 공론을 막아서 오직 우리 국세가 혹시라도 떨칠까를 두려워하는 것이니, 그 신의를 저버린 죄의 여덟 번째입니다. 도적, 동학의 부류와 같은 패란(悖亂)한 무리들을 유도해서 일진회(一進會)라고 이름을 붙인 뒤 창귀(倀鬼)*로 삼고, 또 선언서를 만들도록 교사하고는 민론(民論)을 빙자했습니다. 그러면서도 보안회(保安會)와 유약소(儒約所)같이 국민의 의무가 되는 것들은 치안에 방해가 된다고 하면서 백방으로 방해하고 포박하여 구속했으니, 이것이 그 신의를 저버린

밀의해서 혁신 정부를 수립하기로 도모했다. 이들은 음력 10월 17일 우정국 축하연을 기회로 삼아 고종을 경우궁(景祐宮)으로 옮겨서 정권을 장악하고, 윤태준, 한규직, 민태호, 조영하 등 대신을 살해했다. 그러나 위안스카이가 이끄는 청국 군대의 진압으로 삼일 만에 실각하게 되었다.

甲午大鳥圭介之亂 동학 농민운동을 계기로 일본군이 조선에 주둔한 이후, 7월 3일에 당시 일본 공사 오토리 게이스케가 내정 개혁 5개조를 강요하기 위해 군대를 이끌고 궐내에 침입한 사건을 가리킴.

乙未三浦梧樓之變 1895년 일본 공사 미우라 고로가 낭인들을 이끌고 경복궁에 침입해서 명성황후를 시해한 소위 을미사변을 가리킨다. 미우라 고로를 비롯한 사건 관련자들은 히로시마 교도소로 이송되었다가 증거불충분을 이유로 1년 후에 석방되었다.

地段 땅을 몇으로 구분한 것 가운데 한 부분.

址鎔 을사오적 중 한 사람인 이지용(1870~?).

凌替 쇠락함. 기강이 해이해짐.

搢紳 벼슬아치.

章甫 은(殷)나라 때의 치포관의 일종으로 공자가 이 관을 썼다고 해서 흔히 사림을 비유하는 말로 쓰임.

倀鬼 호랑이한테 물려죽은 사람의 귀신으로 호랑이의 앞잡이 노릇을 한다고 한다.

죄의 아홉 번째입니다. 역부(役夫)를 강제로 모집해서 소처럼 때리고 돼지처럼 부리다가는 조금이라도 마음에 차지 않으면 마치 잡초를 베듯 죽였으며, 또 우민(愚民)을 꾀어서 모집한 후 멕시코[墨西哥]에 몰래 팔아넘겨 우리 백성의 부자와 형제로 하여금 채 갚지 못할 원한과 복수심을 품게 하고, 학대를 받아 빈사 상태에 놓여도 돌아올 수 없게 했으니 그 신의를 저버린 죄의 열 번째입니다. 전신국과 우체국의 두 관사(官司)를 강제로 빼앗아 제멋대로 통신 기관을 장악했으니 그 신의를 저버린 죄의 열한 번째입니다. 각 부(部)에 고문관을 강제로 배치해서 후한 봉급을 받게 하면서도 오직 우리를 망하고 전복시키는 일만 하게 했습니다. 군경(軍警)의 감액과 재부(財賦)의 착취는 그중에서도 가장 심한 것이니 그 신의를 저버린 죄의 열두 번째입니다. 차관을 강제로 계속해서 쓰게 하면서 명목은 재정 정리라고 했습니다. 그러나 새 화폐의 색과 재질, 무게가 구 화폐의 그것과 다르지 않고 단지 그 전수(錢數)만 배로 늘렸을 뿐이니, 이는 혼자 후한 이득을 챙기고 일국의 재정을 고갈시키는 일입니다. 또 통용할 수 없는 종이조각을 가지고 강제로 원위화(元位貨)라고 이름을 붙였고, 또 허명(虛名)의 차관으로 이자를 미리 취하고 허명의 고빙(雇聘)으로 후한 봉급을 미리 받게 하여 우리의 정혈(精血)을 빨아먹는 데 힘써 단지 껍데기만 남게 했으니, 그 신의를 저버린 죄의 열세 번째입니다. 작년 10월 21일 밤에 이토 히로부미, 하야시 곤스케, 하세가와 요시미치 등이 병사를 이끌고 궁궐에 들어가 안팎을 둘러싸고 정부를 위협해서 강제로 조약을 맺었습니다. 스스로 가부를 선언하고는 인장을 빼앗아 제멋대로 조인하여 우리 외교권을 이양하고 통감을 설치해서 우리의 자주독립지권(自主獨立之權)을 하루아침에 잃게 했습니다. 그러면서도 그 위협한 말들을 숨겨서 만국의 이목을 가리려고 했으니 그 신의를 저버린 죄의 열네 번째입니다. 처음엔 단지 외교의 감독만을 말하다가 종국엔 일국의 정법(政法)을 전적으로 관할했습니다. 그리고 소속된 관리를 크게 늘려서 우리를 손도 꼼짝 못하게 하고는 걸핏하면 공갈을 하고 있으니 그 신의를 저버린 죄의 열다섯 번째입니다. 최근에는 또 이민조례를 만든 후에 강제로 승인할 것을 요구했으니, 이는 바로 인종을 바꾸려는 독모(毒謀)를 시행해서 공개적으로 우리 백성들이 자손을 남기지 못하게 하려는 것입니다. 그 신의를 저버린 바가 천지 사이에서 용납받을 수 없는 극악한 큰 죄이니, 이것이 또 열여섯 번째입니다.

아아! 귀국이 신의를 저버린 죄가 어찌 여기서 그치겠습니까? 이는 다만 그 대개를 거론했을 뿐입니다. 그러나 한번 이 열 몇 가지의 죄를 가지고 강화도와 시모노세키에서의 조약 및 열국에 통첩하고 전쟁을 설명한 문서들과 비교해 본다면 그 반복무상하여 마치 여우와 원숭이처럼 사기를 친 것이 과연 어떠합니까? 우리 한국의 수천만 인심이 과연 귀국에 아무 유감도 품지 않고 우리를 지지하고 공고히 하는 것이라고 생각할 수 있겠습니까? 아니면 장차 통심질수(痛心疾首)하며 서로 삼호(三戶)의 노래*를 곱씹으면서 한 번 일본의 온 섬을 짓밟아 평정하리라 맹세하겠습니까?

三戶之謠 초나라의 음양가 남공(南公)이 "초나라가 세 집 정도밖에 남지 않더라도 진나라를 망하게 할 나라는 반드시 초나라일 것이다."라는 노래를 지었다는 고사를 가리킴.

坤宮 황후를 뜻하는 말로 여기선 을미사변 때 일본인들에게 시해당한 명성황후를 가리킴.

귀국은 매번 우리 황상 폐하께서 아관(俄館)으로 파천하신 일 때문에 감정을 품고 있지만, 우리 황상 폐하께선 친히 곤궁(坤宮)*의 흉화(凶禍)를 당하였으니 그 밤낮으로 두려워하며 번뇌하는 것이 과연 어떠하시겠습니까? 더구나 역적의 무리가 귀국의 세력을 끼고서 우리 황상께서 수족을 두실 데도 없게 했는데, 언제 무슨 화기(禍機)가 다시 생길지 알 수 없으니 어찌 가만히 앉아 그 변란을 당하면서 변동을 생각하지 않을 수 있으셨겠습니까? 이것이 을미년 12월 28일의 거조가 만부득이한 사정에서 나온 이유입니다. 그렇다면 당시 사기(事機)가 부득이 변했던 것은 모두 귀국의 죄인데 오히려 우리에게 유감을 품는 것입니까?

그러나 동양의 대세 때문에 지난번 귀국이 러시아와 전쟁할 때 폐방(弊邦)의 사민(士民)들이 모두 귀국 군대를 환영하여 두려워하는 마음을 갖지 않았습니다. 그런데 귀국이 완전히 승리하고 돌아온 후에는 더욱 흉포해져서 폐방의 인민들에게 어육의 참화*를 면치 못하게 했습니다. 가령 러시아가 승리해서 동양이 완전히 망했더라도 폐방의 화가 어찌 오늘날보다 더했겠습니까? 지금 폐방의 백성들이 사람마다 모두 이젠 반드시 죽어서 살아남을 수 없고, 반드시 망해서 보존될 수 없는 연고를 알고 있으니, 이미 사망한 것과 다를 바 없습니다. 머리를 숙이고 마음을 공손히 해서 핍박을 받더라도 끝내 사망을 면할 길 없음을 알고 있으니, 이보다는 차라리 한번 주먹을 쳐들고 함성을 외칠 기운이 없겠습니까? 또 노중련(魯仲連)*은 일개 선비였을 뿐인데도 진(秦)을 황제로 높이는 의론을 수치스러워했고, 소진(蘇秦)*은 유세객이었는데도 소의 꽁무니라는 이름을 부끄러워했는데, 하물며 우리 한국의 삼천리 민중은 선왕과 선현의 사천년 예의를 복습(服習)*한 후예들이니, 어찌 기꺼이 원수 나라의 아래서 노예가 되어 하루 더 살기를 구걸하겠습니까?

魚肉之慘 짓밟히고 으깨어짐.

魯仲連 전국시대 제(齊)나라의 고사(高士)로 그가 조(趙)나라에 있을 때 진(秦)나라 군대가 조나라 수도 한단(邯鄲)을 포위했다. 이때 위(魏)나라에서 조나라로 사신을 보내서 진나라 왕을 황제로 추대한다면 그 포위를 풀 것이라고 했다. 그러자 노중련이 "진나라가 방자하게 황제를 칭한다면 나는 동해를 밟고 빠져 죽겠다."라고 했는데, 이에 진나라 장군이 이 말을 듣고 군사를 50리 뒤로 후퇴시켰다고 한다.

蘇秦 전국시대 유세객으로 강대한 진(秦)나라에 맞서기 위해선 연(燕), 제(齊), 초(楚), 조(趙),

또 천하가 모두 러시아 인들이 귀국을 잊지 않았음을 알고 있으니, 조만간 다시 동쪽으로 쳐들어오리라는 것은 우부우부(愚夫愚婦)가 모두 말하는 바입니다. 이러한 때 비록 우리 동양 삼국이 솥발처럼 서서 각자 완전한 힘을 비축하여 맞서더라도 오히려 보전하지 못할까 두렵거늘, 하물며 서로 시혐(猜嫌)하고 원망해서 같은 집 식구가 서로 원수 됨을 면치 못한 상황에서겠습니까? 또 서구의 열국들이 어찌 귀국처럼 경솔하고 천박한 자들이겠습니까? 그래서 전연 애당(愛黨)하는 마음이 없이 오직 귀국이 거리낌 없이 날뛰는 대로 맡겨두겠습니까? 그렇게 된다면 귀국의 멸망은 잠깐만 기다려도 될 것이요, 동양이 모두 망하는 재앙도 불일내 이를 것입니다. 이로써 말하자면, 귀국이 또 어떻게 가장 앞서서 동양에 재앙을 끼친 죄를 면할 수 있겠습니까? 그러므로 나는 말하길, "귀국이 비록 강하나 끝내는 또한 반드시 망할 것이요, 동양의 화도 그칠 날이 없을 것이다."라고 하는 것입니다.

참으로 귀국을 위한 계책으로는 속히 근본으로 돌아가는 것 만한 것이 없고, 근본으로 돌아가는 방법은 또 수신명의(守信明義)*만한 것이 없습니다. 수신명의는 어떻게 해야 하겠습니까? 속히 이 글을 귀 황제에게 상주해서, 앞에서 열거한 16개의 대죄를 모두 회개하고, 통감(統監)을 철수하고 고문과 사령관을 소환한 후 다시 충신(忠信)한 사람을 공사로 파견하고, 이를 각국에 사죄해서 다시는 우리의 독립자주지권을 침해하지 못하게 하여 양국이 진실로 영원히 평안하게 하는 것입니다. 그렇게 한다면 귀국엔 안전의 복이 있고, 동양 대국(大局) 또한 유지될 수 있을 것입니다. 만약 이를 옳지 않게 여긴다면, 선한 자가 복을 받고 악한 자가 재앙을 당함은 바로 환하게 빛나는 천도(天道)입니다. 지금 귀국의 소행이 제(齊)나라 민왕(湣王), 송나라 언왕(偃王)과 거의 다를 바 없으니, 설사 향후의 화패(禍敗)가 위에서 말한 것과 꼭 같지는 않더라도 귀국이 또 어떻게 멸망을 면할 수 있겠습니까?

본인이 비록 시세를 알지는 못하나, 충국애인(忠國愛人)과 수신명의의 도에 대해선 잘 알고 있습니다. 국가와 인민의 화가 망극한 지경에 이른 것을 목도하고 죽을 자리를 얻지 못함을 한스러워한 것이 오래되었습니다. 불행히도 작년 봄에 치욕을 당했을 때 죽지 못하고,* 또 작년 10월 21일의 변*을 보게 되었으니, 의리상 타국의 노예가 되어 천지 사이에서 구차히 살아갈 수 없었습니다. 그래서 바로 수십 명의 동지들과 함께 죽기로 약속했으니, 병든 몸을 이끌고 상경하여 히로부미, 요시미치 등과 한번 만나서 하고 싶은 말을 다 하고 죽을 것입니다. 이에 사민(士民) 가운데 함께 죽기를 원하는 자들이 또 약간 있습니다. 이에 우선 속마음을 드러내어 이 글을 지은 다음에 귀 공사관에 부쳐서 조만간 귀 정부에 전달하게 하는 것입니다. 이는 비단 폐국(弊國)만을 위한 계책이 아니요, 또한 귀국을 위한 계책이며, 비단 귀국만을 위한 계책이 아니요, 또한 동양 전국을 위한 계책이니, 부디 조량(照亮)하기 바랍니다.

위(魏), 한(韓) 등 6국이 연합해야 한다는 합종책(合縱策)을 주장했다.
服習 습관, 적응.

守信明義 믿음을 지키고 의를 밝힘.

昨春之辱 1905년 1월 26일에 최익현이 일본의 합병 야욕을 통렬히 비난하는 소를 올렸다가 2월에 일본군 사령관 하세가와 요시미치에 의해 헌병대 사령부에 구금당한 일을 가리킴.
昨年十月二十一日之變 이른바 을사보호조약을 가리킴.

[원문]

嗚呼 忠國愛人曰性 守信明義曰道 人無此性 則人必死 國無此道 則國必亡 此不惟頑固老生之常談 抑雖開化競爭之列國 捨此恐亦無以自立於世界之間矣 粤在丙子 貴國使臣黑田淸隆之來請通商也 益鉉嘗抗疏斥之 益鉉於此時 非不知交鄰修好之爲美事 而貴國反覆不可信之情狀 則益鉉獨知之 故預憂而言之耳 然天下之大勢 旣與古有異 而東漸之西勢 有不可以獨遏 則必須韓淸日三國 相與爲輔車脣齒而後 可以全東洋大局者不待智者知 而益鉉亦深望於是 故雖不能以貴國爲必信 而亦不欲爲已甚 以徒傷兩國之和氣 是以屛廢二十年 絶口不言時事矣 及覩近年貴國所爲 多無信無義 然後始知愚見之不至甚差 而又知貴國今雖强大 終亦必亡 而東洋之禍 無有已時矣 今且先言貴國棄信背義之罪 然後次及貴國所以必亡 東洋之禍 所以無已之故可乎 益鉉謹按我開國四百八十五年丙子 我大官申櫶尹滋承 與貴國使臣黑田淸隆井上馨 會我江華府議約 具第一款 有曰 朝鮮自主之邦 保有與日本平等之權 嗣後欲表和親之實 須以彼此同等之禮相待 不可毫有侵越猜嫌 宜先將從前 爲交情阻塞之患 諸例規 一切革除 永遠信遵 又按開國五百四年乙未 淸國使臣李鴻章 與貴國使臣伊藤博文 會于馬關議約也 其第一款有曰 朝鮮獨立自主 兩國認明 不可毫有侵越 貴明治三十七年 日俄宣戰詔 亦有韓淸兩國 維持平和之句 又貴國對俄國違反國際公法 通牒列國辨明書 亦曰 元來韓國獨立土地主權之保持者 戰爭之目的 又派遣使臣于歐西 說明戰爭之起因 亦曰 鞏固韓國獨立由此觀之 前後三十年之間 凡貴國君臣 所以信誓於敝國 聲明於天下者 何嘗不以不侵我土地人民 不害我獨立自主 爲擔負哉 抑天下列國 亦何嘗不以韓日兩國脣齒之邦 而知其相保相持 無相侵害也哉 然而貴國所以行凶施暴於敝國者 則日甚月甚 棄信背義無所不至 向云朝鮮國獨立自主保有 與日本平等之權者 今焉奴隸我矣 向也與俄相戰也爲韓國獨立土地主權之鞏固矣 今焉爲韓國獨立土地主權之奪去矣 向也爲不相侵越猜嫌而信誓丁寧矣 今焉專事侵奪 起我二千萬人之讐心 而皆使之坐不向東矣 向也爲條約之不須變革 以爲永遠信遵 永遠相安之資矣 今也變革條約 不信遵不相安 以欺天欺神而又欺天下列國矣 請有以證之 甲申竹添進一郞之亂 劫遷我皇上 殺戮我宰相 其棄信背義之罪 一也 甲午大鳥圭介之亂 焚掠我宮闕 奪取我財物 毁棄我典章文物 名稱獨立我國 而異日攘奪攫取之基 實肇於此 其棄信背義之罪 二也 乙未三浦梧樓之變 弑我母后 爲千萬古所無之逆 而專事掩覆逋逃之賊 曾不一個縛送 其大逆無道 非直棄信背義而已 罪三也 林權助及長谷川好道之來駐我國也 其脅迫劫奪之事 指不勝摟 而擧其最大者 則各處鐵路之敷設 而京義鐵路 則初不知照 恣意爲之 以至漁採蔘圃之利 礦山航海之權 凡一國財源之所出之大者 皆無遺奪去 其棄信背義之罪 四也 稱以軍事上 則强占土地 侵虐人民 掘墓毁宅者 不知其數 稱以勸告政府 則持我人鄙陋悖褋之類 强請授官 賄賂公行 醜聲狼藉 其棄信背義之罪 五也 鐵道也 地段也 軍律也 在用兵時 則或可藉稱軍用而施之矣 今用兵已休 而鐵道焉不思還付 地段焉依舊占奪 軍律焉依舊施用其棄信背義之罪 六也 誘我賊子址鎔 勒爲議定書 使我國權凌替 而其中如大韓獨立及領土保全云者 置而不論 其棄信背義之罪 七也 搢紳章甫之前後陳疏者 皆自告吾君 自忠吾國者 而輒加捕縛拘留經久 至於危殺之而不釋 是欲鉗制忠口 抑遏公論 惟恐我國勢之或振 其棄信背義之罪 八也 誘我悖亂如盜賊東學之類 名曰一進會 以爲之倀鬼 又敎爲宣言書 藉以稱之曰民論 其爲國民義務 如保安會儒約所者 則稱以治安妨害 百方沮戱 捕縛拘執 其棄信背義之罪 九也 勒募役夫 牛鞭而豕驅之 少不愜意 輒殺之若刈草菅 又誘集愚民 潛買於墨西哥 使我民父子兄弟 含寃抱讐而不得報 受虐濱死而不得還 其棄信背義之罪 十也 勒奪電郵兩司 自握通信之機關 其棄信背義之罪 十一也 勒置顧問官於各部 自食厚俸 而專爲亡我覆我之事 如軍警之減額 財賦之攬取 最其尤者其棄信背義之罪 十二也 勒使借款 一之再之 名爲財政整理 而新貨之色質輕重 與舊貨

無異者 只倍其錢數而已 則自取厚利 而枯竭一國之財 又以不能通行之紙片 強名之曰元位貨 又虛名借款 而預取利息 虛名雇聘 而預食厚俸 務欲吸我精血 只餘朽殼 其棄信背義之罪 十三也 昨年十月二十一日之夜 博文權助好道等 率兵入闕 環圍內外 威脅政府 勒構條約 自呼可否 奪印擅調 移我外交 置其統監 使我自主獨立之權 一朝失去 而猶諱其威脅之說 欲塗萬國之耳目 其棄信背義之罪 十四也 始則只言外交之監督 終則專管一國之政法 所屬之官 至於許多 使我搖手不得 動輒恐喝 其棄信背義之罪 十五也 近又作爲移民條例 勒迫請認 則乃欲行其易人種之毒謀 而顯使我民之靡有孑遺 其棄信背義 天地所不容之極惡大罪 又十六也 嗚呼 貴國棄信背義之罪 寧止於此而已 此特擧其大槩耳 然試以此十數罪者 準諸江華馬關等條約及通牒列國說明戰爭諸書 其反覆無狀 狐欺狙詐者 果何如耶 吾韓數千萬人心 果能無憾於貴國 以爲是支持我鞏固我耶 抑將痛心疾首 胥吟三戶之謠 而誓欲一踏平全島耶 貴國每以吾皇上陛下 播遷俄舘 未免有憾情 然吾皇上陛下 親遭坤宮之亟 其日夜驚懼煩惱者 果何如哉 且況逆賊之輩挾藉貴國之勢 使吾皇上手足無所措 而不知何時 更有何樣禍機 則豈可坐待其變 而不思變動耶 此乙未十二月二十八日之擧 所以出於萬不得已也 然則當時事機之不能不變 皆莫非貴國之罪也 尙復致憾於我耶 然以東洋大勢之故 何於貴國戰俄之役 敝邦士民 皆懽迎貴國之師 而無懼心矣 及貴國全勝而歸 而益肆凶暴 使敝邦人民 皆未免魚肉之慘 假令俄勝而東洋遂亡 敝邦之禍 何以加於今日乎 今敝邦之民 人人皆知必死無生 必亡不存之故 則等死亡耳 與其屈首下心 被逼受壓 而終亦不免於死亡也 寧可無一奮拳一叫聲之氣乎 且魯連一士耳 猶恥帝秦之議 蘓秦說客耳 尙愧牛後之名 況吾韓三千里民衆 乃先王先賢四千年禮義服習之餘裔耳 豈肯甘心奴隷於讎國之下 而欲丐一日之生耶 且天下皆知俄人之不忘貴國 早晩更有東搶之擧者 愚夫愚婦之所共說也 當此時也雖吾東洋三國 鼎足而立 各蓄完力而待之 猶恐不能保全 况相猜嫌怨怒 未免同室相讎而抑歐西列國 亦豈如貴國之輕淺者哉 全無愛黨之心 而一任貴國之跳踉無憚也耶 如此則貴國之亡 可翹足以待 而東洋幷亡之禍 亦不日而至矣 由此言之 貴國又烏能免首禍東洋之罪乎 愚故曰貴國雖強 終亦必亡 而東洋之禍 無有已時也 誠爲貴國計 莫如亟反其本而已 反本之道 又莫如守信明義而已 守信明義 當如何 亟以此鄙書 上奏于貴皇帝將以上所列十六大罪 盡行悔改 罷收統監 召還顧問及司令官 更派忠信之人 爲公使 更以此謝罪于各國 俾勿侵害我獨立自主之權 使兩國果眞永遠相安 則庶乎貴國有全安之福 而東洋大局亦可以維持矣 若曰不然 則福善淫禍 乃天道之昭昭然者也 今貴國所爲其不與齊湣宋偃異者幾希 則設使向後禍敗 不如上所云云者 貴國亦惡能自免於亡乎 益鉉雖不識時勢 其於忠國愛人 守信明義之道 講之熟矣 目見國家人民之至於罔極 而惟恨不得其死所者久矣 不幸不死於昨春之辱 而又見昨年十月二十一日之變 則義不可爲他國之奴隷 而苟且偸生於天地之間矣 卽與數十同志 約決共死 將輿疾上京 與博文好道等一遭 說盡所欲言而死矣 乃士民之願與同死者 又有若干 玆先披露心腹 作爲此書以付于貴公使舘 使之早晩轉達于貴政府 蓋不惟爲敝國謀 而亦爲貴國謀 不惟爲貴國謀而亦爲東洋全局謀 幸希照亮

65. 이석용, 만국에 포고하는 글

병오(丙午, 1906)년 모월 모일 해동(海東) 호남의 사인(士人) 이석용(李錫庸)은 천하를 경륜하는 대의를 만국의 공관에 있는 집사(執事)들에게 포고합니다.

■ 1907년 9월 13일 진안 마이산에서 거병한 호남의병장 이석용(李錫庸)이 각국 공관에 보낸

포고문. 공자, 맹자의 도와 질서가 일본에 의해 무너진 것에 대한 심한 분노와 저항감을 토로하고 있다. 원문 출전은 李錫庸, 「布告萬國文」, 『韓國獨立運動史資料集-李錫庸篇』(한국정신문화연구원, 1996), 153-165쪽.

■ 李錫庸(1878~1914) 조선의 의병장. 1907년 고종이 양위(讓位)하자 진안에서 의병을 일으켰다. 1908년 남원·전주의 교전에서 왜적의 죄 10조를 들어 격문으로 통박했고, 순종에게 국가의 백년대계를 상소하기도 하였다. 1913년 재기를 꾀하다가 체포되어 사형되었다.

氣化 음양의 기운의 변화라는 뜻으로 세상사의 변천을 비유하는 말로 쓰임.

商辛 상(商)은 중국 고대 은(殷)나라를 가리킨다. 그 마지막 왕 주(紂)의 이름이 신(辛)이었다.
牧野 주(周)나라 무왕(武王)이 주(紂)를 정벌한 곳.

赤子 갓난아기. 백성을 비유하는 말.

지금 천하대세는 마치 조개와 황새가 모인 것과 같아서 이치상 모두 온전할 수 없는데 우리 동국(東國)의 한 모퉁이는 그 폐해를 더욱 심하게 입어서 하루도 온전하기 어려우니, 어찌 기화(氣化)*가 장차 쇠해서 사람이 자유롭지 못하게 하는 것이 아니겠습니까? 아니면 사람의 일에 실책이 많아서 하늘이 일부러 경계를 보인 것입니까? 한번 그 이유를 하늘에 돌려본다면, 요(堯)임금이 일어나심에 천하가 다스려지고 걸(桀)왕이 생겨남에 천하가 어지러워졌으니, 이는 사람에게 책임을 돌려야 하는 것이 아니겠습니까? 그러나 한번 사람에 책임을 돌려본다면, 선대의 기업을 계승했으나 당(唐)나라를 보존하지 못하고, 하늘이 복을 내렸으나 송(宋)나라를 부지하지 못했으니, 이는 하늘에 책임을 돌려야 하는 것이 아니겠습니까?

대체로 천도(天道)는 고원(高遠)해서 알기 어려우나 인사(人事)는 절근(切近)해서 쉽게 알 수 있습니다. 그러므로 성현들이 전부 "치란(治亂)의 이치는 하늘에서 정해지지만, 치란의 기회는 모두 사람에게 달려 있다."라고 생각했던 것입니다. 그렇다면 상신(商辛)*의 형세가 반드시 끝내 망할 것이었더라도 옛날 밝은 임금들을 스승으로 삼았더라면 주(周)나라의 목야(牧野)*의 군대가 없었을 것이요, 한(漢)나라 고조(高祖)가 끝내 천명을 받았을 것이라도 망한 진(秦)나라의 자취를 답습했더라면 항우(項羽)의 해성(垓城)에서의 패배가 없었을 것입니다. 여기서 천하의 이치는 사람에게서 결정되는 것이요, 천하의 일은 사람에게 그 책임을 맡겨서 하늘에 미룰 필요가 없음을 알 수 있습니다. 여러 집사들께선 오늘날 세상이 다스려진다고 생각하십니까, 아니면 어지럽다고 생각하십니까? 다스려진다면 그 다스려짐[治]을 어지러움[亂]으로 바꿀 필요가 없을 것이요, 어지럽다면 마땅히 어지러움을 제거해서 다스려지게 해야 하니, 양자는 반드시 하나로 귀결될 것입니다.

한결같이 통호(通好)한 후로 만 리 산천을 넘고 다년간의 풍상(風霜)을 겪으면서 항상 생각하고 염려한 것은 오직 우리를 보호하는 것이었습니다. 그래서 작은 해방(海防)을 마침내 성(城)으로 만들어 강한 이웃나라, 교활한 적으로 하여금 그 사이에서 갑자기 그 큰 욕심을 펴지 못하게 했으니, 이는 실로 산속 호랑이의 위세를 빌려 들판에 있는 여우의 요심(妖心)을 굴복시킨 것입니다. 이러한 의리는 신명에 질정해도 부끄러움이 없고, 그 은혜는 하해(河海)에 견줘도 얕지 않으니, 설령 삼천리의 적자(赤子)*들이 탁발(擢髮)하여 사례하더라도 어찌 다 보답할 수 있겠습니까?

그러나 우활한 유생의 어리석은 마음에 의심이 채 풀리지 않은 것이 있기에 감히 말씀드리고자 합니다. 옛날에 천하를 다스리던 자는 오직 정도(正道)로써 하고 곡경(曲逕)*을 취하지 않으며, 모든 것을 대의(大義)로써 하고 소리(小利)를 취하지 않아서, 단지 공심(公心)으로 만물에 응함을 본(本)으로 삼고 사심(私心)의 간섭을 없애는 데 힘썼습니다. 모든 일을 대덕(大德)으로 해서 남을 복종시킬 수 있었고 혹시라도 고식(姑息)을 쓰는 일이 없어서 남을 사랑할 수 있었습니다. 그리고 온화한 태도로 몸가짐을 공손히 하고, 부지런히 선한 일을 행해서 국가를 다스리는 근원을 맑게 할 수 있었습니다. 위로는 조정의 공경대부가 각자 상직(常職)을 맡고, 아래로는 향당(鄕黨)의 사농공상이 모두 정해진 생업이 있으며, 그윽한 곳에선 귀신과 종묘사직의 제사가 크게 경건하고, 밝은 곳에선 일용(日用)의 음식과 의복의 분제(分制)가 유한했습니다. 예(禮)로 말하면 관혼상제가 찬연히 질서가 있고, 악(樂)으로 말하면 금석사죽(金石絲竹)을 두드리고 불며, 상을 내려서 권선(勸善)하고 위엄을 보여서 징악(懲惡)하여 통치의 도구를 삼가지 않음이 없었습니다. 그러므로 그 군주가 노력하지 않아도 편안하고, 그 나라가 동요하지 않아서 안정되며, 그 일이 번거롭지 않고 간소했던 것입니다. 부자형제와 내외의 대소사무가 경순(敬順)하고 열예(悅豫)*했으니, 자연히 화기(和氣)가 천지에 가득하여 만물을 발육함에 막을 수가 없었습니다. 이에 강함을 기약하지 않아도 가장 강해지고, 부유함을 기약하지 않아도 가장 부유하며, 넓음을 기약하지 않아도 가장 넓어졌으니, 이는 여러 사람들의 마음을 굳게 결속하고 역역(力役)*을 빼앗지 않아서 멀리 있는 사람까지 모두 복종했기 때문입니다.

삼황오제(三皇五帝)의 시절에 이 도(道)를 써서 개물성무(開物成務)*하고 화민성속(化民成俗)*해서 천하를 희호(熙皞)*의 영역에 두어, 슬퍼할 만한 요절과 미워할 만한 악행이 하나도 없었으니, 그렇다면 당시에 비록 '개화'(開化)라는 이름은 없었지만 개화의 실제는 이미 뚜렷하게 드러났던 것입니다. 그러나 지금의 이른바 개화로 말하자면 그렇지 않습니다. 임금이 이(利)를 생각해서 신하들로 하여금 이(利)를 생각하면서 임금을 섬기게 하니, 상하(上下)가 이(利)를 추구함에 나라가 나라답지 못하며, 교린을 신(信)으로 하지 않고 입약(立約)을 의(義)로 하지 않아서, 병인(兵刃)이 서로 대등함에 간뇌(肝腦)가 땅을 뒤덮고 지력(智力)을 서로 다툼에 자웅(雌雄)이 쟁투합니다. 피차 조금 쉬게 되어 우연히 합환(合懽)*하면 음탕한 음악과 사특한 예절이 잡스럽게 앞으로 나오고, 요술과 마교(魔敎)가 어지럽게 유혹해서 어느 하나 우리의 이목을 놀라게 하고 마음을 어지럽히지 않는 것이 없습니다. 심지어 관면(冠冕)을 훼손하고 경토(境土)를 잠식해서 천하의 생민을 몰아다가 오랑캐와 금수로 만듭니다. 그러므로 그 국속(國俗)의 교화를 보면, 방한(防閑)이 엄하지 않아서 집에 정숙한 여자가

曲逕 굽고 좁은 길.

悅豫 기뻐하고 즐거워함. 열락(悅樂).

力役 부역.

開物成務 복서(卜筮)를 통해 만물의 숨겨진 이치를 드러내 밝히고, 이를 시행해서 천하의 사업을 성취한다는 뜻으로, 『周易』「繫辭上」에 나오는 말.

化民成俗 백성을 교화해서 아름다운 풍속을 이룬다는 뜻으로 『禮記』「學記」에 나오는 말.

熙皞 백성의 생활이 즐겁고 화평함.

合懽 화합해서 함께 즐김.

드물고, 도학(道學)이 밝지 않아서 마을에 바른 선비가 없으며, 사치와 참람함에 법도가 없어서 부자가 요음(妖淫)하고, 고택(膏澤)이 백성에까지 내려가지 않아서 수오(愁惡)하고 괴려(乖戾)한 기운이 하늘에까지 뻗쳐 산하(山河) 만물이 어느 하나 편안하지 않으니 어찌 슬프지 않겠습니까?

왕자(王者)의 유풍이 오늘날 씻은 듯 사라졌습니다. 이로써 말하건대, 지금 천하국가에서 다스리는 근원은 무엇이고, 다스리는 도구는 무엇입니까? 그것이 삼황오제의 통치와 터럭만큼이라도 가까운 것이 무엇이길래, 그때의 실사(實事)의 효과를 억지로 원용해서 공공연히 지금 일세의 허명을 만들어 과장하는 것입니까? 아니면 사해(四海)의 안에서 한갓 이 명칭을 세우면 저절로 부강해질 수 있는 것입니까? 혹 앞으로 옛것을 본받아 시행하더라도 보이지 않는 곳에서 서로 모순되는 것이 있지 않겠습니까? 반드시 끝내는 인성(人性)을 모두 바꿔서 탐독(貪黷)과 방사(放肆)함이 바로 진정(眞情)이라고 말한 후에야 그것이 실현된다면 열리는 것은 난신적자(亂臣賊子)의 길이니 충효의 문이 영원히 막히고, 변화되는 것은 모리충욕(牟利充慾)*의 흐름이니 의리의 근원이 크게 끊어질까 두렵습니다. 생각건대, 집사들의 계획이 처음부터 이렇진 않았을 것이니, 반드시 돌이킬 것을 생각하십시오. 지금 우리나라는 물에 비유하자면 극히 혼탁하고, 나무에 비유하자면 쉼없이 흔들리고 있습니다. 그 흐름을 맑게 하고자 한다면 먼저 그 수원(水源)을 세척하고, 그 가지를 붙들고자 한다면 먼저 그 뿌리를 다져야 합니다. 이것이 비루한 제가 옛날의 단본(端本)과 준원(濬源)*으로 나라를 잘 다스린 자로써 입증하여 입론(立論)하는 까닭이니, 지금 살펴보고 행하기를 바라는 것입니다.

牟利充慾 이익을 탐하고 욕망을 충족시킴.

端本濬源 단본(端本)은 바른 뿌리고, 준원(濬源)은 깊고 맑은 수원(水源)을 뜻함.

그러나 지금 좀벌레가 줄기를 갉아먹고 있으니 먼저 그 좀벌레를 제거한 후에야 뿌리를 북돋을 수 있고, 진흙이 흐름을 막고 있으니 우선 그 진흙을 없앤 후에야 도원(導源)*할 수 있을 것입니다. 좀벌레를 버려두고 뿌리를 북돋는다면 뿌리를 반드시 북돋을 수 없고, 진흙을 남겨 두고 도원한다면 수원(水源)을 반드시 인도할 수 없을 것이니, 이제 그 급선무를 아는 것이 어찌 명확하지 않겠습니까? 아아! 지금 해로운 좀벌레와 험난한 진흙이 되어 우리나라를 좌절시켜서 떨쳐 일어날 수 없는 지경에 몰아넣은 것이 누구입니까? 저 벌레처럼 꿈틀거리면서 우리를 방해하는 일왜(日倭)입니다. 하늘이 우리에게 복을 내리지 않아서 원수를 이웃으로 만드셨습니다. 옛날 임진(壬辰, 1592), 정유(丁酉, 1597)년으로부터 능침(陵寢)을 더럽히고 생령(生靈)을 도륙했으니 의리상 마땅히 한 하늘 아래서 살 수가 없습니다. 그런데도 그 고양이와 쥐새끼 같은 눈으로 오히려 어금니를 갈면서 틈을 노리다가, 근년에 독염(毒焰)이 더욱 치열해져서 갑신

導源 발원(發源).

(甲申, 1884)년엔 사흉(四凶)을 유인하여 소장(蕭墻)의 변*을 일으키고, 을미(乙未, 1895)년엔 난병(亂兵)을 끌어들여서 궁궐의 화를 일으켰습니다. 작년 겨울에 이르러선 다섯 명의 역신(逆臣)과 속마음을 나누고 조약을 강제로 체결해서 우리 조종(祖宗) 오백 년 이래 대대로 지켜온 기역(畿域)을 사사로이 빼앗아 장차 저들의 종자를 이식하려고 합니다. 우리의 참화는 우선 논하지 않더라도 저 무상(無狀)하게 남의 나라를 빼앗은 자들이 방자하게 천지 사이에 서 있으니, 만국이 보고 들음에 있어 과연 어떻습니까?

금일 참으로 보호하려고 한다면 어째서 오직 공법으로 재단하지 않고 변란이 일어난 지 몇 개월 동안 수수방관만 하는 것입니까? 일개 장돌뱅이나 걸인을 죽여서 금과 밥을 빼앗더라도 법에 따라 그 도적을 용서할 수 없는데, 하물며 이제 하늘이 낳으신 우리 수백만 백성의 목숨을 끊었으니 저들의 죄를 조금이라도 용서해서야 되겠습니까? 도성이 포위된 후로 의졸(義卒)들이 목을 바치고, 충신들이 칼 위에 엎어져 자결하고, 국사(國師)가 목숨을 바친 것은 한갓 그 주군이 욕을 입으면 신하가 죽어야 한다는 의리를 다하기 위해서만이 아니요, 또한 우리의 심사(心事)를 천하에 밝히길 바랐기 때문입니다. 그런데도 지금까지 적막하게 누구 하나 이를 언급하는 사람이 없음은 우리나라가 여러 집사들을 저버렸기 때문에 그런 것입니까, 아니면 여러 집사들이 우리나라를 저버려서 그런 것입니까?

아아! 천도(天道)는 선한 자에게 복을 주고 악한 자에게 재앙을 내리는 법인데, 지금 선한 자가 재앙을 받음은 어째서입니까? 인도(人道)는 가득 찬 것을 미워하고 덜한 것을 좋아하는 법인데, 지금 가득 찬 자를 좋아함은 어째서입니까? 아마도 하늘의 뜻이, 만약 일적(日賊)이 저절로 죽는다면 그 악함이 크게 두드러지지 않을 것이니, 반드시 만방(萬邦)의 큰 주벌(誅罰)과 현륙(顯戮)을 기다리려는 것입니다. 그것은 천리가 과연 믿을 만해서 더욱 그 징험을 나타내는 것이니, 천하의 일은 사람에게 그 책임을 돌리지 않을 수 없습니다.

일본의 괴수 이토(伊藤)의 '대통감'(大統監)이라는 것은 과연 무슨 칭호며 정체가 무엇입니까? 장차 우리에게 군주 노릇을 하려는 것입니까, 신하 노릇을 하려는 것입니까? 군주라고 한다면 한 나라에 두 명의 군주가 있을 수 없으니 우리가 마땅히 그의 살점을 먹고 그 가죽을 깔고 잘 것이며, 신하라고 한다면 생살(生殺)이 군주에게 달려 있으니 종당엔 그를 저잣거리에서 극형에 처할 것입니다. 그가 거처하는 관서에 '서리소'(署理所) 세 글자를 붙여 놓았는데 이는 또 무슨 뜻입니까? 우리 군주가 있는데 그가 무슨 서리(署理)할 것이 있겠습니까? 혀를 차며 괴이하게 여길 일이라고 할 만합니다.

蕭墻之變 담장 안에서 일어난 변란이란 뜻으로 『論語』「季氏」에 "계손의 걱정거리가 전유에 있지 않고 담장 안에 있을 것 같다."[吾恐季孫之憂 不在顓臾而在蕭墻之內也]라고 한 말에서 유래했다. 여기선 궁궐 안에서 일어난 변란, 즉 갑신정변을 가리킴.

또 천하의 악인은 하나입니다. 제가 들으니 이 괴수가 흉악한 간장(肝腸)으로 찬시(簒弑)*의 흉모(凶謀)에 간여했다고 합니다. 그의 나라에서였다면 마땅히 모든 사람이 그를 잡아서 주살(誅殺)한 다음에 굶주린 승냥이에게 던져 버렸을 것입니다. 그런데도 그 군주가 남의 임금을 시해하려고 한 역적을 토죄하지 않았을 뿐만 아니라, 도리어 그 임금을 원수로 삼은 역적에게 은혜를 베풀고 '통감'(統監)이라는 이름을 내려서 후대했습니다. 이로써 복종하지 않는 이웃나라를 힘으로 굴복시키려고 하고 있으니, 우리 당당한 예의를 갖춘 신민이 어찌 기꺼이 저들의 앞에서 노비처럼 비굴한 낯으로 기려고 하겠습니까? 다만 오적(五賊)을 곁에서 부축해서 난민(難民)의 역(役)을 조장하고도 남을 것이니, 스스로 그 더러운 덕과 추악한 이름만을 천하에 드러낼 뿐입니다. 따라서 그 계책이 또한 교휼(狡譎)하면서도 어리석습니다. 천도(天道)는 순환하는 법이니, 이토의 흉봉(凶鋒)이 우리에게 행해지지 않는다면 도리어 제 군주에게 향하지 않으리라고 어떻게 장담하겠습니까?

簒弑 임금을 죽이고 그 자리를 빼앗음.

일본은 국속(國俗)이 음탕하고 추악한 것을 숭상하며 기습(氣習)이 교활하고 추해서 상하가 모두 씻은 듯 염치가 없으니 진실로 천하의 비루한 나라입니다. 따라서 본래가 배척해서 동열에 서서는 안 되는 나라인데, 이제 인심과 천리를 저버리고 또 이렇듯 만국이 옳지 않게 여기는 대금(大禁)을 범했으니, 공법을 상고해 보건대 저들의 무엄한 행사(行私)*를 토벌하지 않을 수 없습니다. 우리의 이치가 바르니 저들에게서 받은 왜곡을 펴지 않을 수 없습니다. 상황이 이런데도 힘을 쓰지 않는다면 그 보호란 것을 대체 어디에 쓰겠습니까? 제 생각에 상책은 대의를 앞세워 군대를 동원하고 사면(四面)에 배를 띄워서 일왜(日倭)의 소굴을 박멸하고 그 도성을 폐허로 만들어, 천하에 토지를 소유한 자들로 하여금 무상(無狀)하게 남의 나라를 빼앗는 것이 죄가 됨을 분명히 깨닫게 하는 것입니다. 그 다음엔 이토와 우리의 오적(五賊)을 효수해서 사해만세(四海萬歲)에 남의 신하가 된 자로서 불충한 자들에게 경계를 보이고, 또 이와 함께 온 나라의 머리를 깎은 난민들을 다 죽여서 한 시대의 풍속을 병들게 하고 윤기(倫紀)를 훼손한 죄를 다스려야 합니다. 이는 아마도 오패(五覇)도 어렵게 여기고 삼왕(三王)이 가상하게 여길 일일 것입니다. 천하를 한 번 바로잡음이 바로 이 한 가지 일에 달려 있으니, 부디 잘 도모하십시오.

行私 사심을 품고 저지른 일.

이보다 못한 하책은 비록 계획이 좋다고는 할 수 없지만 그래도 하지 않는 것보다는 낫습니다. 국서를 보내서 일본 군주를 책망하고 늑약을 격멸(激滅)하며, 수죄(數罪)*한 다음에 일본 사신을 포박해서 굴속에 가둬 놓고 다시는 감히 해와 달이 비추는 세상에 얼굴을 드러내지 못하게 하는 것입니다. 그렇게 하면

數罪 죄상을 낱낱이 열거함.

또한 조금이나마 죄악을 갚아서 법의(法意)를 다소 밝힐 수 있을 것입니다. 이것이 모두 지금의 급무입니다. 앞에서 말씀드린 안건대로 하신다면 명분이 바르고 말이 순해서 아름다움을 다할 것이지만, 뒤에 말씀드린 안건을 쓰신다면 이는 곧 동맹(同盟)의 상사(常事)이므로 칭송하기에 부족합니다. 부디 집사들께선 이 두 가지 가운데 하나를 선택하십시오. 만약 그렇지 않다면 두 가지를 모두 시행하십시오.

대방(大邦)은 물산이 풍부하고 토지가 넓어서 억만의 비용을 하루에도 마련할 수 있지만, 한줌의 흙처럼 작은 우리나라는 본래 귀방(貴邦)의 사절을 맞이하기에 적당하지 않습니다. 다만 보호의 뜻을 받지 않을 수 없었기 때문에 우리의 고혈을 짜내서 봉양하면서도 피로하다고 여기지 않았던 것입니다. 그런데 지금 만약 진(秦)나라가 월(越)나라의 굶주림을 모른 척 하듯이 한다면, 우리가 어찌 왜노(倭奴)에게 곤궁을 당한 후에 또 각 관(館)을 봉양하느라 고생할 필요가 있겠습니까? 의원(蟻援)*이 이미 끊어졌으니 응당 우리의 고력(孤力)을 다해서 저들과 생사를 결판 지을 것입니다. 천지신명이 상하에 삼열(森列)한데 맹혈(盟血)*이 채 마르기도 전에 사람을 곤액에 남겨 두고 뒤도 안 돌아보고 떠나버린다면, 어찌 천지신명이 은밀한 데서 꾸짖고 드러난 데서 경계를 내리지 않을 리가 있겠습니까?

蟻援 구원병.

盟血 원문에 동혈(銅血)로 되어 있으나 맹혈(盟血)의 오기인 것으로 보고 옮겼다.

제 망령된 말은 이것으로 충분하지만 그만두라고 하지 않으신다면 조금 더 하겠습니다. 대체로 천하의 의리가 무궁하니, 천하의 사변 역시 이에 따라 무궁합니다. 따라서 사리를 짐작하는 자가 제 소견만을 고집해서 오직 자기만 안다고 자신하면 모두가 틀릴 것이니, 오직 옳은 것을 깊이 추구하고 그른 것을 결단력 있게 제거해서 인심이 편안히 여기는 바에 모든 것이 합치해야만 맞을 것입니다. 지금 말하는 자들은 모두 "중화가 외국에 대해서 풍기(風氣)가 같지 않고 풍습이 달라서 각각 성교(聲教)를 가지고 권병(權柄)을 자주(自主)하니, 그렇다면 도(道)를 함께 강구하거나 계책을 협조할 필요가 없다. 오직 피차가 개항입관(開港入關)한 다음에 물화(物貨)를 교환해서 민생을 두텁게 하고, 기계를 사들여서 병정을 강하게 하며, 전보를 보내서 소식을 전하면 그뿐이다."라고 합니다. 그러나 이 말이 사실이라면 일적(日賊)이 제멋대로 꼬리를 흔들고 다니면서 기전(畿甸)*을 넓게 개척하며, 우리의 성교(聲教)를 무너뜨리고 권병(權柄)을 농락함은 어째서입니까?

畿甸 경기도.

일본이 어찌 개화지방(開化之邦)이 아니겠습니까? 불행히 집사들께서 혹시라도 걸(桀)왕의 탐학함을 방조하고 있는지는 제가 감히 알지 못하지만, 만일 아니라고 한다면 어째서 이처럼 소홀하게 하는 것입니까? 또 남의 국가를 망치고 있을 때 그와 더불어 세력을 다툼은 가만히 앉아서 구원하지 않는 것과 똑같이 마음 씀씀이가 어질지 못하고 남의 패망을 다행으로 여기는 것입니다. 맹자(孟子)가 이르길, "그 마음에서 잘못된 생각이 생겨서 그 일에 해를 끼친다."*라고 했습니다. 이제 천하의 난을 다스리려고 하는데 마음가짐이 이처럼 공정하지 않다면 천하의 일을 언제나 바로잡을 수 있겠습니까? 사해(四海)의 난적(亂賊)들이 모두 그 처음에 공정하지 않은 일개 마음에서 일어나지 않음이 없고, 만사만악(萬私萬惡)이 여기에서 흘러나오는 것이니 어찌 귀감으로 삼지 않을 수 있겠습니까. 두려워하지 않을 수 있겠습니까.

作於其心 害於其事 『孟子』「公孫丑上」의 "그 마음에서 잘못된 생각이 생겨서 정사에 해를 끼치고, 그 정사에서 발생해서 그 일에 해를 끼친다."[生於其心 害於其政 發於其政 害於其事]라는 구절을 인용.

부디 바라건대 집사들께선 이미 소화(小華)의 수토(水土)에 들어오셨으니 마땅히 소화의 가르침에 따라 소화의 백성들을 인도하시고, 억지로 각방(各邦)의 가르침으로 가르치려고 하지 마십시오. 전부터 소화(小華)는 한갓 문치(文治)만 하고 무비(武備)를 결여했으며 오직 현인을 친히 하는 데만 힘쓰고 공(功)을 숭상하지 않았으니, 법이 오래되어 폐단이 발생하는데도 그 편중됨을 깨닫지 못했습니다. 성인(聖人)이 다시 일어나셔도 이를 반드시 경장(更張)하셨을 것이로되, 그사이에 존비와 경중의 구분이 씻은 듯 사라짐을 면치 못했습니다. 그러므로 백성을 인도하는 가르침에 있어선 옛날 중화(中華)에서 천하를 잘 다스리던 자의 가르침으로써 하고, 후세 사람들이 사의(私意)에 따라 가감한 것을 용납하지 않았던 것입니다. 오천 년의 예의가 사람들의 골수에까지 젖어들어 오직 강상(綱常)의 중함만 알고 천하에 다른 것이 있음을 알지 못합니다. 자식은 오직 효도의 당연함만을 알고 신하는 충성의 당연함만을 알고 있으니, 일적(日賊)이 단지 이(利)만을 알고 의(義)를 알지 못해서 이(利)에 따라 군부(君父)를 배신하는 것과는 한 자리에서 언급할 수도 없는 것입니다.

또 비유하자면 물의 성질은 아래로 젖어들고 불의 성질은 위로 타오릅니다. 만약 물을 인도해서 위로 올라가게 하고, 불을 인도해서 아래로 내리려고 한다면 또한 어렵지 않겠습니까? 그 성(性)에 순응해서 인도하는 것만 같지 않을 것입니다. 물과 불도 그러한데, 하물며 사람에 있어서겠습니까? 강한 자는 무거운 것을 짊어지고 약한 자는 가벼운 것을 들어야 하는 법입니다. 만약 약한 자에게 무거운 것을 짊어지게 하고 강한 자에게 가벼운 것을 들게 한다면 도리에 어긋나지 않겠습니까? 그 체질에 따라 시키는 것만 같지 않을 것입니다. 차라리 물과 불이 없을지언정 불을 변화시켜서 물을 만들 수는 없고, 차라리 사람이 없을지언정 약한 자를 변화시켜서 강한 자를 만들 수는 없습니다. 백이(伯夷)는 청렴했는데 그를 도척(盜跖)처럼 탐욕스럽게 만들고, 공자는 성인이었는데 그를 환퇴(桓魋)*처럼 악하게 만들려고 한다면 어찌 가능하겠습니까? 이것이 저 일적(日

桓魋 송(宋)나라 대부(大夫) 사

賊)이 일찍이 시험했다가 실패하자 백성의 종자를 바꾸려는 계책을 세운 까닭입니다. 제국(諸國)이 장차 신의를 돈독히 하고자 한다면 어찌 일적(日賊)이 한 일을 뒤따를 수 있겠습니까?

제가 들으니 각 관(館)에서의 의논에 간혹 우리나라가 몇 년 후에도 개명하지 못하면 일왜(日倭)가 임의로 종자를 바꾸는 것을 허락할 것이라는 말이 있다고 하는데 사실인지 모르겠습니다. 과연 그렇다면 이는 우선 서서히 형의 팔뚝을 비틀라고 말하는 것*과 같습니다.

또 '개명'(開明)이란 무엇입니까? 만약 염결(廉潔)*을 말하는 것이라면 우리는 이미 개명했거니와, 오욕(汚辱)을 강제하는 것이라면 차라리 빨리 죽어서 바름을 얻느니만 못할 것이니 어찌 몇 년을 기다릴 것이 있겠습니까? 여러분이 중화의 가르침이 선하다고 생각한다면, 선한 것을 각국에선 무엇을 꺼려서 하지 않는 것입니까? 아직까지 선하지 않다고 여기신다면, 마땅히 기다릴 뿐입니다. 어떤 이는 말하길 "외국인의 성(性)은 본래 중화와 크게 다르니 중화의 예교(禮教)를 싫어하고 박대함은 이치와 형세상 필연이다."라고 합니다. 그러나 이는 잘못된 말입니다. 인성이 모두 하늘에서 나왔으니, 그렇다면 그 처음엔 모두 선하지만 다만 각자가 사욕에 가려지기 때문에 선하지 않은 자가 많은 것입니다. 만약 그 가린 것을 제거한다면 모두가 선으로 돌아갈 뿐이니 어찌 인성이 같지 않음을 알겠습니까? 설혹 같지 않더라도 어찌 자신은 반드시 옳고, 타인은 반드시 그름을 알아서 감히 그를 미워할 수 있겠습니까?

저 성(性)이 모난 자가 하늘의 둥금을 미워하더라도 하늘을 깨뜨릴 수 있겠습니까? 저 성(性)이 둥근 자가 땅의 모남을 미워하더라도 땅을 꺼뜨릴 수 있겠습니까? 이는 모두 미워하는 자의 망령된 생각일 뿐이지만, 그 성(性)의 편벽됨을 없앨 수 있다면 하늘과 땅을 감히 미워할 수 없음을 스스로 깨닫게 될 것입니다. 중화의 예교는 천도(天道)에 근원하여 만선(萬善)이 모두 갖춰져 털끝 하나도 더할 수 없고, 필부(匹夫)가 지키면 천자(天子)라도 이것을 뺏을 수 없습니다. 태워도 녹지 않고 도끼로 찍어도 들어가지 않으며, 만고에 불멸해서 잠깐이라도 종식됨이 없이 천지와 함께 영원히 존재하는 것입니다. 그러므로 이를 미워하는 자는 또한 스스로 그 국량의 협소함을 모르는 것이 아니겠습니까? 만약 그 자기의 협소한 국량으로 지나치게 자신하여 천하의 대사를 대번에 결단하되 천하의 지극한 이치가 여기서 벗어나지 않는다고 여긴다면, 저 광대한 사해와 무수한 조민(兆民)에게 무슨 수로 자기의 뜻을 알리고 그들의 마음을 복종시키겠습니까?

세상의 현인과 군자로서 도덕을 품고 재지(才智)를 온축해서 장차 한 시대에

마환퇴(司馬桓魋)로 공자(孔子)를 살해하려고 했던 사람.

終兄之臂者 終臂는 팔을 비튼다는 뜻으로, 잘못된 점이 있을 때 근본적 해결책을 알려주지 않고 미봉책을 일러준다는 의미다. 『孟子』「盡心上」에 "누군가가 자기 형의 팔뚝을 비틀거든 그에게 좀 천천히 하라고 말하는 것과 같다."[是猶或 終其兄之臂 子謂之姑徐徐云爾 亦教之孝弟而已矣]라는 구절이 있다.

廉潔 청렴과 결백.

출현하려는 자들은 먼저 나의 국량이 좁고 공정하지 못하여 천하의 선(善)을 모두 취해서 훌륭한 일을 할 수 없음을 엿봅니다. 그러므로 모두 멀리 떠나서 산야와 시정(市井) 사이로 침륜(沈淪)하고 자취를 감추는 것입니다. 현인을 버리고 누구와 함께 천하를 다스리겠습니까? 이에 유속(流俗) 중에 이익만 생각하고 명예를 구하며 아첨하는 자들이 암암리에 그 군주와 나라를 팔아먹고서 문을 열고 도적을 맞이하는 무리들과 협잡하여, 탄관상경(彈冠相慶)*하면서 하루도 벼슬길에 나가지 않는 날이 없습니다. 그렇다면 천하가 잘 다스려진다고 말할 수 있겠습니까? 이와 같은데도 오히려 하늘에 책임을 돌린다면 하늘이 반드시 진노하여 견책을 내려서 만성(萬姓)이 모두 사멸한 뒤에야 그칠 것이니, 그 이른바 개화의 공효라는 것이 어디 있겠습니까?

아아! "지금의 도를 따르고 지금의 습속을 고치지 않으면, 비록 천하를 준들 하루도 편히 지내지 못할 것이다."*라는 말을 직접 당하게 되었습니다. 천하는 하나입니다. 다스려지고 어지러워짐이 오직 집사들에게 달려 있으니 밤낮으로 두려워하고 신중히 해서 누추한 견식만을 고집하지 말고, 널리 준걸과 의인을 부르고 공의(公議)를 모으십시오. 그리고 만방(萬方)을 도(道)로써 열고, 만민을 의(義)로써 교화시키되 나의 모든 일과 행동이 순연히 정(正)에서 나오게 해서 후세 국가들에 의해 큰 비웃음을 당하지 말도록 하십시오.

저는 기슬(蟣虱)*과 같은 미품(微品)과 녹시(鹿豕)와 같은 천종(賤踪)으로 국사(國士)의 반열에 나란히 서기에 부족한 자입니다. 그러나 왕실과는 상세(上世)엔 원류를 같이하고 중세(中世)엔 조정을 함께 해서 그 의리가 실로 휴척(休戚)을 함께하는 대신보다 작지 않으니, 금일의 근심은 차마 그만둘 수 없는 것입니다. 또 책을 읽으며 의리를 강학한 지 10여 년에 어찌 전혀 견식이 없을 수 있겠습니까? "지혜로운 자의 천 번 생각에도 반드시 한 번 틀리는 것이 있고, 어리석은 자의 천 번 생각에도 반드시 한 번 맞는 것이 있다."*라고 했으니, 비록 여러 집사들이 지혜롭고 제가 어리석더라도 어찌 서로 맞고 틀리는 것이 없다고 하겠습니까? 더구나 나무를 베고 꼴을 먹이는 누추한 자에게도 반드시 물어봐야 하는 법인데, 어찌 미친 자의 말이라고 해서 선택하지 않는 이치가 있겠습니까? 이는 곧 사해구주(四海九州)와 천세만세(千歲萬世)의 공공지론(公共之論)이요, 제 한때의 사담(私談)이 아닙니다. 필부의 말이 비록 미천하더라도 진실로 이치에 타당하다면 그 시행의 여부가 실로 천하 성쇠의 기틀에 관계되는 법이니, 그 기틀이 달린 바를 혹시라도 놓쳐선 안 됩니다. 현재 천하의 폐단은 다시 제가 논할 바가 아니지만 이러한 대강(大綱)을 바로잡는다면 수많은 구멍과 상처들은 저절로 차례차례 메워질 것입니다.

彈冠相慶 갓을 털고서 서로 경하한다는 뜻. 『漢書』「王吉傳」에 "왕길과 공우가 친구였는데, 세상에서 '왕양[왕길]이 관직에 있으면 공우가 갓을 턴다'고 했으니, 그 벼슬길에 나가고 나가지 않음이 같음을 말한 것이다."[吉與貢禹爲友 世稱王陽在位 貢公彈冠 言其取舍同也]라고 한 데서 유래한 말이다. 여기선 소인들이 서로 이끌어 주면서 벼슬길에 나가는 모양을 비유하는 말로 쓰임.

由今之道 無變今之俗 雖與之天下 不能一朝居 『孟子』「告子下」에 "由今之道 無變今之俗 雖與之天下 不能一朝居也"라 는 구절을 인용.

蟣虱 서캐와 이[蝨]로서 자신이 미천함을 뜻하는 겸사.

智者千慮 必有一失 愚者千慮 必有一得 『晏子春秋』에 나오는 "聖人千慮 必有一失 愚人千慮 必有一得"이라는 구절에서 성인(聖人)과 지자(智者)만 바꿔서 인용.

여러 집사들이 우리나라에 오래 계셔서 응당 중화문자(中華文字)에 익숙하실 것이니, 역자(譯者)의 말이 없어도 이 편지를 한번 보시면 바로 마음속으로 환히 아실 것입니다. 승평(昇平)한 세상엔 민심이 화목하고 유리(流離)*하는 시대엔 사람의 말이 애달픈 법입니다. 애달픈 마음이 박절해서 차마 말을 다듬을 겨를이 없었습니다. 부디 바라건대 평심이기(平心易氣)하여 묵묵히 그 뜻의 요체를 따져보시고, 일개 서생이 상담(常談)을 진언했다고 여겨서 소홀히 하지 마십시오. 그래서 세간에 소문을 듣는 자들로 하여금 깨닫지 못한 사이에 제가 품은 뜻이 마음속 깊이 들어가서 혀를 감추고 죽음을 바치게 하신다면 천하와 생민들에게 큰 다행이겠습니다.

流離 재변과 전란 등으로 인해 떠돌면서 뿔뿔이 흩어짐.

[원문]

丙午月日 海東湖南士人李錫庸 謹以經綸天下大義 布告于萬國公舘下執事 窃惟今天下大勢 如蚌鷸相聚 理無俱全 而吾東一隅 受弊尤甚 朝不保夕 豈氣化將衰 人不能自由耶 抑人事多失 天故示其警耶 一委之天 則堯興而天下治 桀生而天下亂 此不可責人者乎 一責之人 則承業不存唐 天祥不扶宋 柴[此不]可委天者乎 盖天道高遠難知 人事切近易曉 故聖賢之意 皆以爲治亂之理 定于天 而治亂之機 未嘗不在乎人也 然則商辛勢必終亡 而能師先哲王 周無牧野之師矣 漢高命當終受 而但襲亡秦迹 項無垓城之敗矣 於是知天下之理 可決於人 天下之事 可責於人 而不必委之於天也 僉執事以爲 今日治耶亂也 治也 則不必變治爲亂 亂也 則必當撥亂爲治 二者必處一矣 一自通好之後 跋涉萬里山川 飽喫多年風霜 心心念念 專以保護我 叢爾 海邦爲究竟城而 使强隣黠敵 不得遽肆谿壑之慾於其間 則實有以藉在山之虎威 慴野狐之妖心矣 此義 質之神明而無愧 其恩擬諸河海而不淺 雖以三千里赤子緇髮贖謝 曷稱其報哉 雖然迂儒愚衷 猶不能無疑 敢請陳之 古之治天下者 一以正道 不以曲逕 皆以大義 不以小利 只以公心應物爲本 無有私心干物爲務 莫不以大德爲可服人 無或以姑息爲可愛人 而溫溫恭己 孳孳爲善 有以清乎出治之源矣 上而朝廷公卿大夫 各任常職 下而鄕黨士農工商 皆有定業 幽而鬼神宗廟社稷祀事孔虔 顯而日用飮食衣服 分制有限 以禮則冠婚喪祭 燦然秩然 以樂則金石絲竹 鼓之吹之 而賞以勸善 威以懲惡 莫不謹乎爲治之具矣 故其君不勞而安 其國弗擾而靜 其事不煩而簡 父子兄弟 內外大小 敬順悅豫 自然和氣充塞天地 發育萬物而不可遏矣 於是不期强而莫强 不期富而莫富 不期廣而莫廣 盖以其固結衆心 不奪力役 而無遠不服故也 三五之世 用此道 而開物成務 化民成俗 天下囿於熙皞之域 而無一殀之可哀 無一惡之可惡 則時雖無開化之名 而開化之實 已躍如矣 若今之所謂開化則不然 君而懷利 使臣臣而懷利事君 上下征利 國不爲國 而交隣不以信 立約不以義 兵刃相如 肝腦塗地 智力相角 雌雄爭鬪 彼此小息 偶然合懽 則淫樂慝禮 雜然前進 妖術魔敎 眩然相誘 無一不以駭我耳目 幻我心腸 而甚至毁裂冠冕 蠶食境土 驅天下生民而夷之獸之也 故觀其國俗之化焉 則防閑不嚴而家寡貞女 道學不明而鄕乏正士 奢僭無度而富者妖淫 膏澤不下而愁惡乖戾之氣 上徹于天 而山河萬物 無一得安 其所悲夫 王者之風 今日掃地盡矣 由是言之 今天下國家 何者爲出治之源 何者 是爲治之具 此何有毫分近似於三五之治 而强援其時之實事的效 公然作今一世之虛名 而誇張乎哉 抑四海之內 徒立此稱 而自可富强耶 或將次第法古施行 而有陰相矛盾者耶 必終都換人性 貪黷放肆 乃謂眞情而後可得其實 則窃恐所開者 亂臣賊子之路 而忠孝之門永塞 所化者 牟利充慾之流 而義理之源大

絶 意者 僉執事之計 初不爲是 而必思反之也 今我邦 譬之於水 極濁矣 譬之木 常搖矣 欲淸其流 先滌其源 欲扶其枝 先固其本 此鄙人所以證古之端本濬源 善出治者而立論 欲今按而行之也 然蠹方食幹 則先除其蠹 而後培本 泥方遏流 則先去其泥 而後導源 舍蠹培本 本未必培 遺泥導源 源未必導 今之知所先務之急者 其不昭昭矣乎 噫 今爲蠹之害 爲泥之險 摧我邦而納之於不可振之域者 誰哉 彼蠢爾讎我之日倭也 天不祚我 以仇爲鄰 自昔壬辰丁酉 汚巇陵寢 屠戮生霥 義當不共戴天 而以渠猫目鼠睛 猶磨牙俟隙 近年毒談益熾 甲申誘四凶 而起蕭墻之變 乙未引亂兵 而作宮闕之禍 至去冬 與五箇逆臣腹心交通 而勒立條約 私奪我祖宗五百年以來世守之畿域 而將以易彼之種焉 則我之禍慘 姑無論已 彼之無狀奪國 肆然自立天地之間 其於萬國瞻聆 何如也 今日誠以爲保護也 則豈不一以公法裁之 而變出數月 袖手傍觀而已乎 剽一販夫而奪金 殺一丐乞而奪食在法不赦其賊 況今絶我數百萬天生民命 而小貸彼罪 可乎 圍城之後 義卒隕首 忠臣伏釖 國師授命 非徒皆致其主辱臣死之義 亦冀有以明我心事於天下者 而至今寂無一人之言及此 豈我邦負僉執事而然耶 僉執事負我邦而然耶 嗚呼 天道福善禍淫 而今善者受禍何歟 人道惡盈好謙 而今盈者見好 何歟 恐天意若使日賊自斃 則其惡不甚彰 而必竢萬邦之大誅顯戮矣 是則天理果可諶而益驗 天下之事 不得不責之於人也 大抵日酋伊藤之大統監 是何等稱號 何物貌樣 而且將君於我者耶 臣於我者耶 君也則一國不容二君 吾當食肉寢皮矣 臣也則生與殺繫吾君 終當肆諸市朝矣 渠之處官 貼以署理所三字 又何義耶 有吾君 而渠何署理之有 可謂咄咄怪事矣 且天下之惡一也 聞此酋鬼肚蜮腸 嘗預簒弑凶謀 在渠邦 卽當人人得誅 投豺不食者 而其主不惟不能討弑君之逆 反恩其讎君之賊而寵之以統監之名 欲以力腹心不眠之鄰國 顧我堂堂禮義臣民 豈肯奴顔婢膝於彼前乎 秖足翼五賊之腋 助亂民之役 而自彰其穢德惡聲於天下而已 其計亦譎而反愚矣 天道好還 安知伊藤凶鋒 不售於我 則必反乎渠君也哉 日國俗尙淫醜 氣習黠惡 上下蕩然無耻眞天下陋邦 本宜排擯 不與同列 而今也咈人心 悖天理 又犯此萬國不韙之大禁 稽以公法 則彼之行私無嚴 不得不討 我之理直 受曲不可不伸 此而不力 安用保護爲哉 窃意上策 則兵以義動 四面運船 覆滅日倭巢穴 瀦其都城 使天下有土者 曉然知無狀奪國之爲罪也 次則梟首伊藤與我五賊 以示四海萬世 爲人臣不忠者之戒 兼且殲艾通國緇髮亂民以正一時喪風病俗 毁倫壞紀之罪 此盖五霸之所難而三王之所嘉也 一匡天下 在此一擧千萬善圖之下 此則計雖未善 又有猶賢於已者 移書 責日君 激滅勒約 数罪 縛日使 使之竄處 而不敢露頭於日月照臨之下 亦可小贖罪惡 稍明法義 此皆目今之急務也 以上件則名正言順而盡美矣 以下件 則同盟常事而無洽稱矣 僉執事請擇於斯二者 如曰未然 則皆行矣 大邦物衆地廣 供億萬費 一朝立辦 我國一丸泥爾 本不合屈辱貴邦使价 而但以保護之義 不可不受 故浚我膏血 奉之而猶不以爲疲也 今若秦視越瘠之爲 則我何必旣困於倭奴 又勞於各館也哉 蟻援旣絶 當竭我孤力 而與彼生死矣 天地神明 上下森列 銅[盟]血未乾 遺人於厄 而望望然去 則那無陰誚顯警之理乎 妄言止此足矣 無已則又長焉盖天下之義理無窮 天下之事變亦與之無窮 凡斟酌事理者 偏執所見 自信獨知 皆非也惟審求其是 決去其非 而無不合於人心之所安 則可矣 今之說者 皆曰 中華之於外國 風氣不同 習俗相別 各掌聲教 自主權柄 則道不必相講 謨不必相恊 惟彼此開港立關 通物貨 厚民生 資[貿]器械 強兵丁 馳電報 傳信息而已 此說誠然 則日賊之恣橫掉尾 充拓畿甸 乖我聲敎 利我權柄 何耶 日也 獨非開化之邦乎 不幸而僉執事 或助桀爲虐 則吾不敢知 否則何若是恝 且亾人國家之際 助之爭勢 與坐而不救 皆均爲用心不仁 而幸人之亾也 孟子曰 作於其心 害於其事 今將理天下之亂 而執心之不公若是 則天下之事 何時可正耶 四海亂賊 其初莫不原於一心不公 而萬私萬惡 從此流出 可不鑑哉 可不懼哉 窃願僉執事 旣襲小華水土 當因小華之教 而導小華之民 毋強以各邦之教 教之 前此小華之徒文治而欠武備 專親賢而不尙功 則法久生弊 不覺其偏者也 雖聖人復起 此宜更張矣

但其間不能泯然無尊卑輕重之分也 至若導民之教 卽古之中華善治天下者之教 而不容後人私意有所損益也 五千年禮義 浹於人人骨髓 一以綱常爲重 不知天下有他 子而只知當孝 臣而只知當忠 不可與日賊之只有利不知有義 而利之所在君父可背者 同年而語也 且敢譬之 水性潤下 火性炎上 若導水使上 導火使下 不亦難乎 莫如順其性而導之 水火猶然 況人乎 强者負重 弱者馱輕 若使弱負重 使强負輕 不亦悖乎 莫若因其質而使之 寧無水火 不能變火爲水 寧無人 不能易弱爲强 夷也廉而使跖貪 孔也聖而使魋惡 豈可得乎 此賊所以嘗試之不得 而有易種之計也 今諸國將敦信義 而安有踵日賊之所爲者乎 聞各館之議 或以爲我邦幾年後 尙未開明 則許日倭任意易種云 未知信然耶 果爾則是猶謂姑徐徐於紾兄之臂者也 且開明者何事 若以廉潔 則吾已開明矣 强以汚辱 則寧速死之爲得正也 何待幾年 僉意中華之教善矣 則善之所在 各國亦何憚不爲 姑曰未善 則當俟之而已 或曰 外國人性 本與中華逈別 厭薄中華禮敎 理勢必然也 是則不然 人性皆出於天則厥初莫不善也 但各以私蔽 故多有不善也 若去其蔽 則皆復於善而已 安有不同乎 設若不同 安知自家必是 他人必非 而敢惡之乎 夫性方者 惡天之圖[圓] 則天可破乎 惟[性]圓者 惡地之方 則地可陷乎 是皆惡者之妄也 但能袪其性之偏 則自知天地之不敢惡矣 中華禮教 原於天道 萬善足 而一豪不得添 匹夫守之而天子不得奪 焚之不鑠 斫之不入 亘萬古不滅 無須臾可息 與天地偕存者也 惡之者 不亦不自知其量之狹乎 若以一己狹量自信太過 而遽斷天下之大事 以爲天下之至理不越乎是 則四海之廣 兆民之衆 何以諭己意 何以賑其心哉 世之賢人君子 抱道有德 懷才蘊智 而將以出見於一時者 先覰其量狹不公 未能兼取天下之善 而足與有爲 故皆悠然長往 沈淪滅跡於山野市井之間矣 舍賢人而誰與共天下 於是流俗中 懷利干名讒諂面諛之人 暗挾其販君賣國開門揖寇之徒 而彈寇相慶 無日不進矣 然則天下可謂治耶 如是猶責於天 天必震怒降譴 萬姓殄滅乃已 而所爲開化之效者 安在哉 噫 由今之道 無變今之俗 雖與之天下 不能一朝居者 不幸而親當之矣 天下一矣 而治之亂之 惟僉執事在 夙夜戰兢淵氷 愼勿陋見株守 旁招俊義 博採公議 思所以開萬方以道 化萬民以義 而使吾一事一行 純然皆出於正 *毋*爲後世國家之所大譏笑也 鄙人 蟣蝨微品 鹿豕賤踪 不足齒於國士之列者也 然與室 上世同源 中世同朝 其義實不讓於大臣同休戚之地 則今日之憂 在所不已也 且讀書講義十餘年 何嘗專然無見哉 智者千慮 必有一失 愚者千慮 必有一得 僉賢雖智 鄙人雖愚 安如無互有得失哉 況在芻蕘必詢之地 豈以狂夫之言 而有不擇之理 此乃四海九州 千歲萬世 公共之論 而非鄙人一時之私談也 匹夫之言雖微 苟當於理 行與不行 實關天下盛衰之機 機之所在 *毋*或放焉 今天下之弊 非更僕所能筭 但正此大綱 則百孔千創 自可次第塡補矣 僉執事 舘於我邦 歲月己久 應嫺中華文字 不待譯者開口 而一見此紙 便瞭然於心目矣 昇平之世民心也和 流離之時 人辭也哀 哀衷迫切 言不暇裁 惟願平心易氣 黙究義諦 勿以一介書生 陳言常談而忽之 使世間聞風者 不覺賷志深入 藏舌羞死 則天下幸甚 生民幸甚

66. 김가진, 일본에 대한 유식자들의 생각

본년 9월 1일 『경성일보』(京城日報) 만 2주년 기념식 지면에 게재된 본회 회장의 축사 논문을 게재함.

지금 우리나라 경성의 여정(輿情)*의 상태를 말하건대, 우리 국민의 다수가 한일관계에 대해 자못 불평하는 마음을 품고 불쾌한 생각이 있음은 숨기지 못

■ 조선의 배일사상을 비판한 김가진의 글. 한국이 일본을 배척하면 독립을 유지하기 어렵다는 인식하에, 동양평화를 위해 한일 양국 관료와 지식인들의 노력이 필요하다고 보고 있다. 원문 출전은 金嘉鎭, 「我國 有識者의 日本國

에 對한 感念」, 『대한협회회보』 제6호(1908년 9월 25일자).

■ 金嘉鎭(1846~1922) 조선 말기 문신이자 독립운동가로 호는 동농(東農). 주차일본공사관참찬관(駐箚日本公使館參贊官), 주일본판사대신(駐日本辦事大臣), 농공상부대신, 중추원의장 등을 역임하였다. 이후 건양협회(建陽協會), 독립협회, 대한자강회, 대한협회 등에서 활동하였으며, 1919년 이후에는 대한민국 임시정부를 지원하기 위해 설립된 독립대동단(獨立大同團)을 창설하고 초대 총재로 선출되어 상해로 건너가 독립운동을 하였다.

輿情 여론(輿論), 민정(民情).

할 사실이다. 그 지식 정도와 경우 여하에 따라 소견은 다르지만, 대체로 아래 세 가지 종류의 사조가 국민 다수의 머릿속에 유행해서 이른바 배일사상(排日思想)이라고 부르는 일종의 감념(感念)을 포장하고 있음을 볼 수 있다.

첫째, 일본의 상인, 역부(役夫) 등이 우리나라 사람을 경모(輕侮)해서 거의 견마(犬馬)로 보고 감히 방약무인한 행동을 하는 데 분격해서 마침내 일본국 전체에 대해 증오하는 생각이 급격히 생기는 것.

둘째, 일본인의 왕래가 날마다 증가해서 기업행상(起業行商)이 달마다 성대해지는 추세를 보고 우리 민족이 멸망할 것을 우려해서, 우리 국가의 앞날을 비관함에 기초하여 일본인 전체를 질시하는 것.

셋째, 정치 방면으로 입론하는 자는 "당초 한일의 조약은 서로 대등했는데, 일본은 자기의 강대함만을 믿고서 각종 구실을 대면서 점차 압제하여 마침내 5개조의 신조약과 7개조의 최신조약을 체결케 했다. 이로서 우리나라를 병탄하려고 하니 사천 년 구국(舊國)과 삼천 리 강토와 이천만 민중이 어찌 일조일석(一朝一夕)에 왜인의 신복(臣僕)되는 것을 감수하겠는가?"라고 하면서 흥분하며 격하게 말하는 것.

이상 세 가지의 사상은 우리 전국을 통해 그 다수의 머릿속에 유행하고 있는 사조다. 그러나 이른바 유식자는 이들과 같이 사려가 천박하지 않아서 세계의 대세를 생각하고 동양의 이해를 살펴서 한일 관계를 강구하여 양국의 친화(親和)가 필요함을 인식한다. 그러므로 일본의 하등(下等) 인물의 행위에 대해선 실로 빈척(擯斥)하는 바이지만, 그 개인의 행위를 가지고 일본국 전체를 빈척하려고 하는 것은 결단코 불가하다고 생각하려니와, 오직 그 악폐에 대해선 일본 관헌을 향해 엄한 취체(取締)와 조처(措處)를 구하는 데 만족할 뿐인 것이다. (위의 첫째에 대해서)

또 일본인의 왕래가 날마다 증가해서 기업행상이 성대해짐은 경쟁시대의 상례다. 도리어 우리 국민을 장려해서 일본인에게 뒤처지지 말고 상경(相競)해서 용약전진(踴躍前進)할 뿐인데, 이를 사유하지 않고 다만 우리 종족의 멸망만을 기우(杞憂)하는 것은 크게 어리석지 않은가? 차라리 경쟁의 장에 서서 제승(制勝)*할 것을 계획하고 도모해야 하는데, 이 사해동포와 만국형제를 주창하는 현대에서 다른 나라 사람을 질시하는 것은 편협한 우견이 아닌가? (둘째에 대해서)

制勝 승리.

또 몇 차례의 조약은, 동양 형세상 일본이 우리나라를 타국의 손에 맡기지 않은 것은 실로 그 자위의 필연에서 나온 것이요, 우리나라 또한 일본을 배척해서 독립을 유지하지 못한 것은 자명한 사실이다. 그러므로 양국의 화의(和意)를 공고히 함은 쌍방 당연한 이세(理勢)에 기인하는 것이지만, 한일 양국의 화친을 공고히 할 근본주의에 이르러선 우리나라 식자들의 이의가 없지 않다. 그러나 그 병탄을 두려워하는 자의 경우는 기우에 속하는 듯하다. 우리 한인이 아무리 우매하더라도 사실이 진실로 종사(宗社)에 관련된 것이니, 영원한 반항을 계속해서 일본에 누를 끼쳐 다대한 경비를 소요하게 된다면, 일본 정치가가 결코 이러한 우책(愚策)을 취하지 않을 것은 우리나라 유식자들이 분명히 알고 있는 바다. 하물며 병탄은 일본이 세계에 누차 반포한 선언에도 위배되는 것이다. (셋째에 대해서)

이른바 유식자는 이상 설명한 것과 같은 입장에 서서 정온(靜穩)하게 국민의 동요를 통제하지만, 어떤 방국(邦國)을 막론하고 유식자는 항상 적고 천식자(淺識者)는 다수를 점하는 법이다. 특히 우리나라의 현재의 정도로는 동양의 형세를 달관해서 자국의 지위를 자각할 수 있는 자가 거의 없는데도, 위정자는 이 다수의 국민을 안중에 두지 않고 일시 급격한 변혁을 시행해서, 습관과 국정(國情)을 돌아보지 않고 처치는 더욱 더 국민의 오해를 깊게 하여 점점 분란을 초래하고 있으니, 특히 재한 일본 관리는 다시 고려해야만 한다. (하나)

또 지도 명령의 권(權)을 장악한 자는 다른 사람에 대해 친소(親疎)의 구별을 두지 않고, 마땅히 그 사실에 의거해서 가부를 정해야 한다. 선입견을 가지고 다른 사람을 보고, 먼저 들은 말로 송사를 처리하는 것은 착오를 초래하는 근인(根因)이니, 그렇다면 전국을 일체(一體)로 간주해서 친소(親疎), 애증(愛憎)의 구역을 설정하면 안 되는 것이다. 그것을 다투어 권세를 좇는 자들은 다수가 우리나라의 박지약행(薄志弱行)한 사람들로 명리에 아부하는 자들이다. 권세에 아첨하지 않고 명리를 좇지 않으며 의연하게 중망(衆望)을 얻은 자들로 말하자면, 저 교언추리(巧言趨利)하는 무리들이 이를 무함해서 배일파(排日派)다, 완명당(頑冥黨)이다 하면서 중상하여 유신(維新)의 정치를 방해하고 있으니, 일본 관헌도 간혹 이러한 말에 현혹되고 있다. 만약 국사(國士)로 자임하고, 사군자(士君子)로 자처하는 사람들 일체를 배일파나 완명당이라고 부른다면 우리나라의 당대의 인물은 그 이른바 배일파와 완명당 안에 있다고 해야 할 것이다. 이를 재한 일본 관리는 다시 고려해야 한다. (둘)

또 당국 경영에 대해선 한인의 이해(利害)를 본위에 놓으며, 일인(日人)의 이해를 위해 한인의 이해를 희생으로 삼을 수 없음은 당연한 사실이다. 양국인의 이해 공통을 주의로 삼아서 공평불편(公平不偏)의 방침으로써 만사를 처리하여 자타의 구별을 두지 말아야 한다. 종래 양국인이 충돌하는 경우엔 항상 일본인의 이해를 보호하고 한인의 이해를 무시하는 형적이 있었다고 하는 것은 우리나라 사람들이 선전하는 바이다. 그러나 이토(伊藤) 총감의 성의방침(誠意方針)이 결코 이렇지 않다는 것은 우리나라 유식자들이 잘 알고 있는 바이지만, 다수의 일본 관리 중에선 때로 자타의 구별을 두어서 처치에 후박(厚薄)이 없다고 하기 어렵다. 그러는 중에 목하 인심이 동요하고 안정되지 않아서 오해와 의념(疑念)이 만연한 우리나라 현상에 대해, 경찰관, 재판관 등의 직접관(直接官)은 특별히 주의해서 성실과 공평으로 우리 국민의 신뢰를 넓히기를 바란다. 이를 재한 일본 관리는 다시 고려해야 한다. (셋)

오호라! 우리나라의 유식자는 상기한 입장에 서서 정온하게 보통 국민의 오해를 풀어 주기에 진력하고 있지만, 일본 관헌에서도 관료를 경계해서 앞에서 언급한 방침에 따라 지도계발의 효과를 속히 거두어 한일관계를 영원히 원활하게 함으로써 동양의 평화를 유지하고 피차의 행복을 증대시키기를 간절히 바란다.

67. 유길준, 평화광복책

■『皇城新聞』 1908년 10월 29, 30일자 「雜報欄」에 "兪氏의 光復策"이라는 제목 하에 국한문혼용체로 번역되어 게재된 유길준의 글. 광복의 길은 오로지 평화로부터 나오며, 이를 성취하는 방법은 오직 부강에 달려 있음을 주장하고 있다. 원문 출전은 『유길준전서』 4권(일조각, 1971), 267–283쪽.

엎드려 아뢰옵나이다. 일찍이 신이 어렸을 때 중국[漢土]의 글 가운데서 '멀리 있는 강대국의 도움만을 믿고 가까운 동맹국을 업신여기는 국가는 망할 수 있다'*는 구절을 읽었습니다. '망할 수 있다'[可亡]는 것은 반드시 망한다는 뜻은 아니지만, 매우 위태로워서 혹 망하게 될 수도 있음을 말하는 것입니다. 또 유럽인들의 말을 살펴보니, '국가를 통치하는 자는 자신을 아는 것[自知]이 중요하다'고 하였습니다. 자신을 안다는 것은 국가의 지위와 처지, 상황과 형세, 그리고 동맹국과의 관계를 아는 것을 의미합니다. 신이 이 두 가지의 설을 알게 된 후로 지난 삼십 년간 감히 단 하루도 잊은 날이 없었습니다.

멀리 있는 ~ 망할 수 있다 『한비자』 제15편 망징편에 나오는 말로, 원문은 "恃交援而簡近鄰, 怙强大之救, 而侮所迫之國者, 可亡也."

삼가 엎드려 생각하건대, 우리나라는 영토로 보나 인구로 보나 가난하고 약소한 나라라고 할 수 없습니다. 그러나 대대로 문(文)이 높고 무(武)를 천시한 여풍(餘風)으로 인해 고대에 수(隋)나라를 격파하고 당(唐)나라를 물리친 웅장한 기상을 모두 잃어버렸습니다. 게다가 국경을 폐쇄하고 교역을 금지하며 검소함을 숭상하고 공업을 억제한 결과, 사람들이 동면(冬眠)에 빠져들어 풍속이 점차 비루해졌으며, 물건들이 우미(優美)한 모습이 없어서 재화가 따라서 소박해졌습니다. 만국의 풍조가 도도히 끓어 넘쳐서 경쟁을 통한 진취(進取)가 날마다 극심해지고, 지식의 계발이 날마다 새로워지고 있는데도 우리는 도리어 깜깜한 밤 속에 여유롭게 노닐면서 고대의 태평을 노래하며, 송나라의 술 찌개미를 씹으면서 천하에 홀로 현명하다고 여기고 명나라의 의관(衣冠)을 답습하면서 만대에 홀로 고상하다고 생각하였습니다. 그러면서도 외교가 무엇을 하는 것인지, 자주가 어떠한 명분인지 알지 못하였습니다.

이러한 가운데 일본은 동족보치(同族輔齒)*의 이웃 국가로, 지난날엔 우리보다 후진국가였으나 오늘날에는 선각한 나라로 자처하고 있습니다. 병자년(1876)의 조약은 우리와 우호관계를 맺고 우리의 독립을 승인한 것이었으나 우리는 꿈을 꾸듯 혼매하였으며, 갑신년(1884)의 사건은 우리나라의 정변을 인하여 우리의 독립을 격려한 것이었으나 우리는 서로 흘겨보며 반목하였습니다. 갑오년(1894)의 일청(日淸)전쟁에 있어서는, 저들이 우리나라가 안팎으로 난리가 일어난 것을 보고 행여 우리가 스스로 지키지 못할까 염려하여 분연히 의로움으로 떨쳐 일어나 대신 군대를 일으켜서 우리의 독립을 도운 것이었습니다. 그런데도 우리 조정의 신료들이 괴리되어 합하지 못하고 의구심을 안정시키기 전에, 중간의 변고들이 연이어 출현했습니다. 그 결과, 우리와 저들의 진정(眞情)이 엇갈려 서로 용납하지 못하게 됨으로써 상호 소원한 실상이 이전에 비해 더욱 심하게 되었으니, 저들은 우리와 함께 일을 할 수 없다는 것을 깨달았고, 10년을 허송하여, 갑진년(1904)의 일러전쟁에 이르러서 마침내 저들이 우리를 대하는 정략이 변하였습니다.

갑오년전쟁의 씨앗은 이미 임오년(1882)에 뿌려진 것이었으며, 갑진년 전쟁의 조짐은 이미 병신년(1896)에 싹트기 시작하였던 것입니다. 만일 우리나라가 임오년 이후에 한 번 쇄신하려는 뜻을 품고 부강에 힘써서 내치에는 개관(改觀)의 아름다움이 있고, 외교에는 타국의 업신여김을 자초하는 실책이 없게 하였더라면 반드시 일청 전쟁이 발발하지 않았을 것입니다. 또 갑신년 이후에라도 모든 집정대신들이 자신을 아는 일[自知]에 밝고 망할 수 있음[可亡]을 두려워해서 일본을 친신(親信)하고, 민간의 실업을 진흥하며 국방의 비용을 다스릴 방법을 강구하였더라면 아마도 일로(日露)전쟁이 일어나지 않았을 것이며, 설령 발생하였더라도 우리가 반드시 오늘날과 같은 지경에 이르지는 않았을 것입니다. 이로써 보건대, 일본으로 하여금 전후(前後)로 수십만의 생령(生靈)을 희생시키고 수십억의 재물[餘財]을 소진하게 한 양대 전쟁의 도화폭발(導火爆發)의 입구가 한성 정계에 있다고 하더라도, 우리 당국의 절충지신(折衝之臣)*들이 아마도 그 책임을 모면할 수 없을 것입니다.

어떤 이들은 "일본이 화심(禍心)*을 감춘 것이 진실로 하루 이틀이 아니다. 저들의 이른바 우리의 독립을 승인하고 돕는다는 것도 다만 겉만 꾸민 의로운 명성[義聲]을 가장하여 교묘히 속임수의 예봉을 은폐하고, 은밀하게 힘이 넉넉

同族輔齒 보치(輔齒)는 광대뼈와 치아같이 가까운 사이.

折衝之臣 적군의 충차를 물리치는 충성스럽고 용맹한 신하.

禍心 남에게 해코지를 하는 악한 마음.

해지고 형세가 우세하게 되는 날을 기다리는 것일 뿐이다. 그러므로 최근에 이르러 마침내 그 진면목을 드러낸 것이다. 그렇지 않다면 무슨 까닭으로 바다로 둘러싸여 저절로 수비가 되는 섬나라로서 수고롭게 대륙의 풍운(風雲)에 목을 늘이며 관심을 갖고, 불청객을 자임하면서까지 군대를 수고롭게 하고 군량을 소비하며 대신 전쟁을 하여 자국의 명운을 일척(一擲)의 승부에 걸겠는가?"라고 말합니다. 그러나 담장을 마주한 이웃집에 불이 나면 불길이 번져 함께 타죽게 되며, 한 배를 타다가 풍랑을 만나면 물에 빠져서 차례로 익사하는 법입니다. 그러므로 저들의 자위 방법에 있어서 우리나라의 완전 독립이 없어서는 안 되는 것입니다. 이 때문에 저들은 우리가 조속히 실력을 갖추고 실적을 거두기를 희망해서, 우리를 걱정하기를 마치 제 나라를 걱정하듯이 깊이 하고, 우리를 아끼기를 마치 제 나라를 아끼듯이 절실하게 하는 것입니다. 이제 차분히 시세와 사정에 근거하여 논하건대, 과연 혹자의 말과 같이 저들이 다른 마음을 갖고 있음을 진작에 알고 있었다면 어찌하여 조속히 대비하지 않고 가만히 앉아 저들의 침범을 기다리고 있었단 말입니까? 또 설령 저들이 겉으로만 인의(仁義)를 가장하여 우리의 독립을 도모해 주었다고 하더라도, 우리가 만일 형세를 이용해서 기회에 따라 잘 대응하였더라면 참된 독립을 이룰 수 있었을 것입니다. 그러나 기회가 한 번, 두 번, 심지어 세 번이나 주어졌는데도 인지(人智)의 몽매함과 국방의 허약함은 예전 그대로 조금도 전진하는 기색이 없고, 민업(民業)의 쇠퇴와 빈궁은 점점 더 심해져만 가니 어느 하나 믿고 안심할 만한 것이 없습니다.

천하의 형세가 수시로 변화하고, 만국의 정세가 사건마다 달라져서 그 급전직하(急轉直下)하는 광경이 과거에 견줄 만한 것이 아닙니다. 그렇기 때문에 일본 역시 수수방관하며 우리에게선 기대할 수 없는 자동진작(自動振作)을 마냥 기다릴 수 없었던 것이며, 우리 외교의 무모(無謀)함이 또 어떠한 화기(禍機)를 만들어 저들을 이끌고 함께 측량할 수 없는 구렁텅이로 빠질 것을 두려워하였던 것입니다. 이에 광무 9년(1905) 11월의 협약*을 통하여 우리나라의 외교권을 위탁[借受]받고 내치에 있어선 단지 고문만을 입각시켜 협조하게 함으로써 우리가 스스로 정리하여 조속히 실마리를 찾을 것을 바랐으나, 일이 지지부진하고 지리멸렬[歐后漫漶]하여 아득히 실효를 거둘 기약이 없었습니다. 그러므로 다시 본년 7월의 협약*을 통하여 정법(政法)의 위에 지도 · 승인권을 세우고 관리의 임면(任免)에 간섭을 행하며, 저들이 추천하는 일본 인사를 함께 입각시켜 통치를 돕게 하였던 것입니다. 그리고 우리나라의 용병(傭兵)은 비단 국방의 도구가 되기에 부족할 뿐만 아니라, 매사 폭동을 일으키고 항명이 매우 소란스

光武九年十一月之協約 1905년 11월 17일 대한제국의 외부대신 박제순(朴齊純)과 주한 일본 공사 하야시 곤스케(林權助) 사이에서 체결된 이른바 을사늑약(乙巳勒約)을 가리킴.

本年七月之協約 한일신협약(정미 7조약)을 가리킴.

러워 극히 위험하기 때문에 우선 해산시켰던 것입니다. 일국의 체면을 돌아본다면 이는 모두 우리가 원하는 바가 아닙니다. 그러나 추맹씨(鄒孟氏)*의 말씀에 "국가는 반드시 스스로 벌(伐)한 이후에 타국 사람이 벌하고, 사람은 반드시 스스로 업신여긴 이후에 다른 사람이 업신여긴다."*라고 하였습니다. 만일 우리에게 우리의 조국을 지킬 수 있는 힘과 외교와 내치를 자주적으로 행할 지능이 있었더라면 저들이 어떻게 감히 이러한 일을 하였겠습니까. 그러므로 전후(前後) 두 조약의 사안은 실로 우리가 자초한 것이며, 저들이 강제로 우리에게 부과한 것이 아닙니다.

약속은 한 번 정해지면 따르지 않을 수 없는 것입니다. 우리가 성심으로 약속을 준수한 연후에 비로소 저들에게도 성심으로 지킬 것을 기대할 수 있습니다. 삼가 살펴보건대 협약의 첫머리에 특별히 '부강함이 인정될 때까지'*라는 구절이 있으니, 이로부터 저들이 우리를 걱정하는 본의와 우리를 아끼는 진정이 글 밖으로 흘러넘쳐서 우리에게 부강의 도를 권하고, 부강의 도를 기대하여 우리가 부강해지는 날을 기다렸다가 장차 국권을 회복시켜 주리라는 것을 알 수가 있습니다. 비유하자면 우리는 환자이고, 저들은 좋은 의원과 같습니다. 그러므로 저들은 우리를 진맥하고 그 증세를 진찰하여 음식을 조절시키고 약을 신중히 쓰게 하지 않을 수 없는 것입니다. 그리고 신기를 번잡하게 하고 생각을 번뇌하게 하여 조장(調將)*의 이치에 방해가 될 만한 모든 세상사는 더욱 일체 금지하지 않을 수 없으며, 곁에는 능숙한 간호사를 두어 주도면밀한 치료를 행함으로써 환자를 소생시켜 건강한 사람으로 만드는 것입니다. 만일 우리의 병이 치유되고 원기가 충실해지면 저 의원의 간섭과 구속 또한 저절로 사라지게 될 것입니다. 그러나 병이 치유되지 않았는데도 단지 입에 쓴 것만을 싫어하여 독한 약을 사절한다면 저들이 어찌 기꺼이 자기들의 공이 무너지는 것을 살피지 않으며, 자기들의 책임이 방기되는 것을 돌아보지 않은 채 손을 거두고 가만히 있겠습니까.

신이 삼가 온 나라의 인심을 살펴보니, 모두가 불만을 품고 있습니다. 일신의 명예와 절개로 본다면 민영환(閔泳煥)의 순국[烈殉]과 같은 것이 가히 서릿발 같은 충의라고 할 것이지만, 국가를 보존하고 종사(宗社)를 편안히 하는 대계에 있어서는 진실로 '망할 수 있음'[可亡]의 경계를 명심하고 '자신을 아는'[自知] 식견을 가슴에 품어서 혹시라도 미혹된 생각이나 의심을 품어서 저들의 환심을 잃거나 노여움을 사지 말고, 성심으로써 신뢰하고 서로 도와 선한 일을 행하며, 우호를 돈독히 하고 협화(協和)를 이루어 함께 유익한 일을 성취하여 밤낮으로 부강의 경지에 이를 것을 기약하는 데 달려 있습니다.

鄒孟氏 맹자.

國必自伐而後人伐之 人必自侮而後人侮之 『孟子』「離婁」의 "사람은 반드시 스스로 업신여긴 이후에 다른 사람이 업신여기고, 집은 반드시 스스로 무너뜨린 이후에 다른 사람이 무너뜨리고 국가는 반드시 스스로 벌한 이후에 다른 사람이 벌한다."[夫人必自侮然後 人侮之 家必自毁而後 人毁之 國必自伐而後 人伐之]고 한 구절에서 인용했다.

迄認富强 을사늑약의 전문(前文)에 "日本國政府及韓國政府는 兩帝國을 結合ᄒᆞᄂᆞᆫ 利害共通의 主義를 鞏固케 홈을 欲ᄒᆞ야 韓國의 富强之實을 認홀 時에 至하기까지"라는 구절이 있다.

調將 건강이 회복되도록 몸을 보살피고 병을 치유하는 것.

客卿 자국에서 관직을 맡은 외국인을 범칭.

顧問 한일 외국인 고문 용빙에 관한 협정서(제1차 한일협약, 1904. 8. 22)에 따라 일제는 군사 고문에 노즈 진부(野津鎭武), 재정 고문에 메카다 다네타로(目賀田種大郎), 경무 고문에 마루야마 시게토시(丸山重後), 학부참여관(學部參與官)에 시데하라 히로시(幣原坦) 등을 취임시켰으며, 워싱턴 주재 일본 공사관에 근무하던 미국인 스티븐스(Durham W. Stevens)를 외교 고문으로 촉탁하였다.

長物 일상생활에 긴요하지 않은 사치품 등을 일컫는 말.

지금의 지도·승인권과 관리 임면 동의권으로 말하자면 이는 다만 한 대신의 일에 불과할 뿐입니다. 그러니 폐하께서는 통감을 보시기를 폐하께서 존중하고 총애하시는 객경(客卿)*을 대하듯 하시며, 그를 신뢰하시기를 폐하께서 의지하시는 각신(閣臣)과 같이 하시면 충분할 것입니다. 그리고 일본인을 등용하여 관리로 삼는 일에 있어서는 국인(國人)들이 반드시 대부분 싫어하고 의심할 것입니다. 그러나 신이 보건대 반드시 그러하지만도 않을 것입니다. 일찍이 우리가 두었던 고문들*은 모두 관리 이상의 권한을 가져서 명목상으로는 각각 고빙(雇聘)이었으나, 실제로는 하나하나가 감독들이었습니다. 이들이 서로 대립하면서 굽히려고 하지 않아 매사가 정체되곤 하였으니, 도리어 관직을 하사하여 각자 직접적인 책임을 가지게 하되 기율(紀律)로 단속하고 직분의 한계를 세워서, 서로 영역을 침범하게 하지 못하게 하며 법대로 준수하게 하는 것만 못하였습니다. 또 전문적 기술에 있어서는 일을 위임하고 성공을 책임지게 하는 것이 더욱 마땅하지만, 다만 우리나라의 문무 관리들이 정사를 다스리지 못하니 능통한 외국인을 혼용(混用)하여 모범을 보이고 관리들이 본받게 하신다면 이 또한 개선의 한 첩경이 될 것입니다. 그리고 우리나라의 풍속이 전제(專制)가 습성이 되어 관위(官威)가 무겁고 관권(官權)이 높습니다. 그러므로 사람들이 관리를 마치 상전처럼 보아서 감히 나란히 걷지도 못합니다. 게다가 배를 타고 건너온 귀신과 호랑이들까지 나라 안에서 횡행한다면 백성들이 두려워하고 미워하지 않을까 더욱 두렵습니다. 그러나 만일 법과 기강을 분명하게 정하고 직분의 한계를 엄정하게 세워서 국민들로 하여금 국가의 관리가 공공의 종에 불과하다는 사실을 깨닫게 하신다면, 오직 재주에 따라 관리를 등용하면 될 뿐이니 어찌 내국인과 외국인을 가릴 것이 있겠습니까. 그러나 폐하의 조정에 서서 폐하의 녹을 받아먹는 자들은 모두 폐하의 신자(臣子)라고 할 수 있습니다. 그러므로 저들이 추천해서 온 자들을 조선인으로 귀화시키고 충실의 맹세를 선언하게 하여 바로 우리나라 사람으로 만들어 등용하신다면, 더욱 민심에 부합하여 정책의 시행이 매우 편하게 될 것입니다. 이는 마땅히 저들과 함께 강구해 보아야 할 문제입니다.

군대 해산의 한 사건은 국민의 이목을 놀라게 하고 감정을 상하게 하였습니다. 사정을 알지 못하는 자들은 만 가지로 의심을 품고 위태롭게 생각하여 심지어 저들이 우리를 집어삼키려고 먼저 우리의 군대를 철수시킨 것이라고 말합니다. 그러나 이는 결코 그렇지 않습니다. 저들이 우리를 도와 강하게 만드는 것은 협약의 일대 주안점입니다. 그런데 다만 우리의 용병이 시의에 적합하지 않아 한갓 장식품[長物]*이 될 뿐이기 때문에 먼저 군대 해산을 시행하여 근본을 청소하고, 국고의 여력을 감안하여 장수의 재목을 훈육하며, 군제를 개편해서 전 국민이 병역의 의무를 이행하게 함으로써 만세의 간성(干城)을 건설하였던 것입니다. 만일 그렇지 않고 군대를 영원히 해산시켜 우리가 부강해질 수 있는 방도를 끊어 버린다면 이는 약속을 배신하여 천하에 신의를 잃는 행위이니 저들이 어찌 이러한 짓을 하겠습니까?

일국의 독립은 공허한 구호로 유지할 수 있는 것이 아닙니다. 그러므로 옛날 우리의 독립은 우리 스스로 한 것이 아니며, 한때의 수동적인 여력에 불과하였으니, 그 동력이 멈추자 우리의 독립도 절반이 그 자취를 감추게 되었던 것입니다. 만약 우리가 스스로 진정한 독립을 이루고자 한다면, 마땅히 먼저 그 실제를 닦아 세계만국을 향해서 해야 할 것이요, 단지 일본 한 나라만을 향해서 할 것이 아닙니다. 저들이 어찌 일찍이 우리가 정도를 밟아서 독립하는 것을 원하지 않았겠습니까? 저들은 승인하였으나 우리가 하지 않았으며, 저들은 격려하였으나 우리가 하지 않았습니다. 그러므로 저들은 끝끝내 우리의 독립을 거들어 주었으나 그래도 우리가 독립하지 못하였던 것이며, 비단 하지 못하였을 뿐만 아니라 도리어 주권의 칼자루를 다른 나라 사람에게 주고서 자기는 거꾸로 칼날을 잡고 쓰는 꼴[倒持之用]*이 되어 버렸습니다. 그렇기 때문에 저들이 단연코 부득이한 일로서 금일의 처지에서 우리와 조약을 맺었던 것입니다. 이는 실제로 우리의 독립을 보호한 것이지 파멸시킨 것이 아니며, 독립을 도와서 이루려고 한 것이지 빼앗은 것이 아닙니다. 지금 시국의 대세로 보건대 저들에게는 의(義)가 있고, 우리에게는 이(利)가 있다고 할 만합니다. 그러나 우리가 다시 예전처럼 태만하게 독립을 하지도 않고, 할 능력도 없다면, 우리를 보호해 주는 저들의 힘이 장차 변하여 우리를 파멸시키는데 쓰일 것이며, 우리의 독립을 도와서 이루려는 마음이 변하여 독립을 빼앗는 기틀이 될 것입니다. 그러니 어찌 두렵게 생각하고 크게 분발하여, 온 나라가 하나가 되어 밤낮을 잊고 사생을 결단하여 힘껏 부강의 계책으로 나아가지 않을 수 있겠습니까.

倒持之用 다른 사람에게 권한을 주고서 도리어 그의 해를 받는다는 뜻.

진실로 저들의 진의가 평화에 있음을 알기 때문에 우리도 평화로 응하여 외교는 저들의 대리[代辦]에 위임하고, 내치는 저들의 지도를 받는 것이니, 장래에 우리의 세력이 신장되어 문명한 이웃들의 반열에 나란히 서서 평화의 진의(眞意)로써 저들의 대리를 거둬들이며 지도를 사양한다면 저들 또한 마땅히 평화로 응할 것입니다. 그러므로 신은 감히 아뢰기를, "생각건대 우리 광복의 길은 오로지 평화로부터 나오며, 이를 성취하는 방법은 오직 부강에 달려 있다"고 하는 것입니다. 스스로 부강의 방책을 행하지 않고, 다만 광복의 대업을 바라기만 하는 것은 앉아서 백년하청(百年河淸)*을 기다리는 것과 다르지 않습니다.

百年河淸 백 년 동안 황하(黃河)가 맑아지기를 하염없이 기

다린다는 뜻.

그러므로 모든 신민이 노소와 귀천 없이 부자가 서로 전하고, 부부가 서로 북돋고, 형제가 서로 충고하고, 친구가 서로 권장하여 오직 부강의 방도만을 연구하고 광복의 사업만을 염두에 두어 경황이 없거나[顚沛]* 밥 먹고 숨 쉴 때도 이렇게 해야 하는 것입니다. 그래서 광명정대(光明正大)함을 마치 청천(靑天) 같고 백일(白日) 같이 해서 한 가지 사실도 숨기는 것이 없고, 한 가지 물건도 가려진 것이 없게 하면, 저들이 우리나라의 상하의 마음이 마치 중문(重門)을 훤히 열어 놓은 듯 진실하다는 것을 깨닫고 그 사이에서 일말의 의혹도 품지 않을 것입니다.

顚沛 엎어지고 자빠진다는 뜻으로, 여기서는 극히 경황이 없는 가운데서도 부강의 일념만은 잊지 않는다는 뜻으로 쓰였다.

나를 가까이 대하는 사람을 사랑하고, 나를 소원하게 대하는 사람을 미워하는 것은 인지상정입니다. 저들이 만약 불신하는 마음을 가진다면 설령 우리가 부강해지더라도 전도(前途)의 광복 사업이 매우 어려워질 것이요, 우리가 진실로 불신의 실마리를 만든다면 비단 광복의 희망이 사라질 뿐 아니라 국사(國事)의 어려움이 점차 참담한 지경에 이르러 끝내는 필시 어찌할 수도 없게 될 것입니다. 그런데도 낭묘(廊廟)*에서는 시비를 따지는 다툼 소리가 어지럽게 들리고, 민간에서는 어리석게도 뜬소문이 차례로 일어나고 있습니다. 이에 간혹 독서하며 충성을 바치는 것으로 자임한 선비들이 시국을 오해함에 의(義)가 광(狂)으로 변하여 죽창과 늘어놓은 깃발로 오합지졸을 규합하니, 그 하는 짓이 결국 살인과 절도, 노략질에 지나지 않습니다. 그리고 생업을 잃어 불평하는 무리들과 시세를 틈타 몰래 일어난 무리들이 마치 닭이 봉황의 깃털을 빌리고, 고라니가 표범의 가죽을 뒤집어 쓴 것처럼 가장하여 분노를 표출하고 원독(怨毒)을 펼쳐서 안으로 국가에 근심을 끼치고 있습니다. 그 가운데 조금 이식(耳食)*의 지식이 있는 자들은 손뼉을 치며 우내(宇內)의 일을 이야기하면서, 북쪽을 바라보고 서쪽을 기웃거리며 행여 열강의 균세(均勢)의 논의가 조만간 다시 일어나 앉아서 그 이익을 볼 것을 기대하고 경거망동을 함에 누(累)가 군부(君父)에게까지 미치고 밖으로 동맹국의 분노를 자초하고 있습니다. 이는 모두 '자신을 아는'[自知] 식견이 결핍되고 '망할 수 있음'[可亡]의 경계를 범하는 자들입니다.

廊廟 의정부를 가리킴.

耳食 남의 말만 듣고 시비를 분별하지 않은 채 함부로 그것에 따르는 것.

폴란드는 어리석게도 외부의 도움을 구한 까닭에 도리어 분할을 당하였으니 이는 앞의 귀감(龜鑑)이 멀지 않은 것이며, 미얀마는 은밀히 두 마음을 품은 것으로 인해 마침내 패망에 이르렀으니 다시 뒤의 전철(前轍)을 경계할 만합니다. 어떻게 두려워하지 않으며, 어떻게 신중하지 않을 수 있겠습니까? 저들이 우리에게 소망하는 것은 우리가 스스로 부강을 이루어 스스로 우리의 권리를 회복함으로써 동양의 영원한 평화를 지키는 데 있으니, 저들과 우리의 사이에는 다만 지극히 진실한 평화만이 있을 뿐입니다. 이제 폐하께서 중흥(中興)의 단서를 계승하사 일신(一新)하는 운수를 여셨으나 국시(國是)가 아직 정립되지 않아 민지(民志)가 따라서 안정되지 않았습니다. 엎드려 바라옵건대, 평화 광복책으로 국시를 세우고 신민에게 분명하게 조칙을 내리셔서 그들로 하여금 금과옥조로 받들게 하시며, 그 마음을 하나로 하고 힘을 모아 집집마다 이를 외우고 읽게 하여 부강을 도모하소서.

신으로 아뢰자면 평소에 독립의 뜻을 가지고 천자의 대신이 된 자입니다. 국가의 행보에 차질이 생겨 끝내 오늘날의 지경에까지 이르게 되어, 죽고자 하여도 죽을 곳이 없고 살고자 하여도 즐거움이 없으니 무슨 면목으로 나라 가운데 서서 천하의 사람들을 보겠습니까. 그런데도 오히려 구구하게 구차히 살 계책을 세우는 것은 전도의 일이 유망해서, 부강의 도를 하루 먼저 행하면 광복의 대업도 하루 빨리 이룰 수 있기 때문입니다. 다만 신은 성품이 용렬하고 학식이 비천하여 문(文)으로는 통치를 보좌할 재주가 아니며, 무(武)로는 난리를 다스릴 계략이 없습니다. 그러므로 감히 다시 천자의 대신이 되어 이 비상한 시국에 현인들의 등용을 막아서는 안 될 것이기에 이에 전후의 품계를 반납하고 자유로운 평민으로 내려가 시정의 사이에서 편히 일신을 둔 채 보국의 작은 정성을 바치고자 하는 것입니다. 이제부터 만일 폐하의 광복국시(光復國是)를 함께 받들 수 있는 자라면 과거의 원한과 혐극(嫌隙)은 모두 제쳐두고 서로 손을 잡고 혜호(惠好)하기를 마치 형제처럼 해서 위로는 폐하께 근심을 끼쳐드리지 않고 아래로는 국민의 협화(協和)에 어긋남이 없게 할 것입니다. 신은 비록 불초무상한 자이나 평화광복의 도로써 국사의 무게를 자임하였으니 신의 머리는 벨 수 있을지언정 신의 이 마음과 정신은 빼앗을 수 없을 것이며, 신의 뼈는 바술 수 있을지언정 신의 이 기상과 혼백은 멸할 수 없을 것입니다.

신이 오랫동안 일본에 체류하였으나 학문을 닦지 못하였고 예술 또한 연구한 바가 없었으니, 가슴에 묻어두고 뼈에 아로새겨 소중히 간직해서 돌아온 것은 일본 국민이 충의(忠義)를 다하는 도리뿐이었습니다. 우리 국민의 충의로운 성품[彝性]이 저들에게 뒤지는 것이 아님은 신도 진실로 알고 있으나, 이를 발휘하여 사용하는 방도에 있어서는 자못 미치지 못하는 바가 있는 듯합니다. 그래서 동서고금을 살펴보니, 저들에게는 진실로 만국 가운데서도 탁절(卓絕)한 바가 있었습니다. 위로는 존귀한 왕공(王公)으로부터 아래로는 비천한 여대(輿儓)*에 이르기까지 다만 군주가 있음만을 알고 일신이 있음은 알지 못하며, 국가가 있음만을 알고 제 집이 있음은 알지 못합니다. 모든 선비, 농부, 공인, 상인이 남녀노소와 빈부현우(貧富賢愚)를 막론하고 말하길, "이는 우리 임금님을 위

輿儓 고대 중국에서는 백성을 열 단계의 등급 [왕(王), 공(公), 대부(大夫), 사(士), 조(皁), 여(輿), 예(隸), 요(僚), 복(僕), 대(儓)]으로 구분하였다. 왕공은

가장 귀한 두 계급이며, 여대는 가장 아래의 두 등급에 속하는 천민을 뜻함.

한 것이다."라 하고 "이는 우리나라를 위한 것이다."라고 합니다. 그래서 군부(君父)에게 위급한 일이 생기면 죽음을 집에 돌아가는 것처럼 쉽게 보고, 국가에 난리가 생기면 삶을 치욕으로 여겨서 가재(家財)를 기울여 국가에 헌납하고, 신명(身命)을 버리고 달려갑니다. 여러 사람들의 마음이 일치하여 물불을 가리지 않으니 이것이 바로 저들이 2,500여 년 동안 안으로는 역성혁명의 정변이 없고 밖으로는 외적의 침입을 받는 치욕을 겪지 않았던 이유이자, 또 왕년에는 청국과 싸워 이기고 지난해에는 러시아와 전쟁을 하여 승리하였던 까닭입니다.

만일 우리 국민의 천부적인 충의에 이러한 기절(氣節)을 겸한다면 아마도 부강광복의 일은 마땅히 손바닥을 뒤집는 것과 같이 용이할 것입니다. 그러므로 신이 일본국민이 그들의 황실을 사랑하고 받들며, 국가를 호위하는 충의를 발휘하는 도로써 우리 국민을 경성(警惺)하고 계유(啓誘)하여, 이를 옮겨 우리가 일상적으로 응용하는 국풍(國風)으로 삼음으로써 폐하의 종사(宗社)와 국가에 다하고자 하는 것입니다. 이렇게 함으로써 능히 부강해져 참으로 광복의 실제가 있게 한다면, 지난날의 약속이 철안(鐵案)*에 기재되어 해와 별처럼 분명하고 금석처럼 견고하며, 천신(天神)이 위에서 굽어보시고 만국이 옆에서 증명하니 일본이 어찌 한때의 일을 가지고 영구불변의 전례(典例)로 만들 수 있겠습니까? 저들 또한 마땅히 기쁘게 따라서, 양국 간의 지극히 중대한 일이 옥백(玉帛)*과 담소의 사이에서 해결될 수 있을 것입니다. 그러나 이는 한갓 부강으로써만 가능한 일이 아니니, 마땅히 '동맹국을 업신여기지 않는' 경계를 고수하며 '국가의 처지를 스스로 아는' 뜻을 깊이 간직해야 합니다. 그리고 저들과 기쁨과 슬픔을 같이하고 이해를 공유하며, 성심으로 믿어서 저들을 신뢰하는 우리의 마음이 평화로부터 나온 것임을 충분히 믿게 한 연후에야 가능할 것입니다.

鐵案 증거가 확실하여 번복할 수 없는 사건이나 사안.

玉帛 고대 중국에서 제후들이 회맹(會盟)할 때 옥과 비단을 예물로 바친 관습에서 온 말로국가 간 외교적 우호 관계를 표시하는 말로 사용된다.

신은 이미 민간으로 퇴거하였으니 서괄(絮聒)의 말씀을 올려 천폐(天陛)의 숭엄함을 어지럽혀서는 안 될 것이지만, 한 조각 억누를 수 없는 충절을 침묵하고 있을 수만은 없기에 부월(斧鉞)*의 형벌을 두려워하지 않고 감히 미천한 자[芻蕘]*의 말씀을 아뢰옵나이다. 엎드려 바라옵건대 폐하께서는 신의 광우(狂愚)*함을 용서하시고 유념하셔서 깊이 살피시옵소서. 신은 지극히 두렵고 간절히 바라는 마음을 가누지 못하겠나이다.

斧鉞 임금의 권위를 상징하는 작은 도끼와 큰 도끼를 아울러 이르는 말.
芻蕘 나무꾼같이 미천한 사람이 올리는 말로 여겨 주기 바란다는 뜻.
狂愚 정신이 나가고 어리석음.

[원문]

伏以臣少時 嘗讀漢土之書 有曰恃强大之遠援 侮狎近之與國者 其國可亡 可亡者 不必亡之謂也 然其甚危 或至於亡也 且按歐人之言 有云爲國者貴自知也 自知者 言知其國之位處狀勢與夫與國之關係也 臣得此二說 三十年未敢一日忘也 竊伏念 我國家 以土以人 不可曰貧而弱而小 而歷世文驕武賤之餘 全失古代破隋斥唐之雄氣 加之以閉關絶商

崇儉抑工 人爲幽蟄之活而俗漸以卑 物無優美之觀而貨隨以索 萬國之風潮 滔滔方盪 進取之競爭日劇 啓發之知識日新 我乃優遊長夜之中而謳歌古代之太平 啜宋餘之糟粕而獨賢天下 襲明後之衣冠而自高萬世 不知外交之爲何事 自主之爲何名 日本 以同族輔齒之近隣 昔之爲我之後進者 今則自居爲先覺 丙子之約 與我爲好而認我獨立也 而我昏昏如夢 甲申之事 因我有變而激我獨立也 而我眀眀相反 若甲午日淸之役 則彼見我之有內外亂而懼我之不敷自守 奮然出義 代爲興師 以扶我之獨立也 而我之廷臣 乖離未合 疑懼未定 而中間之變故 從而疊出 不徒我彼之情 齟齬不容 疎間之實有甚前日 彼知我之不可與有爲 荏苒十年 以及乎日露甲辰之役 而其對我之政略遂變 蓋甲午之役 其種已播於壬午 甲辰之役 其兆已萌於丙申 向使我在壬午之後 一意刷新 移爲富强 內治有改觀之美 外交無招侮之失 其必無日淸之戰 且在甲申之後 凡我執政 明自知而怵可亡 親信日本而振興民間之實業 講修國防之費 其或無日露之爭 而其有之 我不必至有今日之境 由是觀之 日本之前後失幾十萬生靈糜幾十億帑財之二大戰爭 其導火爆發之口 謂在於漢城政界 我當局折衝之臣 將無所逃其責矣 或謂彼之包藏禍心 固非一朝一夕 其所謂認我扶我之獨立 特假粉飾之義聲 巧隱其譎詐之鋒 而暗俟力贍勢優之日 故至近者 竟露其眞面 不然 何苦以環海自守之島國 延頸於大陸風雲 自薦爲不速之賓 而勞師費餉 代人爲戰 賭自己之興亡於一擲哉 夫隔壁失火 延至共焚 同船遇風 淪胥以溺 彼在其自衛之道 不可無我之完全獨立 故願我之早備其實力 望我之速擧其實績 憂我如憂其國之深 愛我如愛其國之切 今也平心虛氣 就時勢據事情而論之 果如或者之言 旣知彼有異心 何不早爲之備而坐待其侵犯乎 且使彼外假仁義 謀我獨立 我若因勢利用 隨機善應 可以成眞一之再之 至于三焉 人智之蒙昧 國防之虛弱 依然如故 少無前進之色 民業之委靡貧殘轉轉愈甚 一無可恃而爲安 天下之勢 隨時而變 萬國之情 臨事而異 其急轉直下之光景有非疇昔之比 則不能袖手傍坐 以待我不可待之自動振作 而竊懼我外交之無謀 又不知引出那邊禍機 摟彼共墜於莫可測之坑塹 乃以光武九年十一月之協約 借受我外交之權至內治則只入其顧問而協助之 以蘄我自行整理 趂速就緖 歇后漫漶 杳無奏效之期 則又以本年七月之協約 政法之上立指導承認之權 官吏之任免 亦行干涉 而兼入推薦之日本人士 以助理之 且以我傭兵 非徒不足爲國防之具 臨事暴動 抗命滋騷 極爲危險 故姑爲解散 顧以一國之體面 則皆非我所欲 然鄒孟氏言 國必自伐而後人伐之 人必自侮而後人侮之 苟我有自守我祖國之力 自行我外交與內治之知 能彼豈敢爲是哉 故前後二約之案我實自取 非彼之强加於我也 夫約言一定 不可以不從 我以誠心守之然後 始可望彼之誠心守之 謹按協約冒頭之文 特筆有迄認富强之言 可見其憂我之本意 愛我之眞情 津津溢於辭表 勸我以富强之道 望我以富强之道 待我富强之日而將以復之也 譬之 我猶病人彼爲良醫 診我之脈 察我之證 飮食不可不使之節也 藥餌不可不使之愼也 且凡世務之足以煩神惱慮 有妨於調將之理者 又不可不一切禁而止之 傍置能手之看護 以行其周到之療治而甦完之 使爲康壯之人也 苟我病之退而元氣實 彼醫之干涉拘束亦從而自去 厥疾不瘳 只厭苦口而辭瞑眩之藥 彼安肯不恤其功之虧 不顧其責之廢 斂手唯唯而止哉 臣竊觀擧國之人心 皆抱不滿 爲一己之名節則如閔泳煥之烈殉 可謂日霜其忠義 至於保國安民宗社之大計 固在乎服可亡之戒而懷自知之見 毋或執迷懷疑而失彼之歡 集彼之怒 推誠信賴而相資爲善 敦好協和而共濟爲益 期日夜臻富强之域 今以其指導承認之權與夫官吏任免之同意 言之則直不過一大臣之事耳 陛下其以統監 視之爲尊寵之客卿 信之如依毗之閣臣則足矣 且用日本人爲官吏之事 國人必多疑忌 自臣觀之 不然也 曾我所置之顧問 皆執官吏以上之權 名爲雇聘 而實則箇箇監督也 相持不下 每事澁滯 反不如授以官職 使各有直接之責任 而束之以紀律 立之以分限 毋相踰越而謹守如法 至於專門之技術 委任責成 尤爲允當 而顧我文武官吏 不閑政事 則混用能達之外人 以示模範而使則效之 亦改善之一捷徑也 我國之俗 專制成習 官威重而官權高 故人之視爲官爲吏之人

如人上人 不敢輩行 則又恐添舶來鬼虎橫行於國中而畏惡之 若明定法紀 嚴立職限 使國民知國家之官吏不過爲公共之僕 其所用之惟才可耳 內外之何擇哉 [然立陛下之朝而食陛下之祿 則皆可曰陛下之臣子 彼所推薦而來者 使之歸化而宣忠實之誓 直爲我人而用之 尤慊於民心 施措甚便 此 宜與彼籌講者也] 至若解兵一事 駭國人之耳目 傷國人之感情 不知者危疑萬端 至謂彼欲呑噬我 故先徹我兵備 然此則決不然也 彼之助我爲强 協約之一大主眼 而顧我傭兵 不合時宜 徒爲長物則先行解隊之擧 以淸其本而視國庫之力 鍊育將材 改編軍制 使全國之民就兵役之義務而建萬世之干城也 若不然而永行解散 俾絶我爲强之道 則是背于約言 失信天下 彼豈爲此哉 夫一國之獨立 非虛聲之所可撑支 故舊我之獨立 非我之自爲 不過一時之受動餘力 則其動息而我之獨立亦韜半面者也 我欲自爲眞正獨立 宜先修其實 向世界萬國而爲之 非只向日本一國而爲之 彼何嘗不願我爲正而獨立哉 彼認之而我不爲 彼激之而我不爲 故彼終乃扶植之 而我猶且不能爲 而非徒不能爲也 反欲擧其主權之柄 授之人而爲倒持之用 彼斷然以不得已之事 約我於今日之地 實保護我獨立 非破滅之也 輔成我獨立 非廢奪之也 以今時局之大勢 此可曰在彼爲義 在我爲利 而又我之不爲也不能也 如曩時之泄泄 則其保護之力 將變而爲破滅之用也 輔成之心 轉而爲廢奪之機也 其可不惕然念勃然奮 擧國爲一而罔晝夜決死生 進進爲富强之計哉 固知彼之眞意在於平和 故我亦以平和應之 外交焉委其代辦 內治焉聽其指導 後來我勢之長 可伍文明之隣 以平和之眞意 收其代辦 謝其指導 則彼亦當以平和應之 故臣敢曰惟我光復之道 一由平和 而其成就之方 亶在富强 不自爲富强之策 只望光復之業者 無異於坐俟百年之河淸 凡爲臣民者 無老無少無貴無賤 父子相傳 夫婦相勖 兄第相告 朋友相勸 一惟富强之道是究 光復之事是念 顚沛是食息是 而光明正大 如靑天如白日 無一事之隱 無一物之蔽 則彼知我上下之心如洞開重門 小無挾疑滋惑於其間 人之常情 親我者愛之 疎我者惡之 彼若有不相信之情 我雖富强 前途光復之事甚難 我眞有不可信之端 則非徒光復之無望 國事之艱難 層層轉入於慘憺之地 終必至於莫可爲矣 廊廟閧閧 嘖舌紛至 閭巷貿貿 浮言胥動 則間或自命爲讀書願忠之士 誤解時局 義變爲狂 竹槍席旗 嘯聚烏合 其所爲究不過於殺越摽掠 而失職不平之群乘時竊發之徒 鷄借鳳毛 麋蒙豹皮 因之逞其怒肆其毒 而內貽國家之患 其稍有耳食之知者 抵掌談宇內事 北眄西翹 庶列强均勢之論朝夕 且起 而我乃坐受其利 輕擧妄動 累及君父 而外招與邦之怒 皆乏自知之見而犯可亡之戒者也 波蘭以妄求外援之故 反被分割 此其前鑑不遠 緬甸因陰懷貳心之事 遂至覆亡 又其後轍可戒 可不懼乎 可不愼乎 彼之所望於我者 在我之自爲富强 而自復我權 以保東洋之永遠平和也 我彼之間 只有至誠之平和而已 今陛下承中興之緖 啓一新之運 而國是尙有未立 民志從而未定 伏願以平和光復之策 立爲國是 明以詔之臣民 使奉之爲金科王條而一其心協其力 家誦戶讀 而圖爲富强焉 若臣則素以獨立之義 爲天子之大臣者也 國步蹉跎 到今地頭 欲死而無所 欲生而無樂 以何面目 立於國中而見天下之人乎 然而猶且區區爲苟活之計者 以前途之事有望 使我富强之道 速一日 則我光復之業 速一日故也 顧賦性闒茸 學識菲薄 文非佐治之才 武無撥亂之略 不敢復爲天子大臣 以妨賢路於非常之時也 玆願還納前後品階 降爲自由平民 以便置身於市井之間而效報國之微忱也 繼自是 苟可以共奉陛下之光復國是者 讎怨相忘 嫌隙相置 携手惠好 如兄如弟 上以無貽陛下之憂 下則無乖於國民之協和焉 臣雖不肖無狀 以平和光復之道 亦自任爲國家之重 臣頭可斷 臣之此心此神 不可以奪也 臣骨可粉 臣之此氣此魄 不可以滅也 臣久留日本 學問無所修也 藝術無所究也 服之在膺 鐫之在骨 厚齎堅持而歸者 日本國民之爲忠爲義之道耳 臣固知我國民忠義之彝性 非有遜於彼 而其發揮爲用之道 殆有不及焉 求之東西 通之古今 彼眞有卓絶於萬國焉者 上自王公之貴 下至輿儓之賤 只知有其君 不知有其身 只知有其國 不知有其家 凡爲士爲農爲工爲商 不問老少男女貧富賢愚 曰是爲吾君也 曰是爲吾國也 君父有急 視死如歸 國家有難 以生爲

辱 傾家財而納之 抛身命而赴之 衆心一致 前無湯火 此其所以二千五百有餘年以來 內無革姓之變 外無受敵之恥 且往年與淸戰而勝 去年與露戰而勝之故也 苟以我國民天稟之忠義 兼之以如此氣節 其於富强光復之事 當易如反掌 故臣將以日本國民之愛戴其皇室 捍衛其國家之忠義之發用之道 警醒我國民 啓誘我國民 移之爲我日常應用之國風 以盡之於陛下宗社國家也 如是而克富克强 使眞有光復之實 向之約言 載在鐵案 昭如日星 堅如金石 天神鑑之在上 萬國證之在傍 日本焉能以一時之事 視作永久不變之例哉 亦當欣幸而樂從之 兩國至大至重之事可決於玉帛談笑之間也 又不可徒以富强得之 宜固守不侮與國之箴 深抱自知其國之情 與彼同休戚共利害而誠心相孚 使彼眞十分信我之信彼而出於平和然後可也 臣退處民間矣 不宜爲絮聒之言 以瀆天陛之崇嚴 一片不自已之丹衷 不能含默而止 不畏斧鉞之誅 敢備芻蕘之詢 伏願陛下 恕臣狂愚而留神澄省焉 臣無悚惶祈懇之至

68. 이용구, 한일합병 성명서

아아! 우리 단군 사천 년의 신성한 역사를 보유하고 우리 태조께서 오백 년 전에 창회(創恢)*하신 홍기(洪基)에 전거(奠居)*하는 이천만 국민 동포여! 국가는 독립하고 인민은 자유로 경쟁 무대에 고상(翺翔)*할 조국정신(祖國精神)이 이천만의 뇌리에 충만한 것은 본디 인정하는 바이다. 만약 이러한 정신을 탈락(脫落)해서 남의 기반(羈絆)*에 안주하고 남의 노예 되기를 원해서 아부와 의뢰하기만을 기꺼이 여기고 좋아함은 홍노(紅奴), 흑만(黑蠻)*의 종족이라도 오히려 수치스럽게 여길 일이다. 그러나 국세를 잘 가늠하지 못하고 시기에 잘 변통하지 못해서 도리어 침륜(沈淪)*의 독을 흡수하고 멸망의 화를 자초하는 말로에 빠지더라도 몽연(瞢然)*히 각성하지 못함은, 분명히 말하건대 조국정신은 뇌리에 충만하지만 이미 더는 어쩔 수 없는 한을 품는 지경에 이르게 될 것이다. 금일의 상태는 이 기우(杞憂)를 품지 않을 수 없는 때다.

생각하라. 이천만 국민의 목전에 급업(岌嶪)*한 현상은 과연 어떠한가? 살고자 해도 살 수가 없고 죽고자 해도 죽을 수가 없다. 이미 노예, 희생의 비참한 지경에 추락한 금일에 이르러 과거를 미뤄 보고 장래를 생각하면 어찌 전도가 망창(茫蒼)*하고 신광(晨光)이 희미한 감이 없겠는가? 이는 하늘이 도와주지 않은 것은 아니나, 오직 사람이 스스로 취한 일이라고 할 수 있다. 갑오(甲午, 1894)년에 일본은 일청전역(日淸戰役)을 일으켜서 거억(巨億)의 전비(戰費)를 소진하고 누만(累萬)의 전사를 잃으면서 청국의 기반(羈絆)을 탈각하게 하고, 우리 한국의 독립을 확보했다. 그런데 정치를 탁란(濁亂)하고 호의를 배격해서 이 만세의 기초를 지키지 못함은 우리 한국인이 자초한 바이다. 끝내 일로전쟁(日露戰爭)의 인과를 매개해서 일본의 손해는 갑오년의 열 배나 되었으나, 우리

■ 1909년 이토 히로부미 피살이후 일본이 한국병합을 서두르자, 일진회 회장 이용구(李容九)가 1909년 12월 4일 100만 회원의 연명으로 병합에 찬성하다는 내용을 담은 성명서. 1905년 을사조약 체결로 인한 한국의 국권상실 등은 한국인들에게 책임이 있으며, 일본의 보호를 받아 양국이 합방하는 것이 한국민족이 살 길이라고 주장하고 있다. 원문 출전은 『순종실록』 권3 순종 2년 12월 4일(양력).

■ 李容九(1868~1912) 동학농민운동에 참가하였으며 출옥한 후 손병희와 함께 진보회를 조직하였다. 러일전쟁이 일본의 우세로 돌아가면서 송병준(宋秉畯)의 권고에 따라 친일성향의 일진회로 변하였다. 일진회 회장으로 여러 선언서를 발표하였다.

創恢 만들어 갖추다.
奠居 편안히 거주함. 정착(定着).
翺翔 빙빙 돌며 나는 모양. 여유 있게 노니는 모양.
羈絆 굴레, 속박.
紅奴黑蠻 홍노(紅奴)는 아메리카 인디언, 흑만(黑蠻)은 아프리카 흑인을 가리킴.
沈淪 침몰(沈沒).
瞢然 장님같이.
岌嶪 높고 위급한 모양.
茫蒼 끝이 없이 아득함.

로 하여금 러시아 인의 호랑이 아가리의 한 덩이 고기 됨을 면하게 하고 동양 전국(全局)의 평화를 유지함에 노력한 것이다.

이러한데도 이 선린주의(善隣主義)에 기꺼이 따르지 않고 도리어 조진모초(朝秦暮楚)*의 폐단을 만들어 마침내 외교권을 남에게 양여하고 보호조약을 성립함에 이른 것도 우리 한인이 자초한 것이다. 일한(日韓) 관계가 이미 밀접함에, 감정을 융화하고 공예를 사수(師受)하며 문명의 모범을 촌취척진(寸取尺進)해야 하는데 도리어 헤이그 문제를 만들어 일대 정변을 환기하고 7조약을 이어서 성립하게 한 것도 우리 한인이 자초한 것이다. 시세가 일변한 이래 식산에 힘쓰고 생활을 여유롭게 하고 교육을 넓히고 지식을 달성하게 한 지 3년 동안에 한 가지 사업도 일으키지 못하고, 안으로는 권리를 경쟁하고 밖으로는 폭비(暴匪)가 창궐해서, 인민의 생활은 조불려석(朝不慮夕)*하여 점점 극도에 빠지게 한 것도 우리 한인이 자초한 것이다. 이토 태사(太師)*가 인민을 회유하고 동궁(東宮)을 보도(補導)*하고 우리 한(韓)을 위해서 노력을 다한 것을 잊기 어렵다. 그런데도 해외 하얼빈 변괴로 인해 일본 전국의 여정(輿情)이 비등해서 대한정책의 근본적 해결을 주창하고, 혹은 어떠한 위험을 환기할는지 알 수 없게 된 지경에 이른 것도 우리 한인이 자초한 것이다.

종래 우리 한(韓)은 전제정치로 인민의 권리를 속박하고 감히 자유(自由)하지 못한 민족이었기 때문에, 그 자초한 책임은 담임한다고 해도 괜찮지만, 과거를 미뤄 보고 장래를 생각하면 안위와 존망을 결코 민족의 책임에 맡긴다고 할 수는 없을 것이다. 은감(殷鑑)*이 멀지 않다. 앞의 수레가 이미 뒤집혔으니, 이를 경계할 것은 오백 년 종사는 폐허로 돌아가고 이천만의 생명은 남김없이 참경(慘境)에 빠질 것이다.

지금이 어떤 때인가? 외교 일관(一款)을 이미 양여한 결과, 재정이 우리에게 있는가, 군기(軍機)가 우리에게 있는가, 통신이 우리에게 있는가, 법장(法章)이 우리에게 있는가? 소위 조약은 일개 사물(死物)로 돌아가고 국기(國氣)와 민명(民命)은 차츰 사지(死地)에 스스로 떨어지고 있다. 오늘에 어제가 다시 오지 않고, 내일에 오늘이 다시없다. 그렇다면 어제는 오늘을 알지 못했으니, 오늘엔 내일을 준비하지 않을 수 없는 것이다. 아아! 우리 이천만 국민의 뇌리에 충만한 조국정신을 분발하여 대성질호(大聲疾呼)해서, 지금 일본 여론이 주창하는 근본적 해결문제에 대해 방란식파(防瀾息波)*해야 한다. 그리고 우리 황제 폐하와 대일본국 천황 폐하의 천청(天聽)*에까지 통할 일단(一團)의 정성으로 애소(哀訴)하여 우리 황실의 만세토록 존숭할 기초를 공고히 하고, 우리 인민이 일등 대우의 복리를 향유하게 하고, 정부와 사회가 점점 더 발전하게 할 것을 주

朝秦暮楚 진(秦)과 초(楚)는 중국 전국시대의 양대 강국으로서, 다른 소국들이 각각 자국의이익에 따라 어떤 때는 진을 섬겼다가 어떤 때는 초를 섬기는 모양을 가리킴.

朝不慮夕 아침에 저녁 일을 예측할 수 없다는 뜻으로 매우 위태로운 모양을 뜻함.

伊藤太師 이토 히로부미.

補導 도와서 바른 길로 이끌다.

殷鑑 『詩經』 「大雅」 "蕩"에 "은나라의 거울이 멀지 않으니, 하후의 시대에 있다."[殷鑑不遠 在夏后之世]고 한 구절에서 유래한 말로, 후세 사람들이 귀감으로 삼아 경계할 만한 전례를 말함.

防瀾息波 대비하다.

天聽 제왕이 듣는 것.

창해서 일대 정치기관(政治機關)을 성립시키는 것이 바로 우리 한(韓)을 보호하는 방법이다.

죽고자 해도 죽을 수도 없는 우리 이천만 국민으로 하여금 노예의 모욕을 벗고 희생의 곤고(困苦)를 면하게 해서 동등한 오열(伍列)에 서서 일신회소(一新回甦)하여 발자국을 한번 내딛고 실력을 양성하면, 전도(前途)의 쾌락을 향유하고 훗날의 활로를 얻을 것은 확연명료(確然明瞭)하다. 아아! 금일 만사일생(萬死一生)의 길을 소구(訴求)하는 것은 단군 사천 년의 역사와 태조 오백 년의 홍기(洪基)인 종묘사직을 영전(永奠)하고 신성한 민족을 안도하게 할 일편 공심(公心)에서 나온 것이니, 만약 이 시기를 이용하지 않으면 천신(天神)이 반드시 죽음을 내릴 것이다. 우리 이천만 국민에게 서고(誓告)해서 이러한 뜻을 성명(聲明)한다.

Ⅲ. 자강과 개혁

69. 장지연, 자강주의

■ 애국계몽 활동을 펼쳤던 장지연의 논설. 애국계몽 지식인들은 사회진화론의 영향을 받아 약육강식의 국제질서관을 보였다. 장지연도 국가 간 '생존경쟁'을 '천연'(天演)으로, '약육강식'을 '공례'(公例)로 인식하는 사회진화론을 받아들여 주권 회복과 자주독립을 위한 '자강'을 모색했다. 원문 출전은 張志淵, 「自强主義」, 『大韓自强會月報』 제3호(1906년 9월), 제4호(10월).

■ 張志淵(1864~1921) 1905년 을사조약이 체결되자 『황성신문』에 「시일야방성대곡」이라는 사설을 발표하였다. 1906년 대한자강회를 조직해 구국운동을 벌이다가 강제해산을 당하자 러시아로 망명하였다.

■ 『대한자강회월보』 대한자강회는 국민교육을 강화하고 국력을 배양함으로써 독립의 기초를 다진다는 취지 아래 1906년 윤효정(尹孝定)·장지연(張志淵)·나수연(羅壽淵) 등이 헌정연구회를 확대 개편하여 발족함. 회장 윤치호(尹致昊), 고문 오가키 다이부(大垣大夫). 『대한자강회월보』는 1906년 7월 31일 창간된 대한자강회의 회지로, 김상범(金相範)이 편집인 겸 발행인을 맡았다. 이후 1907년 내부대신 송병준(宋秉畯)이 치안방해라는 구실로 자강회를 해산시키면서 제13호를 끝으로 종간되었다.

내가 예전에 어떤 이의 의문에 대하여 자강회(自强會)의 주지를 대강 설명한 일이 있었다. 그런데 산남(山南)에서 온 어떤 객(客)이 본보(本報)에 실은 '자강회문답론'을 보고서 나에게 질문했다.

"당신의 논의는 내가 이미 그 은미한 뜻을 대략 살폈습니다. 그런데 아직도 가슴 속에 의문이 풀리지 않아 분명하지 않은 것이 있습니다. 그래서 여기 와서 질문하는 것이니 그대는 너그럽게 가르침을 베풀어서 깨달음[覺路]의 황금줄[金繩]을 열어 주시기 바랍니다."

"『역경』(易經)의 건건(乾健)의 뜻을 듣건대 자강불식(自强不息)이라 하니 자강의 뜻이 참으로 크오. 만약 사람들로 하여금 자강의 뜻을 이해해서 자강의 방법을 강구하게 한다면, 어찌 국권이 만회되지 않음을 근심할 것이며 국력이 발달하지 않음을 근심하겠소? 근대 역사상 망국의 자취를 한번 살펴보건대, 폴란드[波蘭], 이집트[埃及], 베트남[安南] 등의 국가가 그 가운데 애국하는 한 단체가 없어서, 비분강개하고 눈물을 머금으며 주먹을 불끈 쥐고 팔뚝을 걷어붙이고는 심지어 포탄의 연기와 쏟아지는 총알 사이에 뛰어 들어가 피가 흐르고 살점이 튀어 길바닥에 시신이 낭자하면서까지 국권을 회복할 것을 기약한 자가 없지는 않았소. 그러나 끝내는 모두 실패했을 뿐, 국권의 만회에 도움이 되지 않았던 것은 어째서겠소? 그것은 압력이 지나치게 커서 자력으로 강함에 도달할 수 없었기 때문이오. 하물며 정당 사이에 매번 알력이 생겨서 서로 원수처럼 보며 서로 대항하여 국리(國利)와 민권(民權)을 가져다 외국에 봉헌하기를 마치 미치지 못할 듯이 하였소. 그러므로 끝내 자멸에까지 이른 것이오. 지나(支那)의 전철을 보지 못하였소? 예로부터 나라가 망할 때는 반드시 이렇듯 불초한 자들이 타족(他族)을 호랑이처럼 여겨서 스스로 그 창귀(倀鬼)*가 되고, 현명한 자들도 또한 근근이 요(堯)임금과 도둑을 가리지 않고 주인으로 삼아 스스로 그 개가 되어서, 수천 년 내려온 공공 산업[公産業]을 다른 나라 사람에게 빼앗기고, 호리병의 장국[壺漿]을 들고 환영하기를 마치 그 뿔이 부러진 것처럼 공손히 하며, 고관의 지위에 올라 다른 나라 사람의 신첩(臣妾)인 주제에 사람을 업신여기고 동류(同類)를 깨물어 죽이는 것으로 권력을 삼는 자들이 도도한 세찬 파도와 같았소."

倀鬼 범에게 물려죽은 사람의 귀신으로서 범의 앞잡이가 되어 온갖 나쁜 짓을 저지른다고 한다.

"그대는 한 번 그 단체의 힘이 폴란드와 이집트 등의 나라에 전혀 미치지 못하며, 또 정당 간의 대항이 다른 나라 사람의 창귀가 되고 내통하여 많은 세력 지위를 차지하지 않으리라는 것을 보장하기 어렵다는 것을 생각해 보십시오. 또 그 압력의 핍박에도 불구하고 강력(强力)을 스스로 이루리라는 것을 보장할 수 있습니까? 그런데도 지금 오히려 빈 말로 미명을 표방해서 '우리 자강하자'라고 하고 있습니다. '우리 자강하자'라고만 하면 그것이 어찌 자강의 실제이겠습니까? 제가 또한 자강의 취지에 동감하는 것이 있으나 백 번 천 번 생각해 보아도 구설(究說)을 얻지 못하여 이해가 되지 않아 고명한 가르침을 듣고자 하오니, 밝은 거울[明鏡]이 어찌 번거롭게 여러 번 비춘다고 피핍(疲乏)되겠습니까?"

내가 말하였다. "족하(足下)의 의문이 진실로 당연하오. 그러나 족하는 이미 건건자강불식(乾健自强不息)의 뜻을 알고 있으니, 이는 진정 자강주의의 둘도 없는 법문(法門)이오. 자강의 뜻은 실로 여기서 취하였소. 이는 남방의 강함과 북방의 강함이 아니니,* 교교(矯矯)*한 강함이 어찌 오늘날 자강의 참 뜻이겠소? 이를테면 폴란드, 이집트, 베트남 등의 의사(義士)와 영웅들이 단체를 규합한 다음에 빈주먹을 휘두르고 시퍼런 칼날을 무릅쓰고 눈물을 씻고 피를 흘림에, 포연과 빗발치는 탄환 속에서 공허하게 죽는 것은 나의 자강의 본의가 아니니, 그와 같은 것은 한때 혈기의 용강(勇强)에 지나지 않소. 이를 용감하다면 용감하다고 할 수 있고, 열렬하다면 열렬하다고 할 수도 있겠지만, 국가에는 추호도 도움이 되지 않고 한갓 천고의 영웅으로 하여금 비분의 눈물을 흘려 넘쳐 옷깃을 적시게 할 뿐이니, 아아, 이것이 족하가 잘못 알고 있는 첫 번째 것이오.

非南方之强과 與北方之强也니 『中庸』 제10장에 자로(子路)가 강함에 대해 묻자 공자가 "남방의 강함인가, 북방의 강함인가, 아니면 너의 강함인가? 관유로써 가르치고 무도한 자에게 보복하지 않음은 남방의 강함이니 군자가 이에 처하고, 무기와 갑옷을 걸치고 설령 죽더라도 싫어하지 않음은 북방의 강함이니 강자가 이에 처한다."[南方之强與 北方之强與 抑而强與 寬柔以敎 不報無道 南方之强也 君子居之 衽金革 死而不厭 北方之强也 而强者居之]고 한 구절에서 인용.

矯矯 용맹하고 굳센 모양.

또 대체로 우리나라가 수백 년간 숭배화하주의(崇拜華夏主義) 때문에 그 풍속과 습관이 의뢰하고 기대는 고질적 습성이 되었으며, 또한 허문(虛文)과 부사(浮詞)의 말단에 물들고 압제와 채찍 아래 속박되어, 기세가 시들고 유약하며 나태하고 구차하게 되었소. 이 때문에 금일 형세를 떨치지 못하는 지경에까지 이르게 되었는데도 논자들은 번번이 말하길, "누가 나라를 망치고, 누가 백성에게 재앙을 초래하고, 누가 나라를 팔아먹은 관리고, 누가 매국노의 괴수"라고 하여 의론[雌黃]이 어지러워서 논평이 비등하오. 이러한 말들을 나 또한 감히 옳지 않다고 여기는 것은 아니지만, 정부는 어디서 성립된 것이며, 관리는 어디서 나온 것이오? 이는 천상세외(天上世外)의 별종에서 떨어진 것이 아니라 또한 국민 가운데서 나온 것일 뿐이오. 누구누구는 국민의 일부분이 아니겠소? 많은 맹인을 모아도 이루(離婁) 한 사람을 만들지 못하며, 많은 귀머거리를 모아도 사광(師曠)*한 사람을 만들지 못하며, 많은 겁쟁이를 모아도 오확(烏獲)* 한 사람을 만들 수 없는 법이오. 이러한 국민이 이러한 정부와 관리를 얻는 것은 이른바 "오이를 심은 데 오이가 나며, 콩을 심은 데 콩이 난다"는 것이니 다시 누구에게 잘못을 돌리겠소? 그렇다면 이는 모두 국민의 죄이오. 지금 반성하여 스스로 탓하지 못하고, 오직 정부의 무능만을 책망하며 외국인의 압력만을 원망한다면 이것은 황소에게 빨리 달리지 못하는 것을 책망하고 굶주린 호랑이에게 살려 줄 것을 구하는 것과 같으니 어찌 가능하겠소? 이것이 족하가 오해하는 두 번째 것이오.

不能成一離婁ᄒᆞ며 聚群聾이라도 不能作一師曠 이루(離婁)는 중국 황제(黃帝) 시대에 눈이 매우 밝았던 사람이고 사광(師曠)은 춘추시대 진(晉)나라의 악사로 귀가 워낙 밝아서 미묘한 소리를 잘 분별했다고 한다.

烏獲 전국시대 진(秦)나라의 역사(力士)로 천 균(鈞)의 솥을 옮길 수 있었다고 한다.

내가 예전에 어떤 사람의 질문에도 대략 언급했지만, 대체로 우리나라의 형세는 비유하자면 종기가 터져 폐질(廢疾)에 걸린 사람과 같아서 반드시 오랜 세월을 기다려야 효험을 볼 수 있고, 급속한 효과를 기대하긴 어렵소. 그러므로 오늘 자강회를 발기했는데 내일 자강지력(自强之力)이 생긴다는 것은 천하에 결코 그러한 이치가 없을뿐더러, 자강의 주의는 강포강용(强暴强勇)의 자강이 아니라 사실은 자강의 방법을 면려하는 것이니 족하의 질문은 실제 오해에 속하는 것이 많소."

객이 말했다.

"그렇다면 자강주의의 목적을 어떻게 달성할 수 있습니까? 제가 들을 수 있겠습니까?"

내가 말했다.

"대체로 천하의 일은 유약하고 태만해서 후퇴하고 우두커니 서서 성취할 수 있는 일이 없소. 옛날에 나폴레옹[拿破崙]이 말하길, '어려움[難]이란 한 글자는 오직 어리석은 자들이 쓰는 말'이라 했고, 또 '불능이란 두 글자는 프랑스 인이 쓰는 말이 아니다.'라고 했소. 아아! 지금까지 이 말을 읊조림에 신기(神氣)가 아직도 그를 왕으로 만들고 있으니, 어찌 위인과 걸사(傑士)가 행한 일을 우리라고 유독 바랄 수 없겠소? 지금 구미 열강이 우내(宇內)에 웅비해서 세력을 과시하며 경쟁우승(競爭優勝)할 수 있는 것은 다른 방법을 써서가 아니오. 여러 난관을 헤치고 위험을 무릅써서 진취의 정신이 풍부하기 때문일 뿐이오.

근자의 일로 증거를 대보면, 스페인[西班牙]의 콜럼버스[巨崙布士] 같은 자는 일개 비루한 사람으로서 혈혈단신으로 만리를 항해하면서 심지어 선원들이 분노하여 그를 죽이려고 한 일도 당했지만, 오히려 용기를 과시해서 꺾이지 않고 유진무퇴(有進無退)해서 끝내 아메리카[亞美利駕]의 대륙을 얻어 생령(生靈)을 위해 신세계를 찾아냈소. 게르만[日耳蔓]의 마틴 루터[馬丁路得] 같은 이는 로마 교황의 위력이 극점에 달해서 각국 군주가 모두 허리를 숙였는데, 그는 일개 승려로서 맹렬하게 96개조 격문을 걸고 구교의 죄악을 외치고 신설(新說)을 주창해서 천하에 호소하되, 구속과 신문을 당하는 치욕을 피하지 않고 마침내 신교 자유의 단서를 열 수 있었소. 스웨덴[瑞典] 왕 아돌푸스[亞多法士]는 16, 7세기에 신, 구교가 맹렬히 다투던 때 게르만이 신교를 초멸(剿滅)해서 거의 남겨두질 않았는데, 그는 발틱[波羅]의 해안에 있는 한 줌밖에 안 되는 작은 나라로 그 당비(螳臂)*를 일으켜 마침내 1만 6천 명의 정예병으로 유럽 대륙을 누비며 백성들을 도탄에서 구하여, 일신을 희생하면서도 후회하지 않았소. 영국[英吉利]의 크롬웰[克林威爾]은 가난한 땅의 일개 양치기로 영국이 교만방자해진 때를 당하여 의기(義旗)를 세우고 분력혈전(奮力血戰)해서 마침내 북해의 세 섬으로 하여금 문명정체(文明政體)의 조국이 되게 하고 국기가 대지에서 영광을 누리게 했소. 미국의 워싱턴[華盛頓]은 깊은 골짜기의 일개 농부로 제 나라가 영국의 속박을 받아서 조세가 가혹하고 인권이 유린되어 백성들이 살아갈 수 없는 때를 당하여 독립의 기치를 내세우고 자유의 종을 울려서, 다른 이에게 추호도 기댐이 없이 대적(大敵)에 대항하여 마침내 신세계에 웅방(雄邦)을 건설해서 금일에 20세기 지구의 주인공이 되게 했소. 나폴레옹은 군대의 일개 하급 장교로서 프랑스가 대혁명 이후 풍조가 격렬해진 때를 당하여 굴기분등(崛起奮騰)*함에 전 유럽을 석권하고 마침내 대제국을 건설한 후에 강한 러시아에 접근해서 천 리 밖으로 패주했다가 비록 좌절당하고 말았으나, 그 성명(聲名)과 위엄(威焰)이 전 세계에 진동했소. 이탈리아[意大利]의 마치니[瑪志尼]는 편편(翩翩)*한 소년으로 로마가 망해서 유열(遺烈)이 오래전에 사라져 타족(他族)에게 기식(寄息)하고 노예로 길러지고 금수 취급을 당하던 시대에, 비밀결사에 투신해서 잠깐 정부를 위장했다가 뜻을 이루지 못하고 이역으로 달아나 숨었소. 그리고는 오로지 청년 교육에 힘써서 국혼(國魂)을 환기함에 마침내 제 나라를 독립통일의 국가로 만들어 세계 제1등국의 반열에 들게 했소. 이와 같은 자들은 겨우 몇몇 현인만을 거론하여 예를 든 것일 뿐이오.

아아! 어쩌면 그리도 용맹하며 어쩌면 그리도 성대한가. 이는 진취함에 용감하고 훌륭한 일을 하는데 과감해서, 그 정신이 강하(江河)가 바다를 배움에 이르기 전까진 그만두지 않는 모습이 있고, 그 기백이 솥을 깨뜨리고 배를 가라앉혀서[破釜沈舟]* 도달하기 전엔 그만두지 않는 기개가 있는 데 불과하오. 그리

螳臂 사마귀의 어깨란 뜻으로, 사마귀가 제 어깨로 수레바퀴를 떠받든다는 당비거철(螳臂拒轍)이라는 말에서 유래했다. 약한 사람이 자기 힘은 헤아리지 않고 강한 적에게 대항함을 비유.

崛起奮騰 굴기와 분등 모두 갑자기 하늘 높이 솟구치는 모양.

翩翩 풍모가 좋고 문채가 나는 모양.

破釜沈舟 초나라 항우가 진(秦)

나라를 공격하러 갈 때 강을 건넌 다음에 밥을 지을 솥을 깨뜨리고 타고 온 배를 가라앉히고, 삼일치 식량만을 휴대하고 전쟁함으로써 사졸들에게 전혀 후퇴할 마음이 없으며, 필사의 각오로 싸워야 한다는 것을 보여 줬다는 고사에서 유래한 말로 『史記』「項羽本紀」에 이러한 언급이 보인다.

고 그 주의를 따름이 천상과 지하에 유아독존(惟我獨尊)의 모습이 있고 전도(前途)를 향할 때는 온몸을 다 바쳐서 죽은 후에야 그만두는 의지가 있어서, 성공했을 때는 뇌의 정수(腦精)를 말린 대가로 역사의 광영을 얻고, 성공하지 못했을 때라도 국민으로서의 책임을 잃지 않았소.

대체로 범인(凡人)들이 이러한 진취의 정신을 갖는 것은 무엇보다 먼저 희망의 열성에서 나오는 것이오. 인류가 금수보다 낫고 문명인이 야만인보다 나은 까닭은 오직 그에게 희망이 있기 때문이오. 희망이란 현재의 실적이 아니라 바로 미래의 이상이니, 희망이 더욱 클수록 그 진취하는 마음이 더욱 웅대해지오. 그러므로 월왕(越王) 구천(句踐)이 회계(會稽)에 있을 때 장작더미를 이불로 삼고 쓸개를 밥으로 삼으면서 그 마음에 하루라도 오(吳)나라를 잊지 않았던 것이요, 프러시아[普魯士]의 슈타인[樹太仁]은 교육에 열성을 바쳐서 그 참담한 경영에도 불구하고 모욕을 견디며 여러 비난을 물리치고 고심하여 의무취학령[强迫就學令]을 시행하는 데 힘썼소. 일국의 여론을 환기하고 교육의 필요성을 주창해서 고무격동(鼓舞激勵)하여 인재를 배양함으로써 마침내 그 교육의 기초를 확립했으니, 그의 마음에 어찌 하루라도 프랑스를 잊은 적이 있었겠소?

이 때문에 자고로 영웅호걸이 세상에 설 때는 각자 희망을 품어서 끝없는 장도(長途)로 달려 나가지 않은 적이 없었던 것이니, 이것이 세운(世運)이 날로 진보하는 까닭이오. 저 금수와 야만인은 배가 고프면 먹을 것을 구하고, 배가 부르면 희희낙락하여 오늘이 있는 줄만 알고 내일이 있는 줄은 알지 못하니, 사람이 사람 되는 까닭과 문명이 문명되는 까닭은 또한 내일이 있음을 알기 때문일 뿐이오. 오직 내일이 우리를 무극(無極)한 곳으로 연결하니, 3일, 5일, 열흘, 한 달, 일 년, 십 년, 백 년, 천만 년에 이르기까지 모두 내일이 쌓인 것이오. 사람이 오직 오늘을 완게(玩愒)*하기 때문에 자강의 생각이 사라지고, 오늘을 구차하게 편히 지내려고 하기 때문에 자강의 기운이 없어지는 것이니, 이와 같은 자들은 그 사람으로서 갖춰야 할 것을 포기하고 스스로 동물에 속하려는 자들이오. 자강의 뜻은 오직 진취와 희망이라는 점에 있을 것이오."

玩愒 안일만을 탐하여 시간을 헛되이 보냄.

객이 말했다.

"그렇습니다. 진실로 선생의 말씀과 같아서 사람들이 모두 진취의 정신이 풍부하며 희망의 열성이 확고하면 자강이 진전되지 않음을 어찌 근심할 것이 있겠습니까? 그러나 저는 모임에 속한 사람들이 모두 선생의 말씀과 같이 과연 진취와 희망의 정신이 있는 자들인지 모르겠습니다. 부디 선생께선 가르침을 주십시오."

내가 말했다.

"족하의 의문이 참으로 당연하오. 만약 모임의 모든 사람들이 진취해서 그만두지 않는 정신을 가진 자들이라면 자강이 날로 진전되지 않음을 어찌 근심하겠소? 그렇지만 우리나라의 민속과 습관으로 만약 그 모든 사람들이 진취의 정신을 갖고, 모든 사람들이 희망의 열성을 갖기를 바란다면 이는 뿔 없는 양[童羖]*을 내놓기를 요구하는 것과 같은 것이오. 그 불가능함이 자명하니 이것이 내가 '자강의 방법은 반드시 점점 쌓여서 합쳐서 무리를 이룬 후에 전진할 가망이 있다.'라고 하는 까닭이오. 이 진취의 사상이란 반드시 흉중에 지식과 역량을 구비해야 취사의 분별을 알아서 확실히 독립불발(獨立不拔)의 정신이 생기며, 결단코 용맹히 전진하는 열성을 가진 후에야 비로소 진취가 이뤄 내는 효험을 기대할 수 있을 것이오. 대체로 사람이 두려워하며 위축되는 것은 사리를 분명히 이해하지 못하기 때문이오. 저 어린아이와 부녀자들은 도깨비를 가장 무서워해서 초저녁이 되면 감히 문밖출입을 못하고, 야만 민족은 기상(禨祥)*을 가장 두려워해서 복서(卜筮)가 뜻과 다르면 감히 움직이지 못하니, 이는 다른 이유에서가 아니오. 모두 지력에 가린 바가 있어서 행동에 겁을 내기 때문이오.

보는 것이 상세하지 못하면 그 기(氣)가 먼저 굶주리고, 기가 굶주리면 진취의 정신이 시드는 법이오. 그러므로 콜럼버스가 대서양에 과감했던 것은 지도의 이치를 깊이 믿어서 피안에 반드시 극락세계가 있음을 알았기 때문이요, 글래드스턴[格蘭斯頓]이 아일랜드[愛爾蘭] 자치안을 견지했던 것은 민족주의와 자유평등주의를 깊이 믿어서 이것이 아니면 잉글랜드와 아일랜드가 서로 편안할 수 없음을 알았기 때문이오. 맹호가 뒤에서 쫓아오면 시냇물을 건너뛰고 수풀을 헤치기를 마치 평지처럼 하고, 마룻대에서 불이 나면 처마 위를 날아다니고 벽을 타기를 마치 쑥대가 바람에 날리듯 쉽게 하는 것은 어쩌서겠소? 호랑이와 불이 사람을 죽일 수 있음을 알기 때문에 작은 위험을 무릅써서 가장 큰 위험을 피하는 것이니, 저 영유아들은 호랑이의 난폭함과 불의 맹렬함을 알지 못해서 즐거워하며 편안히 있을 뿐이오. 그러므로 진취모험의 정신을 또 마땅히 그 견지의 천심(淺深)과 고하(高下)에 따라 비례하여 차등을 두어야 하니, '기(氣)를 기르려는 자는 반드시 먼저 지식을 쌓아야 한다.'라고 한 것이 어찌 허언이겠소?

량치차오(梁啓超) 씨는 다음과 같이 말했소. '내가 『사기』(史記)의 「이광열전」(李廣列傳)을 읽다가, 이광이 사냥을 나갔다가 수풀 사이의 바위를 보고 호랑이라고 생각해서 활을 쐈는데 화살 깃까지 바위에 박혔다. 그런데 살펴보니 바로 바위였다. 다시 쏘아보았는데 끝내 바위에 박을 수가 없었다고 한 구절에 이르러선 일찍이 사람의 능력엔 일정한 한계와 정도가 없고, 오직 그 열성의 한계와 정도에 따라 비례하여 차이가 난다는 것에 탄식하지 않은 적이 없었다. 그 동기

童羖 뿔 없는 양이라는 뜻으로, 뿔 없는 양은 본래 없으므로 이를 내놓게 한다는 것은 불가능한 일을 요구함을 뜻한다. 『詩經』「小雅」"賓之初筵" 장의 "취중에 망언을 하는 자에겐 뿔 없는 양을 내놓게 하리라."[由醉之言 俾出童羖]는 구절에서 유래.

禨祥 괴이한 일 또는 길흉의 전조.

가 희미하고 결과도 실마리가 다르지만, 천하 고금의 영웅호걸과 효자열부(孝子烈婦)와 충신의사(忠臣義士)로부터 열성을 가진 종교가, 정치가, 미술가, 탐험가에 이르기까지 천지를 놀라게 하고 귀신이 곡할 사업을 이루어 우주를 진동시키고 다시 깨어나게 한 것은, 그 소득이 모두 이로 말미암은 것이다.'

또 서구의 학자 위고[姚哥] 씨는 '부인은 약하지만 어머니가 되면 강하다.'라고 말했소. 약한 부인이 어떻게 강한 어머니가 되는가 하면, 오직 그 아이를 사랑하는 지성(至誠)한 일념이 비록 평소엔 나약해서 걸친 옷도 이기지 못하고 작은 새처럼 겁이 많은 여자라도, 그 아이 때문에 천산만학(千山萬壑) 중에도 능히 홀로 들어가서 호랑이가 울부짖고 도깨비가 출몰해도 두려워하지 않고 피하지 않는 것이오. 위대하도다! 열성이 있는 사랑이 사람의 도량을 변화시킴이여! 주수창(朱壽昌)이 눈보라 속을 헤치면서 산을 넘고 강을 건넌 것은 그 어버이를 사랑했기 때문이요, 예양(豫讓)이 몸에 옻칠을 하고 나병환자로 꾸며 머리를 풀어헤치고 노비가 되었던 것은 그 주군을 사랑했기 때문이요, 제갈량이 병든 몸을 이끌고 출사(出師)해서 오장원(五丈原)에 한 움큼 눈물을 뿌리면서도 사양하지 않았던 것은 나를 알아주는 사람을 사랑했기 때문이오. 크롬웰이 시군(弑君)의 악명을 무릅쓰고 두 차례 국회를 해산해서 전제(專制)의 혐의를 받으면서도 꺼리지 않았던 것은 국민을 사랑했기 때문이요, 링컨[林肯]이 국내의 분열을 돌아보지 않고 전쟁의 도탄을 근심하지 않으며 의연하게 미국 남부에 노예 해방령[放奴令]을 선포했던 것은 공리(公理)를 사랑했기 때문이요, 19세기의 혁명 풍조가 전 유럽을 뒤덮어서 헤아릴 수도 없는 수의 사람이 목숨을 바치고 앞선 자가 쓰러지면 뒤에 있는 자가 그 뒤를 이었던 것 또한 그 백성들이 나라를 사랑해서 그랬던 것이요. 저 남녀의 상열(相悅)에도 본래 부모를 배신하고 여론을 범하는 일이 많아서 천백 번 좌절하면서 서로 쫓아다니다가 심한 경우는 함께 죽는 지경에까지 이르니, 인정(人情)이 누군들 삶을 좋아하고 죽음을 싫어하지 않겠소? 하지만 단지 삶보다 더 사랑하는 것이 있는 것이오. 그러므로 간혹 '살아 있어도 소용이 없다.'라고 하는 것이니, 이와 같은 것은 하려고 하지 않았는데도 된 것이며, 그렇게 이루려고 하지 않았는데도 이뤄진 것이오. 이것을 인스피레이션[烟士披里純, inspiration]이라고 부르니, 인스피레이션은 바로 열성이 최고조의 한 점에 달했을 때 사람을 감동시키고 구박(驅迫)해서 성대하게 진취의 길에 오르게 하는 것이오.

이러한 열성은 비단 사랑하는 자에게만 있는 것이 아니오. 슬픔의 극한, 분노의 극한, 위험의 극한에 이르는 것도 항상 열성을 촉발하는 도화선이 되니, 불이 난 집에 있는 자는 약한 여자도 천 근의 상자를 옮길 수 있고, 적진에 임한 자는 피곤한 말도 포위를 돌파하는 일을 할 수 있는 것이오. 그러므로 말하길 '때리지 않으면 도약하지 않고 격발하지 않으면 움직이지 않는다.'라고 하는 것이니, 사랑할 만한데도 사랑할 줄 모르고, 슬퍼할 만한데도 슬퍼할 줄 모르고, 성낼 만한데도 성낼 줄 모르고, 위험을 느낄 만한데도 위험을 느낄 줄 모른다면 이는 이른바 인성(人性)이 없는 자이오.

위험하고도 은미하도다! 우리 이천만 민족에게 진취와 모험의 성질이 없음은 옛날부터 이미 그러했소. 더구나 지금은 더욱 타락해서 '만족할 줄 알면 욕을 당하지 않는다', '그칠 줄 알면 위태롭지 않다'고 하며, '남의 앞에 서지도 말고 뒤에 서지도 말라', '남보다 앞선 적이 없고 항상 남의 뒤를 따랐다'고 해서 그 이른바 공자(孔子)를 송법(訟法)한다는 자도 왕왕 그 대체(大體)를 잃어버리고 단편적인 말들만을 주워서 그 '견'주의(狷主義)를 취하고 '광'주의(狂主義)*를 버리며, '하지 말라'는 주의[勿主義]를 취하고 '하라'는 주의[爲主義]는 버리며, '곤의 순종함'의 주의[坤順主義]는 취하고 '건의 굳셈'의 주의[乾健主義]는 버리며, '명'의 주의[命主義]는 취하고 '힘'의 주의[力主義]는 버렸소. 이에 진취의 정신이 사라져서 거의 소멸되었으니 어찌 통탄스럽지 않겠소, 어찌 통탄스럽지 않겠소? 아아! 수년 이래로 풍조가 진탕(震蕩)*함에 시세가 크게 변했소. 수천 년의 신성한 민족으로서 하루아침에 속방당하고, 굴레에 얽매이고, 채찍질 당하고, 노예 취급을 받고, 가축 취급을 받아서 그 자존자대(自尊自大)하던 문벌 계급도 어느덧 오랑캐가 되고, 그 가장 귀중하던 높은 관리와 총애받던 신하들도 어느덧 패망하게 되었소. 생명과 재산도 자기의 생명과 재산이 아니며, 선조의 세업(世業)도 자기의 선조의 세업이 아니게 되었는데, 아직도 꿈을 꾸는 듯, 술에 취한 듯 구구한 사리사영(私利私營)으로 오직 일신일가의 욕망만을 추구하며, 공공관념이 어떤 물건인지, 국가사상이 어떤 종류의 일인지 알지 못하오. 그 조금 분발할 줄 알아서 강성한 자들은 천백 가운데 한둘에 불과하니, 그렇다면 단지 이 벌레처럼 꿈틀대는 이천만 인들은 반드시 열패(劣敗)의 운수를 벗어날 수 없어서 저 폴란드, 베트남의 백성들과 같은 운명에 처하게 될 것이오. 아아, 어찌 통탄하지 않으며, 어찌 두려워하지 않을 수 있겠소?

우리 인간이 작은 일신으로 외따로 대지에 고립되었다면 새처럼 날지도 못하고 짐승처럼 달리지도 못해서 이미 오래전에 전멸되었을 것이오. 그러므로 인류는 단체의 합군(合群)이 귀중한 것이니, 태평한 시대에 통공역사(通功易事)*하고 분업상조(分業相助)함은 반드시 일신으로 백공(百工)의 능력을 갖추기 어렵기 때문이며, 환난이 있을 때 여러 사람들의 책략과 힘으로 다른 나라의 업신여김을 막음은 더욱 혼자 힘으로 칠척(七尺)의 몸도 지키기 어렵기 때문이오.

取其狷主義而棄其狂主義 광(狂)은 뜻이 높은 반면 행동이 미치지 못하는 사람을 말하고, 견(狷)은 지식은 미치지 못하나 행동을 잘 단속하는 사람을 말한다. 『論語』「子路」편에 "중도의 선비를 얻어 그와 함께하지 못할 것이라면 반드시 광(狂)한 선비와 견(狷)한 선비를 취하겠다. 광(狂)한 자는 진취하며, 견(狷)한 자는 하지 않는 바가 있다."[子曰 不得中行而與之 必也狂狷乎 狂者進取 狷者有所不爲也]라는 구절이 있다.

震蕩 동요해서 불안한 모양.

通功易事 각자의 공(功)을 교통해서 그 한 일을 교역한다는 뜻. 『孟子』「滕文公下」에 나오는 말.

捍救 방위, 구원.

이로 인해 국가가 일어난 것이니, 국가란 즉 사람들이 일신만 믿을 수 없음을 깨닫고서 반드시 피아의 상호 단결, 상호 보조, 상호 한구(捍救)*, 상호 이익의 방법을 구한 것이오. 사람들이 모두 내 일신의 위에 다시 중대한 것이 존재함을 알아서 한 번 생각하고, 말하고, 일할 때마다 반드시 항상 그 이른바 '일신의 위에 있는 것'에 주의하는 것이 소위 '국가적 사상'(國家的思想)이니, 만약 그렇지 않으면 단체를 끝내 이루지 못해서 인도(人道)가 거의 종식될 것이오.

국가란 대외(對外)의 명사(名詞)이오. 가령 세계에 겨우 한 나라만 있다면 국가라는 이름이 성립할 수 없소. 그러므로 몸과 몸이 서로 나란히 있음에 나의 몸이 있고, 집과 집이 서로 접함에 나의 집이 있고, 나라와 나라가 서로 대치함에 나의 나라가 있는 것이오. 인류가 천만 년 이전부터 각 지역에서 나누어 번식하여 각자 발달하였소. 언어와 풍속으로부터 사상, 법제에 이르기까지 형질이 다르고 정신이 다르므로 부득불 자기 국가를 세우지 않을 수 없는 것은 물경천연(物競天演)의 공례에 따른 것이니, 사람과 사람이 충돌하지 않을 수 없고 나라와 나라가 충돌하지 않을 수 없기 때문에 이에 국가의 이름이 세워져서 다른 무리에 대응하는 것이오. 그러므로 애국자는 비록 외국의 신성한 대철(大哲)이 있더라도 맹세코 그 주권의 아래에 복종하기를 원치 않아서, 차라리 전국의 사람들로 하여금 피를 흘리고 몸이 바수어져서 한 사람도 남지 않는 지경에 처하게 할지언정 반드시 추호의 권리라도 타족(他族)에게 양여하지 않는 것이니, 이것이 아니라면 나라로서 갖추어야 할 것들이 먼저 사라지게 될 것이오. 비유하자면, 한 집안에서 설령 집이 텅텅 비었더라도 다른 사람이 이 집에 들어와 있기를 바라지 않는 것은 내가 있음을 알기 때문이오. 이것이 내가 자강단체가 조합되는 이유를 지목해서 부지런히 진취의 정신을 환기하고 애국의 정성을 고무하며 국가의 사상을 일깨워서 독립의 뇌혈(腦血)을 주입시키는 이유이오. 아아! 우리 이천만 동포여, 두려워하며 경계하지 않을 수 있겠는가?"

이에 객이 옷깃을 여미고 자세를 단정히 하고 말했다.

"오늘에야 비로소 선생의 훌륭하신 말씀을 들을 수 있었으니, 저의 횡설수설이 모두 미몽에서 깨우쳐져서 명백하고 통쾌합니다. 제가 삼가 가르침을 받들겠습니다. 부디 이 천한 몸을 명부의 끝에 기록하셔서 천리마의 뒤에 붙는* 영광을 주시기 바랍니다."

附驥 "파리가 천리마 꼬리 뒤에 붙어서 멀리 치달릴 수 있는 것처럼, 안회(顔回)가 비록 학문에 독실하였다 하더라도 결국은 천리마와 같은 공자 때문에 후세에 더욱 이름을 전할 수 있게 되었다."라는 말에서 유래.

내가 말했다.

"다행이오. 부디 족하가 돌아가서 산남(山南)의 여러 군자들에게 말씀해 주기를 내가 진실로 목을 늘이며 기대하겠소."

70. 박은식, 자강 가능 여부에 관한 문답

객이 나에게 물었다.

"그동안 우리 한국이 동서 열강과 체약연호(締約聯好)한 것이 30여 년인데, 희생(犧牲)*과 옥백(玉帛)*으로 정과 예의를 극진히 해서 혹시라도 감히 해이하게 한 적이 없었으니, 저 연호(聯好)한 각방(各邦) 또한 우리를 박하지 않게 응대하여 영원히 변치 않고 우리의 독립을 유지해 줄 것으로 알고 있었습니다. 만일 불행히 어떤 강국의 압력으로 우리의 독립이 위태로워지는 경우엔 평소 연호한 각방이 옛 우의를 돌아보고 공법에 준거해서, 강자가 약자를 능멸하고 다수가 소수에게 횡포를 부리는 부정행위를 금지하고 우리의 주권을 공동 유지해 줄 것으로 믿었더니, 일이 도리어 본연에서 크게 잘못되어 하루아침에 외교가 단절되고 주권이 무시되는 참상을 당하였소. 그런데도 저 연호한 각방은 예전의 우호를 갑자기 잊고 모두 팔짱을 끼고 뒤로 물러나 심상하게 바라볼 뿐 말이 없으니, 이른바 공법이 어디 있으며 인도(人道)를 어찌 논할 것이 있겠소? 아니면 혹시 열강이 그 시기를 기다렸다가 공의(公義)를 성명하고 우리의 독립을 원조해서 옛 우호를 회복할 기망(期望)이 있겠소?"

내가 말했다.

"아아! 그것이 무슨 말씀이오? 지금 시대는 생존경쟁을 천연(天演)이라 논하고 약육강식을 공례(公例)라고 부르오. 저 가장 중한 문명이라는 영국도 인도와 이집트[埃及]에 대해 어떤 정책을 시행했고, 덕의를 숭상한다는 미국도 필리핀[非律賓]을 향해 어떤 수단을 취하였소? 지금 매처럼 솟구치고 호랑이처럼 용약하는 열국들은, 그 말은 보살이지만 그 행동은 야차(夜叉)와 같소. 그러니 누가 말할 만하며 누구에게 의존하겠소? 이뿐만이 아니오. 그 사람의 자격이 자강(自强)의 성질이 없고, 자립의 능력이 없으며 다만 타인의 비식(鼻息)*만을 우러러보는 자는 결코 노예에서 벗어날 날이 없을 것이오. 이제 개인의 생활로 말하더라도, 자기가 빈한하고 궁핍하다면 반드시 노동을 하고 궁색한 옷을 입고 절식을 해서, 기욕(嗜慾)을 참고 실업(實業)을 면려하여 오랜 세월 연마하면서 한 눈금씩, 한 치씩 쌓아 올려서,* 추호라도 타인에 의앙심(依仰心)이 없는 자는 필경 제 손으로 자기 집안을 일으킬 수 있지만, 만일 그렇지 않아서 제 힘을 쓰지 않고 자기 일을 경영하지 않으며, 단지 그 친척과 친구의 구조를 기다렸다가 밥을 먹는 자는 영원히 걸식하는 생애를 면치 못할 것이오.

전년에 내가 시골에서 목격한 자가 있소. 어떤 부자의 자식이 어린 나이에 호탕해서 천금을 탕진하여 밥을 먹을 수도 없게 되었소. 그 처가 말하길, '이제

■ 사회진화론을 받아들여 제국주의에 대응하고자 했던 박은식의 글. 박은식은 조선과 같은 약소국은 어느 국가도 믿고 의지할 수 없으며, 국제법에 의존하는 것에 비관적이며, 자강의 성질과 자립의 능력이 없으면 노예를 면할 수 없다고 여겼다. 그리고 민족주의 의식을 고취시키기 위해 '대한정신', '국혼'을 강조하였다. 원문 출전은 朴殷植, 「自强能否의 問答」, 『大韓自强會月報』 제4호(1906년 10월).

■ 朴殷植(1859~1925) 『황성신문』의 주필로 장지연과 함께 애국계몽운동에 힘썼고, 서북학회의 회장직을 맡기도 하였다. 국권침탈 이후에는 역사 연구에 몰두하여 『한국통사』를 집필하였다. 1925년 상해임시정부의 제2대 대통령을 역임하였다.

犧牲 고대 중국에서 제사를 지내거나 맹세할 때 바치는 동물.

玉帛 고대 중국에서 제후들이 회맹(會盟)할 때 옥과 비단을 예물로 바친 관습에서 온 말로국가간 외교적 우호 관계를 표시하는 말로 사용된다.

鼻息 코에서 나오는 숨이란 뜻으로 성세(聲勢), 기세(氣勢)를 비유하는 말.

銖累寸積 눈금을 쌓고 한 치를 더한다는 뜻으로 사물의 완성이 쉽지 않음을 비유하는 말.

생애를 경영하려면 자본이 있어야 합니다. 저의 친정은 만금의 자본도 어렵지 않게 마련해 줄 수 있으니 가서 청하시는 것이 어떻겠습니까?'라고 했소. 그러자 그 자가 탄식하며 말하길, '사람으로 태어난 이상 자기 생활은 마땅히 스스로 꾸려야 하니, 어찌 반드시 다른 사람에게 도움을 빌릴 것이 있겠소?'라 하고, 바로 그 처와 함께 저잣거리로 들어가 날품팔이의 일과 노동의 수고를 몸소 하며 게을리 하지 않았소. 그렇게 자기 산업을 경영하는 몇 년 동안 절대 친척과 친구들이 자기의 종적을 모르게 했소. 그의 장인이 오랫동안 연락이 끊긴 것을 괴이하게 여겨서 사방으로 찾아본 끝에 그 소식을 접하고는 크게 놀라서 그를 찾아갔소. 그리고 울면서 말하길, '자네가 어째서 이런 고생을 하는가? 일찍 와서 말했더라면 내가 자네 부처(夫妻)를 먹여 살리지 못했겠는가?'라고 했소. 그러자 그가 '제가 어찌 그것을 모르겠습니까? 하지만 사람으로 태어난 이상 제 생애를 스스로 꾸리지 못하는 것을 제가 크게 부끄러워했습니다. 그래서 이런 수고도 즐겁게 하는 것이니 부디 염려하지 마십시오.'라고 하고는, 더욱 각고면려(刻苦勉勵)해서 10년이 채 되지 못해 재부(財富)를 크게 이루었소. 그리고는 고향에 돌아와 집과 밭을 사들이고 즐겁게 생활하니 온 마을이 그를 칭찬했소.

국정(國情)이라고 어찌 유독 그렇지 않겠소? 금일 우리 한국이 타인의 압제와 속박을 받고 있는 것이 어찌 원통하고 억울하지 않겠소마는, 언제가 되었든지 이 속박을 벗어버리고 독립 지위에 뛰어 오르고자 한다면, 우리 전국 인민이 하나하나 분발심(奮發心)과 인내성을 갖고 국력을 양성하는 사업에 대해 온갖 어려움을 돌아보지 않으며, 일심진취(一心進就)하여 자조(自助)로써 천조(天助)를 얻기로 목적을 삼은 후에야 자강을 이루고 독립을 회복할 수 있소. 그러나 만일 다른 열강들이 어떤 사기(事機)*로 우리를 원조할까 희망한다면, 비단 망상이 될 뿐만 아니라 실로 막대한 불행이오. 설혹 다른 열강이 우리를 불쌍하게 봐서 원조한다는 성명이 있어도 우리는 사절하면서 '우리나라의 독립은 우리나라의 자력으로 할 것이요, 타국의 힘은 빌리지 않겠소.'라 하고, 자강의 성질을 배양하고 자립의 기초를 부식해야 하오. 만약 그렇게 하지 못하면 영영 타인의 노예이자 희생일 뿐이니, 기나긴 세월에 이 한이 언제나 다하겠소?"

事機 일이 되어 가는 중요한 기틀.

객이 알겠다고 하면서 물러갔다. 이에 그 문답을 서술해서 우리 동포에게 고한다.

71. 남궁식, 자유론

한국과 청국의 현재 상황을 논하건대, 그 원인은 오직 허구한 전제(專制)의 아래서 민력이 부패하여 전혀 충애(忠愛)의 사상을 가진 자가 없는 데 있다. 대체로 그 민력의 부패는 한국과 청국이 마찬가지지만 그 정부는 크게 차이가 있다. 우리 한국이 예로부터 지나(支那)를 숭배해서 그 정삭(正朔)*을 받고 세직(世職)*을 이행함이 또한 이미 수백 년이 됨에 굴레와 속박을 스스로 떨칠 생각을 하지 못했으며, 근래엔 일본의 궤계(詭計)로 비록 요행히 면했다고는 하나 다시 의뢰할 곳이 없음을 근심하여 국권을 그들에게 양도하고 끝내 보호를 받게 되었으니, 이는 정부의 부패가 청국보다 더욱 심한 것이다.

정부와 인민의 부패가 이미 이와 같아서 장차 노예와 희생의 제물이 될 것이다. 그렇다면 반드시 경계하고 반성해서 구습을 통렬히 끊어버리고 그 정교(政敎)를 일신한 연후에야 분발진흥(奮發振興)해서 독립을 생각할 것이니, 앞으로 어떤 양법(良法)이 필요한가? '자유'(自由) 두 글자가 바로 그것이다. 대체로 우리 한인이 태서인(泰西人)에게 이 말을 들은 것이 불과 수십 년에 지나지 않는다. 처음 들었을 땐 사람들이 모두 의심하고 나 또한 의심했는데, 근일에 각 보관(報館)*의 뜻있는 군자들이 천하의 대세를 환하게 살피고 시세의 변이를 참작해서 천신백난(千辛百難)의 가운데서 먼저 제창했다. 심혈(心血)을 토하고 뇌수를 다해서 간곡하게 고계(告戒)하며 거듭 효유(曉喩)*한 후에야 비로소 황천(皇天)이 우리 사람에게 부여한 것을 알게 되었고, 그것이 실로 우리 한국의 위정의 급무와 병을 치유하는 약과 침이 됨을 깨달았다.

자유란 부유함, 강함, 귀함, 권세에서 나오는 것이 아니다. 단연코 이는 천부(天賦)의 초기에 특별히 저절로 말미암는 것이요, 이를 활동하고 진행(振行)시키는 것은 학문과 지식이다. 구학문으로 체(體)를 삼고 신지식으로 용(用)을 삼아서 이를 준거로 자유를 행한다면 비록 원적(怨敵)이라도 감히 비난하지 못하는데, 하물며 그 뒤를 이은 자가 어질어서 하늘이 반드시 돕는 경우에 있어서겠는가! 이것이 선성(先聖)께서 이르신바 원기(元氣)와 호연지기(浩然之氣)라는 것이다. 그런데 땅이 동서로 나뉨에 수레와 글이 달라졌다.* 그러므로 그 뜻은 같지만 글은 다른 것이다. 따라서 위로는 천자부터 아래로는 민서(民庶)에 이르기까지 그 득상(得喪)과 존망이 오직 자유의 여하에 달려 있는 것이다.

그 개략을 논하자면 탕왕(湯王)은 70리의 땅으로 일어났고 문왕(文王)은 백리의 땅으로 일어났으며, 나폴레옹[拿破倫]은 일개 군대 장교로서 천하를 얻었고 워싱턴[華盛頓]은 일개 농부로서 창성했으니, 이는 모두 천연자유(天然自由)

■ 국권상실의 위기에 처한 원인을 정부와 국민의 부패에서 찾은 논설. 남궁식은 국민의 자유와 국가의 부강은 밀접하게 연계되었으므로, 국민들에게 천부의 자유를 부여하여 진취적 분위기를 조성하고 국권회복의 실력을 양성시킬 것을 강조하고 있다. 원문 출전은 南宮湜 「自由論」, 『大韓自强會月報』 제9호(1907년 3월).

正朔 중국의 황제로부터 그 연호가 표시된 달력을 받아서 사용하는 것으로 조공, 책봉 등과 함께 이른바 사대질서를 구성하는 핵심적 제도 중에 하나.

世職 원문엔 세직(歲職)으로 되어 있는데, 세직(世職)의 오기인 것으로 보인다. 세습되는 직위라는 뜻.

報館 신문사.

曉喩 깨닫도록 일러줌.

땅이 동서로 나뉨에 수레와 글이 달라졌다 『禮記』와 『中庸』의 "지금 천하가 수레는 바퀴의 폭이 같고 글은 문자가 같다."[今天下 車同軌 書同文]는 말에서 유래한 것으로 문물제도의 통일을 비유.

縱橫 합종연횡(合縱連橫)의 줄임말로 전국시대의 강대국이었던 진(秦)나라에 대처함에 있어, 합종은 연(燕), 제(齊), 초(楚), 한(韓), 위(魏), 조(趙)의 6국이 연합해서 맞서야 한다는 정책, 연횡은 6국이 진나라를 섬겨서 평화를 유지해야 한다는 정책을 말함.

徵辟 임금이 초야에 있는 사람을 예(禮)를 갖추어 불러서 벼슬을 시킴.

聘幣 공경하는 뜻을 표하기 위하여 주는 후한 선물이나 예물.

伊尹과 傅說 중국 은(殷)나라 때의 대표적인 현상(賢相)으로서 각각 탕왕(湯王)과 고종(高宗)의 재상이었음.

奴顔婢膝 사내종의 아첨하는 얼굴과 계집종의 무릎걸음이라는 뜻으로 남에게 지나치게 굽실거리는 비굴한 태도를 이르는 말.

의 실력(實力)이다. 육국(六國)의 종횡(縱橫)*과 남송(南宋)이 금(金)나라를 섬긴 것과 폴란드[波蘭]가 러시아에 멸망한 것과 베트남[越南]이 프랑스의 지배를 당한 것은 모두 자유를 하지 못해서 망한 경우이다.

관리의 자유를 논하자면 그 처음 출신(出身)할 땐 반드시 징벽(徵辟)*과 빙폐(聘幣)*가 있어야 하고, 조정에 선 이후엔 평소의 학문으로 군주에게 아뢰어 뜻이 맞으면 남고 뜻이 맞지 않으면 떠나는 법이다. 이와 같이 한다면 군주가 누구와 함께 선하지 않은 일을 하고, 누구와 함께 옳지 않은 일을 하겠는가? 이것이 이윤(伊尹)과 부열(傅說)*이 일세에 공을 세워 그 이름이 만대까지 전해지는 이유이다. 자유를 하지 못하는 자는 처음엔 권세 있고 귀한 자들에게 아부해서 노안비슬(奴顔婢膝)*로 더럽고 천한 온갖 일들을 달갑게 여기고 다행으로 생각하다가, 벼슬길에 올라 군주의 곁에 있게 되면 승순(承順)과 아첨으로 군주의 악한 마음에 영합하고 사욕을 쫓아 현인을 훼방하며, 나라를 병들게 하고 제 몸만 살찌운다. 그 결과 국권(國權)이 위약(萎弱)해짐에 내란이 봉기하고, 백성들의 원망이 팽배함에 군주의 견책이 자주 내리게 되니, 그렇게 되면 혹은 외구(外寇)를 불러들여서 제 군주를 위협하고, 혹은 타인에게 국권을 양여한 다음에 그 은택을 입기를 바란다. 이러한 자들은 이루 다 거론할 수가 없으며, 고금의 망국을 두루 살펴보건대 모두 이와 같지 않은 경우가 없었다.

아아! 우리 한국 관리 가운데 불행히도 한두 사람 이와 가까운 자가 있어서 경고하기에도 겨를이 없거늘, 하물며 재야인사가 여전히 꿈에서 깨지 못하여 관물찰세(觀物察勢)의 요체를 알지 못하고 제 학문만 과시하며, 충군애국(忠君愛國)의 의리에 힘쓰지 않고 자기의 도만 강구하며, 화제가 생존경쟁의 시대에 이르면 바로 상고(上古) 시대의 무위지치(無爲之治)를 말하고, 대화가 우리 한국의 국권의 능이(凌夷)에 이르면 정부에 허물을 돌리고 마치 진(秦)나라와 월(越)나라처럼 자신과는 무관한 듯 대하니, 이와 같은 부류는 등용되더라도 국사를 그르칠 것이 분명하다. 이로써 보건대 인민의 부패가 관리보다 더욱 심하다.

지금 세계에서 자유 열강의 풍조가 미치는 곳은 비록 탄환처럼 작은 나라라도 모두 스스로 경계해서 보존하는데, 하물며 우리 한국 강토의 사람들과 많은 수의 민족으로 금일의 부패에 이른 것이 어찌 통곡하며 크게 탄식할 일이 아니겠는가? 비록 그러하나 형질의 부패는 이미 새롭게 할 수 없지만 마음은 그렇지 않다. 이제부터 번연(幡然)히 각오해서 오직 선각자의 창도(唱導)에 따라 사욕에 치우치고 남에게 의지하려는 자들을 바른 길로 돌아오게 하고 독립시키며, 완고하고 몽매한 자들을 새로움으로 나아가 스스로 깨우치게 한다면, 그 성성(惺惺)하고 발발(勃勃)*한 자들이 마치 고인 물의 물고기가 물을 얻은 듯, 마른

惺惺勃勃 성성(惺惺)은 청명하

묘목이 비를 만난 듯이 스스로 경계하여 다른 사람도 경계시키며, 가까운 데서 부터 먼 곳까지 미쳐 우리 한 종족이 모두 이러한 마음을 갖게 할 것이니, 훗날 정부와 사회에 서는 것도 필시 이 사람들이요, 인민사회(人民社會)에 나서는 것도 이 사람들일 것이다.

과연 이와 같다면 관민(官民)의 자유와 국가의 부강을 어찌 다시 이웃나라에 양보할 것이 있겠는가? 이것이 바로 떳떳한 본성을 가진 사람들이 함께 밤낮으로 간절히 축원하는 것이다. 만약 혹시라도 자유라는 명칭을 오해해서, 그 사욕을 따라 인신(人臣)이 자기 군주의 권병(權柄)을 농락하고 국민이 법률에서 정한 범위를 침범하며, 자식이 아비의 가르침을 지키지 않고 아내가 남편의 통제를 따르지 않으며, 사부의 훈도(訓導)를 저버리고 벗의 충고를 어기면서 "나는 남에게 의뢰하지도 않고 속박 당하지도 않으니, 자유다! 자유!"라고 한다면 이는 우리 사천 년의 조국과 이천만의 생명을 무하유(無何有)의 고을*로 실어 보내는 것이다. 생각할지어다, 동포여.

게 깨우친 모양이고, 발발(浡浡)은 왕성하게 흥하는 모양.

無何有之鄕 『莊子』 「逍遙遊」에 나오는 말로 어떤 사람도 존재하지 않고 사물의 의미를 묻지도 않아서 모든 것이 존재하지 않게 되는 광막한 세계를 뜻함.

72. 윤효정, 생존경쟁

■ 사회진화론의 영향을 잘 보여주는 윤효정의 글. 적자생존, 우승열패의 진화론적 접근이 개인뿐만 아니라 국가 간 관계에도 적용된다고 설명하면서, 한국이 살아남기 위해서는 생존경쟁의 원리와 양상을 잘 파악하여 적응해야 한다고 강조하고 있다. 원문 출전은 尹孝定, 「生存의 競爭」, 『大韓自强會月報』 제11호(1907년 5월).

■ 尹孝定(1858~1939) 고베에서 재일유학생을 지원하다가 귀국하여 1906년 장지연 등과 함께 헌정연구회를 토대로 대한자강회를 조직하였다. 1907년 대한협회로 재편되면서 총무를 역임하였다.

천지가 열리고 서계(書契)*를 처음 만든 이래로 삼분오전(三墳五典)*과 구구팔색(九丘八索)* 안에서 일찍이 들어본 적도, 본 적도 없는 한 구절의 놀랄 만한 문자가 현출(現出)하여 금일 20세기에 이르러선 개인과 국가를 막론하고 이 한 구절의 참된 요체를 아는 자는 생존의 안락을 얻고, 알지 못하는 자는 복멸(覆滅)의 참상을 당한다. 그러므로 이 세상에서 생존을 도모하는 자는 이 한 구절의 문자를 결코 몰라서는 안 되니, 이른바 한 구절의 문자란 '생존의 경쟁'이라는 것이다.

생존경쟁의 열기가 현세에 이르러 이처럼 극렬하다면, 고대엔 무슨 이유로 이 열기가 은복(隱伏)하여 드러나지 않았고, 중고(中古)엔 무슨 이유로 이 열기가 비로소 발생했고, 근세엔 무슨 이유로 이 열기가 점차 홍대(弘大)해졌고, 현세엔 무슨 이유로 이처럼 극렬하게 되었는지 그 요체와 뜻을 우리가 한번 거슬러 따져보지 않을 수 없다.

한(漢)나라 광무제가 말하길, "사람이 참으로 만족할 줄을 몰라서 이미 농서(隴西) 지방을 얻고 다시 촉(蜀) 땅을 바라본다."*라고 했으니, 이는 절세 영웅이 만고의 인정을 간파한 격언이다. 대체로 사람이 만족할 줄 모르는 상정(常情)이 현우(賢愚)를 막론하고 각자 그 뇌리에 존재함은 본래 천부(天賦)에서 나

書契 서(書)는 문자, 계(契)는 나무를 깎아 그 측면에 글자를 쓰는 것으로 『周易』 「序」에 "옛날 복희씨가 천하에서 왕 노릇할 때 처음으로 팔괘를 그리고 서계를 지어서 노끈을 묶어 의사를 표시하는 정치를 대신했다. 이로부터 문적이 생겨났다."[者伏羲氏之王天

온 것이다. 그러므로 쉽게 제거할 수 없고 이 정(情)이 바로 천하의 만사가 진보 발달하는 원소(原素)가 되는 것이지만, 그것이 도덕과 법률의 범위를 벗어나면 그 폐해가 혹은 백승지가(百乘之家)가 천승(千乘)을 시해하고 혹은 천승지가(千乘之家)가 만승(萬乘)을 시해하기에 이른다.* 그러므로 이를 두려워해서 성인이 만족할 줄 모르는 욕심을 경계하신 것이다. 그러나 만약 도덕과 법률 내에서 이 정(情)을 인도한다면, 지금 구미 각방(各邦)이 세계를 유리(遊離)함과 황금생활(黃金生活)이 또한 모두 농서를 얻고 또 촉 땅을 바라보는 상정(常情)에서 유출한 결과니, 개인이든지 국가든지 소위 생존경쟁의 기인(起因)은 실로 이 정(情)으로 말미암아 발생한 것이다.

예전에 들으니 요(堯) 임금이 천하를 허유(許由)에게 양여했으나 허유가 받지 않고 부끄러워하며 달아나 숨었다고 한다. 천자의 귀함과 사해(四海)의 부(富)는 사람들이 모두 바라는 것이다. 삼대(三代) 이래로 세상에 드문 호걸[曠世豪傑]들이 시대를 타고 연달아 일어나 수만의 생령들을 전장에서 미란(糜爛)*하고 혈육과 지친(至親)이 한 방에서 서로 죽이는 것은 따지고 보면 이 부귀를 찬탈하려고 하기 때문이다. 그런데 양여하는데도 오히려 받지 않고 부끄러워서 달아나 숨기까지 했으니, 혹시 옛 사람들의 성품은 완전히 선하고 지금 사람들의 성품은 완전히 악하기 때문인가? 아니면 혹시 농서를 얻고 촉 땅을 바라보는 정(情)이 고대엔 전혀 없다가 중고에서부터 비로소 싹튼 것인가? 그렇지 않다. 고대 사람도 천부(天賦)한 이 정(情)이 전혀 없을 수 없지만, 시대의 경우에 따라 이 정(情)이 은복(隱伏)해서 드러나지 않았을 뿐이다.

대체로 상고(上古)는 광막한 들판에 적은 수의 인류가 경작해서 먹고 우물을 파서 물을 마셔서, 그 구하는 바가 배고플 때 먹고 목마를 때 마시는 것에 불과했다. 그 군상(君上)의 거처가 흙으로 만든 섬돌과 띠풀로 엮은 지붕*에 안주했으니, 그 의식 정도를 미루어 알 수 있다. 그러므로 그 사람들의 생활은 순박해서 다투지 않고, 군주의 치화(治化)는 작위가 없어도 읍양(揖讓)*했으니, 이는 경쟁의 열기가 천연미맹(天然未萌)한 시대라고 할 수 있다.

중고 이래로 유한한 토지에 무한한 인구가 점차 번식했다. 남는 이익이 적고 빈부와 귀천의 차이가 현격해짐에 사람마다 부귀를 부러워하고 빈천을 싫어하는 상정(常情)에 따라 의식과 금전을 저축하려는 마음과 합병하려는 욕심으로 점점 생활의 곤란을 느끼게 되었으니, 이는 경쟁의 열기가 비로소 발생한 시대라고 할 수 있다.

근고(近古)엔 국교(國交)의 진보로 인해 동서 지구가 서로 우의를 맺고 황인종과 백인종이 서로 무역을 통하는 대세가 자동(自動)했다. 지구는 인류가 공동

下也 始畫八卦 造書契 以代結繩之政 由是文籍生焉]라는 구절이 있음.

三墳五典 전설상의 고서 이름으로 삼분(三墳)은 삼황(三皇)의 책, 오전(五典)은 오제(五帝)의 책.

九丘八索 역시 중국 고대의 서명으로 구구(九丘)는 구주(九州), 즉 중국 전역의 일을 기록한 책이고, 팔색(八索)은 팔괘(八卦)에 관한 책.

人이 苦不知足ᄒᆞ야 旣得隴하고 復望蜀이라 후한 광무제(光武帝)가 공신 잠팽(岑彭)에게 내린 글에서 연유한 말로, 인간의 욕심에 한이 없음을 비유.

百乘之家로 千乘을 弑하며 或 千乘之家로 萬乘을 弑하기에 至하ᄂᆞ니 『孟子』「梁惠王上」에 "왕께서 무엇으로 내 나라를 이롭게 할까라고 하신다면, 대부는 무엇으로 내 집을 이롭게 할까라고 하고, 사서인(士庶人)은 무엇으로 내 일신을 이롭게 할까라고 하여, 상하가 서로에게서 이익을 취함에 나라가 위태롭게 될 것입니다. 만승지국에서 그 군주를 시해하는 자는 반드시 천승지가요, 천승지국에서 그 군주를 시해하는 것은 반드시 백승지가일 것이니, 만승에서 천승을 취하고 천승에서 백승을 취함이 적지 않지만 진실로 의(義)를 뒤로 하고 이(利)를 앞세우신다면 저들이 왕에게서 빼앗지 않고는 만족하지 않을 것입니다."[王曰何以利吾國 大夫曰何以利吾家 士庶人曰何以利吾身 上下交征利而國危矣 萬乘之國殺其君者 必千乘之家 千乘之國殺其君者 必百乘之家 萬取千焉 千取百焉 不爲不多矣 苟爲後義而先利 不奪不饜]라는 구절이 있음.

糜爛 부수어 문드러짐.

土階茅茨 『史記』「太史公自序」에 "요(堯)임금과 순(舜)임금은 흙으로 섬돌을 세 칸 올렸고[土階三等], 띠풀로 지붕을 얹으면서 가지런하게 자르지도 않았다[茅茨不翦]."라는 내용이 나옴.

揖讓 예를 다하여 사양함.

생활하는 기초가 되기 때문에 국제법규에서 허락한 한계와 각국 법률에서 정한 범위 내에선 이주와 생활과 경제의 발전을 누구라도 할 수 있게 되었다. 이는 하늘의 지명(指命)에서 나온 것으로 인정해서 각국이 상호 실행했으니, 이는 나라와 나라 사이에 경쟁의 열기가 점차 홍대(弘大)해지는 시대라고 할 수 있다.

이상은 인정의 자연과 시세의 필요로써 생존경쟁을 그치지 못할 두 가지 원칙을 들어 논정한 것이다. 그렇다면 금일의 생존경쟁은 피하려고 해도 도저히 피할 수 없는 것이니, 개인이든지 국가든지 내가 저를 제승(制勝)할 수 없을 땐 동시에 반드시 저의 하풍(下風)에 굴복해서 종종 멸망에 이르기도 한다는 것을 각오하지 않을 수 없다. 타인의 하풍에 굴복해서 끝내 멸망하는 것은 누구라도 싫어하고 피하려고 하니, 이것이 경쟁의 열기가 극렬극도(極烈極度)에 달한 현 시대를 형성한 까닭이다.

우리나라도 근년에 세계의 풍조가 유입되어 사천 년 이래로 폐쇄했던 항만이 한번 열림에 외인(外人)의 침입이 날로 증가하고 있으니, 생존경쟁의 극렬함을 이제부터 느끼게 될 것이다. 농부는 경운(耕耘)과 선종(選種)과 기계의 개량을 도모해서 가을걷이의 증익(增益)을 이루고, 상인은 기민(機敏)과 지교(智巧)를 운용해서 무역의 다대한 이익을 구하고, 공인은 세상 사람들의 기호를 잘 살펴서 물품의 제작을 정밀하게 하고, 선비는 학술을 연구해서 실제에 응용하되 정치의 개량과 국민의 지도를 자임해야 한다. 그래서 비단 개인의 생존경쟁뿐만 아니라, 국가의 생존경쟁을 도모하지 않을 수 없다. 우승열패는 인사(人事)의 상례고 약육강식은 현세의 상례다. 그런데 우리나라의 형편을 살펴보면 한층 더 깊은 탄식을 금할 수 없는 것이 있다. 농상공사(農商工士)의 사업이 역외(域外)로 나가 타국의 이권을 경쟁함은 물론이거니와, 자국의 이권도 모두 타인에게 읍양한 것과 같으니 그러고서도 이러한 극렬시대(極烈時代)를 안전하게 경과할 자가 어디 있겠는가?

국가는 강 위에 배를 띄우는 것과 같아서 만약 혹시라도 노를 움직이지 않거나 돛대를 버려둔다면, 다른 배들은 시각을 계산해서 항상 전진하는데 우리만 하류로 떠나려 감을 면치 못할 것이다. 다른 이가 백 보를 나가면 우리는 백십 보를 나가려는 결심이 있어야 치욕을 면할 것이다. 우리나라의 강역 주위를 관찰하고, 동포의 생활 정도를 체험하면 누가 감히 맹성분진(猛省奮進)하는 감개(感慨)의 눈물을 아끼겠는가? 지금이 과연 어떤 세계인가? 생존경쟁을 알지 못하면 개인은 노예의 치욕을 요행히 면할 수 없고, 국가는 판도(版圖)의 색(色)을 변치 않을 수 없는 지금 20세기에 생존한 모든 우리 동포는 생존경쟁의 요체와 뜻을 힘써 정밀하게 탐구하실지어다.

73. 원영의, 자조설

■ 약육강식의 국제사회에서 살아남기 위해서는 미국과 유럽 소국의 독립 경험을 참조하여 자강해야 한다고 논한 원영의의 논설. 출전은 元泳義, 「自助說」, 『大韓自强會月報』 제13호(1907년 7월).

■ 元泳義(1852~?) 대한제국 말기의 학자. 근대적인 문법 관념으로 한문을 연구한 한문교과서 『소학학문독본』을 저술하였으나 극렬한 배일사상으로 인해 금지처분을 받았다. 유근(柳瑾)과의 공저인 『신정동국역사』(新訂東國歷史)는 단군에서 고려시대까지, 그 이후에 나온 『국조사』(國祖史)는 조선시대를 대상으로 하여 애국심을 고취하는 역사교과서를 편찬하였다.

태서인(泰西人)에게 천조(天助)에 관한 말이 있으니, "스스로 돕는 자는 하늘이 반드시 그를 돕는다."라는 것이다. 어리석은 사람은 매양 귀신을 모시면 귀신이 돕고, 사람을 따르면 사람이 돕는다고 하는데 이는 매우 무식한 말이다. 내가 따로 내 몸이 있어서 내가 자유롭게 하는 것인데, 어찌 남의 행위에 관계될 것이 있겠는가? 비록 천만인이 좌절시키고 앞을 가로막고 희롱하더라도 나는 내 몸을 지키고 내 뜻을 행해서, 부유해지기를 원하면 치부의 방법을 강구하고 귀해지고 싶으면 귀해지는 방도를 닦아 기필코 실효를 본 다음에 그만두기를 마치 와트[瓦妬]의 궁리(窮理)와 제임스[制任西]의 역학(力學)처럼 해야 한다. 그렇지 않고서 혹 귀신의 도움이나 다른 사람의 도움을 바라서 스스로 제 몸이 있음을 잊고 아울러 그 심지마저도 잃는다면, 이는 껍데기만 남은 고깃덩이일 뿐이다. 항상 하류에 처하면서 헛되이 천성을 저버리고 있으니 어찌 애석하지 않은가?

이와 같은 사람은 혹 한때의 요행을 만나서 우연히 부귀해지더라도 오래 향유하리라고 보장하기 어렵다. 얻자마자 바로 잃어서 끝내는 빈천한 무리에 들어 단지 스스로 속만 태울 것이니, 비유하자면 농부가 제 밭을 김매지 않고 오로지 타인의 농작만을 믿다가 서성(西成)*할 때가 되어 그에게 봉양을 구걸한다면 어찌 쉽게 얻을 수 있겠는가? 옛날에 합중국이 북미의 대토지를 가지고 영국인의 속지로 부속되어 있다가 오랫동안 속박을 받음에 그 고통을 견디지 못하게 되자 각자 분발하며 말하길, "어찌 천리(天理)를 똑같이 받은 인류로서 타인의 지시를 따를 수 있겠는가?"라 하고, 이에 13개 방(邦)들을 모두 합치고 한 마음이 되어 일어나 강대한 영국에 저항했다. 하지만 그 형세는 추(鄒)나라와 초(楚)나라의 싸움*보다 심했고, 게다가 흉작으로 인해 나무껍질을 벗겨 먹을 정도였지만 오히려 백절불굴의 의지로 마치 종과 북을 급히 칠수록 그 소리가 더욱 커지고 냇물을 세게 칠수록 물이 튀는 모습이 더욱 거세지는 것처럼 싸워서, 오랜 세월이 지난 후에 마침내 공훈을 이루어 엄연히 독립함에 지금까지도 세계 문명의 으뜸이 되었으니, 이는 스스로 도왔기 때문이요, 다른 사람이 도와주었기 때문이 아니다.

西成 가을에 익은 곡식을 수확하는 것.

鄒與楚鬩 추(鄒)나라와 초(楚)나라는 모두 춘추전국시대의 나라로 추(鄒)나라는 소국이고 초(楚)나라는 대국이었다. 『孟子』 「梁惠王」 상편에 "'추나라 사람이 초나라 사람과 전쟁을 하면 왕께서는 누가 이기리라고 생각하십니까?' '초나라가 이길 것이오' '그렇다면 소국은 대국에 대적할 수 없고, 인구가 적은 국가는 많은 국가에 대적할 수 없고, 약국은 강국에 대적할 수 없는 것입니다.'"[鄒人與楚人戰 則王以爲孰勝 曰楚人勝 然則小固不可以敵大 寡固不可以敵衆 弱固不可以敵强]라는 구절이 나옴.

인도는 토지가 광대하고 물산이 풍요로워서 세계 제일의 부유한 곳간이라고 불렸으나 스스로 돕지 못해서 마침내 천애(天涯)의 작은 섬 영국의 지배를 받게 되었으니 이는 누구의 잘못인가? 비유하자면 마치 사람이 비록 체구가 크더라도 뱃속에 전혀 지식이 없어서 스스로 포기하는 데 안주하는 자는 항상 다른 사람에게 부림을 받고, 비록 체구는 작더라도 지식이 남보다 뛰어나서 일신을 스스로 돕는 자는 능히 다른 사람을 부릴 수 있는 것과 같다. 인도가 영국의 속령이 된 것이 어찌 이와 다르겠는가?

자조(自助)의 요점을 말하자면 반드시 먼저 그 뜻을 세워야 하는 것이니, 뜻이란 마음이 가는 바를 말한다. 이미 그 마음이 갈 바를 결정했다면 그 실력을 닦아서 자강불식(自强不息)한 연후에 마음속에 쌓은 것이 밖으로 드러나서, 써도 고갈되지 않고 행해도 남음이 있게 된다. 그러나 만약 그 실(實)이 없으면 마치 빈 자루가 사람의 보호를 받지 못해서 마침내 접혀지고 버려져 혹은 독과 항아리 사이에 끼워 넣어서 들러붙고, 혹은 목석의 아래를 괴어서 깔리는 것과 같이 비록 빈 땅이 많더라도 그 몸이 받아들여질 곳이 없을 것이다. 그러나 미곡과 보화가 가득한 자루는 가운데를 묶어서 혼자 세워 놓는데, 놓아둘 땐 반드시 제 자리가 있어서 사람들이 모두 그 자리를 피하며 방해할까 두려워하고, 어디 둘 땐 안전한 곳에 두면서 혹시라도 넘어뜨릴까 염려하는 것은 그것이 실용(實用)이 있기 때문이다.

사람이 자조의 실제가 있으면 하늘이 반드시 그를 돕는 것 또한 응당 이와 같다. 전(傳)에서 말하지 않았던가? "하늘은 심어져 있는 것을 북돋워 주고, 기울어진 것을 엎어 버린다."*라고 했으니 혹시라도 자신이 기울어졌는데 하늘이 엎어 버리지 않을 것을 바라고, 심지도 않고서 하늘이 북돋워 줄 것을 기원한다면 또한 매우 미혹되지 않은가? 그렇다면 하늘의 도움은 반드시 자조에 달렸고, 자조의 실제는 궁리역학(窮理力學)과 자강불식에서 벗어나지 않으니, 어찌 타인의 도움을 구하는 옛 생각을 버리고 새롭게 하지 않는가?

天道ㄴ 栽者롤 培之ᄒᆞ고 傾者롤 覆之라 『中庸』에 "하늘이 만물을 낳음에 반드시 그 바탕을 인해서 후하게 하니, 그러므로 심어져 있는 것을 북돋워 주고기울어진 것을 엎어 버린다."[天之生物 必因其材而篤焉 故栽者培之 傾者覆之]라는 구절이 있음.

권력평균(權力平均)

권력이란 권리세력(權利勢力)이며, 평균이란 평등균세(平等均勢)이다. 나라가 나라 됨이 마치 사람이 사람됨과 같아서 그 세력의 대소강약이 비록 각자 같지 않지만 천부자유의 권리는 똑같다. 세력이 고르지 않으면 권리 또한 이에 따라 평등하지 않게 된다. 그러므로 태서 국가들이 특별히 권력균평(權力均平)의 공법을 세워서 서로 침탈하지 않고 각자 보수(保守)하는 것이다.

비록 어떤 소국이 두세 대국 사이에 끼여 있어도 마치 솥발이 서로 대치하고 보거(輔車)가 서로 의지하는 것 같아서 감히 먼저 움직이지 못한다. 만약 이 소국이 대국의 침탈을 받아서 이웃의 강토를 크게 보태 준다면, 자기의 국세(國勢)에 순망치한(唇亡齒寒)의 근심이 없을 수 없다. 그러므로 반드시 분기해서 탄핵하는 것이니, 이는 참으로 나라를 보전하는 양법(良法)이다. 만약 이러한 법이 없다면 대국은 소국에 대해서 마치 강식약육(强食弱肉)하여 일거에 병탄할 수도 있겠지만, 평균지법(平均之法)에 기대어 대국과 소국이 상유(相維)함에 감히 위월(違越)하지 못하는 것이다.

이를테면 덴마크[丁抹]는 유럽[歐洲]의 아주 작은 나라로 몇 개 대국 사이에 끼어 있으나 카테가트[加的牙] 해협을 가지고 있어서 대국들로부터 항행세[航過之稅]를 권렴(權斂)하고 있으니, 러시아[俄羅斯]와 같은 강국도 어찌할 수가 없다. 만국공법에 국외중립이 있고, 또 공수동맹(攻守同盟)이 있으니, 그 뜻이 또한 평균범위(平均範圍)를 벗어나지 않는다.

또 대체로 대국은 자동적(自動的)이고 소국은 타동적(他動的)이지만 프러시아와 프랑스 두 대국 사이에 있는 벨기에[比利時]라는 소국 또한 능히 자립해서 타동적이 되지 않았으니, 그 권력을 잘 보존한 나라라고 할 수 있다. 프러시아와 프랑스 양국이 일찍이 불화해서, 한번 흔단(釁端)이 열리자 두 번에 걸쳐 일승일패(一勝一敗)한 참극과 전상(戰狀)은 역사상 초유의 일이라고 할 수 있다. 그 이래로 각자 앙심을 품어서 항상 일전을 불사해서 보복할 것을 생각했다. 그런데 그 길목에 벨기에가 있어서 실로 그 길을 빌리기가 어려웠다. 그러므로 성세(聲勢)가 조용하고 강역이 평안한 것이다.

安道亞阜 앤트워프. 1830년 혁명을 통해 벨기에가 네덜란드로부터 독립을 쟁취한 이후로 벨기에의 수도는 브뤼셀.

벨기에의 도성은 앤트워프[安道亞阜]*다. 그 인민이 죽기를 맹세하고 성을 지켜서 타국에 길을 빌려 주지 않기로 약속하자 그 굳세고 의연한 소문이 사방 이웃나라까지 전파되었다. 이웃나라 사람들이 서로 권면하면서 말하길, "애국자는 마땅히 앤트워프 사람들을 본받아야 한다."라고 했다. 이것이 벨기에가 두 대국 사이에서 스스로 독립할 수 있었던 이유이자 대국들이 감히 강제로 길을 빌릴 수 없었던 이유니, 독립이 어찌 큰 나라에만 있는 것이겠는가?

인도가 덴마크보다 큰데도 영국령에 속하고, 베트남이 벨기에보다 큰데도 프랑스령에 편입된 것이 어찌 권력평균의 법이 행해지지 않아서였겠는가? 이는 애국의 성심으로 제 나라를 자조하고 제 나라를 자강하지 않고서, 권력평균으로만 자강하려고 했기 때문이니 모든 국민들은 마땅히 이를 귀감으로 삼을지어다.

74. 박병철, 자주와 자유

■ 구한말 국가 · 사회 · 개인의 관계에 대한 이해를 잘 보여 주는 논설. 자강과 계몽을 통해 국가와 사회의 발전을 이룩하려면 구성원의 자주와 자유가 중요하며 양

융희(隆熙) 2년 춘 2월 이때에 우리 황태자 전하께서 바다로 나오신 지 몇 달 동안에 옥후(玉候)*가 천상(天祥)에 순응(順膺)하신 은덕으로 우리 학생계의 융융(隆隆)*한 화기(和氣)가 마치 양춘(陽春)의 영화로움과 같아서, 애국 열성

이 단합정신을 처음 일으켜 분열된 각 회(會)가 일통(一統)하여 그 이름을 '대한학회'(大韓學會)라고 했다. 그 목적은 제국 동포의 지덕(智德)을 계발하기 위해 학비의 남은 것과 지사들의 도움으로 학보(學報) 한 편을 매월 출간하는 데 있다. 장대하구나! 금일의 단합 정신이여! 이러한 정신의 단합이 있기 때문에 이 학회가 없을 수 없고, 또 이 목적이 없을 수 없는 것이니, 그 목적의 달성은 오래지 않아 기약할 수 있을 것이다. 그렇다면 이는 모두 우리 황태자 전하의 신성덕화(神聖德化)의 크심에 힘입은 것이 아니겠는가? 내가 기뻐서 손뼉 치며 열망하는 마음으로 내 어리석음을 생각지 않고 감히 자주와 자유의 설을 아래와 같이 붙인다.

우리 인간 사회에서 제일 명심하고 경계해야 할 큰 근본은 바로 분별의 근본[分別之宗]과 시비의 실마리[是非之統]다. 무슨 뜻인가? 이것은 우리 인간의 몸과 마음이 주인 삼는 바이자 우리 인간 사회가 유래하는 바이니, 그러므로 몸과 마음에 주인 삼는 바가 없으면 죽고, 사회가 유래되는 바 없으면 어지러워지며, 시비에 실마리가 없으면 흉포해지고, 분별에 근본이 없으면 사악해지는 것이다. 죽음이 자생(自生)하고, 어지러움이 자치(自治)하고, 흉포함과 사악함이 자각(自覺)하는 소이(所以)가 이른바 자주와 자유라는 것이다. 그러므로 자주를 주(主)로 삼고 자유를 의(義)로 삼아야 하니, 이것이 과연 우리 삶에서 끝까지 추구해야 할 이른바 주의(主義) 두 글자가 아니겠는가?

여러 법이 나로 말미암아 생겨난다. 그러므로 자유라고 하는 것이다. 여러 법이 나를 위주로 하여 존재한다. 그러므로 자주라고 하는 것이다. 자주란 몸과 마음이 주인 삼는 바로서 피아(彼我)의 성법(性法)이며, 자유란 사회가 유래하는 바로서 자타(自他)의 상정(常情)이다. 분별에 근본이 있기 때문에 행위가 법도에 반드시 합치하는 것이며, 시비에 실마리가 있기 때문에 언론이 친목을 함께할 수 있는 것이다. 친목을 함께하기 때문에 자타가 모두 이롭고, 법도에 합치하기 때문에 피아가 함께 복을 누리는 것이니, 자주가 법도가 됨을 알고 자유가 친목이 됨을 아는 것을 바로 우리 삶의 진성수분(盡性守分)의 큰 근본이라고 할 만하다.

내가 나의 당연지성(當然之性)을 다해서 타인의 위불위(爲不爲)를 가지런히 하는 것을 권리라 하고, 내가 나의 당연지분(當然之分)을 지켜서 타인의 성불성(成不成)에 응하는 것을 의무라고 한다. 의(義)라는 것은 곧 마땅함[宜]이요, 무(務)라는 것은 곧 행함[行]이며, 권(權)이라는 것은 곧 바름[正]이요, 리(利)라는 것은 곧 당연함[當]이니, 그 바르고 당연한 것을 내 마음에 두지 않고, 그 마땅하고 행해야 하는 것을 내 몸에 맡기지 않고서 어찌 급급하게 학문에서 구하며, 또 구차하게 다른 나라에서 구하는 것인가? 그러므로 내가 말하길, 자주라는 것

자는 상호 보완적 관계에 있다고 주장하고 있다. 원문 출전은 朴炳哲, 「自主와 自由」, 『대한학회월보』 제1호(1908년 2월).

■ 朴炳哲(1874~?) 최익현에게 학문을 배우고 1885년 일본 유학을 떠났다. 유길준과 함께 와세다 대학에서 공부하였고 니혼(日本)대학을 졸업했다. 을사조약 체결 후 친일 성향 단체에서 활동하였다.

■ 『대한학회월보』 대한학회는 재일본한국유학생 단체인 대한유학생회가 낙동친목회(洛東親睦會)·호남학회(湖南學會)와 함께 통합해 1908년 1월 설립. 국민의 지덕을 계발함을 목적으로 하였으며, 주요 회원으로는 최린(崔麟), 이은우(李恩雨), 채기두, 최석하(崔錫夏), 고의환(高宜煥), 유승흠(柳承欽) 등이 있다. 『대한학회월보』는 1908년 2월부터 그해 11월까지 총 9호를 발행하였고, 편집자는 김기환(金淇驩)과 유승흠이었다. 1909년 1월 태극학회·공수학회(共修學會)·연학회(硏學會) 등과 함께 대한흥학회(大韓興學會)로 통합됨.

玉候 임금의 안부.
隆隆 왕성한 모양.

은 비록 어버이라도 자식에게서 뺏을 수 없고, 비록 백성이라도 군주에게 오로지 맡길 수 없다고 하는 것이니, 이를 양여한다면 자식이 자식이 아니고, 뺏는다면 어버이가 어버이가 아니며, 오로지 맡긴다면 백성이 백성이 아니고, 손상시킨다면 군주가 군주가 아닌 것이다.

그렇다면 성(性)은 끝내 왜곡할 수 없으며 분(分)은 끝내 어지럽힐 수 없는 것인가? 어쩌면 그리도 서로 지극히 엄하게 지키고 상세하게 대하는가? 대체로 지극히 엄해서 서로 용납하지 못함은 친목의 대병(大病)이요, 지극히 상세해서 공화(共和)하지 못함은 덕의(德義)의 대과(大過)다. 그러므로 서로 용납하고 공화하지 못하는 폐해가 반드시 그 친함을 없애고 인정을 해치는 데 이르는 것이니, 이는 버리는 것[棄]일 뿐 나의 성(性)이 아니며, 이는 흉포한 것[暴]일 뿐 나의 분(分)이 아니다. 내가 말하는 성(性)이란 생생(生生)*을 뜻하는 것이다. 산 사람은 생(生)을 성(性)으로 삼는다. 그러므로 분(分) 또한 산 사람의 분(分)이라 할 수 있다. 성(性)은 칠정(七情)을 조화해서 친친(親親)을 으뜸으로 삼으니, 따라서 친함을 없애는 것은 도(道)가 아니며, 정을 해치는 것은 사람이 아닌 것이다. 가령 어버이로서 자식에게서 뺏는 자는 자식을 해치는 것이 아니라 자기 성(性)을 해치는 것이며, 자식으로서 어버이에게 양여하는 자는 어버이를 잃는 것이 아니라 자기 분(分)을 잃는 것이다. 군주로서 백성을 다치게 하는 자는 백성을 다치게 하는 것이 아니라 자기의 도(道)를 다치게 하는 것이며, 백성으로서 군주에게 넘겨주는 자는 군주를 욕되게 하는 것이 아니라 자기의 의(義)를 욕되게 하는 것이다. 어째서인가?

生生 만물이 끊임없이 생성되는 모양을 뜻하는 말로, 『周易』「繫辭傳」에서 "생생(生生)을 일러 역(易)이라 한다."라고 했고, 이에 대한 공소달(孔穎達)의 주에서 "생생(生生)은 끊이지 않는다는 말이니, 음양이 변전(變轉)해서 뒤에 낳은 것이 앞에 낳은 것의 뒤를 이어서, 이처럼 만물이 항상 생성됨을 일러 역(易)이라고 한다."라고 했다.

우리 인생 세간에 자기 스스로 고락을 짓고, 스스로 선악을 만들고, 스스로 화복을 얻고, 스스로 이해(利害)를 초래하는 법이니, 따라서 어버이가 자식에게서 뺏을 수 없고, 자식이 어버이에게 양여할 수 없으며, 군주는 제 백성을 다치게 할 수 없고, 백성은 군주에게 넘겨줄 수 없는 것이다. 그러므로 자주로써 입신행도(立身行道)하고, 자유로써 이용후생(利用厚生)하는 것을 이른바 진성수분(盡性守分)의 큰 근본이라고 하는 것이다. 한문공(韓文公)이 이른바 "그것으로써 자기를 위하면 순조롭고 길하며, 그것으로써 남을 위하면 사랑하고 공정하며, 그것으로써 마음을 삼으면 화평하며, 그것으로써 천하와 나라와 집안을 위함에 해당되지 않는 곳이 없다."*라고 한 것이 바로 이것이다. 그러므로 군민(君民)은 이로 말미암아 군주와 백성이 되고, 부자(父子)는 이로 말미암아 부자가 되고, 부부는 이로 말미암아 부부가 되고, 형제는 이로 말미암아 형제가 되고, 동포는 이로 말미암아 동포가 되는 것이니, 이를 저버리면 천륜을 거스르는 것이다. 이 어찌 우리가 살면서 명심하고 경계해야 할 것이 아니겠는가?

以之爲已則順而從하고 以之爲人 則愛以公하며 以之爲心 則和而平하고 以之爲天下國家에 無所處而不當者 한유(韓愈)의 「原道」에서 인용한 구절이다. 한유는 당송팔대가(唐宋八大家)의 한 사람으로 호는 창려(昌黎), 자는 퇴지(退之), 시호는 문공(文

그 삶 또한 이로 말미암고, 그 죽음 또한 이로 말미암고, 부귀빈천 또한 이로 말미암으니, 그러므로 자주를 주인으로 삼으면 도덕이 흥하고, 자유를 대의로 삼으면 인사가 화평하며, 분별에 근본이 있으면 정사(正邪)가 분명해지고, 시비에 실마리가 있으면 곡직이 판별되며, 사회에 대의가 있으면 인정이 화합하고, 몸과 마음에 주인이 있으면 인의가 존재하게 된다. 자주, 자유여! 이것이 이른바 입지행도(立志行道)니, 그 서는 것을 자주로 하고 그 행동하는 것을 자유로 해야 한다. 그러므로 자주는 만법(萬法)의 뿌리요, 자유는 대도(大道)의 문인 것이다. 문이 있음에 나가게 된다. 그러므로 시작과 끝이 있는 것이다. 뿌리가 있음에 생장하게 된다. 그러므로 선후가 있는 것이다. 전(傳)에 이르길, "물건엔 본말이 있고 일엔 시작과 끝이 있으니, 먼저 하고 나중에 할 바를 알면 도에 가깝다."*고 했다. 이 말이 과연 옳지 않은가? 힘쓸지어다!

公)이다. 당나라의 대표적인 문장가로서 대구(對句)를 중심으로 수사에 치중하는 변려문을 반대하고, 유종원(柳宗元) 등과 함께 고문(古文) 운동을 창도했다.

物有本末ᄒᆞ고 事有終始ᄒᆞ니 知所先後면 則 近道矣라 『大學』 경문(經文)에 나오는 구절.

75. 경세생(警世生), 인권은 국권의 기초

■ 구한말 국권과 인권의 관계에 대한 이해를 보여 주는 논설. 개인의 인권과 복리가 보장되지 않으면 국가가 부강할 수 없고 국권도 보존하기 힘들다고 설명하고 있다. 원문 출전은 警世生, 「人權은 國權의 基礎」, 『대한학회월보』 제4호(1908년 5월).

■ 警世生(1883~?) 본명은 김진초(金鎭初). 도쿄제국대학 농과대학에서 청강생으로 수강한 후 귀국하여 농촌계몽운동가로 활동하며 농업발전에 힘썼다.

지금 호호망망(浩浩茫茫)한 지구상에 '구'(區)자 모양으로 할거하고 국가를 건설한 것의 기상(氣象)을 관찰하건대, 나라 사이에서 국권이 생기고 사람 사이에 인권이 존재하니 나라가 권(權)을 얻으면 진취의 형세가 증가하고 사람이 권(權)을 얻으면 분려(奮勵)할 생각을 일으킨다. 그러니 우시경세(憂時經世)하는 선비가 어찌 이 두 종류의 대권(大權)에 대해 그 국운 흥체(興替)와 인심 소장(消長)의 원인과 결과를 연구하지 않을 수 있겠는가?

아아! 지금 시대는 이른바 20세기라고 부르는 때이니, 천심(天心)이 시킨 것인가, 아니면 인의(人意)가 강마(講磨)*한 것인가? 어째서 이처럼 인문이 발달하고 풍기(風氣)가 교통(交通)하였는가? 물질적으로 신묘막측(神妙莫測)한 바가 더욱 뛰어나고 기이한 것은 순식간에 만 리를 가는 전신(電信)이며, 사해(四海)를 끊임없이 왕래하는 기륜(汽輪)이며, 녹음[留聲]과 촬영과 말을 전하는 방법이며, 또 기타 정교한 공예와 기기가 그것이다. 정신적으로 공리(公理)와 이륜(彝倫)*이 지선지미(至善至美)함은 평등으로 인류를, 자유로 인권을 보호하는 것이다. 다시 생각해 보건대, 동양의 사천 년 역사상 문명의 정도가 비록 큰 걸음을 내딛었지만 말류(末流)와 유폐(遺弊)로 인해 윤리와 풍속을 손상시킨 것이 천리와 인정을 저버렸는바, 도리어 현재 서양의 문명에 손색이 있음을 면치 못하게 되었다. 그렇다면 금일은 바로 천지가 개벽하고 인류가 생겨난 이래로 공전절후(空前絶後)의 시대라고 해야 할 것이다.

講磨 학문이나 기술을 갈고 닦음.

彝倫 사람으로서 지켜야 할 떳떳한 도리.

지금 열국 중에서 내치가 상명(詳明)하고 외교가 민활하며 군대가 정예롭고 군량이 풍족해서 진공퇴수(進攻退守)함에 부강이 우월한 나라는, 그 나라들이 상교(相交)하는 데 그 능력을 표시하는바 국권(國權)이라는 것이 있다. 그 국권을 얻고 얻지 못함은 바로 인권(人權)을 통해 기초를 성립하고, 인권은 바로 자유평등으로부터 시작해서 기관(機關)을 고동(鼓動)하는 것이다.

이른바 자유평등은 실로 방탕하고 사납거나 제멋대로 욕심을 부리고 사리를 쫓아서 상도(常道)를 저버리고 의를 거스르는 행위가 아니요, 오직 천부의 동등(同等)을 보유하고 인욕의 무단(無斷)을 막는 것이다. 남녀의 존비의 균등과 혼인의 자유의 허용과 인민의 언론권, 입회권, 신교권(信敎權), 선거권 등의 천리와 인정에 적합한 것들을 가리켜서 인권이라고 부른다. 그러므로 인민이 그 권(權)을 얻은 나라는 상하가 일치하고, 부강이 날로 증진되어 국리민복(國利民福)을 영구히 향유하는 것이다. 한 번 살펴보라. 천하만국에 인권을 얻고도 부흥하지 못한 나라와 인권을 잃고도 승평(昇平)한 나라가 있는가? 현 시대에 영국, 미국, 프랑스, 독일이 부강을 이룬 것은 그 백성의 인권을 얻음이 행복이요, 폴란드, 이집트, 인도, 베트남이 전복된 것은 그 백성의 인권을 잃음이 애석하도다. 그렇다면 우리 한국은 어찌 저 부흥한 나라로 귀감을 삼아 앞을 비추고, 망한 나라로 뒤따르는 수레의 경계를 삼지 않을 수 있겠는가!

76. 포우생(抱宇生), 경쟁의 근본

■ 사회진화론의 영향을 받아 생물계의 적자생존과 자연도태를 인간사회와 국제관계에 적용시킨 포우(抱宇) 김홍량의 논설. 적자생존의 경쟁이 황백인종 간의 대결로 확대되는 상황 하에서 백인종에 대항하기 위한 황인종 간의 단결과 협력 필요성을 제기하고 있다. 원문 출전은 抱宇生, 「競爭의 根本」, 『太極學報』 제22호 (1908년 6월).

■ 金鴻亮(1885~1950) 애국계몽운동가, 교육자. 1905년 을사조약으로 국권이 침탈당하자 애국계몽운동에 참가하였다. 이듬해 김용제 등과 함께 양산학교를 설립하였으며 1907년 신민회가 창간되자 이에 가입하여 활동하였다.

이 복잡한 세계의 상태를 관찰하니 실로 일반 생물의 경쟁무대다. 옛날 유사이래로 인류의 경영과 행동은 천만 가지 양태로 상호 격렬한 경쟁을 언제나 해왔고, 다시 미래를 미루어 상상해 보더라도 인류가 소멸하기 전엔 어떤 능력이 있어도 이 경쟁의 파도와 같은 형세를 배제할 수 없을 것이다. 그 경쟁의 형식은 다양하다. 전쟁에서 나타나기도 하고, 식민(殖民)에서 나타나기도 하고, 외교정책에서 나타나기도 하고, 무역에서 나타나기도 해서, 천태만상으로 그 형세에 따라 나타나니 이른바 고금의 역사란 것도 이 경쟁의 자취를 후세에 소개하는 것에 불과하다. 그렇다면 이와 같은 자취를 지구상에 계속해서 존재하게 한 원인이 어디에 있는가? 혹자는 인류가 원래 평화를 주장하고 사랑한다고 하지만, 사실에 있어선 일각도 그 격렬한 경쟁을 연출하지 않을 수 없으니 과연 그 이유는 무엇인가?

한 마디로 논정하건대 그 근본적 원인은 생존에 있다. 대체로 생물이 그 생명을 지구상에서 향유하는 이상, 여기에서 영속을 꾀하고 여기에서 번식을 기도하는 관념이 유의무의(有意無意) 간에 나타나서 한순간도 숨길 수가 없다. 만일 이 지구가 종교가 등의 몽상과 같이, 일종의 천국 복락계(福樂界)가 되어 기후가 동일하고 토지의 비옥이 동일하여, 어떤 지방을 막론하고 의식주거의 이러한 경쟁을 몽상할 자가 어디 있겠는가? 설혹 있더라도 그것은 한때 오락적 경쟁에 불과할 것이다. 그러나 사실은 이와는 전연 반대로 기후가 각각 같지 않고, 산천형세가 각각 고르지 않고, 지미(地味)*의 후박(厚薄)과 수리(水利)의 편리함 여부 등도 각각 같지 않다. 따라서 우리 인류가 이 불균등한 지상에 살면서 불행에 처한 자는 타인의 행운을 뺏으려 하고, 타인 또한 그 탈취를 면하기 위해 노력하는 것은 자연지세(自然之勢)이다. 또한 설령 지상에 산물이 아무리 풍부하더라도 그 숫자엔 한계가 있고, 인류의 숫자는 날마다 증가해서 한계가 없으니, 유한한 물건으로 무한한 물건을 계속 대어 주기 어려움은 이세(理勢)가 본래 그러한 것이다. 그렇다면 비록 행복한 천지에서 생활하는 인류라도 결국엔 생활의 곤란이 점차 증가하기 때문에 그 부족을 보완하기 위해 타지방의 이익을 노리고 빼앗기에 이르는 것이니, 이에 약육(弱肉)을 강식(强食)하게 되는 것이다.

地味 식물의 생장에 적합한 땅의 성질.

자기의 계통을 계속하며 종류를 번식시키려는 절대적 희망을 갖는 것은 모든 동물의 천연적 성질인데, 아아, 동포 제군이여! 나의 멸망을 슬퍼할 자가 어디에 있으며, 나의 번식을 기뻐할 자가 어디에 있겠는가? 내 토지가 비옥하다면 내 구적(仇敵)이 빼앗지 않고선 만족하지 않을 것이니, 경각할지어다, 애달픈 우리 동포여! 분노할지어다, 애달픈 우리 동포여! 제군은 금일을 당해 누구를 기다리고 누구에게 의지할 것인가? 한 사람의 실정(失政)에 천하가 어지러운 책임을 묻고, 한 사람이 한 번 노함에 천하가 평안해지기*를 기대하는가? 이 또한 책임을 묻고 기대할 바이긴 하지만, 국가의 치란이 시대에 따라 차이가 있으니, 전제적 시대엔 한 사람이 실정을 하면 천하가 어지러워지고 한 사람이 노하면 천하가 평안해졌지만, 지금은 민족주의가 대창(大漲)한 시대이다. 민족적 시대엔 민족이 실책하면 나라가 망하고, 민족이 한번 노하면 나라가 흥하는 법이다.

一怒에 天下安『孟子』「梁惠王下」에 "문왕이 한 번 노함에 천하의 백성을 안정시켰다. … 무왕 또한 한 번 노함에 천하의 백성을 안정시켰다."[文王一怒而安天下之民, … 武王亦一怒而安天下之民]라는 구절이 있다.

한 번 살펴보라. 저 미국의 오늘날 모습이 어디서 나왔는가? 입 있는 자들은 모두 "워싱턴[華盛頓]에게서 나왔다"고 한다. 그러나 나는 큰 소리로 아니라고 한다. 당시 영국 정부가 60여 년의 전쟁을 거침에 경제의 곤란이 매우 심해서 미주(美洲) 식민지에 조세를 부과하여 그 보결(補缺)을 시도했다. 그러자 미주의 인민들이 이를 절대적으로 반대하였고, 종래의 오랜 원한이 이로 인해 치열해졌다. 그 반대의 실행을 시작할 때 워싱턴을 천용(薦用)해서 성공을 거둔 것이니 미국의 오늘날이 어찌 워싱턴에게서 이뤄졌겠는가? 그 국민의 분발에서 나온 것이다. 아아, 동포 제군이여! 제군이 한 번 노하면 우리나라가 평안해지고, 그렇지 않으면 절세 영웅이 배출되더라도 우리나라는 영원한 멸망을 면치 못할 것이니, 분발할지어다, 동포 제군이여!

대체로 동물의 경쟁은 생명유지가 원인이 되어 처음 일어난다. 근일 여행가와 만지(蠻地) 탐험가가 전하는 말에 따르면, 저 야만인 등이 서로 충돌하고 살벌(殺伐)하는 것이 모두 음식물을 구하는 것뿐만 아니라 그 음식물을 저장하기 위해서라고 한다. 이를 가지고 추측하면 지금 문명사회의 제반 문제가 저 야만인의 생활 문제가 일변한 것에 불과하다. 이처럼 경쟁의 원인은 생명유지에 있으니, 생명을 유지하기 위해 개인 간의 경쟁이 발생하고, 단체 간의 경쟁이 발생하고, 국가 간의 경쟁이 발생하는 것이다. 만일 인류로부터 하등 동물에 이르기까지 자기 한 개체의 목적만 추구한다면 그 경쟁이 개체 간에서 일어날 뿐이다. 만일 개체 간의 경쟁만 있다면 인류 이하 모든 생물은 소멸을 면치 못할 것이고, 인류라도 가장 강하고 사나운 자 이외엔 자기 생명을 보존할 수 없을 것이다.

여기서 생명유지 이외에 동족 보호라고 하는 일종의 본성이 다시 생겨난다. 이는 진화론자의 상세한 설명이 없더라도 우리의 일상적 경험을 미루어 알 수 있다. 저 야만인도 자기 종족을 보호하기 위해선 노고를 마다하지 않고, 타지방에 이주하더라도 자기 종족의 번영과 증가를 도모하지 않는가? 저 사자도 음식물이 없으면 병아리라도 서로 빼앗아 먹지만, 음식물만 있다면 서로 간에 그 병아리를 보수(保守)하는 법이다. 야만인과 금수도 그러한데, 하물며 문명사회에 있으면서 승패를 결투하는 자라면 자기의 행복을 도모하는 동시에 국가의 번영을 위해 자기 생명을 희생으로 바칠 수 없겠는가?

예전에 미국 태평양 연안에서 성행했던 일본인 배척 문제와 같은 것도, 그 원인은 한두 가지가 아니지만 중대한 원인은 종족보호의 경쟁에 불과하다. 그렇다면 역사라는 것은 일종의 수레바퀴와 같아서 생활유지의 한 바퀴와 동족보호의 한 바퀴를 항상 회전하는 것이다. 이 두 바퀴를 주안점으로 삼아서 관찰하지 않으면 결코 역사의 진상을 볼 수 없을 것이다.

이 두 종류의 본성에서 나타난 세계 인류의 활동이 종래의 2대 조류를 나누어 만들었고, 각자 서로 다른 방면을 향해서 치달아 한 조류는 서쪽으로, 다른 한 조류는 동쪽으로 흘러 서로 충돌할 기회가 거의 없었다. 그러다가 19세기에 이르러 그 교제가 점차 빈번해지더니 20세기 금일에 와서는 그 경쟁이 허다한 방면에서 점점 더 격렬해지게 되었다. 그 와중에 일로전역(日露戰役)과 같은 것이 그 의지를 표시한 것이다. 이에 황화설(黃禍說)을 창도하는 자도 있고 백화설(白禍說)을 창도한 자도 있었다. 그렇다면 장래의 역사는 이른바 황백 인종의 본능성 전쟁을 기록할 것이다. 목전의 시급한 세계적 문제는 인종경쟁이 그 요점이 될 것이다. 이에 동종(同種)은 상호부지(相護相扶)하고 이종(異種)은 배척해야 한다는 사실이 우리 눈앞에 펼쳐졌는데, 아아! 동일한 황인종 중에도 백인종의 심성을 가진 자가 없는가? 이것이 우리가 오랫동안 가져온 의문점이기에 이상 몇 마디 말을 상세히 진술해서 여러 군자가 참고할 수 있도록 하는 바이다.

Ⅳ. 국가와 사회

77. 박은식, 대한정신

■ 대한자강회 설립 목적을 서술한 박은식의 글. 국가를 '일대 가족' '일개 단체'로, 한국의 강토를 '가족의 집'으로 이해하고, 생존경쟁에서 국가를 지탱하기 위한 조건으로서 '대한정신'을 강조하고 있다. 원문 출전은 『大韓自强會月報』 제1호(1906년 7월).

보천(普天)의 아래와 대륙의 위에 각종 인류가 야만토번을 제외하곤 각각 뇌수 중에 자국정신을 함유하고 있다. 방국(邦國)이란 우리의 일대 가족이다. 만약 그 가족의 정신이 완전하지 않아서 하나의 단체를 이루지 못하면 다른 가족의 능압(凌壓)과 유린의 환난을 당하게 됨은 당연한 형세다.

오직 대한만이 바로 우리의 조국이다. 삼천리 강역은 우리 가족의 집이요, 사천 년 문물은 우리 가족이 대대로 전승한 것이다. 우리 이천만 동포의 모든 조부자손이 혈맥을 이어받아 그 성명(性命)과 지체(肢體)를 갖춘 것이 오직 대한정신이 응결된 바요, 덕업(德業)을 서로 권하고 의리를 서로 연마해서 더불어 살 땐 함께 있고, 죽더라도 서로 저버리지 않는 것 또한 오직 대한정신이 관철된 바다. 그렇다면 우리 이천만 동포도 뇌수에 대한정신을 함유한 것은 타국 민족과 차이가 없는데, 어째서 금일에 이르러 국가권력을 보유하지 못할 뿐 아니라, 개인의 생명을 자유로이 하지 못하고 재산을 스스로 지키지 못해서, 노예의 치욕을 감수하고 어육(魚肉)*의 참화를 면치 못하는 경우에 임박했는가?

魚肉 짓밟혀서 으깨져 버린 모습을 비유함.

아아! 현시대는 세계인류가 생존경쟁으로 우승열패하는 때다. 국민의 지식과 세력을 비교해서 영욕과 존망을 판가름하니, 저 개명국의 민족은 교육을 통해 지식을 개발하고 식산을 통해 세력을 증진해서, 오직 타인보다 우수하기만을 도모하고 힘쓰니, 이것은 자국정신이 완전하고 공고해서 온갖 어려움에도 좌절하지 않고 온갖 변화에도 흔들리지 않는 효력이다. 우리 한국은 교육이 쇠퇴하고 식산이 누졸(陋拙)해서, 지식이 암매(闇昧)하고 세력이 추락했으니, 타인의 능압(凌壓)과 유린을 어떻게 면할 수 있겠는가? 그렇다면 우리 이천만 동포는 자국정신을 함유한 인종이라고 할 수 없으니, 어찌 슬퍼하고 깊이 통탄하고 부끄럽게 여길 일이 아니겠는가?

이에 대한자강회(大韓自强會)가 뜻있는 분들의 발기로 인해 조성되었다. 그 주지와 목적은 일반 국민의 교육을 떨쳐 일으키며, 식산(殖産)을 통해 발달해서, 개개의 자강적 사상으로 자강적 실력을 양성함에 있는데, 그 가장 요점은 대한정신을 이천만 형제의 태수(胎髓)에 흘려보내는 데 있다. 우리 동포는 조차전패(造次顚沛)*할 때와 위급환난(憂危患難)할 때와 창포검극(鎗砲劍戟)*의 사이와 광란열염(狂瀾列焰)*이 몰아칠 때도 일단의 대한정신을 하늘과 땅을 지탱하듯이 확고하여 뽑히지 않게 한다면 이 정신을 기초로 사천 년 조국이 완전한 세계의 독립국이 될지니, 아아! 부디 생각하고 힘쓸지어다!

造次顚沛 몹시 경황이 없음을 비유하는 말. 출처는 『논어』 里人篇. 원문은 "황급할 때에도 반드시 인을 지키고, 곤경에 처하여서도 반드시 인을 지킨다"[造次必於是 顚沛必於是].

鎗砲劍戟 창과 대포, 검과 극이 난무한다는 뜻으로 전장을 비유.

狂瀾列焰 광란은 거센 물보라, 열염은 치열한 화염으로 극렬한 사회적 변동을 비유.

78. 최석하, 국가론

■ 서구학계의 국가, 국가주의 개념을 원용하면서 제국주의와 생존경쟁의 세계에서 생존하려면 애국심과 국가사상이 필요하며, 국가는 개인으로 구성된 단체로서 국망의 위기에 개인의 헌신과 충성이 절실하다는 점을 강조하고 있다. 원문 출전은 「國家論」, 『太極學報』 제1호(1906년 8월).

■ 『태극학보』는 동경 한국유학생 모임인 태극학회가 1906년 8월에 창간한 월간 학회지. 편집 겸 발행인은 장응진(張膺震). 1908년 12월 통권 27호로 종간. 태극학회는 1909년 1월 대한흥학회로 통합됨.

국가주의가 발달한 구미인은 국가에 대해 항상 주의를 태만히 하지 않음으로써 사람마다 그 정의를 명료하게 해석한다. 그러나 우리나라 사람은 그렇지 않아서 옛날부터 국가에 대해 냉담한 관념이 있을뿐더러 왕왕 그 진의를 오해한다. 그러므로 내가 얕은 지식에도 불구하고 들은 바를 대략 기술하려는 것이다.

옛날부터 국가의 정의(定義)에 대해 학자들의 논의가 같지 않지만, 금일 문명한 나라들에서 통용되는 학설은 다음과 같다. "국가는 일정한 토지를 보유하고 또 권력으로써 통일하는 인민의 단체"라는 것이다. 이 정의를 분석하면 국가에는 세 가지 요소가 있다. 첫 번째는 토지이다. 수천만인이 공동으로 단체를 결합하더라도 일정한 영토가 없으면 국가라고 부를 수 없다. 그러므로 학자가 고대에 수초(水草)*를 따라 팔방(八方)으로 표류하던 만족(蠻族)의 단체를 국가로 인정하지 않는 것이다. 그러나 토지의 크기엔 구별이 없으니, 전 세계에서 제일 광대한 영토를 가진 영국도 한 국가고, 탄환처럼 작은 모로코[摩洛哥]도 한 국가다. 두 번째는 권력이다. 일정한 토지가 있고 숫자가 많은 민족이 있더라도 이것을 통치하는 주권자가 없으면 국가가 아니다. 그러므로 문명한 나라들에선 치자와 피치자의 구분이 명료해서 인민이 그 주권자에 대해 절대적으로 복종하는 것이다. 세 번째는 인민의 단체다. 이는 사회에 무수한 단체들이 존재했지만, 국가는 단순한 단체가 아니며 일정한 토지와 권력으로 조성한 단체인 것이다.

水草 수원(水源)과 초지가 있는 지역.

이상 세 가지 요소로 성립하는 국가가 우리와 어떤 관계가 있는가? 서양 철학자의 말과 같이 생활의 목적을 달성하기 위해 가족단체가 발생하고, 가족단체가 발달해서 부락단체가 되고, 부락단체가 발달해서 완전한 국가단체가 되었으니, 그렇다면 국가는 우리의 집합체인 것이다. 이 국가가 없으면 우리는 생활을 완전히 할 수 없다. 어째서인가? 국가가 아니면 우리의 위해(危害)를 배제하고 우리의 행복을 증진시킬 수 없기 때문이다.

또 저 국가가 우리를 보호하는 데 두 종류의 방법이 있다. 하나는 대내보호이고, 다른 하나는 대외보호이다. 일국 내에 많은 수의 민족이 모여서 공동생활을 영위하면 자연히 이해가 상반되어서 때때로 충돌을 피할 수 없을뿐더러, 국민 중에는 선한 자도 있고 악한 자도 있다. 그러므로 이를 구분해서 상당한 통치 방법을 강구하지 않으면 이 사회에 존재하는 다수의 양민은 끝내 악한 자들에게 침해를 받아서 하루라도 마음 편히 안락을 향유할 수 없을 것이다. 악한 자들이 우리의 생명을 해치면 국가가 법률로 이를 제재하고, 강도가 우리의 재산을 뺏으면 국가가 경찰로 이를 방어하고, 악한 관리가 우리에게 불법행위를 하면 국가가 행정으로 이를 구제해서, 일이 생기기 전에는 정치수단으로 인민의 재앙을 예방하고, 일이 생긴 후에는 인민의 손해를 바로잡는다. 이는 국가가 국내에 존재하는 인민의 권리관계를 보호하는 것이다. 그러므로 대내보호라고 부르는 것이다.

이상 논한 바와 같이 가령 국가가 국내 인민을 보호해서 공동생활의 질서를 유지하더라도, 외국으로부터 오는 침해와 모멸을 방비하지 못하면 국민의 안녕과 행복은 기약하기 어렵다. 지금의 20세기는 생존경쟁 시대다. 우승열패(優勝劣敗)와 강식약육(强食弱肉)은 자연의 이세(理勢)*다. 문명 열강의 대세를 관찰하면, 매년 인구가 번식하고 토지가 부족해서 자국 내에선 발전할 여지가 없기 때문에 형세상 부득이 국외에 영토를 개척해서 국민의 생활상의 복리를 도모하는 것이니, 이를 일러 제국주의라고 한다. 우리가 이러한 시대에 태어나서 각각 자기의 생활을 완전히 하기 위해 외부의 압력을 방어하고자 한다면, 한 개인의 완력으론 그 목적을 달성할 수가 없다. 따라서 불가불 견고하고 강대한 단체를 조성할 필요가 생겨난다. 이에 국가가 만들어져 한편으로는 육해군을 양성해서 외국의 침해를 예방하고, 다른 한편으로는 열국과 통상조약을 체결해서 인민에게 무역을 장려하여 국부(國富)를 경영한다. 국가가 이러한 일을 행하는 것은 모두 이 국가의 분자인 인민의 생활과 이익을 보호하려는 데서 나온 것이다. 이를 일러 대외보호라고 한다.

理勢 사리의 추세.

요컨대 국가는 우리들로 조직된 단체다. 따라서 우리를 개인적으로 보면 인민이고, 결합적으로 보면 국가가 되는 것이다. 이러한 이치를 미루어 말한다면 인민의 이익이 곧 국가의 이익이요, 인민의 재앙이 곧 국가의 재앙이다. 거꾸로 말한다면 국가의 융성이 곧 인민의 융성이요, 국가의 멸망이 곧 인민의 멸망이다. 그러나 우리가 국가의 일을 위해 생명을 포기해야 될 경우가 있다. 인민의 이해와 국가의 이해가 상반됨은 결코 옳은 이치가 아니다. 국가가 위급존망한 때를 당해서 우리가 자기의 생명을 돌보지 않는 것은 국가의 생명이 곧 자기의 생명이기 때문에, 자기 일을 위해서 자기 생명을 던지는 것이다.

지금 문명한 나라들의 인민에게는 오직 국가 있음만 알고 제 일신이 있음을 알지 못하는 애국성(愛國性)이 있다. 그러므로 무사한 날에는 일심협력해서 정치를 정돈하여 실력을 양성하며, 유사한 날에는 물불을 가리지 않고 뛰어들어서 국난을 극복하기 위해 목숨을 바치는 것이다. 이렇게 하고도 국보(國步)*를 떨치지 못한 나라가 어디 있고, 민족이 창성하지 못한 경우가 어디 있는가? 격렬한 경쟁 사이에 끼여 있는 우리나라 동포들이 국가사상을 머릿속에 함양하여 잠시라도 국제적으로 도태하는 원리와 법칙을 잊지 않는다면 진멸(殄滅)의 참화를 면할 수 있을 것이요, 부흥의 기회를 볼 수 있을 것이다.

國步 국가의 명운. 보(步)는 시운(時運)의 뜻.

79. 장지연, 단체를 이뤄야 민족을 보전할 수 있음

■ 원제는 "團體然後民族可保". 「자강회 문답」(제2호), 「자강주의」(제3, 4호), 「국가빈약지고(國家貧弱之故)」(제6, 7호) (이상 『대한자강회월보』)와 더불어 자강사상을 주장한 장지연의 대표적 논설. 자강의 의미는 국권회복, 국력배양을 위하여 교육과 산업을 추진하며 국민적 단결로 민족과 국권을 보존하는 데 있다고 한다. 원문 출전은 『大韓自强會月報』 제5호(1906년 11월).

국가가 성립되는 것은 그 민족의 단체집합(團體集合)에서 연유할 뿐이다. 비록 광막한 토지와 많은 숫자의 민족이 있더라도, 단합의 의(義)가 결여되고 단합의 힘이 부족하며, 오직 수초(水草)만을 좇아 무상하게 옮겨 다녀서, 궁양(穹壤)* 사이에서 따로 활동하고 사사로이 삶을 영위하고자 한다면, 이는 야만의 한 부락일 뿐이다. 태고의 홍몽(鴻濛)*하고 순방(淳厖)*한 시대엔 괜찮겠지만, 금일의 경쟁이 극렬한 사회에선 어찌 열패시멸(劣敗澌滅)의 환난을 피할 수 있겠는가?

지금 온 나라에서 조금 지식이 있는 자들은 모두 단체의 주의에 대해 말할 수 있을 것이다. 각 보관(報館)*에서 자자(孜孜)*하게 설명하는 것이 이것이며, 각 사회에서 순순(諄諄)*하게 강연하는 것이 이것이다. 그러나 전국을 살펴보건대, 과연 그 실(實)을 들어서 그 뜻을 다할 수 있는 자가 몇이나 되는가? 비단 국민 전체의 대단(大團)뿐만 아니라 가령 만분의 일인 소소한 단체라도 하지 못하며, 완고하고 어리석은 자들뿐만 아니라 개신(改新)하고 뜻있는 자라고 불리는 자들도 하지 못한다. 아아! 진실로 이 단합하지 못하는 악성(惡性)을 끝내 변화시키지 못한다면, 이 수많은 벌레처럼 꿈틀거리는 이른바 이천만 민족에겐 끝내 이 속박을 벗을 수 있는 날이 없을 것이요, 끝내 이 열패(劣敗)의 굴레를 면할 수가 없어서 마침내는 말라비틀어져서 소멸하고 말 것이다. 어찌 통한(痛

穹壤 천지(天地).
鴻濛 『莊子』에 나오는 말로 우주가 형성되기 전의 혼돈상태를 가리킴.
淳厖 순박(淳朴). 순후(淳厚).
報館 신문사.
孜孜 간절하고 부지런하게 타이르는 모양.
諄諄 거듭해서 정성스럽게 타이르는 모양.

恨)하지 않고, 어찌 크게 탄식하지 않고, 어찌 뼈에 사무치고 피가 끓지 않겠는가?

한번 물어보건대, 폴란드[波蘭]와 베트남[越南]이 그 민족을 멸망시키고, 그 나라를 폐허로 만들어서 한 사람도 남김없이 달아나 숨었으며, 속박되고 재갈이 물려져 잠잘 때나 깨어 있을 때나, 밥을 먹을 때나 숨을 쉴 때나 신음하고 애통하는 것의 죄는 어디서 나온 것인가? 어찌 정당들 사이에서 파벌을 나누고 문호를 분열시키며, 민족 가운데서도 각자 외세에 빌붙어서, 한 조정 내에서 알력을 빚고 동족이 상잔하여도 제 몸을 살찌울 궁리만 하고 공익의 대의를 잊다가, 끝내 나라가 망하고 집안이 멸망하는 지경에 이르러 그 사사로운 계책마저도 씻은 듯이 함께 헛것이 되어 버리고, 자신과 자손들이 조락해서 보전할 수 없게 된 것이 아니겠는가?

아아! 지금 우리 한국이 불행히도 이와 유사하다. 만약 경성(警醒)해서 회개하고자 한다면, 그 병이 생긴 원인을 거슬러 따진 후에 그 침과 뜸을 놓는 법을 논하지 않을 수 없다. 그러므로 그 이유를 대략 들어서 설명할 것이다. 대체로 그 이유엔 다섯 가지의 병의 근원이 있다.

첫째는 당파의 고질이다. 대체로 건국 초기에서부터 이미 남북을 차별하는 조짐이 있어서 서북지역의 벼슬길이 막힌 인재들과 서얼의 정치활동이 금지된 자손들이 이미 대공보합(大公保合)의 도가 아니었는데, 하물며 그 민족 제도의 계한(界限)과 등급이 지나치게 협애해서, 세력들이 중심부에서 집합하게 하여 당쟁의 단서를 일으키고, 원기가 아래서 소모되게 하여 나약해지는 조짐을 쌓게 했으니, 이것이 붕당이 발생하고 국세(國勢)가 결렬된 이유이다. 색목(色目)*이 분기한 이후로 줄곧 사감(私憾)을 품어서 정치까지 미치고, 공사(公事)를 빙자해서 사사로운 뜻을 이루고자 했으니, 이에 같은 집에서 창을 쥐어서 가족이 곧 원수가 되고, 같은 당상에서 검을 잡아서 조정이 변하여 전장이 되었다. 습관이 고질이 됨에 조화할 방법이 없어졌다. 오늘날과 같은 비참한 지경에 이르러서도 안으로 당동(黨同)*의 사사로운 마음을 품고서 구별 짓는 태도를 취하여 눈을 부릅뜨고 알력을 빚음에 각자 깃발과 북을 펼쳐 놓으니, 이른바 술잔을 나누는 자리에서도 속마음이 초(楚)나라와 월(越)나라처럼 멀고,* 담소하는 자리에서 구복(口腹)이 밀검(蜜劍)*이라는 것과 같다. 이러한데도 어찌 감히 단결보합(團結保合)해서 부흥에 마음을 함께 하기를 바랄 수 있겠는가? 아아! 금일 우리 한국민은 동서남북의 사람을 막론하고 상하귀천이 똑같이 노예의 백성이 되었다. 저 지위가 1품에 오르고 훈서가 1등에 올라 육군부장과 부부대신(府部大臣)의 고관이 된 자라도 똑같이 노예일 뿐이며, 집안이

色目 조선시대 사색당파를 말함.

黨同 黨同伐異의 준말로, 시비곡직을 불문하고 같은 당은 무조건 동조하며 다른 당은 공격하는 것을 뜻함.

초(楚)나라와 월(越)나라처럼 멀고 서로 멀리 떨어져 있어 아무 상관이 없음을 이르는 말.

口腹이 蜜劍 입에는 꿀을 바르고 뱃속에는 칼을 품고 있다는 말로, 겉으로는 꿀맛 같이 절친한 척하지만 내심으로는 음해할 생각을 하거나, 돌아서서 헐뜯는 것을 비유한 말로 『十

삼한(三韓)의 으뜸가는 일족이고 문지(門地)가 열 대의 명벌(名閥)로서 전답이 온 지방에 나열되고 동복(僮僕)이 온 마을에 가득한 자라도 똑같이 노예일 뿐이다. 노예이기를 그치지 않으면 그 결과는 자연적인 시멸(澌滅)로 끝날 뿐이니, 어찌 슬퍼하지 않고 어찌 두려워하지 않을 수 있겠는가? 이러한 때 당구(黨仇)의 혐의와 색목 간의 싸움은 마땅히 흐르는 물과 떠가는 구름에 부쳐서 일체 씻어 없애고, 평탄하게 같은 마음으로 협력해서 동족의 보합(保合)을 도모해야 한다. 옛날에 영국의 보수, 자유 양당이 알력을 빚고 충돌해서 일찍이 편안한 해가 없었는데, 크리미아[格尼亞] 전쟁이 일어나자 정부에 반대하던 당들도 한꺼번에 일어나 조력했으며, 일본의 자유, 진보 양당이 각립(角立)하고 대치해서 의견이 상이했는데, 번벌(藩閥) 내각이 의회를 해산하자 갑자기 서로 손을 잡고서 하나의 헌정당(憲政黨)을 결성해서 대항했으니, 이는 그 다툼이 애국하는 공의(公義)로부터 나왔기 때문이다. 나라가 나라로 있지 않으면, 어찌 다툴 수 있는 당파가 남아 있을 수 있겠는가? 그 지혜가 여기까지 미치지 못하고, 한갓 황새와 조개가 서로 버티고* 매미와 참새가 서로 해치면서* 어부와 사냥꾼이 제 뒤에서 몰래 웃고 있음을 알지 못하니, 이것이 단합하지 못하는 첫 번째 병의 근원이다.

둘째는 시기, 질투의 악벽(惡癖)이다. 이는 비록 풍기(風氣)가 폐색된 것이 많지만, 또한 당파가 미친 해독으로부터 점차 초래된 것일 뿐이다. 우리나라 사람들의 이러한 악질이 어찌 토성(土性)이 그런 것이겠는가? 수백 년 동안 누적되면서 여러 종성(種性)의 유전을 받고 사회의 습관들에 오염되어 사람들의 뇌리 속에 깊이 들어가 스스로 빼낼 수 없는 것이다. 졸렬한 자는 다른 사람의 능함을 시샘하고 궁벽한 자는 다른 사람의 현달함을 싫어하며, 아름다운 소문이 없는 자는 다른 사람의 명예를 질투하고, 공적이 없는 자는 다른 사람이 일을 이루는 것을 질투한다. 힘이 약한 자는 배척당하고 세력이 승한 자는 비호 세력을 심어서 분주히 냄새나는 부귀를 쫓음에 어떻게 조정할 수도 없다. 저 우매한 자들은 물론이요, 조금 새것을 구한다는 선비들도 단체를 전국에 외치고 다니지만, 갑(甲) 땅에 한 모임을 세우면 을(乙) 당이 다른 모임을 세워서 처음엔 서로 삐걱대다가 이어서 서로 시샘하고 마침내는 서로 해쳐서 패망하기 전까진 그치지 않으니, 이러하고도 단합을 바란다면 어찌 벽돌을 갈아서 거울을 만들고 모래를 익혀서 밥을 짓는 것이 아니겠는가? 그 종지(宗旨)가 같지 않으면 창언(昌言)해서 공격하면 되고, 입장이 함께할 수 없다면 일을 나눠서 추구하면 되는데, 도리어 종지가 같고 입장이 같은데도 어째서 힘을 합치고 마음을 모아서 의무를 다하지 않는가? 진실로 돌아갈 곳은 같지만 길이 다르고, 지향은 같

八史略』에 나온다.

鷸蚌相持 『全國策』「燕策」에 나오는 일화로, 역수(易水) 가에 조개가 있을 때 마침 황새가 조개의 속살을 파먹으려고 하자 조개가 껍질을 닫고 황새의 부리를 물어버려 서로 상대가 지쳐 죽기를 기다리다가 결국 어부에게 둘 다 잡히고 말았다는 일화.

蟬雀相害 목전의 욕심에 눈이 어두워서 곧 닥칠 환난을 모르는 것을 비유하는 말로, 나무 위에서 매미가 앉아 신나게 울고 있는데, 매미는 우는 데 도취해서 사마귀가 뒤에서 노리는 것을 모르고, 사마귀는 매미에 열중에서 참새가 뒤에서 노리는 것을 모르고, 참새는 사마귀에 열중해서 사람이 탄환을 들고 뒤에서 노리는 것을 모른다고 한 고사에서 유래.

지만 생각이 다르더라도 목적이 이미 똑같이 한 곳을 가리킨다면 그것이 이뤄질 때 끝내 반드시 한 집에서 손을 맞잡는 날이 있을 것이다. 만약 그렇지 않아서 혹 그 목적에 도달하지 못했더라도 내가 의무를 잃지 않았다면 내 뜻에 부끄러움이 없을 것이다. 가령 이로 인해서 일에 이뤄지는 바가 있다면, 어찌 그 성공이 반드시 나에게 있은 이후에 기쁘겠는가? 그런데도 저 동족이 상잔하고 동지가 각축을 벌여서 타인을 배척하고 한 자리를 독점하다가, 끝내는 나라가 멸망하고 민족이 패망하여 교룡(蛟龍)*과 악어가 사는 사나운 물결에 차례로 빠지게 하려는 자는 참으로 무슨 마음인가? 그 우매한 자는 본래 가망이 없으나, 개명하고 충성심이 있다고 하는 자들은 이를 알려 주지 않을 수 없으니, 이것이 단합하지 못하는 두 번째 병의 근원이다.

蛟龍 뱀과 비슷한 몸에 비늘과 사지가 있고, 머리에 흰 혹이 있는 전설상의 용.

세 번째는 의뢰의 결은(結癮)*이다. 단체란 협심을 뜻하는 것이요, 부화뇌동해서 구차히 합하는 주의를 말하는 것이 아니다. 그러므로 독립하고 구속받지 않아서 타인의 힘에 의뢰하지 않고 우뚝하게 홀로 가고 홀로 오는 사상을 가진 자라야 단체를 이뤄 결합할 수 있는 것이요, 만약 조금이라도 의뢰하는 사상을 가졌다면 이는 당동(黨同)이지 단합이 아니다. 지금 우리나라의 고질적 습관은, 의뢰하려는 일념이 깊이 은벽(癮癖)을 이뤄서 학문하는 자는 옛 사람들에게 의뢰해서 감히 스스로 새 이치를 발명하지 못하고, 정치하는 자는 타국에 의뢰해서 스스로 사업을 하지 못하고, 관리는 군주에게 의뢰하고, 인민은 정부에 의뢰해서, 온 나라의 사람들이 각각 책임을 방기하고 의뢰에만 힘쓰는 데 있다. 이에 배우지 못하고 기술이 없는 자도 자기 족당의 권세와 재물에 의뢰해서 작록을 구걸하고, 손을 놀리며 빈둥거리는 자도 그 친척의 재산에 의뢰해서 의식을 해결한다. 이뿐만이 아니다. 심지어 제 나라와 제 군주를 팔아서 외국에 의뢰하고는, 권병(權柄)*을 훔치고 기꺼이 그들의 명령을 듣는다. 또 시골에 사는 우매한 자들은 오직 자국이 자립할 수 없음만 알고, 날마다 타인의 손과 방관하는 자들의 팔뚝만을 기대하면서 말하길, "어떤 나라의 세력이 지금 어떻고, 어떤 나라의 공론이 지금 어떻다."라고 한다. 그러면서 스스로 일어서고, 강해지고 분발할 방도는 생각지 않은 채 단지 외국이 우리를 구조하고 우리를 일으켜 주기만을 바라고 있으니, 어찌 어리석지 않은가? 어찌 어리석지 않은가? 한 번 생각해 보라. 국가가 오늘날의 지경에 이른 것이 어찌 이러한 의뢰 습성이 서서히 만든 결과가 아니겠는가? 내가 전에 생각건대, 신라 무열왕과 김유신이 고구려와 백제를 멸망시키고 방토(邦土)를 통합한 것을 보니, 그 공렬이 크다고 할 만하다. 그러나 당나라 군대를 몰아서 우리 동족을 죽인 것을 어찌 능사라고 할 수 있겠는가? 이로 인해 천여 년 동안 외국에 의뢰하는 사상을 열어서 자국의

結癮 癮은 두드러기, 가려움증을 뜻하는 말로 고질적인 습관이 됨을 뜻함.

權柄 권력으로 사람을 마음대로 좌우할 수 있는 힘이나 지위.

위풍(威風)을 소멸시키고 타인의 세력을 키웠으니, 아아! 이 의뢰의 은벽(癮癖)이 단합하지 못하는 세 번째 병의 근원이다.

네 번째는 나태의 고증(痼症)이다. 이 나태의 증상은 의뢰의 은결(癮結)에서 비롯되어 습관에 물들어서 마침내 고질적 증상을 이룬 것이다. 일본의 문학사 다부치 도모히코(田淵友彦) 씨의 말에, "한인의 나태는 세계에서 자주 볼 수 있는 것은 아니다. 저들이 종일 하는 일은 졸거나 담배 태우는 일이며, 내일 필요한 미염(米鹽)*을 전혀 요리하지 않는다. 내일 쓸 미염뿐만이 아니라, 설령 오늘 쓸 미염이라도 전혀 계획하지 않고, 낮잠 자며 빈둥대는 것이 일상적인 태도다."라고 하며, 또 "한인은 저항력이 모두 결핍되어 수백 년 전제정치 하에서 그 발분하고 매진하는 정력이 거의 소진되고, 전혀 대외 반항력이 없다."라고 했다. 그 나태한 성질은 방관자들이 이미 다 말했다. 그러므로 모든 사업을 대부분 중도에 뒤엎고, 용감하게 시작하지만 끝마치는 경우가 거의 없어서 일찍이 스스로 제 일신을 위해 도모하려고도 한 적도 없는데, 하물며 사회의 공익에 있어서겠는가? 이로 인해 단결하려는 생각이 결핍되어 결과의 실효가 적으니, 이것이 나태가 단합하지 못하는 네 번째 병의 근원이 되는 이유다.

米鹽 쌀과 소금. 일상생활에 없어서는 안 될 물건을 비유함.

다섯 번째는 국가의 사상이 없는 것이다. 대체로 우리 한인이 고래로 애국적 사상이 결핍되고 공공적 관념이 결여되어 국민이 당연히 행해야 하는 의무를 알지 못한다. 그러므로 외국인이 한국민의 성질을 논하길, "한국은 고래로 가족적 결합이요, 가족적 발달이다. 그렇기 때문에 한인은 모두 가족적 관념에 의해 지배받고 공국가적(共國家的) 관념은 극히 적어서 애국심을 가진 자를 본 적이 없고, 또 하등의 공적 설비와 공적 기관도 본 적이 없다."고 했다. 즉 공공적 관념은 국가사상으로부터 나오는 것인데, 평소에 국가의 사상이 결핍되었기 때문에 공공적 관념이 없는 것이다. 온 나라 사람들의 마음이 모두 사익의 욕망에 있어서 공익이 어떤 물건인지 알지 못하니, 이것이 단합하지 못하는 다섯 번째 병의 근원이다.

이것이 병을 이루는 대략이다. 그러나 상세히 말한다면 오만, 집요, 우우(迂愚)*, 나약, 기리(嗜利), 호사(好私), 비루, 완고와 같은 각종 습성이 모두 단체를 좀먹는 해충이자 사회의 큰 해충이 될 만하다. 이 가운데 하나만 있어도 단합을 이룰 수 없거늘, 하물며 각종 병의 근원이 모두 있는 경우에 있어서겠는가? 이러한 민족으로서 단체의 협력을 바란다면 나무에 올라 물고기를 구하는 것과 같고, 이러한 사회로서 국권의 회복을 바란다면 절름발이에게 빨리 걷지 못함을 책망하는 것과 같으니, 반드시 효험이 없을 것임이 분명하다.

迂愚 우활하고 우둔함.

아아! 그렇다면 우리 사천 년 신성한 민족이 끝내 보합(保合)의 가망이 없이 말라비틀어져 소멸되어야 한단 말인가? 우승열패는 바로 천연계(天演界)의 공리다. 열등한 자, 우매한 자, 고립된 자, 자약(自弱)하는 자는 패망하고 멸절돼서 우등한 자, 현명한 자, 단합한 자, 자강(自强)하는 자의 승리에 양보할 수밖에 없으니, 이것은 천택자연(天擇自然)의 도태결과(淘汰結果)다. 우열지도(優劣之道)는 하나가 아니지만, 단체를 이룰 수 있는가의 여부가 실로 그 주요점이 된다.

아아! 우리 한인이 이 속박의 수치와 노예의 치욕을 생각하고 마땅히 발분성회(發奮省悔)하여 일체의 고증(痼疢)과 은벽(癮癖)의 병을 씻고, 종전의 당동(黨同)하고 시기, 질투하는 습관을 단호히 끊고, 의뢰하고 나태한 병증을 통렬히 제거해서, 애국의 사상을 일으키고 공공의 관념을 도발하여, 손을 맞잡고 한 단체로 함께 돌아가 협력해서 협동의 길로 나간다면, 천하의 지극히 강한 나라라도 어찌 이보다 더할 수 있겠는가? 이것이 바로 자강의 방법이자 자보(自保)의 방도다. 단체를 이루고 협동한 후엔 누가 감히 우리의 자유 인권을 침해해서 무리한 속박을 가하고, 우리 독립 주권에 간섭해서 격외(格外)의 기만과 능욕을 가하겠는가? 단체의 효과가 오직 민족을 보전할 뿐만이 아니다. 국력을 강대하게 해서 우리 독립의 기초를 공고하게 하는 것이 실로 여기에 달려 있다. 그러므로 뜻을 가진 여러 군자들에게 이것을 경고하지 않을 수 없어서 간절히 빌고 바라 마지않는 것이니, 아! 부디 힘쓸지어다.

[원문]

夫國家之所以成立者ᄂᆞᆫ 由乎其民族之團體集合耳라 雖有曠邈土地와 許多民族이라도 缺團合之義ᄒᆞ며 乏團合之力ᄒᆞ고 惟逐水艸轉移無常ᄒᆞ야 欲自動自活ᄒᆞ며 自營自私於穹環之間이면 是ᄂᆞᆫ 野蠻之一部落耳라 在水蒙古鴻濛淳厖之時代則可커니와 在今日競爭劇烈之社會ᄒᆞ야ᄂᆞᆫ 惡能逃劣敗澌滅之患也哉아.

團體之主義ᄅᆞᆯ 今擧國中稍有知識者ᄂᆞᆫ 皆能言之矣라 各報館之孜孜說明者ㅣ 此也오 各社會之諄諄講演者ㅣ 此也로ᄃᆡ 夷者全國컨ᄃᆡ 果有能零其實而充其旨者ㅣ 抑幾人乎哉아 非惟國民全體之大團을 不能이라 卽一萬分之小小團體도 亦不能也ᄒᆞ며 非惟頑固愚陋者之不能이라 抑號稱開新有志者도 亦不能也ᄒᆞ니 嗚乎라 苟此不團合之惡性을 終不可以變也면 則此螺螺芸芸之所謂 二千萬民族이 竟不能有脫此羈絆之日矣오 竟不能有免此劣敗之厄ᄒᆞ야 終底於萎枯澌滅而止矣리니 安得不痛恨이며 安得不太息이며 安得不骨寒而血熱也리오.

試問波蘭 越南之所以亡其族墟其國而蕩鴻逃竄ᄒᆞ며 束縛箝制ᄒᆞ야 以呻吟哀痛於寤寐食息者ᄂᆞᆫ 其罪ㅣ 曷由哉오 豈非以政黨之間에 互相分派而裂門ᄒᆞ며 民族之中에 各自附外而依他ᄒᆞ야 同朝雖軋ᄒᆞ며 同族相殘ᄒᆞ야 營一己之私肥ᄒᆞ고 忘公益之大義ᄒᆞ다가 竟至於國亡家滅ᄒᆞ야 并其私計而蕩然俱空ᄒᆞ고 身及子孫이 隕擇而莫保者歟아.

嗚乎라 今我韓이 不幸近之矣라 如欲警惺而悔改之면 不得不溯究其受病之源因而論其鍼砭故로 略擧其由而說明之호리니 夫其由ᄂᆞᆫ 有五種病根焉이라.

一曰黨派之痼疾이니 盖自國初로 已有歧視南北之漸ᄒᆞ야 西北之枳塞人材와 庶孼之禁錮子孫이 已非大公保合之道어던 況其民族制度之界限等級이 狹隘太甚ᄒᆞ야 使勢力으로 集合於中而起黨爭之端緖ᄒᆞ고 使元氣로 消耗於下而積懦弱之兆朕ᄒᆞ니 此ㅣ 朋黨之所以發生而國勢之所以缺裂也라 一自色目之分峙로 挾私憾ᄒᆞ야 以及於政治ᄒᆞ며 藉公事ᄒᆞ야 以濟其私意ᄒᆞ니 於是焉同室操戈ᄒᆞ야 家族이 便作仇讐ᄒᆞ고 同堂按劍ᄒᆞ야 朝廷이 化爲戰場이라 習成痼疢에 調和沒方일ᄉᆡ 雖至今日之悲境이라도 內懷黨同之私ᄒᆞ고 表示歧異之態ᄒᆞ야 睢盱軋轢에 旗鼓各張ᄒᆞ니 所謂杯酒之間에 肝膽이 楚越이오 談笑之場에 口腹이 蜜劍이라 如是而惡敢望團結保合ᄒᆞ야 以求同心於興復哉아 嗚乎라 今日我韓之國民은 毋論東西南北之人ᄒᆞ고 上下貴賤이 均之爲奴隸之氓也라 彼位躋一品ᄒᆞ고 勳敍一等ᄒᆞ야 身爲陸軍副將府部大臣之高官者라도 等是奴隸而已오 雖家是三韓甲族이오 地是十代名閥로 田庄이 羅列於州郡ᄒᆞ고 僮僕이 充滿於門閭者라도 等是奴隸而已라 奴隸之不已면 其結果ᄂᆞᆫ 終於自然之澌滅而已리니 可不悲哉며 可不惕哉아 當此之時ᄒᆞ야 凡黨仇之嫌과 色目之戰은 宜付之水流雲空ᄒᆞ야 一切滌除ᄒᆞ고 坦夷蕩平에 同心協力ᄒᆞ야 以圖同族之保合이 可也니 昔에 英國之保守自由兩黨이 傾軋衝突ᄒᆞ야 曾無寧歲ᄒᆞ다가 及格尼亞之戰爭이 起則雖反對政府之黨도 亦群起助力ᄒᆞ고 日本之自由進步兩黨이 角立對峙ᄒᆞ야 意見이 各異ᄒᆞ더니 及藩閥內閣之解散議會則忽相提携ᄒᆞ야 結爲一憲政黨而抗之ᄒᆞ니 此ᄂᆞᆫ 其爭也ㅣ 出於愛國之公義而已라 國若不國이면 登有黨派之可爭歟아 惜其智不及此ᄒᆞ고 徒鷸蚌相持ᄒᆞ며 蟬雀相害ᄒᆞ야 不知漁人彈夫之竊笑其後也ᄒᆞ니 此ㅣ不能團合之第一病根也오.

二曰忌嫉之惡癖이니 盖此雖風氣之錮閉者ㅣ 僾然이나 寔亦由於黨派之流毒이 馴致耳라 吾國人의 此種惡疾이 豈其土性然哉아 積之屢百年에 受諸種性之遺傳ᄒᆞ며 染諸社會之習慣ᄒᆞ야 幾皆深入於人人之腦中而不能自拔者라 夫拙者ㅣ 妬人之能ᄒᆞ며 窮者ㅣ 忌人之達ᄒᆞ며 無令聞者ㅣ 猜人之名譽ᄒᆞ며 無事功者嫉人之成務ᄒᆞ며 力薄者ᄂᆞᆫ 被擠ᄒᆞ고 勢勝者ᄂᆞᆫ 樹援ᄒᆞ야 奔波逐臭에 莫可調停ᄒᆞ니 彼野昧者ᄂᆞᆫ 固勿論ᄒᆞ고 稍謂朮新之士도 日以團體로 號於全國而甲地에 股一會ᄒᆞ면 乙黨이 立一異ᄒᆞ야 始也에 互相輕ᄒᆞ다가 繼而互相妬ᄒᆞ고 終焉互相殘ᄒᆞ야 不敗不止ᄒᆞ니 如是而望團合이면 豈非磨磚作鏡이며 蒸砂成飯也리오 夫其宗旨不同則昌言以攻之可也오 地位苟不侔則分功以赴之可也어ᄂᆞᆯ 乃若宗旨同地位同인된 奚不戮力同心ᄒᆞ야 以共義務也오 苟同歸而殊途ᄒᆞ고 一致而百慮라도 目的이 旣共指一處ᄒᆞ면 其成也에 終必有携手一堂之日矣오 即不然이오 或不能達此目的이라도 吾ㅣ不失爲義務而可以無愧吾志矣라 藉使因此而事苟有濟면 成之何必在我而後에 爲快耶아 彼欲同族相殘ᄒᆞ며 同志角勝ᄒᆞ야 排倒他人ᄒᆞ고 獨占一席ᄒᆞ다가 竟使國滅蒙敗ᄒᆞ야 胥溺於蛟鰐之惡浪者ᄂᆞᆫ 是誠何心哉오 若其愚昧者ᄂᆞᆫ 固無望焉이로ᄃᆡ 號稱開明而有忠者ᄂᆞᆫ 不容不以是爲告也ᄒᆞᄂᆞ니 此ㅣ 不能團合之第二病根也오.

三曰依賴之結癮이니 夫團體者ᄂᆞᆫ 協心之謂也오 非雷同苟合之主意라 以故로 能獨立不羈야 不依賴他力ᄒᆞ고 昂然有獨往獨往獨來之思想者라야 能團體而結合이오 苟有絲毫依賴的思想이면 是ᄂᆞᆫ 黨同而非團合也라 今我國之痼習은 依賴一念이 深結癮癖ᄒᆞ야 學問者ᄂᆞᆫ 依賴古人而不敢自發新理ᄒᆞ고 政治者ᄂᆞᆫ 依賴他國而不能自做事業ᄒᆞ며 官吏ᄂᆞᆫ 依賴君主ᄒᆞ며 人民은 依賴政府ᄒᆞ야 乃至一國之人이 各各放棄責任而惟依賴是務ᄒᆞ니 於是乎不學無術者라도 依賴其族黨勢利ᄒᆞ야 以丐沾爵祿ᄒᆞ며 游手閑眠者ㅣ 依賴其親戚財産ᄒᆞ야 以仰活衣食ᄒᆞ나니 不寧惟是라 甚至有賣其國賣其主ᄒᆞ야 以依賴外國而苟竊權柄ᄒᆞ고 甘□聽命焉ᄒᆞ며 又其鄕闇愚昧者ᄂᆞᆫ 惟知自國之不能自立而日望他人之藉手와 旁觀之助臂ᄒᆞ야 曰某國之勢力이 今何如며 某國之公論이 今何如오 ᄒᆞ야 不思自起自立ᄒᆞ며 自强自奮之道ᄒᆞ고 只望外國之救助我扶立我ᄒᆞ니 豈不愚哉며

豈不愚哉아 試思國家之至於今日者ㅣ 豈非此種依賴之習이 有以馴致者歟아 余嘗謂新羅武烈王及金庾信이 能討滅麗濟ᄒᆞ고 統合邦土ᄒᆞ니 其 功烈이 可謂嵬矣나 驅唐兵而狀吾同族이 豈足謂能事哉아 因此而啓千餘年依賴外國之思想ᄒᆞ야 滅自國之威風ᄒᆞ고 增他人之勢力ᄒᆞ니 嗚乎라 此ㅣ 依賴之癮이 所以爲不能團合之第三病根也오.

四曰懶怠之痼症이니 夫此懶怠之症은 由於依賴之癮結ᄒᆞ야 擩染習慣에 逐成痼疾者니 日本文學士田淵友彦氏言에 曰 韓人之懶怠ᄂᆞᆫ 世界上에 不得多見者니 彼等의 終日事業은 在唾眠與喫烟ᄒᆞ고 明日必要之米鹽을 都不料理ᄒᆞ며 又不特明日米鹽이라 雖 今日米鹽이라도 了不計劃ᄒᆞ고 午睡悠遊가 自是常態라 ᄒᆞ며 又曰 韓人은 總乏抵抗力ᄒᆞ야 幾百年專制政治之下에 其發奮邁往之精力이 消耗殆盡ᄒᆞ고 絶無對外反抗之力이라ᄒᆞ니 盖其懶怠之性質은 傍觀者ㅣ 已言之盡矣라 以故로 諸凡事業을 多致半途而虧簣ᄒᆞ고 靡免勇始而鮮終ᄒᆞ야 曾不欲自謀己身커던 而況於社會之公益乎아 由是로 乏團結之念而少結果之效ᄒᆞ니 此ㅣ 懶怠所以不能團合之第四病根也오.

五曰 無國家之思想이니 蓋 我韓人이 古來로 乏愛國的 思想ᄒᆞ고 缺公共的觀念ᄒᆞ야 不知國民當行之義務 故로 外國人이 論韓國民之性質曰 韓國은 古來로 家族的結合이오 家族的發達일식 是以韓人은 摠皆家族的觀念에 支配ᄒᆞ고 共國家的 觀念은 絶少ᄒᆞ야 未見有愛國心者ᄒᆞ고 又未見有何等 公共的設備와 公共的機關이라 ᄒᆞ니 卽 公共的觀念이 由乎國家思想而發出者어날 素乏國家之思想 故로 所以無公共的觀念者니 擧國이 盡在私益上 慾望ᄒᆞ야 不知公益之爲何物ᄒᆞ니 此ㅣ 不能團合之第五病根也라.

此其爲病之大略也나 若詳言之則如傲慢如執拗如迂愚如懦弱如嗜利如好私如鄙陋頑固之種種習性이 皆足爲團體之蟊賊而社會之大蠹也라 有一於此라도 團合不成커던 況兼有各種病根也哉아 以如是之民族而欲望團體之協力이면 猶緣木而求魚也오 以如是之社會而欲望國權之恢復이면 猶責躄而疾行也니 其必無效也ㅣ 明矣라.

嗚乎라 然則吾四千年神聖良族이 終無保合之望而竟底於萎落澌滅而止가 可乎아 夫優勝劣敗ᄂᆞᆫ 卽天演界之公理라 劣者昧者孤立者自弱者ᄂᆞᆫ 不得不催敗滅絶而讓於優者明者團合者自强者之勝利矣니 此ᄂᆞᆫ 天擇自然之淘汰結果也라 優劣之道ㅣ 不一而能團體與不能團體가 實爲其主要点ᄒᆞ나니.

嗟夫我韓之人은 念此羈絆之恥而奴隷之辱ᄒᆞ고 宜發奮省悔ᄒᆞ야 洗滌一切痼疢癮癖之病ᄒᆞ며 斷絶從前黨同忌嫉之習ᄒᆞ고 痛祛依賴懶怠之症而振起愛國之思想ᄒᆞ며 挑撥公共之觀念ᄒᆞ야 以提携同歸於一團之體ᄒᆞ야 努力於協同之途ᄒᆞ면 天下之至强이 豈有加於此者乎리오 此卽自强之術而自保之道耳라 旣團體協同則孰敢有侵害我自由之人權而加之以無理之束縛이며 孰敢有干涉我獨立之主權而加之以格外之欺凌哉아 團體之效果가 不惟保全民族而已라 能使國力强大ᄒᆞ야 鞏固我獨立之基礎者ㅣ 實帷在此ᄒᆞ니 不得不以此警告於有志諸君子而懇懇焉祈望之不已也ᄒᆞ노니 吁其勉哉ᅟᅵᆫ져.

80. 김성희, 독립설

■ 한국이 생존경쟁에서 살아남아 독립을 이루려면 개인과 단체들의 실력 양성이 급선무임을 주장한 글. 사회진화론과 국가유기체설의 영향이 엿보인다. 원문 출전은 『大韓自强會月報』 제7호

독립은 단체가 세워지는 이유다. 태서(泰西)의 정학가(政學家)가 말하길, "국가는 유기체의 조직"이라고 했고, 또 "국가는 민인(民人)의 근육과 관절을 모아서 종착(綜錯)*하여 구조(搆造)*한 것"이라고 했다. 무슨 뜻인가? 사람은 사지오관(四肢五官)과 혈구선위(血球線緯)가 모두 생리상으로 조직되어 그 신체가 비로

소 완성되니 이것은 개인 한 몸의 단체다. 스스로 제 몸을 수양하고 힘을 키워서 무리지어 살되 의존하지 않고, 곤궁하게 생활하더라도 두려워하지 않아서 자유롭게 행동하는 것이 한 몸의 독립이다. 한 몸의 단체로 한 몸의 독립을 수립하고 천만 인의 단체로 천만 인의 독립을 조합(組合)해서 국가의 독립존재의 실제를 완성함은, 비유하자면 기둥의 나무들과 섬돌 위에 쌓인 돌들이 경계선 안에 따로 있지만, 안에서 결구(結構)하는 힘이 크면 그 나무와 돌들이 모두 단체이고, 그 기둥과 섬돌이 모두 독립하는 것과 같다.

(1907년 1월).

綜錯 종(綜)은 모두 모은다는 뜻이고, 착(錯)은 교착(交錯)의 의미.

搆造 결성, 구성.

그렇지만 이 세계에 이류(二流) 이하의 사람이 없고, 이류 이하의 나라가 없으니 어째서인가? 강식약육(强食弱肉)과 우승열패(優勝劣敗)는 현재 동서양 역사상 한 연극의 무대다. 강자와 우자(優者)가 열자(劣者)와 약자를 대함에 호랑이가 양을 대하듯, 고양이가 쥐를 대하듯 할 뿐만이 아니니, 그 형세는 반드시 깨물어 죽임을 당하고서야 그치는 것이다. 전구(全球)* 상에 제국, 왕국, 대공국(大公國), 공국(公國), 후국(侯國), 보호국(保護國), 종국(從國)의 명칭이 각각 다르지만, 보수(保守)를 생각하지만 목적을 달성하지 못한 나라, 교육에 어두워서 개발하지 못한 나라, 군대의 압력으로 미란(糜爛)*한 나라, 차관 때문에 양도한 나라, 피식민지가 되어 동화한 나라, 재고(財庫)를 탕진해서 먹이를 구하는 나라, 외교에 실추하여 빗장을 걸어 잠근 나라, 경찰권을 잃어서 등 뒤로 양손이 결박당한 나라는 전부 국제사회(國際社會)의 나무 숲 사이에 나란히 설 수 없으니, 6, 7개의 최강국이 눈을 부릅뜨고 팔뚝을 내뻗는 것 또한 당연하다. 그렇다면 세계 제1등의 독립 외에 어찌 사람과 나라가 있을 수 있겠는가?

全球 전 지구.

糜爛 부수어 문드러짐.

아아! 우리 한인의 지보(地步)*가 어떠한가? 계책 하나도 스스로 펴지 못하고 한 걸음도 자립하지 못하며, 일이 창황하게 되면 머리를 숙이고 연민을 구걸했다. 오직 이 충무공 한 사람이 해방(海防)을 위해 무비를 정돈하고 빈 바둑판과 같은 폐허에서 용감하게 창도하여 수륙 대첩에서 적의 예봉을 쓸어버리고, 목숨을 바쳐 충절을 다해서 국위(國威)를 온전히 보존했으니, 그 독립의 지기(志氣)가 어찌 그리도 위대한가? 임진(壬辰, 1592)년의 전쟁은 물론이거니와, 꿈에서 깨지 못한 채 풍조가 오는 것과 쏜살같은 시간이 흐르는 것을 알지 못하고 조금 우려할 만한 일이 생기면 번번히 원병을 요구했다. 이로 인해 갑오년의 일을 자초했으면서도 피부를 에는 통증과 가려움을 다른 사람에게 어루만지고 긁어 달라고 맡기고, 몽둥이가 당두(當頭)하는데도 깊이 잠들어 있다가 그 형식이 이미 현저해짐에 여탈(與奪)의 권한이 남에게 있게 되었다. 이미 몸 둘 곳도 없는데 어디에다가 하소연을 하겠는가? 슬프다! 습속을 일변함과 정략을 다시 도모함이 어쩌면 그리도 어려운가? 금일에 이르러 속박당한 노예가 되고, 매를

地步 지위, 정도(程度).

맞는 마소가 되었으니 어찌 그 인류가 단체의 원질(原質)이 없어서 그런 것이겠는가? 독립의 본성이 없어서 그런 것이겠는가? 자기 몸을 수양하지 않고 힘을 키우지 않은 채 오직 외뢰하기만을 선호했는데, 그것이 또 일변해서 의구심이 되어 두려워서 벌벌 떨다가 나약과 손열(巽劣)*의 극점에 달한 것이다.

巽劣 비루하고 못남.

진실로 남에게서 도움을 기대하지 않고 비호를 구하지 않는다면 무슨 두려움이 있겠는가? 『주역』에 이르길, "군자가 이를 보고서 독립하여 두려워하지 않는다."*라고 했고, 맹자(孟子)는 "저도 장부요, 나도 장부니, 내가 어찌 저를 두려워할 것이 있겠는가?"*라고 했다. 이제 독립의 성(性)으로써 두려워하지 말고 사회를 결합하여, 풍기(風氣)를 쇄신하고 국가를 조직해서 세계와 바로 만나 경쟁의 무대에서 우뚝하게 자존(自存)하는 것이 바로 본회의 목적이다.

君子以ᄒᆞ야 獨立不懼 『周易』 대과괘(大過卦) 상전(象傳)에 "나무가 못에 잠긴 형상이 대과니, 군자는 이를 본받아 홀로 선다 해도 두려워하지 않고, 세상을 피해 살면서도 번민하지 않는다."[澤滅木大過 君子以 獨立不懼 遯世无悶]라고 했다.

彼丈夫也오 我丈夫也니 吾何畏彼 출처는 『孟子』 藤文公篇.

81. 장응진, 사회아(社會我)를 논함

■ 생물계의 적자생존과 자연도태가 인간사회에도 적용됨을 설명하는 한편, 조선정신은 개인들이 소유한 공통정신에 근거하므로 자아 형성과 개인의 각성을 통한 '사회아' 형성이 필요하다고 역설하고 있다. 원문 출전은 張膺震, 「社會我를 論함」, 『太極學報』 제7호(1907년 2월).

■ 張膺震(1890~1950) 일제강점기의 교육가. 1907년 안창호의 평양 대성학교에 재직하였으며, 1909년에는 윤치호, 최남선 등과 청년학우회를 창설하였다. 3·1운동 직후부터 전국의 교육가들을 모아 조선교육회를 결성하는 데 힘썼다.

우리가 통상 자아(自我)와 타아(他我)는 전혀 관계가 없고 각각 특수한 것으로 사유하지만, 실로 나라고 하는 의의를 깊이 궁구하면 결코 그렇지 않아서, 자아의 내용은 타아의 내용과 공통연락(共通聯絡)함을 발견할 것이다. 자아와 타아의 내용의 관계는 우리가 일상적으로 사용하는 언어와 같다. 언어는 결코 한 개인의 특유물(特有物)이 아니요, 공공(公共)한 사회에 속하는 것이니, 개개인의 특별한 성질로 인해 다소 차이는 있으나 그 성질에 있어선 완전히 공통된다는 것을 알 수 있다.

이제 사람의 내용의 관계를 따져보기 위해 먼저 소아의 심적 상태의 발달하는 계제(階梯)를 살펴보기로 한다. 유아는 가장 처음엔 나라고 하는 관념을 명백히 자각하지 못한다. 물론 자각할 뇌력(腦力)은 있을지라도 점차 생장발달한 후에야 나를 점차 자각하고 인격의 관념을 비로소 인식하는 것이다. 그 순서로 말하면 유아가 최초에 자신과 가장 친밀한 관계가 있는 사람, 즉 부모와 유모 등에 대하여 비로소 특별한 것으로 인지하는 감지(感知)가 인격이라는 것을 처음 인식하는 요소이다. 이것으로부터 신체와 사상이 점차 발달하면, 자기의 신체 또한 일종의 다른 모양의 활동이 있음을 처음 깨닫고, 마침내 자기도 부모, 유모 등과 동일한 자로 인지하는 데 이른다. 그러므로 처음엔 타인에 대해서 발견한 인격을 나중엔 자기에 대해서 승인하는 것이다. 즉 자아의 내용이 타인의 내용과 같은 것으로 해석하는 것이니, 이것이 유아가 자각적으로 나를 인지하는 시초이다.

아동은 또 특히 남을 모방하는 성질이 많아서, 타인에게 인지하는 내용을 자기의 내용으로 받아들인다. 그리고 자기의 주장을 관철하려는 마음이 강하고, 또 타인은 다 자기가 생각하는 것처럼 생각하는 줄로 추측해서 자기의 마음이 곧 타인의 마음이라고 생각하는 경향이 많다. 그러므로 자기보다 연장자에 대해선 별다른 효력을 거두지 못하지만 나이가 어린 자에 대해선 자기가 생각하는 주장을 압제적으로 실행하는 것이다. 이와 같이 한편으론 타인의 사상을 받아들이고, 다른 한편으론 자기 사상의 일부분을 할출(割出)해서 타인에게 전달해서, 반드시 자기의 내용과 타아(他我)의 내용이 그 사이에 확연한 구별을 세우지 못하는 경우에 이르는 것이니, 그렇다면 전혀 고립창조(孤立創造)하는 자아의 사상이란 절대적으로 있을 수 없고 공통적인 사상을 가진 이른바 사회아(社會我)가 만들어지는 것이다. 그 사이에 다만 각자의 경우와 종종의 원인으로 인해 발전의 차이는 있을지라도 독같이 사회아가 되는 데 있어선 차별이 없다. 이것이 사회 밖에 고립된 개인이 있을 수 없는 이유다.

그러므로 개인과 사회는 별도의 물건이 아니라 개인의 정신은 곧 사회의 정신이며, 우리의 마음 바깥에 따로 사회심(社會心)이 있는 것이 아니라 통상적으로 말하는바 '우리들 바깥의 여론'이라고 하는 것도 또한 자아의 마음과 대동소이한 사회심을 가리키는 것이며, 또 우리가 조선정신(朝鮮精神)이라고 하는 것도 조선정신을 가진 어떤 단체가 어딘가에 특별히 존재하는 것이 아니라 바로 조선국민 개개인이 소유한 공통 정신을 말하는 것이다.

이와 같이 우리의 사회아의 내용이 다 공통된 성질을 가짐에도 불구하고 각자의 내용, 즉 마음이 전혀 일치하지 않는 원인은 무엇인가? 학자들의 설을 따르면 물론 우리의 사회아는 점점 발달하고 진화하는 것이니 이 진화가 발전의 극에 달하여 우리가 완전무결한 사회아에 도달하면 그때는 우리들의 마음이 모두 일치 동일할 것이지만 <실은 공상>, 금일 우리가 인식하는 사회아는 막 이제 발전, 진화하는 노정에 있기 때문에 현재의 경우에 따라 다소의 차이를 면치 못하는 것이다. 그러나 이 차이점은 극히 미소하고 그 대부분은 대략 일치하니, 이 일치공통(一致共通)한 각 개인의 마음을 추상적으로 생각하면 그것을 사회심이라고 부르는 것이다.

옛말에 "인심은 얼굴 생김새와 같다"고 했으니, 이것이 참으로 적당한 비유다. 우리가 일상적으로 경험하는 바와 같이, 사람의 얼굴을 한 번 보면 천만 명의 사람들이 천만 개의 얼굴들을 각자 가지고 있어서 그 얼굴들 사이에 큰 차이가 있는 듯하지만, 얼굴 전체의 구조로 관찰하면 이목구비 등 여러 기관의 분포와 기타 각 부분의 배열이 대개 공통적으로 일정해서 그 대부분이 일치한다.

그리고 우리 눈에 그처럼 큰 차이가 있는 것처럼 보이는 얼굴들이, 사실 그 차이는 일치하는 부분의 몇 만 분의 일에도 미치지 못하는 것이다. 우리들의 마음도 이와 같아서, 그 차이는 몇 만 분의 일에 불과하고 일치하는 것이 대부분을 차지한다. 그러므로 우리가 일상 담화와 언론에 발표하는 우리의 사상이라는 것도 우리가 특별히 창조 발명한 것이 아니요, 실은 일반사회 사상을 교환토출(交換吐出)한 것이다.

사회아가 발전함에 있어서 두 가지의 동작이 있다. 하나는 일반화이며, 다른 하나는 특수화다. 일반화의 의미는 사람이 이 세상에 태어나면 반드시 사회생활을 영위하는 결과, 주위의 감화를 받아서 사회정신, 즉 개인정신이 점차 자아를 발전시켜 사회평균의 표준, 즉 사회정신의 평균이 고도에 진달(進達)하면 그 때는 그 사람이 비로소 일반화를 수료했다고 하는 것이다. 저 교사와 양친이 그 자제의 정신을 교육한다고 하는 것도 그 진상은 이러한 사회생활이 아동의 사회정신을 조장, 발전시키는 것이다. 물론 이 사회적 생활은 각 개인에 따라 그 범위가 각각 다르다. 가령 한 가정 안에서 생장한 아동의 정신은 이 가정이라고 하는 사회의 사회정신을 나타낼 것이다. 이 아동이 생활하는 사회적 생활의 범위가 한 가정 안에 구획되었기 때문에, 자아를 발전시키는 사회정신 역시 가정 정신을 나타내는 것이다. 만일 이 아동이 성장한 후에 가정 이외에 한층 더 광활한 사회적 생활을 영위하게 되면, 그 사람이 가진 사회정신은 다시 범위가 확장되어 사회정신의 자아발전이 일반 진화를 낳고, 한층 더 나아가 그 사람이 속한 국가의 정신으로 자아의 정신을 발전시키는 데 이르면 그때는 그 사람의 사회정신이 한층 더 고도에 진입할 것이다. 이와 같이 그 생활하는 사회 범위에 따라 각자의 사회정신에 각양의 차이가 있으니, 이는 바로 각자의 유전, 교육, 경험, 경우 등으로 인해 사회정신의 자아 발전에 다양한 차이가 생기는 것이다.

이처럼 사람이 일반화를 받아서 점차 일정한 견지(見知)에 도달하면 그때는 다시 일종의 특수한 주의를 산출해서, 자기의 특수한 의견을 주장하여 이른바 개혁을 주장하기에 이른다. 이와 같이 각 개인의 특수한 의견이 동시에 나타나면 이에 서로 감화를 받아서 전보다 한층 더 진보한 일반적 사회정신의 새 표준이 성립하고, 이 새 표준이 다시 다음 세대의 사회를 일반화하면 또 개인은 특수화를 행한다. 이러한 작용이 연속하여 끊어지지 않으면 그 사이에 사회아의 발전이 진화, 향상하는 것이니, 그러므로 우리가 일반화를 받는 것에만 만족하고 특수화가 없으면 이는 이른바 범인(凡人)을 면치 못하는 자요, 가장 고원한 사회정신으로 가장 완전한 발전을 이룬 개인은 이른바 대인물(大人物)이라 부르는 자가 된다.

우리의 사회아가 금일과 같은 발전에 도달한 것은 모두 우리 인류에게 언어가 있기 때문이다. 언어로써 자아의 내용을 스스로 이해하고, 자아의 사상을 발표해서 타인에게 알린다. 또 언어를 대신 표시해서 사상을 전통(傳通)하는 문자가 있기 때문에 원근의 사상과 고금의 사상을 일일이 수집하여 참작하는 방편이 있는 것이다. 인류 이외의 동물을 관찰하면, 감정을 표시하는 자연의 음성은 있을지라도 아직 언어는 발달하지 못해서 다른 시대의 동물 간의 사상을 상호 교통함은 차치하고, 동시대의 동류 간에도 각자의 사상을 충분히 통하지 못한다. 그렇다면 동물의 사상은 다소의 유전을 제외하고 각자의 한 평생 생활 중에서 직접 경험으로 얻는 것 말고는 방법이 없다. 하지만 우리의 사상은 그렇지 않아서, 개인들이 한 평생에 직접 경험으로 얻는 범위에 그치지 않고, 과거 및 현재 인류의 전반 사회의 사상을 받아들여 자아의 사상을 조성한다. 그러므로 동물의 경험은 개체적 경험이요, 사람의 경험은 사회적 경험이니, 이는 언어문자의 유무에 따라 발생하는 차이인 것이다.

따라서 동물은 각 개체가 생존경쟁과 자연도태의 결과, 진화의 법칙으로 미미한 진보가 있다고 하더라도 그 사상에는 전대(前代)의 동물과 금대(今代)의 동물 사이에 이와 같은 진보의 차이가 있음을 인정할 수 없다. 이를 통해 언어와 문자가 우리의 사회아 발전에 있어서 얼마나 밀접하고 중대한 관계가 있는가를 상상할 수 있을 것이다.

82. 윤효정, 국가적 정신을 발휘해야만

고금동서에 혼구(渾球)* 위에 나라를 세운 것이 성라기포(星羅棋布)*와 같아서 천만 단위로 헤아릴 뿐만이 아니며 그 성쇠와 흥망의 이유 또한 같지 않지만, 능히 당시에 위세를 떨치고 후세에 공훈을 남겨 역사의 광휘(光輝)를 비식(賁飾)*하는 것은 오직 국가를 조직하는 각개 인민들이 국민의 감념(感念)에 밝고, 국민의 직분을 다하고, 국민의 임무를 담임(担任)하는 데 달려 있을 뿐이다. 국민의 감념에 밝으면 국가의 최대 요소가 서고, 국민의 직분을 다하면 국가의 최대 정신이 이뤄지고, 국민의 임무를 담임하면 국가의 최대 생명이 온전할 것이다. 만약 혹시라도 이 요소가 결여되고, 이 직분을 버리고, 이 생명을 포기하고서 단지 많은 수의 인구와 광대한 토지와 풍부한 물산만으로 위대한 국가를 이룰 수 있었던 사례는 고금동서 육천 년 역사상에 있지 않았다.

■ 윤효정의 논설. 생존경쟁의 단위인 국가를 운영하는 주요 원리로 '국가사상' '국가정신'을 들고, 국가의 독립을 유지하려면 국민의 자발적 결속과 애국심, 진취적 기상을 통해 국가정신을 발휘해야 한다고 강조하고 있다. 원문 출전은 尹孝定, 「國家的 精神을 不可不發揮」, 『大韓自强會月報』 제8호(1907년 2월).

■ 尹孝定(1858~1939) 한말 정치가. 1906년 장지연 등과 함께 헌정연구회를 토대로 대한 자강회를 조직했고, 1907년 대한협회로 재편되면서 총무를 역임함.

渾球 지구.
星羅棋布 밤하늘에 별이 나열된 것처럼, 바둑판 위에 바둑돌이 분포된 것처럼 무수하고 조밀한 모양을 뜻함.
賁飾 장식, 문식(文飾).
啓牖 창문을 연다는 의미로 남을 계도하고 유도한다는 뜻.
磅礴 광대해서 끝이 없는 모양.

대체로 국민 전체가 자국을 세계 열국의 모범으로 생각해서, 이로써 그 세계 열국의 원기를 움직이고 세계 열국의 평화를 유지하여 강포한 나라를 꺾고 약소한 나라를 도우며, 몽매한 자는 지도하고 미개한 자는 계유(啓牖)*하되, 이 일대정신이 안에서 충만하고 밖에서 방박(磅礴)*함에 이로써 법제를 완비하고, 교육을 융성시키고, 산업을 발달시키고, 외교를 민활하게 하고, 기술의 우미(優美)와 문학의 흥륭(興隆)을 이루어 그 국가의 광채를 더욱 빛나게 하는 법이니 이 모든 것이 국가적 정신의 발휘의 소치가 아님이 없다.

만약 사대(事大)를 본능으로 삼고 의뢰(依賴)를 주의로 삼아서, 스스로 비굴함을 달갑게 여겨 다시 분려(奮勵)할 기상이 없다면, 두려움에 익숙해지고 시기(猜忌)가 습관이 되어 일치단결의 능력이 없고 개명진보의 희망이 결핍될 것이며, 벌레처럼 꿈틀거리면서 오직 자멸만을 기다리게 될 뿐이다. 자력으로 자립할 수 없을진대 반드시 타력에 의해 압도됨은 어찌 저절로 오는 형세가 아니겠는가? 이제 현대의 생존경쟁과 우승열패 속에서 국가의 존립을 도모한다면 국민전체가 국가적 정신(즉 애국심)을 크게 발휘해서 반드시 그 자력으로 자립하는 방법과 수단을 강구한 후에야 가능할 것이다. 이를테면 농부는 경작이 타국보다 낫고, 상인은 무역이 타국보다 번성하고, 공인은 기예에 대해, 그리고 선비는 학술에 대해 모두 타국보다 정미(精美)하고자 해야 하니, 그렇게 해야 나라가 비로소 존립하는 것이다.

국민 전체에게 이러한 일대정신을 발휘시키고자 한다면, 그 방법은 다른 것이 없다. 오직 법제를 확립하고 민권을 공고히 해서 그 생명과 재산의 안전을 도모하며, 자치제를 실시하고 선거법을 채용해서 점차 국정 참의(國政參議)의 권리를 부여해야 한다. 그렇게 하면 군민(君民)이 동치(同治)하고 거국이 일치해서 국민들이 나라의 일을 자기 집의 일과 차이 없이 볼 것이다.

民可使由之 不可使知之 『論語』「泰伯」에 나오는 구절.

民惟邦本 本固邦寧 『書經』「五子之歌」에 나오는 구절.
舞弄 붓을 함부로 놀려서 법을 농락함.

"백성은 옳은 도리를 따라 행하게 할 수 있을 뿐이요, 그 도리의 까닭을 알게 할 수는 없다."*는 말은 유치한 고대에는 부합했지만 현시(現時)의 정술(政術)엔 합당하지 않다. 백성은 나라의 근본이다. 근본이 견고해야 나라가 안녕한 법이니,* 국민의 권리를 확립해서 국가의 기초를 공고히 함은 바로 금일 각국의 문명한 관례다. 그러나 관헌이 직권을 무롱(舞弄)*해서 그 위엄과 무단(武斷)을 남행(濫行)하고 인민이 스스로 비굴함을 달갑게 여겨서 두려움과 시기에서 벗어나지 못한다면, 그 폐해가 저절로 뇌물이 공공연히 행해져서 애증이 사사로운 감정에서 나오고 도적이 늘어나서 민산(民産)이 씻은 듯 사라지는 데 이를 것이니, 그러고서도 외국의 업신여김과 타력(他力)의 압도를 면하길 바란다면 또한 어렵지 않겠는가?

우리가 비록 미력하다고는 하나, 모임을 설립한 이래 아침저녁으로 한두 사람씩 늘어나서 지금은 뜻 있는 자들의 단결이 거의 수천 명에 이르렀고, 아직도 각 도와 군에서 지회(支會) 청원이 날마다 도착하고 있다. 모두 화살을 한데 묶은 힘으로 무너져 가는 집의 형세를 기필코 만회하려고 하니 분명히 본회가 목적에 도달하는 날이 있을 것이다. 다만 관(官)과 민(民), 나이 많은 자와 어린 자를 막론하고 대한국민이 된 자들은 모두 우리의 국가적 정신을 발휘해야 할 것이다.

83. 오석유, 자주적 자아

■ 오석유(吳錫裕)는 국민 개개인의 자주적인 각성과 계몽이 선행되어야 함을 유학의 '수신제가 치국평천하'에 비유해 설명하고 있다. 애국계몽 지식인들은 적자생존의 경쟁과 국권상실의 위기를 극복하기 위한 자립 자강의 주체로서 구국의 '영웅'과 서양 학문을 학습한 계몽된 '신민'(新民)을 상정하였다. 원문 출전은 『太極學報』 제8호(1907년 3월).

사람은 만물의 영(靈)이다. 온갖 이치를 갖춰서 만사(萬事)에 응한다고 한 것은 옛 사람도 언급한 바이지만, 우리 인류가 구비한 영능(靈能)의 진가(眞價)의 제일의(第一義)*는 스스로 분별을 할 수 있다는 점에 있다. 분별이라는 것은 어떤 일을 당해서 그렇게 할 것인가, 그렇게 하지 않을 것인가, 혹은 이것을 취할까, 저것을 취할까 하는 데 있어 사려를 거듭해서 그 스스로 채용할 바를 선정하는 능력을 말한다. 이것을 의사의 자유 또는 사람의 자유라고 한다. 그런데 만일 이 자유가 없다면 사람은 순연(純然)한 활동적 기계와 다를 바 없어서 자아는 자연계의 노예가 되고 도의적 활물(活物)이라는 것의 값어치를 하지 못할 것이다. 여기 어떤 사람이 모든 일에 타인의 지도만을 바라다가 그의 지도가 없으면 마치 어두운 밤에 등불을 잃은 듯이 한 걸음도 걷지 못하고, 또한 바둑을 잘 두지 못하는 모든 거동을 타인의 조언을 쫓아서 돌을 몰다가 조언하는 사람이 사라지면 갑자기 길가에서 주저하면서 다시 돌을 놓지 못함과 같다고 한다면, 이러한 사람을 가리켜 "뼈 없는 장부"[無骨丈夫]라고 불러서 자주독립할 수 없는 인물이라고 해야 할 것이다. 오늘날 우리나라 모든 사회에 이와 같은 부류가 적지 않음은 사람들이 모두 알고 있거니와, 이는 곧 사람의 영능의 진가를 스스로 기꺼이 없애는 분별없는 자[無分別漢]이니 결코 우리 사회에 받아들이기 어려운 자다.

第一義 가장 중요한 일, 급선무.

대개 무분별엔 비굴이라는 것이 상반(相伴)한다. 어떤 사람이 상법(商法)에 실패해서 도중에 방황하다가 결국엔 몸을 강물에 던져서 죽기를 재촉한다면 이 어찌 비굴하고 무분별한 자가 아니겠는가? 어떤 부인의 미색에 미혹돼서 어버이와 자식을 버리고 몸을 망칠 때까지도 깨닫지 못하고, 불의리(不義理)에 불의리를 더해서 그칠 줄 모르다가 두 손을 마침내 뻗어서 도적질에 빠져드는 자들

交脛 원문에 "咬脛"으로 되어 있으나 "交脛"의 오기인 것으로 보인다. 교경(交脛)은 다리가 굽어서 두 다리가 교차되는 안짱다리를 말한다.

塑像 진흙으로 만든 사람의 형상.

黃壤 저승.

이 세간에 매우 많으니 이 어찌 비굴하고 무분별한 자가 아니겠는가? 부모의 재산으로 먹고 살아서 이른바 교경(交脛)*의 경우에 안주하면서 뻔뻔하게 부끄러운 줄도 모른다. 그뿐만이 아니라 스스로 생활하려는 각오가 없어서 그 건강하고 온전한 당당한 일곱 척의 몸을 일부러 소상(塑像)*으로 만드는 자들이 왕왕 있으니 이 어찌 비굴하고 무분별한 자가 아니겠는가?

내가 한 서적을 보니 이런 얘기가 있었다. 에도(지금 동경) 시대에 고스케(五助)라는 자가 있었는데 대단히 인색했다. 오랜 병에 걸려서 혼이 황양(黃壤)* 근처까지 갔는데도 식사는 볶은 소금 외에 아무것도 없었다. 그 처가 딱하게 여겨 도미 한 마리를 사서 고스케에게 먹이려고 했다. 고스케가 이를 보고 놀라면서 그것이 어디서 났는지 물었다. 처가 70문(文)을 주고 사왔다고 답하자 고스케가 70문의 금전을 쓰면서 어찌 내게 묻지 않았느냐며 질책했다. 이웃 처자가 이를 듣고는 그 도미를 사들인 다음에 일체 값을 받지 않고 그 집에 보내서 먹였다. 병세가 더욱 위중해지자 그 처가 도저히 살지 못할 것을 알고 의원을 불러서 진찰하고 안약(眼藥)을 쓰려고 했다. 그러자 갑자기 고스케가 눈이 휘둥그레지고 눈동자가 멈춘 채 입을 닫고 벌리지 않으면서 병든 다리를 부들부들 떨었다. 그 처가 바로 알아채고는 귀에 대고 이 약은 공짜라고 하니 그제야 고스케가 입을 벌리고 약을 먹었다. 그러나 계속 약을 복용하지 못한 해(害)로 인해 결국 영면(永眠)에 이르자 과부는 고아의 손을 잡고 그가 남긴 5백의 금전을 가지고 다른 집에 개가(改嫁)했다고 한다. 아아, 고스케여! 금전의 노예임이 분명하구나! 그 귀중한 생명을 잃었으니 이 어찌 비굴하고 무분별한 자가 아니겠는가?

비굴은 무분별에서 생기는 과실이며, 무분별은 바로 비굴의 근본이다. 대체로 비굴이라는 것은 자아의 진가를 알지 못한다는 뜻에 다름 아니며, 자아의 진가는 분별의 자유를 활용하는 점에 있다. 그러므로 비굴이 무분별에 상반(相伴)함은 이치상 당연한 것이다. 세간에 이와 같은 비굴과 무분별이 있으니, 자주자존(自主自尊)은 과연 귀하게 여기고 우러를 만한 것이다. 또 『비루(맥주) 박사 아금주(俄禁酒)』란 제목의 서적을 보니 자주적 발동(自主的發動)과 같다고 할 만했다. 그는 일본의 의학박사 아무개의 가명인데, 주량이 바다처럼 넓어서 종일 소처럼 마셔도 취기를 자각하지 못하고 오히려 세 근의 고기를 더 먹을 수 있을 만한 배가 남아 있어서 비루 박사의 명성이 멀리까지 전해졌다. 그런데 그가 유럽[歐洲]에서 돌아오는 날에 많은 술친구들이 우음회(牛飮會)를 크게 열고 그를 환영할 때 그가 한 잔도 입에 대지 않았다. 자리를 가득 메운 사람들이 놀라고 괴이하게 여겨서 그 이유를 듣고자 했으나 그 기회를 얻지 못했는데,

그 후에 동경학습원(東京學習院)에서 대연설로 명료하게 밝혔다. 그 요점은 다음과 같다. "내가 유럽에서 조사한 결과에 따르면, 열국의 군인들과 죄수들의 범죄의 원인은 대개 음주에 기인하는 것이 많아서 크게 취하여 전후를 망각한 자들이 열에 일곱 여덟이요, 다른 중범죄 또한 주광(酒狂)이 원인이 돼서 대음(大飮)한 자들이 과반수를 점하는 것은 실로 놀랄 만했다. 원래 나의 주량이 남에게 뒤지지 않는다는 것을 이제는 크게 부끄럽게 여긴다. 나는 이제부터 가는 곳마다 음주의 해를 설명해서 하나의 금주국(禁酒國)을 만들고자 하므로 평소의 기호를 버리고 여러 사람들보다 앞에 서는 것은 진정 나의 본분이다. 따라서 나는 제군들 앞에서 일체 금주인(禁酒人)이 되었음을 서약하는 것이다." 위대하구나! 그의 자동자활(自働自活)과 자주자유(自主自由)여!

청컨대 우리는 무슨 일이든지 항상 자아가 본래 가진 분별의 자유를 성찰해야 한다. 이 분별력을 발휘하면 무슨 지식과 학문을 얻지 못하고, 이 분별력을 발휘하면 무슨 부국강병을 얻지 못하고, 이 분별력을 미뤄 나가면 무슨 천지의 재앙에서 구제하지 못할 것인가? 이 분별력은 안으로 일신, 일가의 처분으로부터 천하, 국가의 일체 만물의 명맥에 이르기까지 능히 좌지우지할 수 있는 위덕(威德)을 가진다. 『대학』에 이르길, "옛날에 명덕(明德)을 천하에 밝히려는 자는 먼저 그 나라를 다스리고, 그 나라를 다스리려는 자는 먼저 그 집을 가지런히 하고, 그 집을 가지런히 하려는 자는 먼저 자신을 수양하고, 자신을 수양하려는 자는 먼저 그 마음을 바르게 하고, 그 마음을 바르게 하려는 자는 먼저 그 뜻을 성실하게 하고, 그 뜻을 성실하게 하려는 자는 먼저 앎을 지극히 한다."라고 했다. 앎을 지극히 한다는 것은 분별력을 극에까지 미뤄 나가고, 분별의 자유를 십분 발휘하는 것을 뜻한다. 분별의 자유는 인생의 책임이 기인하는 바이자 또한 도덕에 의거해서 세워지는 것이다. 그러므로 자아의 자주적 근거는 움직이지 않아서 자아는 어디까지든지 자주자유(自主自由)로 천지를 감동시키는 영능의 진가를 가지게 되는 것이다.

84. 고의환, 애국심의 연원은 애아심(愛我心)에 있음

■ 국가와 개인은 불가분의 관계이며, 제국주의 시대에 타 민족·인종과 우리 민족·인종을 구분하는 의식이 형성되고 있다고 말하면서 한국인·한국민족으로서의 자기 각성과 민족의식 고양을 통한 자강을 강조하고 있다.

어떤 사람을 막론하고 애아심(愛我心)이 없다고 스스로 말할 순 있지만 애국심이 없다고 말할 순 없을 것이다. 어째서인가? 나란 것은 심리적 심신(心理的心神)과 생리적 육체(生理的肉體)가 합해서 만들어진 명칭물(名稱物)이며, 나라란 것은 단체적 인민과 위치적 토지가 합해서 만들어진 명칭물에 불과하기 때문원문 출전은 高宜煥,「愛國心의 淵源은 愛我心에 在함」,『太極學報』제12호(1907년 7월).

이다. 그러므로 나라와 나는 각각 그 두 가지 이상의 조건을 구비한 것이며, 나와 나라는 본래 일체가 되니 환언하면 불가분의 명칭물이라 할 수 있다. 어째서인가? 앞에서 말한 바와 같이 나란 것은 바로 토지에 대한 인민이고, 나라란 것은 바로 인민에 대한 토지이기 때문이다.

혹 어떤 사람이 "내가 나는 사랑할 수 있지만 나라 사랑하는 것은 모른다."라고 하면 이는 앞에서 든 예와 비교했을 때 나라에 인민만 있고 토지가 없으며, 나에게 심신(心神)만 있고 육체가 없는 것과 같으니, 나라가 그 주권을 행사할 수 없음과 내가 그 생명을 보유할 수 없음이 무엇이 다르겠는가? 나라와 내가 서로 의존하며 존립하는 형세는 새의 양 날개, 수레의 두 바퀴와 같아서 나라가 나에 대해서 분립(分立)하지 못하고 내가 나라로부터 떨어져 살 수 없다. 그러므로 애국이라는 것은 특이한 명사가 아니며, 다만 우리의 활동 목적 가운데 유력한 일대 부분이자 우리의 생활 수단 가운데 필요한 일대 방법인 것이다.

만일 국가라는 명의(名義)를 세우지 않고 동족이 단결할 필요가 없이도 인류가 평등 자유의 생활을 영위할 수 있고 영원한 안락을 향수(享受)할 방편이 있다면, 오늘날 기라성 같은 열국들이 어째서 수고스럽게 국민의 의무니, 납세니 하는 각종 명목으로 어렵게 징수한 재정의 대부분을 병비(兵備)에 모두 사용하겠는가? 그뿐만이 아니다. 의무병이니, 국민병이니 하는 명목으로 장정을 징발하면서 한편으론 일국 경제 생산에 큰 손해를 발생시키고, 다른 한편으론 추위와 굶주림에 울부짖는 가련한 인민을 만들 필요가 어디 있겠는가?

최근 수세기 이래 과학의 발달이 두드러져서 윤선(輪船), 윤차(輪車) 등과 같은 교통 기관이 발명된 이후론 각국 인민들의 두뇌 속에 제국주의의 사상이 더욱 영향을 끼치게 되었다. 그러므로 동족을 사랑하는 마음이 더욱 견고해지고 이족(異族)을 구별하는 경향 '정신상'이 더욱 심해져서 타족의 희생을 통해 자기 행복을 증진시킬 자료를 공급하려는 야심, 살벌, 쟁탈의 피비린내가 잠시도 그칠 줄 모른다. 이러한 때 만약 혹시라도 자기 생명을 사랑하는 마음이 있다면 어쩔 수 없이 나를 침략하려는 자를 방어하고 나를 해치려는 자를 적주(敵誅)하지 않을 수 없을 것이다.

그렇다면 자기의 생명을 보전하고자 한다면 국가의 생명을 보전하지 않을 수 없고, 국가의 생명을 보존하고자 한다면 의무병을 징발하지 않을 수 없고, 조세를 수납하지 않을 수 없고, 동족이 단결하지 않을 수 없고, 교육을 진흥시키지 않을 수 없고, 전쟁을 피하지 않을 수 없다. 저 밝고 밝은 은(殷)나라의 거울을 보지 못하는가? 북미주(北米洲)의 주인공이었던 홍인종(紅人種)은 백인의 압박을 당해서 지금은 그 형적도 거의 사라지는 지경에 이르렀고, 원래 일본의 주인이었던 아이누 인종은 지금 북해도 한 구석에 칩복(蟄伏)해서 어업과 수렵을 한 오라기 남은 목숨을 근근이 보전하고 있지 않은가? 유태인은 망국의 죄로 도처에서 학살과 박해를 당하고 있는데, 이를 가련하게 여기는 자도 없다는 말을 듣지 못했는가?

예전에 일본의 어떤 신문에 기재된 것을 보니, 다음과 같은 말이 있었다. "반망국(半亡國)한 저 한인족(韓人族)들도 타국인이 갖지 못하는 2대 자유를 가지고 있다. 하나는 매장의 자유다. 한인은 예로부터의 습속으로 사람이 죽으면 어떤 관유지(官有地)에도 임의로 매장할 수 있다. 그 다음은 가택의 터를 자유롭게 선정할 수 있는 것이다. 인민이 어떤 빈 땅에든지 임의로 가택을 세우면 그 터는 자기의 소유물이 되는 것이다." 또 "근래 한국에 이주하는 일본인이 날로 증가해서, 한인 등은 그 밭과 집을 고가로 일본인에게 매도하고 산 속으로 점차 퇴출하고 있으니, 만일 몇 년 후에 일본인이 산을 점거하는 날엔 저들은 천상으로 올라갈 것인가, 지하로 내려갈 것인가?"라고 했다. 그리고 야만인이 문명인을 대하면 그 상태는 이와 같이 멸망하는 것뿐이라고 하면서, 북해도의 아이누 인종과 북미주의 홍인종의 예를 열거하여 조소하는 필법을 놀렸다. 아아, 우리 동포들아! 이 신문지에 기재된 것의 본의는 우리 한인을 능멸하고 조소하는 데서 나왔지만 그 사실은 우리나라 사람들의 실정을 지적하고 충고하는 것이다. 아아, 우리 인사들아! 애국심의 본원을 추구하고 애아심의 참된 뜻을 잊지 않으며, 20세기 생존경쟁의 풍조를 빨아들여서 오백 년 이래 압제국민의 두뇌를 세척하고 새로운 정신을 환기하여 문명의 복리와 활동의 자유를 공유하게 할지어다.

85. 이기, 국가학설

국가라는 것은 국(國)의 가(家)를 말하는 것이 아니라 국(國)이 곧 가(家)임을 뜻한다. 이 국가는 나의 부모, 처자와 형제, 족당(族黨)과 붕우, 빈객들이 함께 사는 하나의 큰 옥택(屋宅)이다. 또 이것은 내가 밭이 있어서 경작하고, 산천이 있어서 번폐(藩蔽)*하고, 군장(君長)이 있어서 관리하는 하나의 큰 가사(家事)다. 그러므로 옛 군자들은 반드시 국(國)을 가(家)로 여겼으니, 국가라는 이름이 대체로 여기서 기원했다. 그런데 진(秦)나라와 한(漢)나라에서 전제(專制)를 시행한 후로 군주는 그 백성을 집안사람으로 대하지 않고, 백성도 군주를 가장으

■ 국가의 세 구성요소로서 토지, 신민, 주권을 들고 국가 형태로서 독립국, 연합국, 보호국, 식민국, 속국 등으로 구분하는 등 서구의 국가설을 소개하고 있다. 원문 출전은 『호남학보』 제1호 · 제2호(1908년 6월 · 7월). 여기서는 제1호 글만 실었음.

■ 李沂(1848~1909) 구한말 유학자 · 실학자. 1905년 포츠머스 조약 체결 때 일본에 건너가 천

황과 정계 요인에게 한국 침략을 규탄하는 서한을 보내 항의하기도 했다. 대한자강회를 조직하여 계몽과 항일운동에 힘썼으며 『해학유서』(海鶴遺書)를 남겼다.
■『호남학보』 1907년 7월 서울에서 전라남북도 출신 인사들이 설립한 애국계몽단체인 호남학회의 기관지로 1908년 6월 1호를 발행한 뒤, 1909년 3월 9호를 끝으로 폐간되었다.

로 대하지 않아서 마침내 '국(國)의 가(家)'와 '나의 가(家)'의 구별이 생겼으니, 이로부터 간교한 자들이 일어나고 화란(禍亂)이 발생했다. 제 군주를 속이는 자는 사실상 가장을 속이는 것이요, 제 나라를 팔아먹는 자는 사실상 자기 농장을 팔아먹는 것이다. 그런데 그 속이고 팔아먹는 죄를 문초하면 모두 국가의 뜻을 모르는 데서 나왔을 뿐이다. 그러므로 금일의 교육은 반드시 국가학을 가르치는 것이 급무지만, 또한 그 국가시대의 소재를 안후에야 함께 일을 행할 수 있다.

藩蔽 울타리로 가림.
鴻濛 『莊子』에 나오는 말로 우주가 형성되기 전의 혼돈상태.

인물이 난 것이 이미 오래되었다. 태고 적 홍몽(鴻濛)*의 초기는 내가 알지 못하지만, 지교(智巧)가 날로 전진하고 경쟁이 날로 성대해져 천하의 형세가 이에 따라 변하는 것에 있어선, 한 번 지나(支那)를 살펴보건대 요순(堯舜)은 유국(有國)시대요, 춘추(春秋)는 패자(霸者)시대요, 진(秦)·한(漢) 이하로는 군주(君主)시대요, 오늘날은 정법(政法)시대이다. 그 시대를 알고 그 시대의 일을 행하는 자는 반드시 강해서 존속하고, 그 시대를 모르고 그 시대의 일을 행하지 않는 자는 반드시 약해서 망하게 되니, 그 강약과 존망의 응함은 마치 그림자와 메아리가 형체와 소리에 응하는 것과 같다. 그러므로 여러 공들은 독서에 임할 때 반드시 국가가 어떤 시대에 있는지 생각해야만 효과를 거둘 수 있을 것이다.

국가학 제일(第一)

국가의 성립

국가란 무엇인가? 공동단체를 말한다. 그러므로 국가를 창립하려는 자는 반드시 세 가지 일을 갖춰야 한다.

水草 수원(水源)과 초지가 있는 지역.

첫 번째는 토지다. 수초(手草)*를 쫓아다니면서 유목해서 삶을 영위하는 자들은 나라라고 할 수 없다. 나라를 세우는 자는 반드시 일정한 토지를 영유해야 비로소 영구히 후세에 물려주면서 존속할 수 있다.

두 번째는 신민이다. 억만의 사람들을 모으더라도 서로 연락하지 않으면 비록 많으나 어디에 쓰겠는가? 반드시 중지(衆志)를 연락해서 따로 보면 각자가 소단체를 이루고 합쳐서 보면 별도로 하나의 대단체를 이루어야 방가(邦家)가 비로소 공고해진다.

세 번째는 주권이다. 공동단체 가운데 반드시 홀로 주권을 장악해서 전국(全局)을 통주(統籌)하는 자가 있어서 내부를 안정시키고 외부의 침입을 물리칠 수 있다. 이것이 없으면 겨우 사회라고 부를 수 있을 뿐, 국가가 되지 않는다.

토지가 비록 같더라도 인민이 같지 않고, 인민이 같더라도 주권이 같지 않아서 지금 천하 열국이 대개 다섯 종류로 나눠진다.

첫 번째는 독립국이다. 그 국민이 스스로 국가를 세울 수 있어서 타인의 재제

(裁制)*와 간섭을 받지 않고 내외의 정무를 모두 다스릴 수 있다. 그러므로 모든 독립국은 토지의 크기와 인민의 숫자에 구애받지 않고 오직 정치와 법률만 있다면 반드시 독립의 권리를 향유하는 것이다.

裁制 제재(制裁).

두 번째는 연합국이다. 여러 소국들이 한 대국을 맹주로 추대해서 외교는 대국이 전담 관리하고 병역(兵役)은 여러 나라가 함께 참여한다. 그 외엔 각 방(邦)에 반드시 군주, 정부, 의회 등의 내정이 있어서 모두 자치할 수 있다.

세 번째는 보호국이다. 나라가 비록 건설되었지만 그 국민으로 국가를 유지할 수 없어서 끝내 다른 강대국의 음조(陰助)를 빌려 간신히 멸망을 면했다. 그러므로 보호를 받는 나라는 반드시 그 국권의 일부를 덜어 내어 그 뜻에 보답해야 하는 것이다. 따라서 재제와 간섭을 받지 않을 수 없다.

네 번째는 식민국이다. 그 원주민이 몽매해서 국가 조직과 토지, 주권을 갖지 못했다. 그러므로 다른 강국이 제 국민을 이식하고 그 부원(富源)을 약탈해서 다른 나라들과 나란히 설 수 없다.

다섯 번째는 속국이다. 그 토민(土民)*이 스스로 지키지 못해서 강국에 정복당했다. 그러므로 속국민이 감히 본국민과 권리를 균등하게 할 수 없어서 그 세납이 반드시 더욱 중하고 많다.

土民 토착민, 현지인.

86. 우송한인(寓松閑人), 애기애국

■ 필자는 국민교육을 통해 애국심을 고양하는 서구의 사례를 소개하면서 국민이 애국정신을 가져야 국가가 부강해진다고 강조하며, 부자 관계에 비유하여 자기 사랑이 가족애로, 국가애로 확대되어야 한다고 역설하고 있다. 원문 출전은 『대동학회월보』 제8호(1908년 9월).

■ 金文演(생몰연도 미상) 우송(寓松)은 김문연(金文演)의 호. 김문연은 경학원에서 공부했고, 대동학회가 1908년 설립한 대동전문학교를 제1회로 졸업했다. 『대동학회월보』에 다수의 글을 기고함.

부모는 자식에 대해서 음식을 조절하고 온도를 맞춰서 혹시 병이 나지나 않을까 걱정하고 장수를 축원한다. 쥐면 다칠까, 불면 날아갈까 걱정하여 그 울음소리만 들어도 심원(心猿)*이 먼저 뛰고, 그 꾸짖는 소리를 들으면 의마(意馬)*가 먼저 달려 나간다. 전보다 혹시 덜 먹으면 왜 덜 먹는지 묻고, 자다가 혹시 늦게 일어나면 왜 늦게 일어나는지를 묻는다. 차라리 자신은 주릴지언정 아이는 배불리 먹이고, 자신은 추울지언정 아이는 따뜻하게 하여, 은혜가 흘러 바다를 이루고 정(情)이 뿌려져 산이 된다. 굽이굽이 휘도는 만 가지 길에 오직 한 생각이 끊어지지 않아서 힘들어도 그 힘든 것을 알지 못하고 고생스러워도 그 고생을 알지 못하니, 이것이 참으로 무슨 마음인가?

그러나 잠깐만 반대로 생각해 보면 자식 또한 몸 밖의 외물(外物)일 뿐이다. 내가 주리고 아이가 배부르더라도 단지 내 배가 고플 뿐이요, 내가 춥고 아이가 따뜻하더라도 단지 내가 추울 뿐이다. 자식이 병이 생길까 걱정해도 그 통증을 대신 받을 순 없고, 장수를 축원해도 자식과 함께 살 순 없다. 이 일곱 척 껍질

心猿 초조하고 불안한 마음이 원숭이 같음을 비유하는 말.
意馬 마음이 날뛰는 말처럼 제어하기 힘듦을 비유하는 말.

의 육신이 한 번 죽은 다음을 눈으로 보게 된다면, 만사는 뜬 구름 같고 천상(千想)은 흐르는 물 같으리니, 한식날 봄바람에 기념할 만한 것은 오직 살구꽃 띄운 한 잔의 술이로다. 설령 자식이 좋은 밭과 넓은 집을 가지고 손으로 천금을 희롱해도 내가 볼 수 있는 바가 아니고, 자식이 공경이 되어 청운(靑雲)*을 밟더라도 내가 들을 수 있는 바가 아니고, 자식이 영웅호걸이 되어 공적이 온 세상을 뒤덮고 이름이 천추에 전해져도 내가 알 수 있는 바가 아니다. 만약 죽더라도 잊지 못해 애태우던 혼령이 그때까지 남아 있다면 생전에 정성껏 사랑하고 차마 잊지 못하던 무념(撫念)*이 어찌 입을 벌리고 웃고, 크게 탄식하며 망연자실할 일이 아니겠는가? 나는 그렇지 않다고 말한다. 이는 곧 천지가 만물을 낳고 낳는 이치로서 우리들이 생명을 보전할 수 있는 이유이다. 지금부터 그 관계와 이유를 말하고자 한다.

靑雲 현달한 관직.

撫念 애련(愛憐).

애정은 어디서 일어나는가? 『맹자』에 이르길, "내 동생은 사랑하고, 진(秦)나라 사람의 동생은 사랑하지 않는다."*라고 했다. 진나라 사람의 동생은 소원하다. 그러므로 그를 사랑하는 마음이 반드시 없어서 설령 억지로 꾸미더라도 할 수 없는 것이다. 그러나 내 동생은 친근하다. 그러므로 그를 사랑하는 마음이 반드시 생겨서 비록 억지로 제어하더라도 또한 할 수 없는 것이다. 더욱 소원할수록 그 사랑이 더욱 끊어지고, 더욱 친근할수록 그 사랑이 더욱 늘어난다. 그러므로 애기심(愛己心)이 제일의 상승(上乘)*이 되는 것이다. 그런데 근세 철학가가 말하길, "인류에겐 두 가지 종류의 애기심이 있으니, 하나는 본래의 애기심이요, 다른 하나는 변상(變相)한 애기심이다. 변상한 애기심이 곧 애타심(愛他心)이니, 타인을 사랑하는 것이 바로 자기를 사랑하는 것이다."라고 했다. 사람이 세간에 살면서 그 영위하는 동작에 항상 천만가지 단서가 있으니, 그를 방조(幫助)*할 사람을 생각하지 않을 수 없다. 그런데 그 중에 첫째가는 방조자는 자식만한 것이 없다. 사람은 늘그막에 그 정신과 여력(膂力)이 항상 쇠퇴하고 혼모해서 일체의 일에 언제나 전수할 사람을 생각하게 된다. 그런데 그 가장 전수에 적당한 사람은 자식만한 것이 없다. 또한 인지상정이 반드시 현경계(現境界)에 스스로 만족하지 못하는데, 게다가 그가 접촉하고 감수(感受)하는 경계는 협소해서 지극히 유한하다. 그러므로 항상 자신이 직접 접촉하고 감수하는 것 외에 간접적으로 접촉하고 감수하기를 원하니, 이것이 이른바 '세계 밖의 세계'이며, '몸 밖의 몸'이란 것이다. 자식이란 바로 '내 몸 밖의 몸'으로서 나를 '세계 밖의 세계'에 머무를 수 있게 하는 자다. 그러므로 사람이 그 자식에 대해서 당연히 자기가 할 수 없던 일을 바라는 것이다. 내가 문장(文章), 재사(才士)가 되지 못했다면 자식이 문장, 재사가 되길 바라고, 내가 부유하고 귀하고 현

吾弟則愛之秦人之弟則不愛也 『孟子』「告子」에 "내 동생은 사랑하고 진나라 사람의 동생은 사랑하지 않으니, 이는 나를 위주로 해서 기쁨을 삼은 것이다. 그러므로 내면에 있다고 이른 것이다." [曰吾弟則愛之 秦人之弟則不愛也 是以我爲悅者也 故謂之內]라는 구절을 인용했다. 이 말은 맹자가 한 말이 아니라 고자(告子)가 한 말이다.

上乘 도가의 용어. 최상의 교법(敎法)을 뜻함.

幫助 다른 사람 대신에 힘을 써서 물질적, 또는 정신적으로 도와주는 것.

달한 사람이 되지 못했다면 자식이 부유하고 귀하고 현달한 사람이 되길 바라고, 내가 영웅의 사업을 하지 못했다면 자식이 영웅의 사업을 하길 바란다. 방조와 전수의 사상, 그리고 일생의 극단적인 희망이 있기 때문에 그 자식을 사랑하는 마음이 넘쳐흘러서 철두철미한 것이다. 참으로 이러한 마음이 없다면 어린아이가 대부분 그 생명을 보전할 수 없고, 천지의 낳고 낳는 이치가 아마도 거의 멈출 것이다. 사람이 제 자식에 대해서 사랑하는 것의 관계가 이와 같고, 사랑하는 것의 이유가 이와 같다.

자기를 사랑하는 마음을 미루어 그 자식을 사랑하고, 자식을 사랑하는 마음을 미루어 그 집안을 사랑하고, 그 집안을 사랑하는 마음을 미루어 그 국가를 사랑함은 대소는 다르지만 그 원리는 하나다. 나라란 것은 가족이 쌓여서 이뤄진 것이다. 사람은 혼자 몸으로 세계에서 독립할 수 없다. 그러므로 이로부터 무리[群]가 생겨났고, 무리가 생긴 후에는 한 무리의 안에서 공동으로 생존을 영위해야 하므로 형세상 이익을 홀로 차지하고 타인의 피해를 돌아보지 않을 수 없다. 그러므로 자기를 잘 이롭게 하는 자는 반드시 먼저 그 무리를 이롭게 하는 법이니, 그리하면 자기의 이익 또한 따라서 증진될 것이다. 한 집안으로 논하면 내 집이 흥함에 내가 반드시 그 복을 받고, 내 집이 쇠퇴함에 내가 반드시 그 화를 입는다. 한 나라로 논하면 나라가 존영(尊榮)함에 그 나라에서 생장하는 자가 존영해지지 않음이 없고, 나라가 타락함에 그 나라에서 생장하는 자가 타락하지 않음이 없다. 그러므로 진실로 자기를 잘 사랑하는 자는 이러한 마음을 미뤄서 나라를 사랑하지 않을 수 없으니, 그가 나라를 사랑하는 것은 또한 나를 사랑하기 때문인 것이다. 사람이 이 두 가지가 비록 이름은 다르지만 근원은 하나임을 깊이 깨우칠 수 있다면, 겸애설을 고상하다고 과장할 필요도 없고, 또한 위아설(爲我說)을 기만적이라고 꺼릴 필요도 없게 된다. 단지 그 자기를 사랑하는 실제를 들면 자연히 나라를 사랑하는 성심이 생길 것이요, 나라를 사랑하는 일을 하면 자연히 자기를 사랑하는 효과를 거둘 수 있을 것이다.

아아, 슬프다! 우리 대한인의 애국심 없음이여! 농부들에게 묻노니, 국가가 어떤 관계가 있는지 아는 자가 있는가? 없다. 그들이 서로 말하는 것은 "오늘 밭 갈고 내일 김맨다."일 뿐이다. 공인들에게 묻노니, 국가가 어떻게 흥체(興替)하는지 아는 자가 있는가? 없다. 그들이 서로 말하는 것은 "도끼질하는 사람은 도끼질하고, 톱질하는 사람은 톱질한다."일 뿐이다. 상인들에게 묻노니, 국가를 염려하는 자가 있는가? 없다. 그들이 서로 말하는 것은 "어떻게 하면 영업할 수 있고, 어떻게 하면 이익을 취할 수 있는가?"일 뿐이다. 선비들에게 묻노니, 국가를 우려하는 자가 있는가? 없다. 도리어 그들이 바라는 것은 "어떻게 하면 비유한 고을을 맡아서 다스리고, 어떻게 하면 대관에 오를 수 있는가?"일 뿐이다. 아비가 자식에게 가르치고, 형이 동생에게 면려하고, 처가 남편에게 힘쓰게 하고, 친구가 친구에게 권해서 죽을 때까지 쉬지 않고 좇아다니는 것은 재리(財利)와 명위(名位)에 불과하면서, 이것이야말로 자기를 사랑하는 사람들이 똑같이 옳다고 여기는 바라고 생각한다. 그러나 이는 바보가 꿈 이야기를 하는 것처럼 터무니없는 것임을 크게 알지 못하는 것이다. 한 번 생각해 보라. 이 농부에게 충분한 곡식이 있어서 처자를 편히 살게 하겠는가? 공인이 기예를 전공해서 내쫓김을 당하지 않겠는가? 상인에게 풍족한 재물이 있어서 실업이 발달하겠는가? 선비가 다른 사람에게 상등의 대우를 받겠는가? 관리가 자기 권리를 능히 지킬 수 있겠는가? 나라가 융성하면 자기도 그와 함께 높아지고, 나라가 쇠퇴하면 자기도 그와 함께 낮아지는 것이 현세의 정리(定理)이니, 하늘에 무엇을 원망하고, 사람들에게 무엇을 탓하겠는가?

제(齊)나라와 노(魯)나라가 장작(長勺)에서 전쟁할 때, 조말(曹沫)*은 일개 필부에 지나지 않았다. 나랏일을 걱정해서 계획을 꾸미자, 곁에 있는 사람들이 비웃으며 "고기를 먹는 자들*이 도모할 것인데 또 무엇 간여할 것이 있겠는가?"라고 했다. 그러나 조말은 그들의 비웃음을 돌아보지 않고 마침내 수단을 써서 빼앗긴 땅을 돌려받았다. 진(秦)나라가 정(鄭)나라를 습격하려고 할 때, 현고(弦高)*는 일개 상인에 불과했다. 그러나 12마리의 소로써 진나라 군대를 먹이고는 본국에 은밀히 적의 정황을 보고했다. 그리스[希臘]에선 수천 명의 농부로 백만 명의 유목 야만인의 군대[蠻兵]를 쫓아냈고, 프랑스[法國]에선 일개 양 치는 시골 아낙네가 혼자 힘과 한 마디 말로써 강적을 막아내 프랑스로 하여금 외국의 굴레를 벗게 했다. 이 몇 사람들은 임금과 재상의 명령을 받은 것도, 국가의 직무를 맡은 자도 아니었으니, 가령 그들이 수수방관했더라도 누가 비난했겠는가? 그런데도 애국성(愛國誠)에 자격(刺激)되어 한 사람으로서 대국(大局)에 관계됨이 이와 같았으니, 이는 다른 이유에서가 아니다. 일국을 일신처럼 본 결과였던 것이다.

태서 사람들은 유년에 입학할 때부터 바로 애국 시가(詩歌)를 외고, 서로 애국과 관련된 고사를 이야기한다. 그러다가 조금 자라면 애국의 진리를 강학하고 애국의 실업(實業)에 힘쓴다. 옷깃엔 애국장[愛國之章]이라고 부르는 것을 달고, 한가할 때 모이는 장소의 이름은 애국 단체[愛國之社]라고 부르며, 마시는 술에도 애국이라는 이름을 붙이고, 가지고 노는 물건으로도 애국을 기념한다. 항오(行伍)를 이룬 군대는 아침저녁으로 자기 국왕에게 요례(遙禮)*하고, 평소

曹沫 춘추시대 노(魯)나라의 장수로. 제(齊)나라와의 싸움에서 노나라가 3차례 패하자, 노나라 장공(莊公)이 두려워하여 수읍(遂邑)을 양여하고 화해하고자 했다. 이에 조말(曹沫)이 노나라와 제나라의 회맹 장소에 비수를 품고 나타나 제나라 환공(桓公)을 위협해서 땅을 돌려받았다는 고사가 있다.

肉食者 지위가 높고 녹을 많이 받는 관리를 지칭한다. 콩잎을 먹는 사람(藿食者)인 일반 백성과 대비해서 고관대작을 가리킨다. 『春秋左氏傳』 莊公 10年條에 나오는 말. 마을 사람이 이처럼 조말을 힐책하자 그는 "고기 먹는 자들은 비루해서 원대한 계책을 못 세운다"[肉食者鄙 未能遠謀]라고 대답했다.

弦高 진(秦)나라 목공(穆公)이 정나라를 차지하려고 군대를 파견해서 활(滑) 땅에 이르렀다. 마침 정나라 상인 현고(弦高)가 장사 차 주(周)나라에 가다가 이들을 만나게 되었다. 현고는 4마리의 가죽과 12마리의 소를 진나라 군대에 바쳐서 먹이게 하고는 "우리나라 임금이 주는 것이다."라며 거짓말했다. 이에 진나라 장수들은 정나라에서 이미 자신들의 공격을 알고 있으니, 방비를

아침저녁을 먹을 때도 매 끼니때마다 반드시 국운을 위해 기도한다. 심지어 프랑스의 기생[歌妓]은 프러시아 손님이 놀러오는 것을 받지 않으니 이는 그가 나라의 오랜 원수이기 때문이요, 일본의 어린아이들은 러시아 인이 주는 과자를 받지 않으니 이는 그가 나라의 후환이 되기 때문이요, 미국의 학동(學童)은 아침에 일어나면 반드시 먼저 국기에 절한 뒤에야 그 부모에게 인사하니 이는 나라가 가족보다 중요하다는 것을 알기 때문이다.

그 사람들이 나라를 사랑하는 정성이 이와 같고, 피부와 뇌수에 스며든 것이 이와 같고, 마음에 새기고 뼈에 새긴 것이 이와 같은데도 나라가 부강하지 않은 경우는 있지 않고, 나라가 문명하지 않은 경우가 있지 않다. 나라가 부강해진 후엔 그 사람들이 모두 부강의 권리를 획득하고, 나라가 문명해진 후엔 그 사람들이 모두 문명의 행복을 향유한다. 청컨대 우리 대한인들이여, 한 번 내지를 둘러보고 우리 민족이 이러한 사상이 있는지 따져보라. 그리고 한 번 해외에 나가서 우리 민족이 어떤 대우를 받고 있는지 보라.

하고 있을 것이라고 판단해서 정나라 공격을 포기했다는 고사가 있다.

遙拜 멀리서 왕궁이 있는 곳을 향해 절을 올리는 것으로 요례(遙禮), 망배(望拜)와 같은 말.

[원문]

今夫父母之於子也 節其飢飽適其寒溫 憂其有疾 祝其長壽 握而慮其破傷 吹而慮其飛揚 聞其啼聲而心猿先跳 聞其罵語而意馬先馳 食或減前則問其何減 寢或晏起則問其何晏 寧身飢而兒飽 寧身寒而兒溫 恩流成海情種爲山 萬路曲折一絲綢繆 勞而不知其爲勞 苦而不知其爲苦 是誠何心哉 一刹那間 誠一反面的思之 則子亦身外物也 我飢而兒飽 適足爲飢我 寒而兒溫 適足爲寒 憂其有疾 而不能替受其痛 祝其長壽 而不能與之俱生 夫此七尺之軀殼眼視一瞑之後 則萬事雲空 千想水落 寒食東風所紀念者 只是杏花一盃酒也 雖使渠良田廣宅 手弄千金 非我所見 雖使渠爲公爲卿 足躡青雲 非我所聞 雖使渠爲英雄爲豪傑 功盖一世 名傳千秋 非我所知也 使魂靈死而耿耿者尙存 則撫念當日之眷眷爲愛 戀戀不忘 是豈不誠呀然可笑 窅然自失乎 曰不然也 此卽天地生生之理 而吾人所以得保其生命也 請且言其關係與理由也

愛情烏乎起 孟子曰 吾弟則愛之 秦人之弟 則不愛也 秦人之弟則以其疎遠也 故愛之之心必無 雖欲强飾 而不能也 吾弟則以其親近也 故愛之之心必生 雖欲强制 而亦不能也 愈疎遠 則其愛愈絶 愈親近 則其愛愈增 故愛己心爲第一上乘 而近世哲學家謂 人類有兩種愛己心 一是本來之愛己心 一是變相之愛己心 變相之愛己心 卽是愛他心 其所以愛他者 卽所以愛己也 人於世間 其所營爲動作 常千緖萬端 不得不思其幫助者 而其第一幫助之手 莫子若也 人於暮境 其精神膂力 常頹敗昏耄 於一切事 常思其傳授者 而其最堪傳授之人 莫子若也 抑人之常情 必非能以現境界 自爲滿足 而其所觸所受之境界 又頑狹局促 而至有限也 故常欲於其直接以觸以受之外 間接而有所觸有所受 此所謂世界外之世界 身外之身 子也者 是我身外之身 而能留於我世界外之世界者也 故人於其子 當以我所未能爲之事 而望之焉 我未能爲文章才士 而望其子之爲文章才士 我未能爲富有貴顯 而望其子之爲富有貴顯 我未能爲英雄事業 而望其子之爲英雄事業 以幫助傳授之思想兼生平極端之希望 故其愛之之心 油然藹然 徹頭徹尾 苟無此心 則孩提之童 多不得保其生命 而天地生生之理 或幾乎熄矣 人於其子 其所以愛之之關係如是 其所以愛之之理由如是

推愛己之心而愛其子 推愛子之心而愛其家 推愛家之心而愛其國 大小不同 其理則一 國也者 積累家族而成者也 人不能以一身而獨立於世界 故於是乎有群 旣有群焉則處於一群之中 共營生存 勢不能獨專利益 而不顧他人之有害 故善能利己者 必先利其群 而己之利 亦從而進焉 以一家論 則我之家興 我必蒙其福 我之家替 我必受其禍以一國論 則國之尊榮 生長於其國者 罔不尊榮 國之墮落 生長於其國者 罔不墮落 故眞能愛己者 不得不推此心以愛國 其所以愛國者 亦愛我故耳 人能深明此二者之異名同源 則同不必侈談兼愛以爲高尙 亦不必諱言爲我以自欺蔽 但使擧其愛己之實 則自然有愛國之誠 爲愛國之事 則自然收愛己之效也

耗矣哀哉 我大韓人之無愛國心也 問諸農者 有知國家之若何關係乎 無有也 其相語則曰 今日耕 明日耘而已 問諸工者 有知國家之緣何興替乎 無有也 其相語則曰 斧者斧 鉅者鉅而已 問諸商者 有以國家爲念者乎 無有也 其相語則曰 如何而可以營業 如何而可以謀利也 問諸士者 有以國家爲憂者乎 無有也 乃其所欲則曰 如何而可以發身如何而可以得官也 問諸官吏 有以國事盡心者乎 無有也 乃其所欲則曰 如何而可以升典腴邑 如何而可以身致大官也 父詔其子 兄勉其弟 妻勖其夫 友勤其朋 終年所營營逐逐者 不過是財利名位 以爲是愛己者之所同然 而殊不知此似痴人說夢也 試想 此農有餘粟 樂爾妻孥乎 工專技藝 不見擯斥乎 商有餘財 實業發達乎 士能受他上等待遇乎 官能守其自己權利乎 國隆而己與之俱隆 國替而己與之俱替 現世之定理 於天何怨於人何尤也

齊魯長勺之戰 曹沫一匹夫耳 憂國事 有所謀畫 而旁人笑之 以爲肉食者謀之 而又何間焉 曹沫不顧其非笑 卒用手段 而歸其掠地 秦將襲鄭 弦高一商人耳 以十二牛 犒秦師 而密報敵情於本國 希臘以數千之農夫 追百萬遊牧之蠻兵 法國一牧羊之田婦 獨力一言 以攘强敵 使法國脫外國之羈絆 夫此數人 非有受君相之命令 任國家之職務者使其袖手旁觀 人孰非之 而乃爲愛國誠所刺激 以一人而關係大局如此 無他焉 視一國如一身之所致也 泰西之人 自幼年入學校 卽誦愛國之詩歌 相語以愛國之故事 及其稍長 則講愛國之眞理 勉愛國之實業 衣襟所佩者 號爲愛國之章 遊燕所集處 稱爲愛國之社 所飮之酒 以愛國爲命名 所玩之物 以愛國爲紀念 行伍之軍隊 朝夕必遙禮其國王 尋常之饔飧 每食必祀禱其國運 乃至如法國歌妓 不納普客之狎遊 以其爲國之世仇也 日本孩童 不受俄人之贈果 以其爲國之後患也 美國之學童 朝起必先拜國旗 而後其父母 以其國家之重於家族也 其人愛國之誠如是 其淪膚浹髓如是 其銘心刻腦如是而國不富强者 未之有也 如是而國不文明者 未之有也 國旣富强 而其人皆得富强之權利矣 國旣文明 而其人皆享文明之幸福矣 我請我大韓人 試一覽內地 究我民族之有此等思想也 試一遊海外 看我民族之受何等待遇也

87. 김광제, 단체적 행동

■ 정부도 하나의 단체로 보고 개인도 사회단체를 결성하여 독립의 기반을 구축해야 한다고 주장한 김광제(金光濟)의 논설. 김광제는 「화평과 안락의 원유(原由)」(『대한협회회보』 제10호)라는 글에서 한국의 위기 상황은 생존경쟁과 약육강식의 시대에

단체의 행동을 말하기에 앞서 먼저 단체가 생성되는 유래와 그것이 국가에 직접 관계가 있음을 설명하겠소. 단체라는 것은, '단'(團)이란 합군(合群)을 뜻하고, '체'(體)는 구용(具用)을 뜻하오. 인류계(人類界)에 단체가 필요하다고 인증하는 것은 비단 사회적인 사실만 지칭하는 것이 아니라, 일신, 일가, 전국, 전구(全球)가 모두 그렇소. 따라서 행동과 운위(云爲)에 그 단체의 결과가 아니면 일

신이 일신되지 못하고, 일가가 일가 되지 못하고, 나라가 나라 되지 못함은 명확한 사실이오. 그런데 단체의 원리를 알지 못하는 자들이 깜깜한 방 속에서 왕왕 어울려서 한갓 꾸짖음을 일삼으면서 말하길, "근래 이른바 사회, 사회, 단체, 단체하는 말들이 성행하지만 어디에 의거할 바가 있고, 무슨 효과가 있는가?"라고 하오.

본인이 이에 대해서 간곡히 질언(質言)할 것이 있소. 사람이 천지 만물 사이에서 가장 영험하고 귀하다고 하는 것은 합군(合群)의 능력이 있기 때문이라 하겠소. 혹자는 이에 반대해서 변론하기를, "오직 사람만이 가장 귀한 것은 오륜(五倫)이 있기 때문인데 합군(合群) 때문이라고 하는 말은 금시초문"이라고 하오. 이치에 가깝지 않다고 하겠지만, 한 번 질문해 보겠소. 가령 한 개인으로 대지 위에 외로이 독립한다면, 나는 것은 새만 못하고 달리는 것은 짐승만 못하며, 단합이 아니면 군신의 제회(際會)와 부자의 상계(相繼)와 부부의 회합(會合)과 장유의 계급과 붕우의 상비(相比)가 어디서 만들어지겠소? 이를 미뤄본다면 오륜도 단체에서 기원하는 것이라고 해야 할 것이오.

그러므로 세계의 모든 인위 가운데 단체에 가장 주의해야 하오. 단체주의를 배척하는 자는 자신과 자가(自家)와 자국을 스스로 해치는 자며, 자기 단체로 다른 단체를 방해하려고 하는 자도 스스로 해치는 자요. 『중용』에 이르길, "만물이 함께 길러져 서로 해치지 않으며, 도가 함께 행해져 서로 위배되지 않는다."*고 했으니, 어찌 사실이 아니겠소?

우리 정부도 단체의 일부분인데 어째서 당국의 공(公)들은 단체의 원리는 처음부터 강구하지 않고 갈수록 더욱 오해하여, 사람들의 단체를 볼 때마다 시기하고 두려워해서 서로 말하길, "저 단체가 완성되면 반드시 우리를 해칠 것이다."라고 하면서 백방으로 방해하고, 전국의 민인(民人)을 기필코 바람에 낙화가 흩날리듯 흩어 버리려고 하니, 이는 참으로 무슨 마음이오? 본인은 저 어리석은 공들은 단체의 주의를 오해한 결과 제 자신을 스스로 해칠 것이라고 생각하오. 어째서 그렇겠소?

공(公)들이 이미 경쟁과 독립의 뜻에 이러한 오해가 있어서 도리어 자기 자신을 해치는 분명한 증거를 목도했소. 경쟁이라는 것은 세계에서 지력(智力)으로 우승함을 뜻하는데, 저들은 홀로 다른 사람과 다투는 것이 좋은 경쟁이라고 생각해서, 길거리에서도 사람을 만나는 대로 다퉈서 서로 때리고 욕하는 것이 끝이 없소. 외국인들이 보고 듣고, 노동자들이 옆에서 쳐다보는데도 부끄러워할 줄 모르오. 이는 바로 제(齊)나라의 저자에서 백주에 금덩어리를 훔친 자가 금만 보이고 다른 사람을 보지 못하는 것과 같으니,* 이는 우승(優勝)의 경쟁이

자초한 것이라 한탄한 바 있다. 원문 출전은 金光濟, 「團體的行動」, 『대한협회회보』 제11호(1909년 2월).

■ 金光濟(1866~?) 1909년 대구에서 서상돈(徐相敦)과 함께 「국채일천삼백만환보상취지서」라는 격문을 써 국채보상운동을 제의하였다. 그 후 만주로 망명하여 일신학교(日新學校)를 설립하였고, 3·1운동 후에는 일본으로 건너가 제2의 독립선언서를 작성하여 배포하였다.

萬物竝育而不相害 道竝行而不相悖『中庸』 제30장.

便若齊市之白晝攫金者ㅣ 只見金不見人之爲也『列子』「說符」

아니라, 바로 열패(劣敗)<못난 놈 내기>라고 하겠소.<청중이 크게 웃음>

또 독립이란 전국 결합력이 있은 연후에 할 수 있는 것인데, 오직 그 글자의 뜻만으로 풀이해서 "좌우를 주살로 쏘고 오직 내 한 몸만 있는 것"이라고 해서, 그 야만적인 마음과 행실을 제멋대로 부리다가 끝내 뜻을 이루지 못함에 혼자 발광하고, 심지어 존엄하고 지척에 있는 사람들에게 칼을 빼고 주먹을 휘두른다면 되겠소? 이는 합군(合群)의 독립이 아니라 바로 독부(獨夫)*의 독립이니, <만장 갈채> 독부란 것은 자기와 일반 국인(國人)이 원수가 된 자이오. 독부가 된 다음엔 계엄(戒嚴) 장비와 호신 기구가 없으면 문밖에 한 걸음도 나갈 수 없으니, 이 어찌 스스로 해치는 자가 아니겠소?

그렇지만 우리들은 그에 대해서 차라리 측은하게 여길 순 있을지언정 꾸짖을 수는 없고, 또 인도할 순 있을지언정 욕을 할 수는 없소. 이는 마치 눈이 다 있는 자가 앞을 잘 보지 못하는 맹인을 비웃고 꾸짖는 것과 같소. 그러니 우선 놓아두고, 단체엔 행동이 있고 행동엔 정당한 것과 정당하지 않은 것의 구별이 있소. 단체의 정당한 행동은 불편불의(不偏不倚)하고 무편무당(無偏無黨)한 것이니, 마땅히 전국의 공공한 논의[全國公共之論]로 주론(主論)을 삼고 또 만민대동의 견해[萬民大同之見]로 주견을 삼아, 성토할 만한 것은 함께 상토하고 구할 만한 것은 동기(同氣)로 하되, 끝내 한 단체의 화기(和氣)로 온 나라를 용화(鎔化)하는 것이 바로 우리 정치 단체의 정당한 행동일 것이오.

에 나오는 말로, 시장의 금은방에 들어가서 금을 움켜잡고[攫金] 나오다가 붙잡힌 사람에게 왜 그런 어처구니없는 짓을 했느냐고 묻자, "사람은 안 보이고 금만 보이더라."[不見人 徒見金]고 대답했다는 고사.

獨夫 『書經』「泰誓」에, "독부 수(受=紂)는 크게 위압을 일삼고 있으니, 그대들의 대대의 원수이다."[獨夫受 洪惟作威 乃汝世讎]라는 표현이 나오는데, 이에 대해 채침(蔡沈)은 집전(集傳)에서 "독부(獨夫)는 이미 천명이 끊어지고 인심이 떠나서 다만 홀로된 사람을 말한다."라고 주석을 달았다.

88. 이석룡, 나와 사회의 관계

■ 구한말의 개인과 사회 및 국가와의 관계를 비판하면서, 개인의 행복과 권익 보전이 전체 사회를 유지하는 근간이 됨을 설명하고 있다. 원문 출전은 李錫龍, 「我와 社會의 關繫」, 『서북학회월보』 제19호(1910년 1월)

사회는 나의 단체요, 나는 사회의 분자(分子)이다. 그러므로 나의 완전은 곧 사회의 완전이요, 나의 부패는 곧 사회의 부패니, 사회의 책임을 다하고자 한다면 내가 나 되는 의무를 확실하게 이행하며, 사회의 질서를 유지하고자 한다면 내가 나 되는 가치를 끝까지 증장(增長)해서, 나의 일신은 천 개의 칼날이 번쩍이는 구덩이 속에 추락하더라도 사회는 추락하지 않게 하며, 나의 일신은 백세성상(百歲星霜)*의 뒤에 죽더라도 사회는 죽지 않게 해야 한다. 그래서 구각(軀殼)*적 내가 추락하거든 정신적 나로 사회를 일어나게 하고, 물질적 내가 죽거든 영혼적(靈魂的) 나로 사회를 살아나게 한 후에야 내가 사회에 대해서 소아(小我)의 내가 되지 않고 대아(大我)의 내가 되며, 가아(假我)의 내가 되지 않고 진아(眞我)의 내가 될 것이다. 그러므로 나는 죽더라도 사회는 죽지 않고, 나는 소멸되더라도 사회는 소멸되지 않으며, 나는 유한하더라도 사회는 무한한 것이

星霜 별들은 1년에 한 번 천체를 일주하고 서리는 매년 추운 날씨에 내린다는 뜻에서 성상(星霜)은 한 해를 뜻함.

軀殼 몸의 껍질이라는 뜻으로, 온몸의 형체 또는 몸뚱이의 윤곽을 정신에 대비하여 이르는 말.

다. 내가 죽더라도 나로 조직된 사회가 죽지 않으면 이는 내가 죽었어도 사는 것이요, 내가 살아 있더라도 나의 기관(機關)된 사회가 죽으면 이는 내가 살았어도 죽는 것이니, 사회를 귀중히 하는 것은 곧 나를 귀중히 하는 것이며, 사회를 낮게 보는 것은 곧 나를 낮게 보는 것이다.

"나의 일신이 사회 전체에 대해 그 지극히 미소(微少)함이 참으로 태산의 한 줌의 흙이요, 큰 곳간의 한 알의 알갱이와 같다. 한 줌의 흙이 비록 단단하더라도 태산의 붕괴를 지탱하기 어렵고, 한 알의 알갱이가 비록 정결하더라도 큰 곳간의 부패를 구제하기 어려우니, 내 일신이 아무리 공평하고 정직한들 전 사회의 부패를 어떻게 하겠는가?"라고 생각해서, 사람이 시랑(豺狼)*의 마음을 품으면 나도 제2의 시랑이 되고, 사람이 여우의 마음을 품으면 본성을 익히면 나도 제2의 여우가 되어 희망이 절망으로 변하고 공심(公心)이 사심(私心)으로 바뀐다. 그리하여 바람 불어오는 대로 돛을 올릴 뿐 노 없는 배가 된다면, 이러한 인물은 사회에 대해서 있어도 도움될 것이 없고 없어도 손해될 것이 없으니 나와 사회의 관계가 이처럼 긴중한 것이다.

지금 우리 한국에 각종 사회가 성질은 다르지만 명칭은 같은 것들이 연달아 생겨서, 범위 내에 연서점명(聯署點名)*한 자들이 매우 많아져 수만여 명에 달했다. 그러나 나와 사회의 관계를 알아서 내 책임을 다하고 국민의 의무를 잘 이행하여, 박애주의를 채용하고 공동 질서를 유지하려고 하는 동포가 이천만 중에 몇 개 분자(分子)나 있는가? 설혹 알고서 행하더라도 실지(實地)에 발을 딛고 중도에 포기하지 않는 동포가 또 몇 개 분자나 있는가? 그 말을 들으면 구구절절 지사(志士)요, 그 붓을 보면 구구절절 열사가 되어 풍설북해(風雪北海)에 소랑(蘇郎)*의 절개를 지키고 산하(山河) 신정(新亭)에서 주생(周生)의 눈물을 뿌려서,* 청년의 교육을 확장할 자도 나요, 동포의 생명을 보호할 자도 나요, 법률정치를 개량할 자도 나요, 농공상업을 발달시킬 자도 나요, 기타 사회진보에 관계된 거세대소(巨細大小)의 천태만사(千態萬事)가 모두 다 나요. 다만 심면(心面)이 천연(天淵)*하고 언사(言事)가 경위(涇渭)*하다. 그래서 채 말이 끝나고 글씨가 마르기도 전에 막중 공공(莫重公共)한 유신시대(維新時代)의 사회를 도리어 전일 구습의 자기 소굴만 살찌우는 것으로 인식하여 무고한 범위 내의 인민을 아비규환에 몰고 가 청년의 교육을 모해(蟊害)하는 자도 나요, 동포의 생명을 할박(割剝)*하는 자도 나요, 법률정치를 부패시키는 자도 나요, 농공상업을 쇠멸(衰滅)시키는 자도 나요, 기타 사회부패에 관한 거세대소의 천태만사가 모두 내가 아님이 없다. 자기가 하늘과 땅을 바라봄에 부끄러움은 물론이거니와 창천이 밝게 하늘에 있고 귀신이 곁에서 질정(質正)하는데, 옛날 부패의

豺狼 승냥이와 이리.

聯署點名 연서(聯署)는 연합해서 서명하는 것이고, 점명(點名)은 명부에 있는 이름을 점을 찍어 가며 호명한다는 뜻.

蘇郎 한(漢)나라 무제(武帝) 때 중랑장을 지낸 소무(蘇武)를 가리킨다. 흉노에 사신으로 갔다가 억류되어 19년 만에 귀환했다.

山河新亭에 周生의 淚를 灑ᄒᆞ야 신정(新亭)은 중국 강소성 강녕현에 있는 정자 이름이다. 주생(周生)은 주의(周顗)를 가리킨다. 진(晉)나라가 오호(五胡)의 난을 당해서 강남(江南)으로 피난한 후에 옛 진나라의 명사들이 이 정자에 모여 술을 마시고 눈물을 흘리며 탄식하였다. 주의가 탄식하면서 "풍경(風景)은 예와 다름이 없는데, 산하(山河)는 옛 산하가 아니네."라고 하자 모두 눈물을 흘렸다고 한다.

天淵 높은 하늘과 깊은 연못이라는 뜻으로 매우 큰 차이를 비유하는 말.

涇渭 경수(涇水)와 위수(渭水)는 중국의 강 이름으로 옛사람들은 경수는 맑고 위수는 혼탁하다고 생각했다. 이로부터 경위는 청탁, 우열, 시비 등을 비유하는 말로 쓰임.
割剝 살을 베어나고 가죽을 벗김.

죄악이 이미 층층이 쌓였고 금일 부패의 악습이 또 이처럼 차고 넘치니 국가의 복리를 어떻게 증진시키겠는가? 이 지경에 이르렀어도 위로 하늘을 원망하지 말고 아래로 사람을 탓하지 말라.

아아, 동포 제씨여! 지나간 일은 바로잡을 수 없지만 앞으로 올 일은 그래도 고칠 수 있으니 나의 일신을 애중하는 마음으로 사회 전체를 애중하고, 나의 앞길을 기도(企圖)하는 힘으로 사회의 앞길을 기도해서, 사회의 한 분자가 된 나로써 나의 총합체인 사회를 더럽히지 말라.

내가 사회에 관계됨이 이처럼 중대하지만, 그 취급상에 있어선 사회는 사회의 사회요, 나의 사회가 아니다.

Ⅴ. 동양평화와 세계평화

89. 구자욱, 무비론

■ 숭문천무(崇文賤武)하는 풍조로 인해 외적의 침입을 격퇴할 국방력을 갖추지 못했음을 비판하면서, 자위를 위한 국방력 강화가 필요하며, 우선 정신적 무비를 갖춰야 한다는 논지를 펴고 있다. 원문 출전은 具滋旭, 「武備論」, 『太極學報』 제8호(1907년 3월).

■ 具滋旭(생몰연도 미상) 일제강점기 서울에서 계리사(計理士)로 활동한 회계학의 선구자. 회계고문, 세무신고, 회사설립 등 업무를 수행했고 보성전문학교 등에서 교직을 맡아 후진양성에 힘썼다.

나라에 무비(武備)가 있는 것은 비유하자면 사람에게 손발이 있고 집에 울타리가 있는 것과 같다. 사람에게 손발이 없으면 남에게 모욕을 당해서 그 장해(戕害)를 받더라도 막을 수 없고, 집에 울타리가 없으면 도둑이 훔쳐봐서 그에게 훔쳐 가는 법을 가르치는 것과 같은데도 막을 수 없으니 나라에 전비(戰備)가 없을 수 있겠는가?

가령 어떤 방국이 국토가 넓고 비옥하며, 기후와 물산이 알맞고 풍족하며, 주민이 많고 또 그 성질이 아름답고 기력이 강해서 능히 문명한 법률과 선량한 제도로 정치 조직을 건설해서 내치와 외교가 각각 적절하게 되면 참으로 국가적 원소(國家的元素)에 결여됨이 없고 또한 나라를 다스리는 대도(大道)에도 어긋남이 없을 것이니, 이러한 나라를 허약하다고 할 순 없다. 그러나 오직 무비를 완전히 한 후에야 그 문명하고 부서(富庶)한 복지를 실추시키지 않아서 웅국(雄國)을 이룰 것이다. 국가에 내우와 외홍이 있어서 그 동기(動機)를 예측할 수 없는 경우에 이를 막아낼 수 있는 강력이 없다면, 그 나라가 비록 문명하더라도 패망을 면하기 어려움은 이세(理勢)의 당연한 바다.

陰雨 『詩經』 「豳風」 "鴟鴞"장의 "하늘이 흐리고 비오기 전에 뽕나무 뿌리를 캐어다가 둥지의 문을 튼튼히 얽어 둔다."[迨天之未陰雨 徹彼桑土 綢繆牖戶]라고 한 구절에서 유래한 말로 사전에 준비함을 비유.

그러므로 나라의 계책을 세우는 자는 음우(陰雨)*의 준비를 태만히 하지 말아서 평시엔 그 위세를 떨치고 난시엔 그 힘으로써 대적해서 국가의 안녕을 유지해야 하며, 백성들은 도리를 밀고 나가고 의기를 높여서 국가에 대해 병역 의무를 극진히 하지 않으면 안 되는 것이다.

그런데 목을 빼고 주위를 둘러보면서 오늘날 열강의 상태를 관찰하건대, 그 정성과 힘을 다해서 급급히 경영하는 바는 육해군의 확장이다. 이러한 무비의 주의가 과연 내우외홍(內憂外訌)을 방어하려는 데 그치는 것일까? 한층 높이 도

약해서 증오할 만한 소위 군국주의를 달성하려는 것이다. 남의 이권을 뺏고 판도를 개척해서 그 야심과 만행을 제멋대로 부리면서도 만족할 줄 모르니, 그 쟁녕(猙獰)*하고 포악한 형세를 돌아보건대 어찌 하늘을 들어올리고 땅을 뒤흔들지 않을까? 이러한 세상, 이러한 시대를 당하여 자위할 강력이 없는 자가 남의 희생이 됨을 면하고자 해도 어찌 용이하겠는가?

猙獰 쟁(猙)은 붉은 표범과 유사하고 꼬리가 다섯 개, 뿔이 하나인 상상 속의 동물이고, 영(獰)은 모질고 흉악하다는 뜻으로, 쟁녕(猙獰)은 포악하다는 의미.

아아! 한 번 생각하고 궁구해 보라. 우리나라는 어떤 원인에 따라 어떤 결과를 취했는가? 원래 완전한 무비가 없을 뿐만 아니라, 승평(昇平)한 날이 오래 지속됨에 문예에만 종사해서 국민의 무기무습(武氣武習)을 천시하고 억제하여 마침내 허약하기가 무상하고 치욕이 막심한 금일의 상황을 만들어 낸 것이니, 비록 후회한들 어찌 미칠 것이며 탄식한들 무엇 하겠는가? 맹성분발(猛省奮發)하고 시세를 헤아려서 속히 진흥을 도모해야 하니, 만약 진흥할 방책을 연구한다면 병비를 갑자기 확장하는 것은 비단 형세와 시기로 볼 때 불가능할 뿐만 아니라 이치상으로도 참으로 필요가 없다.

오직 무비를 발휘해서 권리(權理)를 존중하고, 의협을 숭상해서 모든 우리 국민이 하나하나 그 뜻을 다지고 기운을 진작해서 산이 무너지더라도 태연자약하고 우레가 치더라도 의연하게 동요하지 않아서, 남의 핍박과 압박을 받을 땐 핍박이 셀수록 더욱 격렬하고 압력이 더할수록 더욱 움직여서 남을 이기지 못하면 쉬지 않으며, 나라를 위해 몸을 일으켰을 땐 오직 전진할 뿐 물러서지 않고 죽는 것을 마치 집에 돌아가듯 편안히 여겨서 목적을 달성한 후에야 그치는 정신이 굳건하다면, 이것이 곧 우리나라의 진정 완전한 무비다. 진실로 이러한 무비가 있다면 남이 비록 힘이 있어도 우리의 기(氣)에 미칠 수 없고, 남이 비록 철(鐵)이 있어도 우리의 혈(血)에 대적할 수 없다. 항상 승리를 거둘 자 우리 말고 누가 있겠는가? 이는 큰소리와 우활한 논의가 아니다. 훗날 우리의 성공의 요체는 오직 여기에 달려 있을 뿐, 물질적 무비에 달린 것이 아니다.

옛날 임진왜란[龍蛇之役] 때 수군과 육군이 모두 궤멸되자 민국(民國)이 극히 혼란했다. 그러나 마침내 대적(大敵)을 진멸(殄滅)해서 국위를 다시 정비했으니, 이것이 어찌 권 원수(權元帥)와 이 통제(李統制)*의 도략과 지휘만으로 이룬 결과이겠는가? 조선민족의 고유한 무기(武氣)의 신공(神功)일 것이다.

權元帥 李統制 권율(權慄)과 이순신(李舜臣)을 가리킴.

예전에 들으니 어떤 외국인이 우리 학생에게 물었다. "귀국의 군함이 몇 척인가?" "이미 보유한 것은 말할 것도 없고, 새로 건조한 것이 많아서 어떤 것은 이미 공정을 시작했고, 어떤 것은 곧 진수(進水)할 것이오." 외국인이 바로 비판하면서 말했다. "그대는 내가 귀국 사정에 대해 완전히 어둡다고 생각하는가? 거짓말하지 말라." 이에 답하기를, "당신이 어떻게 알겠소? 지금 우리나라 국민의 뇌수 속에 각자 정신적 군함이 있어서 어린아이는 재주가 이미 공정을 시작하고, 장성한 자는 곧 진수할 것이니, 장차 완전해질 때를 기다려서 태평양으로 몰고 나간다면 누가 감히 대적할 것이며, 끝내 동양의 해상권을 장악하는 나라가 한국이 아닐는지 그대가 어떻게 알겠는가?"라고 했다. 그러자 외국인이 크게 탄복해 마지않았다고 하니, 우리가 스스로 기약함이 이와 같을 뿐만 아니라 또한 세인(世人)들이 기탄하는 바다.

이것이 장차 후대(厚大)할 것이니, 아아! 우리 동포여! 어찌 감흥을 일으키고 분려(奮勵)해서 점점 더 우리의 정신적 무비를 길러서 성공을 거두어 이 곤욕을 면하며, 다시 한 걸음 더 나아가 우내(宇內)를 웅시하지 않는가? 힘쓸지어다, 동포여!

90. 심의성, 경쟁하는 삼대력(三大力)의 여유한 관계

■ 적자생존의 경쟁에서 살아남기 위한 실력양성의 방법으로서 재력, 체력, 두뇌력을 강조한 논설. 국가적·사회적 차원에서 지적능력의 계몽뿐 아니라 신체에 대한 관심과 양생의 필요성을 제기한 점이 주목된다. 원문 출전은 沈宜性, 「競爭하는 三大力의 餘裕한 關係」, 『대한협회회보』 제3호(1908년 6월).

■ 沈宜性(생몰연도 미상) 1906년 『조양보』(朝陽報)를 창간하여 국민들에게 지식을 보급하고 국내외 정세를 소개하였다. 헌정연구회, 대한자강회 등에 참여하였다.

우리 인류가 경쟁하는 이기(利器)는 금수와 같이 간단하지 않아서 의복, 음식과 근골(筋骨), 장기(臟器)와 학식, 지려(智慮) 등이 천차만별하여 대단히 복잡하다. 그러나 그중에서 가장 생존경쟁에 적당한 것을 추첨(抽籤)해서 대별하면 자력(資力)과 체력(體力)과 뇌력(腦力)의 3대 힘에 불과하다.

속언엔 금과 힘의 분별이 있다고 하지만 나는 이들을 총칭해서 인류의 경쟁력이라고 명언(名言)한다.

그렇다면 우리가 이제 인류사회의 경쟁의 장에 서서 우승열패의 형세를 제어해야 할 뿐만이 아니다. 이 세 가지 힘이 없으면 일신 생존의 면목을 유지할 수 없고 또 이 각각의 힘에 여유가 없으면 경쟁의 힘이 발생할 수 없다.

대체로 두 가지 물건이 서로 충돌하는 경우, 파손을 피하고자 한다면 그 사이에 여유가 있어야 한다. 이 이치는 유형, 무형을 막론하고 모두 그러하다. 예컨대 우선 자력(資力)에 대해 말하자면, 하루의 수입을 다 당일 지출에 충용(充用)하면 어느 날 예상치 못한 지불을 해야 할 때 갑자기 곤궁해짐을 면치 못할 것이다. 만약 그럴 때 다소 금전의 저축이 있든지, 또는 주권(株券) 등 기타 동산에 속한 것과 부동산에 속한 증권이 있어서 구차하게나마 금전을 빌려서 융통할 여유가 있으면 곤궁을 면할 수도 있겠지만, 만약 이와 반대로 자력의 여유가 없이 경쟁할 때를 당하면 그것은 곧 타방(他方)의 여유 있는 자로 하여금 한 걸음 더 앞으로 나오게 인도하는 것과 다를 바 없다. 그렇다면 자력의 여유가 열패(劣敗)의 화를 면하고 우승(優勝)의 형세를 제어하는 데 필요함을 알 수 있다. 이는 비단 상업계에서만 발생하는 관념일 뿐만 아니라 사람마다, 그리고 집집마다 항상 관계되는 바이니, 절근(切近)한 일을 들어서 예증하자면 질병과 경조사의 비용이 가장 적절할 것이다. 이는 사람들이 모두 일상에서 직접 실제로 체험하는 바다.

체력 또한 이와 같다. 예컨대 모험적 사업을 기도(企圖)하기 위해 신체를 비바람과 추위, 더위에 내놓거나, 혹은 전쟁을 겪으면서 밤낮으로 침식이 불안하거나, 혹은 부모와 처자, 친구와 사제를 위해 간병하거나, 혹은 전염병이 유행해서 창궐했을 때, 신체가 강건하고 체력에 여유가 있으면 차라리 피로할지언정 결코 곤비(困憊)*한 지경엔 이르지 않을 것이다. 설혹 곤비하다는 생각이 들더라도 질병에 걸릴 이유는 절대 없을 것이다. 그러나 만약 이와 반대라면 악질(惡疾)이 전염되기 쉬울 뿐만 아니라 인내하는 힘이 부족해서 사업의 앞길에 반드시 장애가 있을 것이다. 이를 바꿔 말하면 빈핍(貧乏)은 자력의 질병이요, 질병은 체력의 빈핍이라 할 수 있다. 비바람과 추위, 더위를 무릅쓰는 것과 밤낮으로 침식이 불안한 것 등은 불시에 지출이 필요한 것과 다를 바 없다.

困憊 고달파서 힘이 없음.

뇌력에 있어서도 이와 같다. 예컨대 사업 실패, 금전 손해, 부모와 처자의 사망, 모욕, 사계(詐計)*, 계옥(繫獄)*, 그리고 그 밖에 처세에서 충돌되는 모든 일들이 각 방면에서, 그리고 장시간 동안 나타나서 여러 가지 장애되는 방해와 재난에 맞닥뜨렸을 경우, 지려(智慮)의 인내가 장원(長遠)하고 뇌력의 여유가 작작하면 담소하는 사이에 그 처리가 타당하고, 혹은 태연자약하게 긴 휘파람 불고 시를 읊조리는 가운데 즐거움이 생길 것이다. 그러나 지려와 인내가 얕고 뇌력의 여유가 결핍되었으면 사업의 낭패는 고사하고 낙담과 실망, 조울(燥鬱)과 강조(剛措)로 인해 정신병에 빠지는 대환(大患)을 면치 못할 것이다.

詐計 속임수, 사기.
繫獄 감옥에 구금됨.

그렇다면 우리 인류는 자력과 체력과 뇌력의 세 가지가 부족하면 경쟁의 장에 나란히 설수 없는 것이다. 만약 경쟁할 때를 당해서 우승열패의 형세를 제어하고자 할진대, 이 세 가지 힘에 모두 여유가 없이는 불가하다는 진리를 사량(思量)해야 한다. 이 여유를 만들어 내는 방법은 각 전문가에게 가서 묻든지 또는 서적을 보고서 연구해야 한다. 나는 반드시 자력의 여유를 만드는 방법은 양재(養財)에 있고, 체력의 여유를 만드는 방법은 양체(養體)에 있고, 뇌력의 여유를 만드는 방법은 양신(養神)에 있다고 말하고, 이를 총칭해서 양생(養生)이라고 명언(名言)한다. 이것이 우리 인류가 당연히 성실한 마음으로 양생을 신뢰해야 할 이유다. 그러므로 그 계통을 아래 표에 표시한다.

인류의 경쟁력 { 자력(資力) / 체력(體力) / 뇌력(腦力) } → 여유(餘裕) ← { 양재(養財) / 양체(養體) / 양신(養神) } 양생(養生)

이로써 보건대 양생은 생존경쟁과 우승열패의 원리의 근본이요, 경쟁력은 여유에서 생겨나는 결과요, 그 목적은 경쟁의 장에 서서 열패의 화를 면하고 우승의 형세를 제어할 것을 기도하는 데 있다고 바로 확인하는 바다.

91. 채기두, 평화적 전쟁

■ 채기두의 무력투쟁론. 적자생존 원리가 지배하는 국제정치 현실을 인정하면서 저항 수단으로 무력에 의존해야 한다는 주장을 펴고 있다. 19세기 이래 국민주의가 식민주의로, 제국주의로 변환되었음을 지적하면서, 식민주의와 제국주의는 명칭은 다르지만 실제는 같은 '평화적 전쟁'에 불과하며, 열강의 진출 수단인 '평화적 전쟁'에 대항하는 방법은 '무장적 전쟁'을 준비하는 길밖에 없다고 보았다. 원문 출전은 蔡基斗, 「平和的 戰爭」, 『대한학회월보』 제6호 · 제7호(1908년 7월 · 9월).

■ 蔡基斗(1883~?) 대한동인회 등 재일유학생단체에서 활동하다가 통합적인 단체 대한흥학회를 조직하여 초대회장을 역임. 『대한흥학회』를 발행했으며, 『법률경제사해통해』(法律經濟辭義通解)를 번역 · 보급하였다.

오늘날은 20세기 시대다. 세계의 문명은 비상한 속력으로 진보하고, 세계 문명의 진보에 따라 열강의 욕망이 증가하고, 열강의 욕망의 증가로 인해 열강의 주의(主義)가 일변함에 이르렀다.

19세기 이래로 각국의 국민들은 상호간에 국민적 특성을 발휘한 결과로 왕왕 타국의 풍속, 관습, 법률, 정치 등을 배척해서 인류 전체의 행복을 희생으로 바치는 경향이 있다. 그러므로 세계적 성질이 있는 문학, 미술 및 기타 과학에 대해서도 자존(自尊)하고 편협한 국민적 특성을 표현하고, 각각 신문명을 유지하는 자로 자임했으니, 이는 곧 국민주의의 쟁투시대라고 할만하다. 19세기 말부터 금세기에 이르기까지 각국은 인구의 증가와 함께 그 영토의 협애함을 자각했다. 그래서 제반 기회를 이용하여 세계에 많은 토지를 할취(割取)하려는 기도(企圖)가 국제적 경쟁에 표현되었다. 그러므로 예전의 국민주의가 한 번 변해서 식민주의가 되고, 두 번 변해서 제국주의가 된 것이다. 이 식민주의와 제국주의는 표면적으로 관찰하면 명칭의 차이가 있으나 그 실제는 동일한 수단, 즉 평화적 전쟁에 불과하다.

현재 열강이 제국 정책을 실행하는 방법은 대략 두 가지 종류로 분류된다. 이것은 국력과 경우의 여하에 기인하는 것이다. 첫째, 자국의 권력이 세계에서 우승(優勝)한 지위를 점유한 나라는 타국이 자국의 이익을 침해하는 것이 적다. 그러므로 완전히 자기의 정책을 실행하는 데 급급할 뿐이다. 둘째, 자국의 국력이 우승하지 못해서 종종 타인의 침해를 받는다. 그러므로 한편으론 타인의 침해를 배척하고 다른 한편으론 자국의 정책을 실행할 방법을 강구하는 것이다.

근일 영국의 인구는 세계에서도 특히 조밀하다. 이처럼 증가하는 인구는 도저히 본국 내에서 거주하면서 상당한 직업으로 상당한 생활을 계속할 수 없기 때문에 이로부터 국민 경제의 곤란이 발생한다. 이러한 국민 경제의 곤란은 영국의 정치가로 하여금 제국적 정책을 취하게 했다. 즉 영국의 국기 아래서 보호를 받는 토지에 잉여 인구를 이주시키는 것은 실로 영국 정치가들이 국민 경제의 곤란을 구제하는 유일한 정책이라 할 수 있다. 이 때문에 오늘날 영국의 국기 아래서 지배를 받는 토지는 지구 표면의 5분의 1이며, 그 주민의 수효는 세계 전인구의 6분의 1에 달하는 것이다.

러시아의 정책은 수백 년 동안 북동아시아에 식민한 때로부터 근대 경영에 이르기까지 그 수단과 방법이 농업에 달려 있었는데, 최근의 정책은 다소간 성질이 변해서 중아시아에 시행하는 정책은 완전히 군대적이라고 할 수 있다. 즉 해당 지방에 주재하는 군대가 엄혹한 군제(軍制)를 반포해서 먼저 맹렬한 수단으로 토종(土種)*을 정복한 다음에 조금씩 완화된 태도로 그들을 회유했다. 그러므로 마침내 주민과 토인의 관계가 차례로 친밀해지는 결과를 얻었으니, 각국 가운데 아시아 식민에 있어서 가장 성공한 나라는 러시아라고 해야 할 것이다.

土種 토착민.

독일의 식민 정책은 가장 오랜 역사가 있다고 하지만, 실패로 돌아간 경우도 적지 않았다. 그런데 최근에 와선 그 식민으로 하여금 정치상의 관계를 지속시키기 위해서 해당 식민지에 직접 이주를 장려했다. 그리고 소아시아엔 최신의 식민지를 건설했으며, 또한 남미 지방엔 농업 및 공업적 식민이 성공할 희망이 있다. 그러나 독일인은 농업적 식민에 성공했을 뿐만 아니라 상업적 식민에도 탁월한 수단이 있으니, 바로 홍콩 및 청국의 각 항구와 도회의 상업상의 최상권(最上權)이 독일인의 수중에 있다.

프랑스는 매우 광대한 식민지를 점유했으나 그 성적은 대개 양호하지 않다. 그 이유는 다른 것이 아니다. 첫 번째로 프랑스 인은 매년 이주할 인구가 증가하지 않고, 두 번째로 프랑스 인의 생활은 비교적 사치스러운 것을 쫓기 때문에 자국의 유쾌한 생활을 버리고 해외에 원정할 의사가 없고, 세 번째로 프랑스는 자제에 대해서 재산을 균분하는 관습이 있다. 그러므로 일반 청년들이 해외에 웅비할 용기가 없어서, 프랑스 식민지엔 관리를 제외하고 국경을 넘어서 다른 지방으로 이주하는 프랑스 인이 희소한 것이다. 또 식민지에 대한 행정은 다만 정치적 세력에 주의할 뿐이요, 자국 이외에 통상적 관계를 개통하지 않는다. 그러므로 외국 자본가들 가운데 프랑스 식민지에 자본을 주입하는 자가 없는 것이다. 이와 반대로 네덜란드의 정책은 관료정치와 간섭주의를 행하지 않고 토인(土人)에 대해서도 가급적 완화적 주의(緩和的主義)를 취한다. 그러므로 네덜란드의 정략은 타국의 모범이 될 뿐만 아니라, 실로 열강 중에서 비교적 양호한 결과를 얻게 된 것이다. 이상의 열국은 세계에서 우승한 지위를 점령한 나라들이기 때문에 완전히 자국의 정책을 실행하는 데 급급하다.

그 다음으로 미국을 논하면, 종래의 정치는 구세계의 이해에 관계하지 않았는데, 근일에 이르러 홀연히 이기적 경쟁의 장에 가입함과 동시에 국제단체에서의 지위가 크게 혁명적 속력으로 변화했다. 이는 한편으로 동양문제에 관해 열강과 권력균형(權力均衡)을 유지하기 위함이요, 다른 한편으로 자국에 대한 타인의 침해를 배척하기 위함이니, 대서양 함대의 회항은 평화적 전쟁의 최후 수단, 즉 무장적 준비에 불과한 것이다.

아아! 지금 열강들의 격렬한 정책은 대략 이상과 같지만, 기왕에 획득한 토지를 지배하는 방법에 있어서도 각각 동일하지 않다. 혹은 종주권의 명의에 따라 보호 감독을 시행하는 나라도 있고, 혹은 완전한 속국의 대우를 행하는 나라도 있고, 혹은 정치상 보호권과 종주권을 갖지 않고 다만 무역상, 공업상의 이익을 독점하는 나라도 있다. 이는 모두 자국에 대해서 실리와 실익이 존재한다고 인정한 이상엔 비록 병혁(兵革)*의 위험이 있더라도 이것들을 지키려는 것이다. 그러므로 최후 목적은 자국의 판도를 확장하고 국민적 발전을 달성하는 데 있는 것이다.

兵革 전쟁.

그러나 지구 표면에 존재하는 국가들은 모두 완전한 국력을 갖지 못한다. 그러므로 혹은 타인의 보호 감독 하에 존재하는 나라도 있고, 혹은 타인의 속국 대우를 받는 나라도 있기 때문에 당장에 참혹한 상황을 겪는 나라가 적지 않을 뿐 아니라 실로 장래의 큰 문제라고 생각한다. 천박한 견해와 학식을 가진 나로선 이에 대한 방법을 단언하기 어렵지만, 대략 현재 각국에서 정책을 실행하는 방법과 그 외에 선배들의 학리상 토론한 것을 거론하여 동병자(同病者)의 비평을 듣고자 한다. 지금 각국에서 실행하는 방법은 급격주의를 취하는 나라도 있고, 혹은 완화주의를 취하는 나라도 있다. 급격주의를 취하는 나라는 실패가 많고, 완화주의를 취하는 나라는 보호, 혹은 감독국의 실패도 적을 뿐 아니라 피보호, 혹은 피감독국에 있어서도 제일 두려워할 만하다. 이로써 보건대 완화정책이 바로 평화적 전쟁의 첫걸음이라고 할 것이다.(『대한학회월보』 제6호)

이 때문에 열강은 이러한 영토 확장에 있어서 다소간 도덕상의 이유가 있다고 성언(聲言)하기를, "지금 세계의 대부분은 무지하고 무능한 민족들의 손 안에 있어서 천연 부력(天然富力)을 발달시키기 어렵다. 즉 전 세계의 인구는 매년 증가하는 동시에 멀리 떨어진 지방의 천연 부력을 개척해서 인류가 행복을 향유하게 해야 하는데, 열등민족이 이를 점령해서 미개한 상태로 폭진(暴殄)*하는 것은 하늘의 뜻에 위반된다. 그러므로 다른 우등민족이 이 열등민족을 지휘, 감독해서 그 생산을 증진시킬 방법을 강구할 것이다."라고 한다. 영토 확장을 도모하는 구실은 여기서 그칠 뿐만 아니라, 그들은 또 세계를 가장 유력한 인종이 상속할 재산이라고 해서 어떤 민족에겐 야만 또는 미력한 자를 몰아내고 영

暴殄 임의로 낭비함.

토를 점령할 천부권리(天賦權利)가 있다고 주장한다.

이상 열강의 성언(聲言)은 바로 야심가의 이기(利己)와 탐욕의 정신에서 나온 것일 뿐만 아니라, 이론상, 사실상으로도 도저히 말이 되지 않는 것이기 때문에 일부의 망론으로 승인한다. 어째서인가? 미국인 윌리엄 녹스* 씨는 유럽인 중에서 비교적 공평한 의견을 가진 인물이다. 그는 저작 『동양적 정신』을 통해 황화론(黃禍論)을 매도하고 인류동종론(人類同種論)을 주장해서 동서 문명을 조화시키고 신세계를 건설하고자 했다. 그중의 인류 동종론은 이러한 인종 문제에 대해 극히 공정한 논평이라고 생각된다. 그러므로 몇 구절을 초역(抄譯)한다. 그 글에서 말하길,

George William Knox(1853~1912) 미국의 신학자 겸 작가. 일본에 선교사로 와서 도쿄제국대학에서 철학과 윤리학 교수를 역임하였다. 저작으로는 『동양적 정신』(*The Spirit of the Orient*, 1906), 『일본에서의 종교의 발전』(*The Developemant of Religion in Japan*) 등이 있다.

"인류는 동일물(同一物)이다. 그 성질이 다소간 동일하지 않음은 명확한 사실이지만 그 마음속에 공통된 인정이 있음은 승인하지 않을 수 없다. 만일 우리가 잠시라도 상호간의 피부 속에 들어가서 서로의 양심을 통찰한다면 이 말이 결코 오류가 아님을 선명히 알 수 있을 것이다.

만일 영국에서 출생한 어린 아이를 동양에 데려가서 양육하면 그 심리적 변화가 반드시 구별하기 어렵게 될 것이다. 예전에 미국의 어떤 선교사가 청국의 한 소녀를 자기의 양녀로 인정하고 본국에 데려가서 양육했다. 그 소녀가 장성하자 언론, 사상, 성격 그리고 취미가 완전히 미국인과 같았다. 누가 관찰하더라도 이 소녀를 청국의 생산(生産)이라고 믿지 못할 정도였다. 이 특별한 사실은 혹 예외라고 하더라도, 근래 미국에서 수년간 교육을 받은 청국의 소년들 가운데 고국에 돌아간 후 미국인과 동일시할 만큼 변화한 자들이 적지 않으니, 동양에서 다년간의 경험이 있는 우리에겐 이러한 실례를 들기에 많은 재료가 있다. 이로써 보건대 동양인과 서양인의 차별은 그 원인이 결코 인종의 차이에 있는 것이 아니라 결국은 습관과 심성의 향배에 달려 있는 것이다."라고 했다.

녹스 씨의 인종동일론은 실로 구미인 중에서의 공평한 의견일 뿐만 아니라 인종학 상의 오류가 없다고 할 것이니, 야심가의 이종론(異種論)은 이보다 이론상으로 불가하다고 인정된다. 또 사실상으로 맞지 않는 실례를 들면, 지금 각국 가운데 식민지에 대해 가장 성공한 나라는 영국이요, 영령(英領) 가운데 성공한 곳은 인도라고 할 수 있다. 그런데 근일 영국과 인도의 관계를 논하면, 도저히 인도를 보유하지 못할 상태에 이르렀다. 그 대략이 프랑스 파리에서 발간하는 「루푸유」에 게재되었다.

"영국인이 인도를 보유할 것인가? 이 의문에 대해 우리는 보유하지 못한다고 단언한다. 인도가 영국 지배하에 속한 것이 이제 50년이 되었다. 그 역사는 외견상 평화로운 것처럼 보이지만 1년 전부터 과거 12개월간에 불온한 운동이 연

달아 일어나 브라만[婆羅門] 교주와 이슬람교[回敎] 간에 소동을 일으키고, 회교와 브라만의 양 교주와 영국 사이에 큰 골이 생겼다. 벵갈에선 영국 상품을 배척하는 동맹이 일어나고, 혁명당원이 각처에서 봉기하고 있다. 그러므로 인도인이 점차 허무당원(虛無黨員)의 행동을 계속해서 외인의 지배에서 벗어나고자 하는 경향이 역력해서 숨길 수 없을 뿐만 아니라, 이슬람교도 사이엔 열심한 신성군(神聖軍)의 고취자가 많이 있다.

만일 이와 같이 격렬한 사상을 통해 영국 주권에 대한 적개심이 하루아침에 구체적으로 표현되는 경우에 이르면, 영국이 어떻게 이를 방어할 것인가? 영국이 과연 인도를 보유할 준비가 충분한가? 우리는 부정하지 않을 수 없다. 어째서인가? 영국령 인도에는 하등의 기초도 없을 뿐 아니라 겨우 일군의 영국 문무관과 공사를 통해서 지배하는 공중누각에 불과하기 때문이니, 만일 이러한 방사(放肆)하고 무절제해서 추호도 인도의 인민들에게 동정을 얻지 못한 일단의 관리들이 멸망하면 인도는 순식간에 영국의 굴레를 떨쳐낼 것이다.

지금 인도에 주재하는 2천 영국인(문무관, 공사) 외엔 한 사람도 인도에 거주하는 자가 없다. 그런데도 저들은 조금도 민정(民情)을 고려하지 않고 다만 이기, 탐욕에 급급하기 때문에 그들의 피치자인 2억 5천만 민심이 점차 그들에게서 이반하고 또 기혐(忌嫌)해서 사회, 도덕, 종교, 인종상의 커다란 골이 생긴 것이니, 어느 날 유사시를 당해서 그들을 보호하고 부종(附從)할 자가 한 사람도 없다. 만일 이렇듯 평화롭지 않은 기운이 한꺼번에 폭발해서 인도 정청(政廳)을 파괴한다면, 인도는 그로부터 영국 지배하에 존재하지 않을 것이다. 여기서 대륙적 대전쟁이 이어지더라도 영국이 그것을 정복하려면 본국의 총인구 이상의 큰 병력이 필요할 것이다.

혹 이슬람교도가 그 『코란』 선전의 큰 발전에 대해 영국의 은의(恩意)에 감사할 것이라고 생각하겠지만 그것은 오상(誤想)이다. 영국이 브라만을 억제할 수단으로 회교의 선전을 응원했지만, 저들은 결코 이에 대해서 어떠한 감사의 뜻도 표시하지 않고 도리어 정치적 독립을 주안점으로 삼아서 기회가 생기면 인도의 정청을 전복하려고 한다. 저들은 아직 소수다. 그 수효가 2억에 대한 7천만에 불과하지만, 머지않아 전 인도를 진동시키고 놀라게 하기에 충분한 실력을 양성하리라는 것은 단연코 의심할 여지가 없다."

아아! 인도는 아시아 최고(最古)의 문명국이다. 그 불교, 신학, 희곡 등은 심적 본능이 발달한 것이고, 사탑(寺塔)과 가람(伽藍)*에선 예술 문명이 혁혁했는데, 불행히도 16세기경에 영국이 동인도회사를 조직하고 그 다음에 영 상회(英商會)를 설립했다가, 동인도회사와 합병해서 명칭을 후동인도상회(後東印度

伽藍 범어 *Sangharama*(僧伽藍摩)의 준말로 승려가 거주하면서 불도를 닦는 곳, 즉 사찰을 가리킴.

商會)로 개정하고 무역 사업을 확장했다. 그와 동시에 영국과 프랑스가 전쟁을 벌여 그 여파가 인도에서의 영국, 프랑스의 식민지 충돌을 야기했다. 그러나 최후 승리가 영국인에게 돌아갔기 때문에 1859년경에 이르러 인도의 전권이 영국 정부에 이속(移屬)된 것이다. 이에 인도의 2억만 민족은 영원한 압박을 당하게 되었으므로 동정하는 사람들이 눈물을 금치 못하게 했는데, 지난번 프랑스 신문에 개재된 내용을 통해 보니 인도의 앞길에 점차 희소식이 생기고 있다.

그러나 지난 50년 동안 외인의 구속을 당하던 방국으로서 오늘날의 이러한 거사엔 그 원인이 있다. 우리가 어찌 범연히 간과할 수 있겠는가? 우리 인류는 동일한 종족이다. 인도인으로 논하더라도 영국인은 반드시 이종(異種)이라고 하겠지만, 우리의 소견으로 논하자면 아시아 문명의 중심 되는 민족일 뿐만 아니라 내가 그 나라에 유학(留學)한 이후로 인도 학생과 여러 차례 만나서 이야기해 보니 그 학식의 심원함과 인격의 고상함이 금세기의 이른바 우등인종보다 못하지 않았다. 그렇다면 인도의 오늘날 큰 거사에 대해 나는 그 원인을 네 가지 종류로 구분한다. (1) 인도인은 아시아 최고(最古) 문명에 중심 되는 민족이다. (2) 브라만과 이슬람교 사이에 반대가 있었으나 50년 내로 영국인에 대한 적개심이 동일하고, (3) 이슬람 교도는 7천만 인의 단체를 조직했다. (4) 인도인은 지난 50년 동안 치욕을 견디고 통분을 쌓으면서 외인의 문물제도를 수입했으니, 이상의 원인으로 금일의 대소란을 일으킨 것이다.

최근 수년 동안 외인의 감독을 받거나 또는 압박을 당한 국가들의 현저한 변화는 인도에서만 나타나는 것이 아니다. 아프가니스탄[阿富汗] 인은 러시아의 억압에서 벗어나고자 해서 불평도(不平徒)의 행동이 대단히 위험하고, 인도차이나 또한 그러하니, 지금은 바로 과거에 참혹한 상황을 노정하던 방국들이 암묵계(暗墨界)에서 광명계(光明界)로 진행하는 시대라고 해야 할 것이다. 이로써 보건대 열강의 음독(陰毒)한 수단, 즉 평화적 전쟁에 대항할 수 있는 방법은 무장적 전쟁밖에 없다. 이것이 우리가 극히 주의해야 할 바다.

오늘날 우리 한국은 어떤 경우에 당했는가? 이에 대해서 어떤 준비와 어떤 방어가 필요할지는 앞에서 대략 진술했기 때문에 다시 쓰지 않는다. 일반 동포여!(『대한학회월보』 제7호)

92. 신채호, 동양주의에 대한 비평

■ 동양주의를 비판한 신채호의 논설. 인종주의에 기초한 동양주의는 일본이 '아시아민족 통일주의'의 명분 아래 제국주의 침략을 위장하는 허울에 불과하다고 비판하면서, 동양주의를 극복하기 위해서는 국가주의와 민족주의의 발흥이 최선책임을 강조하였다. 원문 출전은 『대한매일신보』 1909년 8월 8,10일자.

동양주의자는 무엇인가. 동양제국이 일치단결해서 서력(西力)의 동점(東漸)함을 막는다는 것이다. 이 주의를 제창하는 자는 누군가.

첫째, 나라를 그르친 자이다. 그들은 사천 년 조국을 들어서 구거(鳩居)*에 바치고, 이천만 형제를 몰아서 노적(奴籍)에 들이밀어서 이 세상에 차마 설 면목이 없다. 그러므로 이러한 말을 억지로 만들어 내서 위로 하늘을 속이며 아래로 사람을 속여 현재가 동서·황백 두 인종의 경쟁시대라 말하는 것이다. 동양이 흥하면 서양이 망하고 서양이 흥하면 동양이 망해서 그 세력이 양립하지 못할 것이다. 따라서 오늘날 동양에 태어난 자는 나라와 나라가 서로 합하며 사람과 사람이 서로 맺어서 서양에 대항해야 하는 것이니, 그렇다면 우리들이 나라를 팔아서 서양 사람에게 주었다면 그것은 죄다. 그러나 지금은 그렇지도 않아서 판 자도 동양인이오, 산 자도 동양인이니 비유하자면 초(楚)나라 활을 초나라가 얻은 것인데 우리가 무슨 죄가 있느냐는 것이다. 이러한 뜻으로 스스로 해설하며, 이 뜻으로 스스로 변호하고 있으니 이른바 동양주의가 처음으로 이들의 입에서 나온 것이다.

鳩居 비둘기가 스스로 자기의 집을 짓지 않고 까치집에서 산다는 뜻. 남의 집을 빌려 사는 것을 비유적으로 이르는 말.

둘째로, 외국인에게 아첨하는 자다. 국세가 벌써 이 지경에 이르러서 전국의 각 권리가 다 외국인의 수중에 떨어짐에 앞서 말한 방혜곡경(旁蹊曲逕)*·승영구구(蠅營狗苟)*의 무리가 한 자리 관작을 목마르게 생각하면서 몇 원 월급을 고대하고 꿈꾼다. 그런데 이를 얻는 방법은 오직 외국인에게 아첨을 떠는 것뿐이다. 이에 온갖 방법과 계책을 내어 그의 한 번 찡그리고 웃음을 구하려고 하는데, 금전을 바치면 그가 기뻐하지만 그래도 그 기쁨이 작으며, 진기한 보배를 주면 그가 기뻐하지만 그래도 그 기쁨이 엷고, 오직 그가 크게 기뻐하는 것은 대한(大韓) 전국의 국혼(國魂)을 벗겨 없애는 것이다. 이를 능히 벗겨 없애는 자가 있으면 그가 그 손을 잡고 그 입술에 입 맞추고 노래하면서 맞이하고 춤추면서 절할 것이다. 그러므로 일반 노예배들이 그 뜻을 알아차리고 각기 기계(奇計)를 내어 자기나라의 국혼을 벗겨 없애고자 하는 것이다. 다만 직접적으로 사람을 향해서 너의 나라를 잊고 외국을 섬기라고 하고 너의 조국을 등지고 외국을 떠받들라고 한다면 무지한 아이들도 반드시 칼을 빼어들고 분기할 것이니, 이렇게 하면 또한 헛되이 힘만 쓰고 공이 없을 것이다. 아아! 저 노예 무리가 그 마심(魔心)을 다해서 동양주의라고 하는 마설(魔說)을 꾸며 냈다. 그래서 우리가 일본에 피를 빨리면 원통하지만 그들이 우리를 속여서 말하길, "황인종은 같은 인종이니 너희가 원통해하지 말라."고 하여, 밝고 밝게 국민을 몰아 국가

旁蹊曲逕 옆으로 난 지름길이라는 뜻으로, 정도를 밟지 않고 그른 방법으로 일하는 것을 이르는 말.

蠅營狗苟 파리처럼 날아다니고 개처럼 구차하다는 뜻으로, 수단을 가리지 않고 명리를 추구하는 파렴치한 사람을 비유. 출전은 『詩經』「小雅」편.

주의를 잊고 동양주의에 취하게 한 것이니, 동양주의가 이들에게 굳어진 것이다.

셋째로, 혼돈한 무식자다. 이들은 원래 독립한 주견이 없고 다만 물결 따라 생애를 즐기는 자이다. 세태가 푸른 안경을 쓰면 나도 푸른 안경을 쓰고, 세태가 누른 안경을 쓰면 나도 누른 안경을 써서 일어나고 앉는데 다른 사람의 팔을 의지하고, 시비에 다른 사람의 말을 따르고, 다른 사람이 옛것을 고수하면 나도 옛것을 고수하며, 다른 사람이 개화하면 나도 개화하여 시세(時世)에 따라 옮기는 자로서, 우연히 오늘날 정부당과 일진회 및 유세단들이 꼬드기는 농락과 일본인의 농락 중에서 동양주의설을 얻어듣고 이 말을 믿고 이리저리 떠들어대는 것이다.

그들이 이와 같이 동양주의를 부르짖자 일본인이 그 소리에 화답하며, 그들이 이와 같이 동양주의를 펼치자 일본인이 공의(共議)를 주(註)해서 화답함이 날마다 그치지 않는다. 이에 일국의 이천만 무교육의 인민이 빠르게 이 마설에 빠져들어, 동양에 있는 나라면 적국도 우리나라로 보고, 동양에 있는 종족이면 원수의 종족도 우리 종족으로 인식하는 자가 점점 생기는 것이다.

혹자는 말하기를, "우리 몸뚱이가 이 국토에 태어났기 때문에 애국의 뜻이 있으며, 우리의 혈통을 이 국민에게 물려받았기 때문에 애족의 뜻이 비로소 있는 것이니, 이 뜻을 미루어 생각하라. 우리가 동양의 황인종이 되었으니, 같은 아시아주의 같은 황인종을 사랑하는 뜻이 없음은 옳지 않으며, 또 이 나라는 동양의 한 나라이므로 동양이 모두 망하면 이 나라도 따라서 망할 것이니, 동양을 사랑하지 않음이 어찌 옳겠는가?"라고 한다. 아 슬프다, 그대여 내 말을 들으라.

어떤 사람이 있는데 "훗날 금성・수성 등의 세계와 통상할 날이 반드시 올 것이니, 전 지구 인류가 사해일가(四海一家)의 주의를 부르짖어서 병력을 훈련하여 저 세계의 침략을 막고, 인민을 길러 저 세계의 세력과 경쟁한다."라고 하면서 황백을 고루 사랑하며 동서를 동일시한다면 어떻겠는가? 그 말은 옳지 않다. 현재 국가경쟁이 더욱 더 왕성하여 잠시라도 퇴보하면 호랑이에게 물려 씹히며 조금이라도 미약하면 매 발톱에 긁혀 죽게 되니 어찌 이 사해일가를 이루지 못한 천만 년 후의 일로 어리석은 꿈을 꾸어 현재의 대세에 반항하겠는가? 그렇다면 오늘날 폴란드에 한 인종이 나와서 입으로 서양주의를 외치고 붓으로는 서양주의를 그려 망국의 슬픔을 잊고 서양의 단결만 꾀하면 어떻겠는가? 그 말도 옳지 않다. 자기 집의 형제와 처자가 속박을 당하고 자기 집의 조상이나 부모가 매 맞는 치욕을 받았는데, 수천 년 전래하던 일가권속을 살해하는 악독한 도적이 그 마을 안에 있다면, 일가권속의 고통은 구휼하지 않고 한 마을의 화락만을 바라고, 악독한 도적의 물리침은 꾀하지 않고 한 마을의 단결만 도모할 것인가.

아아! 한 마을이 단결하여 우리 집의 화를 구원해 준다면 이를 추구함이 옳거니와 오늘날의 경우는 그렇지 않아서 한 마을의 단결 여부가 우리 집의 흥망과 무관하다. 그런데도 헛되이 악독한 도적의 뒤를 따라서 이를 공의(共議)하면 어찌 노예의 어리석음이 아니리오.

이로써 미루어보면, 한국인이 이 열국경쟁시대에 국가주의를 제창하지 않고 동양주의를 꿈꾼다면 이는 오늘날 시대의 인물로 미래 다른 별나라 세계와의 경쟁을 근심하는 자와 다름없고, 또한 이 비경(悲境) 중에서 속박의 굴레에서 벗어날 도리는 생각지 않고 동양주의에 기댄다면 이것은 폴란드인이 서양주의를 말하는 것과 다름없는 것이다.

하물며 국가는 주인이요 동양주의는 손님인데, 오늘날 동양주의 제창자를 살펴보건대 동양이 주인 되고 국가가 손님이 되어 나라의 흥망은 하늘 밖에 놔두고 오직 동양을 이같이 지키려 하니, 슬프다, 어찌 그 우미(愚迷)함이 여기에까지 이르렀는가! 그렇다면 한국이 영구히 망하고 한족(韓族)이 영구히 멸망해도 다만 이 국토가 황인종에게만 귀속된다면 이를 낙관하는 것이 옳을까. 아아! 옳지 않은 것이다.

혹자는 또 말하길, 저 동양주의를 외치는 자도 진실로 동양을 위하는 것이 아니라 단지 이 주의를 이용하여 국가를 구하려는 것이라고 한다. 그러나 우리가 보건대 한국인이 동양주의를 이용하여 국가를 구하려는 자는 없고 외국인이 동양주의를 이용하여 국혼을 찬탈하려는 자들은 있으니 경계하며 삼갈지어다.

93. 안중근, 동양평화론 서(序)

■ 1910년 2월에 안중근이 뤼순 감옥 수감 중에 집필한 글. 원래 『동양평화론』은 서문을 포함해서 전감(前鑑), 현상(現狀), 복선(伏線), 문답(問答) 등 4개 절로 구상되었으나 전감만 집필한 상태에서 사형이 집행되었다. 러일전쟁 당시 동양평화와 대한의 독립을 명분으로 내세웠던 일본이 승전 후에 약속을 저버린 것을 통렬히 비판하면서 백인종의 세

합하면 성공하고 흩어지면 패망함은 만고에 일정한 이치다. 지금 세계는 동서 분구(分球)에 인종이 각각 달라서 상호 간의 경쟁을 다반(茶飯)처럼 행하고, 이기(利器)를 연구함이 농상(農商)에서 더욱 심하다. 새로 발명된 연기포(煙氣砲), 비행선(飛行船), 침수정(浸水艇)은 모두가 사람과 사물을 해치는 기계요, 청년들을 훈련시켜서 전쟁터로 몰아넣음에 무수히 많은 귀중한 생령이 희생물로 버려져 피가 냇물처럼 흐르고 살점이 땅을 뒤덮는 것이 하루도 그칠 날이 없다. 삶을 좋아하고 죽음을 싫어하는 것은 모든 인간의 상정(常情)인데 이는

무슨 광경인가? 말이 여기까지 이르니 모골이 송연하고 마음이 섬뜩해진다.

그 본말을 따진다면 예로부터 동양 민족은 오직 문학(文學)에만 힘써서 자기 나라를 근수(謹守)할 뿐이요, 유럽[歐洲]의 땅을 촌척이라도 빼앗음이 없었으니 이는 5대주 상의 인수초목(人獸草木)이 모두 알고 있는 것이다. 그런데 최근 수백 년 이래로 유럽의 열방이 갑자기 도덕지심(道德之心)을 잊고서 날마다 무력에 종사하고, 경쟁지심을 양성해서 조금도 기탄하는 바가 없었다. 그 가운데서도 러시아가 더욱 극심했다. 그 폭행과 잔해(殘害)가 서구와 동아에 미치지 않는 곳이 없어서 그 죄악이 흘러넘침에 귀신과 사람이 모두 분노했다. 그러므로 하늘이 한 번 이길 기회를 주셔서 동해의 작은 섬 일본으로 하여금 이처럼 강대한 러시아를 만주 대륙에서 일거에 타도하게 했던 것이다. 누가 감히 이를 생각할 수 있었겠는가? 그것은 천시(天時)에 순응하고 지리(地利)를 얻고 인심에 호응한 이치였다.

력에 맞서 황인종의 전국(全局)을 보존하기 위해선 일제의 반성과 동아시아 차원의 협력이 필요함을 역설하고 있다. 원문 출전은 윤병석, 『안중근 전기전집』(국가보훈처, 1999) 184~186쪽.

■ 安重根(1879~1910) 부친이 개화당 인사들과 교류가 있어 일본 유학생으로 선발되었고, 1897년 천주교에 입교하여 세례명으로 도마를 부여받았다. 을사조약 체결 이후 애국계몽운동에 힘쓰다 1907년 연해주로 망명하여 의병부대를 조직하였다. 1909년 이토 히로부미를 사살하였고, 여순 감옥에서 『동양평화론』과 자서전 『안응칠역사』를 저술하던 중 1910년 사형이 집행되었다.

그때 만약 한(韓)・청(淸) 양국의 인민들이 상하 일치해서 지난날의 원수를 갚으려고 일본을 배척하고 러시아를 도왔더라면 대첩(大捷)도 없었을 것임은 생각할 필요도 없다. 그런데도 한・청 양국의 인민들은 그런 행동을 하지 않았다. 그뿐만 아니라 도리어 일본군대를 환영하고, 운수(運輸), 치도(治道)*, 정탐 등의 일에 있어서 수고로움을 잊고 전력을 다한 것은 어째서인가?

治道 도로를 닦음.

거기엔 두 가지 큰 사정이 있다. 일본과 러시아가 개전할 때 일황(日皇)의 선전서(宣戰書)에서 "동양평화를 유지하고 대한독립을 공고히 한다."라는 말이 있었다. 그러한 대의는 청천백일의 광선보다 더 빛나는 것이었다. 그러므로 한(韓)・청(淸)의 인사들이 지혜로운 자와 어리석은 자를 막론하고 한 마음으로 일치해서 감화(感和)하고 복종한 것이 첫 번째 이유다. 더구나 일본과 러시아의 개전은 황백인종의 경쟁이라 할 만한 것이었다. 그러므로 전일에 원수처럼 여기던 심정을 하루아침에 버리고 도리어 일대 애종당(愛種黨)을 이루었던 것이다. 이 또한 인정의 순서니, 합리(合理)의 하나라고 할 수 있다.

통쾌하고도 웅장하도다! 수백 년 동안 악행을 저질러 오던 백인종의 선봉을 한 번 진격의 북을 울려서 대파했으니, 천고에 드문 일이자 만방(萬邦)이 기념할 만한 표적(表蹟)이다. 당시 한・청 양국의 뜻 있는 자들이 미리 모의하지 않았는데도 같은 모양으로 기쁨을 이기지 못했던 것은, 동구(東球)와 서구(西球)의 천지가 나뉜 이후로 일본 정략의 순서나 취서(就緖)가 가장 괴걸(魁傑)한 대사업을 통쾌하게 건설하는 모습을 스스로 헤아렸기 때문이다.

勝捷 승전(勝戰).

아아! 그런데 천만 뜻밖에도 승첩(勝捷)*해서 개선한 후에 가장 가깝고 친밀하며 인약(仁弱)한 동종(同種)인 한국을 늑압(勒壓)하여 조약을 정하고, 만주 장춘(長春) 이남을 조차해서 점거했다. 그러므로 세계의 모든 사람들의 머릿속에 의심이 갑자기 일어났던 것이다. 일본의 위대한 성명(聲明)과 정대한 공훈이 하루아침에 변천해서 만행을 저질렀던 러시아보다 더 심하게 됐으니, 아아! 용과 범 같은 위세를 가지고 어째서 뱀과 고양이 같은 행동을 한단 말인가? 이처럼 좋은 기회를 다시 구한들 얻을 수 있을 것인가? 애석하고도 통탄스럽도다! 동양평화와 한국의 독립을 언급한 구절에 있어선, 이미 천하 만민의 이목을 거쳤으니 금석(金石)과 같이 신뢰할 만해서 한(韓)・청(淸) 양국인들이 간뇌(肝腦)에 날인한 것이다. 이러한 문자와 사상은 비록 천신(天神)의 능력으로도 끝내 소멸시킬 수 없는데, 하물며 일개인의 지모로 말살할 수 있겠는가?

현재의 서세동점의 환난은 동양인종이 일치단결해서 극력 방어하는 것이 제일 상책이 됨은 어린아이도 잘 알고 있는 것이다. 그런데 어째서 일본은 이와 같이 순연(順然)한 형세를 돌아보지 않고 동종인방(同種隣邦)을 박할(剝割)*해서 우의(友誼)를 갑자기 끊고 스스로 방휼지세(蚌鷸之勢)*를 만들고서 어부를 고대하는 것인가? 한(韓)・청(淸) 양국의 소망이 크게 단절되었다. 만약 정략이 변하지 않고 핍박이 날마다 심해진다면, 어쩔 수 없이 차라리 이족에게 망할지언정 동종에게 욕을 당할 순 없다고 하여 한・청 양국인의 폐부(肺腑)에서 의론이 용출할 것이니, 상하 일체가 되어 스스로 백인의 앞잡이가 되리라는 것은 명약관화한 형세다.

剝割 사람의 가죽을 뜯어내고 살코기를 발라낸다는 말로 다른 사람에게서 노동력이나 재산을 착취하는 것을 뜻함.

蚌鷸之勢 도요새가 조개를 쪼아 먹으려고 부리를 넣는 순간 조개가 껍데기를 닫고 놓지 않는 모습을 가리키는 말로, 이른바 어부지리(漁父之利)의 고사에서 유래한 말.

그렇다면 동아의 수억만 황인종 가운데 허다한 유지가(有志家)와 강개 남아들이 어찌 수수방관하면서 동양 일국(一局)이 흑사(黑死)하는 참상을 가만히 앉아서 지켜볼 수 있겠는가? 그러므로 동양평화의 의전(義戰)을 하얼빈에서 개전하고 담판하는 자리를 여순구(旅順口)에 정한 다음에 동양평화의 문제에 관해 의견을 제출해서 공안(公眼)*에 내보이는 것이니, 부디 깊이 살필지어다.

公眼 여러 사람들의 공정한 안목.

1910년 경술(庚戌) 2월

대한국인 안중근이 여순 옥중에서 쓰다.

[원문]

東洋平和論 序

夫合成散敗 萬古常定之理也 現今世界 東西分球 人種各殊 互相競爭 如行茶飯 研究利器 甚於農商 新發明煙氣砲飛行船浸水艇 皆是傷人害物之機械也 訓鍊青年 驅入于戰役之場 無數貴重生靈 棄如犧牲 血川肉地 無日不絶 好生厭死 人皆常情 淸明世界是何光景 言念及此 骨寒心冷 究其末本 則自古東洋民族 但務文學 而謹守自邦而已都無侵奪歐洲寸土尺地 五大洲上 人獸草木所共知者也 而挽近數百年以來 歐洲列邦頓忘道德之心 日事武力 養成競爭之心 小無忌憚中 俄國尤極甚焉 其暴行殘害 西歐東亞 無處不及 惡盈罪溢 神人共怒 故天賜一期 使東海中小島日本 如此强大之露國

一擧打倒於滿洲大陸之上 孰就能度量乎 此順天得地應人之理也 當此之時 若韓淸兩國人民 上下一致 欲報前日之仇讎 排日助俄 則無大捷 豈能足算哉 然而韓淸兩國人民 考無如此之行動 不啻 反以歡迎日兵 運輸治道偵探等事 忘勞專力者 何故 有二大件事 日露開戰之時 日皇宣戰書 東洋平和由持 大韓獨立鞏固云 如此大義 勝於靑天白日之光線 故韓淸人士 勿論智愚 一致同心 感化服從者 一也 況日露開仗 可謂黃白人種之競爭 故前日仇讎心情 一朝消散 反成一大愛種黨 此亦人情之順序矣 可謂合理之一也 快哉壯哉 數百年來 行惡白人種之先鋒 一鼓大破 可謂千古稀罕事業 萬邦紀念表績也 時韓淸兩國有志家 不謀以同樣 喜不自勝者 日本政略 順序就緖 東西球天地肇判之後 第一等魁傑之大事業快建之樣 自度矣 噫 千千萬萬料外 勝捷凱旋之後 最近最親 仁弱同種韓國 勒壓定約 滿洲長春以南 托借占居 故世界一般人腦 疑雲忽起 日本之偉大聲名 正大功勳 一朝變遷 尤甚於蠻行之露國也 嗚呼 以龍虎之威勢 豈作蛇猫之行動乎 如此難逢之好期會 更求何得 何[可]惜可痛也 至於東洋平和韓國獨立之句語 已經過於天下萬國人之耳目 信如金石 韓淸兩國人 捺章於肝腦者矣 如此之文字思想 雖天神之能力 卒難消滅 況一個人智謀 豈能抹殺耶 現今西勢東漸之禍患 東洋人種 一致團結 極力防禦 可爲第一上策 雖尺童 瞭知者也 而何故日本 如此順然之勢不顧 同種隣邦剝割 友誼頓絶 自作蚌鷸之勢 若[苦]待漁人耶 韓淸兩國之所望 大絶且斷矣 若政略不改 逼迫日甚 則不得已 寧亡於異族 不忍受辱於同種 議論湧出於韓淸兩國人之肺腑 上下一體 自爲白人之前驅 明若觀火之勢矣 然則[惡?]東幾億萬黃人種中 許多有志家 慷慨男兒 豈肯袖手傍觀 坐待東洋一局之黑死慘狀 可乎 故東洋平和義戰 開仗於哈爾賓 談判席 定于旅順口後 東洋平和問題意見提出 詣公眼 深察哉

一千九百十年庚戌二月

大韓國人安重根書于旅順獄中

[해제논문]

근대한국의 국제정치관

장인성 · 김현철

1. 서언

아편전쟁 이후 서세동점의 파도가 강해지면서 동아시아 국제질서는 세계정치의 소용돌이에 포섭되었고 동아시아 국가들은 새로운 주권국제체제를 받아들이면서 심각한 정치변동과 사회변동을 겪었다. 한국도 중국과 일본에 이어 조약체제에 편입되었다. 한국은 제국주의 열강의 개입과 간섭을 받으면서 주권을 보전하지 못했고 마침내 일본에게 강제병합을 당하고 말았다. 세계정치와 동아시아 국제관계는 근대한국의 정치와 외교뿐 아니라 국가의 명운을 결정한 중요한 요소였다. 근대한국의 국제관계를 규명하려면 무엇보다 먼저 역사적 사건이나 정책결정과정의 사실을 밝히는 작업이 요구된다.[1]

하지만 정치지도자나 지식인들의 국제정치관이나 국제정치사상과 같은 주관적 측면을 규명하는 작업도 못지않게 중요하다. 국제정치관(국제정치사상, 국제정치적 사유, 대외사유)은 국가의 외교 행태나 정책결정자들의 외교 구상에 중요한 의미를 갖기 때문이다. 국제정치관을 모르면 외교정책은 제한적으로 이해될 수밖에 없다. 근대한국의 국제관계와 외교를 알려면 근대한국인들이 영위했던 한반도 국제관계와 주변 열강, 그리고 세계정치와 국제사회에 대해 어떤 생각을 갖고 있었는지, 어떤 외교사상을 가졌는지를 포착해야만 한다.[2] 본 자료집 제1권에 실린 텍스트를 중심으로 개항

---

1. 구한말 외교사 자료집으로는 이광린 · 신용하 편저, 『사료로 본 한국문화사: 근대편』(일지사, 1989); 최덕수 외, 『조약으로 본 한국근대사』(열린책들, 2010); 고려대학교 아세아문제연구소 일본연구실 편, 『한일관계자료집』 제1권 · 제2권(고려대 출판부, 1976~1977); 서울대학교 한국교육사고 편, 『19세기 미국무성 외교문서: 한국관련문서』 1~4(서울대학교 교육연구소, 1994); 박종효 편역, 『러시아국립문서보관서 소장 한국관련문서 요약집』(한국국제교류재단, 2002); 동광출판사 편, 『한영외교사관계자료집』 1~45(동광출판사, 1997) 등이 있다. 해제집으로는 김용구 · 하영선 편, 『한국외교사연구: 기본사료 · 문헌해제』(나남출판, 1996). 최근 근대한국 외교문서를 체계적으로 편찬하는 장기사업이 진행 중이다. 근대한국외교문서 편찬위원회 편, 『근대한국외교문서』 제1권 · 제2권(동북아역사재단, 2009), 제3권~제5권(동북아역사재단, 2012). 제6권부터는 서울대학교 출판문화원에서 속간될 예정이다. 구한말 외교사 연구로는 김용구의 저서들이 있다.

2. 구한말 국제정치관 자료집으로는 강광식·김현철·신복룡·이상익, 『한국정치사상사 문헌자료 연구(Ⅲ): 조선개항기편』(한국학중앙연구원, 2006). 구한말 국제정치관에 관한 연구로는 이호재, 『한국인의 국제정치관』(법문사, 1994); 류영익 외, 『한국인의 대미인식』(민음사, 1994); 총성의, 『근대한국 지식인의 대외인식』(성신여대 출판부, 2000); 장인성, 『장소의 국제정치사상』(서울대학교출판부, 2002); 장인성, 『근대한국의 국제관념에 나타난 도덕과 권력』(서울대학교

전후부터 강제병합까지 영위된 근대한국의 국제정치관 내지 국제관념을 살펴보기로 한다.

2. 대외개방과 국제정치관: 개항~청일전쟁

(1) 양이와 개항

위기의식과 양이론

중화체제는 천명을 받드는 천자의 덕이 미치는 권역인 '천하'에 천자 · 제후 · 배신(陪臣)의 서열적 관계가 성립한 국제체제였다. 중화체제의 질서원리는 사대자소(事大字小)와 예교(禮敎)였다.[3] 예의 국제관계는 힘의 우열에 기초했다. 조선은 사대자소의 예를 명분으로 삼아 '상국'(上國) 중국에 조공을 바쳤지만 외교와 내정은 자주였다. 하지만 새로운 조약체제와 외교 양식이 출현하면서 개항기 지식인들은 새로운 국제질서 원리와 국제정치관을 영위해야만 했다. 새롭게 수용된 근대국제체제는 원리상 상위의 존재를 인정하지 않는, 독립적인 국가들이 주권평등에 입각해서 병존하는 국제질서였다. 주권국가체제의 운영원리는 주권 · 국제법 · 세력균형이었다. 근대적 외교와 전쟁이 질서의 수단으로서 동원되었다. 아편전쟁과 영불연합군의 북경함락(1860)은 동아시아 국제체제의 변동을 야기하였다. 조선의 관료와 지식인들은 서양국가와의 양요(병인양요, 신미양요)와 일본과의 수교문제를 통해 국제체제와 국제질서의 변동을 감지했다. 그리고 강한 위기감을 느꼈다.

양요와 서계문제를 둘러싼 초기 대응은 강경했다. 병인양요(1866) 때 프랑스군이 강화부를 점령하자 흥선대원군은 문호개방은 망국을 초래한다면서 쇄국책과 주전론을 폈다(흥선대원군, 「정부당상에게 보낸 글」). 1866년 7월 평안도 관찰사 박규수는 대동강을 거슬러 올라온 미국상선 제너럴셔먼호를 소각시키기도 했다. 박규수는 조선은 '화호'(和好)와 '예교'(禮交)를 중시하는데 미국 측의 군사적 위협 때문에 사태가 악화되었다는 논리를 폈다(박규수, 「제네럴셔먼호 소요에 관한 자문」). 대원군의 강경책은 한일 간에 발생한 서계문제에서도 나타났다. 1869년 메이지정부가 대마도주를 통해 왕정복고를 알리는 서계를 보내왔을 때 왜학훈도 안동준이 일본 측 도서 사용, 대마도주 직함 변경, '황'(皇)이란 호칭 사용 등 서계의 파격을 문제 삼아 접수를 거부했는데(안동준, 「일본서계반박문」; 「대마도주서계급대수대차왜평화절서계별폭등본」), 대원군의 생각이 반영된 대응이었다.

위정척사론자들도 강경한 반응을 보였다. 그들은 양요와 대일 수교의 상황을 접하면서 중화문명의 위기를 느꼈다. 이항로는 서양 국가를 중화문명의 바깥에 존재하는 이적보다 못한 '금수'(禽獸)로 여기고, 이들과 화친한다면 서양문물이 유입되어 '인류'가 '금수'의 지경에 빠질 것이라 주장했다(이항로, 「부승지를 사양하며 소회를 아뢰는 상소」). 중화문명을 절대시했던 최익현과 김평묵도 대일 수교를 거부했다. 일본은 서양문명을 받아들였기에 서양 오랑캐와 같으며[倭洋一體], 서양 오랑

출판부, 2006) 등이 있다.

3. 김용구, 『세계관 충돌의 국제정치학: 동양 예와 서양 공법』(나남출판, 1997), 70쪽.

캐의 앞잡이인 '구적'(寇賊)과는 화친할 수 없다는 논리를 폈다(최익현, 「척화소」; 김평묵, 「경기 · 강원도 유생을 대신해서 양·왜의 정상을 논하고 절화를 청하는 소」).

개항과 개방

대외문제가 발생하면서 양이론과 쇄국책이 주조를 이루었지만, 점차 새로운 국제정치관도 싹트고 있었다. 박규수는 제너럴셔먼호 사건에서 강경책을 취했지만, 미국이 "예양(禮讓)을 숭상하는 합성명방(合省名邦: 합중국)"이라 생각하였고 국제질서의 변동을 감지하고 있었다(박규수, 「미국인의 조회에 대한 황해도 관찰사의 모의 답서」). 강국들이 병치(竝峙)한 춘추열국 시대와 같은 국제질서에서 회맹(會盟)과 정벌(征伐)이 빈번해질 것이라 보았고, 조선은 비록 소국이지만 진(晉)나라와 초(楚)나라 사이에 있었던 정(鄭)나라처럼 "동양의 중추"에 위치하기 때문에 가장 공평하고 분쟁을 잘 해결하며 영토적 야심이 없는 미국과 맹약을 체결하여 "고립지환"을 벗어나야 한다고 생각했다(김윤식, 「박규수를 회고하는 글」). 조선을 예의의 나라로 자부하는 소중화론을 비판하기도 했다(박규수, 「온경에게 보낸 서한」). 서세동점의 맥락에서 관료지식인의 국제질서관이 변하고 있었음을 보여 준다.

고종친정 단행 후 서계문제가 다시 불거졌을 때 박규수는 대원군과의 서계논쟁에서 개방된 의식을 보였다. 박규수는 일본 측 서계통보는 화호(和好)의 표현이며 파격 때문에 수교 회복을 거절한다면 "서양과 한편"인 일본을 적국으로 만들어 군사동원의 명분을 제공할 수도 있다고 주장했다(박규수, 「대원군에게 올리는 답서 2」). 여기에는 '구례'(舊例)의 명분보다 강약의 관점에서 국제관계 현실을 중시하는 정치적 사유가 엿보인다. 박규수는 위정척사론자들과 달리 '왜양일편'(倭洋一片), '왜양일체'(倭洋一體)를 군사적 관점에서 이해하여 군사적 충돌을 피하고자 했다. 조정에서도 반대 의견이 우세했지만(「서계 회답에 관한 어전회의」), 박규수, 신헌 같은 개명관료들이 주도하여 1876년 조일수호조규를 체결하게 된다.

조선은 1880년대 들어 조미수호조약(1882)을 필두로 조영, 조독수호조약(1882), 조러수호통상조약(1884) 등을 체결하고 문호를 개방한다. 한반도에서 주도권을 확보하려는 중국의 동아시아 정책도 작용했다. 1879년 북양대신 리훙장(李鴻章)은 러시아와 일본의 한반도 진출을 견제하고자 서양 국가들과 수호할 것을 원임(原任)대신 이유원에게 제안했다(리훙장, 「이유원에게 보낸 서한」). 이유원은 서양열강이 국제법을 갖고 소국 조선의 안보를 보전해 줄 리 만무하다면서 리훙장의 제안을 거부했다(이유원, 「리훙장에게 보낸 서한」). 하지만 중국 관료들은 조선 속국화를 구상했고, 러시아 견제를 위해 조선의 대외개방을 추진했다.[4] 리훙장은 조선이 청의 속방임을 조약에 명시하고자 했다.

중국의 정책에 대한 조선 측 반응은 갈렸다. 온건 실무관료였던 김윤식은 리훙장의 조선정책이

---

4. 허루장(何如璋)은 판사대신(辦事大臣)을 조선에 상주시켜 조선의 내치와 외교를 관장하기 어렵기 때문에 조선이 서양과 조약을 맺고 통상하여 러시아를 견제하라는 정책을 제시한 바 있다(「主持朝鮮外交議」). 청의 조선정책이 불간섭주의에서 간섭주의로 전환했음을 보여 준다.

조선의 자주권을 보전하는 동시에 타국의 조선 경시를 막아 줄 '양편'(兩便) 또는 '양득'(兩得)의 방책이라 생각했다.[5] 사대관계의 연장선상에서 나온 사유였다. 근대국가를 구상한 김옥균 등 급진 개화파는 사대관계의 단절을 통한 자주독립을 모색했다. 고종도 사대관계에서 벗어나 자주독립의 지위와 외교권을 확보하고자 했다.[6] 고종은 수신사 박영효를 통해 일본주재 서양외교관들에게 청국의 부당한 간섭을 호소하면서 속방은 명분일 따름이며 조선은 독립국가라는 사실을 알렸다.[7] 수호조약을 체결하고 미국 대통령과 영국 여왕에게 보낸 고종의 서신에도 같은 내용이 있었다.

『만국공법』과 『조선책략』

개항 이후 조선은 세계정치와 동아시아 국제관계에 깊숙이 연루되기 시작했고, 근대적 국제정치관도 출현하게 된다. 주권국가체제에 편입되면서 주권 · 국제법 · 세력균형 개념들이 형성되어 갔다. 근대국제질서와 외교제도에 관한 이해는 마틴(W. P. A. Martin)이 한역한 『만국공법』이 큰 영향을 미쳤다. 전술한 이유원의 리홍장 비판은 이유원의 만국공법 지식이 상당했음을 짐작케 해 준다. 1880년 7월 수신사 김홍집은 주일청국공사 허루장(何如璋)을 만났을 때 『만국공법』에서 '균세'(세력균형) 개념을 알게 되었다고 밝힌 바 있다(「대청흠사필담」). 『한성순보』에는 자주독립에 대한 기대감에서 국제관계와 국제법이 자주 소개되었다.[8]

균세와 주권 개념은 특히 『조선책략』이 유포되면서 정책적 의미를 띠면서 널리 확산되었다. 재일 청국공사관 참찬관 황쭌셴(黃遵憲)이 서술한 『조선책략』은 러시아를 막기 위한 중국의 동아시아정책의 일환으로서 조선에 친중국(親中國) · 결일본(結日本) · 연미국(聯美國)의 외교방략과 자강책을 제안한 책자였다. 수신사 김홍집이 가져왔고, 필사본이 널리 유통되었다. 『조선책략』이 제안한 정책을 둘러싼 찬반 논쟁은 근대적 국제정치 언어들의 확산을 초래했다. 균세 개념은 고대중국의 '합종연횡'에 비유되기도 했다(『한성순보』, 「오스트리아 · 프러시아 · 이탈리아가 동맹하다」).

조정 대신들은 러시아 위협론에 공감했다. 이들은 '친중국'에는 우호적이었고 '결일본'에는 유보적이었으며 '연미국'에는 회의적이었다(「제대신헌의」). 재야 유생들은 『조선책략』의 외교정책 구상을 전면 부정했다. 바다('重溟', '重洋') 멀리 저편에 떨어져 있으므로 미국과의 외교는 불가능하다고 생각했다.[9] 이만손은 러시아 위협론을 부정하면서 중국에는 신의를 지켜야 하지만, 일본이나 미국과 연합해서 러시아를 막자는 계책은 외침을 초래할 뿐이며, 서양을 배워 자강할 필요도 없다고 주장했다(이만손, 「영남만인소」). 홍재학도 러시아 위협론을 비판하면서 외국과의 조약 체결에 반대했다(홍재학, 「만언척사소」). 김평묵도 척양 · 척왜를 외쳤다(김평묵, 「경기 · 강원도 유생을 대

---

5. 김윤식, 『음청사』(국사편찬위원회, 1955), 57－59쪽.
6. 1882년 2월 고종은 청국으로 파견한 어윤중 · 이조연에게 "사대의 예는 지키되 백성과 나라에 폐가 되는 형식"은 청과 상의해서 타파하라고 지시한 바 있다(『고종실록』 고종 19(1882)년 2월 17일조).
7. Kenneth Bourne and D. Cameron Watt eds., *British Documents on Foreign Affairs-reports and Papers from the Foreign Office Confidential Print*. Part I, From the mid-nineteenth century to the First World War. Series E, Asia, 1860~1914, Vol. 2 (Frederick, Md.: University Publications of America, 1989~1994), p.12.
8. 『한성순보』 제34호(1884년 9월 19일자), 「공법에 대한 논설」.
9. 이에 관해서는 장인성, 『장소의 국제정치사상』, 121－122쪽을 참조할 것.

신해서 양 · 왜의 정상을 논하고 절화를 청하는 소」).

개화파들은 『조선책략』의 주장에 동조했다. 유길준은 러시아 위협론에 공감하였고 미국에 "외교상의 성원"을 기대할 수 있다고 보았다.[10] 『한성순보』 『한성주보』에도 러시아의 동아시아 진출을 소개하는 기사들이 실렸다.[11] 청국의 러시아 견제책과 영 · 러 대결구도는 방아론의 확산을 유발했다. 방아론은 동양연대론을 자극하기도 했다. 『한성순보』에는 흥아회를 계승한 아세아협회의 한중일 연대론이 소개되었다(『한성순보』, 「인교론」). 평화에 대한 관심도 생겨났다. 『한성순보』는 세계정부와 국제평화군 창설, 대의원(大議院)이라는 국제 상설협의기구의 설치, 군비축소 동향 등을 소개하고 있다.[12]

(2) 동도서기와 문명개화

서양문명의 수용

대외개방을 계기로 서양지식이 늘면서 관료와 지식인들의 이적관념은 약해졌고 서양의 과학기술을 수용해야 한다는 인식이 강해졌다. 유학의 우월성은 보전하되 서양의 과학기술을 받아들여 자강을 모색한다는 동도서기론이 부상했다. 고종은 조선이 국제사회에서 고립되지 않으려면 만국공법을 받아들여 개방하고 서양국가와 통상해야 하며, 부국강병을 위해 서양의 과학기술을 수용할 것을 천명했다. 여기에는 "근년 이래로 우내의 대세가 과거와는 크게 달라져서 영국, 프랑스, 미국, 러시아와 같은 구미의 여러 나라들이 그 정밀하고 예리한 기구를 새로 만들고 그 부강의 사업을 다해서, 배와 수레로 지구를 돌아다니고 조약으로 만국을 연결하며 병력으로 상형(相衡)하고 공법으로 상지(相持)하니 마치 춘추 열국시대와 유사한 점이 있다."라는 상황인식이 있었다(고종, 「척화비 철거 윤음」).

개화유생들은 개방 · 개화를 지지하고 나섰다. 곽기락은 서양의 기술과 문물의 장점을 살펴 채택할 것을 건의했다(곽기락, 「개화 상소」). 윤선학은 유교의 윤리[道]는 보전하되 증기선 · 전선 · 병기 · 농기 등 백성의 편익이 되는 서양의 기술[器]은 적극 도입해야 한다고 주장했다(윤선학, 「개화 상소」). 지석영도 『만국공법』 『조선책략』 등 서적들을 널리 보급하고 서양기술을 배울 전문교육기관의 설치를 건의하기도 했다(지석영, 「개화 상소」). 이 밖에 박기종, 조문, 고경문, 변옥 등도 서양 과학기술을 받아들일 것을 주장했다.

동도서기

그런데 김윤식은 동도서기론의 입장에서 개혁개방을 '시무'(時務)로 이해했다. 시무란 어떤 때를 당

---

10. 유길준, 「言事疏」, 『兪吉濬全書』 IV(일조각, 1971), 68－69쪽.
11. 「申報俄高立約論」, 『한성순보』 제24호(1884년 6월 14일자); 「防俄助法論」, 동 제35호(1884년 9월 29일자); 「俄人自辯」, 『한성주보』 제6호(1886년 2월 8일자), 「防俄芻言」, 동 제67호(1887년 6월 13일자).
12. 『한성순보』 1883년 12월 20일자(6호).

해 마땅히 행해야 하는 일을 가리킨다. 김윤식은 "일인(一人)의 사(私)를 깨뜨리고 공상(工商)의 길을 넓혀 사람들로 하여금 제 힘으로 먹게 하며, 그 능력을 다하고 그 권(權)을 보호하여 나라가 이로써 부강해지는 것은 태서(泰西)의 시무다. 법을 세우고 기강을 베풀며, 사람을 가려서 관리를 등용하며, 군대를 조련하고 무기를 제조해서 사예(四裔)의 업신여김을 막는 것은 청국의 시무이다. 청렴한 이를 높이고 탐욕스러운 이를 내쫓으며, 사민(斯民)을 근휼(勤恤)하고 조약을 근수(謹守)해서 우방에 흔단(釁端)을 열지 않는 것은 우리나라의 시무다."(김윤식, 「시무설」)라고 말한다. 김윤식의 상황주의적 시무론에는 실학적 유학관이 작용하고 있었다.

문명개화

개혁개방의 현실에서는 온건개화론자들의 개화론이 더 힘을 얻었다. 유길준은 서양의 근대문명과 정치를 소개하고 문명개화의 방향을 제시한 문명개화론자였지만, 그에게 공유된 현실주의적 관점과 규범주의적 관점은 급진적 문명개화를 일정 부분 억제하고 있었다. 유길준은 시세에 맞지 않는 문명개화를 "개화의 병신"이라 지탄했고, 유교적 행실을 지키면서 정치 · 법률 · 학술 · 기계 · 물품 등의 분야에서 시세에 맞게 '취장사단'(取長捨短)하는 문명개화를 주장했다(유길준, 「개화의 등급」). '취장사단'은 정치 · 법률 · 학문의 수용까지 상정한 점에서는 '동도서기'보다 실용적인 논리였다.

급진개화파들은 동도서기론의 차원을 넘어 서양문명의 전반적 수용을 주장했다. 그들은 메이지 유신을 통해 서구화를 추진한 일본을 모델 삼아 부국강병과 근대국가를 실현하고자 했다. 갑신정변을 일으킨 김옥균은 조선을 아시아의 강국으로 만들 것을 꿈꾸었다. 박영효는 폴란드와 터키의 사례에서 만국공법과 '균세공의'(均勢公義: 세력균형 원리)는 믿을 수 없으며, 약육강식의 주권국가체제에서 자립자존의 힘이 없으면 국가를 보전할 수 없다고 보았다(박영효, 「건백서」). 급진개화파들은 만국공법을 전적으로 믿지는 않았지만,[13] 근대국가 건설과 독립 보전을 위해서는 만국공법과 주권개념에 의탁하지 않을 수 없었다.

(3) 자주독립 구상과 국제정치관

청국의 속국화 정책과 중립론

임오군란(1882) 때 군사개입을 단행한 후 청국은 위안스카이(袁世凱)를 통해 조선의 외교와 내정에 적극 간섭하게 된다. 김옥균, 박영효 등 개화파는 대원군 귀환과 조공 폐지를 주장하면서 대청 독립의 의지를 강하게 드러냈지만 갑신정변(1884) 실패로 청국의 간섭은 오히려 강화되었다. 청국으로

13. 만국공법에 대한 회의적인 견해는 「洋務首在得人論」(『한성순보』 제10호); 「論西日條約改證案」(『한성주보』 제17호) 등에 보이고 있다.

부터 자주독립을 모색하는 과정에서 개화파들은 주권, 세력균형, 국제법 개념을 적극 수용하였다. 조선의 주권(자주독립)은 글로벌 세력균형과 역내 세력균형의 함수관계 속에서 포착되었다. 주권국가체제와 조공체제가 공존하는 상황에서 실제와 명분의 양 측면에서 조선의 주권(자주독립)이 모색되었다.

중립화 구상은 실제의 세력 관계 속에서, 즉 글로벌 차원의 러시아 남하정책과 지역적 차원의 청국의 조선 속방화가 전개되는 상황에서 주권을 보전하려는 의지의 표현이었다. 유길준은 유럽에서의 벨기에의 지리적 위상과 터키에 대한 불가리아의 국제적 지위에서 비롯된 벨기에와 불가리아의 중립화를 통해 조선 중립화의 가능성을 찾았다. 불가리아 중립화는 유럽 열강에 의한 러시아 방어책에서 나왔고, 벨기에 중립화는 유럽 열강의 상호견제에서 비롯된 것으로 보았다. 유길준은 "아시아의 인후(咽喉)"라는 조선의 지리적 위상과 "중국의 공방(貢邦)"이라는 조선의 국제적 지위를 상정하면서 조선의 중립화를 통해 러시아 방어와 아시아 국가들의 상호보전을 수행함으로써 조선의 자주독립을 확보하고자 했다. 다만 청국이 우세한 상황에서 청국 주도하의 조선 중립화를 상정하는 현실주의 감각을 잃지 않았다(유길준, 「중립론」). 김옥균도 갑신정변 실패 후 조선독립과 동양평화를 보전하는 방책으로서 순치(脣齒)관계에 있는 청국을 맹주로 하는 조선의 중립화를 생각했다(김옥균, 「리홍장에게 보낸 서한」). 청국의 주도권을 의식하면서 한반도 세력균형을 통해 자주독립을 유지하려는 중립화 구상들이었다.

양절체제 · 자주독립 · 미국

한편 이중체제 사이에서 주권을 보전하려는 명분도 표출되었다. 청국의 조선 속방화는 새로 형성된 주권국가체제 속에서 기왕의 취약한 사대체제가 증공국 조선의 자주성을 훼손하는 형태로 새롭게 부상하는 것을 뜻했다. 유길준은 '양절'(兩截)의 이중체제에서 조선은 청국의 '증공국'이지만 '속국'은 아니며, 주권국가체제에서 증공국도 제3국과 조약을 맺을 수 있는 주권국가라는 논리를 내세워 조선의 주권을 보전하고자 했다. 여기에는 주권은 형세의 강약, 토지의 대소, 인민의 다과 등을 불문하고 동등하다는 주권평등의 만국공법관이 작용했다(유길준, 「방국의 권리」). 이러한 논리는 현실 정책에도 적용되었다. 1887년 8월 미국에 파견된 초대 주미공사 박정양은 종주국 청국이 마련한 의전 절차를 무시하고 자주독립국의 외교사절로서 행동했는데, 청국은 '영약삼단'(另約三端)[14]을 들어 항의한 바 있다. 유길준은 청국이 말하는 '삼단'보다 '만국공례'가 우선되며, 국제법에 따라 조선 상주사절은 자주적으로 행동할 수 있다고 주장했다(유길준, 「답청사조회」).

주미공사의 상주는 조선의 자주독립에 상징적 의미를 지닌다. 고종과 개화파들은 미국이 조선의 자주독립을 지켜 줄 존재로 인식했다. 미국을 영토적 야심이 없는 공정한 나라로 보는 호의적 미국관은 『해국도지』 전래 이래 조선의 지식인들이 공유하고 있었지만, 조미수호조규에 규정된 '중

14. '영약삼단'은 리홍장이 조선의 외교 자주권을 제한하기 위해 제시한 주미 조선공사가 따라야 할 세 가지 조건을 말한다. 조선공사는 미국에 착임하면 청국공사와 함께 국무성을 방문해야 하고, 외교 의전에서 청국공사의 뒤를 따라야 하며, 중요 안건은 청국공사와 의논해야 한다는 것이었다.

재'(good offices) 조항, 선교사의 교육·의료 활동, 주한 미국공사의 우호적 태도, 미국의 부국강병과 비침략적 외교정책 등을 통해 더욱 확산되었다. 보빙사절 홍영식의 복명 보고나 초대 주미공사 박정양의 귀국 보고에서도 미국의 정치, 외교, 경제, 군사제도 등에 대한 많은 관심이 확인된다(홍영식, 「복명서」; 박정양, 「주미공사 복명 문답기」).

3. 자주독립의 모색과 국제정치관: 청일전쟁~러일전쟁

(1) 갑오개혁과 자주독립 구상

청일전쟁과 자주독립

청일전쟁을 계기로 한반도에서는 청국 세력이 쇠퇴하고 일본, 러시아 등 열강들이 각축을 벌이게 된다. 1894년 2월 동학농민봉기가 발발하자 리훙장은 위안스카이(袁世凱)의 요청을 받아 조선에 군사를 파견했고, 일본정부도 조선주재 일본공사관, 영사관 및 거류민 보호를 명분으로 파병을 단행한다. 이토 히로부미(伊藤博文) 내각은 불평등조약 개정 요구와 경제 불황에 따른 국내불만을 해외로 돌릴 기회로 보았다. 조선정부는 양국에 철병을 요청했지만, 일본은 개전의 명분을 찾았다. 오토리 게이스케(大鳥圭介) 주한 일본공사는 조선이 청의 속방인지를 묻는 공문을 보내왔고, 이에 외무독판 조병직은 조선의 자주권을 재확인했다(조병직, 「오토리 공사의 '보호속방' 조회에 대한 회답」). 고종도 조선의 내정 외교는 자주임을 밝혔고 조선정부는 독립국임을 선언했다. 일본은 1894년 8월 1일 선전포고의 조칙을 내려 청국과의 전쟁을 개시하였다. 일본은 8월 17일 조선 보호국화 정책을 확정했고, 8월 26일 조선정부에 일본군의 이동과 식량 조달에 편의를 제공하는 조약을 체결하도록 요구했다.

한편 1894년 음력 5월 조병세, 김홍집 등은 폐정개혁을 건의했고 고종의 지시로 갑오개혁을 추진하였다. 군국기무처는 공문서에 개국기원(開國紀元)을 사용하고 청국과 맺은 조약을 개정하여 각국에 특명전권공사를 파견할 것을 제의했고, 홍범 14개조를 반포하여 조공관계의 종언을 선언하는(「홍범14조 취지문」) 등 자주독립의 의지를 천명했다. 고종은 자주독립을 고취시키는 윤음을 내리기도 했다(「자주독립을 고취시키는 고종의 윤음」). 「내무아문훈령 제1호」(1895)를 공포하여 관민의 단결을 통해 조선주둔 일본군의 간섭을 배제하고자 했다. 또한 「내무아문 개혁훈시」(1895)를 내려 청국 연호의 사용을 금지하고 독립국가의 기초를 세우고 문명국가를 지향하기 위한 개혁을 추진했다.[15] 시모노세키 강화조약(1895)에서 청국이 조선의 독립을 확인하고 조공 전례의 폐지를 규정함으로써 청한 종속관계는 종식되었다. 하지만 일본이 청국을 대체하여 정치적 간섭과 경제적

15. 『고종실록』 고종 32년 3월 10일조.

진출이 확대하면서 조선의 자주독립은 위협을 받았다.

위정척사론의 일본비판과 만국공법

위정척사론자들은 일본이 간여했다고 해서 갑오개혁에 비판적이었다. 단발령(1895)은 유교적 예의문물을 훼손하는 것으로서 일본의 사주에 의한 것이라 보았다(최익현, 「복제개혁을 반대하는 상소」). 특히 명성황후를 시해한 일본의 만행을 겪고 난 뒤 유학자들의 일본 비판은 격렬해졌다. 위정척사론자들은 일본의 침략으로부터 조선의 자주독립을 구원해 줄 '대의'(정의)의 근거로서 만국공법을 적극적으로 원용하였다. 국제사회의 여론에 호소하여 일본의 침략성과 야만성을 비판하는 방식도 새롭게 제시되었다.

김익로는 각국과 논의하여 황후 시해로 국제공법을 위반한 '원수의 나라' 일본을 토벌하고, 일본으로 망명한 시해사건 연루자들을 처벌할 것을 건의했다(김익로, 「을미사변 관련자 처벌에 관한 상소」). 최익현은 "속히 왜적의 죄를 열거해서 공문을 만들어 동맹 각국에 보낸 다음에 공법을 참조하고 조약으로 입증한다면, 우리의 의리가 이미 분명하고 또 바르니 저들의 위법배약(違法背約)의 죄는 장차 만국 공공의 논의를 피할 수 없게 될 것입니다"(최익현, 「선유대원에 임명된 후 소회를 아뢰고 대죄하는 상소」)라고 주장했다. 위정척사론자들은 개항기에는 만국공법과 조약을 부정했지만, 이제는 일본의 행태를 비판하기 위한 근거로서 적극적으로 동원하고 있으며, 국제적 공공성에 의탁하는 심리를 보이고 있다.

대한제국과 독립협회의 자주독립론

삼국간섭 이후 한반도에 친러정부가 들어서면서 일본의 영향력은 약화된다. 일본은 명성황후 시해를 통해 반전을 꾀했지만 고종과 신료들이 아관파천(1896)을 단행한다. 이후 일본과 러시아는 일련의 협상을 통해 한반도 분할과 국익 확보를 꾀하는 등 열강의 간섭이 강해졌다. 이러한 상황에서 고종 환궁 후 고종의 황제 등극이 논의되었다. 김재현 등 716인은 열강의 간섭이 심해지자 조선이 자주독립국임을 국내외에 보여 주기 위해 고종에게 황제 등극을 건의했다(김재현, 「황제등극을 건의하는 상소문」). 농상공부 협판 권재형은 『공법회통』을 원용하면서 칭제는 국제공법상 자주국가가 취할 수 있는 당연한 행위라 주장했다. 고종은 이러한 건의를 받아들여 조선이 자주독립국임을 선포하고 국권의 위상을 높이고자 1897년 10월 국호를 '대한'으로 하고 국왕을 '황제'로 칭하는 조서를 내리고 황제에 즉위했다(고종, 「대한제국의 선포와 황제 등극을 알리는 조서」). 이 밖에 화폐에 비자주적인 '상평'(常平)이란 명칭 대신에 대한제국 연호를 명기해서 독립 의지를 밝혀야 한다고 주장이 제기되기도 했다.[16]

독립협회 지식인들의 경우는 '칭제'의 형식보다 '개화'의 실질을 중시했다. 『독립신문』에는 세계

16. 『고종실록』 고종 34년 4월 13일조.

로부터 독립국가로서 인정받으려면 황제 즉위식과 같은 외형보다는 국력 배양이 더 시급하며, 보호국화를 면하려면 조선인들이 각성해서 국익을 우선하고 단결을 꾀하여야 한다는 견해도 표명되었다.[17] "청국에 의지하지 말라. 종이나 사환에 지나지 못할 것이다. 일본에 의지하지 말라. 나중엔 내장을 잃을 것이다. 러시아에 의지하지 말라. 필경엔 몸뚱이까지 삼켜지게 될 것이다. 영국과 미국에 의지하지 말라. 청국과 일본과 러시아와 원수를 맺을 것이다"라고 하면서 "남에게 의지하고 힘입으려는 마음"을 끊어야 한다고 강조하는 한편, 자주독립을 보전하려면 외국과 우호관계를 유지하고 군사적 자위력을 갖추어야 하며, 이를 위해 근대학문 수용과 외국 유학이 필요하다는 견해도 표명되었다(『독립신문』, 「지각이 있는 사람의 말」). 규범적 만국공법관을 내세워 조선은 비록 힘은 없지만 외국과 대등한 조약을 맺고 있으므로 자주독립국이라는 논법도 제시되었다(『독립신문』, 「대한국이 어찌 속국이리오」).

서양문물을 받아들여 문명개화와 외국과의 교제를 적극 추진해야 한다는 주장도 많았다.[18] 서재필은 페르시아, 인도와 같은 아시아 국가들이 서구 열강의 식민지가 되었지만 일본만은 문명개화를 이룩하여 오키나와를 복속했다는 사실을 지적하면서, 자주독립한 부강한 나라가 되려면 개명 변화가 필요하다고 강조했다(서재필, 「동양론」). 외국과 대등한 관계를 위해 국민이 합심하여 문명개화를 추진해야 한다는 생각도 자주 보였다.[19] '개화'는 공사 간에 마음을 열고 서로 의론해서 만사를 정하는 공론의 관점에서 재해석되기도 했다(『독립신문』, 「개화의 의미」). 개개인의 개화와 자강이 있어야 독립이 가능하다는 주장도 보였다.[20] 또한 자주독립을 훼손하는 조선의 외교력은 비판을 받았다. 무엇보다 실무 지식을 갖춘 전문가가 없다는 점이 지적되었다. 전병훈은 외교를 정부의 급무로 보고 『공법편람』을 들면서 벨기에, 스위스 등 외국의 사례를 참조할 것을 제안했다(전병훈, 「시무에 관한 상소」).

(2) '동양평화'와 국제정치관

'동양평화'

청일전쟁 이후 약육강식의 국제관계와 열강의 국권침탈이 본격화되면서 조선의 자주독립을 동아시아 지역의 관점에서 모색하는 정치적 사유도 나타났다. 백인종의 서구 열강에 공동 대응하고 자주독립을 보전하려면 지리적 근접성, 같은 인종, 문화적 유사성을 보이는 동양 삼국이 연대협력하고 일본이 맹주 역할을 해야 한다는 동양평화론이 부상했다. 『독립신문』의 한 사설은 유럽과 아메리카의 국가들이 침략을 받으면 서로 단결하여 대항하듯이, 아시아 국가들도 같은 대륙에서 사는 직

---

17. 『독립신문』 1896년 5월 16일자, 1897년 10월 2일자, 1898년 4월 7일자 논설.
18. 『독립신문』 1896년 6월 30일자, 1899년 9월 5일자 논설.
19. 『독립신문』 1897년 2월 23일자 논설, 「각심이 아니라 합심해야」; 『독립신문』 1897년 7월 27일자 논설, 「자주독립은 전국인민의 힘으로」.
20. 「국가와 국민의 흥망」, 『대조선독립협회회보』 제11호(1897년 4월).

무와 정의(情誼)를 생각해 서로 도와줘야 한다고 말하고 있다. 동양 삼국이 "같이 한 아시아에서 살 뿐만이 아니라 종자가 같은 종자이기 때문에 신체와 모발이 서로 같고, 글을 서로 통용하고, 풍속에도 같은 것이 많다. 이 세 나라가 특별히 교제를 친밀히 해서 서로 보호하고 도와줘서, 아무쪼록 유럽의 학문과 교육을 본받아서 어서 속히 동양 삼국이 유럽의 침범을 동심(同心)으로 막을 수 있어야 동양이 유럽의 속지가 되지 않을 것이다"라는 이유에서였다(『독립신문』, 「동양 삼국이 유럽열강을 동심으로 막아야」).

당시 조선 지식인들의 동양평화론은 흔히 '정립'(鼎立), 혹은 '정족'(鼎足)의 비유를 동원했다. 세 발 솥은 세 발이 모두 온전해야 솥이 제대로 서듯이, 동양 삼국(세 발)이 자주독립을 보전해야만 동양(솥)을 보전할 수 있다는 논리였다. 삼국 독립과 동양 보전을 꾀하는 정립의 발상은 동양 삼국이 서양 열강에 대항하는 조건인 동시에 조선의 자주독립을 보전하기 위한 방책이었다. '정립'의 동양평화론은 조선의 자주독립이 서양—동양 간의 글로벌 세력불균형과 동양 삼국 간의 지역적 세력불균형이라는 이중의 세력불균형을 극복하는 요체임을 강조하는 국제정치적 사유였다.[21] 동양평화에의 관심은 세계평화에 대한 관심으로 이어졌다. 세계평화를 유지하기 위한 국제군 창설과 만국평화회의의 북경 개최가 제안되기도 했다.[22]

개화지식인의 국제정치관

청일전쟁 이후 개화지식인들은 일본, 중국, 러시아, 미국 등 열강에 대한 인식을 본격적으로 피력했다. 일본은 문명개화 모델로서 기대와 우호의 대상인 동시에 국권을 침탈하는 제국주의 국가로서 경계의 대상이었다. 개화지식인들은 일본이 단시간에 문명개화를 이룩하여 부강한 나라가 된 점에 주목했다.[23] 일본은 국가를 위해 서로 화락하는 군신상하의 마음을 갖고 정부와 인민이 각국의 성패를 거울삼아 국익을 외국에 넘기지 않고 구미 열강과 대등한 지위를 이룬 "동양의 완전한 나라"로 간주되었다. 황백인종이 쟁투하는 시대에 "일본이 황인종 중에 먼저 깨달은 사람이 되어 동포 형제의 의로써 뒤에 깨닫는 조선과 청국을 깨닫게 해서 동양의 큰 판을 보존하고, 서양 백인종의 침노(侵擄)와 노략질에 항거하는" 존재로 여겨졌다. 때문에 조선과 청국이 백인종에 의지해서 "한때의 편안함"을 꾀하는 태도는 비판받았다(『독립신문』, 「남의 나라와 대등권리를 가져야」). 일본은 동양평화를 위해 황백인종 간 대결에서 주도적 역할을 해야 한다는 기대도 보였다.[24]

다만 일본관은 양가적이었다. 일본에 대한 평가나 기대와 더불어 두려움과 경계심도 표명되었다. 특히 군함을 수입하는 등 군사력을 강화하는 일본의 정책에 대한 우려는 컸다.[25] 주한일본공사 고무라 주타로(小村壽太郎)의 부임에 즈음해서는 일본은 작은 이익을 챙기기보다는 조선을 이웃 형

---

21. 구한말 지식인들의 정립론은 장인성, 「근대한국의 평화관념」, 와타나베 히로시 · 박충석 공편, 『한국 · 일본 · '서양'』(아연출판부, 2008), 68—75쪽에 상세히 서술되어 있다.
22. 『독립신문』 1899년 7월 22일자 논설, 「평화론」.
23. 『독립신문』 1896년 12월 3일자 논설.
24. 이를테면, 『독립신문』 1899년 11월 9일자 논설 「황인종을 위한 치하」 참조.
25. 『독립신문』 1897년 1월 14일자 논설, 「일본이 군함과 무기를 수입하는 사정」.

제국으로 대하면서 조선의 개화와 자주독립을 지원해야 한다는 견해도 보였다(『독립신문』, 「작은 이익보다는 이웃형제처럼」).

한편 개화지식인들의 청국관은 청일전쟁 이후 부정적이 되었다. 재한 중국인들이 방약무인한 횡포를 저지르고 중국이 제물포 중국인 거류지에 대해 권리를 주장하는 것에 비판적이었다.[26] 무엇보다 청국의 몰락이 청국관의 악화를 가져왔다. '대국' 청국이 서로 합심하지 않아 베트남처럼 열강의 식민지로 전락하는 청국 몰락의 현실에 대해서는 정부의 부패와 관료들의 착취, 서태후의 부덕함에서 그 원인을 찾기도 했다(『독립신문』, 「청국 독립이 위태롭게 된 사정」; 『독립신문』, 「통석할 청국형세」).

청국관도 양면적이었다. 다만 일본관과는 반대의 방식이었다. 청국의 분열과 몰락은 동양평화와 한국의 자주독립을 위협하는 것으로 여겨졌다. 『독립신문』의 한 사설에서는 청국의 분열과 몰락은 우선 청국 황제와 청국 인민을 위해 개탄스러운 일이지만, "동양 삼국이 서로 동심합력해서 개명에 진보가 되어야 태서 각국의 동점하는 형세를 방비"해야 하는데 "대동합방의 의론"을 시행할 곳이 없어지니 동양 대세를 위해서도 개탄할 일이며, 개항 이후 개명에 나아가고 있는 한국의 형세도 외롭게 되어 한국을 위해서도 극히 염려할 일이라고 말하고 있다(『독립신문』, 「통석할 청국형세」). 청국관에도 서세동점에 대항하여 동양 삼국의 연대(동심합력)을 상정하는 '정립'의 발상이 들어 있었다.

러시아는 영 · 러 간 대결구도의 차원에서 포착되었다. 유럽의 세력균형과 동맹도 소개된 것도 이러한 차원에서였다.[27] 러시아는 동양과 황인종을 위협하는 세력으로 이해되었지만, 청일전쟁 이후 한반도를 둘러싼 열강의 세력균형이 잠깐 성립한 동안에는 일본 견제세력으로 간주되기도 했다. 웨베르 러시아 공사가 부임했을 때 한국 지식인들은 러시아가 일본을 견제해 줄 것이라는 기대감을 나타냈다.[28] 러일 세력균형을 자주독립 보전의 전략으로 이해한 경우도 있었다. 러시아와 외교협상에 임했던 민영환은 한국의 자주독립을 유지하기 위해 러시아의 남하에 반대하는 청국 및 서양 열강과 유대관계를 맺고 러일 세력균형을 활용하는 정책이 필요하다고 주장했다(민영환, 「천일책」).

러시아의 간섭에 대한 우려도 표명되었다. 러시아가 조선의 군대와 재정을 통제하고 간섭하려 들자 경계심을 드러냈다.[29] 탄광개발, 산림벌채권 획득, 조차지 시도 등 러시아의 이권 침탈에 대해서도 한국인의 자각과 각성이 촉구되었다.[30] 러시아군의 만주 진출 가능성이 긴장을 조성하고 있다는 우려도 있었다.[31] 이승만은 러시아의 남하가 러일전쟁을 유발할 수 있음을 경고했다.[32] 러일 대립이 본격화되자 특히 『황성신문』에서는 동양 삼국이 단결하여 러시아를 포함한 서양세력을 물리

26. 『독립신문』 1896년 9월 12일자 논설
27. 『독립신문』 1897년 9월 9일자 논설, 「유럽의 국제관계와 동양」.
28. 『독립신문』 1896년 5월 5일자 논설; 『독립신문』 1896년 9월 6일자 논설.
29. 『독립신문』 1897년 11월 11일자 논설.
30. 『독립신문』 1899년 11월 15일자, 「제 나라 토지를 지키는 것이 우선」.
31. 『독립신문』 1899년 3월 25일자 논설, 「동양풍운」.
32. 이승만, 「개신교 · 신학문권장론」, 『옥중잡기』.

치고 동양평화를 모색해야 한다는 주장을 폈다.

한편 미국은 후진국의 자유독립을 지원해 주는 선의의 국가, 우호국가라는 이미지가 강했다. “미국은 강토를 넓힐 생각이 없을 뿐만 아니라 그 근처에 강한 이웃이 없기 때문에 해육군을 길러서 방비할 것이 없다. 그러므로 이에 편안히 한 대륙의 빈 땅에 거하여 법률을 세워 다스리는 것이니, 한 가지로 안락 태평함이 극락세계가 된다고 할 만하다. … 약한 나라가 강한 나라에게 무례하게 압제를 받거나, 자유권을 뺏는 나라가 있으면 자기 나라의 군사를 죽이고 재물을 허비하면서까지 기어이 그 약한 나라를 도와주니, 이는 미국 사람의 큰 도략이다”[33]라는 인식은 러일 대립의 맥락에서도 호의적인 미국관이 여전했음을 보여 준다. 이승만은 미국과의 수호 통상에 적극적이었다.[34] 다만 미국의 제국주의적인 아시아 진출에 대한 우려도 없지 않았다.[35]

4. 국권상실과 국제정치관: 러일전쟁~한일병합

(1) 국권상실과 일본

러일전쟁의 전후처리를 위해 포츠머스 강화조약이 체결된 뒤 일본 내각은 ‘한국보호권 확립실행에 관한 건’을 의결했다. 1905년 11월에는 을사조약(제2차 한일협약)을 조선에 강제함으로써 한국의 외교권은 박탈당하게 된다. 고종은 일본의 국권침탈에 대항하여 주권과 독립을 지키고자 했다. 고종은 해외에 밀사를 보내 을사조약의 부당성을 설명하고 독립 지원을 요청했다. 또한 1905년 10월 미국인 헐버트(Homer B. Hulbert) 편에 친서를 보내 조미수호조약에 의거해 일본의 침략을 견제하여 국권상실의 위기에서 벗어날 수 있도록 루스벨트 대통령에게 요청했다. 제2차 헤이그 평화회의(1907)에 밀사 이상설, 이준, 이위종을 보내기도 했다. 이들은 국제협정을 위반한 일본의 한국 침탈을 비판하는 탄원서를 제출하였다.

을사조약 체결 이후 지식인들의 일본 비판은 고조되었다. 최익현은 일본이 한국에 을사조약을 강요하는 등 신의를 배반한 죄상을 열거하면서 입으로 동양평화론을 떠들면서 실제로는 한국과 중국을 침략했다고 비판하는 한편, 러시아 인들이 일본을 잊지 않을 것이며 일본은 반드시 패망할 것이라 경고하였다(최익현, 「일본정부에 보내는 글」). 유학자 이석용은 일본 때문에 공맹의 도와 질서가 붕괴되었다고 분개하면서 국권수호책을 내놓았다. 최선책은 대의를 내세워 군대를 동원하여 일본을 토벌하는 것이고, 차선책은 이토 히로부미와 을사오적을 제거하는 것이며, 둘 다 어렵다면 국서를 보내 천황을 책망하고 을사조약을 파기해야 한다는 것이었다(이석용, 「만국에 포고하는 글」). 유길준은 독립은 공허한 구호가 아니라 실력양성이 있어야 가능하며, 일본에 대해서만이 아니라 세계만국을 향해 요구되어야 한다고 주장했지만, 광복의 길은 우세한 일본과 평화적 관계를

---

33. 『독립신문』, 1899년 2월 27일자 논설, 「각국 도략」.
34. 이승만, 「韓人之乘電車」, 『옥중잡기』.
35. 『독립신문』 1899년 1월 17자 논설.

유지하는 데 있다는 현실주의적 입장이 우선했다(유길준, 「평화광복책」).

일본의 사이온지 총리는 1907년 7월 이토 통감에게 한국병합을 지시했다. 일본은 헤이그밀사 파견을 구실로 고종의 황제직 양위를 강요했고, 7월 19일 고종 황제의 양위가 발표되었다. 일본은 정미7조약을 맺어 법령제정과 주요 행정처분은 통감의 사전 승인을 받도록 했다. 사법업무 위탁, 군대해산, 일본인차관 임용 및 경찰 주요직의 일본인 임용 등 국권 침탈이 잇따랐다. 한국은 1910년 8월 한일합방으로 국권을 잃고 식민지가 되었다. 이 과정에서 친일세력은 망국을 어찌할 수 없는 운명으로 받아들여 대일협력 혹은 병합이 한국인의 장래에 이익이 된다고 주장했다. 김가진은 동양평화를 유지하고 상호 행복을 증대시키려면 양국의 관료 · 지식인들이 노력해야 한다면서 일본인 관료 · 경찰 · 재판관들이 성실과 공평으로 한국인의 신뢰를 얻어 지도계발의 효과를 거둬야 한다고 주장했다(김가진, 「일본에 대한 유식자들의 생각」). 일진회 회장 이용구는 1909년 12월 일진회 회원의 연명으로 을사조약 체결로 국권을 상실한 책임은 한국인들에게 있으며 합방만이 한민족이 살 길이라는 성명서를 발표했다(이용구, 「한일합병 성명서」).

(2) 제국주의와 사회진화론

국망의 콘텍스트에서 제국주의에 대한 인식이 깊어졌다. 최석하는 인구 증가와 토지 부족을 해결하고자 열강들이 해외 영토를 개척하여 국익을 꾀하는 것을 제국주의로 보았다(최석하, 「국가론」). 채기두는 국제경쟁의 추세가 국민주의에서 식민주의를 거쳐 제국주의로 변환된 것으로 이해했다(채기두, 「평화적 전쟁」). 신채호는 국제정세의 추세를 제국주의, 민족주의, 자유주의로 규정하면서 서세동점의 제국주의 상황에서 희생양이 될 수 있다면서 한국인의 각성을 촉구했다(신채호, 「20세기 신국민」).

제국주의 인식이 심화되면서 사회진화론이 폭넓게 받아들여졌다. 자연계의 적자생존과 자연도태의 현상을 국제관계에 적용하여 국제질서를 약육강식의 세계로 보는 견해가 널리 퍼졌다. 윤효정은 지구는 인류가 공동생활하는 기초이므로 국제법에서 허락한 한계와 각국 법률이 정한 범위 내에서 누구나 이주와 생활과 경제의 발전을 추구해야 한다고 보면서도 국제경쟁의 시대에 살아남으려면 생존경쟁의 원리와 양상을 숙지해야 한다고 주장했다(윤효정, 「생존경쟁」). 김성희도 호랑이가 양을, 고양이가 쥐를 대하듯 강자 · 우자가 열자 · 약자를 죽여야만 그치는, 약육강식과 우승열패의 원리가 작동하는 "동서양 역사상 한 연극의 무대"에서 강대국만이 독립을 보전할 수 있다고 보았다(김성희, 「독립설」). 자연스럽게 옌푸(嚴復)의 사회진화론을 수용하여 약육강식과 우승열패의 세계를 원리적으로 이해하려는 관점도 표출되었다. 김상범은 생존경쟁을 '천연'(天演)으로, 약육강식을 '공례'(公例)로 불렀고,[36] 장지연 역시 천연계(天演界)의 공리인 우승열패는 열자 · 약자가 우자 · 강자에 멸절되는 천택자연(天擇自然)의 결과라고 보았다(장지연, 「단체를 이뤄야 민족을 보전할 수 있음」).

---

36. 김상범, 「외우론」, 『대한자강회월보』 제7호.

생존경쟁을 인종의 관점에서 포착하는 인종론도 강하게 나타났다. 고의환은 제국주의 시대에 동족을 사랑하는 마음이 더욱 견고해지고 이민족을 구별하는 경향이 더욱 심해져 타자의 희생을 통해 자기 행복을 증진시키려는 "쟁탈의 피비린내"가 진동한다고 말하고 있다(고의환, 「애국심의 연원은 애아심에 있음」). 같은 인종끼리는 상호 부지하고 다른 인종은 배척하는 현상에 대한 인식은 보편적이었다(포우생, 「경쟁의 근본」). 황백인종의 투쟁에 주목하는 발상은 백인종 우월주의에 대항하여 황인종 간의 단결과 협력을 강조하는 관점을 내포하고 있었다. 다만 인종 투쟁을 부정하는 견해도 없지 않았다. 채기두는 백인종이 우월해서 아시아의 열등 인종을 지배한다는 주장을 이기와 탐욕의 산물이라 비판했다. 그는 미국인 선교사가 미국에서 청국인 소녀를 양육했는데 미국인과 똑같게 성장했다는 일화를 들면서 인류동종론의 견해를 지지했다. 인종의 차이가 아니라 습관이나 심성의 차이에 불과하다는 입장이었다(채기두, 「평화적 전쟁」).

한편 제국주의 인식은 동양을 재발견하려는 의식을 낳기도 했다. 1909년 3월 유럽연합위원회가 개최된다는 소식이 들려왔을 때, 유럽연합이 세계평화를 위한 것이 아니라 동양에 진출한 유럽 국가들의 이해관계를 조정하기 위한 것이므로 이에 대응하는 아시아 연합이 필요하다는 주장도 나왔다(박유병, 「유럽의 연합」). 흥망성쇠론적 문명관에 입각해서 한국이 주도하는 동양문명이 세계를 이끄는 날이 도래한다는 낙관적 기대도 보였다(문일평, 「한국의 장래문명을 논함」). 한반도와 만주의 지정학적 중요성이 인식되기도 했다. 신채호는 만주가 역사적으로 한민족의 흥망과 직결되는 지역임을 상기시키면서 러시아가 만주를 획득한다면 한국은 북방민족의 세력범위 안에 들어갈 것이며, 일본이 만주를 지배하게 되면 한국이 일본제국주의의 지배권에 들어갈 것으로 예상했다(신채호, 「한국과 만주」).

(3) 국제법 · 외교 · 자강

적자생존의 제국주의 시대에 생존의 길은 국제법과 자강(실력양성)에서 찾아졌다. 국제법은 독립의 국제적 조건이며, 자강은 독립의 국내적 조건이었다. 원영의는 서양 국가들이 '권력균평'(權力均平)의 만국공법에 의거해 서로를 보전하고 덴마크가 국외중립을 유지하는 사례를 소개하는 한편, 유럽 소국들의 경험에서 자강의 중요성을 도출하였다(원영의, 「자조설」). 개항의 맥락에서 『조선책략』이 제시한 균세와 자강의 논리는 국망의 맥락에서도 여전히 유효했음을 알 수 있다.

국망의 상황에서 국제법의 중요성은 누누이 강조되었고, 국제법의 연원과 내용을 소개하는 논설도 많이 발표되었다. 국망의 상황에서 국제법은 문명개화론자의 경우는 실정법적 측면이, 위정척사론자나 유학자들에게는 자연법적 측면이 강조되었다. 이승근은 국제법도 의회의 협찬과 군주의 재가를 거치므로 국내법과 효력이 같다는 점을 강조했다. 그는 '국제공법'은 나라와 나라 간의 법률이며, '만국공법'은 만국공통의 법률이라고 구별하고 있는데, 국제법을 실정법으로 보는 관점이 성장했음이 확인된다(이승근, 「국제공법론」). 위정척사론자들은 국망의 맥락에서 '만국공법'의 공공성과 만국공론의 정의를 적극적으로 내세웠다. 만국공법과 만국공론은 일본의 제국주의 침략을 비판하고 대한제국의 생존을 모색하는 유력한 수단으로 동원되었던 것이다.

외교의 중요성도 강조되곤 했다. 김성희는 보호국을 벗어나려면 내정개혁 못지않게 외교도 중요하다는 생각에서 주권을 제약하는 조약의 체결은 국민의 동의를 필요로 한다는 '국민적 외교' 개념을 끌어들여 을사조약은 국민의 동의가 필요하다고 강조했다(김성희, 「국민적 내치 국민적 외교」). 외교권 피탈의 책임을 정부에만 전가시키지 말고 한국민들도 '사회적 외교', 즉 '민족적 외교'를 전개해야 한다고 주장하기도 했다(김성희, 「외교상 경험의 역사를 논함」). 유럽외교사 지식이 풍부했고 외교의 의미를 잘 알았던 최석하는 국망의 원인을 외교력 부재에서 찾았다. 그는 국가를 부강하게 만든 비스마르크, 나폴레옹 같은 영웅뿐 아니라 나폴레옹전쟁의 패전에도 불구하고 외교적 활동을 통해 프랑스의 생존을 모색한 탈레랑 같은 외교관이 필요하며, 외교제도와 국제관례에 정통하고 외국어에 능통한 외교관 양성이 시급하다고 주장했다(최석하, 「국제교제론」; 최석하, 「천하대세를 논함」).

자강에서는 자립능력과 단체정신이 요구되었다. 심의성은 적자생존의 경쟁에서 살아남으려면 자력(資力), 체력(體力), 뇌력(腦力)의 세 가지 힘을 바탕으로 경제력과 신체와 지적 능력을 길러야 한다면서[養財 · 養體 · 養神] 이 전체를 '양생'(養生)이란 전통적 용어로 표현하였다(심의성, 「경쟁하는 삼대력의 여유한 관계」). 박은식은 열강의 원조를 바라거나 국제법에 의탁한다는 생각은 망상에 불과하며, 자강과 자립의 능력이 없이 타인에만 의존한다면 노예상태를 벗어날 수 없다고 보고 자강을 위한 지식계발과 식산(殖産)을 강조했다(박은식, 「자강 가능 여부에 관한 문답」). 장지연은 '단체'의 정신과 '단체'의 형성을 강조했다(장지연, 「단체를 이뤄야 민족을 보전할 수 있음」). 많은 학회의 탄생은 '단체'의 형성을 뜻하는 것이었다.

(4) 개인 · 사회 · 국가

국권과 인권의 상관성에 관한 논의도 활발했다. 국가가 부강하고 국권을 보전하려면 개인의 일방적 희생과 충성을 요구하기보다는 개인의 자유와 권리를 보장해야 한다는 견해가 우세했다. 오석유는 '수신제가 치국평천하'의 논리를 빌어 개인의 자주적 각성과 계몽이 선행되어야 한다고 주장했다(오석유, 「자주적 자아」). 박병철도 자강과 계몽을 통해 국가와 사회의 발전을 이룩하려면 개인의 자주와 자유가 중요하다면서 국가의 자주와 개인의 자유가 상호보완적 관계에 있다고 주장했다(박병철, 「자주와 자유」). 남궁식도 국민의 자유와 국가의 부강이 밀접히 연관된다면서 국민에게 천부의 자유를 부여하여 진취적 분위기를 조성하고 국권회복을 위한 실력 양성을 역설했다(남궁식, 「자유론」). 서양 국가들은 개인의 인권과 행복이 존중되기에 부강하지만, 폴란드 · 이집트 · 인도 · 베트남은 인권을 상실하여 멸망했다는 견해도 있었다(경세생, 「인권은 국권의 기초」).

국권과 인권의 상관성에 관한 이러한 견해들은 개인을 중시하는 사유와 더불어 개인이 사회 속에서 존재한다는 인식을 깔고 있었다. 이석룡은 개인이 사회의 구성원이며 사회는 개인의 생사흥망에 관계없이 존속한다는 관점에서 사회를 소중히 여겨야 나를 중시하며 사회를 경시하면 나를 낮게 보는 것이라면서 개인은 사회를 위해 최선을 다해야 한다고 주장했다(이석룡, 「나와 사회의 관계」). 장응진은 개인과 사회는 별개가 아니라 개인의 정신이 사회의 정신이며 자아 형성과 개인의 각성을 통해 '사회아'를 형성해야 한다는 주장을 폈다. 그리고 조선인 개개인의 공통 정신을 '조선정신'이라 불렀다(장응진, 「사회아를 논함」). 김광제는 정부는 일개 단체로서 어느 한쪽에 치우치지 않고 전 국민의 의견을 모아 불편부당하게 행동해야 하며, 정치단체는 단체의 화기(和氣)로써 온 나라를 융합 · 화합시키는 과제를 수행해야 한다고 주장했다(김광제, 「단체적 행동」). 앞에서 말한 '단체'는 사회의 구체적 표현이며, '사회아'는 이러한 단체를 매개로 생성되는 것으로 이해될 수 있다.

사회단체가 독립을 위한 기반으로 인식될 때 단체는 국가를 상정할 수밖에 없다. 왕조국가가 멸망의 위기에 처한 상황에서 근대 국가학에 대한 관심이 높아졌다. 애국계몽 지식인들은 국가의 근대적 구성요소(영토, 국민, 주권)에 대해 얘기했다. 유학자 이기는 국가를 '공동단체' '대단체'로 간주하고 국가의 세 구성요소로서 토지, 신민, 주권을 들었다. 신민은 중지(衆志)를 엮어 소단체를 이루고 대단체를 이루어야 하며, 주권을 장악하여 전국(全局)을 통주(統籌)하는 자가 있어야 내부 안정과 외침 방어가 가능하다는 주장을 폈다(이기, 「국가학설」). 인민 내지 국민 대신에 '신민'을 상정하고 전국을 통주하는 군주를 설정하는 이기의 국가론에서는 왕조국가의 그림자가 강하게 드리워져 있음을 알 수 있다.

단체의 발상은 가족국가론으로 확장되기도 했다. 박은식은 국가를 '일대 가족' '일개 단체'로, 한국의 강토를 '가족의 집'으로 비유하였고, "덕업을 서로 권하고 의리를 서로 연마해서 더불어 살 땐 함께 있고, 죽더라도 서로 저버리지 않는" '대한정신'의 필요성을 강조했다(박은식, 「대한정신」). 김문연도 "나라란 가족이 쌓여서 이루어진 것이다. 나라를 사랑하는 일을 하면 자연히 자기를 사랑하는 효과를 거둘 수 있을 것"이라면서 자기 사랑이 가족애로, 국가애로 확대되어야 한다고 역설했다(우송한인, 「애기애국」). 애국계몽기의 가족국가관이 국가유기체설의 영향을 받은 것일 뿐 아니라 얼마간 유교정치론의 유산임이 감지된다.

물질적 개혁이 힘들어진 상황에서는 국가를 보전하려는 정신주의가 제창되기 마련이다. 장지연은 사람들이 혼자로는 어렵기에 서로 구제하여 이익을 얻기 위해, 혹은 사람들 간의 충돌, 국가 간의 충돌을 억지하기 위해 국가를 만들었다면서 개인 한 몸보다 더 크고 중대한 존재인 국가를 인식하는 '국가사상'의 필요성을 역설했다(장지연, 「자강주의」). 또한 한국인들이 애국사상과 공공관념과 국가사상을 결여하여 국민의 의무를 몰라 국권을 상실하게 되었다고 주장했다(장지연, 「단체를 이뤄야 민족을 보전할 수 있음」). 애국심을 '애아심'의 확장으로 보는 논리도 제시되었다(고의환, 「애국심의 연원은 애아심에 있음」). 최석하는 국가를 "일정한 토지를 보유하고 권력으로써 통일하는 인민의 단체"로 정의하고 외침으로부터 국민을 보호하고 부국강병을 수행하는 국가의 역할을 강조하는 한편 애국심과 국가사상의 필요성을 역설했다(최석하, 「국가론」). 윤효정도 생존경쟁과 우승열패의 국제사회에서 국가 독립을 유지하려면 국민이 애국심과 국가정신을 발휘해야 한다고 주장했다(윤효정, 「국가적 정신을 발휘해야만」).

(5) 동양평화와 세계평화

러일전쟁 이후 전쟁과 평화의 문제도 보다 절실히 인식되었다. 무엇보다 일본의 승전을 통해 무력에 대한 인식이 강해졌고 무력에서 국권회복의 길을 찾는 의식이 높아졌다. 구자욱은 일본인들이 호전적 기질, 섬나라, 공리주의적 성향을 가졌기에 서구화와 부국강병이 가능했고, 한국인들은 문을 숭상하고 무를 천시하는 풍조가 있어 국방력을 갖추지 못했다고 평가했다. 그리고 군사력을 강화하려면 우선 "정신적 무비"를 갖춰야 한다고 주장했다(구자욱, 「무비론」). 채기두는 열강의 제국주의는 국익을 추구하고 판도를 확장하는 '평화적 전쟁'에 불과하며, 이에 대항하려면 '무장적 전쟁'을 준비해야 한다는 무장투쟁론을 주장했다(채기두, 「평화적 전쟁」).

러일전쟁은 동양평화에 대한 기대와 실망의 양가적 감정을 초래하기도 했다. 일본은 개전 당시 "동양평화를 유지하고 대한 독립을 공고히 한다"는 명분을 내걸었다. 한국인들이 일본의 전승이 동양 삼국의 공영과 평화를 가져다줄 것으로 기대했다. 하지만 을사보호조약 체결을 계기로 일본이 내건 '동양평화'는 일본이 동북아 지역패권을 장악하기 위한 명분에 불과하다는 사실이 판명되었다. 한국의 지식인들 사이에는 일본의 허구적 동양평화론에 분노와 비판을 숨기지 않았다. 장지연은 「시일야방성대곡」에서 이토 히로부미의 동양평화론이 조선의 국권을 침탈하기 위한 명분에 지나지 않는다고 비판하였다. 안중근도 동양평화와 한국독립의 약속을 저버린 일본의 행태에 통탄하였다. 동양인종이 일치단결해서 서양세력을 막아야 하는데, 일본은 같은 인종과 이웃나라를 강탈하고 백인종에게 어부지리를 넘겨주었다는 것이다(안중근, 「동양평화론 서」). 안중근은 동양의 전쟁상태를 종결하고 평화를 실현하기 위한 동양평화회의체 구성, 동양 삼국 공동은행 설립, 공용화폐 발행, 평화군 양성, 공동경제발전 모색 등의 방책을 제시했다.[37]

동양평화론과 동양주의는 동양을 위협하는 공격적 일본제국주의 앞에서 무력할 수밖에 없었다. 때문에 비판의 대상이 되기도 했다. 신채호는 동양주의에 기대는 것은 폴란드인이 서양주의를 말하는 것과 다를 바 없다면서 국제경쟁의 상황에서는 국가주의를 추구해야 한다고 주장했다(신채호, 「동양주의에 대한 비평」). 인종론에 기초한 동양주의는 일본제국이 세계정치 무대에서 '세계평화'를 논하고 동서양 대결구도에서 제국주의 팽창을 시도하면서 또 다른 변용을 보이게 된다.

37. 안중근의 1910년 2월 17일 관동도독부 고등법원장과의 면담내용인 '청취서', 국가보훈처 · 광복회, 『21세기와 동양평화론』(서울: 국가보훈처, 1996), 51－57쪽.

Abstract

Selected Documents Relating to Modern Koreans' Ideas and Perceptions of International Relations

Edited by Jang In-Sung, Kim Hyeonchoel, and Kim Jong-hak

Since the modern era, Koreans have lived under the influence of East Asia's international politics or world politics in terms of not just political activities but every sphere of activity. In a country like Korea, whose history has been determined far too greatly by outside forces, one should not be surprised that diplomatic history is taken very seriously. Therefore, it is inevitable that an understanding of the foreign policies of and international relations among the great powers surrounding the Korean peninsula must be achieved in order to explain Korea's history. It is, however, not sufficient to have knowledge of others. If we lack awareness of our conceptions or behavior patterns to shape our foreign policy, such understanding or others' foreign policies and international relations will be conditional. Therefore, if we want to gain a deep understanding of Korea's experience in the international sphere, efforts should be made to grasp Koreans' underlying conceptions or thoughts of international relations; in addition, historical facts ought to be paid attention and discussed. Even though attempts, using the diplomatic approach, have been made to reveal Korea's international relations and foreign policy, they have not been able to account for the role played by the mindset of Koreans in shaping Korea's foreign policy and Koreans' views on international relations.

In addition, the mindset of Koreans in the modern era is not just relevant to past experience, but also shapes the present political conception of international relations. Therefore, the kinds of views that Koreans had on international society in the modern era when the sovereign system and the modern diplomatic system were introduced should be explained. This book, Selected Documents Relating to Modern Koreans' Idea and Perceptions of International Relations, aims to classify materials on Korean officials and intellectuals' views on international politics in the modern era according to the period and the subject. This book is divided into two volumes: The first one covers the time period between the 1860's～1910's and the second one covers the time period between the 1910's～1940's. The former focuses on how Koreans in the so-called 'Hanmal' period perceived international society in terms of Korea's relation with the great powers, and the latter deals with how Koreans during the Japanese occupation perceived international relations and Korea-Japan relations. This book aims at providing a textbook for students to understand how Koreans' conceptions were constructed and also provides material for researchers to analyze the conceptions or political thought of Koreans in the modern era.

찾아보기

ㄱ

ㄴ

ㅁ

ㅂ

ㅈ

ㅊ

ㅋ

발간사

'한국학'에 대한 관심과 요구가 국내외에서 높아지고 있다. 한국학을 전공으로 하는 학과도 생겨나고 한국학 연구자들의 국제학술대회도 종종 접하게 된다. 한국사회가 짧은 시기에 보여준 역동적인 변화에 대한 학문적 관심이 나라 안팎으로 증대된 결과일 것이다. 한국의 역사와 문화, 사회적 경험이 점점 더 많은 연구자들의 관심대상으로 되고 있다는 사실은 매우 반가운 일이다.

한국학이란 고정된 분과학문 체계 내의 한 부분영역이 아니라 다양한 분과학문들이 함께 참여하는 학제적 연구의 성격을 지닌다. 한국학은 과거의 전통에 깊은 관심을 갖지만 현재의 문제들에도 주목하며 미래의 전망을 모색하는 작업도 포함한다. 인문학적 논의와 사회과학적 관심은 물론이고 자연과학적 문제의식과 예술적 시각이 함께 어우러지는 곳이다. 당연히 한국학은 국내의 연구자들이 자신의 특수성만을 부각시키는 폐쇄적인 장이 아니라 전 세계의 학자들이 자유롭게 참여하는 지적 토론의 공간이다. 한국을 대상으로 한 다양한 연구를 지원하며 진지한 논의와 지적 실험을 뒷받침하는 것이야말로 한국학의 가장 중요한 역할이라 할 것이다.

이런 의미에서 한국학은 한국의 문화와 역사적 경험을 전 인류의 문화유산과 역사적 경험의 한 부분으로 바라보는 전 지구적 시각을 요구받고 있다. 한국학은 한국사회의 경험을 연구하되, 그것을 21세기 세계사적 과제들과 더불어 사고함으로써 새로운 문명적 대안을 모색하는 전 지구적 논의에 적극적으로 동참하는 작업이 되어야 한다. 이런 종합적이고 개방적인 연구의 집적을 통해서만 한국의 특수성만을 절대화하는 오류에서 벗어나면서 동시에 서구의 눈으로 한국을 대상화, 타자화하는 오리엔탈리즘적 지역학의 한계도 극복할 수 있는 길이 열릴 것이다.

한국의 학문 발전에 큰 책임을 지고 있는 서울대학교는 한국학의 바람직한 발전을 위해 적극적인 역할을 하고자 한다. 이를 위해 별도의 연구기금을 마련하여 '한국학 장기기초연구 지원사업'을 추진하고 이 사업의 결과물들을 모아 연구총서, 자료총서, 모노그래프를 출간하기로 했다. 서울대학교 교수진의 연구역량과 진지한 문제의식들이 결집됨으로써 한국학의 연구수준이 더욱 높아지고 내용이 보다 풍부해질 것을 믿고 있다. 이 연구사업이 해를 거듭할수록 한국 사회에 대한 이해가 깊어짐은 물론이고 한국의 경험을 통해 세계 학계의 시각과 논의도 더욱 풍성해질 것을 기대해 마지않는다.

2003년 8월

서울대학교 규장각한국학연구원 한국학연구사업위원회

엮은이 소개

장인성

서울대학교 외교학과를 졸업하고 동 대학원에서 석사과정을 마쳤다. 도쿄대학 총합문화연구과 국제관계론 전공에서 유학적 사유의 관점에서 근대를 포착하는 근대 동아시아 지식인들의 정치사상에 관심을 갖고 연구했으며, 요코이 쇼난과 김윤식의 국제정치사상을 중심으로 한 개항기 한일 정치사상 비교 연구로 학술박사 학위를 받았다. 현재 서울대학교 정치외교학부 교수이며, 주요 연구분야는 동아시아 국제사회론, 일본사상사, 동아시아 국제정치사상, 동아시아 개념사 등이다. 주요 저서로는 『장소의 국제정치사상』(서울대학교출판부, 2002), 『근대한국의 국제관념에 나타난 도덕과 권력』(서울대학교출판부, 2006), 『메이지 유신』(살림, 2007) 등이 있다.

김현철

서울대학교 외교학과를 졸업하고 동 대학원에서 '박영효의 근대국가 구상에 관한 연구'로 정치학박사 학위를 받았다. 현재 동북아역사재단 책임연구위원이며, 주요 연구분야는 동북아국제관계, 한국정치사상 및 외교사, 한국외교정책, 한일관계 등이다. 주요 저서로는 『한국외교사와 국제정치학』(성신여자대학교출판부, 2005, 공저), 『한국정치사상사 문헌자료 연구(III): 조선 개항기편』(한국학중앙연구원, 2006, 공저), 『동아시아의 전쟁과 평화』(연세대학교 출판부, 2006), 『동북아의 근대적 변용과 탈근대 지향』(매봉, 2008, 공저), 『안중근과 그 시대』(경인문화사, 2009, 공저) 등이 있다.

김종학

서울대학교 외교학과를 졸업하고 동대학원 박사과정을 수료했다. 민족문화추진회(현 한국고전번역원) 국역연수원과 해동경사연구소에서 한학을 수학했다. 『근대한국외교문서』 편찬위원회 연구원으로 활동하고 있으며 한국방송통신대학교에서 근대 한일관계사에 관한 강의를 하고 있다. 역서로 위당(威堂) 신헌(申櫶)의 강화도조약 협상일지를 역주(譯註)한 『심행일기: 조선이 기록한 강화도조약』(푸른역사, 2010)이 있다.

서울대학교 규장각한국학연구원 한국학연구총서

01 지방문학사: 연구의 방향과 과제 | 조동일

02 한국 근대과학 형성과정 자료 | 문만용 · 김영식

03 목석의 울음: 손창섭 문학의 정신분석 | 조두영

04 통일한국의 농업 | 김완배 · 김한호 · 이정재 · 이태호 · 정하우

05 현대 한국사회의 철학적 문제: 사회운영원리 | 백종현

06 한국유교의 과제 | 금장태

07 韓國 古代 · 中世初期 土地制度史: 古朝鮮~新羅 · 渤海 | 이경식

08 『무과총요』 연구 | 나영일

09 북한 주요 산업지역의 토지이용 변화와 개방지역에 관한 연구 | 황만익 · 이기석

10 재벌체제와 다국적기업: 경제개발의 두 가지 유형 | 이승훈

11 붉은악마와 월드컵 | 이순형

12 『조선왕조실록』 보존을 위한 기초 조사연구(1) | 송기중 · 신병주 · 박지선 · 이인성

13 한국 근대의 사회복지 | 안상훈 · 조성은 · 길현종

14 한국어 체언의 음변화 연구 | 이상억

15 조선 중기 무예서 연구 | 나영일 · 노영구 · 양정호 · 최복규

16 1950년대 사회주의 건설기의 북한 보건의료 | 황상익

17 후발 산업화와 국가의 동학: 탈관료화와 강성국가의 공동화 | 하용출

18 조선 후기의 기술도: 서양 과학의 도입과 미술의 변화 | 정형민 · 김영식

19 韓國 中世 土地制度史: 朝鮮前期 | 이경식

20 남북 언어의 문법 표준화 | 권재일

21 50권본 『화엄경』 연구 | 이승재

22 한 · 중 소화의 비교 | 서대석

23 고려전기의 전시과 | 이경식

24 개항기 전후 경상도의 육상교통 | 허우긍 · 도도로키 히로시

25 한국어의 주제와 통사 분석: 주제 개념의 새로운 전개 | 임홍빈

26 한국적 패션 디자인의 제다움 찾기: 전통미와 현대적 활용을 중심으로 | 김민자

27 한국 근대문학교육사 연구 | 우한용

28 『조선왕조실록』의 여진족 족명과 인명 | 김주원

29 중앙아시아 고려말의 문법 | 권재일

30 삼국통일전쟁사 | 노태돈

31 한국의 사회운동과 진보정당 | 임현진

32 한국 행락문화의 변천과정 | 황기원

33 노래의 상상계 : '수사'와 존재생태 기호학 | 신범순

34 한국의 언어 민속지 : 전라남북도 편 | 왕한석

35 주시경의 언어이론과 표기법 | 송철의

36 일제강점기의 철도 수송 | 허우긍

37 인권으로 읽는 동아시아: 한국과 일본의 인권 개선조건 | 정진성 · 공석기 · 구정우

38 정조와 정조시대 | 김인걸 외

39 문화의 정치와 지역사회의 권력구조: 안동과 안동김씨 | 김광억

40 한국어 명사구의 의미론: 한정성/특정성, 총칭성, 복수성 | 전영철

서울대학교 규장각한국학연구원 한국학자료총서

1 古代國語 語彙標記 漢字의 字別 用例 硏究 | 송기중

2 한국철학자료집: 불교편 1 – 삼국과 통일신라의 불교사상 | 허남진 외 편역

3 한국철학자료집: 불교편 2 – 고려시대의 불교사상 | 심재룡 외 편역

5 서울대학교 중앙도서관 고문헌자료실 소장 『경제문고』 해제집 | 권태억 외

6 한글본 이언 연구 | 민현식

7상 원문 교주 구운몽 | 원작 김만중, 교주 김병국

7하 현대역 구운몽 | 원작 김만중, 옮김 김병국

8 해방 이후 한국기업의 진화 I : 1976 ~ 2005년간의 통계의 구축과 기초분석 | 이근 외

9 해방 이후 한국기업의 진화 II : 1956 ~ 1977년간의 통계의 구축과 기초분석 | 이근 외

10 서울대학교박물관소장 식민지시기 유리건판 | 이문웅 · 강정원 · 신일 편

11 풍자 우화 그리고 계몽담론 | 권영민

12 한국근현대문학의 프랑스문학수용 | 이건우 외

13 한국 근대도면의 원점: 서울대학교 규장각한국학연구원 소장 근대 측량도와 건축도 1861~1910 | 전봉희 · 이규철 · 서영희

14-1 유원총보역주 1 | 허성도 · 김창환 · 강성위 역주

14-2 유원총보역주 2 | 허성도 · 김창환 · 강성위 역주

14-4 유원총보역주 4 | 이영주 · 허성도 · 김창환 역주

15 식민권력과 근대지식: 경성제국대학 연구 | 정근식 · 정진성 · 박명규 · 정준영 · 조정우 · 김미정

16-1 근대한국 국제정치관 자료집: 제1권 개항·대한제국기 | 장인성 · 김현철 · 김종학 엮음

16-2 근대한국 국제정치관 자료집: 제2권 제국–식민지기 | 장인성 · 김태진 · 이경미 엮음

17 1980년대 조선–청 국경회담 관련 자료 선역 | 김형종 편역

20 韓國 書誌學의 先鞭: 마에마 교사쿠의 작업을 중심으로 | 한재영 · 이현희 · 가와사키 케이고